계몽의 자아와해

1990년대 이래 중국사상문화계의 중대 논쟁 연구

계몽의 자아와해

저자 쉬지린(許紀霖) · 뤄강(羅崗) 외
역자 이주노 · 김명희 · 김하림 · 박혜은 · 이여빈 · 이희경 · 피경훈

전남대학교출판부

• 일러두기

1. 이 책은 許紀霖, 羅崗 등이 공저한 ≪啓蒙的自我瓦解：1990年代以來中國思想文化界重大論爭研究≫(吉林出版集團有限責任公司, 2007年)를 완역한 것이다.
2. 본문에서 일련번호가 붙은 주는 지은이의 주이며, 모두 후주로 했다. 역자 주는 본문의 해당 부분에 *로 표시했다.
3. 이 책에서 쓰인 현대(現代), 현대성(現代性)은 modern, modernity의 중국어 번역을 그대로 따랐다. 한국에서는 보통 근대, 근대성이라고 번역한다.
4. 중국어 인명・지명은 한글 맞춤법의 외래어 표기법을 기본적으로 따르되 중국어 원음에 가깝게 표기했으며, 해당 고유명사가 처음 나올 때 괄호 안에 한자를 병기했다.

▪ 역자 서문

20세기 마지막 10년은 격동의 시기였다. 오랫동안 세계질서의 한 축을 이루고 있었던 사회주의 체제가 무너졌고 전 세계는 자본의 법칙에 따라 재편되는 듯하였다. 한국, 대만, 싱가폴, 홍콩의 경제적 부상은 아시아 중심의 발전 모델 제시라는 새로운 희망을 불러일으켰지만, 일본의 거품경제 붕괴와 90년대 말 아시아 전역을 강타한 금융위기가 휩쓸고 간 자리에는 희망 대신 실망이 남아 있었다. 사회주의 체제의 붕괴로 사상적 기반을 상실한 진보적 지식인들은 물론, 전통 사상의 현대적 재건을 꾀하던 신유가 학자들 역시 급변하는 시대의 조류 속에 길을 잃은 채 세기말을 번뇌와 방황 가운데 보내야 했다.

이러한 상황에서도 자본주의를 역사의 승리자로 단정할 수 없는 이유는 무엇일까? 아마 경제적 성장만으로 해결할 수 없는 자본주의의 병폐, 즉 빈부격차의 심화, 중산층의 붕괴, 건전한 시민정신의 약화 등이 세계 곳곳에서 발견되기 때문일 것이다. 시장경제체제의 본격화와 함께 등장하기 시작한 위 문제들은 90년대 중국 지식인들로 하여금 이전과 전혀 다른 고민에 빠지게 하였고, 그들 내부에서는 동일한 문제에 대한 서로 다른 견해들이 충돌하게 되었다.

중국의 90년대는 사상문화계가 새롭게 분화하는 시기였다. 90년대 사상계의 분위기는 80년대와 확연한 대비를 이룬다. 개혁개방정책이 본격적으로 시행된 80년대 지식계의 특징은 '신계몽'으로 요약할 수 있다. 당시 중국 지식인은 문화를 중시하고 개혁을 지향하는 '태도의 동일성'을 지니고 공통의 계몽진영을 형성하였다. 물론 서양과 중국문화에 대한 이들의 이해에는 한계가 있어 약간의 논쟁이 벌어지긴 했으나 지식 구조상 이들의 입장은 대체적으로 비슷했고 사상적 경향도 동일하였다. 그러나 90년대로 넘어오자 계몽진영은 심각한 분화양상을 보였다. 89년 천안문 사태로 인한 지식계의 정치적 발언권 상실, 92년 이후 본격화된 시장경제체제로의 돌입과 그로 인한 자본의 영향력 확대는 지식인들을 전혀 낯선 환경으로 몰아넣었다. 이로부터 중국의 현대성과 개혁이라는 중요한 문제들을 둘러싸고 지식인들은 일련의 논전을 벌이기 시작했다. 이들 사이에는 사상, 지식, 인맥상의 불일치가 생겨났고, 당대 중국사상계의 서로 다른 단층과 가치 경향이 형성되었다.

≪계몽의 자아와해啓蒙的自我瓦解≫는 다양한 관점에서 중국사회와 세계의 변화를 바라보고 다음 단계를 전망하며 사상적 대안을 찾고자 했던 90년대 중국 지식계의 중요 논쟁들을 담고 있다. 이 책은 급진과 보수 논쟁, 인문정신 논쟁, 포스트모더니즘과 포스트식민문화 논쟁, 루쉰 비판, 민족주의 논쟁, 시민사회 논쟁, 자유주의와 신좌파 논쟁, 현대성 문제 등 당시 지식계를 뒤흔들었던 논쟁들의 발단 배경, 참여인물, 전개과정 및 그 의의를 상세히 정리하고 있다. 사상적 편향성이 전혀 없다고 할 수는 없으나, 비교적 객관적인 입장에서 각 논쟁들을 바라보려 노력하고 있으며, 풍부한 1차 자료들에 근거하고 있어 당시 중국사상계의 흐름을 이해하는 데에 유용한 길라잡이 역할을 해준다. 결과야 어찌됐든 위의 논쟁들은 매우 중요한 의미를 가지고 있다. 논쟁 자체가 기존의 지식체계를 해체하고 새롭게 재건하려는 중국 지식인들의 도전이자 투쟁이기 때문이다. 이 책은 글로벌 자본주의 시대의 '중국문제'를 해결하기 위해 중국 지식인들이 국내외 학술전통과 사상이론을 샅샅이 살펴보고 토론한 고민의 기록이다. 그 고민의 기록이 독자들로 하여금 '중국

문제'의 심각성을 인식하게 해줄 뿐만 아니라, 중국 지식인들의 학문적 노력에도 감탄을 자아내게 하리라 믿는다.

이 책이 번역되어 출판되기까지 그간의 사정을 밝히는 게 필요할 듯하다. 이 책의 번역자들은 중국 지식계의 사상사적 동향에 학술적 관심을 가지고서 2011년 가을부터 함께 모여 스터디를 진행하였다. 우리는 스터디를 통해 중국 지식인문제와 관련된 각종 서적과 논문을 집중적으로 살펴보았는데, 1년 반의 시간이 흐른 뒤에 읽기 시작한 책이 ≪계몽의 자아와해≫이었다. 우리는 이 책이 그동안 스터디해온 내용을 총정리하기에 안성맞춤이라 생각하였으며, 이 책을 번역하여 중국 지식인의 사상사적 혹은 지성사적 흐름과 동향을 국내 학계에 전하는 게 필요하다고 판단하였다. 이러한 의미에서 이 책의 번역은 중국 지식계에 대한 우리의 학술적 관심이 가져온 부산물이라 할 수 있다.

이 책을 번역하면서 느꼈던 가장 큰 애로는 학술적 용어를 적절히 우리말로 옮기는 문제였다. 1990년대 이래 중국 지식계에 서구의 학술적 이론이 급속히 소개・도입되는 과정에서 특정한 용어를 논자에 따라 각기 달리 표현하는 경우가 종종 발생하였을 뿐만 아니라, 중국어의 특정 용어가 우리말로 특정하기에는 너무나 광범한 함의를 담고 있는 경우도 있었다. 서구 학술이론의 전문 용어에 대해서는 가능한 한 원전을 확인하여 현재 우리 학계에서 사용되고 있는 용어로 바꾸었으며, 함의의 스펙트럼이 넓은 중국어의 경우에는 문맥을 살펴 각기 다른 용어로 옮기기도 하였다. 이 책을 읽는 과정에서 중국지식인들이 2000년대의 컨텍스트 아래에서 과거의 역사를, 특히 198,90년대를 어떻게 재해석하는지, 그리고 과거의 인물과 사건을 어떻게 재해석하는지 살펴보기 바란다. 아울러 중국의 지식인들이 서구의 학술이론을 받아들이는 과정에서 보여주는 지적 호기심과 순발력, 특히 자기의 것으로 만들어 가는 능력과 함께 그들의 한계 또한 살펴보기 바란다.

90년대 중국 사상계를 살펴봄은 현재의 중국을 이해하기 위함이다. G2의 자리에 올라 미국을 견제할만한 강대국의 위상을 떨치고 있는 중국의 내면에 숨겨진 복잡한 문제들을 제대로 인식한다면, 대국이라는 환상에 젖어 중국을 과대 포장하는 일도 없을 것이고 우리보다 수준이 낮은 나라라는 근거 없는 우월감에 빠져 과소평가하는 일도 없을 것이다. 본서에 소개된 논쟁들 가운데 현대성 문제, 시민사회 논쟁 등 많은 부분이 한국 사회를 포함한 후기 자본주의 문화의 병폐들을 지적하고 있어 그 문제의식이 여전히 유용함을 보여주고 있다. 따라서 세기말 중국 지식인의 고민에 대한 이해가 21세기 우리 사회가 안고 있는 문제들에 대해서도 새롭고 깊이 있게 접근하는 계기를 마련해줄 것이라 기대하는 바이다.

이 책은 2007년 지린출판집단유한책임공사(吉林出版集團有限責任公司)에서 출판한 초판본을 번역의 저본으로 사용하였다. 이 책을 출판하기까지 많은 분들의 도움을 받았다. 원저의 의미가 불확실하거나 모순된다고 여겨 질의를 제기할 때마다 성실히 답변해주었던 중국측 저자들은 물론, 서구 사상과 이론에 대해 자문을 구할 때마다 조언을 마다하지 않았던 학내외의 전공자들, 그리고 책의 꼴을 갖추어주느라 수고하신 전남대학교출판부 모두에게 이 자리를 빌려 감사의 인사를 드린다. 이 분들의 도움과 정성에도 불구하고 번역상의 오류가 적지 않을 터, 이는 오로지 역자들의 불민함으로 인한 것이다. 독자 여러분의 질정을 바란다.

2014년 2월

역자 일동

■ 차 례

총 론

지은이 : 쉬지린(許紀霖)
옮긴이 : 이주노(李珠魯)

1. 1980년대 신계몽운동의 유래
2. 신계몽운동의 동일성과 내재적 분열
3. 90년대의 계몽 분화
4. 두 가지 계몽: '존덕성(尊德性)'과 '도문학(道問學)'
5. 현대화에서 현대성으로
6. 주체적 인간의 해체
7. 세계화 가운데의 민족국가 정체성
8. 세속사회의 신성성 문제
9. 개혁의 합법성 문제

이 책에서 우리가 연구하고자 하는 것은 1990년대 중국의 사상과 문화이다. 90년대는 막 지나가버린 시대이자 여전히 살아 있는 시대이기도 하다. 그것은 막 역사가 되었지만 최근에 형성된 사상전통과 문화맥락으로서, 21세기 중국 사상과 문화의 발전에 강렬한 영향과 제약을 미치고 있다.

1980년대 이래 중국의 지식계 내부에는 기본적으로 세 가지 상이한 문화권력 장(Champ, field)이 형성되었다. 즉 국가이데올로기의 창출을 중심으로 삼는 권력 내부의 이론계, 현대 아카데미체제의 지식분업을 기초로 하는 전문학술계, 그리고 민간의 학제간 공공영역을 활동공간으로 삼는 공공(公共) 사상계가 그것이다. 이들은 상호침투하지만 분화되어 있으며 각자의 장의 규칙을 지니고 있는 세 가지의 문화공간 네트워크이다. 일반적으로 말해, 이들은 각각 지식인의 정치사, 학술사와 사상사의 연구대상에 속한다. 사상사 연구로서 우리가 여기에서 주로 언급하는 것은 90년대 공공사상계의 중대한 논쟁이며, 이로써 90년대 중국의 공공지식인과 공공지식계의 전반적 상황을 연구한다. 오늘날 중국사상문화의 연구는 현재 국내외 지식계의 뜨거운 쟁점이다. 이 시기의 사상문화에 대한 연구는 사조 연구나 인물 연구 등 여러 각도에서 파고들 수 있으나, 그 속의 복잡다단한 사상관계와 분기점을 명료하게 정리하기 위해서는 우선적으로 90년대의 사상문화계에서 발생한 일련의 중대 논쟁의 연구에서 출발하지 않으면 안 된다.

90년대는 중국사상문화계가 새로이 분화하는 시대이다. 80년대의 신계몽(新啓蒙)운동 중에서 중국의 공공지식인은 문화 입장과 개혁 지향에 있어서 '태도의 동일성'으로써 공통의 계몽진영을 형성하였다. 그러나 이 계몽진영은 90년대에 이르러 그 내부에서 심각한 분화를 일으켰다. 중국의 현대성과 개혁이라는 중대한 핵심문제를 둘러싸고, 지식인들은 의견의 일치를 모색하는 데에서 출발하여 일련의 논전을 전개함으로써 사상, 지식과 인맥에서의 심각한 분기(分岐)를 일으켰으며, 이로 인해 오늘날 중국사상계의 상이한 단층과 가치취향을 형성하였다. 중국의 사상문화계에서 보자면, 90년대와 80년대의 가장 중요한 차이는 바로 '동일'에서 '분화'로 나아갔다는 점이다. 서구문화와 중국문화에 대한 80년대 중국지식인의 이해는 퍽 제한적이었으며, 각 학파는 관점에 따라 논쟁을 벌이기도 하였지만 지식구조는 대체로 일치하며 사상 경향 역시 상대적으로 동일한 편이었다. 그러나 90년대에 접어들어 지식계에는 중대한 분화가 발생하였다. 이러한 분화는 우선적으로 90년대 중국에 발생한 일련의 심각한 변화에서 비롯된 것인데, 오늘날 중국이 어렵고도 고통스러운 역사전변과 사회전환을 겪고 있음을 보여주고 있으며, 아울러 학술사상의 발전을 위한 돌파구 마련에 충분한 역사적 가능성과 튼실한 경험적 기초를 제공해주었다. 다른 한편, 중국사상계는 사회의 급변을 마주하여 이론적으로 새로이 해석하고 설명하고자 애씀으로써 전례 없이 적극적으로 현실과 대화하려는 활력이 넘쳤다. 그렇지만 지식배경, 문제의식, 이론의 가설 내지 시야와 방법 등의 차이로 말미암아, 연구자들은 동일한 현상에 대해 사뭇 다르거나 심지어 첨예하게 대립되는 결론에 이르는 일이 잦았다. 이로 인해 상이한 담론 사이에 혹독한 공격이 퍼부어져 국내외 학술계에 심대한 영향을 미치는 일련의 사상문화논쟁이 일어나기도 하였다. 이들 논쟁을 통하여 중국 지식계의 사상분화는 90년대 말에 이르러 기본적으로 완성되었다. 십년의 짧은 기간에 공공영역은 다시금 봉건화하고 분할되었으며, 이로써 통일된 하나의 공공사상계는 더 이상 존재하지 않게 되었다.

우리 연구의 목적은 90년대의 주요 논쟁에 대한 체계적 연구를 통하여 오늘날 중국의 사상문화의 이 활기 넘쳤던 모습을 기록하여 보존하고, 이를 중국사상이 변모하는 20세기 전체의 긴 시간 속에서 고찰하고 역사적으로 분석하고자 하는 것이다. 우리가 연구하는 대상은 90년대의 사상이지만, 이것을 시간과 공간이라는 두 차원에 두고서 비교하고자 한다. 시간의 차원에서 본다면, 90년대의 사상과 80년대의 관계는 단절임과 동시에 연속이다. 그렇다면 80년대에 대한 성찰에서 출발한 90년대의 이론논쟁은 80년대의 사상 전통과 어떤 관계를 맺고 있는가? 이러한 관계 속에서 80년대의 사상명제는 단지 비판의 대상일 뿐일까? 아니면 보다 깊은 수준에서 90년대 이론토론을 제약하는 내적 논리(inner logic)일까? 혹은 80년대의 사상이든 90년대의 사상이든 사실은 표면적인 분기의 이면에 모종의 문제의식과 이론 자원을 공유하고 있지 않았을까? 기나긴 역사적 안목에서 본다면, 90년대의 일련의 사상이론논쟁은 20세기 중국사상계의 중요한 구성성분이다. 이는 단순한 시간적 의미에서 90년대 사상논쟁을 20세기 중국현대사상사 속에 받아들인다는 것만이 아니다. 더욱 중요하게는 만약 이 일련의 논쟁에 포함된 관련 영역과 문제의식을 제대로 이해하고자 한다면, 사상이 형성된 역사를 돌이켜보아야만 하며, 특히 이들과 만청 이래 중국의 현대 이행에서 비롯된 약간의 중대한 사상모티프 사이의 관계를 분명하게 정리・해명하지 않으면 안 된다. 즉 한편으로는 중대한 사상모티프를 참조하여 구체적인 논쟁 중에 어떤 면이 사상사의 실마리와 관련되는지 고찰하고, 다른 한편으로는 구체적인 논쟁에서 출발하여 상이한 맥락하의 이론적 담론이 기존의 사상명제를 얼마나 풍부하고 충실케 하였으며, 나아가 질문을 던졌는지 설명해야 한다.

공간 차원에서 살펴본다면, 90년대의 사상논쟁이 다루었던 주요 논제, 지식구조(Knowledge Structure)와 이론배경은 대부분 국외, 특히 서구의 이론 및 사상과 밀접히 연관되어 있다. 이러한 상황에 비추어 서구의 맥락에서의 관련 논제의 토론 상황에 대해 정확하게 이해하고 파악할 필요가 있으며, 또한 동시에 이 논제가 중국의 맥락에 들어온 이후의 변화, 발전 및 오독될 가능성을 고려해야만 한다. 따라서 맥락간(inter Context)의 '이론 여행(Traveling Theory)' 문제는 이 과제 연구의 시작부터 끝까지 줄곧 지속될 것이다.

우리의 연구는 방법론상에서 90년대의 주요 사상과 이론 논쟁의 전개과정이 외적인 시간순서와 함께 내적인 논리적 단서를 동시에 지니고 있다는 점에 주목하고자 한다. 그리하여 이 연구는 가능한 한 이 두 가지 측면을 함께 고려하여, 역사서술에 있어서는 시간순서에 따라 각각의 주요 사상토론을 소개함과 동시에, 이론분석에 있어서는 각각의 논쟁 사이의 내재적 관계를 명료하게 드러내고, 나아가 이러한 관계를 통하여 논쟁의 사상적 단서와 역사적 의미를 파악하고자 한다. 다음으로, 90년대의 사상논쟁에 대한 연구는 일반적인 사상사 연구에 속하며, 역사연구의 온갖 방법을 동원할 수 있음은 물론이다. 그러나 90년대는 이제 막 지나간 '역사'인데다, 본서의 과제에 참여한 연구자가 구체적인 토론에 직접 참여한 경우도 있다. 이러한 점에서 이들의 연구는 일반 역사연구가 지니지 못한 이점을 갖추고 있는 바, 경험적 자료를 충분히 이용하여 자아의 느낌과 체험을 연구과정속에 끌어들여 역사에 들어선 '현장감'을 만들어낼 수 있다. 따라서 연구방법에 있어서 우리는 경험연구와 규범연구를 결합하고, 사상사 연구와 문화비평을 결합하고자 힘썼다. 마지막으로, 이 연구가 주로 다루는 것이 아무래도 사상과 이론자료이기에, 가장 중요한 방법은 텍스트분석과 담론분석이다. 하지만 사상사 연구는 일반적 의미의 '텍스트분석'이 아니라, '텍스트 읽어나오기'와 '텍스트 읽어들어가기'라는, 서로 연관된 두 과정으로 이루어지지 않으면 안 된다. 이른바 '텍스트 읽어나오기'란 이론텍스트에 대한 해석이 텍스트 내부에 갇혀서는 안 되며, 그것을 보다 광활한 사회역사문화의 컨텍스트 속에 놓고서 이해해야 한다는 것을 가리킨다. 그렇지만 이것만으로는 충분치 않다. 이른바 '사회역사문화의 컨텍스트'는 이미 정해져 있는 해석틀이 아니라, 텍스트 속에서 검증해 보아야 하는 담론실천이다. 이렇게 하려면 '사회역사문화'의 요인을 이론텍스트 속으로 '읽어들어가', 이들 요인이 텍스트에 어떤 흔적을 남겼는지, 텍스트가 이들에게 어떤 영향을 끼쳤는지, 그리고 이들이 어떤 기능을 발휘했는지 자세히 관찰해야만 한다. 이와 같은 순환왕복의 독해과정 속에서 그 생산성은 충분히 발현되며, 이렇게 하여 훨씬 복잡한 사상사 지도를 그려낼 수 있다.[1)]

1. 1980년대 신계몽운동의 유래

1980년대 중국 사상계는 동시에 진행된 중국현대화 변혁과 밀접한 연관을 맺고 있다. 중국의 개혁은 전체적으로 볼 때, 위에서 아래로, 체제 내부의 권력중심에서 체제 주변과 외부 공간으로 차츰 넓혀가는 과정이었다. 변혁이 심화되고 문제의 복잡성이 드러남에 따라, 사상계 역시 끊임없이 분화되고 새로이 통합되었다. 80년대에 가장 주목할 만한 것은 80년대 중후기의 신계몽운동이었다. 위로는 70년대 말에 시작된 사상해방운동을 이어받고 아래로는 90년대까지 이르렀던 이 운동은 오늘날 중국의 또 하나의 '5・4'였다. 90년대 이후 사상계의 모든 분화와 조합은 거의 모두 여기에서 기본적인 맥락을 찾아낼 수 있다. 신계몽운동은 대단히 복잡한 사상운동으로서, 서구의 현대화를 흠모하는 동질적 바람을 지니고 있음과 동시에, 이를 비판하고 성찰하는 잠재적 성격을 띠고 있었다. 문화태도의 동일성과 사상내용의 이질성은 신계몽운동의 혼돈스러운 표상과 복잡한 내적 분기를 낳았으며, 90년대 중국 사상계 분화의 근원이 되었다.

중국의 개혁개방에 있어서 사회/정치적 변혁의 원천이 1978년 말에 열린 제11기 제3차 중앙위원전체회의라고 한다면, 신계몽운동의 전신으로서의 사상해방운동은 약간 이른 시기의 진리기준문제를 둘러싼 대토론에서 비롯되었다고 할 수 있다.[2)] 당시 중국의 개혁은 애초에 체제 내부에서 일으킨 것이며 권력 중심에서 진행된 것이었기에, 따라서 자구적 성격을 명확히 띠고 있었다. 개혁의 발동자는 마오쩌둥(毛澤東) 시대 당시에는 결코 이단자가 아니었으며, 유토피아사회주의의 실천자였다. 다만 '문혁' 후기에 이르러서야 그들은 자신의 고통스러운 체험을 통해 이 노선으로 가서는 안 된다는 것을 한층 명백하게 알아차렸다. 그리하여 마침내 유토피아사회주의의 이상에서 벗어나 '4개 현대화'를 중심으로 하는 세속화한 사회주의 현대화 노선을 모색하기 시작하였다.[3] '실천이 진리를 검증하는 유일한 기준'이라는 명제의 제기는 실질적으로 유토피아사회주의 전통과 작별하고 세속화한 사회주의로 전향하도록 이론적인 합법성을 부여해주었다. 사상해방운동은 우선적으로 전통적인 사회주의 교조에서 해방되었음을 의미하고 있다. 이러한 의미에서 이 운동은 마르크스주의 내부에서 일어난 루터식 종교개혁이라 보아도 좋을 것이다.

물론 사상해방운동의 애초의 이론적 가설은 명백한 과학주의, 즉 일찍이 마오쩌둥시대의 정치/도덕입장의 우선성에 의해 억압된 유물론적 과학주의의 특징을 띠고 있었으며, 그것은 곧 생산력은 사회진보를 가늠하는 유일한 기준이며, 과학기술은 제일의 생산력이라는 등등이었다. 의심할 나위 없이, 인간의 정신생활이 아니라 물질생활을, 지식의 우선성을 새로이 정치/도덕의 우선성 위에 놓는 유생산력론(唯生産力論)과 경제결정론의 과학주의는 당시 경직된 교조주의의 속박을 타파하는 데에 있어서 대단히 혁명적인 역할을 담당하였다.[4] 그러나 이것은 주류 이데올로기 내에서 세속 지향적인 실용주의로 굳어지고 말았다. 갖가지 복잡한 제약 요인을 고려하여, 중국의 세속화한 사회주의 지도자는 경제개혁을 주도하는 개혁전략을 채택하였다. 이리하여 권력체제 내부의 사상해방으로서는 끝내 오래 가지 못한 채, 곧바로 개혁 제창자들 사이에 첨예한 대립이 발생하였다. 루터식의 종교개혁은 늘 량치차오(梁啓超)가 말한 바의 '복고를 해방으로 여기는'[5] 방식으로 실현되기 십상이며, 주류이데올로기의 '복고'는 당시로서는 기껏해야 마르크스, 레닌 혹은 옌안(延安)시기의 마오쩌둥일 수밖에 없었다. 그러나 권력 주변에 있던 마르크스주의자들은 분명코 훨씬 멀리 나아갔다. 그들은 이미 일어난 경제개혁을 논증해줄 유물론적 과학주의뿐만 아니라, 더욱 중요한 정치변혁을 지지해줄 비판적 인도주의를 필요로 하였다. 그들의 '복고'는 오랫동안 정통이데올로기에 의해 홀시받았던, 그리고 서구 마르크스주의에 의해 원전으로 간주되었던 초기 마르크스 — 소외를 중시하고 인도주의정신에 충만했던 마르크스로 나아갔다. 그들이 보기에, 사회주의에 '문혁'과 같은 역사적 비극이 나타난 까닭은 바로 인도주의를 홀시하고, 사회주의사회라 할지라도 소외가 발생할 수 있다는 것을 홀시하였기 때문이었다.[6] 80년대 초 개혁이 심화됨에 따라 유물론적 과학주의가 차츰 보수화하자, 인도주의적 마르크스주의가 사상해방의 깃발을 이어받았다. 1983년 3월 마르크스 서거 백주년을 기념하는 대회에서, 왕위안화(王元化) 등이 기초하고 저우양(周揚)의 명의로 발표된 〈마르크스주의의 몇 가지 이론문제에 관한 탐구(關於馬克思主義的幾個理論問題的探討)〉[7]는 인도주의적 마르크스주의를 대표하는 글이라 할 수 있는데, 이 글이 권위 있는 ≪인민일보≫에 발표됨으로써 그 영향력은 정점에 이르렀다.

그러나 개혁개방이 가속화하였던 80년대 중기에 이르러, 인도주의적 마르크스주의는 주객관적인 조건의 제한으로 말미암아 사상해방운동을 보다 폭넓고 깊이 있는 층차로 끌어올리지 못했다. 그것은 첫째로 저우양 등이 비록 더 이상 권력의 중심에 있지는 않지만 상당수가 여전히 체제의 핵심지대에 위치하고 있는 체제내의 인사이기에 여러 사람들이 주목하는 대상임과 동시에 비난의 표적인지라, 체제가 그들에게 허용한 논의의 여지나 운신의 폭이 갈수록 좁아졌기 때문이었다. 사상해방운동이 자신의 성과를 유지하고 발전시키기 위해서는 체제의 주변과 체제 밖에서 새로운 사상공간을 개척하지 않으면 안 되었다. 둘째로는 '복고를 해방으로 여기는' 사상해방운동이 이미 원전에 바짝 다가선 바에야 그 내적 논리에 따라 옛 전범으로부터 해방되지 않는 한 계속 앞으로 발전해나갈 수 없었기 때문이었다. 사실상 현대화의 개혁실천에서 제기된 수많은 문제들은 이미 마르크스의 초기 사상으로는 해결될 수 있는 것이 아니었다. 서구의 마르크스주의는 훗날 자유주의와 합류하여 사회민주주의로 변모하였다. 마찬가지로 중국의 인도주의적 마르크스주의 역시 계몽사상과 합류하는 문제에 직면하게 되었다. 하지만 유럽에서는 계몽운동이 먼저 일어나고 나중에 마르크스주의가 일어났으며, 마르크스주의는 계몽운동 속에서 태어나 계몽운동을 비판·초월하였다. 반면 중국의 인도주의적 마르크스주의는 유토피아사회주의를 비판하는 역사적 사명을 마주하고 있으며, 따라서 새로운 계몽의 방식으로써 서구자본주의의 현대성을 받아들이지 않으면 안 되었다.

이렇게 하여 사상해방운동의 논리와 역사 발전의 자연스러운 결과로서, 신계몽운동은 금방이라도 시작될 것처럼 보였다.

1984년은 오웰(G. Orwell)의 디스토피아(Dystopia) 소설인 ≪1984년≫에서 끔찍하게 그려졌지만, 중국에서는 오히려 문화 신계몽으로 나아간 해이다. 이 해의 사상계에는 당시에는 그다지 주목을 받지 못했던 몇 가지 사건이 일어났다. 즉 '미래를 향해(走向未來) 총서'의 정식 출판, 중국문화서원(中國文化書院)의 창립, 그리고 신세대의 젊은 학자들이 ≪독서(讀書)≫ 잡지의 주류 필진이 되었다는 점 등이 그것이다. 이듬해에는 베이징의 아카데미 지식인들이 ≪문화: 중국과 세계(文化: 中國與世界)≫의 편집위원회를 발족하였다.[8)] 이것이 바로 우리가 1984년과 1985년을 신계몽운동의 발단이라고 믿는 이유이다.

신계몽운동은 사상해방운동의 역사를 뒤이었지만,[9)] 그 중심에는 변화가 일어났다. 사상해방운동이 주로 정치변혁에 초점을 맞추고 있었다면, 신계몽운동의 초점은 이른바 '문화의 현대화'로 옮겨가 있었다.[10)] 일상용품 차원의 현대화를 추구하는 세속화 사회주의에서 제도 차원의 현대화를 추구하는 인도주의적 마르크스주의로, 다시 문화 차원의 현대화를 추구하는 신계몽운동으로의 이행은 당시 개혁이 (범)문화구조면에서 차츰 심화되는 필연적 귀결로 받아들여졌다.[11)] '문화의 현대화'라는 이 바람은 훗날 일부 비평가에게 '형가가 공자를 찌르다(荊軻刺孔子)'식의 사상적 오류 혹은 '문화결정론'의 혐의가 있다고 여겨졌다. 확실히 당시의 신계몽운동이 '5·4'와 마찬가지로 린위성(林毓生)이 말한 바의 '사상문화를 빌어 문제를 해결하려는 방식'[12)]인 '문화환원론(Cultural Reductionism)'적 경향을 지니고 있음은 분명하다. 그러나 우리가 이것을 개혁개방 20년이라는 제법 긴 역사적 맥락 안에 놓고서 고찰하기만 한다면, 이것이 중국지식인의 중요한 역사적 전변임을 깨달을 수 있다. 즉 그들은 문화 담론의 방식을 통하여 정치/이데올로기체제와 지식의 전문체제에서 점차 분리되거나 초탈하여 민간에서 새로운 사상공간을 개척함으로써 문화의 자주성과 정신의 공공성을 다시금 획득하였다.

이러한 자주성과 공공성은 20세기 상반기에 이미 존재한 적이 있었지만, 1949년 이후의 전체주의(totalism)체제에서 거의 대부분 상실되고 말았다. 사상해방운동은 상실된 정신을 다시금 쟁취하고자 하였지만, 이 운동이 아직은 체제 내부의 운동인데다 인도주의적 마르크스주의 역시 국가이데올로기의 주변에서 작동되었기 때문에 새로운 사상공간과 사회공간을 구축하지는 못했다. 이러한 한계는 분명 저우양 등의 체제내 신분과 지적 배경에 의해 결정된 것이었다. 그러나 신세대 계몽학자들은 달랐다. 그들은 신분 면에서 더 이상 문화관료 혹은 이데올로그(ideologue)가 아니었으며, 기본적으로 권력체제 바깥에 놓여 있는, 훨씬 독립적인 품격을 갖춘 인문사회과학 연구자이었다. 그들의 나이, 경력 역시 그들에게 '마르크스를 벗어나'려는 강렬한 충동을 일으켰다. 그들은 서구의 고전과 현대지식을 배경으로 야심만만하게 중국의 현대화 방안을 새로이 마련하고자 하였다. 그런데 당시 정치이데올로기의 규제가 체제내의 정치적 담론공간을 날로 죄어왔다. 유일한 돌파구는 체제 밖에서 체제개혁에 관한 민감한 이슈를 우회하여 문화 담론의 방식으로 새로운 사상공간을 마련하는 수밖에 없었다.

이러한 시도는 애초에는 다소 비자각적인 전술적 조정의 성격을 지니고 있었으나, 최종적으로 일어난 결과는 전략적 의미를 지니고 있었다. 문화로서의 신계몽운동은 정치이데올로기 담론을 벗어나려 하였을 뿐만 아니라, 학과의 지식체제를 뛰어넘어 민간의 운용방식을 통해, 규제를 받는 공공매체의 틈새와 주변에서 학제간의, 그리고 공공의 사상계를 구축하고자 하였다. 이러한 사상계는 전통적인 이론계 및 학술계와 다른 점이 있었다. 즉 이론계의 쟁탈 대상은 이데올로기의 패권(사상해방운동은 기본적으로 이론계의 범위를 뛰어넘지 못하였다)이었으며, 학술계의 쟁탈 대상은 국가지식체제의 규제를 받는 학과범위 내의 전문지식영역이었다. 반면 신계몽운동이 구축하고자 하였던 사상계는 하버마스(J. Habermas)가 말한 바의 '공공영역(public sphere)'의 성격을 지니고 있으며, 민간의 자유논단 혹은 공공매체를 통하여 사회생활과 문화생활의 공공문제를 토론한다.[13] 이러한 민간화(국가이데올로기에 상대적으로)와 공공화(전문화된 학과에 상대적으로) 특징은 이것이 진정 공공지식인에 속한 영역임을 잘 보여준다. 아울러 이러한 사상계 내에서만 지식인은 국가이데올로기의 대변자도, 협애한 지식분업에 제한된 전문학자도 아닌 진정한 의미의 지식인이 될 수 있다. 이렇듯 상대적으로 독립된 품격을 갖춘 공공사상계는 비록 아직까지 수립될 보장은 획득하지 못하였지만, 신계몽운동의 직접적 산물로서 10여 년간의 비바람속에서 굴곡을 겪었음에도 꿋꿋하게 살아남았으며, 그 후로도 괄목할 만한 발전을 이루었다.

이러한 점만으로도 신계몽운동은 역사에 기록되기에 충분하다고 할 수 있다.

2. 신계몽운동의 동일성과 내재적 분열

신계몽운동은 내적 함의에서 사상해방운동에 비해 훨씬 복잡한 문화운동이었다. 그러나 이렇게 복잡한 문화운동이 어떻게 동일성을 유지하였으며, 어떤 의미에서 동일성을 획득하였을까?

중국 역사는 자주 깜짝 놀라울 만큼의 유사성을 드러내곤 한다. 사상해방운동이 19세기 말 캉유웨이(康有爲)의 '옛 것에 기대어 제도를 바꾸다(托古改制)'와 흡사하다면, 신계몽운동은 어느 면에서나 70년전의 '5·4'신문화운동을 모방하고 있는 듯하다. 사실 신계몽운동 지식인들은 '5·4'에 대한 역사적 재건을 통하여 스스로를 이해하였다. 즉 왕후이(汪暉)는 '5·4'운동을 '태도의 동일성' 위에 세워진 사상운동으로 간주하였는데[14], 마찬가지의 방식으로 신계몽운동을 이해할 수 있다. 다시 말해 신계몽이 표면적으로 통일된 사상운동이 될 수 있었던 것은 우선적으로 가치태도의 일치성이란 토대 위에 세워져 있었기 때문이다. '모든 가치를 새로이 평가하는 것'이 운동 가운데의 각종 사조와 유파의 공통된 추세였다. 중서(中西)문화의 비교가 이 운동의 중심내용이 되었던 것은 중서문화에 대해 인식상의 흥미가 일었던 때문이 아니라,

이들의 가치에 대해 평가함으로써 현대화 방안의 새로운 기획에 문화상의 합법성을 제공하였기 때문이다.

신계몽운동의 '태도의 동일성'은 또한 서구식 현대화라는 최종 목표를 이상화하는 데에도 체현되어 있다. 비록 이 최종 목표의 구체적인 청사진을 이해하는 데 있어서는 갖가지 차이가 존재하였지만, 이해방식에 있어서는 공통적이었는 바, 역사목적론의 방식으로써 현대화의 전도에 대해 보편적으로 인정하였던 것이다. 이는 사상해방운동의 역사이해방식과 기본적으로 일치하지만, 두 운동은 다음과 같은 차이를 보여주고 있다. 즉 해방파의 역사목적론은 일종의 시간 선형(time linear)적 사회발전 보편모식으로서, 자본주의를 사회주의현대화로 나아감에 있어서 반드시 거쳐야 하는 역사적 단계로 여기고 있다.[15] 반면 계몽파는 자본주의/사회주의라는 민감한 이데올로기개념을 회피한 채, 당시 중국에서 한때 크게 유행했던 현대화이론을 빌려 서구의 자본주의를 일종의 중성적인, 그리고 기술적 매개변수(technical parameter)로써 계량화할 수 있는 현대성 지표로 서술하거나, 혹은 파슨스(T. Parsons)* 가 말하는 바의 시장경제, 민주정치와 개인주의라는 세 가지 특징으로 이해함으로써, 이 구체적 맥락속의 역사적 추구에 초역사적 보편주의 성격을 부여하였다.

신계몽운동에 포함되어 있는 서구 사조는 내용면에서 대단히 복잡하지만, 계몽지식인은 현대화이론의 '전통/현대'의 사유모식의 영향 아래 이들 사조를 모두 (중국)전통과 대응하는 (서구)현대의 담론으로 이해하며, 이에 따라 무언가 모호한 공통의 가설을 세웠다. 그들은 '5・4'시기의 지식인들과 마찬가지로 외래사조를 수용하는 개방적인 태도를 취하였으며, 상호 모순되어 보이는 갖가지 사상과 학설에 대해 흥미를 보이면서 혼돈스럽고도 모호한 채로 두루뭉술하게 이해하였다. 다시 말해, 서구사상은 '현대'라는 이름 아래

* 파슨스(Talcott Parsons, 1902-1979)는 미국의 사회학자로서, 구조기능주의의 대표자이다. 그는 복잡한 사회적 체계가 어떻게 통합과 조화를 이루면서 작동되는가에 대한 의문에서 출발하여 사회평형(Social Equilibrium)이론을 제시하였다. — 역주

유기적인 전체로 간주되어 받아들여졌으며, 그 내적인 긴장성을 드러내지는 않았다. 비록 각 유파마다 서구사조에 대해 편중된 바가 달랐지만, 서로 충돌하고 모순된 부분들은 사람들의 머릿속에서 아직 크게 분화하지 않았으며 명확한 경계도 없었다. 사람들은 흔히 모던한 '학제간' 방법으로써 심리학, 사회학, 정치학, 경제학, 과학철학, 문화인류학 등 각종 학문분야의 '최신' 방법을 형식적으로 통합하여 중국의 각종 구체적인 역사와 현실 문제를 즐겨 분석하였다. 진관타오(金觀濤), 류샤오펑(劉小楓), 간양(甘陽) 등 소수를 제외한 대부분의 학자들은 필수적인 방법론에 대한 자각을 결여하고 있었다. 당시의 사상계에도 첨예한 분열이 존재하기는 하였지만, 공통의 가설과 모호하지만 통일된 지식 배경을 지니고 있었기에 분열의 초점은 늘 중국의 맥락과 관련된 가치선택에 드러났을 뿐, 지식론 수준으로 심화되지는 않았다. 표면적인 분열의 배후에서 여전히 서로 공약가능한(commensurable) 공통의 지식지층을 엿볼 수 있었다. 바로 논쟁의 쌍방이 동일한 가치태도와 지식 수준에 놓여 있었기 때문에, 신계몽운동 내부에서는 늘 진솔한 대화와 활기찬 토론이 오고갈 수 있었던 것이다.

그것은 진지하면서도 열정적인 시대이자, 개방적이면서도 혼돈스러운 시대였다.

신계몽운동의 '태도의 동일성'은 전반적으로 서구의 현대성을 긍정하였지만, 서구의 현대성 전통은 내적 긴장과 충돌을 지닌 구조였다. 모든 것을 망라하여 덥석덥석 받아들이는 신계몽 지식인들의 '가져오기주의(拿來主義)'의 수용방식으로 인해 동일성의 배후에 가려져버린 것은 내재된, 훨씬 심각한 이질적 함의였다. 서구 현대성의 각종 사조는 중국지식인에게 계몽과 관련된 사상자원을 부여함과 동시에, 자아부정이라는 또 다른 측면의 전통을 제공하였다. 이로 말미암아 후자는 서구 현대성을 추구할 때에도 비판적 성찰을 진행할 가능성을 갖게 해주었다. 이러한 비판적 성찰은 당시에는 아직 잠재적인 능력과 추세에 지나지 않았지만, 신계몽운동의 각 유파에는 보편적으로 존재하였다.

'미래를 향하여'는 당시 사람들에게 과학파로 여겨졌다. 그 편집위원회의 핵심 성원은 주로 중국과학원에서 과학사 혹은 과학철학에 종사하던 연구자였으며, 이로 인해 '과학정신'과 '과학방법'은 시종 '미래를 향하여'가 높이 치켜들었던 정신적 기치였다.[16] 앞에서 밝혔듯이, 유물론적 과학주의는 사상해방운동 중에서 퍽 중요한 역할을 담당하였지만, 나중에 인도주의적 마르크스주의가 흥기한 후 차츰 보수적 성격을 드러냈다. 하지만 '미래를 향하여'의 적극적인 추동 아래, 과학주의의 또 다른 형태인 경험론적 과학주의가 신계몽운동 중에 신속히 유물론적 과학주의를 대신하고, 서구 과학철학과 과학방법론의 소개를 통하여 다시 사상계몽의 선봉을 차지하였다. 포퍼(K. Popper)* 의 비판이성주의, 쿤(T. S. Kuhn)** 의 패러다임이론 및 라카토스(Imre Lakatos)*** 의 과학연구강령방법론이 소개됨에 따라, 경험론적 과학주의는 재빨리 자신의 독단론과 일원론 요소를 지양하여 다원적이고 개방적이며 자아성찰과 자기조정(self-correction) 능력을 갖춘 이론전통으로 변모하였다. 실제로 포퍼, 쿤 등의 과학사상에는 이미 서구 현대성 가운데에서 리오타르(J. F. Lyotard)****

* 포퍼(Karl Popper, 1902-1994) 오스트리아 출신의 영국 철학가이자 학술이론가로서 비판이성주의의 창시자이며, 대표적 저서로 ≪열린 사회와 그의 적들(*Open society and its enemies*)≫과 ≪추측과 반박(*Conjectures and refutations*)≫ 등이 있다. - 역주

** 쿤(Thoms Samuel Kuhn, 1922-1996) 미국의 과학사가, 과학철학가이며, 대표적 저서로 ≪코페르니쿠스적 혁명(*The Copernican Revolution: planetary astronomy in the development of Western thought*)≫과 ≪과학혁명의 구조(*The Structure of Scientific Revolutions*)≫가 있다. 그의 연구업적은 과학사상 연구의 토대를 마련하였는데, ≪과학혁명의 구조≫에서 패러다임의 대전환(paradigm shift)이란 용어로써 과학지식의 진보를 설명하였다. - 역주

*** 라카토스(Imre Lakatos, 1922-1974) 헝가리 출신의 영국의 수학자, 과학철학가로서 포퍼의 제자이자 동료이며, 대표적 저서로는 ≪과학연구강령방법론(*The Methodology of Scientific Research Programmes*)≫, ≪수학, 과학과 인식론(*Mathematics, Science and Epistemology*)≫ 등이 있다. - 역주

**** 리오타르(Jean Francois Lyotard, 1924-1998) 프랑스의 포스트 구조주의 철학자이자 사회학자, 문학이론가이며, 대표적인 저서로 ≪포스트모던의 조건(*The Postmodern Condition: A Report on Knowledge*)≫이 있다. 리오타르의 거대서사란 소서사(Petit Narrative)의 반대 개념으로서, 모든 역사적 사건들을 이해할 수 있도록 설명해주는 커다란 '이야기 틀'을 가리킨다. 그는 거대서사가 마치 타자를 허위와 이단으로 배제해온 절대적 진리처럼 작은 서사들의 다양한 목소리를 무시하는 전체주의적 횡포라고 주장하고, 중심부의 거대서사보다는 주변부로 밀려난 작은 서사에 귀기울여야 한다고 역설한다. - 역주

가 비판한 거대서사(Master Narrative)의 '진리신화'에 대한 비판적 반증(falsification)이 내포되어 있다. '미래를 향하여'가 거듭 강조하는 '과학정신'과 '과학방법'은 이미 비판이성주의의 색채를 짙게 띠고 있으며, 현대성에 대한 자아성찰을 위해 방법론적 기초를 제공하였다.

'미래를 향하여'와는 대조적으로, '문화 : 중국과 세계'가 높이 치켜든 것은 인문주의라는 깃발이었다. 이 잡지의 편집위원회의 성원은 주로 간양을 비롯하여 중국사회과학원과 베이징대학의 인문학자이다. 그리하여 이들은 고전에서 현대에 이르기까지의 서구의 인문주의사조의 수용, 특히 독일과 프랑스의 현상학, 해석학, 실존주의, 종교학, 프랑크푸르트학파 및 각종 비(非)이성주의에 대한 번역・소개에 보다 많은 관심을 기울였다. 이들 인문사조 역시 서구 현대성 계보의 일부분이었지만, 이성주의의 주류사조에 도전하는 자세로 출현하여 서구 현대성의 복잡한 의미를 함축하고 있었다. 특히 주목할 만한 점은 포스트모더니즘의 대표적인 인물들, 이를테면 푸코(M. P. Foucault)*, 데리다(J. Derrida)**, 가다머(H. Gadamer)***, 제임슨(F. Jameson)****, 다니엘 벨(D.

* 푸코(Michel Paul Foucault, 1926-1984) 프랑스의 포스트 구조주의 철학자이자 문학비평가이며, 대표적 저서로 ≪광기와 문명(*Madness and Civilization*)≫, ≪앎의 고고학(*The Archaeology of Knowledge*)≫, ≪성의 역사(*The History of Sexuality*)≫ 등이 있다. 그는 서양문명의 핵심인 합리적 이성에 대한 독단적 논리성을 비판하고 소외된 비이성적 사고, 즉 광기의 의미와 역사적 관계를 분석하였다. – 역주

** 데리다(Jacques Derrida, 1930-2004) 프랑스의 철학자로서 해체주의의 대표자이며, 대표적인 저서로 ≪그라마톨로지(*Of Grammatology*)≫, ≪목소리와 현상(*Speech and Phenomena*)≫ 등이 있다. 후설에 대한 비판적 독해로부터 출발하여 서구의 형이상학이 지닌 '로고스 중심주의'를 비판하고 레비 스트로스의 서구적 '순수성의 신화'를 비판했다. – 역주

*** 가다머(Hans-Georg Gadamer, 1900-2002) 독일의 철학자로서 해석학을 발전시켰으며, 대표적인 저서로 ≪진리와 방법(*Wahrheit und Methode*)≫이 있다. 딜타이의 정신과학방법론과 하이데거의 존재론에서 출발하여 후에 독자적인 해석학을 전개하였다. – 역주

**** 제임슨(Fredric Jameson, 1934-) 미국의 문학비평가이자 마르크시스트 정치이론가이며, 대표적인 저서로 ≪후기 자본주의의 문화이론(*The Cultural Logic of Late Capitalism*)≫, ≪정치적 무의식(*The Political Unconscious*)≫ 등이 있다. 그는 정치적, 역사적, 사회적 맥락에서 표면에 나타나는 것의 이면에는 항상 드러나지 않은, 변화를 내포하고 지향하는 하나의 동력으로서 정치적 무의식이 존재한다고 주장한다. 그는 이러한 관점 위에서 문학적 텍스트의 해석체계를 텍스트, 사회, 역사의 세 지평으로 나누어 수립하였다. – 역주

Bell)* 등 역시 당시의 신계몽 지식인들의 시야 속에 나타났다는 것이다. 비록 당시 사람들은 현대성에 대한 이들의 해체작용을 이해할 수 없었지만, 이들에 대해 깊은 흥미를 느꼈음은 분명하다. 80년대 후기의 포스트모더니즘 이론의 소개는 확실히 90년대의 포스트모던사조의 흥기와 직접적인 연관을 맺고 있다. 이들 각양각색의 서구 인문주의사조에 대해, '문화 : 중국과 세계'는 이를 '문화의 현대화'라는 총체적 목표에 받아들여 흡수하고 이해하면서도, 서구의 현대화과정에서 드러난 도구이성 지상주의적인 경향에 대해 다소 유보적인 태도를 띠고 있었다. '미래를 향하여'가 비판이성주의의 자기조정 메카니즘을 믿기에 현대화의 미래에 대해 비관적이지 않았다면, '문화 : 중국과 세계'는 인문주의의 가치판단 입장에서 출발하여 현대화 과정에서 드러난 인성, 가치와 의미세계(meaning world)의 상실에 대해 문화면에서 깊이 우려하였다. 당시 국내에는 아직 전방위적으로 세속화한 시장사회가 출현하지 않았고 그들의 인문주의적 우려 또한 학술 차원에 지나지 않았지만, 이것이 90년대의 인문정신토론과 동일한 정신계보에 속한다는 것은 분명하다.

상대적으로 '중국문화서원'의 모습은 당시 조류의 중심에 자리하지 못한 채 꽤 주변적이었다. 중국문화서원은 주로 베이징대학 철학과의, 중국철학과 중서비교철학문화를 연구하는 학자들로 이루어져 있었다. 열정 넘치고 각종 사조가 들끓었던 80년대에 그들은 새로운 조류를 만들어내는 데에는 별로 관심이 없는 듯하였으며, 중국문화의 기초적 소개와 중서문화비교의 학술적 연구에 몰두했다. 강연에 초청받은 두웨이밍(杜維明) 등의 해외 신유가학자의 영향을 받았기에, 그들은 중서문화에 대해 온건한 조화의 태도를 지니고 있었는 바, 서구문화를 맹목적으로 숭배하지 않으면서 본토의 문화전통에 대해 공감하는 편이었다. 사실상 '서체중용(西體中用)'의 조화를 주장하는 리

* 다니엘 벨(Daniel Bell, 1919-2011) 미국의 사회학자이자 미래학자이며, 대표적인 저서로 ≪이데올로기의 종언(*The End of Ideology*)≫, ≪후기 산업사회의 도래(*The Coming of Post- Industrial Society*)≫ 등이 있다. 그는 사회주의의 이념이 주도하는 세계가 곧 막을 내릴 것이라는 포스트마르크스주의를 예측하여 주목을 받았으며, '탈산업화사회'라는 용어를 제기하여 정보, 기술 및 과학의 가치가 중시되는 정보화사회의 등장을 예견하였다. – 역주

쩌허우(李澤厚)의 목소리를 포함하여 해외의 신유가 및 첸무(錢穆), 푸웨이쉰(傅偉勛), 위잉스(余英時), 린위성(林毓生) 등 해외 화교학자들의 온건한 '문화보수주의' 목소리는 중국문화서원에서뿐만 아니라 ≪독서≫, ≪미래를 향하여≫, ≪문화 : 중국과 세계≫ 등의 민간잡지에도 소개되었다. 비록 당시 이들의 목소리에 동조하는 이는 많지 않았으며, 세력면에서도 급진적이고 반(反)전통적인 류샤오보(劉小波)에 훨씬 미치지 못하였지만, 이들 온건한 보수주의자의 목소리는 역사 속에 침전되어 90년대 학술사연구와 '국학붐(國學熱)'의 원초적인 생장점이 되었다.

위에서 서술한 바의 서구 현대성에 대한 잠재적인 비판적 성찰은 기본적으로 여전히 정신-가치의 층차에 머문 채 사회정치제도의 층차로 들어서지는 못하였다. 비록 그렇기는 하였지만, 신계몽운동의 복잡하고 이질적인 함의는 장차 대분화가 일어날 것임을 이미 예고하고 있었다. 사실 훗날 90년대 사상계의 모든 변화는 거의 모두 80년대에서 그 자취와 맥락을 찾아낼 수 있다. 이러한 의미에서 80년대와 90년대는 결코 완전히 단절된 시기가 아니며, 두 시기 사이에는 미묘하고도 복잡한 계보관계가 존재하고 있다.

'미래를 향하여', '문화 : 중국과 세계' 그리고 '중국문화서원'라는 세 곳의 지식인단체에서 본다면, 이들은 계몽을 대하는 입장에서 '태도의 동일성'을 지니고 있었다. 그렇지만 이 '동일성'은 지식의 입장이 아니라 가치의 동일이라는 입장위에 세워져 있었다. 현대와 전통에 대한 80년대의 이해는 혼돈스럽고 환원주의적이어서 그 안의 심각한 패러독스를 이해할 수 없었다. 계몽진영 내부에 존재한 상이한 지식배경의 상호 충돌로 말미암아, 그 내부에는 이미 자아분화의 요인이 감추어져 있었던 것이다.

분화는 외부 요인의 자극과 환경의 변화를 필요로 하는데, 이러한 때가 전혀 뜻밖에 도래하였다.

3. 90년대의 계몽 분화

90년대 초에 지식인은 동면상태에 들어갔지만, 정신과 사상의 자아성찰은 이로부터 시작되었다. 이 성찰은 실제로 신계몽운동의 필연적 결과였으며, 설사 돌발적인 사건이 없었을지라도 조만간에 발생하였겠지만, 그렇듯 고통스럽고 첨예한 방식으로 앞당겨 도래하고 말았다. 성찰의 결과는 원래 신계몽운동 안에 잠복해있던 분열을 표면화하였으며, 이로부터 사상계의 분화는 걷잡을 수 없게 되었다.

다른 한편, 90년대의 새로운 사회정치판도가 안정되고, 특히 1992년 이후 경제개혁이 가속화됨에 따라 중국에 시장사회가 전면적으로 등장함으로써 중국의 현상은 대단히 복잡하게 변모하였다. 사회이데올로기의 핵심적 분기는 더 이상 개혁을 바라는가의 여부나 개혁이 사회주의적인가 자본주의적인가가 아니라, 어떻게 개혁할 것인가, 어느 방향으로 개혁할 것인가였다. 또한 이 모든 것은 무엇이 중국의 현대성인가, 현대성 가운데의 일련의 주요 문제, 이를테면 자유, 민주, 공정, 평등에 대한 이해와 중요한 관계를 맺고 있었다. 중국 개혁의 현실, 방법과 발전 전망에 대한 지식인의 분기는 크게 심화하여 이전의 '태도의 동일성'은 더 이상 존재하지 않았으며, 사상계의 틈새는 날로 벌어져 도저히 메울 수 없는 지경에 이르렀다.

80년대와 90년대는 모두 성찰이 지식인의 시대특징이었다. 그러나 80년대에는 도덕적 성찰이 훨씬 많아 계몽사상이라는 외부로부터 전통문화와 현실 정치체제를 성찰하였다면, 90년대에는 지식의 성찰에 치우쳐 자신의 지식의 전제를 성찰하였다. 90년대의 성찰은 계몽사상의 자아성찰이었다. 만약 80년대의 주제가 계몽이라면, 90년대의 주제는 계몽의 성찰로 변모하였다. 이렇듯 80년대에는 아직 분화되지 않았던 계몽사상이 90년대에 이르러 그 내부에서 사상전통이 서로 충돌하면서 차츰 분화하고 나아가 명료해졌던 것이다.

전체적으로 90년대 사상계의 분열은 세 단계의 분화를 거쳐 완성되었다.

첫 단계는 1990년부터 1992년까지이다. 갑작스럽게 일어난 역사적 급변을 마주하여, 지식인들이 우선 해결해야 하는 것은 80년대의 신계몽운동을 계속 추진해야 하는가, 아니면 성찰을 통해 자신의 사상기초를 새로이 쌓아야 하는가였다. 이에 따라 최초로 전개된 논쟁은 ≪학인(學人)≫에서 일어난 학술

규범토론이었다.[17] 90년대 중국사상계의 분화는 처음에 공감대의 모색으로부터 시작되었다. 최초로 일어난 학술규범토론에서 계몽자들은 우선 지식인의 성찰을 위해 기초적인 공감대를 확정하고자 하였지만, 토론이 전개되자마자 계몽자 내부의 심각한 분열을 드러내고 말았다. 80년대의 '태도의 동일성'은 단지 가치의 층차에서 유지되었을 뿐, 일단 지식의 확립이라는 층차로 전환되자 더 이상 조화를 꾀할 수가 없었다. 이리하여 합의의 추구로부터 시작하여 분화에 이르러 끝나기까지, 중국사상계의 대분화, 대변론은 이로부터 서막을 열었다.

90년대 초 참담한 실패의 고통을 겪은 계몽지식인들은 현실에 대한 성찰에서 출발하여 20세기 중국의 급진주의에 대한 성찰로 나아갔으며, 이리하여 급진과 보수의 논쟁을 전개하였다.[18] 이 논쟁의 주요 공간은 국내가 아니라, 홍콩에서 갓 창간된 ≪이십일세기(二十一世紀)≫라는 잡지였다. 이 잡지는 90년대 상반기에 중국사상계의 가장 중요한 지식인 공공영역의 잡지였다. 설사 그럴지라도 현실의 성찰이라는 문제의식은 오직 역사화의 방식만으로 진행될 수 있었다. 그러나 이 논쟁에서 엿볼 수 있듯이, 80년대의 계몽진영은 무엇이 급진이고 무엇이 보수인지의 기본 개념에 관해 그 역사적 함의에서든 규범이론에서든 전혀 다른 사고를 지녔으며, 또한 이러한 분기의 이면에는 80년대에 일찍이 일어난 적이 없는 개혁사상의 분기가 있었다. 이 분기는 곧 개혁에 대한 이해에 있어서, 사회는 개혁을 통하여 전면적으로 전변될 수 있다고 믿는가, 아니면 개혁은 오직 신구의 조정을 통해서만 추진될 수 있다고 여기는가? 따라서 개혁의 전략으로서 유토피아적 급진혁명을 취할 것인가, 아니면 점진적인 사회개조를 따를 것인가? 등의 차이였다.

1992년 덩샤오핑의 남순강화(南巡講和) 이후, 중국 경제는 비상하기 시작하였다. 이리하여 사상계는 두 번째 단계에 접어들었다. 시장사회의 출현에 따라, 지식인의 생존환경과 사회존엄은 세속화의 극심한 도전을 받아 급속히 주변화하였다. 그들은 국가권력을 마주함과 동시에, 시장과 돈의 압력이 훨씬 직접적이고 구체적이라는 사실을 발견하고서 놀라지 않을 수 없었다. 시장경제는 본래 80년대 계몽지식인이 부르짖던 이상의 하나였지만, 시장이 정말로 다가왔을 때 계몽자 자신은 도리어 가련한 희생양이 되고 말았다. 이리하여 시장사회를 어떻게 바라볼 것인가, 지식인은 어떻게 자신의 존엄을 재건할 것인가를 둘러싸고 논전이 일어났다. 즉 1994년 왕샤오밍(王曉明) 등의 상하이 지식인들이 ≪독서≫에 맨 처음 제기했던 인문정신대토론회,[19] 작가 장청즈(張承志)와 장웨이(張煒)가 '투항에의 저항'을 제창하여 일으킨 도덕이상주의논전,[20] 문학평론가 장이우(張頤武)와 천샤오밍(陳曉明)이 대표하는, '5·4'이래의 계몽담론을 부정하고 세속적 삶을 긍정하는 포스트모던과 포스트식민주의 사조 및 논전[21] 등이 그것이다.

다른 한편, 중국이 날로 글로벌한 국제경제정치질서에 편입됨과 아울러 국내의 시장사회와 정치권위주의가 병존함에 따라, 사회와 국가, 세계화와 민족주의의 관계가 대단히 복잡해졌으며, 중국지식인은 현실수준에서 더욱 심각한 분기를 일으켰다. 즉 덩정라이(鄧正來)가 ≪중국사회과학계간(中國社會科學季刊)≫(홍콩)에서 제기한 시민사회와 공공영역의 토론,[22] 잡지 ≪동방(東方)≫과 ≪전략과 관리(戰略與管理)≫에 전개된 민족주의와 세계화의 논쟁[23] 등이 90년대 중기에 전면적으로 전개되어 차츰 개혁의 방향 및 원칙과 관련된 훨씬 심층적인 문제를 이끌어냈으며, 사회정치면에서 조금씩 자유주의와 신좌파의 두 진영을 형성하면서 각자의 깃발, 이론과 대표적 인물을 찾아내기에 이르렀다.

1997년 말 왕후이가 잡지 ≪천애(天涯)≫에 발표한 〈오늘날 중국의 사상동향과 현대성 문제(當代中國的思想狀況與現代性問題)〉는 자유주의와 신좌파 사이의 3년여에 걸친 대논전의 도화선이 되었으며, 대분화는 여기에서 세 번째 단계로 접어들었다. 두 파는 현대성, 자주와 민주, 사회정의, 경제윤리, 민족주의 등, 중국의 개혁과 관련된 일련의 중대 문제에 대해 격렬한 논쟁을 전개하였다. 그 논쟁은 규모의 크기나 쟁점의 광범함, 그리고 토론의 깊이에 있어서 20세기 중국사상사에서 극히 보기 드문 것이었다.[24]

이 세 단계의 대분화를 거쳐 90년대 말에 이르러, 신계몽운동 내부의 취약한 동질성은 이미 완전히 해체되었으며, 추구하는 목표/가치지향에서나 지식배경/담론방식에서나 모두 중대한 균열을 일으켜 공약불가능성(Incommensurability)이 되었다. 80년대에 형성된 통일된, 효과적인 대화를 진행할 수 있는 사상계는 더 이상 존재하지 않았다. 신계몽운동은 해체되었으며, 이는 '5・4'운동 당시와 흡사하였다.

80년대에 비해, 90년대 사상계의 분기는 대단히 심각하여 공약불가능한 성격을 지니고 있었다. 80년대에도 계몽진영 내부에 분기가 있었고 격렬한 논쟁이 자주 벌어졌지만, 그 논쟁은 흔히 관념과 이해에서의 분기일 뿐, 논쟁 당사자사이에는 일치성이 훨씬 많았다. 즉 계몽자로서 전통적 집권체제를 마주하여 그들의 이익은 사회이익이든 경제이익이든 일치하였다. 각자의 가치관념이나 선호하는 이데올로기는 차이가 있었음에도 그들의 지식구조는 상당히 동질적이었으며, 서구의 지식과 중국문화전통에 대한 이해는 혼돈스러우면서도 총체적이었다. 가장 중요한 점은 현대화 목표에 대한 80년대 계몽자의 해석과 추구 역시 고도로 일치하였다는 것이다. 그것은 곧 총체적인 의미에서의 서구가 대표하는, 민주정치, 시장경제와 개인주의를 핵심적 가치로 삼는 보편화된 현대화였다. 그러나 90년대에 이르러 중국사상계에 발생한 분기는 단순히 관념의 분기가 아니라, 이익의 분화, 지식구조의 균열과 추구하는 현대성 목표의 차이 등의 훨씬 심각한 것이었다.

첫째는 이익의 분화이다. 90년대 중기 이후의 중국에는 경제와 사회 이익의 현저한 분화가 나타났으며, 각 사회계층 사이에 심각한 등급분화, 심지어 긴장관계가 발생했다. 지식인에게 있어서 이러한 분화는 이중의 성격을 지니고 있었다. 한편으로 지식인 내부에서는 1992년 이전의 전체 지식인의 경제적 수입과 사회적 지위의 균질성에 커다란 변화가 발생하였다. 즉 문화시장의 엘리트와 아카데미의 최상위 엘리트는 일반 지식인과 문화인에 비해 월등한 수입과 높은 사회적 지위를 누리고, 지식엘리트와 지식대중 사이에는 이익상의 차별이 발생하였다. 이리하여 지식인은 자신의 이익의 차이에 따라 동일한 문제에 대해 확연히 다른 입장을 보이게 되었다. 다른 한편 지식인 외부에서는 사회 각 계층의 이익에 분화가 발생하고 하층의 이익과 상층의 이익에 균열이 발생한 뒤, 전통적 지식인에서 유기적 지식인으로의 전변의 과정이 가속화되었다. 80년대의 지식인들은 흔히 자신이 민족국가의 전체적인 이익 혹은 보편진리의 화신이라고 공언했다. 90년대 이후 일부 지식인, 특히 경제자유주의 지식인은 중국의 현대화를 중산층에 기탁하고, 심지어 의식적으로 중산층의 경제, 사회 및 정치적 이익의 대변자가 되었다. 반면 일부 지식인, 특히 좌익 지식인은 사회분화과정에서 나타난 사회하층의 굴욕적 지위에 불만을 품고서 하층민중의 이익을 대표하고 피억압자를 대변하겠노라 자처하였다. 지식인 내부와 사회이익의 분화로 말미암아 그들 각자의 현대성과 계몽에 대한 이해는 전혀 다른 현실적 맥락을 갖게 되었던 것이다.

둘째는 지식구조의 분화이다. 중국과 서구의 문화전통에 대한 80년대 계몽자의 이해는 총체적이면서도 혼돈스러웠다고 한다면, 90년대에 이르러서는 국학열, 그리고 서구 서적을 번역하거나 해외에 유학한 중국학자가 중국사상계와 지식체제의 전문화, 세분화에 가담함에 따라, 지식인들은 중국문화와 서구지식 내부의 풍부한 사상전통과 지식구조에 대해 이미 상당한 정도로 이해하게 되었다. 서로 충돌하면서도 '새로움'을 표방하는 각종 사조를 마주하여, 지식인의 이론배경 역시 급속히 분화하면서 각자의 지식장(잡지, 세미나, 제도화된 공간, 문화자본, 지식출신과 생활관습 등)을 지닌 지식공동체를 형성하였다. 상당히 높은 정도로 각 지식공동체가 기대고 있는 지식구조는 공약할 수 없을 만큼 변하여, 효율적인 대화를 형성할 수도 없고, 나아가 기본적 상호 이해도 결여하게 되었다. 이렇게 일단 논쟁이 이루어지자 공통의 관심은 지니고 있어도 각자가 기대고 있는 지식구조는 이처럼 달라서, 논쟁은 더욱 서로에 대한 오독, 무의미한 충돌을 드러내고 말았다.

마지막으로 추구하는 목표의 분화이다. 현대성은 모든 계몽지식인의 공통적 추구이지만, 90년대에 이르러 개혁과정에서 나타난 이익의 균열과 지식구조의 분화로 말미암아 문제는 현대성을 원하는가의 여부가 아니라 어떤 현대성을 바라는가로 변모하였다. 현대성은 역사목적론의 보편적 가치에서 의론이 분분한 다종의 현대성으로 변하였다. 또한 상이한 현대성의 메타담론의 시야 속에서는 본래 자명했던 현대성의 기본 가치, 이를테면 자유, 민주, 시장, 공정, 평등 등등이 이제는 서로 다른, 심지어 충돌되는 함의를 갖게 되었다. 그리고 이들 학술논쟁은 아카데미의 성격만을 지니고 있는 것이 아니라, 이들 학술적 선택의 이면에 중국개혁의 구체적 목표, 방안 및 방법과 밀접히 연관되어 직접적인 실천품격을 지니고 있다. 중국의 개혁목표는 궁극적으로 개인의 권리가 우선되는 고전적 자유주의사회인가, 아니면 각 사회계층의 평등을 우선적으로 고려하는 급진민주사회인가, 혹은 자유와 공정을 함께 고려하는 사회민주주의사회인가 등등, 90년대의 중국사상계는 이미 현대성 목표에 있어서 다양한 이정표를 설정하였다.

90년대의 분화는 어떤 성격을 지니고 있는가? 이는 현대성 자체의 긴장과 충돌의 결과라고 우리는 생각한다. 현대성 자체는 하나의 패러독스이다. 유럽의 계몽사조를 대충 돌아본다면, 계몽사상은 이제껏 단순하고 단일한 사상체계가 아니었음을 금방 알아차릴 수 있다. 근대유럽의 영국에서는 아담 스미스(A. Smith)로부터 로크(J. Locke)까지가 계몽사상의 경험주의전통을 대표하였다. 상황이 꽤 복잡했던 프랑스의 경우, 볼테르(F. M. A. Voltaire)는 영국식의 경험주의사상을 대표하고, 데카르트(R. Descartes)는 계몽사상의 이성주의전통을 대표하였으며, 루소(J. Rousseau)는 자연을 숭상하는 비이성주의전통을 대표하였다. 유럽의 계몽사상 내부에도 각종 계몽사상은 대단히 풍부하고 복잡하며, 심지어 내적 긴장과 충돌이 존재하고 있음을 알 수 있다. 20세기 서구사상 가운데의 과학주의와 인문주의, 이성주의와 낭만주의, 현대와 포스트모던 등의 각종 충돌의 근원은 근대 유럽의 계몽사상으로 거슬러올라갈 수 있다.

장하오(張灝)는 '5·4'계몽사상 내부에는 심각한 이원성(二元性)이 존재한다고 지적한다. 그는 그 가운데의 네 가지 이원성의 긴장관계를 분석하였다. 즉 이성주의와 낭만주의, 회의정신과 신종교, 개인주의와 집체의식, 민족주의와 세계주의 등이 그것이다.[25] 우리가 위에서 분석하였듯이, 80년대의 신계몽운동에도 장하오가 지적한 바의 '5·4'사상 내의 긴장관계가 똑같이 존재하고 있다. 90년대 사상계의 각종 논쟁은 애초에 계몽사상의 내부 분기였으며, 그 핵심은 모두 중국현대성의 근본문제를 둘러싸고서였다. 계몽사상 내부에 내적으로 충돌하는 성격 및 상이한 사상전통이 존재하였기 때문에, 80년대의 '태도의 동일성'으로부터 90년대에 이르러 현대성에 대한 상이한 이해, 성찰, 초월 내지 비판이 일어나기 시작했다. 그 연원에서 보자면, 90년대의 논쟁은 계몽이 계몽을 반대하고, 자신이 자신을 반대하는 논쟁이었다. 90년대 논쟁에 참여했던 대다수는 모두 80년대 신계몽운동의 참여자로서 계몽사상의 낙인이 깊이 찍혀져 있었다. 보다 중요한 점은 계몽주의의 옹호자뿐만 아니라 그들의 비판자조차도 스스로를 80년대 신계몽운동의 비판적 계승자로 이해하고 있었다는 것이다.[26]

자유, 해방, 발전, 진보, 부강, 인권, 민주, 평등, 공정. 이들 모두는 계몽운동이 인정하는 이상목표이다. 그렇지만 이사야 벌린(Isaiah Berlin)이 지적하고 있듯이, 계몽운동이 추구하는 이들 가치는 결코 내적 조화를 이루고 있는 것이 아니라 내적 충돌을 일으키고 있으며, 이들은 동시에 이상 상태에서 등가적으로 실현될 수 없는 것이다.[27] 이것이 바로 계몽사상의 내적 패러독스의 연원이다. 상이한 계몽사상은 모두 어떤 가치에 대한 우선적 선택이다. 이를테면 자유주의는 개인의 권리를 훨씬 더 중시하며, 급진적 좌익은 사회와 경제의 평등의 우선성을 훨씬 강조한다. 반면 포스트모던 사조는 각종 억압적 담론에서 개체를 해방시키는 데에 치중한다. 80년대에 이들 이상과 추구는 모두 신계몽운동의 일부였으며, 계몽자들은 이들 사이에 내재된 부조화의 성격을 결코 의식하지 못했다. 전통적인 국가집권체제와 마주하여, 그들은 이 그물을 찢어내기만 하면 계몽운동이 추구하는, 구미국가를 좌표로 삼는 유토피아 이상세계를 실현할 수 있으리라 믿었다.

80년대에 계몽운동은 공통의 '적'과 함께 일치된 목표를 가졌다. 그러나 90년대 중기에 이르러 시장경제가 전면적으로 전개되고 80년대의 계몽목표가 일부 실현된 이후, 계몽운동은 공통의 적도, 일치된 목표도 잃고 말았다.

개혁이 심화되어 마주한 적은 도대체 전통적 집권사회주의인가, 아니면 글로벌 자본주의(이른바 '신자유주의')인가, 혹은 양자의 결합인가? 또한 개혁이 힘을 쏟는 핵심 목표는 도대체 개인의 자유권리와 헌정국가를 중심으로 삼아야 하는가, 아니면 경제 발전과 과학기술의 혁신을 절대진리로 간주해야 하는가, 혹은 사회적 약자를 보살피는 평등을 우선하는 사회를 추구할 것인가? 이러한 계몽운동과 관련된 가장 기본적인 국정판단과 가치판단에서 계몽자 사이에는 심각한 분열이 발생했으며, 이러한 분열 이면에는 바로 계몽의 여러 가치 자체의 충돌이 있었다. 상이한 가치 우선성에 대한 이해와 선택의 결과가 90년대 중국사상계의 가장 기본적인 분기를 이루고 있었던 것이다.

90년대의 분기는 훗날 도저히 양립할 수 없는 지경으로 발전했지만, 표면적인 충돌의 이면에는 늘 계몽을 견지하든, 계몽을 성찰하든, 혹은 계몽을 부정하든 어느 쪽이나 스스로 깨닫지 못했던 가설의 일치성이 있었다. 관념의 이면에 감추어져 있는 이들 가설을 드러내고 분석하는 것이야말로 우리 연구의 중요한 목적이다.

제1세대 반(反)계몽 지식인은 계몽진영에서 나왔기 때문에, 마치 '5・4'지식인이 '전통으로써 전통을 반대'했던 것처럼 흔히 '계몽으로써 계몽을 반대'하였다. 즉 계몽의 심층모식으로써 계몽의 표층관념을 반대했던 것이다. 그들의 반계몽 관념 이면에는 강렬한 계몽주의적 가설이 존재하고 있었다. 이른바 계몽주의적 가설이란 인간의 이성을 중심으로 삼는 정합성(整合性) 이데올로기를 가리킨다. 역사적으로 볼 때, 계몽은 중세의 신학 혹은 유학의 대체물로서 심각한 정합성 이데올로기의 특징을 지니고 있는 바, 과학주의나 인도주의이든, 합리주의나 경험주의이든 모두 신의 의지 혹은 유가의 심성(心性)과 마찬가지로 인간 이성의 능력을 확신한다. 계몽주의의 실행은 정치적 실천차원에서 정치이데올로기가 된다. 오크셧(M. Oakeshott)*은 이렇게

* 오크셧(Michael Oakeshott, 1901-1990)은 영국의 철학자이자 정치사상가로서, 현대 보수주의의 대표적인 이론가 중의 한 사람이다. 대표적인 저서로는 ≪정치학에서의 이성주의(*Rationalism in Politics and Other Essays*)≫, ≪역사에 관하여(*On History and Other Essays*)≫ 등이 있다. – 역주

지적하고 있다. "하나의 정치이데올로기는 하나의 추상원칙, 혹은 하나의 추상원칙체계를 의미하며, 그것은 독립적으로 인간에 의해 사전에 계획된다. 그것은 사회배분에 참여하는 활동을 위해 명확히 기술된, 추구할 필요가 있는 목적을 사전에 제공하며, 이러한 때 또한 고무해야할 욕망과 억압하거나 방향을 바꾸어야할 욕망을 구분하는 수단을 제공한다."[28)]

분명히 90년대 중국사상계의 논쟁은 기본적으로 거시적 이데올로기차원에서 발생한 이데올로기 논쟁이며, 논쟁을 벌인 양측의 사상은 계몽의 통합적 가설을 지니고 있다. 이를테면 90년대의 포스트모던 이론은 혁명이데올로기와 계몽사상을 포함한 현대성 서사를 비판의 대상으로 삼고 있는데, 이 양자는 모두 거대서사를 가정하고 있기 때문이다. 그러나 중국의 포스트학(post學)은 결코 서구처럼 단순히 해체만을 목적으로 삼지 않으며, 계몽사상 전통이 남긴 건설성(construction)을 명확히 띠고 있는 바, 자못 흥미롭게도 현대성을 대신할 방안, 즉 이른바 '현대성'에서 '중화성'으로의 방안을 제기하였다.[29)] 포스트학은 중국에서 경쟁성의 방안이 아니라, 총체론(holism)적 대체성 방안이 되었다. 이는 설사 오늘날의 중국사상이 외래의 것일지라도 이들 외래사상은 여전히 중국의 맥락 속에 놓여져 그 특수한 건설적 목적을 부여받았음을 의미하고 있다. 이것이 계몽과 반계몽 지식인의 공통된 우환의식과 관련되어 있음은 분명하다. 그들은 중국의 위기가 총체적이라고 여기며, 따라서 총체적 방안으로써 문제를 제기하는 데에 몰두한다. 총체론적 사유방식과 상응하여, 그들이 문제를 인식하는 방법은 또한 환원주의적이다. 즉 그들은 오늘날 중국의 복잡한 현실문제를 하나의 근본적이거나 궁극적인 원인으로 환원한다. 이를테면 혹자는 시민사회의 미성숙과 중산층의 결여의 탓으로 돌리고(시민사회이론), 혹자는 정부의 권력이 지나치게 비대하고 시장의 자유가 결핍된 탓으로 돌리며(자유주의이론), 혹자는 글로벌 자본주의논리의 탓으로 돌린다(신좌파이론). 90년대의 수많은 지식인들은 여전히 이데올로기의 입법자로서 자처한다. 갖가지 주의가 의심할 여지없는 확신이나 환원주의적 독단으로 자기만족적인 총체적 해결방안을 제기할 때, 이러한 이데올로기는 자아를 성찰하거나 서로 대화할 길이 없다.

90년대의 사상분기 이면에서 우리는 계몽가족 공통의 휘장을 발견해낼 수 있다. 이러한 의미에서 90년대는 계몽후기(late)이지, 후(post)계몽시대가 아니다.

4. 두 가지 계몽 : '존덕성(尊德性)'과 '도문학(道問學)'

90년대 초 일부 지식인은 신계몽운동을 '신기함만을 좇는 탁상공론'이라 비판하기 시작하였으며, 이를 학풍의 '경박'과 '공허'의 탓으로 돌렸다.[30] 그들은 의식적으로 사상계에서 빠져나와 전문적인 학술계로 들어갔다. 그들은 학술사와 학술규범의 재건 및 전통국학의 정리를 통하여 중국학술과 문화를 위한 굳건한 지적 기초를 다졌다. 새로운 민간학술잡지, 이를테면 ≪학인(學人)≫, ≪중국사회과학계간≫(홍콩), ≪학술집림(學術集林)≫과 ≪원학(原學)≫ 등의 창간은 일부 계몽지식인이 학술화와 지식화로 전향하여 명확히 전문화를 지향하는 학자로 변모하였음을 구체적으로 보여주었다. 90년대의 '국학열'은 상당한 정도로 이러한 학술화로 돌아선 지적 산물이었다.

그러나 이 전향은 80년대의 계몽 전통을 견지한 지식인에게 비판받았다. '사상가는 옅어지고 학문가는 두드러진다'[31]고 여긴 그들은 '사상'과 '학술' 가운데 어느 것이 우선적인지의 문제를 둘러싸고 크지도 작지도 않은 규모의 논쟁을 전개하였다.[32] 사실 '사상'의 견지이든, '학술'의 제창이든, 양측은 모두 '학술'과 '사상'이 병존할 수 있으리라 생각하였으며, 왕위안화가 제기한 '사상을 지닌 학술과 학술을 지닌 사상'[33]에 찬성하였다. 진정한 분기는 계몽에 대한 견해, 즉 90년대의 새로운 역사적 상황아래에서 어떻게 계몽을 지속할 것인가에 있었다.

확실히 '학술'로 전향한 지식인 가운데에는 완전히 계몽을 떠난 이들도 상당수 있었다. 특히 60년대에 태어난 젊은 학자들은 지식인의 공적 관심(public concern)을 포기한 채 국가의 규제 아래에서의 세분화된 지식체제 안에서 전문가형 지식인이 되고자 애썼다. 그러나 나머지 대다수의 '학술'형 지식인, 특히 80년대에서 건너온 이들은 '5 · 4'운동의 급진주의에 대한 성찰 및 문화보수주의의 역사적 가치에 대한 재발견을 통하여 실제로 계몽에 대해 새로이 이해하게 되었다. 즉 계몽의 심화는 단지 낭만주의적 사상격정에만 의지해서는 안 되며, 보다 중요하게는 학술의 튼튼한 기초가 마련되어야 한다는 것, 끊임없이 조류를 뒤쫓기보다는 서구 학문에 대해 가장 기본적인 학술연구가 이루어져야 한다는 것, 전통에 대한 연구 역시 입장이 우선하는 가치평가태도를 버리는 대신 지식론의 분석방법, '동조적인 이해(Sympathetic Comprehension)'로써 전통을 새로이 해석해야 한다는 것 등이 그것이다. 그러나 이 '또 다른 계몽'은 지금까지도 '사상'형 지식인들에게 이해받거나 받아들여지지 않았다. 양측의 분기 역시 계속 확대되고 있으며, 계몽사상을 견지한 90년대 지식인들의 이원적 분화가 차츰 이루어졌다. 이 두 가지 상이한 계몽 입장은, 송명대 이학(理學)의 내적 취향을 구분한 위잉스선생의 용어로 말한다면, '존덕성(尊德性, 도덕실천)'과 '도문학(道問學, 지식주의)'의 분기라고 할 수 있다.

80년대의 신계몽운동은 여러 면에서 볼 때 '5 · 4'의 복제품으로서, 이성운동이자 질풍노도의 운동이었으며, 이성에 비해 격정의 성분이 훨씬 우세했다. 중국 역사상의 학술 맥락에서 정리한다면, 또 한 차례의 송학(宋學)의 시대라고 할 수 있다. 누구나 의리(義理)를 떠들어대고 고상현묘한 의론을 주고받았으며, 전통사대부의 구세(救世) 정서로 충만했던 것이다. 90년대 이후 학계의 형세는 급변하여 '존덕성'에서 차츰 '도문학'으로 바뀌었다. 사상가들은 엷어지고 학문가들이 두드러졌다. 상당수의 계몽자들은 광장에서 아카데미로 물러나 고증으로써 의리를 대신하였다. 청학(淸學)의 시대가 도래했다. 의리와 고증의 분열, 한송(漢宋)의 다툼이 끊이지 않았다. 국가체제와 전문화 역량에 힘입어 청학은 크게 흥성하였던 반면, 80년대에 형성된 계몽진영은 내부 분화를 거듭하였다. 지셴린(季羨林), 왕위안화와 리선즈(李愼之), 오늘날 중국에서 덕망이 높았던 학계의 세 거두는 상이한 지향의 정신적 상징을 감당하였다. 지셴린은 국학대사이자 공인된 청학의 대표로서 학술을 위한 학술을 지향하고 지식 추구를 위한 지식을 추구하여, 박식한 대학자의 모범이 되었다. 왕위안화와 리선즈는 계몽의 영수로서, 민간에서는 '남왕북리(南王北李)'라고 일컬었다. 쓰라린 일을 겪은 이후 이들 모두 자유주의의 기본가치를 인정하였지만, 계몽방식은 사뭇 달랐다.

리선즈가 계승한 것은 '5·4'의 질풍노도 전통이었다. 그가 보기에 90년대의 지식계는 위축되었고 비판적 열정을 상실했다. 사기를 북돋기 위해 그는 도덕이상을 견지하고 몸소 실천에 앞장섰다. 반면 왕위안화는 80년대의 학풍이 경박하여 주의(主義)만 따질 뿐 문제를 하찮게 여긴다고 느꼈기에, 90년대에 들어서서 '학술을 지닌 사상과 사상을 지닌 학술'을 제창하였던 것이다. 그가 계승한 것은 '5·4'의 이성주의 전통이었다. 그는 청대의 대진(戴震)처럼 의리와 고증을 모두 중시하고, '도문학'의 기초로서 '존덕성'을 제시하여 계몽사상을 깊이 있는 학술로 변모시켰다. 다른 한편, 계몽 자체에 대해서도 깊이 성찰하였던 왕위안화는 계몽이 어떻게 자아를 부정하여 현대의 유토피아적 비극을 초래했는지를 탐구하였다. 그는 계몽의 사고방식에 대한 초월을 통하여 다시금 계몽의 목표를 지켜내고자 하였다. 반면 적아(敵我)를 보다 명확히 구분하기 위해, 리선즈는 계몽과 전제를 마치 빛과 어둠처럼 단호히 나누었다. 왕위안화는 계몽사상 내의 복잡성과 긴장감을 체득하였으며 때로 이성적 비관을 드러냈다. 반면 계몽에 대한 리선즈의 이해는 이상에 가까워 순진한 낙관으로 충만하였다. 왕위안화가 숙고형이라면 리선즈는 열정형이었으며, 두 사람이 가는 곳은 같았으나 길은 서로 달랐던 것이다. 이것은 두 계몽대사에게만 드러난 것이 아니라, 그들의 뒤를 따른 계몽지식인들의 상이한 방향이기도 하였다.

80년대에는 계몽의 지식탐구와 도덕실천이 통일되었지만, 90년대에 이르러서는 차츰 분리되었다. 즉 학술탐구는 더 이상 실천의 지향을 갖지 못한 채 날로 공공생활에서 유리된 엘리트지식으로 변모하였다. 반면 도덕실천의 존재근거인 이데올로기 깃발은 그 학술이론의 공허함으로 말미암아 엘리트

지식인의 동질감을 얻어내지 못하였다. 이 두 가지 곤경은 오늘날에도 여전히 오늘날 중국의 계몽지식인을 얽어매고 있다.

5. 현대화에서 현대성으로

계몽운동의 핵심문제는 현대성을 어떻게 이해할 것인가의 문제이다. 현대성이란 무엇인가? 막스 베버(M. Weber)는 현대성을 이성화의 과정으로 설명한다. 즉 중세기의 신적 세계에서 벗어나 인간 스스로가 자신의 운명을 주재하고 인간의 이성이 초월적 의지를 대신하는 단계를 거쳐, 최종적으로 행동의 합리성을 이루는 과정이다.[34] 그러나 중국의 계몽운동의 경우, 현대성은 서구사회와 유사한 세속화과정 외에도 훨씬 복잡한 의미를 내포하고 있다.

80년대의 신계몽운동 중에 계몽자들이 훨씬 자주 사용한 것은 현대성이 아니라 현대화였다. 화용론상에서의 이 두 용어의 차이는 전자가 역사적 과정을 중시한 반면 후자는 규범적 이해를 중시한다는 점뿐만이 아니다. 더욱 중요한 점은 오늘날 중국에서 이들이 각각 겨냥하는 것이 다르다는 사실이다. 현대화라는 목표는 맨 처음 세속화한 개혁사회주의 국가이데올로기에 출현하여 사상해방운동과 신계몽운동의 공통 목표가 되었다. 비록 현대화의 의미에 대한 구체적인 해석은 각기 달랐지만, 현대화라는 이념 이면의 가설은 일치하였다. 즉 현대는 전통의 대립면으로 이해되었으며, 현대화의 핵심문제는 어떻게 전통에서 현대로 나아가는가였다. 반면 현대성은 1994년 이후에야 광범하게 응용된 개념이었다. 이 개념을 체계적으로 제기하고 토론했던 것은 80년대의 계몽이상을 견지했던 계몽파가 아니라, 계몽에 대해 비판하고 성찰하는 입장을 지녔던 포스트학파와 신좌익이었으며[35], 이로부터 이 두 파가 사고하는 핵심적 문제의식의 하나가 되었다. 반대로 계몽사상의 깃발을 치켜들었던 자유파는 현대성이란 이 문제에 대해 줄곧 토론의 열정을 보이지 않았다. 그들은 여전히 80년대의 현대화라는 사고로써 현대성의 문제에 응답하였다.[36] 이로써 알 수 있듯이, 90년대의 현대성과 80년대의 현대화는 직접적인 연원관계가 없으며, 오히려 상반된 문제맥락에 속한다. 80년대의 현대화가 주로 겨냥하고 있는 것이 이른바 전통과 중국이며, 전통에서 현대로, 중국에서 서구로 나아가고자 하였다면, 90년대의 현대성 문제의 제기는 분명 포스트모던사조 및 서구현대화에 대한 성찰과 관련이 있다. 현대성은 바로 포스트모던이 모던에 도전한 산물이며, 현대성 자체를 어떻게 성찰할 것인가가 현대성이란 문제의 핵심이 되었다.

만청에서 1980년대에 이르기까지, 현대화 문제는 상당한 정도로 시간과 공간에 대한 새로운 이해였다. 중국 계몽주의의 현대화사상은 두 가지 이원적 사유방식의 기초 위에서 수립되어 있는데, 하나는 시간면에서의 전통/현대의 이분법이고, 다른 하나는 공간면에서의 중국/서구의 이분법이다. 이 두 가지 이원적 사유방식의 이면에는 하나의 일원론적 역사발전목적론의 가설이 놓여져 있다. 즉 만청의 사회다윈이즘(social Darwinism)의 진화론으로부터 현대의 마르크스의 유물론적 역사발전관에 이르기까지, 그리고 '5 · 4'에서 80년대에 이르기까지의 계몽주의는 모두 선형적 일원론 역사관의 기초 위에 세워져 있다. 어떻게 전통에서 현대로 나아가고, 중국에서 서구(전통사회에서 서구의 목표는 소련으로 치환된다)로 나아가는가는 중국 현대화의 역사적 추구이자 반드시 거쳐야 할 길이었다.

80년대의 현대화 서사는 전통사회주의의 현대화목표를 전복시켰으며, 서구를 모델로 하는 현대화로 대체하였다. 그러나 이 현대화는 일련의 중성적이고 측정가능한 지표로 묘사되었으며, 여전히 선형적 일원론 역사관의 일부로서 역사목적론의 색채를 선명하게 띠고 있었다. 중국과 서구의 관계는 왕후이가 묘사하였듯이 '일종의 시간성 공간관계'[37], 즉 현대성의 수준이 다른 관계이며, 현대성이론은 중성적 이성화를 특징으로 하여 공간 위의 시간을 병렬하는 문화관계를 시간상의 보편관계로 치환하였다. 현대화는 서구와 동일해져가는 시간성 추월관계로 이해되었다. 80년대 문화열의 핵심주제는 이른바 중서문화 비교인데, 이 비교의 이면에는 당시 지식계에 보편적으로 유행하던 전통/현대의 이원론적 방식이 가정되어 있었다. 즉 중국문화와 서구

문화는 이분되어 있으며, 전자는 전통적 가치체계를 대표하고 후자는 현대적 문화가치를 대표한다. 그리하여 문화의 공간적 병치관계는 선형적인 시간서술로 전환되었다. 바꿔 말하면, 중국문화의 전환은 낡은 문화의 타성과 병폐를 어떻게 극복하여 글로벌한 구미 현대문명의 물결 속에 녹아들어갈 것인가를 의미하게 되었다. 이것이 80년대 중국계몽사상의 공통적인 가설을 형성하였던 것이다.

이러한 선형성의 일원론적 역사관은 90년대에 들어서서도 여전히 이어지고 있다. 한편으로 자유주의자에게 있어서 80년대의 현대화 목표는 한 걸음 더 나아가 서구식의 자유주의 양식이라 풀이되며, 세계화 혹은 글로벌한 가치의 보편적 이상으로 받아들여진다.[38] 자유주의는 오늘날 중국에서 이상화된 새로운 시간 유토피아이자 역사적 종점이 되었다. 이곳에서 자유, 평등, 평화, 행복 등의 인류 이상의 갖가지 가치는 모두 조화롭게 실현될 수 있다. 다른 한편, 초기 포스트모던과 포스트식민사조의 고취자에게 있어서, 그리고 심지어 그들의 비판자에게 있어서 포스트모던은 현대성보다 시간적으로 나중에— 따라서 훨씬 높은— 후속양식으로써 출현한 것이며, 현대성에서 포스트모던으로의 이행은 기묘하게도 포스트학의 이념을 스스로 부정하는 역사적 필연성을 보여준다. 아울러 이러한 포스트모던은 다시 이른바 포스트식민이론과 결합하여 이른바 '중화성(中華性)'이란 공간 상징을 출현시킴으로써[39] 중화성/서구성의 이원론적 대항공간을 형성하였다. 그러나 이러한 공간의 표출은 여전히 불가역적 시간관을 전제로 하는 것이어서, 80년대의 '시간성 공간관계'의 또 다른 변종이라 할 수 있다.

80년대는 현대화를 열렬히 추구하였는데, 그 역사적 함의는 전통사회주의의 실천에 대한 비판과 부정이었다. 1992년 이후 중국에 시장사회가 출현하기 시작하여 현대화의 목표가 일부 실현되었으나, 왜곡된 방식으로 현대로 나아가는 면도 있었다. 이에 대해 우려한 일부 지식인들은 현대화의 목표 자체에 대해 성찰하기 시작하였다. 아울러 1994년 이후에 제기된 현대성 문제는 중국사상계가 계몽을 성찰하고 만청 이래 중국현대화의 방법과 방식을 성찰하는 데에 메타이론(Metatheory) 차원의 사고의 초점을 제공하였다. 현대성의 문제의식은 우선 계몽을 광명으로의 해방과정이라 간주하는 관점을 변화시킴과 동시에, 계몽의 내적 한계와 억압적 성격을 지적해냈다.[40] 둘째로 현대화를 일원론적인 단선의 역사목적론의 산물로 간주하지 않고, 다원적인 공간관계 속에 놓고서 이해하였다. 다원적 현대성의 출현은 중국의 현대성 사고에 또 다른 상상의 공간을 제공해주었다. 이러한 다원적 현대성은 '시간성을 제거'한 것이다. 다시 말해 중국과 서구의 공간관계를 발전 순서의 시간 계열로 이해하지 않으며, 중국이 반드시 서구의 길을 되풀이하여 서구의 오늘을 중국의 내일로 간주하여야 한다고 여기지 않는다. 이를 증명하기 위하여 일부 학자들은 현대성 모색의 시선을 구미에서 아시아, 특히 일본 사상가의 아시아 현대성에 대한 논술로 전환하였다. 아시아의 현대성과 구미의 현대성 및 그 내부의 훨씬 다원적인 성질로써 다원적 현대성의 역사적 근거를 증명하였던 것이다.[41] 또한 1994년에 거의 동시에 출현한 제도혁신론(制度創新論)은 서구의 자본주의와 전통적인 사회주의를 뛰어넘어 제도혁신의 중국적 현대성의 길로 나아가고자 하였다.[42] 이 제도혁신론은 다원적 현대성 논자들의 열렬한 호응을 받아 다원적 현대성의 중국판 실천강령이 되었다. 다른 한편, 만청의 진화론 이래의 일원론적인 단선 역사관을 성찰함에 따라, 지식계는 이른바 전통과 현대의 이원대립에 대해서도 상당히 보편적인 회의를 품게 되었다. 프랑스식의 급진적 개혁방식은 포기되었으며, 사상계는 영국식의 점진적 변혁방식에 더욱 경사되었다. 그리하여 현대성은 전통과 현대의 조정을 통해 실현될 수 있는 것으로 새로이 이해되었다. 중국의 현대성은 제도 차원에서든 문화 차원에서든 서구와는 다른 새로운 건설과 문화적 정체성을 모색할 수 있고, 모색해야만 했다. 비록 중국 내부에서였지만, 현대성론은 역사적으로나 현실적으로나 다원적인 추세를 드러냈으며, 연해지구와 내지, 도시와 농촌은 각기 상이한 현대성 방식을 분명히 지니고 있었다.

그러나 다원적 현대성은 여전히 현대성의 보편주의와 특수주의, 보편적 지식과 지방적 지식의 긴장을 해결하지 못하였으며, 이에 따라 세계화 시대의 본토성 문제에 적절하게 반응하지 못하였다. 다원적 현대성론자들이 중국과 서구, 아시아와 구미를 '시간성이 제거'된 채 공간적으로 병치된 두 가지 문명이라 간주하고, 그 차이성과 공약불가능성을 적극적으로 탐색할 때, 규범과 경험에서 현대성 자체의 공약가능성(commensurability)을 어떻게 증명할까? 보편적인 공약가능의 지점이 없다면, 이른바 현대성의 의미는 또 어디에 있으며, 상이한 문명 사이에서는 어떻게 공통의 관심사를 형성하여 대화할 수 있을까?

문제의 곤혹스러움은 바로 여기에 있는 듯하다. 즉 만약 우리가 현대성에 대해 본질론적으로 이해한다면 구미를 현대성의 유일하고 보편적인 기준으로 인정할 수밖에 없으며, 반면 상이한 현대성의 공약가능한 규범에 대해 보편적으로 이해하기를 거부한다면 상대주의의 함정에 빠지게 될 것이라는 점이다. 그렇다면 우리는 어떻게 해야 이러한 곤경에서 빠져나올 수 있을까? 현대성의 규범적 의미에서 현대성은 '가족유사성(family resemblance)'* — 가족 구성원들 모두가 공유하는 공통적인 특징은 없지만, 가족 구성원 대부분이 공유하는 가장 기본적인 특징은 언제나 존재한다는 것 — 을 드러낸다고 말할 수 있을까? 현대성의 가족은 반드시 모든 특징이 똑같지는 않다. 그러나 그들은 동일한 세계를 마주하여 공통의 관심사를 지니고 있으며, 공통의 문제의식과 관심으로써 대화의 가능성을 열어두었다. 그러나 각자의 현대성 실천 중에서 각자가 처한 역사적 경험의 차이, 현실적 처지의 다름과 현대성에 대한 이해의 차이로 말미암아 필연적으로 동일하면서도 다른 다원적 현대성을 드러낼 수밖에 없다. 이러한 의미에서 현대성에 대한 90년대 중국사상계의 편향된 이해는 '글로벌 가치'의 본질주의이든 '다원문화'의 상대주의이

* 비트겐슈타인(Ludwig J. J. Wittgenstein)은 초기에 언어와 세계의 관계에 대해 관심을 가졌으나, 후기에는 언어의 사용에 관심을 가졌다. 그는 언어의 의미가 언어와 사물의 상응에서 비롯되므로 언어의 의미는 언어의 용도에서 찾아야 한다고 주장하였으며, 이것을 놀이에 비유하여 '언어놀이(Language games)'라 일컬었다. 그는 수많은 놀이 사이에는 공통규칙이 없지만 유사성은 있다고 주장하였는데, 그는 이 유사성을 가족의 얼굴이 서로 닮은 것을 비유하여 '가족유사성(family resemblance)'이라 일컬었다. — 역주

든, 모두 극복할 수 없는 내적 한계를 지니고 있다.

80년대의 현대화와 마찬가지로, 90년대의 현대성 문제는 중국사상계의 갖가지 사조의 기본적인 이정표가 되었다. 푸코(M. P. Foucault)가 말했듯이, 현대성은 일종의 태도이며, 오늘날 현실과 관련된 방식이며, 특정한 사람들이 스스로 원하여 선택한 것이며, 일종의 귀속관계이자 임무로 표현되는 것이다.[43] 현대성이 어떤 특수한 역사시기가 아니라 일종의 태도가 될 때, 갖가지 사조는 자각하든 자각하지 않든 이 문제에서 자신의 태도를 명확히 드러낼 것이다. 90년대의 중국사상계에는 구미를 중심으로 하는 보편적 현대화 목표를 견지하는 자유주의가 있고, 구미중심주의를 해체하는 다원적 현대성도 있으며, 현대성을 철저히 부정하는 포스트모더니즘도 있었다. 특별히 지적할 만한 점은 21세기 초에 이르러 스트라우스(L. Strauss)*의 이름이 중국에 널리 회자됨에 따라, 중국사상계에서도 현대성에 대한 제4의 태도가 출현하였는바, 고전주의의 자연권(Natural Right) 입장에서 계몽시대 이래 자유주의에서 포스트모더니즘에 이르기까지 드러났던 가치상대주의와 허무주의를 철저히 청산하였다는 것이다.[44] 미국에서 비롯된 이 문화보수주의 사조는 아직 아카데미에 머물러 있고 유학 부흥을 핵심으로 하는 중국의 신(新)전통주의와 결합하지는 않았지만, 중국 문화의 가치 위기가 표면화함에 따라 문화보수주의와 신전통주의는 더욱 발전하여 차츰 대중화되고 사회이데올로기의 일부가 될 것이다.

현대성의 복잡하고 다원적인 면모, 그것이 현대세계에 가져온 진보, 질서와 후퇴, 혼란은 원래 '태도의 동일성'을 지니고 있던 중국사상계를 분열시켰을 뿐만 아니라, 수많은 지식인들의 마음에 갈등과 긴장감을 불어넣었다. 입장이 비교적 꿋꿋하고 사고가 단순한 자유주의자와 포스트모더니스트를 제외하고, 생각이 좀 더 복잡한 일부 지식인들은 많든 적든 현대성을 마주하여

* 스트라우스(Leo Strauss, 1899-1973)는 독일 태생의 미국 정치철학자로서, 서구 민주주의의 우월성과 반세계화주의를 주장하였다. 대표적인 저작으로는 ≪토머스 홉스의 정치철학(*The Political Philosophy of Thomas Hobbes*)≫, ≪자연권과 역사(*Natural Right and History*)≫, ≪정치철학이란 무엇인가(*What is Political Philosophy?*)≫ 등이 있다. - 역주

대단히 모순된 심리를 드러냈다. 간양을 일례로 든다면, 그는 정치적으로 국내의 보수적 자유주의자를 거듭 비판하고 영국의 버크(E. Burke)식 '귀족자유주의'의 반민주성을 비판한 반면, 프랑스의 토크빌(A. Tocqueville)식의 민주적 자유주의를 찬양하였다. 그는 또한 베버(M. Weber)의 이론을 새롭게 해석함으로써 '대중민간양(甘陽)주'의 방식으로 중국을 정치적으로 성숙한 민족이 되게 하자고 제안하였다.[45] 그러나 그렇다고 해서 간양이 철저한 민주주의자가 된 것은 결코 아니었다. 오히려 거꾸로 그는 문화가치차원에서 스트라우스의 고전주의적 문화보수주의에 뜨겁게 공감하였으며, 자유주의 민주사회가 가져온 가치상대주의와 범속화에 크게 우려하였다. 간양의 이러한 정치와 문화, 민주주의와 보수주의, 평민주의와 엘리트의식의 내적 긴장은 개인적인 것이 아니라, 중국사상가 가운데에 상당히 보편적인 것이었다. 지식인집단의 내부 분화이든 개인의 내적인 갈등이든, 이는 모두 역사실천과정 중에서 현대성이 엄청난 자아갈등을 겪고 있음을 입증해주고 있다. 현대성은 밝은 미래를 의미하는 것이 결코 아니며, 자아억제(self-restraint)의 방식으로 그 역사적 패러독스를 드러낸다. 이 역시 계몽운동이 처한 운명이다.

6. 주체적 인간의 해체

80년대 사상해방운동과 신계몽운동의 중요한 목표 중의 하나는 인간 주체성의 재건이었다. 전통적인 사회주의체제에서 혁명적 유토피아의 이상과 실천은 궁극적 가치로서 지고무상의 주체가 되었던 반면, 개인은 혁명이라는 기계의 하잘것없는 나사못에 지나지 않았다. 이에 따라 갖가지 비(非)인도적이고 반(反)인도적인 비극이 생겨났던 것이다. 그리하여 전통적 사회주의 이념과 실천에 대한 부정으로서, 80년대의 사상해방운동과 신계몽운동은 인도주의의 발양과 인간 주체성의 긍정을 자신의 핵심목표의 하나로 삼았다.

80년대 중국의 계몽자들이 이해하고 있던 인간은 도대체 무엇을 의미하고 있었을까? 그것은 전형적인 계몽운동이 이해하는 바의 인간, 즉 이성적 존재이자 감성적 존재로서 갖가지 합리적인 자연스러운 욕구로 충만해 있는 인간이었다. 이러한 인간이 이른바 '대문자 인간(Mensch)'이다. 인간은 곧 목적 자체이며 자명한 본체론적 지위를 지니고 있으며, 인간 위에 더 높은 목적은 존재하지 않는다. 이러한 인간은 국가와 계급, 그리고 각종 자연사회관계를 초월하며, 보편적 인성을 함유한다. 그는 자주적 의지와 무한한 자아창조능력을 지니고 있으며, 그에게 유일하게 필요한 것은 각종 속박으로부터 해방되어 자아의 본성으로 회귀하는 것이다. 이것은 미학과 철학, 인류학의 의미에서의 인간이며, 구체적 역사맥락에서 분리된 인간이다. 이 분리는 우연적인 것이 아니라, 인간의 지고무상한 주체성을 돋보이게 하여 전통적인 집권체제에 의해 인간의 몸과 마음에 채워진 족쇄를 끊어내기 위함이었다.

허구이메이(賀桂梅)의 연구에 따르면, 인간의 주체성에 관한 80년대의 사조는 세 가지의 이론적 형태로 잇달아 표현되었다. 첫째는 사상해방운동중에 나타난 인도주의적 마르크스주의인데, 초기 마르크스의 소외론을 무기로 전통적 사회주의이론의 소외와 반인도적 실천성을 비판하였다. 다른 두 가지는 동시에 신계몽운동에서 출현하였는데, 하나는 '5・4' 신문화운동의 유산을 계승한 이성주의적 계몽담론이고, 다른 하나는 유럽의 낭만주의와 비이성주의 전통에서 발전한 생명철학 혹은 문화철학이다. 특별히 강조하지 않으면 안 되는 점은 인간의 주체성에 관한 이 세 가지 견해는 각각 그 사상적 연원을 지니고 있으며 현대성과의 관계 또한 다르지만, 80년대의 중국에서 이들 견해의 배후에는 공통적으로 전통(중국)/현대(서구)라는 이원론적 가설이 존재했다는 것이다. 당시 주류담론의 지위를 차지하고 있던 현대화이론의 영향 아래, 인간에 관한 서사는 모두 현대화 지향, 즉 이른바 '인간의 현대화'를 명확히 띠고 있었다. "인도주의 담론이 구축한 개인/국가, 개인/계급, 개인/사회, 개인/문화에 관한 대항관계는 80년대에 결코 실존하지 않았으며, 이는 사회주의 역사를 겨냥한 일종의 이데올로기 담론이었다."[46]

90년대 이후 신계몽운동이 차츰 해체됨에 따라, 원래 내적 조화를 이룬

주체성으로서의 인간에게도 일련의 해체가 발생하였다. 즉 먼저 인간의 정신 영혼과 그의 세속 육체가 분열되었으며, 뒤이어 철학과 인류학의 의미에서의 추상적인 인간이 구체적인 역사 맥락 속에 놓여져 서로 다른 선명한 현실적 신분을 지닌 공민, 국민, 시민 등으로 환원되었다. 마지막으로, 발전주의(developmentalism), 현대화와 계몽운동에 대한 성찰 중에서 주체성으로서의 인간 역시 질의의 대상이 되었으며, 인간은 새로이 자연, 세계, 궁극적 존재와의 상호 관계 속에 놓여져 새롭게 이해되었다.

80년대에는 개인의 정신과 욕망에 대한 전통적 집권체제의 억압을 마주하여, 인간의 해방은 전면적 해방으로 받아들여졌다. 인도주의자들은 이상적인 사회에서 진정한 의미에서의 인간은 이성, 정신, 감성과 세속욕망에서 전면적인 해방과 자유를 얻은 인간이라 믿는다. 그러나 시장경제의 세속화과정으로 말미암아 이러한 전면적인 해방은 유토피아식의 환상이 되고 말았다. 사회의 전반적 상업화는 인간의 원초적 욕망과 공리의 추구를 대폭 풀어주었던 것이다. 거스를 수 없는 세속의 물결 앞에서 인간의 정신가치는 어디에 있는가? 인간의 자아의 의미를 어떻게 이해하고 긍정할 것인가? 80년대의 계몽자들은 이들 문제를 둘러싸고 90년대에 이르러 심각한 분열이 일어났다. 일부 지식인들은 세속사회 속의 인간의 원초적 욕망과 공리주의를 적극적으로 긍정하였다. 반면, 일부 지식인들은 경제의 큰 물결 하에서의 인문정신의 상실을 맹렬히 공격하였다. 인간은 이미 물욕에 의해 통제받는 대상으로 전락하여 더 이상 인간이 아니었던 것이다. 이리하여 1993년에 시작된 인문정신의 대논전이 벌어졌다.[47] 이 논전을 통해 명확히 알 수 있듯이, 계몽이 마주하고 있는 것이 더 이상 전통적인 체제가 아니라 복잡한 시장사회일 때, 그 안에 내재되어 있던 세속성과 정신성이라는 두 가지 상이한 지향, 즉 세속적 공리주의 전통과 초월적 인문정신 전통이 각자 제 갈 길로 가게 되었다. 그리하여 세속과 신성, 욕망의 해방과 정신의 해방이 최초로 긴장을 일으키고, 인간의 본질은 원초적 욕망의 세속인과 인문취향을 특징으로 하는 정신인으로 분열되었다. 80년대의, 정신과 육체가 완미하게 통일된 인간은 해체되기 시작한 것이다.

인간의 해체는 동시에 '인간의 현대화'의 환멸을 의미하였다. 위에서 언급하였듯이, 인간에 관한 80년대의 논술 이면에는 공통적인 가설, 즉 전통/현대의 이원론적 분석틀이 있었으며, 전통의 비(非)인간(노예)으로부터 현대의 자유인으로 나아간다는 역사목적론의 지배를 받고 있었다. 그러나 이른바 현대로 나아가는 과정에서 인간에게는 새로운 소외가 발생하였으며, 매번의 해방은 또 다른 의미에서의 억압을 의미하였다. 오직 구체적인 사회역사의 맥락 속에 놓아야만 특정한 정치제도와 문화환경 아래에서 인간이 얼마나 많은 자유와 해방을 획득하였는지, 그리고 어떠한 자유, 어느 정도의 해방을 얻었는지를 토론할 수 있다. 이리하여 90년대 중기 이후 인간에 관한 토론의 배후에 설정된 가설은 더 이상 이른바 전통에서 현대로의 역사목적론이 아니라, 사회/국가의 이원론적 분석틀로 바뀌었다.

80년대의 중국사상 중에서 개인과 대립면을 이루었던 것은 국가였으며, 국가는 개인의 주요 억압자였다. 전통적인 전체주의 국가체제에서 국가는 사회의 가장 주요한 자원을 독점하였으며, 따라서 사회는 존재하지 않았다. 설사 있다고 하여도 개인으로서 본다면 개인의 대립면이었으며, 억압적 국가기구의 연장된 일부였다. 이러한 개인/국가(사회를 포함)라는 이원론적 대립방식에 90년대에 들어서서 변화가 일어났다. 변화의 핵심은 사회의 출현이었다. 전통적인 전체주의 국가체제가 느슨해짐에 따라, 시장을 축으로 하는 개인사회가 점차 중국에 출현하였던 것이다. 그렇다면 사회는 국가와 개인에 대해 어떤 관계를 맺고 있는가? 사회의 출현으로 말미암아 국가와 개인은 더 이상 추상적인 기호가 아니라, 구체적인 역사 맥락을 갖게 되었다. 개인은 새로이 사회/국가의 틀 속에 놓여 고찰되었다.

80년대의 주제는 이른바 인간의 해방, 즉 인간은 각종 그물과 속박에서 해방되어야 한다는 것이었다. 자유를 이해하는 핵심은 해방이었다. 사실 80년대는 지식인을 중심으로 하는 시대였으며, 이 추상적이고 자유로우며 각종 속박에서 벗어난 인간은 지식인형상의 자아이해로써 기획되고 상상된 것이기도 하였다. 그런데 90년대에 이르러 사회가 국가로부터 일부 이탈하여 시장을 중심으로 자신의 세속법칙을 수립하자, 80년대의 개인과 국가의 대립은 사회와 국가의 상상적 이분(二分)으로 전환되었다. 이러한 시장사회에서 사회의 중심은 일부 사상가들이 보기에 당연히 지식인이 아니라 이른바 중산층이었으며, 이로 인해 시민사회의 대토론이 이루어지게 되었다.

90년대 초 ≪중국사회과학계간≫(홍콩)을 주요 진지로 벌어진 시민사회토론은 개인/국가를 둘러싼 80년대의 문제의식이 90년대에 들어서서 이미 사회/국가의 문제의식으로 전환되었음을 보여주었다. 개인이 마주하였던 것은 과거보다 훨씬 복잡한 사회와 국가였다. 시민사회이론에서 보자면, 시민사회는 개인을 침해하는 국가에 저항하는 보호막이며, 개인은 자주적인 사회로 조직되어야만 효과적으로 자신의 기본권리를 지켜낼 수 있다.[48] 그러나 이와 다른 의견도 있었다. 중국의 역사 맥락 하에서 사회와 국가는 자명한 개념이 아니라 상호침투하며, 국가는 사회의 수립에 참여하고 인간의 갖가지 신분의 수립에도 참여한다는 것이다. 현대민족국가의 수립과정에서 개인과 국가는 동시에 탄생하였으며, 양자 사이에는 처음에는 존재하지 않았으나 나중에는 갈등과 긴장관계를 띠게 되는데, 초기의 중국현대화 역시 동일한 과정을 밟았다는 것이다.[49] 류허(Lydia H. Liu, 劉禾)는 현대중국의 개인주의담론을 분석하면서 다음과 같이 지적하였다. "국민국가가 어떠한 매개도 거치지 않고 개인에 대한 주장을 할 수 있으려면 개인은 그의 충성심을 요구하는 가족・종족 또는 기타 전통적 관계들로부터 애초에 '해방'되어 있어야만 한다." 현대중국의 역사에서 개인주의담론은 바로 이러한 '해방자'의 역할을 수행하고 있다.[50] 이들이 보기에 70년대 말 당시의 개혁의 역사 역시 입증해주고 있는 바, 개인과 사회, 국가의 관계는 새로운 복잡한 상호관계 속에서 이해하지 않으면 안 된다.[51]

물론 개인과 사회, 국가의 관계를 대함에 있어서 90년대의 중국지식인들은 두 가지 상이한 이해방식을 보여주고 있다. 자유주의자의 경우에는 개인과 사회가 한편이고 국가는 다른 한편이며, 개인은 중산층을 중심으로 하는 시민사회를 수립함으로써 전통적인 집권국가의 개인에 대한 침해를 막아낸다고 여기는 경향을 띤다. 반면 신좌파의 경우에는 우리가 마주하고 있는 국가는 이미 완전히 외재적이고 소외된 국가가 아니라 현대화과정에서 개인과 더불어 구축된 현대민족국가이며, 이러한 국가 역시 사회 자체의 형성에 참여했다고 여긴다. 따라서 국가와 사회, 권력과 자본이 상호침투하는 글로벌 자본주의의 관계 속에서 인간의 자유를 새로이 이해해야 한다는 것이다.

비록 이러한 분기가 존재하기는 하지만, 우리는 90년대 사상의 중대한 변화를 엿볼 수 있다. 80년대에 이른바 인간은 구체적 사회관계에서 유리된, 그리고 국가와 대립하는 추상적 개인이었다. 90년대에 이르러 핵심적 문제는 추상적인 인성해방이 아니라 구체적인 국가와 사회 맥락 속에서 인간의 자유를 이해하는 것이었다. 이렇듯 국가와 사회는 인간을 대신하여 주제가 되었다. 인간 역시 추상적 인간에서 구체적 인간으로 환원되었으며, 인간의 자유는 구체적인 법치, 제도 및 글로벌 자본주의와 연관을 맺게 되었다. 인간이 상이한 방식으로 국가와 사회의 맥락 속에 놓이게 되었을 때, 그는 더 이상 지난날 철학과 인류학의 의미에서의 추상적 인간이 아니라, 구체적인 사회정치 신분, 즉 시민, 국민 혹은 공민이었다. 인간의 자유를 쟁취하는 것은 곧 합법적이고 평등한 신분 자격을 획득하는 것이었다.

80년대의 계몽 속에서 개인은 국가와 대립관계를 형성하였으며, 인간의 주체성과는 반대로 국가는 피동적이고 소극적이며 도구적인 객체이었다. 그러나 90년대에 이르러 중국이 날로 세계화에 융합되면서, 민족국가 공동체의 의미와 집단의 정체성은 날로 중요해졌다. 90년대 중후기 이후에 민족주의가 고조되는 가운데, 국가는 인간을 대신하여 90년대에 가장 중요한 쟁점의 하나가 되었다.

7. 세계화 가운데의 민족국가 정체성

90년대의 중국에서 민족주의의 부상은 주목할 만한 현상이었다. 이 현상은 중국이 90년대에 이르러 날로 세계화에 편입되었던 것과 밀접한 관계를 맺고 있는데, 세계화 물결에 대한 직접적인 반응이라 할 수 있다.

70년대 말에 시작된 개혁개방정책으로 말미암아, 중국은 폐쇄에서 벗어나 세계로 나아가면서 전방위적으로 개방되었다. 그러나 80년대에는 세계화에 깊이 편입되지 않았기 때문에, 중국의 개혁은 여전히 반(半)폐쇄적 상황 속에서 진행되었으며, 중국과 세계의 관계는 여전히 외부적 관계에 머물러 있었다. 80년대 말 신계몽운동에서 표출된 '뒤쳐지면 두들겨맞아야 한다'는 현대화 추격의식, 그리고 ≪세계경제도보≫*에서 전개된 중국은 '지구에서 퇴출(開除球籍)'되었는가와 관련된 대토론 등은 실제로 이제 막 세계를 직시한 중국지식인의 심각한 우려를 반영하고 있었다. 그것은 곧 중국과 세계 사이의 경제사회 및 제도문화의 엄청난 격차를 마주하여 중국이 부지런히 따라잡아 현대화된 국가에 들어서지 않으면 안 된다는 초조감과 긴박감이었다. 80년대의 민족주의는 보편적 민족주의로서, 이것이 관심을 기울이는 핵심문제는 어떻게 민주적이면서도 부강한 정치공동체를 건설할 것인가였다. 이제 막 세계에 진입한 80년대에 계몽지식인들은 중국문화와 서구문화의 격차를 절감하였다. 그들은 어떻게 '다름 가운데에서 같음을 구하여(異中求同)' 계몽을 통해 세계와 발맞추는 현대민족국가를 건설할 것인가에 관심을 기울였다. 그들은 민족의 독특성과 본원성을 모색하는 대신, 폐쇄된 중국을 온 세계에 개방하고 세계의 현대화 조류에 발맞추어 글로벌 경쟁 속에서 서구와 같은 보편적 현대국가를 만들고자 하였다.

90년대 중반 이후 중국경제의 고도성장에 따라, 중국은 날로 세계경제에 막강한 영향력을 행사하는 세계의 공장이 되었으며, 글로벌 세계경제체계에 깊이 편입되었다. 세계 속의 중국이 직면한 문제는 더 이상 '지구에서 퇴출'당

* ≪세계경제도보(世界經濟導報)≫는 전 세계의 경제이론을 소개하고 경제와 관련된 지식과 정보를 전하는 주간지로서, 중국세계경제학회와 상해사회과학원의 세계경제연구소에 의해 1980년 6월 상해에서 창간되었다. 오랫동안 부르주아자유화운동의 주요 진지가 되었으며, 1989년 4월 후야오방(胡耀邦) 서거 당시 그를 추도하는 특집을 게재하여 당의 비판을 받아 9월에 정간되었다. — 역주

하는 것이 아니라, 글로벌 세계경제, 정치와 문화의 그물 속에서 어떤 위치를 차지하고 어떤 역할을 수행할 것인가였다. 다른 한편, 중국의 경제적인 부상으로 말미암아 미국 및 기타 서구 강대국의 이익과 갈수록 직접적으로 충돌하는 일이 잦아졌다. 중국의 WTO가입 및 2000년의 올림픽개최 신청에 대한 미국의 방해공작, 양국의 무역마찰, 1993년의 '은하호(銀河號) 사건', 1999년 유고 주재 중국대사관 폭격 사건, 2001년의 미해군 정찰기와 중국 전투기의 충돌 사건, 9.11사건, 미국의 이라크 출병 등의 일련의 사건으로 인해, 중국의 일부 지식인들은 서구에 대해 크게 실망하였다. 그들은 서구의 화려한 담론 너머에서 추악한 권력관계를 발견하였으며, 미국이 이처럼 불평등한 세계질서를 중국에 강요하고 있다고 보았다. 종합국력의 상승과 국제지위의 하락이라는 놀라우리만치 첨예한 대비는 중국의 일부 지식인들의 민족주의정서를 크게 자극하였다.

이러한 배경 아래, 80년대의 계몽진영은 세계화와 민족주의를 둘러싸고 심각한 분열에 휩싸였다. 이 분열은 90년대 중반 이후의 자유주의와 신좌파의 논쟁과도 밀접한 관련을 맺고 있었다. 세계화를 마주하여 자유주의와 민족주의는 이에 대한 이해와 해석을 전혀 달리하였다. 자유주의는 세계화를 일종의 보편적인 자유주의 가치와 제도로 간주하고, 이러한 글로벌 가치가 이미 이삼백년간의 세계역사에 의해 가장 뛰어난 것으로 입증되었으며[52], 따라서 90년대의 중국은 80년대와 마찬가지로 여전히 세계'화'가 불충분하고 불철저하다는 문제를 안고 있다고 보았다. 반면 민족주의는 세계화를 미국 등 서구 강대국에 의해 주도되는 불평등한 경제정치질서로 간주하고, 중국은 어떻게 이 새로운 '제국'의 그물을 타파하고 전복하여 글로벌 공정질서를 수립할 것인가에 직면하여 있다고 보았다. 자유주의는 20세기 중국역사상 민족주의에 존재했던 배타적 경향을 간추리면서, 민족주의와 민수주의를 중국의 현대화를 가로막는 두 가지 정신적 '병근(病根)'으로 보았다.[53] 반면 각양각색의 민족주의는 정치, 경제, 문화, 지식 등의 각종 층차에서 중국역사문화의 특수성을 인정하였다. 그리하여 이들은 어떻게 '같음 속에서 다름을 구하고

(同中求異)', 심각한 민족위기 앞에서 어떻게 민족의 자신감을 회복하여 민족문화의 독특성, 차이성과 본원성을 모색할 것인가를 고민하였다.

민족주의는 현대성의 내적 요구로서, 그것을 원하는가 원치 않는가의 문제가 아니라, 관건은 어떤 이데올로기와 결합하는가였다. 그것은 양날의 칼로서, 미국과 프랑스혁명에서처럼 자유주의와 결합하여 자유주의와 민주주의에 민족국가의 형식을 부여할 수도 있고, 또한 각종 전제적 권위주의 혹은 반(反)서구적 보수주의와 연계하여 그 정치적 합법성의 구실이 될 수도 있었다. 사실상 중국근대사 혹은 1990년대의 사조 어디에나 자유민족주의, 권위적 민족주의와 문화적 민족주의 등의 다양한 형태가 동시에 존재하였으며, 이것이 민족주의 자체의 복잡성을 이루었다.

문제의 핵심은 자유주의의 보편적 원칙과 민족주의의 특수한 정체성을 어떻게 결합시키느냐이다. 이론적으로 본다면, 민족주의와 자유주의는 똑같이 현대성의 문제이다. 현대성은 일련의 가치관념으로 구현될 뿐만 아니라, 인류사회제도의 조직방식, 즉 어떤 모습의 공동체를 수립하고 무엇을 공공의 정체성과 연계망으로 삼을 것인가 등과 관련되어 있다. 민족주의는 결코 계몽의 대립면이 아니며, 그 자체는 계몽의 산물이다. 계몽사상의 핵심은 인간의 자주적 이성능력을 인정함으로써 인간의 주체성을 확립하는 것이다. 세계의 주체는 초월적 신 혹은 하늘의 뜻으로부터 인간 자신으로 되돌아왔다. 이리하여 인류공동체의 합법성 역시 외적인 초월적 사물에서 비롯되는 것이 아니라, 오직 인간 자신의 이성역사와 문화전통에서 모색할 수 있을 뿐이다. 민족국가의 자주성은 곧 개인의 자주성 원칙이 집단 범위에서 확대되고 응용된 것이다.

현대의 민족국가(nation-state)는 두 가지 공동체, 즉 민족공동체와 정치공동체를 포함하고 있으며, 민족의 범위 내에서 정치를 조직한 국가이다. 이 정치국가는 개인의 자주성이라는 계몽 이상에 따라 더 이상 군주전제의 왕조국가가 아니라, 인민주권을 핵심으로 하는 민주공화국이어야 한다. 현대의 민족국가공동체에서 민족은 공동체의 독특한 형식을 제공하고, 민주는 공동체의 정치내용을 제공하였다. 겔너(Ernest Gellner)*가 지적하였듯이, 민족국가는 서구 현대성의 산물이며 주권국가가 산업사회의 동질성과 규범화된 세속문화에 적응하기 위해 세운 것으로서, 서구 현대성의 맥락에서 민족주의는 자유민주와 동등한 정치정당성을 지닌 원칙이다.[54)]

민족국가의 정체성이 응답하는 것은 두 가지 상이한 정체성이다. 하나는 정치국가의 보편적 공민 자격이고, 다른 하나는 각 개인이 처한 특수한 족군(族群, ethnic group)과 문화귀속 문제이다. 인간은 추상적 개념이 결코 아니다. 계몽사상은 인간을 이성적 주체로 추상화하고, 자유주의는 인간을 권리의 주체로 확립하였다. 이들은 비록 필수적이고도 합리적인 추상화였지만, 인성의 전부를 포함할 수는 없었다. 만약 우리가 계몽을 이성주의로 이해한다면, 민족주의는 계몽의 산물일 뿐만 아니라, 또한 반(反)전통적인 것으로서 낭만주의의 전통과 관련된 것이기도 하다. 독일 낭만주의의 견해에 따르면, 인간은 언제나 구체적이고 역사 가운데에 살아 숨쉬는 존재이자, 비이성의 담지체이기도 하다. 역사와 현실 속의 인간은 이성적이면서도 감성적이다. 인간의 감성은 늘 일정한 족군 및 역사문화배경과 서로 연관되어 있는 바, 인간은 문화와 족군의 귀속감을 획득하고 모종의 문화공동체 속에 살아야만 한다. 그렇지 않다면 온전한 자아관념을 형성할 수 없다.

하버마스에 따르면, 민족국가는 현대사회의 일체화를 해결할 수 있는 방안이다. 공민국가는 공동체의 형식으로서의 민족국가를 필요로 한다. 만약 자주적 공민들에게 민족의 틀이 결여되어 있다면, 공화정체는 활력을 잃게 된다. 민족은 국민들로 하여금 귀속감을 갖게 하고 자신의 역사문화공동체를 갖게 한다.[55)] 즉 민주헌정은 정치공동체의 제도문제를 해결할 수 있을 뿐이며, 이러한 정치공동체(국가)가 보편주의에서 특수주의로 전환하기 위해서는 특정한 언어·역사·문화공동체(민족)와 결합하여 일체화되고 명확한 귀속

* 겔너(Ernest Gellner, 1925-1995)는 체코 출신의 철학자이자 사회인류학자로서, 민족주의에 대해 사회학적, 구조적 접근을 시도함으로써 민족주의 연구의 새로운 길을 제시하였다. 대표적인 저서로는 ≪말과 사물(*Words and Things*)≫, ≪민족과 민주주의(*Nations and Nationalism*)≫, ≪민족주의(*Nationalism*)≫ 등이 있다. – 역주

감을 지닌 현대민족국가가 되지 않으면 안 된다.

민족주의와 세계화에 관한 90년대의 논쟁이 보여주듯, 세계화의 물결이 중국에 넘실대는 시대에 민족국가의 정체성 문제는 퇴색하기는커녕 훨씬 첨예한 방식으로 나타났다. 20세기 전반기처럼 민족주의는 다시금 중요한 깃발이 되었다. 그것이 어떤 주의와 결합하는가, 즉 권위주의, 문화전통주의 혹은 반서구주의와 손을 잡는지, 아니면 자유주의와 결합하는지는 중국민족주의 주류사조를 관찰하는 초점이라 할 수 있다.

8. 세속사회의 신성성 문제

80년대는 포스트 신성화시대이다. 혁명유토피아는 사라지기 시작하였지만, 그 대신에 현대화 이데올로기가 새로운 유토피아로서 출현하였다. 사회는 포스트이상주의의 분위기에 휩싸여 있었다. 사상해방운동과 신계몽운동을 막론하고 모두 현대화의 이상에 들뜬 나머지, 곳곳에 격앙된 희생정신과 이상주의 격정이 넘쳐흘렀다.

90년대에 시민사회가 중국에 출현함에 따라, 중국은 세속화 과정이 가속화되었으며, 일상생활의 도구이성은 시민사회의 보편적이고 합법적인 이데올로기가 되었다. 세속적인 사회에서 초월적인 인문학적 관심이 의미를 지닐까? 이상주의정신은 허망한 존재가 아닐까? 어떤 의미에서 혁명적 정신을 이해할까? 이러한 배경 아래 90년대에는 인문정신대토론과 도덕이상주의의 논쟁이 벌어졌다.

예로부터 사대부는 사농공상의 사민사회(四民社會)에서 줄곧 상층에 위치한 사회의 중심이었으며, 국가체제 및 이데올로기와 현실사회의 일체화의 중추이기도 하였다. 근대 이후, 특히 과거제도가 폐지된 이후, 사민사회의 해체로 말미암아 상인과 군인이 급속히 부상하고 대량의 주변부 집단이 중심으로 진입함에 따라, 지식인은 중심적 위치를 상실하고 말았다. 비록 수 세대에 걸쳐 지식인이 자신의 여론과 정치실천을 통해 중심적 위치를 회복하고자 하였으나 끝내 실패하였으며, 특히 1949년부터 1978년 사이에는 정치적 및 사회적 지위에서 철저히 주변화되었다. 개혁개방 이후 기를 펴게 된 지식인들은 사회의 중심을 회복하였으며, 특히 인문지식인들은 사회로부터 문화의 영웅으로 여겨지게 되었다.

그러나 좋은 시절은 그리 길지 않았다. 1992년 이후 사회의 세속화, 특히 시민이데올로기의 가치기준의 변화는 한때 사회의 중심이었던 지식인을 다시 한 번 주변으로 내몰았다. 이번에는 정치적 주변화라기보다는 경제적 주변화라고 해야 할 것이다. 중국의 계몽지식인은 자신이 부르짖었던 개혁의 성과가 나타날 즈음 처음으로 상실감을 맛보았으며 시장화의 희생양이 되었다. 세속화의 광풍 속에서 엘리트로서의 지식인은 어떻게 자신을 위치지울 것인가? 그들의 발언 이면에 놓인 정신입장과 합법화의 근거는 무엇인가? 이것이 바로 인문정신 제창자들이 해결해야 할 핵심적 문제였다.

1994년에 시작된 인문정신대토론은 새로운 세속화 사회에서 지식인들이 중심으로 되돌아가고자 재차 기울였던 노력이었다. 본래 인문정신의 제창자들은 세속화 시대의 지식인을 위해 공통의 궁극적인 입장을 모색하고자 하였다. 그러나 이에 따라 일어난 대논쟁이 보여주었듯이, 인문정신이 지향하는 비판목표는 더 이상 80년대의 전통적 집권체제가 아니라 본래 계몽운동이 추구했던 목표의 일부인 시장화이었기 때문에, 이제 막 출현한 개혁의 성과를 어떻게 바라볼 것인가를 둘러싸고 계몽지식인 내부에서는 곧바로 심각한 분화가 일어났다. 인문정신을 비판하는 학자들 대다수는 시장경제개혁을 적극적으로 긍정함으로써 세속가치의 합리성을 인정하였다. 그들은 인문정신은 하나의 이상적 유토피아이며, 중국 현대사에 일찍이 인문정신이 있었던 적이 없으니 언제 잃어버린 적이 있었겠느냐고 비판하였다.[56] 심지어 인문정신은 일종의 현대화 담론이라고 지적하던 포스트모더니스트들조차도 자신들이 찬미하던 포스트모던상태를 세속화한 소비사회와 동일시하였다.[57]

인문정신논쟁이 드러냈던 것은 바로 계몽운동의 내적 분열이었다. 본래 계몽운동은 세속사회와의 관계를 처리함에 있어서 대단히 모순적이었다. 즉 막스 베버는 현대성을 이성화의 과정으로 해석하였으며, 이 이성화가 가리키는 것은 도구이성이었다. 현대사회인들이 과거의 신성시대의 미몽에서 깨어난 이후, 이전에 신봉했던 가치이성은 더 이상 일상생활의 기준이 되지 못하였으며, 도구이성의 방식으로써 세속생활의 쾌락과 행복을 추구하고 세속적 욕망을 충족하는 것이 시장사회의 최고 원칙이 되었다. 인간 욕망의 해방 그 자체는 계몽운동의 내적 목표였지만, 동시에 계몽운동은 또 다른 목표도 지니고 있었다. 그것은 인간의 정신해방이었다. 계몽운동 초기의 비판이 주로 중세기의 종교속박을 겨누었을 때, 욕망의 해방과 정신의 해방은 일치된 것이었다. 그러나 자본주의의 세속화가 발전하자, 인간의 정신의 자유를 억압하는 것은 종교만이 아니었으며, 더욱 중요한 것은 보편적 시장관계속에 발전해온 물욕이었다. 이리하여 계몽운동 내에서도 낭만주의와 현대주의의 사상이 생겨남에 따라, 자본주의의 물신주의에 대한 비판과 인간의 정신적 자유의 추구를 자신의 깃발로 삼게 되었다. 낭만주의이든 현대주의이든 모두 세속화 시대의 신성성의 부활이며, 세속형태의 도덕화의 주물(呪物)이었던 것이다.

90년대의 인문정신전통 및 이의 대립면인 세속주의는 사실 계몽운동 내부의 상이한 두 가지 사상전통이기도 하였다. 80년대에 똑같이 전통적 집권체제에 맞섰을 때, 이들 사이에는 분화가 없었으며, 모두 인도주의의 깃발 아래에 귀의해 있었다. 그러나 90년대 중기에 시장경제가 흥기하여 직접적으로 지식인의 정신원칙을 위협한 이후, 계몽운동 내의 세속주의와 인문정신이라는 두 가지 사상전통은 각기 제 갈 길로 나아가, 욕망의 해방과 정신의 해방은 서로 충돌하는 가치가 되었다. 인문정신의 제창자들은 본래 세속시대의 지식인을 위하여 공통의 정신입장을 모색하기를 바랐지만, 학술규범토론과 마찬가지로 합의의 모색으로 시작하여 심각한 분기로 끝나고 말았다.

인문정신의 옹호자 내부에서조차도 그 공통적 입장을 현실화할 길이 없었다. 인문정신은 하나의 부정 담론으로서 80년대에는 주로 정치전제주의를 겨누었지만, 90년대에 이르러서는 명확히 당시 출현중인 시장의 패권에 반항하였다. 인문정신은 세속사회의 지식인들을 위해 새로이 자신의 문화합법성을 모색하고, 이로써 금전과 권력에 맞서는 제3의 존엄을 수립하고자 하였다. 그러나 인문정신은 현대성의 전체론이라는 메타담론을 가설로 삼았던 바, 현대성이 현대사회의 다원적 가치를 승인하고 나아가 포스트모던 사조의 흥기를 초래하였을 때, 인문정신의 메타(meta) 입장에는 근본적인 위기가 발생하였다. 이 위기는 포스트모던의 외부 충격으로 말미암은 결과가 아니라, 인문정신의 내적 곤경이 표면화된 것이었다.

인문정신대토론이 일어난 지 얼마 지나지 않아, 사상계에는 또다시 장청즈(張承志)와 장웨이(張煒)의 '두 장씨'가 일으킨 도덕이상주의논쟁이 일어났다. 이 논쟁은 훗날 루쉰(魯迅)에 관한 논쟁으로 확대되었는데, 몇 차례의 기복을 거쳐 21세기 초까지 이어졌다. 도덕이상주의논쟁은 그 문제의식이 인문정신의 토론과 흡사한데, 모두 세속시대의 신성성 문제와 관련이 있다. 유럽에서는 신이 죽은 후 각종 유토피아가 흥기하고 근대중국에서는 유가의 천리(天理)세계를 혁명적 유토피아가 대신하였지만, 막스 베버가 말한 바의 신성의 미몽에서 깨어난 90년대에는 혁명과 이상이 대표하는 정신유토피아는 군더더기의 사치품이 되고 말았다. 그렇지만 궁극적 가치와 정신신앙의 문제는 세속사회에서 해소되기는커녕 극단적인 모습으로 나타났다.

90년대 중국의 민간 사상계에서는 자유주의가 광범한 지지를 얻는 세속이데올로기가 되었다. 자유주의를 세속적이라 함은 이것이 기본적으로 다루는 것이 사회정치질서이며 개인에게 법률상 박탈할 수 없는 권리와 도덕적 자주성을 부여한다는 것을 가리킨다. 자유주의는 '무엇이 옳은가'를 공공영역의 공공정의의 문제로 간주하지만, '무엇이 좋은가'라는 가치문제는 완전히 개인의 신앙에 속하고 개인이 자주적으로 선택할 문제로 간주함으로써, 가치와 선(善)을 공공영역에서 축출하여 순수한 개인적 일로 귀속시켰다. 그러나 사실상 구미나 중국을 막론하고 전세계적으로 오늘날처럼 세속화된 시대에는 가치문제, 특히 궁극적 가치의 문제가 세속화과정에서 해소되기는커녕 훨씬 첨예한 또 다른 방식으로 표출되고 있다. 즉 중동에서는 끊일 새 없이 일어나는 종교의 충돌로 나타나고 있으며, 미국에서는 종교, 성차별과 낙태 등을 둘러싼 가치의 분기로 드러나고 있다. 이러한 문제는 롤스(J. Rawls)로 대표되는 주류 자유주의로는 대처하고 해결할 길이 없으며, 오히려 보수적 기독교 복음주의의 강력한 반발을 불러일으켜 부시(G. W. Bush)를 우두머리로 하는 우익종교제국을 탄생시켰다. 아울러 오늘날 중국에서 가치문제는 도덕이상주의와 혁명적 상징기호로써 표출되었으며, 날로 세속화하는 90년대에 이르러 혁명과 도덕이 상징하는 초월적 가치가 오히려 시선을 끌었다.

'혁명은 죽었고' 이상은 파멸되었다. 하지만 혁명과 이상이 상징하는 신성성과 초월성은 장차 무엇을 통해 체현될까? 인류적 의미의 궁극 가치는 또 어디에 안착될까? 정신적 신앙을 잃어버린 지식인은 어떻게 현실비판의 가치 원천을 획득할까? 세속화된 세계는 더 이상 초월적 가치를 지니지 않는 일원론적 세계이다. 세계에 현실과 이상이란 두 세계의 긴장이 없고 오로지 세속적인 현대화만 존재할 때에는 필연적으로 유토피아를 정신 특징으로 삼는 지식인들의 격렬한 저항을 불러오기 마련이다. 장청즈와 장웨이로 대표되는 도덕이상주의, 이른바 견유주의(犬儒主義, Cynicism)에 대한 저항, 그리고 루쉰과 게바라(Che Guevara)로 대표되는 정신상징 등이 바로 그것이다. 혁명, 격정, 이상은 세속사회에서도 신성성 문제가 여전히 자유주의의 제도적 목표로는 해소될 수 없는 정신 위기임을 입증해주었다.

그러나 세속사회의 이상주의자 가운데, 아마도 제1세대는 정신적 성도이고 제2세대는 위선적인 기회주의자일 수도 있다. 후자는 신성성이 희소자원으로서 세속사회에서 지니는 시장가치를 직시하면서 상업화의 조작을 가한다. 그리하여 이른바 이상, 혁명, 격정은 죄다 교환 가능한 상품의 셀링 포인트(selling point)가 되었다. 혁명은 죽었다. 혁명정신 만세! 그러나 혁명정신조차도 희소가치로 여기고서 상업을 더하여 개발하였을 때, 신성성에 대한 세속사회의 해소 역시 정점에 이르렀다.

그렇지만 진정한 신성성 문제는 여전히 해결되지 않은 채 여전히 갖가지 방식으로 다시금 떠오를 것이다. 이것이 바로 90년대 이후에 루쉰이 거듭 제기되어 뜨거운 논쟁을 일으키게 된 까닭이다. 반항의 상징기호로서의 루쉰은 상이한 맥락에서 상이한 함의를 갖는다. 80년대에 루쉰은 전통적 전제에 대한 반항을 상징하였지만, 90년대에 이르러서는 세속에 대한, 그리고 넓은 의미의 권력(정치권력, 시장권력 및 문화권력을 포함한)에 대한 반항을 훨씬 더 많이 상징하게 되었다. 그렇지만 가치 있는, 그리고 비(非)허무주의적인 반항은 필연적으로 모종의 가치에 의탁하고, 현세를 초월하는 모종의 이상세계와 관련을 맺기 마련이다. 이러한 의미에서, 합리적인 유토피아는 불완전한 세속사회에 여전히 필수적이라 할 수 있다.

9. 개혁의 합법성 문제

개혁은 80년대에 마치 마오쩌둥시대의 혁명과 마찬가지로 신성한 단어에 속하였으며, 무언가의 마력을 지니고 있었다. 그것은 모든 사회계층이 개혁을 통해 이익을 얻을 수 있음을 의미하였으며, 따라서 자명한 합법성을 띠고 있었다. 개혁은 오랫동안 사람들을 속박하고 자원을 국가의 손에 집중시켰던 전통적 집권체제를 타파하였으며, 모든 인민에게 상당한 창조의 자유와 부를 축적할 수 있는 기회와 권리를 부여하였다. 당시 개혁의 핵심은 '권한과 이익의 양도'이었으며, '다자간 윈윈' 게임이었다. 개혁 중에서 잃어버린 것은 쇠사슬뿐이었다. 80년대의 개혁 성과가 다자간의 윈윈(win-win)이었다면, 90년대의 개혁은 차츰 제로섬 게임(zero-sum game)으로 변하고 말았다. 이것이 개혁의 합법성 문제를 촉발시켰던 것이다.

개혁의 합법성을 둘러싸고, 90년대에는 두 차례의 논전이 일어났다. 한 차례는 90년대 초의 급진과 보수의 논쟁이고, 다른 하나는 90년대 중후기의 자유주의와 신좌파의 논쟁이었다. 전자의 논쟁은 계몽진영 내부에서 일어났으며, 그 핵심 쟁점은 개혁의 모델에 관한 것이었다. 80년대의 개혁의 합법성은 혁명이란 이름으로 논증되었으며, 개혁은 곧 혁명이었다. 그러나 90년대에 이르러 혁명의 신성성은 해체되었으며, 20세기 전체의 중국역사에 대한 청산, 즉 누가 20세기 중국현대화의 좌절에 대해 책임을 질 것인가의 문제를 불러일으켰다. 이리하여 혁명은 급진주의라는 이름으로 심판받았으며, 보수주의는 자유주의의 대명사가 되어 지난날의 오류를 바로잡는 이론적 근거가 되었다. 급진과 보수의 이면에 가정된 것은 메츠거(T. Metzger)*가 말한 바의 전환과 적응이라는 두 가지의 이성에 대한 인식론이었으며, 각각 프랑스의 합리주의와 영국의 경험주의 전통을 배경으로 하고 있다. 급진과 보수의 논쟁은 결국 보수의 대승으로 마무리되었는데, 이 또한 자유주의가 머잖아 갖가지 포장을 걷어내고 수면으로 떠오르리라는 것을 예시하고 있다.

1992년 이후 중국사회에는 새로운 개혁이 일어났다.

위에서 서술한 바의 개혁 이래 일어난 변화에 대해, 90년대의 지식인들은 기본적인 공통인식을 지니고 있었는데, 중국에는 개혁의 지속 외에 다른 출로가 없다는 인식이었다. 그러나 어느 방향으로 개혁하고, 어떤 이념에 따를 것이며, 개혁의 우선성 원칙은 무엇인가? 중국개혁 및 현대성과 관련된 이러한 가장 기본적인 문제에 있어서, 계몽지식인 내부에서는 심각한 분화가 발생하였다.

이 분화는 개혁의 합법성 논쟁, 즉 누구에 의한 개혁이고 어떠한 정당성을 지니고 있는지를 둘러싸고 두드러지게 나타났다. 90년대 중후기의 자유주의와 신좌파의 대논전은 개혁합법성 논쟁이 표면화된 것이다. 90년대 논쟁의 마지막을 장식했던 이 논전은 관련 범위의 폭이나 문제의식의 깊이에 있어서 20세기 중국사상계에서도 보기 드문 것이었다. 이 대논전의 핵심문제는 자본과 권력이 상호침투하고 이익이 고도로 분화되는 90년대의 배경 아래 어떤 개혁이 합법성을 지니는가였다. 그리하여 네 가지 층차의 중대한 분화가 형

* 메츠거(Thomas Metzger, 1933-) 독일 태생의 미국의 중국학 전문가이다. 페어뱅크(J. Fairbank)의 제자로서 청대 제도사를 연구하였으며, 오랫동안 '중국은 어디로 가는가'에 대해 관심을 갖고서 중국사상문화의 근본 동력에 대해 연구하였다. 대표적인 저서로는 ≪청대 관료체계의 내적 조직: 합법적, 표준적, 소통적 요인(*The Internal Organization of Ch'ing Bureaucracy: Legal, Normative, and Communication Aspects*)≫, ≪곤경에서 벗어나기—신유학과 중국정치문화의 진화(*Escape from Predicament: Neo-Confucianism and China's Evolving Political Culture*)≫ 등이 있다. – 역주

성되었다. 첫째는 두 가지 자유(소극적 자유와 적극적 자유)의 분화이고, 둘째는 두 가지 민주(헌정 민주와 전면 민주)의 분화, 셋째는 두 가지 공정(거래의 공정과 분배의 공정)의 분화, 넷째는 현대성의 이해에 관한 분화였다. 이들 분화의 이면에는 80년대 계몽운동에서 이미 자명했던, 자본주의, 사회주의, 시장, 민주 등의 일련의 기본범주에 대한 재평가와 역사분석, 그리고 90년대 중국사회성질에 대한 인식이 깔려 있었다. 이 논전은 90년대에 대해 총괄적 성격을 지니고 있는데, 시간적으로 두 세기를 넘나들었기에 21세기의 중국에 대해 지속적으로 중대한 영향을 끼치고 있다.[58)]

이 대논전 이후 국내외의 여론에는 중국사상계가 자유주의와 신좌파의 두 진영으로 나뉘어졌다는 단순 이분법이 나타났으며, 이러한 이분법에 따라 수많은 지식인의 편을 갈랐다. 자유주의와 신좌파라는 이러한 이분법은 오도성(誤導性)이 강한 환원주의라고 해야 할 것이며, 이는 개혁에 대한 중국 지식인들의 분화를 흑백논리로 환원시켜버린다. 사실 오늘날 중국에서 자유주의이든 신좌파이든 그 내부에는 상당히 복잡한 차이가 내포되어 있다. 특히 자유주의라 일컬어지는 진영 내에는 정치적으로는 보수이지만 시장에 대해서는 대단히 급진적이고 발전지상주의적인 경제자유주의도 있고, 헌정 개혁과 개인의 권리를 중시하는 정치자유주의도 있으며, 자유와 평등을 함께 고려하는 좌익자유주의 혹은 사회민주주의도 있다. 자유주의와 신좌파간의 분화 및 그 내부의 분화는 논전이 깊어짐에 따라 날로 명확해졌으며, 90년대 말에 이르러 중국사상계가 드러냈던 것은 대비가 분명한 양극화가 아니라 훨씬 풍부하고 복잡한 사상 스펙트럼이었다.

우리가 굳이 더욱 세밀하게 나누는 게 아니라면, 오늘날 중국사상계는 개혁의 문제에 있어서 이미 다섯 가지 정치사조로 분화되었다고 할 수 있다. 즉 발전주의, 하이에크식 자유주의, 신좌파, 좌익자유주의와 신보수주의가 그것이다.

발전주의의 대표자는 주로 현재 중국경제학계에서 주류를 차지하고 있는 자유주의 경제학자들이다. 이들의 이론적 연원은 주로 프리드만(M.

Friedman)*의 신고전자유주의 경제이론 및 제도경제학(Institutional Economics)이다. 이들은 경제발전이 현재 중국의 가장 중요한 문제이며, 경제발전의 주요 동력은 기업의 제도혁신과 기업가의 혁신정신에서 비롯된다고 믿는다. 이 목표를 실현하기 위해 가장 중요한 것은 재산권의 사유화 개혁이며, 국유재산의 '소유자 부재(不在)' 문제를 해결하는 것이다. 발전을 지상과제로 삼는 발전주의는 중국의 개혁을 기업혁신, 사유화개혁 및 사유재산권의 합법화 등의 몇 가지 경제목표로 위치지운다. 발전주의자는 사회분배의 불평등 문제를 경제발전 중에 피할 수 없는 진통으로 여기면서, 경제가 발전된 이후에 해결할 수 있다고 본다. 정치적 자유와 민주의 문제 역시 발전주의의 발전지상의 논리에 의해 잠시 보류된다. 발전주의는 90년대에 이미 체제화되어 국가 주류이데올로기의 일부가 되었으며, 명확하게 경제엘리트의 이익과 요구를 대변하였다.

하이에크식 자유주의의 대표자는 전통적 사회주의체제를 굳게 반대하는 그룹이며, 하이에크(F. A. Hayek)**의 신고전자유주의를 자신의 이념 규범으로 받든다. 이들의 신념에 따르면, 중국의 개혁 목표는 자유로운 시장과 헌정민주제도를 수립하는 것이며, 그 전제는 법치의 틀 안에서 헌법이 보장하는 공민의 각종 권리를 실행하는 것이다. 이들은 발전주의자와 마찬가지로 사유화에 찬성하지만, 현재의 사유화는 불공정하며 사회불평등은 권력이 아직 시장에서 물러나지 않은 탓이라고 여긴다. 즉 '눈에 보이는 발'이 '눈에 보이지 않는 손'을 교란한다는 것이다. 유일한 해결책은 철저히 시장화하고 개인의 재산권을 실행하며 권력을 시장에서 완전히 축출함으로써 자유주의의 기회균등과 절차적 정의를 실현하는 것이다. 정치영역에서 하이에크식 자유주

* 프리드만(Milton Friedman, 1912-2006) 미국의 경제학자. 거시경제학, 미시경제학, 경제사, 통계학 등을 연구하고 자유방임 자본주의를 주장하여 1980년대 미국의 레이건(R. Reagan)정부와 다른 국가의 경제정책에 커다란 영향을 끼쳤다. 1976년 노벨경제학상을 수상하였으며, 대표적 저서로는 ≪자본주의와 자유(*Capitalism and Freedom*)≫가 있다. – 역주

** 하이에크(Friedrich August von Hayek, 1899-1992) 오스트리아 태생의 영국 경제학자. 신자유주의의 입장에서 사회주의국가의 계획경제에 반대하였으며, 정부의 시장 개입을 비판하고 시장경제를 옹호하였다. 1974년에 노벨 경제학상을 수상하였다. 대표적인 저서로는 ≪개인주의와 경제질서(*Individualism and Economic Order*)≫, ≪과학의 반혁명(*The Counter-revolution of Science*)≫, ≪법, 입법, 그리고 자유(*Law, Legislation and Liberty*)≫ 등이 있다. – 역주

의는 정치개혁에 착수하여 개인의 '소극적 자유'를 전면적으로 실행하고 보장해야 한다고 부르짖는다.[59)]

신좌파는 80년대 계몽운동에서 분리된 지식인 그룹이다. 이들은 대부분 국외에서 유학한 적이 있으며 서구마르크스주의, 급진민주이론, 종속이론, 세계체제론 등의 영향을 받았다. 이들은 위에서 언급한 발전주의와 하이에크식 자유주의 전통을 '신자유주의'라 통칭하며, 이것을 글로벌 자본주의의 중국화를 변호하는 이데올로기라고 여긴다. '신좌파'는 중국의 경제개혁과 사회자원의 재분배에 있어서 소수의 권력층이 최대의 수혜자가 되고 수많은 평민은 혜택을 박탈당한 희생양이 되고 있다고 강력히 비판한다. 이들에 따르면, 대단히 불공정하게 배분되는 국유자산의 약탈과정이 '자유경제'와 '사유재산권'의 깃발 아래 진행되고 있다. 즉 '시장경제'이론은 실제로 소수 권력층의 나눠먹기와 국유자산의 약탈에 합법성을 부여하는 구실에 지나지 않는다는 것이다. 나아가 이른바 '시장경제의 자율적 조정'은 서구 역사에서도 허구적 신화에 지나지 않으며, 자본주의의 본성은 시장을 조종하고 독점하려는 것이라고 신좌파는 지적한다. 시장 내의 이른바 기회균등이 실질적인 불평등을 은폐하고 있다는 것이다. 사회정의를 실현하기 위해서는 오직 사회경제적 민주를 실행하여 기층민중이 경제생활의 결정과 관리에 참여하고 자원이 취약계층에게 보다 많이 배분될 수 있도록 하여야 한다. 신좌파는 정치개혁에 반대하지는 않지만, '자유주의'자가 강조하는 '소극적 자유'와 '간접 민주'에 불만을 품고 있다. 이들은 누구의 '자유'인지, 어떠한 '민주'인지 캐묻는다. 이들은 겉으로 보기에 평등한 '소극적 자유'는 소수 권력층만이 누릴 수 있는 '자유'일 뿐, 수많은 민중과는 아무 상관이 없다고 비판한다. 나아가 이들은 일반 평민들이 공공생활에 광범하게 참여하는 '적극적 자유'와 '직접 민주'를 실행하고, 아울러 국가의 강력한 간섭을 통하여 수많은 평민이 보편적 생존권과 복리권을 향유할 수 있도록 보장하여, 자유와 민주의 기본조건이 진정으로 실행되기를 바란다.[60)]

좌익자유주의는 자유주의와 신좌파의 논전 중에서 차츰 분리되었다. 이들은 자유주의자로 여겨지지만, 하이에크식 자유주의와는 명확한 차이가 있으며, 신좌파에 대해 비판하면서도 부분적으로 동조하기도 한다. 이들이 보기에, 하이에크식 자유주의는 지나치게 '우파'적이고 신좌파는 너무 '좌파'적이며, 중국에서는 '좌'와 '우'의 양극을 뛰어넘어 자유와 정의를 함께 고려하는 '제3의 길'을 모색해야 한다. 그리하여 롤스, 하버마스와 기든스(A. Giddens)* 등 구미의 좌익자유주의와 사회민주주의의 사상이 좌익자유주의의 중요한 사상원천이 되었다. 이들에 따르면, 중국에서는 개인의 자유를 실행해야 할 뿐만 아니라 사회정의도 해결해야만 한다. 그들은 하이에크식 자유주의처럼 시장을 맹신하지는 않으며, 좋은 시장도 있고 나쁜 시장—즉 귀족자본주의 독점 아래의 시장도 있다고 여긴다. 권력에 의해 왜곡된 시장에서 하이에크식의 거래의 공정은 불충분하며 실현하기도 매우 어려우며, 반드시 분배의 정의가 이루어지지 않으면 안 된다. 즉 국가의 제도화된 힘을 통하여 자유의 우선성 원칙을 위배하지 않는 한도 내에서 사회자원이 취약계층에게 보다 많이 분배되도록 해야만 한다. 또한 정치적으로는 헌정민주의 자유주의 민주에 찬성함과 동시에, 시민공화주의(civic republicanism)와 숙의민주주의(deliberative democracy)를 보완책으로 제기하고 선거민주 외에 시민문화, 시민참여와 공공영역의 공공토론을 중시한다.61)

신보수주의사조는 80년대 말과 90년대 초에 신권위주의(New Authoritarianism)의 형식으로 나타난 적이 있었다. 그런데 90년대 중기 이후 양호통치(good governance)가 이미 상당한 정도로 국가이데올로기의 핵심적인 이념으로 자리잡음과 아울러 발전주의의 이데올로기 속에 내화됨으로써, 신권위주의는 더 이상 독립적이고 영향력 있는 개혁사조가 되지 못하였다. 하지만

* 기든스(Anthony Giddens, 1938-) 영국의 저명한 사회이론가이자 사회학자. 1980년대 이후 좌우의 이념대립의 극복방안으로서 독자적인 사회학 이론체계인 '구조화 이론(theory of structuration)'을 제기하였으며, 그의 연구결과는 영국의 정치가 토니 블레어가 주장한 '제3의 길'의 이론적 기반이 되었다. 대표적 저서로는 ≪자본주의와 현대사회이론(*Capitalism and Modern Social Theory*)≫, ≪근대성의 결과(*The Consequences of Modernity*)≫, ≪좌파와 우파를 넘어서(*Beyond Left and Right — the Future of Radical Politics*)≫, ≪제3의 길 : 사회민주주의의 쇄신(*The Third Way. The Renewal of Social Democracy*)≫ 등이 있다. — 역주

90년대에 출현한 바의, 위에서 언급한 정치방식, 사회구조와 개혁게임규칙의 변화로 말미암아, 일부 지식인들은 보수주의를 다시 제기하였다. 이 새로운 보수주의는 국가, 엘리트와 민중의 긴장관계를 조화시키고 사회분열의 위기를 극복하여 조합주의(corporatism)적 국가모델을 수립하고자 한다. 간략히 말하면, 이 조합주의 정치모델은 네 가지 요구를 지니고 있다. 첫째, 통치집단은 자신의 권력을 규제하고 행정효율을 제고해야만 하는 바, 즉 청렴하고 효율성 높은 권위주의 정부를 수립해야 한다. 둘째, 경제엘리트의 불법 이익을 제한함과 동시에 완벽한 법치를 통해 그들의 합법적 이익을 보호하지만, 그들의 정치권리를 단호히 제한해야 한다. 셋째, 지식계급의 권리, 특히 그들의 언론출판 및 학술의 자유를 보장해야 한다. 넷째, 대중의 기본권리를 보호하고 조합주의체제와 복지국가를 수립한다.62)

지금까지 설명한 다섯 가지 개혁사조는 오늘날 중국의 복잡한 사회역사 상황 아래에서 직간접적인 이익배경을 지니고 있지만, 지식인의 이데올로기 이념으로서 이해관계를 초월한 '진리주장(truth claims)'을 훨씬 더 많이 체현하였다. 계몽운동의 사상전통을 계승하여 지식인은 늘 자신을 중국개혁의 입법자로 간주하고, 자신이 보편적 '진리주장'을 대표한다고 믿었다. 그러나 사실 오늘날 중국의 사회정치현실은 대단히 복잡하며, 계몽사상의 내적 전통 역시 다원적이다. 계몽사상에 내포된 수많은 가치이념—발전, 진보, 자유, 평등, 법치 등이 복잡한 개혁상황에 부닥치자, 계몽지식인은 가치 선택, 즉 무엇이 자신이 이해하는 최우선적인 개혁원칙인지를 선택해야만 했다. 그리고 상이한 계몽이념을 계승한 지식인 역시 90년대의 이러한 포스트계몽시대에 심각한 분화를 겪게 되었다. 개혁의 합법성에 대한 논증 역시 이에 따라 각기 그 가치를 계승한 다원적 해석 양상을 띠게 되었다. 막스 베버가 말한 '다원적 가치'의 포스트계몽시대에는 절대적으로 정확한 보편적 메타가치도, 궁극적 개혁합법성 기준도 더 이상 존재하지 않는다. 모든 것은 구체적인 문제의 맥락 속에 놓고서 이성의 공공토론과 쟁론을 통해야만 공통인식 혹은 상호이해에 도달할 수 있다.

불행히도 계몽사상의 분화 이후 지식인이 공공토론의 공론장을 절실히 요구함으로써 사회사상과 실천 합법성의 기초를 마련하였을 때, 중국사상계는 오히려 공공성을 상실하고 말았다.

영국의 사상가 바우만(Z. Bauman)*은 두 가지 은유로써 현대사회와 포스트모던사회의 지식인의 상이한 기능을 나타냈다. 그에 따르면, 현대사회에서 지식인은 '입법자'였다. 즉 현대사회에서 모든 지식은 일체화되었으며, 완전히 분화되지는 않았다는 것이다. 그리고 지식인이 지닌 객관화된 지식은 주로 객관적이고 중립적이며 절차성을 지닌 진술과 규칙이었다. 그것은 현대사회에서 중재의 권위성을 지니고 있었다. 다시 말해 절차적 합리성(procedural rationality)을 지닌 규칙만이 객관적 진리와 유효한 도덕적 판단의 획득을 보장할 수 있다. 이러한 절차적 규칙은 보편적인 유효성을 지니고 있으므로, 그것을 운용하여 얻어낸 결과 역시 보편적인 유효성을 지니게 된다. 따라서 이 객관적인 지식을 파악하게 되면 지식인은 계층을 초월하여 지식의 중재자가 될 수 있었다. 바우만이 보기에, 현대사회에서 입법자로서의 지식인의 지위는 그 누구도 대신할 수 없다. 부르디외(P. Bourdieu)의 견해를 빌리자면, 실제로 지식인은 '문화자본'이라는 희소자원을 통제하고 있으며, 이러한 의미에서 푸코가 말한 바의 담론 권력(discourse power)을 만들어내는 바, 담론 자체가 일종의 권력이 된다. 그러나 포스트모던사회에 이르러 사회 전반이 다원화하기 시작함으로써 전체 지식체계 역시 해체되기 시작하여 통일된 지식장(場)은 더 이상 존재하지 않게 되었다고 바우만은 지적한다. 전체 사회의 지식장은 피차 독립되고 고립된 공동체로 분해되었다. 이들 공동체는 각자 나름의 지식패러다임과 지식전통을 지니고 있으며, 서로간에 공약이 불가능하기도 한다. 바우만의 지적에 따르면, 지식인은 포스트모던사회에서 오직 자신의 공동체 내부에서만 '입법자'로서의 역할을 수행할 수 있을 뿐, 공동체

* 바우만(Zygmunt Bauman, 1925-) 폴란드 출신의 영국 사회학자. 세계화와 근대성, 포스트모더니티, 소비주의와 윤리학 등에 천착하였다. 대표적인 저서로는 ≪액체 근대(*Liquid Modernity*)≫, ≪지구화(*Globalization: The Human Consequences*)≫, ≪유럽 : 미완의 모험(*Europe: An Unfinished Adventure*)≫ 등이 있다. – 역주

를 뛰어넘으면 더 이상 보편·유효한 '입법자'가 아니다. 이렇듯 지식인의 기능은 실제로 변화하여 '해석자(interpreter)'로 바뀌고 말았다. '해석자'의 역할은 자기 공동체 내부의 지식을 다른 공동체 성원이 이해할 수 있는 지식으로 번역하고 설명하는 것이다. 지식인은 실제로 '입법자'가 지니고 있는 보편적이고 신성한, 지고무상의 성격을 더 이상 지니고 있지 않으며, 다만 교류과정에서 의미가 왜곡되지 않도록 막아주는 '해석자'일 따름이다. 바우만은 특별히 현대사회의 핵심개념은 이성이나 진리 등의, 입법자에 의해 합법화된 보편·유효한 개념이었지만, 포스트모던사회에 이르러서는 공동체라는 개념으로 대체되었다고 지적한다. 서로 다른 공동체는 실질적으로 서로 다른 문화전통과 생활양식을 지니고 있다. 즉 상이한 공동체에 따로 속해 있는 지식인은 가장 기본적인 가치에서조차도 전혀 다를 수 있으며, 심지어 대립적일 수도 있다.[63]

90년대 전체는 중국지식인에게 있어서 대분화, 대개편의 시대였다. 계몽진영의 분열은 80년대의 '태도의 동일성'을 유지시켜온 메타담론 전체를 붕괴시켰다. 지식배경과 사회이익의 분화로 말미암아, 거의 모든 문제에 걸쳐 90년대의 지식인은 합의를 형성할 길이 없었으며, 격렬한 논쟁을 일으켰다. 지식인 내부의 논쟁은 21세기 초에 이르러 잠잠해졌지만, 이것이 문제의 해결을 의미하는 것은 결코 아니며, 오히려 문제해결의 기미가 없음을 예시하고 있다. 즉 80년대에 형성된 통일된 민간사상계는 현재 사분오열되어, 각종 지식문제, 가치입장과 이데올로기에 의해 형성된 봉건적 할거 상태로 분화되었다. 이것은 90년대의 논쟁이 남긴 심각한 후유증이다. 분화는 성숙된 사상시장을 나타내는 표지 가운데의 하나이고 다원 사회 역시 이를 기초로 삼고 있지만, 다원은 해체와는 전혀 다르다. 다원적 현대성을 모색하는 새로운 역사조건 아래에서 현대성에 대한 기본적 공통인식을 어떻게 재건하고, 지식인이 상호교류하는 공공공간과 공공문화, 공공지식전통을 어떻게 건설할 것인가? 이를 위해서는 외부적인 자유, 민주, 법치 등의 제도적 조건이 필요할 뿐만 아니라, 의사소통적 합리성(communicative rationality)의 직업규범, 지식인의 도덕자율과 논변윤리 또한 필요하다. 이렇게 되어야 90년대부터 분화되기 시작한 각종 사조, 유파와 관념이 극단으로 치닫지 않으면서 합리적인 다원적 균형을 이룰 수 있다. 80년대부터 90년에 이르기까지 계몽자이든 반(反)계몽자이든, 모두 계몽의 이데올로기 입법자로 자처하였지만, 이제는 어찌 된 일인지 입법자에서 해석자로 전환되고 말았다.

계몽은 죽었다. 계몽 만세! 죽어버린 것은 계몽전통 중의 각종 절대주의적 메타담론이며, 영원한 것은 계몽사상 중의 의사소통적 합리성과 비판정신이다.

지은이 주

1) 이 글의 시작 부분은 뤄강(羅崗)과 함께 토론한 결과이며, 일부 내용은 그가 집필하였다. 이 자리를 빌어 감사드린다. 이 글의 주요 부분은 필자 개인의 관점을 반영하고 있으며, 모든 책임은 필자에게 있다.

2) 진리기준문제를 둘러싼 토론에 관한 자세한 상황은 아래의 서적을 참고하시오. 沈寶祥, ≪眞理標準問題討論始末≫(中國青年出版社, 1997); 吳江, ≪十年的路:和胡耀邦相處的日子≫(鏡報文化企業出版公司, 1995)의 제5-10절 참조

3) 세속화한 사회주의노선은 1975년에 이미 시작되었는데, 저우언라이(周恩來)는 4기 인민대표대회에서 "금세기내에 농업, 공업, 국방과 과학기술의 현대화를 전면적으로 실현하자"고 거듭 천명하였다. 덩샤오핑(鄧小平)이 주관하였던 '전면 정돈'도 실제로는 제한적인 조건 아래에서 '4개 현대화'에 대한 부분적 실천이었지만, 오래지 않아 마오쩌둥에 의해 중지되고 말았다. 1976년 마오쩌둥이 사망한 후에야 덩샤오핑 등에 의해 전면적으로 실천에 옮겨질 수 있게 되었다.

4) 중국에서의 과학주의의 두 가지 표현형태, 즉 유물론적 과학주의와 경험론적 과학주의에 대해, 그리고 80년대 중국에서의 의의에 대해서는 류칭펑(劉青峰)이 탁월한 연구업적을 이룩하였다. 劉青峰, 〈二十世紀中國科學主義的兩次興起〉, ≪二十一世紀≫, 1991.4. 참조

5) 량치차오는 ≪청대학술개론(清代學術概論)≫에서 청대의 학술과 사상의 변천과정을 다음과 같이 설명하였다. "이백여 년간의 학술사를 종합하여 볼 때, 사상계에 미친 영향을 한 마디로 말하자면 '복고를 해방으로 여기는 것'이다. 첫째 단계는 송대의 옛날로 돌아가 왕학으로부터 해방되는 것이요, 둘째 단계는 한·당대의 옛날로 돌아가 정주학(程朱學)에서 해방되는 것이요, 셋째 단계는 서한(西漢)의 옛날로 돌아가 허신(許愼)과 정현(鄭玄)으로부터 해방되는 것이요, 넷째 단계는 선진(先秦)의 옛날로 돌아가 온갖 전(傳)과 주(注)에서 해방되는 것이다. 일단 선진으로 돌아가고 나면 공자와 맹자로부터 해방되지 않고서는 그치지 않을 것이다." 朱維錚 校注, ≪梁啓超論淸學史兩種≫(上海: 復旦大學出版社, 1985), 6쪽 참조

6) 丘石 編, ≪中國當代解放思想的歷程—解放文選 1978-1998≫(上册)(經濟日報出版社, 1998), 414-474쪽 참조

7) 저우양이 보고한 원고는 1983년 3월 16일 ≪인민일보≫에 발표되었다. 보고를 기초한 상황에 관해 기초자인 왕위안화, 구샹(顧驤) 등이 회억록을 펴냈다. 王蒙, 袁鷹 編, ≪憶周揚≫(內蒙古人民出版社, 1998), 414-474쪽 및 顧驤, ≪晚年周揚≫(文滙出版社, 2003)을 참조

8) 80년대의 신계몽운동에서는 세 곳의 민간문학화학술단체, 즉 '미래를 향해(走向未來)'와 '문화:중국과 세계(文化:中國與世界)'총서 편집위원회, 중국문화서원이 중요한 역할을 담당하였다. '미래를 향해'와 '문화: 중국과 세계'는 광범한 사회적 영향력을 지닌 잡지와 총서를 출판하였으며, 중국문화서원은 통신교육, 문화강습반과 출판물을 통해 영향을 끼쳤다. 이들 단체와 출판물은 다소나마 동인지의 성격을 띠고 있으나, 1979년에 삼련서점(三聯書店)에 의해 창간된 ≪독서(讀書)≫ 잡지는 민간의 공공영역으로서 비(非)동인적 성격을 줄곧 유지하였다. ≪독서≫에서는 80년대 전반에 걸쳐 두 세대의 필진이 활약하였다. 즉 1974년-1975년 이전에는 주로 인도주의적 마르크스주의자들이었지만, 이 이후에는 주요 필진이 훨씬 젊은 신계몽학자로 바뀌었다. 당시 주요 젊은 학자들은 거의 모두 ≪독서≫에 글을 발표하였다. 이밖에 80년대 후기에 이르러 훨씬 더 많은 민간총서 혹은 잡지가 출판되었는데, 그

가운데 비교적 영향력이 있었던 것은 베이징의 ≪이십일세기 문고(二十一世紀文庫)≫, 상하이의 ≪신계몽(新啓蒙)≫총간 등이었다. 80년대 민간학술문화운동의 상황에 관해서는 천팡정(陳方正)과 진관타오(金冠濤)가 상세한 회고와 연구를 남기고 있다. Chen Fong-ching, Jin Guantao, ≪*From Youthful Manuscripts To River Elegy: The Chinese Popular Cultural Movement and Political Transformation 1979-1989*≫(The Chinese University of Hong Kong, 1997) 참조

9) 사상해방운동과 신계몽운동의 관계는 꽤 복잡한 바, 상호 교차하고 전후 계승하는 일면이 있다. 이를테면 왕위안화, 리저허우(李澤厚), 팡푸(龐朴) 등은 사상해방운동에서 활약하였을 뿐만 아니라, 후에 신계몽운동에서도 연장자급으로서 참여하였다. 동시에 이 두 운동 역시 피차 독립된 공시성(共時性)의 일면을 지니고 있는데, 사상해방운동은 80년대 중후기에 종식된 것이 아니며(오늘날까지도 여전히 하나의 비非운동의 정신방식으로 지속되고 있다), 단지 사상계의 주류의 위치를 신계몽운동에 넘겨주었을 따름이다.

10) ≪문화:중국과 세계≫잡지의 창간 성명은 다음과 같이 명확히 제기하였다. "중국은 세계로 나아가야 하며, 이치상 당연히 중국의 문화 역시 세계로 나아가게 해야 한다. 중국은 현대화를 실현해야 하며, 이치상 당연히 '중국문화의 현대화'를 실현하지 않으면 안 된다. ―이것은 80년대 지식인의 공통 신념이었으며, 이것은 오늘날 중국의 위대한 역사가 비상하는 논리적 필연이다." 이 잡지의 창간호에서 주편 간양(甘陽)은 〈80년대 문화토론의 몇 가지 문제(八十年代文化討論的幾個問題)〉라는 제목으로 이른바 '문화 현대화'라는 '80년대 문화토론의 근본임무'를 상세히 논증하였다. ≪文化: 中國與世界≫ 제1집 (三聯書店, 1987년) 참조

11) 이러한 면에서 가장 대표적인 글은 팡푸(龐朴)가 1986년 ≪중국사회과학〉 제5기에 발표한 논문 〈문화구조와 근대 중국(文化結構與近代中國)〉이다. 그는 이 글에서 '가장 넓은 의미의 문화충돌'이란 관점에서 중국 근대의 역사를 세 시기, 즉 일상용품 차원에서 개혁을 꾀한 양무운동, 제도 차원에서 변혁을 꾀한 무술변법, 그리고 문화 차원에서 성찰하고자 한 '5・4' 계몽운동으로 서술하고, 이것을 '문화구조의 논리적 전개'로 이해하였다. 이처럼 합목적적인 역사 서술과 개혁 진행의 보편 모식에 대한 발견을 통하여, 팡푸는 당시의 신계몽운동의 역사와 논리의 합법성을 논증하였으며, 이로 인해 광범한 영향을 발휘하였다.

12) 林毓生 著, 穆善培 譯, ≪中國意識的危機: '五四'時期激烈的反傳統主義≫(貴州人民出版社, 1986), 43-49쪽 참조

13) 최근의 연구에 따르면, 오늘날 중국의 공공영역 혹은 민간사회의 구축은 동유럽처럼 국가권력과의 대항 가운데에서 실현되는 것이 아니라, 이와 전혀 다르다. 즉 중국의 개혁이 위에서 아래로, 안에서 밖으로의 성질을 띠고 있기에, 공공영역의 구축과정 중에서 민간과 체제는 대단히 복잡한 상호관계를 맺고 있으며, 체제내부에서 차츰 성장하고 유리되는 복잡한 과정을 거치고 있다. 앞의 주 8)에서 소개한 Chen Fong-ching, Jin Guantao의 저작 및 汪暉, 〈當代中國的思想狀況與現代性問題〉, ≪文藝爭鳴≫ 1998년 제6기 참조

14) 汪暉, 〈預言與歷史: 中國現代歷史中的'五四'啓蒙運動〉, ≪文學評論≫ 1989년 3,4기 참조

15) 사상해방운동중에서 두각을 나타냈던 유명 작가 장셴량(張賢良)은 〈중국공산당원의 자본주의를 위한 '명예회복'은 중국역사의 대진보이다(中國共産黨人給資本主義'平反'是中國歷史的大進步)〉라는 글에서 이렇게 말하였다. "극좌사조가 조성한 공포 심리와 감정경향에 얽매여서는 안 되는 바, 자본주의가 인류사회발전의 사회형태의 하나로서 건너뛸 수 없음을 직시해야만 한다." 丘石 編, ≪中國當代解放思想的歷程―解放文選 1978-1998≫(上册)(經濟日報出版社, 1998), 604-605쪽

16) '미래를 향하여' 총서의 〈편집자 헌사〉에서는 이렇게 지적하고 있다. "20세기 과학기술혁명은 신속하도도 심각하게 인류의 사회생활과 생존방식을 변화시키고 있다." 따라서 총서는 "세계관의 높이에서 오늘날 과학의 최신 성과와 특징을 파악하고자 힘쓰고" "특히 과학적 사상방법과 신흥하는 주변 학문분야의 소개와 응용에 치중하여 현재 우리나라의 자연과학, 사회과학 및 문학예술방면의 창조적 성과를 사회에 엄숙히 소개하고 자연과학과 사회과학의 결합을 추동하고자 한다."

17) 학술규범에 관한 토론은 ≪학인≫ 제1집(江蘇文藝出版社,1991)에 실린 관련 주제의 필담이었다. 이 토론은 후에 홍콩의 ≪중국서평(中國書評)≫에 계속되었지만, 문제의식은 대단히 첨예했던 90년대초의 현실 성찰의 품격이 차츰 옅어지고 아카데미성격이 더욱 짙어졌다. 이 토론에 관련된 상세한 상황은 鄧正來 主編, ≪中國學術規範化討論文選≫(法律出版社, 2004) 참조

18) 급진과 보수 논쟁의 주요 관점에 대해서는 아래의 글을 참조하시오. 余英時, 〈中國近代史上思想史的激進與保守〉, 余英時, ≪錢穆與中國文化≫(遠東出版社, 1994); 林崗, 〈激進主義在中國〉, ≪二十一世紀≫ 1991년 제3기; 姜義華, 〈激進與保守:與余英時先生商榷〉, ≪二十一世紀≫ 1992년 4월; 余英時, 〈再論中國現代史上中的激進與保守〉, ≪二十一世紀≫ 1992년 4월; 許紀霖, 〈激進與保守之間的迷惑〉, ≪二十一世紀≫ 1992년 6월; 傅鏗, 〈大陸知識分子的激進主義神話〉, ≪二十一世紀≫ 1992년 6월

19) 王曉明 編, ≪人文精神尋思錄≫(文滙出版社, 1996); 丁東, 孫珉 編, ≪世紀之交的沖撞—王蒙現象爭鳴錄≫(光明日報出版社, 1996)을 참조

20) 蕭夏林 編, ≪憂憤的歸途・抵抗投降書系・張煒卷≫(華藝出版社, 1995); 蕭夏林 編, ≪無援的思想・抵抗投降書系・張承志卷≫(華藝出版社, 1995); 愚士 編, ≪以筆爲旗:世紀末的文化批判≫(湖南文藝出版社, 1907)을 참조

21) 張頤武, 〈現代性的終結:一個無法回避的課題)〉, ≪戰略與管理≫, 北京, 1994년 제3기; 陳曉明 等, 〈後現代:文化的擴張與錯位〉, ≪上海文學≫, 1994년 제3기; 張法 等, 〈從'現代性'到'中華性'〉, ≪文藝爭鳴≫, 1994년 제2기 참조

22) ≪中國社會科學季刊≫(香港, 1992-1993年卷) 참조

23) 樂山 編, ≪潛流:對狹隘民族主義的批判與反思≫(華東師範大學出版社, 2004) 참조

24) 羅崗, 倪文尖 編, ≪九十年代文選≫(廣西人民出版社, 2000) 참조

25) 張灝, 〈重訪五四:論五四思想的兩歧性〉, ≪張灝自選集≫(上海教育出版社, 2002), 251-279쪽 참조

26) 왕후이에 따르면, '신자유주의'는 80년대 신계몽사조의 풍부하면서도 복잡한 사상유산을 왜곡하였으며, 자신이야말로 사상해방운동의 합법적 계승자라고 공언하였다. 그러나 왕후이는 권력 및 자본관계와 타협하지 않았던 '비판적 지식인'들이야말로 "기실 1980년대 사상유산의 비판적 계승자 혹은 계승적 비판자"라고 주장한다.(汪暉, 〈一九八九社會運動與'新自由主義'的歷史根源—再論當代中國大陸的思想狀況與現代性問題〉, ≪臺灣社會研究季刊≫ 2001년 6월호 참조) 이밖에 신좌파로 간주되는 또 다른 대표적 인물인 간양 역시 신좌파란 오명을 인정하기를 거부한다. 그는 신좌파라 일컬어지는 것이 실제로는 '자유좌파(自由左派)'라고 여기는데, 이는 그들과 계몽운동의 내적 연관을 암시한다. 甘陽, 〈中國'自由左派'的由來〉, ≪明報月刊≫ 2000년 10월 참조

27) 벌린 저, 楊孝明 譯, ≪以撒・柏林對話錄≫(臺北:正中書局, 1994), 183-184쪽 참조

28) 오크숏 저, 張汝倫 譯, ≪政治中的理性主義≫(上海譯文出版社, 2003년), 41쪽

29) 張法, 張頤武, 王一川, 〈從'現代性'到'中華性'〉, ≪文藝爭鳴≫ 1994년 제2기 참조

30) 陳平原, 〈學術史研究隨想〉, ≪學人≫第1輯(江蘇文藝出版社, 1991), 3쪽

31) 리쩌허우가 잡지 ≪이십일세기≫의 편집부에 보낸 편지에 보이는 글귀이다. ≪이십일세기≫ 1994년 6월호 제159쪽 참조. 리쩌허우의 견해는 개인의 의견일 뿐만 아니라, 당시 일부 지식인의 의견을 대표하였다.

32) 이 논쟁은 주로 두 민간간행물, 즉 '사상'을 견지했던 ≪현대와 전통(現代與傳統)≫총간(광저우)과 '학술규범'을 제창했던 ≪중국사회과학계간≫(홍콩) 및 그 자매지인 ≪중국서평(中國書評)≫ 사이에 전개되었다. 양측의 대표적 인물은 각각 주쉐친(朱學勤), 천사오밍(陳少明)과 양녠췬(楊念群)이었다. 자세한 상황은 ≪현대와 전통≫ 1995년 제6,7집, ≪중국서평≫ 제6기를 참조. 후에 양녠췬은 잡지 ≪독서≫에 간접적인 방식으로 주쉐친의 반박에 계속 회답하였다. 자세한 상황은 ≪독서≫ 1997년 제6기를 참조

33) 王元化, 〈學術集林卷一編後記〉, ≪學術集林≫卷1 (遠東出版社, 1994)

34) 막스 베버 저, 康樂, 簡惠美 譯, ≪宗教與世界≫, ≪韋伯作品集≫(廣西師範大學出版社, 2004) 참조

35) 가장 일찍 현대성을 체계적으로 제기하고 핵심개념으로써 토론했던 것은 포스트학파와 신좌익이며 시기적으로는 1994년 즈음이었다. 張頤武, 〈現代性的終結:一個無法回避的課題〉, ≪戰略與管理≫, 1994년 제3기 및 汪暉, 〈當代中國的思想狀況與現代性問題〉(초고는 1994년에 완성되어 한국의 ≪창작과비평≫에 발표됨) 참조

36) 徐友漁, 〈二評90年代 '新左派':中國的現代性與批判〉, 公羊 主編, ≪思潮一 中國'新左派'及其影響≫(中國社會科學出版社, 2003)을 참조. 예외적인 인물은 왕딩딩(汪丁丁)이다. 그는 계몽사상의 내적 복잡성이란 면에서 계몽 재건의 가능성을 논하였다. 汪丁丁, 〈啓蒙死了, 啓蒙萬歲!一 評汪暉關於'中國問題'的敍說〉, ≪戰略與管理≫, 1999년 제3기 참조

37) 汪暉, 〈韋伯與中國的現代性問題〉, ≪汪暉自選集≫(廣西師範大學出版社, 1997), 13쪽 참조

38) 李愼之, 〈弘揚北大的自由主義傳統〉, 劉軍寧 編, ≪北大傳統與近代中國:自由主義的先聲≫(中國人事出版社,1998년), 4쪽; 李愼之, 〈全球化與全球價值〉, 〈全球化有賴于全球價值的確立〉, ≪被革命吃掉的兒子:李愼之文選≫(香港:明報出版社, 2003) 참조

39) 張法 等, 〈從'現代性到'中華性'〉, ≪文藝爭鳴≫, 1994년 제2기 참조

40) 汪暉, 〈關于現代性問題答問一答柯凱軍先生問〉, ≪死火重溫≫(人民文學出版社,2000) 참조

41) 아시아 현대성에 대해 많은 글을 저술한 학자는 순거(孫歌)와 왕후이이다. 孫歌, ≪主體論述的空間:亞洲論述之兩難≫(江西教育출판사, 2002); 汪暉, 〈亞洲想象譜系〉, ≪現代中國思想的興起≫下卷, (三聯書店, 2004) 참조

42) 제도혁신론을 최초로 제기한 이는 추이즈위안(崔之元)이며, 훗날 왕후이 등의 적극적인 호응을 받았다. 崔之元, 〈制度創新與第二次思想解放〉, ≪二十一世紀≫, 1994년 8월호 및 汪暉, 〈當代中國的思想狀況與現代性問題〉, ≪天涯≫, 1997년 제5기 참조

43) 푸코 저, 汪暉 譯, 〈什麽是啓蒙?〉(汪暉, 陳燕谷 編, ≪文化與公共性≫, 三聯書店, 1998년), 430쪽 참조

44) 중국에서 스트라우스를 소개하는 데에 앞장섰던 이는 류샤오펑(劉小楓)과 간양이다. 劉小

楓, ≪刺猬的溫順≫(上海文藝出版社, 2002); 劉小楓 編, ≪施特勞斯與古典政治哲學≫(上海三聯書店, 2002); 甘陽, ≪政治哲人施特勞斯≫(香港牛津大學出版社, 2003)을 참조. 간양의 책에는 펑강(彭剛)이 번역하여 삼련서점에서 출간한 스트라우스의 ≪자연권과 역사≫가 서문의 형식으로 실려 있다.

45) 甘陽, 〈反民主的自由主義, 還是民主的自由主義〉, ≪二十一世紀≫, 1997년 2월호; 甘陽, 〈公民個體爲本, 統一憲政立國〉, 王超華 編, ≪歧路中國≫(臺北:聯經出版公司, 2004) 참조

46) 賀桂梅, 〈80年代人道主義思潮'個人'觀念之辨析〉, 香港中文大學 中國文化研究所 編, ≪歷史上的個人, 社會與國家國際學術研討會論文集≫, 2003년 10월 참조

47) 王曉明 編, ≪人文精神尋思錄≫(文滙出版社, 1996); 丁東, 孫珉 編, ≪世紀之交的冲撞 — 王蒙現象爭鳴錄≫(光明日報出版社, 1996) 참조

48) 鄧正來, 景躍進, 〈建構中國的市民社會〉, ≪中國社會科學季刊≫, 1992년 제1기; 鄧正來, ≪國家與社會:中國市民社會研究≫(四川人民出版社, 1997) 참조

49) 汪暉, 〈個人觀念的起源與中國的現代認同〉, ≪汪暉自選集≫(廣西師範大學出版社, 1997) 참조

50) 劉禾 著, 宋偉杰 譯, ≪跨語際實踐:文學,民族文化與被譯介的現代性≫(三聯書店, 2002), 128쪽

51) 汪暉, 〈當代中國的思想狀況與現代性問題〉, ≪天涯≫, 1997년 제5기 참조

52) 李愼之, 〈弘揚北大的自由主義傳統〉, 劉軍寧 編, ≪北大傳統與近代中國:自由主義的先聲≫(中國人事出版社, 1998), 4쪽

53) 朱學勤, 〈五四以來的兩個精神'病竈'〉, ≪戰略與管理≫, 1999년 제4기 참조

54) 겔너 저, 李金梅 譯, ≪國族主義≫(臺北:聯經出版公司, 2000); 겔너 저, 韓紅 譯, ≪民族與民族主義≫(中央編譯出版社, 2002) 참조

55) 하버마스, 〈歐洲民族國家〉, ≪包容他者≫(上海人民出版社, 2003), 131-134쪽 참조

56) 王蒙, 〈人文精神問題偶感〉, ≪東方≫, 1994년 제5기 참조

57) 陳曉明 等, 〈後現代:文化的擴張與錯位〉, ≪上海文學≫, 1994년 제3기 참조

58) 許紀霖, 〈兩種自由與民主:90年代中國的自由主義與新左派論戰〉, 羅崗 編, ≪思想文選2004≫(廣西師範大學出版社, 2004) 참조

59) 劉軍寧, 〈風能進, 雨能進, 國王不能進〉, 劉軍寧, ≪共和, 民主, 憲政≫(上海三聯書店, 1998); 秦暉, 〈公正論〉, 秦暉, ≪天平集≫(新華出版社, 1998) 참조

60) 신좌파의 주요 관점과 내부의 차이에 관해서는 甘陽, ≪中國'自由左派'的由來〉, ≪明報月刊≫ 2000년 10월 참조

61) 汪丁丁, 〈吳敬璉, 汪丁丁:關于中國改革前途的對話〉, ≪財經≫, 1998년 제1기; 汪丁丁, 〈自由:一段脚踏實地的述說〉, ≪天涯≫, 1999년 제2기; 許紀霖, 〈兩種自由與民主:90年代中國的自由主義與新左派論戰〉; 許紀霖 等, 〈尋求'第三條道路':關于'自由主義'與'新左翼'的對話〉, ≪上海文學≫, 1999년 제3기 참조

62) 康曉光, 〈論合作主義國家〉, ≪中國的道路〉≫ 참조

63) 바우만, ≪立法者與闡釋者≫(上海人民出版社, 2000년) 참조

벗어나기 힘든 곤경

— 급진과 보수의 논쟁에 관하여

지은이 : 쑹 훙(宋 宏)
옮긴이 : 이여빈(李如彬)

1. 논쟁의 유래
2. 논쟁의 기본과정
3. 급진과 보수의 상이한 층차
4. 개혁 합법성의 사상적 가설
5. 급진과 보수의 이원대립을 뛰어넘어

미국의 시인 프로스트(R. Frost)는 일찍이 "나는 젊었을 때 그다지 급진적이지 않았다. 나이 들어 너무 보수적으로 변하지 않도록."이라는 의미심장한 말을 한 적이 있다. 하지만 그도 1990년대 초 중국에서 '급진'과 '보수'라는, 이 함의가 모호한 단어를 둘러싸고 이처럼 광범위하고도 영향력 있는 논쟁이 전개되리라 예상치 못하였으며, 논쟁의 함의는 시인의 격언식 문구로 표현해낼 수 있는 것이 전혀 아니었다.

80년대 '사상해방'과 '문화열' 속에서 격앙되었던 계몽지식인들은 8,90년대 중국사회의 급변에 직면하여 개혁의 전략과 수단, 나아가 합법성 근거를 둘러싸고 상이한 의견을 제기하였다. 급진주의에 대한 성찰을 통해 '급진'과 '보수' 쌍방은 각자의 입장과 이론적 근거에 비추어 주장을 펼쳤는데, 그 내용은 중국 근현대사 전반에 대한 검토와 관련되어 있었다. 이러한 가운데에서 90년대 보수사조가 처음으로 모습을 드러냈다. 보수사조에 대한 학계의 연구는 일반적으로 함의가 모호하고 주장이 복잡하며 해석도 다양한 '90년대 보수주의 사조'라는 타이틀 아래 그것의 일부만을 고찰하였으며, 따라서 대체로 말은 끄집어냈으나 상세하지 못한 허점을 드러내고 있다. 이 글은 이 논쟁에 대한 전문적인 연구로서 논전의 기본맥락을 정리하는 동시에, 양측의 불일치 이면에 놓여 있는 사상적 가설을 드러내는 데에 중점을 두었다. 아울러 관념

변동의 내적 실마리로부터 80년대의 '혁명담론'이 어떻게 90년대의 '보수담론'으로 대체되었는지 분석하고, 20세기 사상사적 배경과 오늘날 중국의 개혁현실이라는 종적 및 횡적의 틀 속에서 이 논쟁에 대해 상세히 설명하고 성찰하고자 한다.

1. 논쟁의 유래

근대 이래 서구에서 보수주의는 자유주의, 사회주의와 함께 주요한 이데올로기의 하나로서, 중요한 사회적 기능을 발휘하였으며 어느 정도의 정당성을 지니고 있다. 근대적 의미의 보수주의 사상은 프랑스혁명에 대한 격렬한 부정에서부터 발단된다. 1790년에 영국 사상가인 버크(E. Burke)는 ≪프랑스혁명론≫이라는 책을 발표하였으며, "'보수주의'를 천명한 최초이자 아마 가장 위대한 거장"[1)]이 되었다. 버크식 보수주의는 오랜 기간 진화해온 사회질서와 자유전통을 매우 소중히 여긴다. 그가 보기에, 프랑스혁명의 급진주의는 질서를 유지해온 기초와 오랜 세월에 걸쳐 형성된 전통을 근본적으로 파괴하였으며, 결국 이로부터 초래된 전면적인 혼란은 전제적 강권의 힘을 빌려 수습할 수밖에 없었다. 바로 대혁명의 방식이 자유를 깡그리 없애버렸다는 것이다. 따라서 유럽 보수주의의 입장에서 보면, 자코뱅주의(Jacobinism)는 보수주의의 진정한 적인 셈이다.

하지만 90년대 중국의 급진과 보수사이의 논쟁은 결코 외부 사건에 대한 반응에서 일어난 것이 아니라 자국에 대한 성찰 가운데에서 생겨난 것이었으며, 이러한 성찰은 80년대 신계몽운동과 '5·4', 나아가 20세기 중국역사에 대한 검토로까지 급속하게 확장되었다. 논쟁의 참여자 대부분은 80년대의 계몽지식인이었고, 그들은 똑같이 당시 계몽진영에 속해 있었다. 80년대의 계몽지식인들은 서구의 현대성 가치에 대해 전반적으로 긍정하는 입장을 취하면서 현대화 변혁을 추진하고 경직된 전권주의(全權主義)체제를 반대한다는 점에서 태도의 동일성을 지니고 있었다. 논쟁이 발생하게 된 까닭은 정치적 사건이 강력하게 뒤흔든 결과로서 90년대 새로운 사회정치구조의 출현과 관련되어 있음과 동시에, 지식계 사상변동의 내재적 논리로 말미암은 것이었다.

사상변동의 내적 실마리에서 살펴본다면, 90년대에 발생한 이들 논쟁 중의 몇몇 기본 의제는 사실 80년대의 내부에서 발전해온 것이었다. 따라서 설사 정치적 변동이 없었을지라도 지식인의 성찰은 조만간 도래할 터이었으며, 다만 이러한 방식으로 앞질러 오지는 않았을 뿐이었다.

80년대는 격정과 낭만으로 충만한 시대였다. 거대한 영향을 끼친 신계몽운동은 '5・4'의 재현에 다름 아니었으며, 그러한 시대적 분위기를 주도한 것은 격렬한 반전통의 정서와 급진적인 변혁의 부르짖음이었다. 그들은 '폐쇄적 보수'를 중국문화의 고질병으로 여겼으며, 현존하는 국가사회주의체제를 전통적 초안정구조의 연속으로 보았다.[2] 그러나 당시 급진주의에 대한 성찰은 일정한 규모를 이루지 못한 채, 산발적으로 모습을 드러낼 뿐이었다. 흥미로운 점은 꽤 일찍 급진주의에 대해 철학적 성찰을 보여주었던 이들이 신계몽운동의 핵심인물이었던 리쩌허우(李澤厚)와 왕위안화(王元化)였다는 사실이다. (전자는 개체와 감성을 매몰시키는 헤겔(Hegel)의 필연성을 비판하였고,[3] 후자는 지성개념에 대해 분석하였다.[4]) 하지만 그들의 성찰은 당시의 역사적 상황의 제약을 받고 있었으며, 많은 한계를 지니고 있었다. 특히 그들은 여전히 헤겔 철학의 강력한 사변논리에 제약을 받고 있어서 급진주의의 관념적 질곡을 뛰어넘기 어려웠다. 80년대 말에 이르러 구준(顧準)의 유저를 읽은 후, 왕위안화는 그의 민주에 대한 성찰, 헤겔 철학에 대한 비판 및 경험주의에 대한 재인식으로부터 깨우침을 얻어 자신이 지금까지 의문을 갖지 않았던 관점에 대해 동요를 일으키기 시작했다.[5]

80년대 '문화열' 속에서 두 명의 젊은 학자가 각각 루소(J. Rousseau)의 정치철학과 '5・4'의 급진적 사조에 대해 비판하였는데, 그 논조가 상당히 날카로웠다. 먼저 천웨이강(陳維鋼)이 1986년 ≪독서(讀書)≫ 잡지 제12기에 〈루소의 인민주권론의 전제주의적 경향을 논함(論盧梭人民主權論的專制主義傾

向)〉이라는 글을 발표하였는데, 이는 80년대에 대륙에서 최초로 루소 사상에 가했던 예리한 성찰이었다. 1989년에 간양(甘陽)[6]은 ≪독서≫ 잡지에 〈자유의 이념: 5・4전통의 과오(自由的理念:五四傳統之闕失面)〉와 〈자유의 적: 진선미 통일설(自由的敵人：眞善美統一說)〉이라는 두 편의 글을 잇달아 발표하였으며, 대륙 독자들에게 영국 사상가 벌린(I. Berlin)의 자유주의 이념을 최초로 소개하였다. 그는 '5・4'가 추구했던 자유는 벌린이 말한 것과 같은 소극적인 자유가 아니라 일종의 적극적인 자유이며, 지식인들은 민족주의의 추구 아래 개체의 독립성을 상실했다고 비판하였다. 하지만 그들의 성찰은 당시의 급진적인 분위기 속으로 금방 가라앉았으며, 호응하는 이는 거의 없었다.

특히 80년대 급진적 정서의 주도성을 반영할 수 있는 것으로는 해외학자인 린위성(林毓生)[7]과 위잉스(余英時)의 '5・4'에 대한 비판적 성찰이 대륙에서 받았던 처우를 손꼽을 수 있다. 1986년 말, 린위성의 ≪중국의식의 위기(中國意識的危機)≫의 중역본이 대륙에서 발표되었고 1988년에 개정 증보판이 출판되었다. 이 책은 '5・4'시기의 격렬한 반전통주의의 근원과 성격을 탐구하고자 하였다. 린위성에 따르면, 20세기 중국 사상사의 가장 두드러진 특징 가운데 하나인 격렬한 반전통주의는 '5・4'에서 '문혁'까지 일맥상통한 계보를 구성하고 있다. '5・4'와 '문혁'은 전통관념과 전통가치에 대해 전반적으로 부정하는 입장을 취하고 있었을 뿐만 아니라, 이러한 입장의 형성은 사상문화를 빌려 문제를 해결하는 중국 전통의 사유방식의 지배를 깊이 받은 결과였다. 린위성의 글의 논점은 당시 대륙사상계에서 격렬한 비판을 받았다. 대륙의 계몽지식인들은 린위성이 '5・4'와 '문혁'을 함께 논한 점에 대해 특히 이해하기 어렵고 받아들일 수 없었다. 오늘날 보기에, 당시의 이들 비판은 갖가지 오해로 가득 차 있었으며, 린위성이 말하고자 하는 핵심을 제대로 파악하지도 못하였다.[8] 그 원인으로는 반전통사상이 80년대 말의 신계몽운동 속에서 조류의 중심을 차지한 채 그 확산적인 정서 및 대륙 지식인들의 '문혁'에 대한 고통스런 기억을 형성하고 있었다는 점, 그리고 어느 정도로는 린위성의 논점을 지탱해주는 서구이론— 막스 베버(Max Weber)의 이상유형론(ideal type), 하이에크(F. A. Hayek)와 포퍼(K. Popper), 그리고 폴라니(M. Polanyi)의 자유주의 이론 등 — 에 대해 제대로 이해하지 못했다는 점을 들 수 있다. 따라서 당시의 정세 아래에서 린위성의 저서가 동조를 얻기 어려웠음은 지극히 자연스러운 일이었을지 모른다.

1988년 9월, 위잉스는 홍콩중문대학에서 〈중국 근대사상사의 급진과 보수(中國近代思想史上的激進與保守)〉라는 제목의 강연을 하였다. 이 강연에서 위잉스는 더욱 분명하게 1919년부터 1976년까지의 대륙의 사회문화 변천을 '5 · 4'에서 발단한 급진적 사조의 탓으로 돌렸는데, 이러한 사조가 날로 격렬해져 보수주의의 설자리가 사라지면서 견제와 균형의 기능을 발휘할 길이 없어 결국 큰 화를 불러일으켰다는 것이다. '문혁'이 바로 이 급진화의 정점이었다는 것이다. 이는 크게는 근대중국에 새로움과 변화를 추구하는 가치경향 속에서 다수의 사람들이 인정할 만한 현상과 질서가 결여되어 있었기 때문이다. 따라서 위잉스는 엄격히 말해 중국에는 진정한 보수주의자가 없으며, 상이한 정도로 변혁을 요구하는 사람들만이 있을 뿐이라고 여겼다. 그는 '5 · 4'에서 '문혁'에 이르기까지의 역사변동을 급진화의 첫 번째 순환이라고 보았으며, 80년대의 신계몽운동은 '5 · 4'로 되돌아간 기점으로서, 급진화의 두 번째 순환이 시작된 것과 마찬가지라고 보았다. 강연의 말미에서 그는 다원적이고 관용적인 문화공간을 수립하여 급진과 보수의 상호작용 및 상호평형을 촉진하고 유지하자고 호소하였다.[9] 린위성의 글이 논쟁거리가 되었던 것과 비교하면, 대단히 논쟁적인 위잉스의 이 중요한 강연은 당시의 대륙학계에 거의 알려지지 않아 별다른 영향을 미치지 못했다고 할 수 있다. 그렇다고 해서 당시 대륙의 공공사상계에 위잉스와 문화 입장이 비슷한 학자가 없었다는 것은 결코 아니다. 80년대에 중국문화서원(中國文化書院)을 비롯한 지식인 집단은 본토의 문화전통에 대해 동조하고 중서문화의 조화를 제창하였다. 하지만 그들의 문화적 태도는 당시 비교적 주변부에 위치한 채 조류의 중심에 서있지 못하였으며, 기세면에서도 급진적 반전통을 주장하는 젊은 비판가들

에 훨씬 미치지 못하였고 영향력도 한계가 있었다.[10)]

위에서 기술한 잠재적 성찰은 아직 문화사상의 차원에 국한되어 있었으나, 1988년 말부터 1989년 초에 걸쳐 정치적 차원에서 주목할 만한 신(新)권위주의에 관한 논쟁이 출현했다. 80년대 말, 중국의 개혁은 이미 '가격틈관(價格闖關)'*을 표지로 하는 결정적 단계에 들어서 있었다.[11)] 날로 극심해지는 사회적 무질서와 정치적 부패(국가기관이나 공무원의 직권을 이용한 불법전매활동)에 직면하여, 신권위주의는 전통체제가 현대 시장경제와 민주정치발전을 향해 나아가는 과정에서 현대화 방향을 지닌 강력한 신권위를 수립하여 사회질서를 유지하고 현대화로의 진행을 이끌어야 한다고 주장하는 한편, 시장경제가 충분히 발전하기 전에 다원민주제를 시행하는 것에는 반대하였다.[12)] 신권위주의는 당시 상당히 큰 반향과 논쟁을 불러일으켰다. 민주주의를 서둘러 실현하려고 하였던 다수의 계몽지식인들은 이러한 '개명전제(開明專制)'의 수단을 통해 현대화로 나아가고자 하는 공개적 주장을 인정할 수 없었다. 이는 80년대 지식인 진영에서 균열이 나타나기 시작했음을 의미하였다.

한때 떠들썩했던 신권위주의 논쟁은 충분히 전개되지도 못한 채 그 막을 내렸다. 하지만 신권위주의는 90년대 신보수주의의 탄생에 직접적인 영향을 끼쳤다. 보다 중요한 것은 논쟁과정에서 지식인들의 관심사가 현대화 개혁의 수단 문제로 더욱 많이 옮겨가기 시작했다는 점이다. 그리하여 온건과 급진이라는 두 가지 방식의 차이가 더욱 분명해졌지만, 다만 당시의 혁명적 분위기의 주도 아래 급진적인 개혁 주장이 압도적으로 우세하였고 신권위주의를 주장하는 인사는 극히 제한적이었을 따름이다.[13)]

80년대 말, 신계몽운동은 갑자기 중단되었으며, 이로 인해 지식인들은 자신의 운명에 대해 성찰하기 시작하였다. 바로 이러한 상황 아래 '5·4'에 대한

* 가격틈관(價格闖關)이란 1988년 중국에서 실시하였던 물가개혁방안을 가리킨다. 당시 중국에서는 상품가격이 일부는 국가계획경제에 의해, 일부는 시장에 의해 정해지는 이중의 형태를 지니고 있었는데, 이 개혁을 통해 중국정부는 단기간에 대부분 상품의 가격을 올림으로써 상품가격을 둘러싼 복잡한 경제문제를 해결하고자 시도하였다. 그러나 이 개혁조치는 심각한 통화팽창을 일으키는 바람에 좌초되고 말았다. — 역주

린위성과 위잉스의 비판적 성찰이 다시금 주목을 받았다. 성찰이 깊어짐에 따라 일부 계몽지식인들은 린위성과 위잉스의 관점에 대해 크게 공감하였다. 특히 이전에 거의 알려지지 않았던 위잉스의 강연 원고는 대륙의 많은 지식인들에게 전범으로 받들어졌다. 하지만 또 다른 일부 지식인들은 이에 대해 동조하지 않거나 혹은 더욱 복잡한 태도를 지니고 있었다. 결국 위잉스의 강연 원고는 급진과 보수 사이의 논쟁을 일으킨 도화선이 되었다.

급진주의에 대한 성찰을 주된 내용으로 하는 90년대 논쟁에서, 그 이면에 놓여 있는 핵심은 바로 개혁의 합법성 근거, 방법, 전략에 대한 상이한 견해였다. 개혁에 대한 80년대의 합법성은 과거 담론체계 속의 '혁명'이라는 신성한 어휘를 빌려 논증되었는데, 개혁은 두 번째 혁명이며 전통체제에 대한 근본적인 변혁이지 지엽적인 보수가 아니라는 점을 강조하였다. 중국 근대사의 혁명과 개량에 관한 80년대 학계의 토론에서, 이 양자는 더 이상 '진보/반동'이라는 이원대립모식에 놓이지 않았으며, 현대화로의 전환과정 속에 나타난 두 가지의 상이한 수단으로 여겨졌다. (이는 당시 만청 양무운동과 유신변법에 대한 명예회복식의 연구로부터 파악해낼 수 있다.) 하지만 혁명은 여전히 장엄하고 신성하며 의심할 바가 없는 것으로, 전권주의를 통해 나타난 보수세력과 대립적 상태에 놓여 있으며 현대화 변혁을 추진하는 원동력이었다. 이에 비해, 개량은 일종의 보조적이고 부가적인 것에 불과할 뿐이었다. 개혁합법성에 대한 이러한 논증은 '혁명/개량'이라는 모식에 기반하고 있으며, 그 배후에는 여전히 급진주의 이념이 자리잡고 있었다. 급진주의 이념은 80년대에 주도적 지위를 차지하고 있었으며, 당시 급진주의에 대한 성찰은 기본적으로 잠재적이었을 뿐이다.

하지만 90년대에 급진주의를 성찰하는 가운데, 일부 계몽지식인들은 급진적인 혁명입장과 경직된 전체주의가 동일한 구조를 지니고 있음을 발견하게 되었다. 급진주의는 20세기 중국 현대화를 좌절시킨 주범으로 지목되었으며, 혁명 역시 이로 인해 심판받게 되어 그 신성성은 사라져버렸다. 일부 계몽지식인들은 점진적 개량을 새로운 개혁합법성의 논거로 삼을 것을 제기하였으며, 그들이 운용한 것은 새로운 '급진/보수의 모식'(이 두 가지 모식에 대한 분석은 뒤에서 자세하게 다루기로 한다)이었다. 이로부터 80년대의 담론을 답습한 계몽자들과 논쟁이 벌어졌으며, 일찍이 '태도의 동일성'을 지녔던 계몽진영에 사상의 분명한 분화가 나타나게 되었다.

2. 논쟁의 기본과정

급진과 보수에 관한 논쟁은 주로 90년대 전기와 중기에 발생하였고, 참여자의 대부분은 국내외의 유명 지식인들이었다. 토론에 드러난 급진주의에 대한 태도에 따라, 그들은 대체로 두 부류로 나눌 수 있다. 즉 급진주의를 비판했던 대표적 인물로는 위잉스, 리쩌허우, 왕위안화, 천라이(陳來), 샤오궁친(蕭功秦), 쉬지린(許紀霖) 등이 있으며, 급진주의를 옹호하거나 보수주의를 비판했던 주요 인물로는 쟝이화(姜義華), 허쟈둥(何家棟), 위안웨이스(袁偉時), 친후이(秦暉), 주쉐친(朱學勤) 등이 있다. 하지만 이러한 구분은 양측이 각자 내부적으로 연계한 파벌 혹은 진영을 의식적으로 형성했음을 의미하지 않는다. 이들은 기본적으로 각자의 사고에 따라 독립적으로 발언하였으며, 따라서 같은 부류 내부에서도 의견 차이는 존재했다.

이들의 논쟁은 주로 홍콩의 ≪이십일세기(二十一世紀)≫ 잡지와 베이징의 ≪동방(東方)≫잡지를 중심으로 전개되었다.[14] ≪이십일세기≫에서는 위잉스, 쟝이화 등의 글을 중심으로 논쟁이 전개되었으며, ≪동방≫에서는 리쩌허우와 천라이 등의 글을 중심으로 논쟁을 펼쳤다. 전체 논쟁의 쟁점은 다음의 세 가지 주제에 관한 것이었다. 즉 첫째, 중국 근현대사에서의 급진과 보수 현상을 어떻게 바라볼 것인가? 급진과 보수 가운데 누가 강하고 누가 약한가? 누가 중국 현대화의 실패에 대한 책임을 져야 하는가? 둘째, 20세기 중국혁명을 어떻게 평가할 것인가? 셋째, '5·4'의 급진적 반전통을 어떻게 바라볼 것인가?

1) 급진과 보수에 관하여

위기와 동요로 가득했던 20세기의 중국에서 급진주의는 오랫동안 의심할 바 없이 좋은 평가를 받았던 반면, 보수주의는 늘 반동이나 낙후와 동일한 의미로 쓰여 배척당했다. 1988년 위잉스는 홍콩중문대학에서의 강연에서 이에 대해 완전히 다른 의견을 제기하였으며, 이로써 급진주의는 질의의 대상이 되었다. 1992년 쟝이화는 홍콩의 ≪이십일세기≫ 잡지 제10기에 〈급진과 보수: 위잉스 선생과 토론하다(激進與保守: 與余英時先生商榷)〉라는 글을 발표하였으며, 이 글에서 위잉스의 강연에 대해 전면적으로 반박하였다. 이에 같은 호의 잡지에서 위잉스는 〈중국 현대사상 중의 급진과 보수를 다시 논하다—쟝이화 선생에게 답하다(再論中國現代思想中的激進與保守—答姜義華先生)〉로 회답하였다. 이렇게 하여 양측 사이에 급진과 보수 논쟁의 서막이 열렸다.

쟝이화는 급진주의에 대한 위잉스의 비판과 질책에 동의하지 않았다. 글 속에서 그는 먼저 영국 보수주의 사상가인 버크와 세실(H. Cecil)의 권위 있는 저작에 근거하여, 보수주의의 개념을 정리하고 문화와 정치에서의 갖가지 보수주의적 현상을 열거하였다. 여기에서 출발하여, 그는 중국의 현대화 개혁이 좌절된 까닭은 너무 강한 보수주의로 말미암은 것이지, 위잉스가 말한 것처럼 날이 갈수록 격렬해진 급진주의 때문이 아니라고 보았다. 왜냐하면 "진정으로 전통적인 경제・정치・사회・문화규범과 구조를 바꾸어 현대문명에 적합한 새로운 경제・정치・사회・문화규범과 구조로 대신하는 급진주의가 백 년의 대부분 기간에 실제로 상당히 약화되었기" 때문이다.[15] '문혁'은 결코 급진주의의 절정이 아니며, 봉건전제정치의 해악이 범람한 것이다. 그는 근대 이래의 중국 역사에 캉유웨이(康有爲), 쑨중산(孫中山)에서 마오쩌둥(毛澤東)에 이르기까지 급진화의 계보가 지속적으로 존재했음을 결코 인정하지 않으며, 이는 중국이 현대문명을 건설하는 목표에 도달하기 위해서 만들어낸 상이한 노선의 선택이며 다원적 충돌 속에서 어려운 선택을 진행한

역정이라고 보았다.[16)]

위잉스는 답글에서 장이화와의 주된 차이점을 양측의 논술범위 및 급진과 보수라는 두 개념 정의의 차이로 귀결했다. 위잉스의 논술범위는 사조로 제한했지만, 장이화는 이미 이 범위를 훨씬 벗어나 있었다. 위잉스가 일컫는 '보수'는 공민사회 혹은 민간사회를 전제로 삼고 있으며, 갖가지 전제주의와 전체주의는 보수주의라는 이름을 붙일 자격이 없다.[17)] 그리하여 위잉스는 1949년 이후의 급진적 혁명이 중국의 민간사회를 파괴하고, 새로운 체제와 낡은 전통의 철저한 단절을 초래했다고 보았다. 본토의 전통적인 요소들 가운데 계승된 것이 있기는 하지만, 유형의 제도로 드러나지는 못하였다는 것이다. 반면 장이화는 갖가지 전제주의와 전체주의를 전통적 보수세력으로 여기고, 이것이 1949년 이후 중국 현대화의 진척을 가로막은 중요한 요소였으며, 이로 인해 보수주의가 너무 강하다는 결론을 도출했던 것이다. 흥미로운 점은 보수주의에 대한 장이화의 이해가 버크와 세실의 권위 있는 저작에 근거하고 있지만, 이 개념을 운용하여 중국 근현대사에서의 보수적 현상을 지적할 때에는 버크식 보수주의가 고수하는 핵심내용(자유전통)을 추상화시켜 버린다는 것이다. 이리하여 위잉스가 말하는 급진은 장이화의 글에서 보수로 변하고 말았다.

장이화와 위잉스의 논쟁 가운데에서 위잉스는 회답을 통해 양측의 입장 차이의 중요 원인, 즉 논쟁의 초점이 하나의 층차에만 있지 않다는 점을 이미 지적하였다. 위잉스는 사상 차원에서 토론을 진행한 반면, 장이화는 주로 현실사회와 정치실천 차원에 집중하여 논쟁을 전개하였다. 여기에서 '급진'과 '보수'라는 개념의 운용이 확연히 상반되는 일이 초래되었다. 사실 개념 이해의 차이를 제쳐놓는다면, 쌍방에게 공통된 인식이 전혀 없었던 것은 아니었다. 이는 두 사람이 전제주의와 전체주의에 대한 강렬한 증오를 드러낼 뿐만 아니라, 강력한 중산계급을 육성하여 사회의 양극화를 해소하고 급진과 보수의 긍정적 상호작용을 촉진하는 것에 대해 두 사람 모두 긍정적인 태도를 지니고 있다는 점에도 잘 나타나 있다.

쉬지린은 당시 토론에 참여했던 글에서, 문화와 정치의 두 차원에서의 급진과 보수를 엄격히 구분해야 한다고 다음과 같이 각별히 지적하였다.

> 그들 각자가 의지하고 있는 좌표가 다르기 때문이다. 이른바 문화 차원에서의 급진 혹은 보수는 주로 중국문화전통에 대한 가치취향에 의해 결정된다. 죄다 타도하자고 주장하는 쪽은 급진이고, 문화 해석을 여전히 본토문화의 테두리 안에서 고수하고 있는 쪽은 보수이다. 이른바 정치 차원에서의 급진 혹은 보수는 주로 현실사회의 정치질서에 대한 인식 태도를 살펴야 한다. 근본적인 해결을 요구하여 타도하고 새로운 것을 재건하자는 쪽은 급진이고, 현존하는 시스템을 기술적으로 조정하고 보수하자고 주장하는 쪽은 보수이다.[18]

위의 글은 논쟁에서의 혼란을 일소하는 데에 매우 중요하다. 하지만 쉬지린 역시 '급진'과 '보수'라는 두 개념의 모호성을 인식하였으며, 이로 인해 포퍼의 유토피아적 사회 프로젝트와 점진적 사회 프로젝트라는 두 가지 개념으로 대체하자고 제안하였다. 쉬지린의 기본적인 관점은 "둘은 너무 강하고, 하나는 너무 약하다(兩個太强, 一個太弱)"라는 말로 개괄할 수 있다. 즉 20세기 중국은 급진주의와 보수주의가 너무 강하며, 두 세력이 양립할 수 없는 이면에는 양자가 공통된 사상적 가설과 논리를 지니고 있는데, 이것이 유토피아적 사회 프로젝트의 특징을 강렬하게 띠고 있다는 것이다. 반면 점진적 사회 프로젝트를 내세우는 중국의 자유주의는 참으로 너무나 미약하다. 급진주의에 대한 성찰 속에서 쉬지린은 이미 급진주의와 보수주의의 내재적 공통점을 포착했지만, 그가 일컫는 보수주의는 이미 위잉스의 보수주의와 똑같지는 않으며, 그가 일컫는 자유주의는 오히려 버크식의 보수주의와 아주 비슷하다는 점을 어렵지 않게 알 수 있다.[19]

이번 논쟁에서는 푸컹(傅鏗)의 글을 주목해볼 만하다. 그는 급진과 보수에 관한 장이화의 글 이면에 놓여 있는 사상 가설을 분석하였는데, 급진주의에 대한 장이화의 인식은 대륙 지식인들의 급진주의 신화, 즉 가치취향면에서 급진주의는 진보와 연관되는 반면 보수주의는 퇴보와 짝지을 수밖에 없다는 사고를 전형적으로 반영하고 있다고 보았다. 푸컹 또한 버크의 보수주의 이론에 따라 종교의 존중, 인권보장, 사회등급제도 유지, 사유제의 신성성 확인, 하나의 유기체로서의 사회의 연속성이라는 다섯 가지 방면에서 중국의 근대 이래의 보수적 현상을 고찰하였다. 그는 '문혁'이 보수주의가 중시하는 자유 전통을 철저하게 파괴하였으며, 문혁이 근본적으로 급진주의가 성행한 결과임을 발견하였으며, 이로부터 장이화와 전혀 상반된 결론을 도출하였다. 그는 나아가 '문혁'과 프랑스대혁명의 놀라울 정도로 비슷한 점을 비교하였다. 예컨대 비주류의 독재정치와 열광적인 유토피아 구세주의 정신, 그리고 특히 두 대혁명의 지도자 모두가 막스 베버가 말한 '의도윤리(intention ethics)'를 따랐으며 '의도윤리'를 견지했던 사람은 반드시 급진주의 쪽에 서 있었다는 점 등을 들 수 있다. 그는 현대 자유주의자 대가인 하이에크의 두 가지 자유이론에 관한 관점에 의거해, '문혁'과 프랑스대혁명의 급진주의가 모두 프랑스식의 이성주의 전통을 구현하였음을 지적하였다. '5·4' 이래 중국 지식인의 대부분은 이와 같았는데, 그들이 지니고 있었던 격렬한 반종교적 무신론적 관점, 보편적 과학주의 경향과 유토피아 구세주의 정신은 현대사의 각종 급진주의 사조의 범람을 초래하였으며, 이는 마침내 그들의 내면이 떠받드는 자유를 잃어버리게 했다는 것이다. 결국 푸컹은 결론으로서 급진주의와 자유는 공존할 수 없음을 제시하였다.[20)]

푸컹은 버크, 토크빌(Alexis de Tocqueville)과 하이에크를 대표로 하는 보수적 성격을 띤 자유주의 입장에서 급진주의를 성찰하였다. 그의 글로부터 중국에서 근대 이래 가장 결핍된 것은 다름 아닌 버크식의 보수주의라는 점을 어렵지 않게 추단할 수 있다. 푸컹이 쓴 글의 가치는 보수주의를 새롭게 이해하게 만들었다는 점뿐만 아니라, 급진주의 신화의 배후에 있는 이성주의 지식론을 다루고 사람들에게 급진주의와 전권주의 사이의 내재적 관계를 깨닫게 해주었다는 점이다. 이러한 점은 쉬지린이 포퍼의 이론을 빌어 도출해낸 분석과 그 방향이 매우 비슷하다. 장이화는 후에 자신의 글을 모아 출판한

≪이성이 결여된 계몽(理性缺位的啓蒙)≫에서 프랑스 계몽운동에 대한 고도의 인식을 보여주었다.

중국에서 근대 이래 급진과 보수 가운데 누가 강하고 누가 약한가에 관한 논쟁은 누가 현대화 변혁의 실패에 대해 책임을 져야 하는가의 문제와 연관되어 있다. 토론이 전개되는 가운데 다음과 같은 세 가지 견해가 나타났다. 첫 번째 견해는 급진주의가 너무 강하고 보수주의가 너무 약하기 때문에 급진주의가 중국 현대화의 실패에 대해 어느 정도 책임을 져야 한다는 것이다. (주로 위잉스와 푸컹의 관점이 대표적이다.[21]) 두 번째 견해는 이와 반대로 보수주의가 너무 강하고 급진주의가 너무 약하기 때문에 보수주의가 현대화 변혁의 과정을 지체시켰다는 것이다.(쟝이화[22]) 세 번째 견해는 급진주의와 보수주의가 모두 너무 강하고, 점진적 개혁을 주장하는 자유주의는 너무 약하다는 것이다.(쉬지린, 왕룽쭈汪榮祖[23]) 만약 버크식 보수주의에 근거해 살펴보면, 문화전통과 민간사회의 유지를 강조하는 보수주의(첫 번째 관점)는 다원·개방·점진을 주장하는 자유주의(세 번째 관점)와 사실 차이가 그다지 크지 않지만, 두 번째 관점과는 태도와 방향에 있어서 커다란 차이가 있다. 이는 그 이면에 놓여 있는 상이한 사상적 가설과 관련되어 있지만, 논쟁에서 이러한 점은 결코 충분히 전개되지 않았다. 전체적으로 살펴보아, 의견의 불일치가 발생한 것은 다음의 두 가지 문제와 관련되어 있다. 첫째, '급진'과 '보수' 개념 자체의 모호성으로 인해 각자가 이해하는 바가 다르고 모두가 인정하는 정의를 내리지 못한 점이다. 둘째, 이는 또한 몇몇 논자가 버크식 보수주의 이념에 대해 제대로 이해하지 못한 것과도 연관되어 있는데, 이로 인해 보수라는 개념이 광범하게 운용되어 일정 정도 의미가 뒤섞이게 되었다. 이러한 문제는 이후의 논쟁에도 영향을 끼쳤지만, 중요한 점은 '보수'라는 단어가 논쟁을 거치면서 그 의미에 변화가 일어났으며 자유주의의 내용이 이미 금방이라도 제기될 상태에 이르렀다는 것이다.

2) 혁명이여 안녕(告別革命)에 관하여

20세기 중국 역사에 영향을 끼쳤던 가장 중요한 사건으로는 끊임없이 이어졌던 폭력혁명의 물결을 손꼽지 않을 수 없다. 만약 1851년의 태평천국혁명에서부터 1976년 '문혁'의 종식까지 시간을 확장한다면, 중국의 혁명사는 백이십여 년이나 된다. 이러한 과정에서 혁명은 날이 갈수록 위기를 해결하고 중생을 구원하며 세상의 천당으로 향하는 최선의 수단과 유일한 방법이 되었으며, 혁명은 이로 인해 신성한 아우라를 두르고 의심할 바 없는 권위를 지니게 되었다. 하지만 혁명이 승인한 아름다운 신세계가 강림하기도 전에 일련의 부정적인 결과를 낳았으며, 이로 인해 사람들의 의구심을 불러일으켰다. 이러한 의구심은 '문혁'이 끝난 후인 80년대에 이미 시작되었으나 당시의 급진적 담론의 제약을 받아 철저하지도, 영향을 미치지도 못하였으며, 반대로 '문혁'을 혁명의 계보에서 축출하는 방식을 통해 혁명의 순결성을 한결 더 보위하였다. 90년대 이후 시장화 개혁과정의 거역할 수 없는 흐름에 따라 지식인들은 점점 법치와 질서를 중시하게 되었으며, 20세기 혁명의 문제를 어떻게 바라보느냐의 문제 또한 사람들의 눈앞에 놓여 이번 논쟁의 쟁점이 되었다.

맨 처음 논쟁에 불을 지핀 것은 리쩌허우가 제기한 '혁명이여 안녕론(告別革命論)'이었다. 1992년 봄, 리쩌허우는 미국 덴버에서 강연을 하였는데, "개량에 힘쓰고 혁명은 하지 말라"고 주장하였다. 1994년 ≪동방≫ 잡지에는 그와 왕더성(王德勝)의 대화록이 실렸는데, 여기에서 리쩌허우는 근대 이래의 정치적 급진주의에 대해 성찰하여 커다란 반향을 불러일으켰다. 1995년 그와 류짜이푸(劉再復)의 대담록인 ≪혁명이여 안녕—20세기의 중국을 되돌아보며(告別革命—回望二十世紀中國)≫가 홍콩에서 출판되었는데, 이후 논쟁이 잇달아 일어나 순식간에 리쩌허우의 견해는 학계의 주목을 받는 이슈 중의 하나가 되었다.

리쩌허우의 '혁명이여 안녕'론은 '혁명'을 중심으로 하는 20세기 중국의 기본적인 사고의 틀을 해체하고자 한 바, 역사적 성찰과 현실적 사고라는 두 가지 측면을 포괄하고 있다. 역사적 성찰 방면에서 리쩌허우의 논점은 다음의 두 가지 문제와 관련되어 있다. 첫째는 개량과 혁명에 대한 평가에 관한 것이다. 리쩌허우에 따르면, 20세기는 혁명과 정치가 모든 것을 압도, 배척, 침투하고, 심지어 모든 것을 주재한 세기이다. 20세기의 이러한 혁명방식은 중국에 심각한 재난을 가져왔다.[24] 여기에서의 '혁명'은 군중폭력 등의 급격한 방식으로 기존의 제도와 권위를 뒤집어엎는 격렬한 행위를 가리킨다. (침략에 반대하는 이른바 '민족혁명'은 포함하지 않는다.)[25] 그는 만청(晚淸)시기를 예로 들어 개혁(무술변법戊戌變法이나 청말의 신정新政)은 성공할 수 있었지만, 신해혁명(辛亥革命)은 분명히 실패했다고 보았다. 청 정부는 비록 부패했지만 군주제라는 형식은 여전히 큰 의미를 지니고 있으므로, 차근차근 입헌개량을 통해 현대화의 길로 나아가도록 다독이는 편이 나았을 텐데, 없애버리려다 오히려 망쳐버린 꼴이 되었다. 그러므로 혁명은 불필요하다는 것이다.[26] 개량은 평화적인 진화로서, 비약이나 혁명을 통하지 않고 끊임없는 누적을 거쳐 진보를 획득하며 폭력혁명을 피하고 사회의 안정을 유지할 수 있다. 따라서 개량이 혁명보다 더 낫다. 둘째는 혁명은 피할 수 있는 것인지, 혁명의 발생을 정치적 급진주의의 탓으로 돌려야하는지의 여부에 관한 것이다. 리쩌허우는 혁명을 반드시 필연적인 것이 아니며, 역사는 우연성으로 가득 차 있다고 여긴다. 그는 신해혁명을 예로 들어, 본래 다른 선택, 즉 평화적인 개혁입헌의 노선을 택할 수도 있었다고 설명한다. 그럼에도 피할 수 없었던 까닭은 근대 급진주의 사조의 결과였다. 이러한 사조는 탄쓰퉁(譚嗣同)으로부터 비롯되었는데, 80년대 말에는 극단으로 치달아 그 부작용이 상당히 커서 지금까지도 영향을 미치고 있다는 것이다.[27]

비록 깊이 파고들지는 않았으나 리쩌허우의 역사적 성찰은 위에 서술한 측면을 통해 혁명 이면의 몇몇 이론 자원과 사상 가설을 언급하였는데, 여기에는 역사결정론, 변증법적 유물론, 계급투쟁, 이원대립 등이 포함되어 있다. 아울러 그는 개량과 혁명이 각각 반영하는 것은 영국식 개량주의와 프랑스식

민주주의의 차이라고 보았다.[28]

위와 같은 성찰에 의거하여 현실에 대해 우려를 드러냈던 리쩌허우는, 오늘날 12억의 인구가 먹고 살기 위해서는 혁명과 작별하고 점진적 개량의 길로 나아가지 않으면 안 된다고 보았다. 그리하여 그는 일의 중요성과 시급성에 따라 개혁과정의 4단계설을 제기하였는데, 즉 '경제발전 → 개인자유 → 사회정의 → 정치민주'이다. 이는 논리적 순서이자 시간적 순서이기도 하다.[29] 리쩌허우는 사회의 안정을 기본전제로 삼았기에 기존 권위를 유지할 것을 주장하였으며, 경제발전과 사회안정을 동시에 꾀하는 정책에 찬동하였다.[30]

리쩌허우의 이러한 논점은 격렬한 논쟁을 일으켰다. 장이화는 리쩌허우의 역사적 성찰을 겨누어 세 가지의 이견을 제기하였다. 첫째, 그는 리쩌허우의 혁명에 대한 두루뭉술한 고별에 동의하지 않으며, 혁명의 명분(名)과 실질(實)을 분명하게 구별해야 한다고 보았다. 즉 고별해야 할 것은 유명무실한 사이비 혁명(예컨대, '문혁')이지, 진정한 사회혁명, 즉 현대화 실현을 핵심내용으로 하는 전면적 변혁이 아니라는 것이다. 둘째, 개량과 혁명의 발생은 모두 필연적이어서 마음대로 선택하여 바꿀 수 있는 것이 결코 아니다. 셋째, 개량과 혁명은 각자의 역할을 지니고 있으며, 양자 모두 만능은 아니다. 가장 근본적인 문제는 개량과 혁명 가운데 어느 것이 좋고 어느 것이 나쁜가를 따지는 것이 아니라 혁명과 개량의 다툼을 어떻게 피할 것인가이다.[31]

천샤오야(陳小雅)는 과연 누가 신해혁명의 책임을 져야 하는지에 관한 구체적인 역사학 문제를 둘러싸고 리쩌허우와 토론하였다. 그에 따르면, 신해혁명에는 참여자가 많아 혁명의 발동과 과정 모두 혁명당원의 통제를 받지 못한 바람에 예상치 못한 결과를 초래하고 말았다. 따라서 청 정부의 정책적 오류가 혁명의 폭발을 초래한 첫 번째 책임자이고, 혁명당의 착오는 제도건설을 위한 "답안을 제시하지 못한 데"에 있다는 것이다.[32]

그는 혁명이 마음대로 고별할 수 있는 것임이 아님을 사실차원에서 논증함으로써 '혁명이여 안녕'론을 반박하였다. 혁명이란 정부와 재야의 양측이 서로 밀고 당기면서 일어나는 것이지 급진적인 한 쪽의 주관적 책동의 결과가 결코 아니기 때문이다. 그런데 허쟈둥은 <"혁명"을 바로잡다("革命"辨正)> 라는 글에서 혁명의 명분을 바로세우는 방식을 통해 가치차원에서 혁명의 권리를 지키고자 하였다. 그에 따르면, 혁명을 판단하는 기준은 주로 참신성의 폭과 깊이를 검증하여야 하고, 혁명의 수단이 '격렬'한지의 여부 및 변화가 급격한지의 여부에 의해 결정되어서는 안 되며, 개인이 아니라 제도에 맞추어져야 한다는 것이다. 혁명은 아직 성공하지 못하였으며, 미래의 중국혁명은 반드시 실용주의의 흑백논리 대신 보통사람의 인권을 표준으로 삼아야 할 것이다.[33] 쟝이화 또한 혁명의 명분(名)과 실질(實)을 구별하는 방식으로써 혁명을 변호했지만, 그의 글에서는 허쟈둥과 같은 격앙된 기세를 전혀 찾아볼 수 없다.

보수로 나아가는 길에서 리쩌허우보다 더욱 멀리 간 사람은 샤오궁친이었다. 그가 제기한 '신보수주의'에 대한 논술은 대단히 커다란 반향을 불러일으켰다. 샤오궁친은 80년대 신권위주의 남파(南派)의 대표인물로서, 90년대에는 신보수주의의 대변인이 되었다. 그의 관점은 크게 두 부분을 포괄하고 있다. 즉 하나는 신보수주의적 근대사관이고 다른 하나는 신보수주의적 개혁이념인데, 전자는 후자에 경험적 근거를 제공하였다.

샤오궁친의 '신보수주의' 이론은 급진주의를 겨눈 것으로, 그에 따르면 급진주의사조는 현대화 변혁과정 속에서 엄청난 부정적 성격을 띠고 있다. 샤오궁친은 근대사에 대한 많은 연구를 통해 중국의 현대화운동 속의 급진주의 사조를 세 가지 유형으로 나누었다. 첫째는 '심리상태상의 급진주의'이다. 구체제에 대한 혐오감과 위기감으로 인해 흔히 조건이 성숙되었는지, 현실에서 실행할 수 있는지를 따지지 않는 개혁가들에게서 구체적으로 나타난다. 무술변법의 실패는 변법인사들의 이러한 급진적 심리상태에 기초하고 있다. 둘째는 '제도주의적 급진주의'이다. 이것은 '제도결정론'을 주장하면서 서구의 제도가 효율적으로 운용될 수 있었던 필수적 조건을 무시한 채 단순히 이식에만 치중함으로써 무질서의 위기를 초래한다. 청말의 신정과 민국 초기의 의

회민주의 실패를 그 교훈으로 삼을 수 있다. 셋째는 '프랑스대혁명의 이성주의적 급진주의'라 일컫는다. 이것은 어떤 선험적이고 자명한 추상적 원리에 따라 사회를 재건하거나 개조하지만, 역사 자체의 경험적 사실은 전혀 고려하지 않는다는 특징을 보여준다.[34] 주목할 만한 점은 샤오궁친의 급진주의 사조에 대한 비판이 버크식 보수주의에 이론적 근거를 두고 있다는 점이다. 그의 글에 따르면, 옌푸(嚴復)는 중국의 버크이며, 정치적 급진주의에 대한 옌푸의 비판은 '중국 신보수주의'의 중요한 사상적 연원이다.[35]

수많은 경험연구를 토대로 하여 샤오궁친은 신보수주의의 개혁관을 제기하였다. 그의 개괄에 따르면, 이는 일종의 "전통질서의 역사 연속성을 존중하는 기초 위에서 점진적 현대화를 도모하자고 주장하는 사상이론"이다.[36] 구체적으로 말하자면, 정치적으로는 급진적 민주를 반대하고, 시장경제로의 방향을 지닌 신형 권위를 과도 형태로 삼아 정치질서의 안정과 현존 질서의 연속성을 유지하는 것이다. 경제적으로는 개혁의 초기 단계에서 시장제도의 대폭적인 도입을 통해 시장메카니즘을 육성하려는 급진적 방식에 반대한다. 시장경제의 점진적 발전 속에서 차근차근 사회계약적 관계를 육성함으로써 계약적 민주로 나아가기 위한 기초를 다질 수 있다는 것이다.[37] 문화적으로는 전통가치와 정치적 이데올로기(일례로 4항 기본원칙)의 억제작용과 중개기능을 강조함으로써 정치적 낭만주의와 작별하고 현실주의로 나아가도록 한다.

리쩌허우의 '혁명이여 안녕'과 비교해볼 때, 샤오궁친의 신보수주의는 급진개혁사조에 대한 경계와 거부를 더욱 강조하고 그 이론 또한 더욱 체계적이고 심오해졌지만, 훨씬 보수적이기도 하다. 리쩌허우는 청말 신정과 무술변법을 비교적 높이 평가하면서도 혁명이 오히려 모든 것을 망쳐버렸다고 본다. 반면 샤오궁친은 청말 신정과 무술변법을 급진주의의 두 가지 유형으로서 모두 부정하고 있다.

상술한 '신보수주의' 논술에 맞서서, 진옌(金雁, 쑤원蘇文)은 중요한 비판을 제기하였다. 진옌은 국내의 급진과 보수의 논쟁이 보수의 내용에는 거의 관심을 기울이지 않은 채 지나치게 경험측면에 얽매어 근대사의 일련의 사건에 대한 새로운 경험적 분석에 치중한 나머지, 혁명이 개량보다 못하고 유신이 양무보다 못하다는 결론에 이르렀다고 꼬집었다. 이는 물론 '혁명숭배'에 대해 성공적으로 충격을 주었지만, 반드시 '보수숭배'를 증명할 수 있는 것은 아니었으며, 더욱이 "무조건 따르기만 하면 다 잘될 것"이라는 현실적 선택을 증명할 수 있는 것도 아니었다. 진옌은 방법론의 관점에서 출발하여 동유럽의 역사를 예로 들어 경험연구의 한계를 설명하였는데, 경험은 보수와 급진 중에 무엇이 뛰어나고 무엇이 뒤떨어지는지 증명할 방법이 없으므로 어떤 정해진 선택을 제공할 수 없다는 것이다.[38)]

만약에 진옌의 이러한 비판이 개혁의 전략과 노선에 있어서 신보수주의와의 차이를 드러내고 있다면, 친후이(볜우卞悟)는 샤오궁친의 신보수주의와 헌팅턴(Samuel P. Huntington)의 행위주의 정치이론의 차이를 비교함으로써 중국의 신보수주의 가치에 날카로운 질문을 던지고 있다. 친후이에 따르면, 중국의 신보수주의는 '혁명숭배'에 반대하는 합리적 명제를 '혁명은 유죄이며 두려운 것'이라는 황당무계함의 극단으로까지 끌어올리고, 심지어 '혁명과민증'으로까지 발전시켜 일부 개량을 혁명 혹은 준(準)혁명으로 간주하여 반대하며, 자신이 유지하고 있는 억제력이 급진적 혁명의 산물임을 전혀 고려하지 않은 채 '일이 성공하면 왕이 되고 실패하면 도적이 된다(成王敗寇)'고 하는 관념경향을 보이고 있다는 것이다.[39)] 이와 흡사하게, 허쟈둥은 〈오늘날 중국의 신보수주의(今日中國新保守主義)〉라는 글에서 샤오궁친의 '신보수주의' 주장이 자유주의 요소를 결여하고 있고 메스트르(Joseph de Maistre)*식의 보수주의에 치우쳐 있으며 버크식의 보수주의와는 전혀 관계가 없다고 보았다.[40)] 이는 사실 이미 '신보수주의'의 가치목표에 대해 도전장을 내민 것이라고 할 수 있다.

* 메스트르(Joseph Marie de Maistre, 1753-1821)는 프랑스의 소설가이자 철학자, 정치가이며, 프랑스 전통주의를 대표하는 보수주의 사상가. 프랑스 혁명에 반대하고 절대왕정과 교황의 지상권을 주장했다. 대표적인 저서로는 ≪교황론(*Du Pape*)≫, ≪프랑스 연구(*Considérations sur la France*)≫ 등이 있다. – 역주

여기에서 혁명을 성찰하는 90년대의 사상적 분위기 속에서 1994년에 출판되어 광범위한 영향을 끼친 주쉐친의 ≪도덕이상국의 파멸(道德理想國的覆滅)≫을 언급하지 않을 수 없다. 이 책은 구준의 문제의식을 계승하여 루소의 정치철학과 프랑스대혁명에 대해 비판적으로 연구하였다. 저자는 결론으로서, 대혁명의 비극을 피하기 위해서는 도덕이상주의가 정치국가와 관계를 끊고 정치적 사유로 전환하여, 원래의 '누가 통치할 것인가'에 대한 관심을 '어떻게 통치할 것인가'로 전환해야 하며, 도덕이상주의는 일종의 비판적 입장으로서 제도적 차원에서 물러나 그 너머에 정치비판시스템을 수립해야 한다고 강조하였다.[41] 2002년 주쉐친은 미국학자인 수잔 던(Susan Dunn)의 ≪자매혁명— 프랑스혁명과 미국혁명 계시록(姊妹革命— 法國革命和美國革命啟示錄)≫ 중역본 서문에서, 프랑스혁명과 미국혁명의 차이와 대립을 더욱 강조하였으며, 미국의 헌정이 인류에게 가져다준 공헌을 칭송하는 한편 프랑스의 문인정치와 대혁명의 광기가 결합하여 가져온 폐해를 비판하였다.[42] 그가 프랑스대혁명에 대한 연구의 이면에서 관심을 가졌던 것은 중국의 문제(즉 프랑스대혁명과 중국의 '문혁'은 왜 이처럼 비슷한가?)였다.

주쉐친의 이러한 논점은 최근 황완성(黃萬盛)의 전면적인 질의에 부닥쳤다. 황완성의 〈혁명은 원죄가 아니다(革命不是一種原罪)〉라는 글에 따르면, 영미 민주정치와 프랑스혁명의 정치이상을 전혀 상이한 정치적 전범으로 간주하여 양자의 대립을 과장함으로써, 민주정치와 현대성의 몇몇 기본적이면서도 심오한 정수가 경솔하게 잊혀지고 말았다는 것이다. 민생을 전혀 감정을 띠지 않는 단계로 이해하는 것은 민주가치를 충분히 실현하기 어렵게 만들 수도 있는 것이며, 따라서 황완성은 영미의 단계 우선성을 근거로 프랑스대혁명을 가혹하게 비판하는 데에 반대하였다. 그는 혁명을 언급하면서도 혁명을 목적으로 삼는 '혁명 열광'에 반대하였다. 그렇지만 리쩌허우의 '혁명이여 안녕'론과 달리, 그는 수단으로서의 혁명은 필요하다고 여겼으며, 그것을 폭정에 반항하는 마지막 선택으로 간주하였다. 황완성은 또한 프랑스대혁명과 중국의 '문혁'을 한 묶음으로 처리하는 방식을 인정하지 않았으며, 이를

'사상의 연금술'이라고 비난하면서 이 양자 사이에는 전혀 인과관계가 없다고 단언하였다.[43)]

위에 서술한 논쟁이 보여주듯이, 양측의 역사에 대한 상이한 이해와 해석은 중국의 현대화발전 모델 및 현실개혁방안에 대한 선택과 관련되어 있으며, 이들의 불일치는 개혁의 방법과 전략뿐만 아니라 개혁의 합법성의 근거와도 연관되어 있다. 리쩌허우와 샤오궁친(두 사람 간에도 차이가 존재한다)은 점진적 개량을 개혁의 새로운 합법성으로 삼고자 하는 반면, 쟝이화와 허쟈둥은 혁명의 명분을 바로잡는(正名) 방식을 통해(예컨대 화평혁명和平革命의 제기 등) 개혁을 위한 합법성 논증을 시도하면서도 80년대 사고의 틀을 유지하고 있다. 한편, 친후이와 진옌은 혁명에 대한 성찰과 비판을 반대하지 않지만, 현존의 질서를 유지한다는 전제 아래 점진적 개량을 추진하는 리쩌허우와 샤오궁친의 방안에 대해서는 동의하지 않으며, 중국의 현실상황 아래 사회공정의 중요성과 민주선행의 절박성을 강조하고 있다.[44)]

3) '5 · 4'의 재평가에 관하여

근대 이래 중국의 급진주의 계보 가운데에서 '5 · 4'는 특별한 위치를 차지하고 있다. 그것은 계몽의 상징이자 현대 중국 지식인들이 끊임없이 길어올리는 아름다운 기억이며, 심지어 민족정신의 영원한 표지이기도 하다. 오랫동안의 '5 · 4'에 대한 이데올로기화한 해석을 거쳐, '5 · 4'는 과학과 민주, 반전통, 반봉건, 개성해방 등의 엄숙한 구호로 굳어졌다. 80년대 후기에 '5 · 4'를 토론하고 성찰하는 가운데 상이한 비판의 목소리들이 출현하기 시작했으나, 거세게 휘몰아치는 외침에 금세 파묻히고 말았다. 90년대에 이르러 앞에서 언급했던 바, 재조명받게 된 린위성과 위잉스의 '5 · 4'에 대한 비판 외에도, 간양은 1989년에 제기했던 '5 · 4'에 대한 비판에 이어 1991년에는 한 걸음 더 나아가 프랑스식 계몽신념인 '민주와 과학'을 지양하고 영국식 자유주의의 '자유와 질서'를 확립하자고 주장하였다.[45)] 그리하여 '5 · 4'의 지형은 복잡하게 변했으며, 그리하여 '5・4'의 급진적 반전통 및 그 결과(1919년 이후의 사회변천을 '5・4' 이래의 급진주의의 탓으로 돌려야 하는지의 여부)를 어떻게 볼 것인가는 이번 논쟁의 또 다른 초점이 되었다.

1993년 천라이는 ≪동방≫잡지의 창간호에 〈20세기 문화운동 중의 급진주의(二十世紀文化運動中的激進主義)〉를 발표하였다. 이글에서 그는 '5・4'라는 철저한 반전통적 급진주의가 커다란 부정적인 결과를 가져왔다고 주장하였다. '5・4' 가운데 내포된 근본관념, 이를테면 강렬한 정치지향과 공리주의, 그리고 과학과 민주로서 기타 문화적 가치를 배척했던 신념 등은 20세기 중국지식인들이라면 누구나 인정하는 보편적인 신념이 되었다. '5・4'와 '문혁'의 차이를 구분한 다음, 천라이는 급진적 반전통의 입장에서 본다면 '5・4', '문혁'과 80년대의 문화열이 20세기의 일맥상통한 3대 운동을 이루고 있다고 보았다. '5・4'의 반전통은 바로 '문혁'을 거쳐 더욱 강화되었고, 80년대에도 영향을 끼쳤다. 이러한 문화적 급진주의가 20세기의 중국문화에 거대한 재난을 가져왔다는 것이다.

옌자옌(嚴家炎)은 '5・4'에 대한 린위성과 천라이의 비판에 동의하지 않았으며, '5・4'와 '문혁'을 함께 거론하는 것에는 더욱 동의하지 않았다. 그는 80년대의 기존의 학설을 좇아, '5・4'가 전반(全盤) 반전통이 결코 아니며 '문혁'은 봉건주의로의 대회귀로서 '5・4'와는 근본 방향면에서 상반된다고 여겼다.[46)]

위안웨이스는 '5・4'에 대한 평가에 있어서는 옌자옌과 흡사하지만, 그는 문화급진주의와 정치급진주의를 구분하는 방식을 통해 '5・4' 반전통을 옹호했다. 그는 20세기 중국이 현대화에 좌절하고 실패한 원인을 모두 문화급진주의의 탓으로 돌려서는 안 되며, 또한 정치급진주의의 범람 및 이후의 갖가지 역사적 재난의 원인을 사상문화영역에만 국한하지 말고 제도에 착안하여 찾아야 한다고 주장하였다.[47)]

주쉐친 역시 1949년부터 1976년까지의 중국대륙의 사회변천이 '5・4'에서 발단된 급진사조에 기인한다고 보는 위잉스의 견해에 동의하지 않는다. 〈5・

4사조와 80년대, 90년대(五四思潮與80年代, 90年代)〉라는 글에서, 그는 역사적 사실과 역사연구 방법이라는 두 가지 방면에서 논변을 전개하였다. 주쉐친에 따르면, 위잉스는 금세기 중국 정치구조의 격변 속에서 지식인의 사조 변천의 책임을 지나치게 강조한 나머지, 비(非)관념적, 비(非)사조적, 비(非)문화적 역량을 과소평가함으로써 사상사 해석의 유효성을 상실하였다. 그는 위에 서술한 의미를 "한 다스의 천두슈(陳獨秀)로도 한 명의 장쉐량(張學良)을 당해낼 수 없다"는 형상적인 말로 나타내어 '5・4'의 급진적 반전통의 결과를 변호하였다. 하지만 이러한 논변방식은 오히려 급진적 반전통 자체의 시비곡직에 대한 평판을 회피한 것이었다.

주목할 만한 것은 주쉐친의 비판이 주로 위잉스를 겨눈 것이 아니라, 90년대 이래 대륙 학계의 갈수록 농후해지는 보수주의적 사조의 분위기를 겨냥한 것이라는 점이다. 그는 결코 급진주의에 대한 성찰 그 자체에 반대하지는 않았으며, 실제 주쉐친은 90년대 초에 루소 사상 및 그 정치적 결과에 대한 비판적 연구로 학계에 명성을 떨쳤다. 그가 불만스러워 했던 것은 대륙 지식인들이 '5・4'와 80년대에 대한 성찰과정에서 현실에 대한 예리한 비판정신을 상실했다는 점이었다. 왕샤오밍(王曉明), 가오루이취안(高瑞泉)과의 대담에서 주쉐친은 이러한 두 가지 상이한 성찰을 명확하게 구분했다.[48)]

'5・4'이래의 급진주의에 대한 비판 가운데에서 왕위안화의 사상은 대륙 사상계에 지대한 영향력을 지니고 있었다. 90년대 이래 그의 문제의식은 급진주의에 대한 깊은 성찰로 바뀌었다. 1993년 왕위안화는 〈두야취안과 동서문화문제 논전(杜亞泉與東西文化問題論戰)〉이라는 장문을 발표하여, 두야취안(杜亞泉)의 조화(調和)사상을 재평가하고, 기존의 '5・4'계몽에 대한 단순화된 이해를 바꾸었으며, 천두슈를 비롯한 '5・4'의 급진계몽가들의 사유방식과 심리상태의 각종 오류 — 이를테면, 의도윤리, 공리주의, 급진 정서 등 — 를 비판하여 광범한 주목을 받았다. 90년대 중후기에 왕위안화는 〈'5・4'에 대한 생각(對"五四"的思考)〉과 〈'5・4'의 재인식에 대해 답함(對於"五四"的再認識答客問)〉이라는 두 글에서 '5・4' 급진주의에 대한 오랫동안의 성찰을 집중적으로 드러냈는데, 특히 '5 · 4'의 계몽임무는 여전히 계승해야 하지만 '5 · 4'의 이데올로기화된 계몽의 심리상태는 극복하지 않으면 안 된다고 강조하였다. 이러한 계몽의 심리상태는 바로 사람의 힘과 이성의 능력을 과신하며, 그것이 드러내는 독단적 태도는 계몽에 이롭지 않다는 것이다.[49] 왕위안화의 깊이 있는 성찰은 사람들의 '5 · 4'에 대한 다원적 이해를 크게 넓혀줌으로써 학계에 커다란 반향을 불러 일으켰다.

이 논쟁에서의 '5 · 4'에 대한 재평가는 80년대 신계몽운동에 대한 성찰이기도 하며, 그 배후에는 현대화 모델에 대한 각기 다른 선택이 반영되어 있다는 것은 분명하다. 80년대에는 '5 · 4'의 급진적 반전통을 계승하는 것이 당시 사상계의 일대 주류였지만, 90년대의 이번 논쟁에서 문화보수주의와 보수적 자유주의의 '5 · 4'에 대한 성찰, 비평 및 비판은 광범한 영향력을 발휘하였으며, 결국 급진적 반전통의 명제는 전복되었다.

3. 급진과 보수의 상이한 층차

90년대의 이 논쟁은 사회개혁의 패러다임을 변화시켰으며, 80년대의 '혁명/개량의 모식'은 90년대에 '급진/보수의 모식'으로 전환되었다. 이 두 가지 모식의 문제의식과 내재적 논리는 서로 달랐다. '혁명/개량의 모식'을 주도하였던 것은 급진주의적 논리였다. 이 모식은 혁명을 주체로 하고 개량을 덧붙인 것으로서, 개혁을 또 다른 혁명으로 이해하고 현실정치질서 속에 개혁을 저해하는 각종 전제주의와 권위주의를 보수로 간주하였으며, 문화에서도 보수를 낙오, 반동과 동일한 의미로 받아들였다. 반면 '급진/보수의 모식'의 배후는 보수주의 이념 일색이었으며, 이 이념의 주요한 연원은 서구의 보수적 자유주의이다. 이것이 고수하고자 하는 것은 자유질서와 전통문화이지만, 급진주의는 전권주의와 동일한 구조관계를 지니고 있다는 점으로 말미암아 부정되었다. 이리하여 논쟁 중에 불일치 현상이 보수를 비판하는 인사들에게 나타났는데, 이들은 여전히 '혁명/개량의 모식'을 운용하고 있음에 반해, 급진을 비판하는 인사들은 이미 다른 모식을 운용하고 있었던 것이다. 이 두 가지 모식 가운데에서는 동일한 개념(예컨대 보수)을 사용했을지라도, 그것이 가리키는 기의는 전혀 달랐음이 틀림없다. 이러한 전환은 사실 개혁의 합법성의 전환이며, '보수'로써 '혁명'을 대신하여 개혁 합법성의 논거로 삼았던 것이다.

이로써 알 수 있듯이, 논쟁 중의 키워드인 '급진'과 '보수'는 사실 의미가 상당히 혼재된 단어였다. 이들은 서로 다른 좌표와 모식에 따라 상이한 의미를 지닐 수 있는 바, 오직 이 두 개념이 일정한 역사적 컨텍스트와 토론의 층위에 놓여야만 비로소 그 속의 함의를 분별해낼 수 있다. 논쟁과정에 대한 고찰을 통해 이 논쟁이 실제로는 정치와 문화라는 두 개의 각기 다른 차원에서 전개된 것임을 어렵지 않게 알 수 있으며, 따라서 이에 대해 설명을 덧붙일 필요가 있다.

정치 차원에서의 급진과 보수는 사회정치질서를 염두에 두고서 말한 것이다. 정치적 급진주의에 대한 성찰 과정에서 논변의 초점은 역시 정치에서의 보수주의를 어떻게 바라볼 것인가와 관련되었다.

주목할 만한 점은 90년대 급진과 보수에 관련된 토론 중에 보수주의를 옹호한 측이 이해한 보수의 함의에 중요한 변화가 일어났다는 점인데, 그 변화는 보수주의에 대해 두 가지 유형의 서술로 나타나게 되었다. 하나의 유형은 류쥔닝(劉軍寧)을 대표로 하는 자유주의적 보수주의이다. 중국의 오랜 급진적 전통에 맞서서, 류쥔닝은 체계적으로 보수주의의 개념을 바로잡은 바, "보수주의는 상당한 정도로 전통주의에 고전적 자유주의를 더한 것이다. 보수주의의 실질은 자유주의이며, 자유주의와 전통주의의 결합"이라고 강조하였다. 그가 열거한 서구의 신구 보수주의의 대표인물 가운데, 버크, 액튼(J. Acton), 토크빌, 아롱(R. Aron), 오크셧(M. Oakeshott), 하이에크 등은 모두 자유보수주의에 속한다. 반면 메스트르와 헤겔은 보수주의의 변형으로서 일종의 권위적 보수주의이지 자유보수주의가 아니며, 그들의 핵심주장은 경제적 자유에 정치적 전제를 더한 것이다. 그가 보기에 대륙 지식계에서 버크로 대표되는 보수주의에 가장 근접한 것은 왕멍(王蒙)의 처세철학이었다.[50] 다른 하나의 유형은 리쩌허우[51]와 샤오궁친을 대표로 한다. 개혁에 대한 그들의 목표구상에는 물론 시장경제와 시민사회, 심지어 민주정치(먼 미래의 일이지만)의 내용도 포함되어 있지만, 그들은 점진적 개혁에 대해 권위주의적 정치질서가 지니는 중요성을 더욱 강조하고, 일종의 개명되고 현대화 지향을 지니며 인민을 사랑하고 아끼는 권위적 통치를 주장하였다. 따라서 그들의 보수주의는 훨씬 선치주의(善治主義)적 보수주의라고 할 수 있다.

문제는 90년대의 이 토론 가운데에서 보수주의를 비판하는 측이 이해하는 보수의 함의는 위에서 서술한 변화가 일어나지 않은 채, 여전히 갖가지 역사와 현실정치질서 속에서 개혁을 가로막는 권위주의(예컨대 보수주의에 대한 장이화의 비판)를 의미한다는 점이다. 여기에서 함의가 서로 어긋나는 현상이 발생하였음은 물론이다. 바로 보수의 이러한 애매성이 자유주의를 90년대 후기에 수면위로 떠오르게 하여 광범한 공공담론이 되게 하였던 것이다.

문화 차원에서의 급진과 보수는 전통문화를 겨누어 말한 것이다. 그 논쟁의 초점은 문화에서의 급진주의('5・4', '문혁'에서 80년대 급진적 계몽에 이르기까지)를 어떻게 볼 것인가, 반전통이 과연 필요했는가의 여부이다. 문화급진주의를 옹호하는 측은 중국 전통문화 가운데 현대화를 저해하는 부정적인 성분을 강조하며, 따라서 '5・4'와 80년대 신계몽의 반전통에 대해 기본적으로 긍정적인 태도를 취하는 반면, '문혁'은 전통으로써 전통에 반대하여 봉건전통의 복귀를 초래하였으므로 '5・4' 및 80년대 신계몽운동과 결코 함께 언급하지 않는다. 이러한 사고의 이면에는 여전히 이원대립구조로써 전통과 현대의 복잡한 관계를 바라보는 관점이 자리잡고 있는 바, 중국의 현대화과정에서의 좌절을 전통문화의 탓으로 돌려 전통을 깨뜨리는 만큼 현대가 생겨난다고 여기고, 현대성 가치에 의거하고 있는 '5・4'의 반전통을 계승할 만한 가치가 있는 문화정신으로 여기고 있다. 이는 분명 기본적으로 80년대의 사고(예컨대 옌자옌, 위안웨이스 등[52])의 연속이라고 할 수 있다. 이에 반해, 문화급진주의를 비판하는 측은 계몽에 대한 깊은 성찰을 통해 전통과 현대가 결코 단순한 대립관계에 놓여있지 않다는 것, 오랜 세월동안 변천해 온 전통가치, 도덕, 습속은 반드시 이성에 의해 충분히 이해될 수 있는 것이 아니지만 사회질서의 가장 견고한 기초라는 것을 인식하였다. 그리하여 전통문화를 전면적으로 부정하는 태도와 사유방식은 심각한 규범상실과 뿌리상실을 초래할 수 있으며 궁극적으로는 개방적이고 자유로우며 민주적인 현대사회의 탄생에 이롭지 않다고 보았다.(예컨대 위잉스, 왕위안화, 푸컹 등53)) 이로써 '5·4' 이래의 문화급진주의적 사회정치의 결과에 대한 양측의 견해 또한 확연히 달라졌다. 하지만 논쟁을 통해 문화급진주의를 비판하는 측의 주장이 날로 학계에 널리 퍼지게 되었고, 과거 문화보수주의에 씌워진 각종의 부정적 칭호(예컨대 복고퇴보, 완고, 부패반동 등)가 벗겨졌으며, 문화보수주의는 이전과는 다르게 이해되었다. 그리하여 왕궈웨이(王國維), 천인커(陳寅恪), 우미(吳宓)에서 구훙밍(辜鴻銘) 등의 인물들은 모두 90년대를 풍미했던 문화영웅이 되었다. 이러한 사상변동은 당시의 '국학붐(國學熱)'과 결합하여 90년대의 문화 분위기를 주도하였다.

이 논쟁에서 양측의 학술배경, 관찰각도와 현실적 관심은 모두 각기 달랐으며, 특히 양측은 급진과 보수라는 두 개념에 대한 이해가 서로 달랐기에 의미가 어긋나는 일이 자주 발생하였다. 하지만 어떤 차원에 처해 있었든지 논변과정에서 양측은 어느 정도 비슷한 입장을 보여주기도 했다. 즉 급진주의와 작별하든 동조하든 양측은 평화적이고 이성적인 개혁방향에 대해 대부분 기본적으로 동의하였으며, 조금도 거리낌 없이 급진주의에 찬성하는 사람은 거의 없었다. 전체적으로 볼 때, 급진주의를 비판하는 측은 학술이론 면에서 훨씬 체계적이고 깊이가 있었던 반면, 급진주의를 변호하는 측은 대체로 옛 학설에 근거하고 있었다. 이 논쟁은 결국 보수의 승리로 끝을 맺었으며, 이에 따라 보수성의 가치가 광범위하게 동조를 얻게 되었다.

위에서 서술한 사상전환의 형성은 물론 정치변동의 영향과도 관련이 있지만, 동시에 1992년 덩샤오핑(鄧小平)의 남순강화(南巡講話), 특히 중공 제14기 인민대표대회에서 시장경제의 개혁방침을 확립한 이후 새로운 사회정치

구조가 차츰 부상하기 시작하여 90년대 사상전환의 중요한 배경을 이루었다는 점을 주목하여야 한다. 동시에 이러한 상황 아래 법치와 질서 역시 날이 갈수록 수많은 엘리트와 민중에 의해 인정받았으며, 이는 보수성 사조가 승리를 거둘 수 있는 광범한 사회심리적 기초가 되었다.[54] 하지만 아래에서 살펴보고자 하는 것은 이러한 전환이 발생하게 된 외부적 원인이 아니라 내재적 문제의식이다.

4. 개혁 합법성의 사상적 가설

20세기의 중국 역사에서 혁명은 장엄하고도 신성한 어휘였으며, 혁명에는 대단히 많은 격정과 상상이 응집되어 있었다. 혁명지선론(革命至善論)을 둘러싸고 형성된 급진적 담론은 중국인의 사고방식과 행동양식을 극도로 지배하였다. 개혁 합법성에 대한 80년대의 논증은 여전히 이전의 혁명담론을 빌려 진행되었다. 하지만 90년대의 이번 논쟁에서 혁명의 신성성 및 이와 동반된 급진담론은 깨끗이 청산되었으며, 일부 계몽 지식인은 점진적 개량을 개혁의 새로운 합법성으로 삼았다. 또 다른 일부 계몽지식인들은 여전히 80년대의 담론을 답습하였는데, 이로부터 발생한 분열은 양측의 이면에 개혁이론과 철학관념을 둘러싼 중대한 차이가 존재함을 반영하고 있다. 이러한 차이는 아래의 두 가지 측면에 잘 드러나 있다.

1) 개혁에 관한 사상적 가설

이번 논쟁에서 개혁 합법성을 둘러싼 양측의 상이한 논증은 그 배후에 미국의 중국학자인 메츠거(Thomas A. Metzger)가 제기한 전환과 적응이라는 두 가지 사상을 가정하고 있다. 메츠거의 분석에 따르면, 전환 사상은 비교적 격렬하여 정치, 문화와 사회의 근본적인 전변을 강조하고, 현실세계를 철저하게 개조하는 방식을 통해 '한 번에 모든 걸 이루려'는 목적을 실현하고자 한다. 이에 반해 적응 사상은 비교적 온건하여 현실과의 타협을 주장하고 점진을 추구함으로써 단계적 개혁의 방식으로써 혁신을 도모하며, 실제에 부합되지 않는 전면적인 변혁에 반대한다. 따라서 역사변혁의 연속성을 더욱 중시하고, 현대화와 전통을 이원대립적으로 여기지 않으며, 전통의 배경 하에 온건한 변혁을 꾀한다. 이 두 가지 상이한 사상모식은 사회정치적 차원뿐만 아니라, 문화사상적 차원에도 나타나 있다.[55)]

이번 논쟁에서 급진주의를 변호한 측이 전환 사상에 비교적 치우쳐 있음을 발견할 수 있다. 그들은 개혁이란 경제 · 정치 · 사회 · 문화의 전면적인 변혁이고 일종의 평화적 혁명이어야 한다고 주장하였으며, 아울러 현대화의 거시적 청사진을 가정하였다.(예컨대 장이화와 허쟈둥) 문화사상적 측면에서는 전통과 현대라는 이분법에 근거하여, 중국의 전통은 현대로의 전환에 커다란 장애이며, 따라서 '5 · 4'를 비롯한 격렬한 반전통사상에 대해 기본적으로 긍정적 태도를 취하였다. 한편, 급진주의를 비판하는 측은 적응 사상에 현저히 치우쳐 있다. 즉 사회정치적 측면에서는 현실과 타협하여 변혁과정에서 역사의 연속성을 유지하며 점진적으로 중국의 현대화를 추진할 것을 주장하였다.(예컨대 샤오궁친) 리쩌허우는 마찬가지로 법치 · 이성 · 개량 · 점진과 건설을 강조하였는데, 샤오궁친의 신보수주의에 동의하지는 않지만 사상모식에서 두 사람은 기본적으로 일치하였다. 그들은 문화적 측면에서 전통과 현대가 결코 상호 대립하는 이원관계가 아님을 강조하며, 따라서 격렬한 반전통적 사상태도에 반대하고 현대화 과정에서의 전통의 가치를 긍정하였다. 이로 말미암아 탄쓰퉁, 쑨중산, 천두슈 등은 급진주의의 대표인물로서 비판하였으며, 옌푸, 량치차오(梁啓超), 두야취안의 적응 사상은 높이 평가하였다.[56)]

위에 서술한 전환과 적응 사상의 이면에는 각각 이성주의와 경험주의라는 두 가지 상이한 지식론이 가정되어 있다. 전환 사상의 이면에 놓인 지식론 가설이 근거한 것은 바로 데카르트(R. Descartes), 헤겔과 루소로 대표되는 이성주의의 사상전통이다. 이 사상전통은 인류의 이성이 지니고 있는 거대한 역량에 대한 숭배로 충만하며, 인류가 객관진리를 파악할 수 있고 아울러 세계의 모든 진리를 하나의 완정한 체계로 정합할 수 있다고 믿는다. 또한 인류문명은 곧 인류가 설계한 산물이기 때문에 인류는 또한 자신의 의지에 근거하여 이들 문명제도를 변화시키고 이상적인 사회질서를 새롭게 구축함으로써 자신의 욕구를 만족시킬 수 있는 능력이 분명히 있다고 여긴다. 따라서 이성이 인식할 수 없거나 혹은 명확하게 표현할 방법이 없는 지식에 대해서는 그 존재를 부인하는 경향이 있다. 이에 반해 적응 사상의 이면에 놓인 지식론 가설이 의거하고 있는 것은 아담 스미스(Adam Smith), 흄(D. Hume), 밀(J. S. Mill)로 대표되는 경험주의 사상전통이다. 이 사상전통은 인류이성이 근본적으로 신뢰할 수 없고 유한하다는 점을 강조하고, 인류가 오랜 세월동안 쌓아온 진귀한 상식과 경험 및 전통적 실천지혜를 중시한다. 이에 따르면, 세계에는 이른바 절대진리란 없으며, 이 진리관은 상대적 무지론(無知論)의 기초위에 세워져 있다. 사상사의 각도에서 보면, 위에 서술한 이 두 가지 지식론은 이성에 대한 프랑스의 계몽전통과 스코틀랜드의 계몽전통의 각기 상이한 이해를 대표하고 있다.

이 논쟁에서 급진주의를 옹호하는 측의 사상적 배후에는 이성주의 지식론의 특징이 각기 다른 정도로 존재하고 있다. 장이화는 ≪이성이 결여된 계몽≫에서 프랑스의 계몽운동을 매우 높이 평가했다. 그는 중국의 계몽운동을 성찰하는 가운데 중국 계몽의 가장 심각한 결함을 프랑스의 계몽운동처럼 이성법정의 최고 권위를 확립하지 못했던 점이라 여겼다. 그래서 그는 계몽이란 사유방식의 혁명임을, 다시 말해 이성적 사유방식을 수립해야 하는 것이며, 이성적 정신, 이성적 의지와 이성적 방법을 그 특징으로 포함하고 있음을 강조하였다. 바로 이러한 이성주의적 철학관 아래에서 그는 급진주의의 명분을 바로잡고 개혁이 전면적 변혁이며 평화로운 혁명이라는 점을 강조하였다.[57] 이에 반해 급진주의를 비판하는 측은 이성주의 지식론 및 그 지배하에 혁명담론 속에 합쳐진 총체론(holism), 본질주의, 궁극목적론, 역사결정론을 청산하였던 반면, 인류 이성의 유한성, 경험의 유효성, 전통의 중요성 및 역사발전중의 우연성 등의 관점은 긍정적으로 평가하였다. 이리하여 경험주의적 사상전통은 비교적 분명하게 보수적 논술의 이면에 자리 잡은 지식론적 근거가 되었다. 리쩌허우, 류짜이푸는 ≪혁명이여 안녕≫에서 역사결정론, 변증유물론, 계급투쟁, 이원대립을 포함한 혁명 이면의 이론자원과 사상적 가설에 대해 성찰하고 비판하였다. 리쩌허우는 ≪철학탐구록(哲學探尋錄)≫에서 한 걸음 더 나아가 영국의 경험주의에 근거하여 중국의 유토피아를 다음과 같이 바로잡고자 하였다.

> 이성의 발달은 사람들로 하여금 그것에 의지하여 사회유토피아를 설계할 수 있다고 여기게 하였다. 하지만 그것을 혁명의 실천에 갖다 붙이자, 아름다운 경관은 순식간에 진정 아무것도 없는 상태로 되었다. 대동사회라는 꿈을 위해 지불했던 것은 억만 국민의 피와 땀, 눈물과 원한이었다. 이로부터 경험주의 자유파의 온건, 점진, 개량, 이성에의 지나친 의지의 부정 및 사회의 총체적 공정설계에 대한 부정 등이 오히려 실재적이고 건강하게 보인다.[58]

'5·4'에 대한 성찰 중에서 왕위안화는 인류의 이성적 능력을 지나치게 신뢰하는 계몽심리상태를 극복해야 한다고 제기하였다. 또한 샤오궁친은 더욱 자각적으로 옌푸의 경험론적 사상을 빌려 정치급진주의의 이론적 기초인 이성주의를 비판하였으며, 영미식의 경험주의 정치전통이 모든 문제를 궁극목적에 따라 총체적으로 해결하고자 하는 것을 거부하였다는 점을 강조하였다.[59]

급진주의에 대한 철학적 성찰은 비록 일찍이 80년대에 왕위안화와 리쩌허우가 그 서막을 열었지만, 90년대의 이 현저한 사상적 변동은 역사에 대한 성찰과 연관되어 있을 뿐만 아니라 서구 자유주의이론의 끊임없는 유입에서도 도움을 받았다. 80년대 후기부터 영국 자유주의 사상가인 칼 포퍼(Karl Popper)와 하이에크의 논저의 중역본, 예컨대 칼 포퍼의 ≪추측과 반박≫(1986), ≪역사결정론의 빈곤≫(1987), ≪객관지식≫(1987), ≪열린사회와 그 적≫(1992, 1999), 그리고 하이에크의 ≪개인주의와 경제질서≫(1989), ≪불행한 관념≫(1991), ≪노예의 길≫(1962, 1997), ≪자유질서원리≫(1997)가 잇달아 대륙에 소개되면서 영미식 자유주의학설은 차츰 중시되었으며 사람들의 이론적인 안목을 바꾸어놓았다. 하지만 더욱 중요한 것은 구준의 재발견이었다. 1990년에 구준의 유작인 ≪이상주의에서 경험주의로(從理想主義到經驗主義)≫가 홍콩에서, 1994년에는 ≪구준문집(顧准文集)≫이 대륙에서 출판되었으며, 이를 뒤이어 대륙 사상계에 '구준 붐'이 나타났다. 구준은 '문혁'의 암담하고도 고통스러운 세월 속에서 혁명의 사상적 유산을 철저히 청산하였다. 그는 기원과 결과라는 두 가지 면에서 혁명의 '궁극목적'에 대해 깊이 사고하고, '궁극목적론' 지식론의 기초인 헤겔식의 이성주의를 집중적으로 비판하였으며, 아울러 그것과 전체주의의 내재적 연관관계를 파헤친 끝에 궁극목적에 작별을 고하고 철저한 경험주의로 나아갔다. 구준에 대한 재발견은 90년대 대륙의 공공사상계가 급진주의에 대해 철학적으로 성찰하도록 커다란 영향을 미쳤다.

2) 개혁의 노선과 전략에 관하여

이 논쟁의 핵심문제는 개혁의 노선과 전략에 대한 상이한 견해와 연관되어 있다. 양측의 의견이 갈라진 배후에는 영국 철학자 칼 포퍼가 언급한 유토피아적 사회개조 프로젝트와 점진적 사회개조 프로젝트의 차이가 놓여 있다. 칼 포퍼의 분석에 따르면, 유토피아적 사회개조 프로젝트는 일종의 확정된 계획이나 청사진에 의거하여 전체 사회를 철저히 개조하는 것으로, 그 핵심은 총체론적 방식이다. 반면 점진적 사회개조 프로젝트는 사회를 하나의 총체로 삼아 새로이 설계하는 것이 아니라, 점진적으로 보수하는 방식을 취하여 끊임없이 개선하는 소규모의 조정과 재조정을 통해 그 목적을 실현하는 것이다.[60]

20세기의 중국역사에서 급진주의, 특히 혁명적 급진주의가 중국의 위기를 해결하고자 제시한 방안은 통상 고상하고 원대한 이상을 설계하여 사회를 근본적으로 개조하려는 것이었다. 이번 논쟁에서 급진주의를 옹호하는 측은 사전에 설계해놓은 현대화 방안에 따라 총체적으로 중국사회를 변혁시키기를 주장한 바, 즉 일종의 유토피아적 사회개조 프로젝트의 변혁노선을 채택하였던 것이다. 반면 급진주의를 비판하는 측은 비록 현대화에 관한 총체적 구상이 있긴 하였으나(리쩌허우, 샤오궁친 등), 점진적 개조방식으로 사회의 대규모 혼란을 피함으로써 차츰 중국사회의 현대적 전환을 완성하고자 하였다.

위에서 서술한, 사회개혁에 관한 두 가지 상이한 노선과 전략은 프랑스식 민주주의와 영국식 자유주의의 커다란 차이를 반영하고 있다. 유토피아적 사회개조 프로젝트는 바로 프랑스식 민주주의가 사회를 변혁하였던 기본 방식이다. 해외학자인 장하오(張灝)의 분석에 따르면, 프랑스식 민주주의는 일종의 이상론적인 민주관을 가지고 있는데, 이러한 민주관은 민주를 도덕이상의 실현을 위해 만들어진 제도로 여기며, 이러한 민주관에는 강렬한 집체주의 정신과 유토피아주의 색채가 포함되어 있으므로 민중의 광범위한 정치참여와 사회에 대한 근본적 개조를 강조한다. 루소와 마르크스의 사상이 그 대표적인 예라고 할 수 있다. 반면 점진적 사회개조 프로젝트의 이면적 근거인 영국식 자유주의는 개인 자유의 우선성을 주장하고, 인류문명제도가 인위적 설계의 산물이 아니라 자발적으로 진화하고 성장한 결과임을 강조한다. 인성은 지성에서든 덕성에서든 모두 의지할 수 없으며, 따라서 오로지 시행착오의 과정 속에서 점진적 개혁을 통해 진보할 수 있을 뿐이라고 본다. 바로 인성에 대한 이러한 낮은 평가에 기반하여, 그들의 민주관은 도덕이상의 실현을 목표로 삼지도 않고 숭고한 목적도 설정하지 않는, 인성의 유한함에 맞추어 구상한 일종의 제도이다. 이러한 제도 아래에서 개인의 권리는 보장받고 자신의 이익을 꾀하는 중생들은 타협의 방식을 통해 함께 살아가게 된다는 것이다.[61]

근대 이래 중국인들이 서구의 민주관념을 받아들이는 과정에서 루소는 매우 중요한 역할을 하였으며, 그를 대표로 하는 프랑스식 민주주의는 20세기 중국혁명사에 커다란 영향을 끼쳤다. 그러나 이와 반대로 영국식 자유주의는 모진 운명 끝에 끝내 모습을 감추어버렸다. 이 논쟁에서 급진주의를 비판하는 측은 프랑스식 민주주의에 대해 깊이 성찰하였으며, 이러한 성찰은 80년대에 이미 시작되었으나 90년대에 이르러서야 전반적으로 체계적이고 광범한 영향력을 가진 사고로 발전하였다. 리쩌허우에 따르면, 개량과 혁명이 각각 반영하는 것은 영국식 개량주의와 프랑스식 민주주의이다. 샤오궁친은 중국의 근대 이래 존재해온 일종의 '범도덕주의'적 민주관을 비판하였는데, 이러한 민주관은 유럽의 이성주의 및 루소로 대표되는 도덕민주관과 특수한 친화력을 지니고 있으며, 민주를 일종의 도덕정치와 도덕항쟁의 실현도구로 여기는 버릇이 있다. 그러나 그것은 시민사회의 견제와 균형이 결여된 조건 아래에서 너무 쉽게 유토피아적 색채를 띤 정치적 급진주의로 변하였고, 끝내 사회 통합의 기능을 실현할 길이 없게 되었다.[62] 하지만 90년대에 루소의 정치철학에 대한 성찰에 크게 공헌한 사람은 주쉐친이었다. 그는 자신의 박사논문인 ≪도덕이상국의 파멸≫(1994)에서 루소사상과 프랑스 대혁명의 급진주의를 전면적으로 성찰하고 비판하였으며, 그 파급력은 대단하였다. 왕위안화 역시 〈벗과 일반의지를 논함(與友人論公意書)〉(1992)과 〈루소의 ≪사회계약론≫을 읽고(讀盧梭社會契約論)〉(1998)라는 두 편의 글에서 루소의 '일반의지'에 대해 비판적으로 사고함으로써 상당한 주목을 받았다.

프랑스식 민주주의에 대한 깊은 성찰을 토대로, 급진주의를 비판하는 측은 영국식 자유주의에 경도된 입장을 표명하였다. 이에 반해 급진주의를 옹호하는 측은 프랑스식 민주주의에 대해 어떤 반응도, 어떤 성찰도 보이지 않았으며, 프랑스식 민주주의는 마치 일종의 암묵적 입장으로서 계승되는 듯이 보였다. 한편 주쉐친과 친후이의 경우, 이 논쟁에서 90년대의 보수경향에 대해 훨씬 더 많이 비판하면서도 역사상의 급진주의는 검토하지 않았으니, 그 입장을 따진다면 영미 자유주의에 가깝다고 할 수 있다.

5. 급진과 보수의 이원대립을 뛰어넘어

90년대의 급진과 보수의 논쟁은 중국 현대화의 변혁모식에 관한 계몽지식인들의 내재적 분기(分岐)를 명확히 보여주었다. 사상사적 각도에서 보면,

만청 이래 서구문명의 침입과 전통체제의 붕괴에 따라, 전환기의 중국사회는 날로 심각해지는 총체적 위기에 직면해 있었으며, 그 위기에는 도덕・신앙 차원의 가치의 위기와 사회정치 차원의 질서의 위기가 포함되어 있었다.[63] 지식인들은 이러한 위기에 대응하는 과정에서 갖가지 해결방안을 제시하였다. 변혁모식에 대해 각각의 지식인들이 한 가지 모식만을 좇아 사회의 변혁을 고민한 것은 아니지만, 전체적으로는 앞에서 메츠거가 분석한 바와 같이 만청 이래의 중국 사상사에는 전환와 적응이라는 두 가지 변혁모식과 사상전통이 존재해왔다. 전환 사상은 목표에 있어서는 집체의 가치를 자아의 가치 위에 두는 경향이 있고, 지식에 있어서는 고유의 사상을 버리거나 전환해야 한다고 보며, 방법에 있어서는 철저한 개조를 통해 완전히 새로운 사회의 건설을 주장하였다. 근대 중국의 역사에서 탄쓰퉁과 천두슈에서 마오쩌둥에 이르기까지의 인물들은 대체로 이러한 사고에 따라 근본적인 사회변혁 혹은 혁명을 실행하였다. 반면 이와 대응하는 적응 사상은 목표에 있어서는 개인의 자유 및 개인과 집단의 일체(群己一體)의 관계를 강조하고, 지식에 있어서는 국내외 학술에 기초할 것을 주장하면서도 유학전통 또한 중요한 지식자원으로 간주하였으며, 방법에 있어서는 점진적 개량을 주장하고 현대화 속에서 전통의 역할도 긍정하였다.[64] 말년의 옌푸, 1903년 이후의 량치차오와 장쥔마이(張君勱)에서 두야취안에 이르기까지의 인물들은 적응 사상의 사상적 실마리를 형성하였다. 20세기 중국의 역사에서 전환 사상은 오랫동안 주류적 지위를 차지하였던 반면, 적응 사상은 성공하기가 어려웠기 때문에 점차 홀시되었지만, 20세기를 뒤덮은 총체적 위기는 끝내 진정으로 해결되지는 못하였다. 대체적으로 90년대의 논쟁에서 개혁을 둘러싸고 나타난 급진과 보수라는 두 가지 문제의식은 역사상 두 가지 변혁방향과 사상전통의 연속이라 보아도 좋을 것이다.

위에 서술한 두 가지 변혁이론은 근대 이래 줄곧 충돌을 일으켜왔으며, 늘 논쟁의 형식으로 나타났다. 20세기 초의 입헌파와 혁명당의 개량과 혁명에 관한 논쟁으로부터, '5・4'시기의 동서문화논전 및 과학과 현학의 논전을 거쳐, 90년대의 급진과 보수의 논쟁에 이르기까지 모두가 그러했다. 하지만 어떤 종류의 변혁모식과 이론을 취하든, 그것이 전환이든 적응이든, 프랑스식 민주주의이든 영국식 자유주의이든, 이는 모두 지식인들이 위기를 극복하는 과정에서 모색한 현대성의 상이한 방안으로서, 계몽사상에 내재된 일종의 긴장관계를 드러낸 것이었다. 설명을 덧붙여야 하는 점으로, 변혁과 관련된 두 가지 사상모식 혹은 유형(전환과 적응)은 실제의 사상현상에서 추상화한 것이며 일종의 분석틀로서 가치중립성을 지니고 있는데, 이는 베버가 말한 '이상유형(ideal type)'과 매우 흡사하다. 따라서 추상적으로 논해서는 이 두 가지 모식 가운데 어느 것이 낫고 좋은지 따질 수 없다. 현실상황 속에서는 이 양자의 관계가 복잡하게 뒤엉켜 있으므로, 구체적인 역사문화의 컨텍스트 안에 놓아야만 비로소 합당한 평가를 내릴 수 있다.

이 급진과 보수의 논쟁에서의 쟁점은 개혁의 노선과 전략에 집중되어 있다. 양측은 현대화 개혁의 목표 자체에 대해서는 기본적으로 공통된 인식을 가지고 있었다. 그러나 90년대 말에 벌어진 자유주의와 신좌파의 논쟁에서는 이러한 공통된 인식마저도 사라져버린 채, 논쟁의 초점은 이미 개혁 자체의 합법성, 심지어 현대성 자체의 문제로 옮겨갔다. 구체적으로 말해서 90년대의 급진과 보수 간의 논쟁은 주로 개혁방식의 문제(예컨대 급진적 변혁이냐, 점진적 개량이냐)에 관심을 가졌다. 하지만 90년대 후기, 권력과 자본이 상호 결합하여 생겨난 중국식 시장사회의 배경 아래, 신좌파는 자유주의와의 논쟁 속에서 시장화 개혁 자체에 대해 질문을 던졌을 뿐만 아니라 자유주의의 총체적 방안에 대해 직접 비판을 가하였다. 양측은 오늘날 중국사회의 성질에 대한 판단, 사회공정(公正), 자유민주에 대한 이해 및 현대성에 대한 총체적 견해 등의 일련의 기본적인 문제를 둘러싸고 논쟁을 전개하였다. 이 논쟁이 다루고 있는 범위의 광대함, 문제의 심오함, 교전의 격렬함은 급진과 보수의 논쟁과 비할 수 없을 정도였다. 하지만 자유주의에 대한 후자의 보수주의적 이해로 말미암아 90년대 중국의 자유주의는 고전적인 보수의 성격을 띠게 되었던[65] 반면, 급진주의적 낭만전통은 신좌파 가운데 급진적 인사에 의해 계승되었으며, 중국 대륙의 계몽진영은 더욱 격심하게 분화된 끝에 결렬의 추세를 보여주게 되었다.

전체 논쟁의 결말로부터 보자면, 급진주의에 대한 비판을 핵심으로 하는 보수적 사조는 겉으로는 완전한 승리를 거두어 일순간 '혁명이여 안녕', '5·4를 벗어나자', '5·4를 초월하자'는 말이 유행어가 되었다. 하지만 주목할 만한 점은 첸융샹(錢永祥)의 통찰력을 지닌 분석이 지적하는 바와 같이, 90년대 대륙 사상계의 격렬한 논쟁이 초래한 정신상태는 근본적으로 원래의 '중국혁명사 논술'이라고 하는 큰 틀에서 벗어난 과정이자 결과라는 것이다. 90년대 초에 발생하기 시작한 급진과 보수에 관한 사상논쟁은 바로 이러한 과정의 시작이며, 이는 역사적 성찰과 직접적으로 관련되어 있다. 문제의 난점은 "그들이 혁명사 논술을 피하기는 하였지만, 이만큼의 거시적 시야와 효능을 갖춘 대체논술을 찾아내지 못하였다"는 것이다.[66] 이를테면 리쩌허우와 샤오궁친은 중국 근현대사에 대한 다시쓰기를 시도하였지만, 리쩌허우의 서술은 잡다한데다 거칠고, 샤오궁친의 서술은 대체로 청말 민초에 국한되어 있는지라 맥락화와 완정성 모두 뒤떨어졌으며, 그 논점은 논쟁 중에 갖가지 문제제기에 부딪쳤다. 이는 물론 이들 논자의 중국의 현상에 대한 분석과 미래에 대한 전망에 영향을 주었을 것이다.

사실상 90년대 이래 날로 심해지는 일련의 곤란한 문제, 예컨대 정치적 부패, 날로 심화되는 사회의 불공정, 극심한 빈부격차, 국유자산의 유실, 노동자의 대량 실업, 3농문제(농업, 농촌, 농민문제)의 심각성 등을 마주하여, 급진주의에 대한 비판을 핵심으로 하는 보수사조는 효과적인 해결방안을 내놓을 수 없었을 뿐만 아니라, 그들 스스로도 진퇴양난에 빠져 있다.

버크로 대표되는 유럽의 자유보수주의가 고수하는 것은 바로 오랜 세월 자연발생적으로 발전해온 자유질서이며, 이 자유질서를 유지해주는 기초에는 헌정전통, 법치전통, 재산권 및 이와 상응하는 일련의 가치준칙이 포함되어 있다. 하지만 샤오궁친이 솔직하게 말한 바와 같이, 중국의 정치적 보수주의는 "버크의 보수주의가 근거로 삼고 있는 바의, 시민사회를 기초로 하는 물질적 및 정신적 자원을 자신의 보수주의의 지탱점으로 삼지 않았다."[67] 그런데 시민사회 또한 점진적 개혁을 통해 최종 실현되는 것이다. 따라서 보수주의는 전면적인 반전통을 비판하는 한편, 자신의 전통만 고수한다면 중국이 순조롭게 현대화로 나아가기를 기대하기 힘들 것이라고 여겼다.[68] 즉 중국의 정치 보수주의자는 개혁을 위해 일련의 목표와 발전 프로그램을 설계했지만, 권위에 의지한 점진적 개혁 또한 지탱점으로 고수할 만한 제도와 문화전통이 결여되어 있었다. 따라서 실천적 수단과 이론의 가설 사이에, 그리고 목적론과 진화론 사이에는 긴장과 충돌이 내재되어 있었다. 실제로 90년대를 통틀어 중국에는 보수주의자들(예컨대 리쩌허우와 샤오궁친 등)이 기대했던 바의 강력한 중산계급이 출현하기는커녕 오히려 양극사회가 형성되었다. 칭화대학교 사회학과 교수인 쑨리핑(孫立平)은 다음과 같이 지적하고 있다.

> 이러한 양극화된 사회구조 속에서, 한쪽은 막강한 재부의 보유를 특징으로 하는 사회적 강자 집단이고, 다른 한쪽은 수많은 인구의 보유를 특징으로 하는 약자 집단이며, 중간계층의 발전은 상당히 더디다.[69]

이러한 사회에서 그 결과는 사회적 충돌과 대항의 발생을 의미하며, 특히 상층사회에 대한 하층(底層)사회의 적대시와 반항이 바로 그것이다.[70] 물론 이러한 현상은 보수주의가 낙관하였던 바가 결코 아니다.

고전적 자유주의 인식론의 기본 전제는 역사는 인위적으로 설계될 수 없고 또한 예정된 목표를 향해 발전하는 고정된 절차도 없다는 것이며, 그렇기에 자연발생적인 진화 질서를 강조한다. 그러나 영국 정치철학가인 오크셧의 분석에 따르면, 역사발전 역시 순수하게 경험주의적인 것이 아니므로 실천면에서는 정치 이데올로기의 안내가 필요하지만, 이 안내는 인류의 의지와 동떨어진 채 인류활동에 억지로 가해지는 추상적인 것이 아니라, 정치전통과 경험 속에 존재하는 모종의 암시를 찾아내도록 이끄는 것이다.[71] 여기에서 정치활동으로서의 이데올로기 목표 자체는 성찰할 수도 있고 선택할 수도 있으며, 따라서 그것은 일종의 약자의 목적론이라고 할 수 있다. 하지만 리선즈(李愼之)로 대표되는 중국의 자유주의는 현대화를 강자 목적론의 안내 아래 이루어진 역사적 진전으로 간주하며, 이른바 역사발전의 객관법칙이 존재하며 자유주의는 새로운 궁극적 목적이자 가치로 설정되었기 때문에 이를 성찰해서도 안 되고 성찰할 필요도 없다고 믿었다. 리선즈는 다음과 같이 말하였다.

> 세계는 산업화 이래 이삼백년의 비교와 선택의 과정을 거쳤는데, 중국은 특히 100여 년 동안 인류 역사상 가장 규모가 큰 사회적 실험을 경험했으며, 자유주의가 가장 훌륭하고 가장 보편적인 가치임을 증명할 충분한 이유를 갖게 되었다. 베이징대학에서 시작된 자유주의 전통이 오늘 부흥하였으니, 틀림없이 자유로운 중국을 글로벌화된 세계로 데리고 들어가 세계에 행복을 가져다주고 영예를 떨칠 것이다![72]

자유주의에 대한 이러한 이해와 추구는 일종의 '역사이상주의'적 심리상태를 드러낸다. 장하오 선생의 분석에 따르면, 이러한 심리상태는 혁명으로 나아갔던 근대 중국의 급진적 지식인의 사상 가운데 보편적으로 존재하였는데, 그 가장 커다란 특징은 아래와 같다.

> 전통적 순환사관에서 벗어나 주로 서구에서 비롯된 일방향의 선형적 발전사관을 받아들이고, 역사는 과거로부터 이상적 미래로 유목적성의 발전을 이룩했다고 여겼다. 이러한 발전 속에서 눈앞의 시대는 역사적 전환의 고비이다. 따라서 이 발전사관의 핵심에는 특수한 위기의식이 존재한다. ―이러한 심리상태 아래에서 당시 지식인들의 관심은 자연스레 어떻게 하면 비관적인 현실에서 이상적인 미래를 향해 나아갈 수 있을까에 집중되었다.[73]

자유주의에 대한 리선즈의 이해와 그 안에 포함된 역사관(역사발전의 단선진화론, 궁극목적론 등)은 그가 만년에 받아들인 영미의 고전자유주의적 경험론 사관과는 전혀 맞지 않았으며, 오히려 그가 젊은 시절에 믿었던 혁명 유토피아이념과 상당히 일치한다.[74] 리선즈는 확실히 그 가운데 존재하는 모순을 의식하지 못했다. 90년대의 급진주의에 대한 깊은 성찰은 역사이상주의에 내포된 사상적 가설을 뒤집었는데, 이로써 리선즈의 자유주의 논술에 설득력 있는 이론적 기초가 결핍되어 있음이 드러나게 된 바, 이로써 급진과 보수 사이의 복잡한 관계를 다시 살펴볼 필요가 있다.

서구의 보수적 자유주의이론은 우리에게 자유질서를 실현하는 방법을 알려주지 않았으며, 그 보수적 경향은 자유전통을 가지고 있는 사회에 더욱 잘 적용되었다. 그리하여 중국의 현대화는 결코 순수한 자연적 진화에 의거하여 이루어질 수 있는 것이 아니며, 자유주의 이상을 실현하기 위해서는 여전히 현대성을 목적으로 하는 이상주의적 격정이 필요하다. 이는 아웅산 수키(Aung San Suu Kyi)가 아래와 같이 말한 바와 같다.

> 만약에 혁명정신이 없다면 불공정한 구질서의 역량이 생겨나 개혁과 재건의 진척을 끊임없이 위협할 것이다. 겨우 자유, 민주와 인권을 외치고 요구하는 것만으로는 충분하지 않다. 반드시 대중이 한마음으로 투쟁하고 영원한 진리의 이름으로 헌신하여, 욕망, 증오, 무지와 두려움으로부터의 영향이 가져온 부패를 막아야할 것이다.[75]

하지만 주목해야 할 점은, 현대성 목적은 틀림없이 성찰할 수 있는, 일종의 약자의 목적론이지, 결코 의심할 바 없는 추상적 교조와 궁극적 가치가 아니라는 것이다. 이러한 이성적 성찰의 기초 위에서 어떻게 경험주의와 이상주의의 관계를 재구성하고, 급진과 보수의 이원대립적 사유의 곤경을 초월함으로써, 두 가지 개혁방향이 적당한 장력을 유지하도록 할 것인가? 이에 대해 쉽게 찾을 수 있는 답안은 없으며, 앞으로 힘껏 탐색하고 실천하여야만 할 것이다.

지은이 주

1) H. Cecil 저, 杜汝楫 譯, ≪保守主義≫(北京:商務印書館, 1986) 25쪽
2) 급진과 보수에 관한 주쉐친(朱學勤)의 담론에 대해 1997년 6월 류칭(劉擎)이 소개한 글을 참조. '사상평론(思想評論)' 사이트(http://www.sinoliberal/zhuxq/zhuxqindex.htm)
3) 李澤厚, ≪批判哲學的批判≫(人民出版社, 1984) 참조
4) 王元化, 〈論知性的分析方法〉, ≪清園論學集≫(上海古籍出版社, 1994) 참조
5) 王元化, 〈序'從理想主義到經驗主義'〉, 위의 책, 507-508쪽
6) 甘陽, 〈自由的理念:五四傳統之闕失面一爲五四70周年而作〉, ≪讀書≫, 1989年, 第5期; 〈自由的敵人:眞善美統一說〉, ≪讀書≫, 1989年, 第6期 참조
7) 林毓生 著, 穆善培 譯, ≪中國意識的危機一'五四'時期激烈的反傳統主義≫(貴州:人民出版社, 1986), 第一章 緒論
8) 顧昕, ≪中國啓蒙的歷史圖景≫(香港:牛津大學出版社, 1992), 第二章 참조
9) 余英時, 〈中國近代思想史上的激進與保守〉, ≪錢穆與中國文化≫(上海遠東出版社, 1994)
10) 許紀霖, 〈啓蒙的命運一二十年來的中國思想界〉, ≪二十一世紀≫, 香港, 1998年, 12月號
11) 개혁 이래 중국 사회구조변천의 정황에 관해서는 孫立平 等, 〈中國社會結構轉型的近中期趨勢與潛在危機〉, 李培林 等, ≪中國社會分層≫(社會科學文獻出版社, 2004) 참조
12) 신권위주의의 내부는 우자샹(吳稼祥),장빙쥬(張炳九)로 대표되는 북파(北派)와 샤오궁친(蕭功秦)로 대표되는 남파(南派)로 나누어진다. 전자는 신권위의 힘으로 시장경제제도를 강제적으로 추진하여 위기를 극복할 것을 강조하였고, 후자는 단계에 따라 점진적 방식으로 시장화 경제개혁의 추진을 주장하였으며 사회질서의 안정과 정합을 더욱 중시하여 전자의 급진적 방법에 반대하였다. 蕭功秦, 〈新權威主義: 痛苦的兩難選擇〉; 〈歷史拒絕浪漫: 新保守主義思潮的崛起〉, ≪與政治浪漫主義告別≫(湖北教育出版社, 2001) 참조
13) 논쟁의 상세한 정황에 관해서는 黎萍의 〈90年代中國大陸的新保守主義一前言〉, '민주와 과학(民主與科學)' 사이트(http://www.duscn.net)와 張靜, 〈新保守主義取向〉, ≪二十一世紀≫, 1997年, 2月號 참조
14) ≪이십일세기≫ 잡지는 1990년에 창간되었으며, 홍콩중문대학 중국문화연구소에서 주관하였다. 창간에 대한 자세한 정황은 劉青峰, 〈二十一世紀創刊十周年一十年回眸〉, ≪二十一世紀≫, 2000年, 10月號 참조. ≪東方≫ 잡지는 중국 동방문화연구회에서 주관한 사상문화류 간행물로 1993년에 창간되고 1996년에 정간되었다. 鍾沛璋, 〈東方三年〉, 靳大成 主編, ≪生機一新時期著名人文期刊素描≫(中國文聯出版社, 2003) 참조
15) 姜義華, 〈激進與保守: 與余英時先生商榷〉, ≪二十一世紀≫, 1992年, 4月號
16) 위와 같음
17) 余英時, 〈再論中國現代史上中的激進與保守〉, ≪二十一世紀≫, 1992年, 4月號
18) 許紀霖, 〈激進與保守之間的迷惑〉, ≪二十一世紀≫, 1992年, 6月號
19) 미국 버지니아 주립대학의 역사학과 교수 왕룽쭈(汪榮祖)는 쉬지린(許紀霖)과 비슷한 의견을 발표하였는데, 근대 중국사상에서의 급진화는 사회 보수세력의 완강함과 정비례한다고 보았다. 오늘날의 중국을 살펴보면, 점진적 개혁의 길로만 나아가면서 중국과 대만의 경험을

참고로 하고 있다. 그러나 상이한 차원의 급진과 보수에 대해 구분하지 않는다. 이외에도 왕룽쭈는 1949년 이후 중국 공산당 신체제가 전통과 철저히 단절하였다는 견해에 동의하지 않으며, 위잉스가 '신체제'의 능력을 과장했다고 보았다. 汪榮祖, 〈激進與保守贅言〉, ≪二十一世紀≫, 1992年, 6月號

20) 傅鏗, 〈大陸知識分子的激進主義神話〉, ≪二十一世紀≫, 1992年, 6月號

21) 주요 논점은 余英時, 〈中國近代思想史上的激進與保守〉, ≪錢穆與中國文化≫(上海遠東出版社, 1994); 傅鏗, 〈大陸知識分子的激進主義神話〉, ≪二十一世紀≫, 1992年, 6月號 참조

22) 姜義華, 〈激進與保守: 與余英時先生商榷〉, ≪二十一世紀≫, 1992年, 4月號

23) 대표적인 글은 許紀霖, 〈激進與保守之間的迷惑〉, ≪二十一世紀≫, 1992年, 6月號; 汪榮祖, 〈激進與保守贅言〉, ≪二十一世紀≫, 1992年, 6月號 참조

24) 李澤厚, 劉再復, ≪告別革命—回望二十世紀中國≫(香港:天地圖書公司, 1995), 66-67쪽

25) 위의 책, 4쪽

26) 李澤厚, 王德勝, 〈關於文化現狀、道德重建的對話〉, ≪東方≫, 1994年, 第5,6期

27) 위와 같음

28) 李澤厚, 劉再復, ≪告別革命—回望二十世紀中國≫(香港:天地圖書公司,1995), 10쪽 및 66쪽

29) 위의 책, 24쪽

30) 李澤厚, 〈從辛亥革命談起〉, ≪世紀新夢≫(安徽文藝出版社, 1998), 156-157쪽

31) 姜義華, 〈20世紀中國革命的事與理〉, ≪理性缺位的啓蒙≫(上海三聯書店, 2000), 251-272쪽

32) 陳小雅, 〈誰該對辛亥革命負責?〉, 李世濤 編, ≪知識分子立場—激進與保守之間的動蕩≫(時代文藝出版社, 2000)

33) 何家棟, 〈'革命'辨正—兼析李澤厚'告別革命論'〉, 李愼之, 何家棟, ≪中國的道路≫(南方日报出版社, 2000), 423-462쪽

34) 蕭功秦, 〈歷史拒絕浪漫:新保守主義思潮的崛起〉, ≪中國時報周刊≫ 1992년 1월 26일, 2월 2일; 蕭功秦, ≪與政治浪漫主義告別≫(湖北敎育出版社, 2001) 60-63쪽

35) 蕭功秦, 〈'嚴復悖論'與近代新保守主義變革觀〉, 〈中國新保守主義的思想淵源〉, 위의 책

36) 蕭功秦, 〈歷史拒絕浪漫:新保守主義思潮的崛起〉, 위의 책, 55쪽

37) 蕭功秦, 〈走向成熟:中國改革的反思與展望〉, 위의 책 참조

38) 蘇文, 〈只有一次,等於沒有—關於'保守'與'激進'的經驗之爭〉, 李世濤 編, ≪知識分子立場—激進與保守之間的動蕩≫(時代文藝出版社, 2000)

39) 卞悟, 〈眞假亨廷頓與東西亨廷頓〉, 李世濤 編, 위의 책

40) 何家棟, 〈今日中國新保守主義〉, 李愼之, 何家棟 編, ≪中國的道路≫(南方日報出版社, 2000)

41) 朱學勤, ≪道德理想國的覆滅—從盧梭到羅伯斯庇爾≫(上海：三聯書店, 1994年), 第9章

42) 朱學勤, 〈陽光與閃電〉, ≪萬象≫ 第4卷 第12期, 2002年 12月

43) 黃萬盛, 〈革命不是一種原罪〉, 프랑소와 플레 저, 孟明 譯, ≪思考法國大革命≫(三聯書店,

2005年), 서문 참조

44) 1994년부터 친후이(秦晖)는 벤우(卞悟)라는 필명으로 ≪东方≫잡지에 잇달아 글을 발표하였는데, 논지가 매우 공정하여 커다란 반향을 일으켰다.

45) 甘陽, 〈揚棄"民主與科學", 奠定"自由與秩序"〉, ≪二十一世紀≫, 1991年, 第3期

46) 嚴家炎, 〈五四・文革・傳統文化〉, 李世濤 編, ≪知識分子立場—激進與保守之間的動蕩≫(時代文藝出版社, 2000)

47) 袁偉時, 〈新文化運動與"激進主義"〉, 李世濤 編, 위의 책

48) 王曉明, 朱學勤, 高瑞泉, 〈被遮蔽與被阻隔的—從第二種"反省"談起〉, ≪中國研究≫, 1996년 2月

49) 王元化, 李輝, 〈對"五四"的再認識答客問〉, 李世濤 編, 앞의 책

50) 劉軍寧, ≪保守主義≫(中國社會科學出版社, 1998年), 264쪽과 268쪽; 劉軍寧, 〈保守的柏克自由的柏克〉, ≪讀書≫, 1994年, 第5期 참조

51) 李澤厚 사상에 대한 토론은 黃克武, 〈論李澤厚思想的新動向: 兼談近年來對李澤厚思想的討論〉, ≪"中央研究院"近代史研究所集刊≫, 1996年, 第25期 참조

52) 嚴家炎, 〈評五四、"文革"與傳統文化的論爭〉, ≪二十一世紀≫, 1997年 8月; 袁偉時, 〈新文化運動與"激進主義"〉, 李世濤 編, 앞의 책 참조

53) 余英時, 〈中國近代思想史上的激進與保守〉, ≪錢穆與中國文化≫(上海遠東出版社, 1994); 王元化, 〈對"五四"的再認識答客問〉, 李世濤 編, 위의 책; 傅鏗, 〈大陸知識分子的激進主義神話〉, ≪二十一世紀≫, 1992年 6月 참조

54) 관련된 배경에 대한 분석은 黎萍, ≪90年代中國大陸的新保守主義—前言≫ 참조. ('民主與科學' 사이트: http://www.duscn.net)

55) 메츠거가 제기한 두 가지 사상유형에 대한 설명은 黃克武, 〈一個被放棄的選擇: 梁啓超調適思想之研究〉, ≪"中央研究院"近代史研究所專刊≫(70), 臺北, 1994年, 1-6쪽 참조

56) 예컨대 리쩌허우와 류짜이푸는 탄쓰퉁과 쑨중산을 비판하고 캉유웨이와 량치차오를 긍정하였다. (李澤厚, 劉再復, ≪告別革命—回望二十世紀中國≫, 香港, 天地圖書公司, 1995, 108-150쪽 참조) 천두슈로 대표되는 '5・4'의 급진사조에 대한 위잉스, 왕위안화, 구신(顧昕) 등의 부정적 평가는 余英時, 〈中國近代思想史上的激進與保守〉, ≪錢穆與中國文化≫(上海遠東出版社, 1994); 王元化, 〈對"五四"的再認識答客問〉, 李世濤 編, ≪知識分子立場—激進與保守之間的動蕩≫(時代文藝出版社, 2000); 顧昕, 〈民主主義與五四激進思潮(1918-921)〉, ≪東方≫, 1996年第3期 참조. 두야취안의 사상에 대한 왕위안화, 쉬지린과 가오리커(高力克)의 재평가는 王元化, 〈杜亞泉與東西文化問題論戰〉, ≪淸園論學集≫(上海古籍出版社, 1994年);許紀霖, 〈杜亞泉與多元的五四啓蒙〉, 許紀霖, 田建業 編, ≪杜亞泉文存≫(上海教育出版社, 2003年); 高力克, ≪調適的智慧—杜亞泉思想研究≫(浙江人民出版社, 1998年) 참조

57) 姜義華, ≪理性缺位的啓蒙≫(上海三聯書店, 2000), 4-5쪽

58) 李澤厚, ≪世紀新夢≫(安徽文藝出版社, 1998), 16-17쪽

59) 蕭功秦, 〈中國新保守主義的思想淵源〉, ≪與政治浪漫主義告別≫(湖北教育出版社, 2001)

60) 칼 포퍼 저, 杜汝楫 等譯, ≪歷史決定論的貧困≫(華夏出版社, 1987年), 50-55쪽 참조

61) 張灝, 〈中國近代轉型時期的民主觀念〉, ≪二十一世紀≫, 1993年, 8月號

62) 蕭功秦, ≪與政治浪漫主義告別≫(湖北教育出版社, 2001), 73-74쪽

63) 許紀霖, 〈二種危機與三種思潮—20世紀中國的思想史〉, ≪戰略與管理≫, 2000年, 第1期

64) 黃克武, 〈一個被放棄的選擇:梁啓超調適思想之硏究〉, ≪'中央硏究院'近代史硏究所專刊≫(70), 臺灣, 1994, 35-36쪽

65) 민주화 개혁을 보류하자고 주장한 경제자유주의자는 자유주의와 신좌파의 논쟁에 참여하지 않았다. 논전 중에 자유주의자들은 강력하게 헌정민주를 요구하였는데, 그들과 신좌파 사이의 의견의 불일치는 민주에 대한 각기 다른 이해와 연관되어 있다.

66) 錢永祥, 〈岐路不必是窮途〉, 王超華 编, ≪岐路中國≫(臺北 : 聯經出版公司, 2004年) 참조

67) 蕭功秦, ≪與政治浪漫主義告別≫(湖北教育出版社, 2001) 39쪽

68) 위의 책, 40쪽

69) 孫立平, 〈權利失衡、兩極社會與合作主義憲政體制〉, ≪戰略與管理≫, 2004年, 第1期

70) 孫立平 等, 〈中國社會結構轉型的近中期趨勢與潛在危機〉, 李培林 等 编, ≪中國社會分層≫(社會科學文獻出版社, 2004) 59쪽

71) 오크섯 著, 張汝倫 譯, ≪政治中的理性主義≫(上海譯文出版社, 2003) 36-57쪽 참조

72) 李慎之, 何家棟, ≪中國的道路≫(南方日報出版社, 2000) 246쪽

73) 張灝, 〈中國近百年來的革命思想道路〉, ≪張灝自選集≫(上海教育出版社, 2002) 296쪽

74) 許紀霖, 〈最後的士大夫, 最後的豪傑〉, ≪二十一世紀≫, 2004年, 4月

75) 아웅산 수키는 미얀마 민주화운동의 지도자로 1991년에 노벨 평화상을 받았다. 인용문은 〈恐懼與自由〉라는 글에서 재인용함. '文化先鋒'사이트(http://www.whxf.net) 참조

지식인의 정체성과 분화

— '인문정신'에 관한 논쟁

지은이 : 정궈칭(鄭國慶)

옮긴이 : 김명희(金明姬)

1. '인문정신' 토론의 전개
2. 반박과 재(再)반박
3. 제3의 입장
4. '무엇이' 지식인이고, 지식인은 '무엇을 할 것인가'?

1993년에서 1995년 사이에 발생한 '인문정신'논쟁은 90년대 전기(前期) 지식계에서 규모가 가장 큰 논쟁이라고 말할 수 있다. 짧은 3년 사이에 토론에 참여한 글의 편수가 세 자릿수에 이른다.[1] 1996년 논쟁이 끝났을 때, '인문정신'토론 선집이 두 권[2] 출판되었는데(왕샤오밍(王曉明)이 엮은 ≪인문정신을 깊이 생각하다(人文精神尋思錄)≫와 딩둥(丁東)이 엮은 ≪인문정신토론 문선(人文精神討論文選)≫), 마치 이 토론에 마침표를 찍은 듯하였다. 그러나 논쟁이 불러일으킨 시장 · 상업화 · 소비주의 · 현대화 · 포스트모던 · 현대성과 관련 있는 문제들 중에서도 가장 중요한 것은 지식인의 역할 · 기능 · 자아 정체성과 자리매김이었으며, '무엇 때문에'와 '무엇을 할 것인가', '가능한가와 불가능한가' 등의 문제는 도리어 지식인과 떼려야 뗄 수 없는 화제가 되었다. 이 토론은 '지난날을 회고하는' 80년대 계몽 엘리트지식인들의 애가(哀歌)이자 만가이며, 또한 계몽 지식인들이 새로운 역사적 곤경 속에서 포위망을 돌파하려는 노력이다. 비록 지식구조(Knowledge Structure)의 부족 · 사유 습관의 결함 및 논쟁 상대와의 일정 정도의 논리적 공유에 얽매여, 토론에서 언급한 문제들이 깊이 있게 진행되지는 못했지만, 논쟁 중에서 계몽 지식인이 견지한 지식인의 현실에 대한 책임감과 공공(公共)에 대한 관심은 여전히 탄복할 만하다. 비록 이런 공공지식인의 자태가 논쟁의 상대에 의해 '지식인의 최후의 신화'라고 조롱받기는 했지만. 다른 한편, 지식계보의 근원 및 역사적 컨텍스트에 대한 상이한 평가, 현실 입장과 가치 판단의 차이, 지식인의 자아상상과 자리매김의 불일치는 모두 80년대의 전체 지식인집단이 분화의 추세를 드러내게 했다. 이 분화의 추세는 사실상 90년대 지식계에 이어진 중요한 현상이기도 하다. 그것은 더욱 복잡해지는 중국 사회현실에 직면하여, 푸코가 말한 '보편적 지식인'은 더욱 더 불가능하다는 것을 의미하고 있다. 아울러 90년대의 아카데미체제가 지식인을 더욱 세밀하게 전문가화·전문주의화하는 가운데, 전문지식인과 공공지식인 사이에 필요한 긴장감과 활기를 어떻게 유지할 것인지는 여전히 지식인의 앞에 가로놓인 문제이다.

1. '인문정신' 토론의 전개

'인문정신' 토론은 문학계에서 가장 먼저 시작되었다. 1993년 ≪상하이문학(上海文學)≫ 제6기에 〈광야 위의 폐허 — 문학과 인문정신의 위기(曠野上的廢墟 — 文學和人文精神的危機)〉[3)]라는 대담이 실렸다. 상하이(上海)의 일부 문학 비평가들은 이 글에서 "중국 특색이 풍부한 '상품화' 조류가 문학계를 뿌리 채 뽑아내려고 하"(왕샤오밍)고, "오늘의 문화는 거의 폐허나 다름없"(추이이밍崔宜明)으며, "오늘날의 문학 위기가 눈에 띄는 표지인데, 대중의 문학소양이 보편적으로 낮아졌음을 나타낼 뿐만 아니라, 전체 몇 세대의 정신소양이 지속적으로 악화되었음을 나타내고 있다. 문학의 위기는 실제로 오늘날 중국인의 인문정신의 위기를 드러냈다"(왕샤오밍)고 주장하면서, 당시의 문학 현상에 대해 매섭고 날카로운 비판을 가하였다. 토론이 구체적으로 겨누고 것은 문학창작 중의 두 가지 풍격이었는데, 바로 '세속에의 영합'과 '스스로 즐기기'(장훙張宏)였다. 전자는 작가 왕숴(王朔)로 대표되는데, 왕숴 작품의 기조는 '비아냥'이다. "이러한 모든 것을 조소하는 태도 속에서 …… 무엇도 긍정하지 않고, 무엇도 부정하지 않으며, 다만 일시적인 가벼움과 쾌감을 추구할 뿐이다. …… 그것은 생명의 비판의식을 없애버리고, 어떤 것도 책임지지 않는다. …… 이것은 일종의 천하고 쇠약한 생명의 표징일 따름이다. 왕숴는 바로 이런 비아냥거리는 태도로써 대중의 구경꾼 심리에 영합하였으니, 바로 강호를 떠도는 자가 익살을 파는 것과 같다."(장훙) 후자는 형식기교에 빠지는 것을 지향하는데, '놀자판 문학(玩文學)'파의 작가와 예술가로서, 이 글에서 주로 언급된 것은 영화감독 장이머우(張藝謀)와 선봉파(先鋒派) 작가이다. 장이머우의 영화 〈홍등〉은 "중국인이 보기에 가장 현대성을 지닌 기교를 사용했으나, 표현한 것은 중국문화의 가장 진부한 것이다. …… 장이머우의 진정한 쾌감은 기교에 대한 희롱에서 나올 뿐이다."(쉬린徐麟) "오늘날 중국의 '놀자판 문학'가들의 '유희'의 작품들은 모종의 생존방식에 대한 해체를 나타내지도 못하고, 더욱이 존재의 가능성에 대한 탐색과 건설도 없다. 일단 이런 형이상(形而上)적 의도성을 잃어버리자 형식모방의 의미로는 '노는 것' 자체만 남을 뿐이니, 그것이 제공할 수 있는 것은 형이하(形而下)적인 스스로 즐김의 쾌감일 뿐이다. 인문정신은 바로 이런 쾌감 속에서 상실되고 말았다."(쉬린) 토론의 대담자는 마지막에 '순교자'의 태도로써 상업화의 충격 아래 인격과 정신의 지조를 잃어버린 문화인에 대한 경멸과 지식인인 자신들에 대한 기대를 다음과 같이 나타냈다. "상품경제라는 거대한 흐름의 충격아래, 가난이 두려운 중국인들은 분분히 돈을 향하여 돌진하고, 많은 문화인들은 심란하여 하루에도 몇 차례나 놀라며, 자신의 일을 존중하는 마음도, 자존의 인격도 더 이상 없다, …… 인문정신의 위기는 그들 문화인의 위기에 불과할 뿐이다. 그러나 5천년의 역사를 가진 민족이 신앙과 신념, 세계적 의미, 인생의 가치와 같은 정신적 추구를 원하지 않아도 생존해 나갈 수 있고, 나아가 부강해질 수 있을까? …… 어쨌든 사람들 모두에게 순교의 굳센 의지를 지니라고 바랄 수는 없다. 그러나 바꿔 말하면, 아무리 엄혹한 시대를 만날지라도, 우리 사회에는 반드시 기꺼이 순교자가 되겠노라 굳게 마음먹은 사람들이 있을 것이다."(추이이밍).

'인문정신의 위기'를 가장 일찍 제기한 이 대담은 문학식의 과장된 수사와 격앙된 말투가 넘쳐흐르지만, 당시의 문화현상에 대한 대담자들의 우려와 불만을 절실하게 표현해냈다. 문학현상에 대한 이들 비평가의 비판이 지나치게 '내용화', '도덕화'하고, 형식적인 이데올로기 및 '놀자판' 문학형식 자체가 불러일으킨 이데올로기 해체 기능에 대한 평가는 부족하지만, 상업주의의 거대한 흐름의 충격 아래 문화인의 가치 실종과 방황하는 심리를 확실히 예민하게 포착하였다. 그들은 중국의 지식인들에게 이렇게 호소하였다. 지식인이 마땅히 가져야 할 가치와 도덕적 정조를 포기하지 말고, '인문정신'의 고지를 굳게 지키자! 여기에서 '인문정신'은 자명하고도 '진정한' 지식인의 표지이자 방패로서 확실히 드러나고 인정받게 되었다.

이 대담이 ≪상하이문학≫에 발표된 후, 적지 않은 반향을 일으켰다. ≪상하이문학≫은 1993년 제7기와 제9기에 연속해서 두 편의 좌담회 기록을 실었는데, 한 편은 천쓰허(陳思和)·가오위안바오(郜元寶)·왕훙투(王宏圖)·장신잉(張新穎)의 좌담인 〈오늘날 지식인의 가치규범(當代知識分子的價値規範)〉이고, 다른 한 편은 천핑위안(陳平原)·첸리췬(錢理郡)·우푸후이(吳福輝)·자오위안(趙園)의 좌담인 〈인문학자의 운명과 선택(人文學者的命運及選擇)〉이었다. 이 두 편의 좌담회 기록은 인문지식인의 현재 상황과 '지금 시대에 어떻게 계속 지식인이 될 것인가'에 대한 그들 각자의 사고와 견해를 토론하였다. ≪독서(讀書)≫ 편집부는 1994년 제3기에서 7기까지 잇달아 다섯 그룹의 좌담회 기록을 게재하였는데, '인문정신'토론을 문학영역에서 '문사철(文史哲)' 전체 인문학으로 확장시켰고, 주제 또한 그 당시의 문학창작 현상에서 문화계 및 지식계의 보편적 정신위축 등의 문제로 확대시켰다. 전공분야가 다른 문사철 학자들은 상이한 방향에서 당시의 문화현상을 분석하고 비평하였다. 그들은 '인문정신'의 함의, '인문정신' 상실의 원인 및 '인문정신' 재건의 가능성, '인문정신'의 '보편성'과 '개별성'(〈인문정신:가능한가의 여부 및 어떻게 가능한가人文精神:是否可能與如何可能〉[4]), 근현대 '인문정신'이 '가려진' 상황(〈인문정신의 자취를 찾아人文精神尋踪〉[5]), 20세기 중국현대 지식인의 전통(〈도통·학통·정통道統·學統·政統〉[6]), '인문정신'과 전통문화(〈우리는 어떠한 인문정신이 필요한가我們需要怎样的人文精神〉[7]), 서구문화와의 관계, 특히 '인문정신'과 20세기 '해체주의'와의 관계(〈문화세계: 해체인가 아니면 재건인가文化世界:解構還是建構[8]〉) 등의 문제를 토론하였다. 이런 논자들의 의견이 완전히 일치하지도 않고, 심지어 약간 미묘한 차이가 존재하기도 하였지만, 기본적으로는 모두 오늘날의 문화현실에 반응하고 지식인의 정신적 상황에 관심을 갖는 노력을 드러냈다. 왕샤오밍의 개괄에 따르면, '인문정신' 제창자의 의견은 대체로 다음과 같다. "(1) 오늘날 중국의 문화현실은 만족스럽기는커녕, 심각한 위기에 놓여있다고 할 수 있다. (2) 이 위기의 중요한 측면으로서, 오늘날의 지식인 혹은 더욱 넓은 범위에서 말하자면 오늘날 문화인의 정신상황은 보편적으로 좋지 않다. 독립적인 인격이 위축되고 비판정신이 사라졌으며, 예술 내지 생활의 취미도 저열하다. 사유방식은 단순화되고 기계적이며, 문학예술의 상상력과 창조력이 결핍되어 있고, 사상과 학술은 '실어증'에 걸려 있다. …… 이 갖가지는 모두 이러한 측면에서 눈에 띄는 현상이다. (3) 이러한 까닭은 지식인 혹은 문화인 자신에게서 보자면, 개인·인류와 세계의 존재의미를 파악하지 못하고 가장 기본적인 가치신념과 정체성을 갖고 있지 못하며, 심지어 눈앞의 물질적인 실리에만 몰두하고 있기에 자신의 삶의 의미의 근거를 잃어버린 것조차 깨닫지 못하기 때문이다. (4) 지식인 혹은 문화인의 이런 보편적 상실감은 결코 그들 자신이 야기한 것만도 아니고, 또한 최근 10년 사이에 야기된 것도 아니며, 근대 이래의 역사과정 속에서 각종 정치·군사·경제와 문화요소가 합쳐져 야기된 것이다. 그 중에서 가장 분명한 것은 물론 끊임없이 이어진 전란과 전제가 초래한 극심한 손상이지만, 다른 한편 근대 이래의 '역사 진보의 법칙', '현대화' 등의 관념의 팽창과 파멸 또한 매우 중요한 원인이다. (5) 얼음이 석 자나 언 것은 하루 동안의 추위에 이루어진 것이 아니듯이, 진정으로 이런 실어상태에서 벗어나려면, 결코 짧은 기간에 할 수 있는 것이 아니며, 몇 세대 사람들의 지속적인 노력이 필요할지도 모른다. (6) 이 노력의 시작으로서, 이들은 인생과 세계존재의 의미에 관심을 갖고 내면의 가치와 요구를 끊임없이 배양하고 발전시키며, 아울러 삶의 각 방면에서 이런 요구를 실천하고자 노력하는 정신을 제창하고자 한다. 그들은 이를 '인문정신'이라는 한 마디로 개괄한다. (7) 이러한 정신이라면, 그것의 실천은 물론 끊임없이 성장하고 날로 풍부해지는 과정이 될 것이며, 개인성과 차이성을 통하여 정신가치의 추구에 대한 보편성을 이해하는 과정이 될 것이다. 바로 이러한 실천의 다양성과 풍부성이 인문정신의 지속적인 활력을 진정으로 구현해낸다."[9)]

≪상하이문학≫과 ≪독서≫ 이외에, 일찍이 몇몇 신문들은 '인문정신' 토론의 특별칼럼을 마련했는데, ≪문회보(文匯報)≫ · ≪광명일보(光明日報)≫ · ≪중화독서신문(中華讀書報)≫ · ≪작가신문(作家報)≫ 등이 그러하다. 그 중에서 ≪문회보≫는 〈시인이여, 왜 분노하지 않는가?〉라는 제목으로, 인문정신 논쟁의 찬성자 측이라고 여겨졌던 작가인 장청즈(張承志)와 장웨이(張煒)가 당시의 문단을 성토하는 격문을 실었다. "나는 이런 사람들을 무슨 작가라고 인정하지 않는다. 그들은 본질적으로 모두 명예와 이익을 추구하는 무리에 불과하다. 그들이 금전과 명성의 유혹을 거부할 수 없는 것은 그들이 근본적으로 거부할 생각이나 의사가 없기 때문이다. 그 중에서 어떤 사람은 심지어 최소한의 자존심도, 시비관(是非觀)도 갖지 않은 채 이익을 얻을 수만 있다면, 설령 민족이 침략을 당하고 조국이 분할되어도 개의치 않을 것이다. 이처럼 원칙도, 지조도 없는 문화인이 뜻밖에도 문단을 점령했을 뿐만 아니라, 또한 각종 관계를 이용하여 방송국과 언론매체와 손을 잡아 문화영역을 제패하는 '세력'을 형성하고, 12억 인구대국의 문화 분위기를 통제하였으니, 이보다 더 황당하고 두려운 일이 있겠는가?"(장청즈)[10)] "문학은 이미 발견도, 비판도 사라져버렸다. 게으르고 되는대로 살아가는 모습은 연민을 자아낼 뿐이다. 연민을 구걸하는 문학은 또한 문학사에서 가장 역겨운 것이 될 것이다. …… 문학은 이미 보편적인 조작과 제작의 상태에 접어들어, 잠깐이면 광주리와 창고를 가득 채우지만, 한 방울의 심혈도 포함되어 있지 않다. 완전히 전문화되고 장인(匠人)이 본보기가 되었으니, 혈기왕성한 젊은이조차도 케케묵은 것을 흥미진진하게 음미한다. 이런 상태에서 정신은 필연적으로 고갈되고, 그의 제작품 — 쓰레기 — 은 아무리 그럴듯하게 포장해도 여전히 쓰레기

일 뿐이다. …… 시인은 왜 분노하지 않는가! 또 얼마나 오랫동안 참아야 하는가! 어서 입을 열고, 원래 그대에게 속한 영광을 어서 받아들이라! 그대, 두려운가? 희생이 두렵지 않다면 어찌 순교를 두려워하는가? 나는 그대의 읊조림에 빠져들 뿐만 아니라, 또한 시인과 동행하려고 한다!"(장웨이)[11] 장청즈와 장웨이의 '분노'에 대하여 일부 학자와 독자들은 상이한 견해를 표시하기도 하였다. 쉬지린(許紀霖)은 당시의 문화현상에 대해 도덕적인 비판을 포함한, 진지한 비판이 있어야 마땅하지만, 도덕적인 격정의 이면에는 마땅히 이성적인 요소가 있어야 하고, 비판의 대상을 구체적인 컨텍스트 아래에 두고서 역사적으로 해석해야 한다고 주장함으로써 '내부 비판'을 진행하였다. 장청즈의 비판방식은 지나치게 단순했는데, "장청즈가 몹시 싫어하는 문화현상을 보더라도, 결코 단순히 문인의 도덕적 타락의 문제(만약 정말로 이러하다면, 일은 오히려 처리하기가 편하다. 한바탕 '도덕 대청소'를 벌이기만 하면, 어찌 만사가 크게 길하고 인심이 옛날로 돌아가지 않겠는가?)가 아니라, 중국의 최근 10년 동안의 사회문화변천, 세속화 형태의 형성 및 소비적 '포스트모던 문화'의 부상과 관련되어 있다. 일체의 문제를 모두 도덕적 타락으로 귀결시키는 것은 문제의 본질을 회피하는 것이며, 일의 인식과 해결에는 조금도 도움이 되지 않는다."[12] 어느 독자는 〈시인은 분노를 가라앉히라〉는 조소어린 말투로 ≪문회보≫에 투고하여 다음과 같이 말하였다. "시든 문학이든 문인은 그것들을 매우 중히 여기지만, 사실 일반인에게는 중요하지 않다. 동서고금이 모두 이러하다. 문학이 세상을 그르치거나 나라를 구할 수도 있다고 생각하는 것은 늘 일종의 착각일 뿐이다."[13]

2. 반박과 재(再)반박

1) '문화 전제주의': 역사 기억과 현실 판단

어느 문화토론이나 그렇듯이, '인문정신 위기'의 문제 제기방식 역시 반박에 부딪쳤다. '혁명 이상주의'시대에 대한 강렬한 기억을 지니고 있는 작가 왕멍(王蒙)은 뼈에 사무친 역사경험으로 인해, 그가 특히 민감하게 경계하고 있는 '문화전제주의'("이러한 문제 제기 자체가 잠재의식 속의 문화전제주의이다"14))의 낌새를 인문정신 제창자들에게서 느꼈다. 그는 상품경제가 가져온 사람들의 자유와 해방을 인정하였고, 인문정신 제창자들의 시장경제시대에 대한 비판에 동의하지 않았다. 왕멍은 다음과 같이 물었다. "인문정신을 상실하였다고 말하는데, 그렇다면 '상실하기' 전에 우리의 '인문정신'은 어떤 처지에 놓여 있었는가?"15)

왕멍과 인문정신 제창자들의 분기(分歧)는 우선 왕숴에 대한 평가태도에서 나타난다. 상하이의 비평가들은 〈광야 위의 폐허—문학과 인문정신의 위기〉라는 대담에서 왕숴에 대한 격렬한 반감을 표시하였다. 그 전에 왕멍은 1993년 ≪독서≫ 제1기에 〈숭고를 회피함(躲避崇高)〉이라는 평론을 발표하였는데, 거짓 숭고와 전제문화에 대한 왕숴 소설의 해소작용을 열렬히 인정하였다. "그렇다. 신성모독은 그들이 늘 사용하는 방식이다. 그래서 무슨 '놀자판 문학'을 이야기하려면, 바로 늘 꽉 조여 맸던 문학이라는 외피를 깨트려야 한다…… 이런 대담한 망언과 후안무치함은 사람들로 하여금 거의 탁자를 치며 놀라게 만든다. '이것을 참을 수 있다면 무엇을 참을 수 없단 말인가?' 그러나 우리는 반드시 공정하게 말해야 하는데, 우선 삶이 신성(神聖)을 모독하였다. 예를 들어, 쟝칭(江青)과 린뱌오(林彪)가 얼마나 신성한 척 하면서, 얼마나 졸렬하고 비위에 거슬리는 우스꽝스러운 소동을 빚어냈던가. 우리의 정치운동은 한 차례 또 한 차례 얼마나 신성한 것들—주의(主義), 충성, 당적(黨籍), 칭호, 생명까지—을 가지고 놀았던가 …… 그들이 먼저 잔혹하게 '놀기' 시작한 것이다! 그 다음에 비로소 왕숴가 있다. 왕숴 같은 사람이 몇 명 더 있어야 '쟝칭 동지를 수호하자'고 외치면서 사람을 죽이고 살해당하는 홍위병이 몇 명 줄어들지도 모른다. 왕숴의 세상을 얕보는 언설은 특히 홍위병 정신과 모범극(樣板戲) 정신에 대한 반작용이다. 그는 거짓숭고의 가면을 찢어버렸다."16) 왕숴에 대한 상하이 비평가들의 비판에 대하여, 왕멍은 강하게 부정하면서 "건달문학을 비판하는 사람들 중에 왕숴를 제대로 읽고 이해하는 사람이 몇 명이나 있는가?"라고 묻는다. 그는 왕쉬가 바로 이런 해학과 비아냥의 방식으로 중국인의 삶 속에 이미 오랫동안 존재하고 있는 '거짓(僞) 도덕, 거짓 숭고, 거짓 태도'를 타기한다고 생각하였다. 더욱 중요한 것은 상하이 비평가들이 왕쉬를 비판할 때 드러낸 도덕적이고 엘리트적인 자태와 격앙된 말투가 왕멍에게 "일찍이 어디선가 본 듯한" 두려운 역사기억을 불러 일으켰다는 점이다. "건달은 동정할 만한, 이해해야할 구석이 전혀 없단 말인가? 건달을 전부 싹쓸이 해버리는 것은 인문정신이 지나치게 부족하고, 지나치게 전제적이고 교조적인 게 아닌가?" "모두가 왕쉬처럼 되는 것은 물론 좋지 않지만, 모두가 왕쉬를 비판하는 모(某) 교수처럼 되는 것은 더 심각한 문제이다. 최소한의 유머감조차도 없는데, 무슨 인문정신이 있겠는가? 이런 문제 제기 자체가 바로 잠재의식 속의 문화전제주의이다."[17] 〈상하이 사색록(滬上思絮錄)〉에서는 한걸음 더 나아가 그의 이른바 문화전제주의를 이렇게 설명하였다. "아무리 좋은 신념일지라도 만약 배타적인 극단주의 색채(우리는 흔히 이것을 '철저'하다고 미화한다)를 띠고 있다면, 문화전제주의로 나아갈 수밖에 없다. 스스로 위대하고 숭고하다고 여길수록 이런 전제주의는 더욱 심해진다."[18] 막 지나간 정치시대가 남긴 트라우마가 그로 하여금 인문정신 제창자들의 '인문정신'에 대해 경각심을 갖게 한 것이 틀림없다. 그는 다음과 같이 특별히 주의를 환기시켰다. "인문정신은 결코 단일하고도 배타적인 기준을 갖고 있는 것 같지는 않다, 바로 인성이 반드시 어떤 특정하고도 독존적인 추세에 부합할 필요가 없듯이. 인문정신을 신성화하고 절대화하는 것, 이는 바로 어느 추상 개념과 교조를 절대화하는 것과 마찬가지로 자승자박하는 꼴일 수밖에 없다."[19]

왕멍의 경계심은 어느 정도는 개인경험의 통절함에서 나온 것이라고 말해야 하겠지만, 지식인의 자아반성과 나름의 '인문정신'을 정치·시대적 컨텍스트 속의 '도덕 이상주의' 내지는 '문화전제주의'에 억지로 가져다 붙인 혐의가 있다. 왕쉬 작품에 대한 평가에서, 거짓허풍의 정치이데올로기에 대한 왕쉬 소설의 해소기능을 왕멍은 정확하게 지적해냈다. 그러나 그는 상하이 비평가들의 왕숴에 대한 비평의 단순화를 지적했던 것만큼, 상하이 비평가들이 지적한 왕숴 소설의 '세속에 영합'한 측면, 즉 왕숴 작품 자체의 강렬한 상업주의 경향을 제대로 파악하지는 못하였는데, 상업주의적 경향은 왕숴가 제작에 참여한 영화와 TV연속극에서 더욱 명확히 드러나 있다. '인문정신' 제창자와 왕멍의 왕숴에 대한 상이한 평가의 배후에는 사실 역사적 컨텍스트에 대한 양측의 판단 차이라는 본질적인 불일치가 자리잡고 있다. 인문정신 제창자들은 상품경제의 거대한 조류아래에서 물신주의의 척도가 중국인의 문화와 정신생활을 갉아먹고 있으며, 특히 원래 정신고도와 인문가치를 옹호하는 대표자로서의 지식계층이 놀랄 정도로 궤멸되어 버렸다고 여긴다. 그리하여 그들은 시장경제가 가져온 부정적 측면에 대하여 격렬히 비판하였다. 이런 비판은 감성적인 분개와 불만을 훨씬 많이 드러냈지만, 시장의 불공정, 대중문화와 매스컴, 문화민주, 권력생산 등의 문제까지 파고들 능력은 없었다. 이와 반대로, 왕멍이 보기에 혁명도덕주의와 혁명이상주의가 남긴 해독은 일소되기에 아직 멀었으며, 세속화로의 진전과 시장경제는 정치이데올로기의 해체 및 중국인의 해방을 위해 여전히 대대적으로 펼쳐져야 한다. 그는 인문정신 논자들의 시장경제에 대한 비판이 사람들에게 계획경제가 '인문정신'에 더욱 부합하다는 착각을 낳음으로써 역사의 망령을 불러들일까봐 염려했다. 즉 "아예 일을 전혀 모른다고 한다면, 이탈리아의 문예부흥 정신이나 미국의 링컨(Abraham Lincoln), 제퍼슨(Thomas Jefferson), 프랭클린(Benjamin Franklin)과 에머슨(Ralph Waldo Emerson)의 정신을 불러올 가능성은 제로일 수밖에 없으며, '문혁'과 전(前) '문혁'의 계급투쟁을 벼리로 삼고 계획경제와 정신만능을 더한 것 속으로 돌아가는 편이 도리어 우리와는 훨씬 가깝다."[20]

왕멍의 '인문정신'에 대한 반박은 인문정신 논자들과 그다지 일치하지 않는 역사 컨텍스트에 대한 판단 위에서 이루어져 있는데, 이러한 역사경험의 교훈은 원래 시장에 대한 인문논자들의 비판과 서로 충돌되지 않으며, 도덕이상주의 및 전제문화에 대한 배척과 시장주의 및 물질주의에 대한 비판 사이에는 '이것이 아니면 저것'식의 모순이 결코 존재하지 않는다. 그러나 왕멍은 '현재를 비판하는 것은 바로 과거로 돌아가려는 것'이라는 상상의 논리에 지나치게 집착하는 듯하다. 난판(南帆)이 말했듯이, 왕멍의 우려는 감춰진 채 드러나지 않은 과도(過渡) 이론, 즉 "현재에 대한 비판은 틀림없이 오늘을 거절함으로써 역사를 원점으로 되돌릴 것"이라는 두려움에서 비롯되었다. 비록 이러한 우려가 원인이 되기는 했지만, "이러한 과도 이론은 사상의 풍부함 — 이러한 과도 이론은 유일무이한 논리가 결코 아니다 — 을 해칠 가능성이 있다. 사람들은 또 다른 컨텍스트의 존재 가능성을 덮어 감추어서는 안 된다. 즉 현재에 대한 비판은 우선적으로 상품경제의 필연적 존재를 발언의 전제로 삼으며, 비판의 목적은 상품경제의 운용을 더욱 합리적으로 만들기 위함이다. 바꾸어 말하면, 이것은 일종의 예측성 비판이다. 역사는 마찬가지로 비판을 하나의 동력으로 삼을 수 있다. 상품경제는 고립적으로 굳기한 완벽한 모형이 결코 아니며, 상품경제가 제공하는 교환방식 — 예를 들면 등가교환 혹은 이익균점 — 은 모든 사회관계를 결코 개괄하지 못하며, 상품경제의 운용은 반드시 시장 이외의 갖가지 척도와 상호 제약하면서 평형을 유지해야 한다. 여기에 인문 지식인이 제공하는 가치척도, 선택의 근거 및 배금주의의 확장 — 시장이 피할 수 없는 정신 부산물 — 에 대한 비판이 포함되어 있음은 의심의 여지가 없다. 이런 비판과 평형은 상품이 인류를 노예화하는 족쇄가 되는 것을 효과적으로 저지할 것이며, 상품경제는 더욱 큰 범위에서 합당한 역사적 위치를 얻게 될 것이다."[21)]

2) '신화' 해체와 '문화모험주의'

왕멍이 개인의 강렬한 역사 기억에 기초하여 구체적 분석 없이 '인문정신'을 '문화전제주의'와 연계시킨 반면에, 다른 일군의 젊은 지식인들은 담론분석과 포스트모던의 입장에서 '인문정신'이라는 이 계몽지식인들의 '최후의 신화'를 해체하고자 했다.[22)]

언어의 관점에서 시작한 것은 포스트구조-포스트모던의 중요한 사유방법인데, 포스트학(post學)의 대표 인물인 천샤오밍(陳曉明)과 장이우(張頤武)는 푸코의 지식-권력의 논술을 운용하여, '인문정신'의 담론 성질에 대하여 해체를 진행하였다. 그들에 따르면, '인문정신'이란 계몽지식인들이 이야기하고 다루는 담론에 지나지 않으며, 그것은 "'현대성' 담론의 운용 결과이며, 기표와 기의, 언어와 실재 사이에서 완전한 동일성을 환상한 결과이다. '인문정신'은 그것을 장악한 '주체'가 언어의 구속을 받지 않으면서 직접 세계를 파악하는 것을 확립하였다. 이것은 '주체'인 '인간의 본질적인 역량'과 관계된 80년대의 신화를 반복하고 있으며, 다만 언어 바깥에 처한 신비한 권위를 '인문정신'이라고 서술했을 따름이다."[23] '인문정신'은 초험적 기표로서 서술자에게 권력을 부여하였는 바, "누구도 이에 대하여 의심을 품지 않았기에, 확실히 다음과 같은 반박, 즉 설마 인류가 이상(理想)도 없이 존재할 수 있단 말인가? 인문정신 없이도, 인류가 또한 인류가 될 수 있단 말인가? 등의 반박은 치명적이었을 것이다. 또한 '인문이상'을 추구하기 때문에, 이러한 서사(敍事), 이러한 학술사업 및 관련 활동은 더욱 고귀해졌다. 이런 추구 가운데에서, 사유자(思惟者)는 마침내 생명의 본성에 다가가고, 인류 생존의 정신 깊은 곳까지 들어간다. 사유하고 있는 이 주체는 심지어 신(神)이 되고, 진리의 타고난 해석자와 점유자가 되었다. 그는 위대하고 웅대한 자태로 현실의 사상무대 위에 나타났으며, 당연히 민중에게 모범을 보이고 민중을 계몽할 권력과 자격, 이유를 지니고 있다. 이러한 지식을 논하고, 이러한 지식계보에 들어섬으로써, 지식의 의의와 가치는 물론 서술자에게 투사된다. 그들은 사상이 깊은 사람, 책임감이 있고 이상이 있는 지식인, '민족의 기둥'이자 희망이라고 인식되거나 자처하였다."[24] 인문정신 논자들의 현실에 대한 근심과 관심에서 나온 '인문정신'에 대한 호소는 위의 글에서는 담론 권력의 운용에 불과한 것으로 여겨진다. 즉 "그들은 하나의 담론을 이야기 하고, 그들에게 이미 익숙한 전문지식을 운용한 것에 불과하며, 특정한 지식배경은 그들이 인문정신에 관심을 쏟는 현실의 형상을 돋보이게 하고 있을 따름이다."[25] 장이우는 '인문정신'을 '포스트식민(post colonial)'의 표징이라고 공격하였다. "인문정신의 문화 '보편성'에 대한 호소는 서구중심주의에 대한 종속과 동일시의 결과이다.

…… 그것은 현재의 문화에 대한 구원이 결코 아니라, 지식/권력 운용체계 속에 더욱 깊이 빠져들었으며, 세계적인 서구담론이 제공하는 길들여진 '타자(他者)'의 형상이다." 흥미로운 점은 장이우가 '포스트모던'과 '포스트식민' 이론을 익숙하게 사용하여 '인문정신' 담론의 '보편주의' 성질을 질책할 때, 그 자신도 마찬가지로 '전지구적인 서구 담론'을 사용하고 있음을 홀시하고 있는 듯하다는 것이다. 즉, 그는 '최신의' '포스트모던' 담론을 이용하여 '시대에 뒤떨어진' '현대성' 계몽담론을 대신하였을 따름이며, 푸코의 지식-권력 논술을 보편화하고 추상화시키는 동시에, 그도 마찬가지로 '보편주의' 및 '서구중심주의'의 정형화된 패턴에 빠져들었다.[26] 허구이메이(賀桂梅)는 중국의 포스트학(post學) 학자들의 해체전략이 은근히 품고 있는 절대주의, 보편주의 모순 및 그것들이 야기할 수 있는 문제를 이렇게 지적해냈다. 즉 "일종의 순수지식학의 방식으로써 인문담론을 해소함과 동시에, 또한 인문담론의 적실성(的實性)을 완전히 상실케 했으며, 상이한 담론이 동일한 지향점을 지닐 가능성도 아예 없애버렸다. 이러한 과학주의식 혹은 기술주의식이라고 일컬을만한 담론 비판의 운용은 문제의 토론을 완전히 지식 해체의 대상으로 여기며, 그 중에서 지식의 서술형태로 포괄할 수 있는 것이 아닌 감성적 · 자아적인 복잡한 체험은 걸러내버렸다. 이처럼 언어의 함의를 절대적으로 '상대화'하고, 비판 토론을 절대적으로 '해체화'하며, 문제를 절대적으로 '지식화'하고, 담론을 절대적으로 '권력화'하는 방식은 필연적으로 지식계에 어떤 상대적 의미에서의 문제토론이 존재할 수 없게 할 것이며, 단지 '담론 쟁탈'만이 존재하게 할 따름이다."[27]

천샤오밍과 장이우는 아울러 '포스트모던'의 입장에서 인문정신의 시의적절하지 못함을 질책하였다. 즉 "감각기관의 쾌락에 대한 추구, 다소 경박한 소비문화의 향유, 너무 오랫동안 억압된 중국민중이 설령 잘못된 것을 고치려다 오히려 조금 더 지나친 면이 있더라도, 별 것 아닌 일에 너무 놀라거나, 호들갑 떨만한 일은 아니다. ……인민들의 감성이 어느 정도 해방되면, 문화엘리트들은 오히려 금방 초조하고 불안해한다."[28] 〈인문정신: 일종의 문화모험주의(人文精神:一種文化冒險主義)〉에서 장이우는 '인문정신'의 제창은 강렬한 신학(神學)적 색채를 지니고 있으며, 일종의 신학담론을 위해 합법성을 부여하는 논증이라고 여겼다. 즉 "그것은 신학화한 글쓰기 경향과 서로 결합하여, 오늘날의 세속 일상생활에 대한 철저한 부정을 특징으로 하며, 일반인의 일상생활에 대한 종교식 부정으로 변하고, 인간의 욕망과 정당한 물질적, 정신적 욕구를 긍정하는 인문주의 정서와 극단적으로 대립하는 광기어린 신학정신으로 변하였다. 그것은 기술발전과 현대문명에 대한 중세기(中世紀)식의 부정적인 표현으로 나아갔으며, 그것은 시장화와 세계화의 진전에 대한 두려움과 도피의 정서를 드러냈다."[29] "'새로운 신학'의 글쓰기 실천과 '인문정신' 담론의 연관으로부터, 우리는 '인문정신'의 문화모험주의라는 특징을 발견할 수 있다. 오늘을 부정하고 신학으로 나아가는 길은 광기어린 문화모험주의로 나아가, 당연히 사람들의 경계를 불러일으킨다."[30] 이러한 진술 이면에, 인문정신 논자들이 의식하고 있는 바의 90년대 시장화 출현이라는 문제, 그리고 계몽지식인의 비판적 태도가 배척당하고 희화화된 반면, "그들이 중성화된 욕망·상태와 인민·대중문화라는 이름으로써, 그들이 속한 지식인 집단에 대하여 공격을 진행할 때, 소비주의를 그 주요내용으로 하는 시장(市場) 이데올로기는 오히려 그들의 포스트모더니즘 이론에 의하여 합법화되었다."[31] 왕후이(汪暉)는 다음과 같이 지적하였다. "중국의 '포스트모더니즘'이 부정해버린 것은 '신계몽주의'의 엄숙한 사회정치비판이며, 그들은 모든 가치를 해체하면서도, 현대생활의 주요한 특징을 이루는 자본의 활동에 대해 분석하지 않았고, 이런 자본의 활동과 중국사회주의 개혁운동과의 관계에 대해서도 평가하지 않았다."[32] 천샤오밍과 장이우가 채택한 아카데미정치식의 비판방식 중에 실제로 내포되어 있는 것은 그들의 문화정치 전략, 즉 "대중문화(허구적인 인민의 욕망과 문화의 시장화 형태)는 포용하되, 엘리트 문화는 배척하는 태도로써 중심—중국특색의 사회주의 시장—으로 되돌아가는 것"[33]이다.

3. 제3의 입장

왕후이와 다이진화(戴錦華)는 '인문정신'논쟁 당시에 모두 논쟁에 참여하지는 않았으나, 나중에 발표한 글에서 이 토론에 대한 견해를 밝혔다. 그들은 계몽지식인의 모호하고 공허한 비판적 태도와는 다르고, 또한 현실의 냉소적인 기풍을 띠고 있는 포스트모던 지식인들의 이론관점과 비판적 입장과도 달랐다. 게다가 그들은 당시에 90년대 중국문화현실에 대한 더욱 복잡하고 명민한 파악방식과 비평실천을 이미 시작하였다. 그들의 작업성과 및 의의는 90년대 후기에 집중적으로 드러났으며, 아울러 지식계의 중대한 관심을 불러일으켰다.

왕후이가 1997년에 쓴 〈인문담론과 중국의 현대성문제(人文話語與中國的現代性問題)〉는 90년대 전기에 나타난 '인문정신'에 대하여 마찬가지로 담론분석의 관점을 취하였는데, 그러나 천샤오밍과 장이우가 그것을 추상적인 지식-권력의 틀에 두고서, 일종의 담론권력으로 귀납시킨 것과는 다르다. 왕후이는 인문주의 담론이 중국에서 반복적으로 나타나는 역사과정중에 그 구체적인 역사동기와 영향을 분석하려고 시도했다. 그는 인문주의 담론 ―중국에서 humanism의 번역과 계몽의 관계 및 현대성 가운데에서의 다른 변주― 으로 거슬러 올라갔으며, 아울러 다음과 같이 캐물었다. "인도주의 담론과 인문주의 담론이 엘리트지식인의 사회실천과 어떤 관계를 맺는가? 이런 담론은 사회체제와 어떤 관계를 맺는가?"[34]

왕후이는 인도주의・인문주의 담론이 80년대에 어떻게 국가이데올로기로서의 사회주의마르크스주의를 비판하는 주변 담론에서, '개혁'이데올로기의 중요한 조성부분인 주류담론으로 발전되어가는 과정을 구체적으로 분석하였다. 이 과정 중에 왕후이는 다음과 같이 생각하였다. "그것의 비판성은 중국사회의 시장화 진전이 날로 심화됨에 따라 차츰 상실되고 말았다. 이는 중국의 계몽주의가 직면한 것이 이미 자본화된 사회였기 때문이다. 즉 시장경제는 이미 날로 주요한 경제형태가 되었으며, 중국의 사회주의 경제개혁은 이미 중국을 글로벌 자본주의의 생산과 교환 과정 속으로 끌어들였다.[35)]" 따라서 1992년 덩샤오핑(鄧小平)의 남순강화(南巡講話) 이후, 중국에 전면적인 시장화가 진행되면서 드러난 각종 문제에 직면하여, 계몽지식인들이 다시 '인문정신'이라는 깃발을 들어올려 현대성의 결과를 성찰하고 비판하기 위해 인도주의·인문주의 담론을 끄집어냈을 때에도, 역사의 발전과정 중에서 인도주의·인문주의 담론이 이미 그것의 비판능력을 상실하였음을 충분히 깨닫지 못하였다. "'인문정신' 토론은 '현대성'의 부작용을 성찰하고 비판하면서도, '현대성'이라는 가치의 전제조건에 대해서는 깊이 있게 분석하지 못하였다. …… 인문주의 담론의 주요 특징을 이루는 것은 시장화과정이 불러일으킨 각종 문화문제에 대한 우려이다. 그러나 그들은 시장의 동력과 운용규칙을 분석하지도 않았고, 분석하고 싶어하지도 않았다. 그들은 인문학과 인문학자의 존엄을 다시 세워, 시장화 과정에서 훼손된 도덕가치를 재건하고자 했다. 그들은 '인문정신'의 상실이라는 주제를 가설로 내세우고, 나아가 각종 경제·정치·문화 위기를 이것의 '상실'의 탓으로 귀결지었다. 그리하여 그들은 고전철학의 존엄을 회복하고, 인문가치를 재건하기로 결심하였다. 인문주의자들이 관심을 갖는 것은 인간의 문제·정신의 문제이지, 생산방식의 문제가 아니다. 이런 인문주의와 인문정신의 호소에 대하여, 내가 묻고자 하는 것은 '무엇이 인문정신 혹은 인문주의인가'가 아니라, '어째서 인문정신이고 인문주의인가'라는 것이다. 예를 들면, 전체 과정의 중요한 변동에 대하여, 어째서 생산방식, 자본의 활동, 글로벌 시장 및 이들 모든 중요한 사회활동과 문화생산의 관계에서부터 분석을 시작하지 않고, 인문정신의 상실을 전체 사회변천의 원인 혹은 결과라고 보는가 라는 것이다."[36)]

설령 "인문정신의 토론이 1980년대 이래의 사회변천을 깊이 있게 분석하지 못했더라도, 기본적으로는 1980년대 신계몽사상의 기본가설은 계승하였다."[37)] 왕후이는 '인문정신' 논자들이 이 토론에서 견지한 지식인의 비판적 입장을 여전히 높이 평가하면서, 다음과 같이 말했다. "하지만 그래도 그들이 이처럼 강렬한 방식으로써 현대성의 부작용에 대한 비판적 태도를 드러냈다는 점에 대하여, 나는 매우 깊이 공감 한다."[38] "1994년-1995년 사이의 '인문정신'토론의 일부 내용은 시장의 확장 움직임에 대한 본능적인 반항이었으며, 그것은 시장 조건하에서 지식인 사회가 자신의 비판적 사명을 포기해서는 안 된다는 것을 새롭게 일깨워주었다."[39]

인문정신 논쟁 중의 쟁점은 대중문화에 대한 태도이다. 인문정신 논자들은 대중문화에 대하여 엘리트주의적 입장을 지니고 있는데, 대중문화가 천박하고 세속에 영합하며 실리주의적이고, 대중문화의 침식아래 중국문화가 '황무지' 혹은 '폐허'가 되어버렸다고 여겼다. 포스트모던 논자들은 대중문화를 열렬히 옹호하는 태도를 취하였는데, 대중문화의 흥기를 중국이 포스트모던과 '포스트 신시기'에 진입한 '진보'의 표징이라고 여겼다. 전자의 태도에서, 계몽지식인들은 대중문화를 쉽게 배제하고 부정하는 태도를 취하였는데, 소비대중 및 대중문화의 흥기 자체가 바로 그들이 힘껏 선양하고 호소하는 '민주'적 상업사회의 일반적 특징이라는 것을 오히려 깨닫지 못했다. 그리하여 문제의 관건은 대중문화가 세속에 영합하는가의 여부가 아니라, 이런 소비대중의 문화정체성이 어떠한 국가에 의존하는지, 그것이 내포하는 이데올로기는 결국 무엇인지이다. 이것은 계몽지식인들이 기존의 문화관념과 지식생산제도를 성찰한 후에 전심전력으로 연구할 필요가 있는 것이지, 20세기 초기 리비스(F. R. Leavis)와 엘리엇(T. S. Eliot) 등의 귀족/엘리트주의 문화인들처럼 단순히 대중문화에 대해 보수주의 입장을 취할 것은 아니다.[40] 다른 한편, 포스트모던 논자들이 보기에 대중문화는 대중의 '타고난' 사회적 표현이 된 듯하지만, 그들은 90년대 중국의 대중문화에 부과되는 번잡한 이데올로기 내용 및 그 가운데의 권력관계, 그리고 이러한 '포스트모더니즘과 궤를 함께 하는' 낙관주의적 담론과 환호성 속에서, 하나의 방대한 이데올로기가 재구성되고 합법화되는 프로젝트가 전개되고 있거나 이미 전개되었다는 사실을 깡그리 무시해 버렸다. 대중문화에 대하여 간단한 긍정이나 부정을 취하는 것은 이 새로운 문화사실에 대해 인식하고 해석하는 데에 전혀 도움이 되지 않는다. 계속해서 중국 문화현실에 관심을 갖는 인문학자로서 효과적으로 사회의 문화생산에 개입하고자 한다면, 반드시 기존의 사유방식 · 지식구조 · 문화입장에 대해 성찰하고 정리해야만 한다. 바로 이러한 의미에서, 다이진화는 힘들지만 의미 있는 학술 전환을 일찍이 시작하였다. "만일 내가 여전히 중국문화의 현실에 관심을 갖는다면, 대중문화를 무시해서는 안 된다. 왜냐하면 90년대 이래 대중문화는 의심할 여지없이 엘리트문화보다 더 적극적으로 중국사회의 건설과정에 참여하고 있기 때문이다. 그것을 간단히 거절하거나 부정하는 것은 중국 사회문화현실의 중요부분에 대한 관심을 포기하는 것을 의미한다. …… 반드시 그것을 구체적 역사적 맥락 속에 두고, 구체적인 정치 · 경제 · 문화적 맥락 속에 두어야 한다. 그래서 자못 고통스러운 반성과 새로운 사색을 마친 후에, 나는 주된 역량을 대중문화연구로 옮겨갔다."[41] 다이진화는 '인문정신'논쟁에 관하여 다음과 같이 생각하였다. "맞부딪쳤던 양측은 사실상 수많은 중요하고도 기본적인 전제들 ―지난날의 사회체제에 대한 거부, '혁명과의 고별'에 대한 합의 및 '진보'와 '발전'의 역사 청사진에 대한 동일성―을 깊이 공유하고 있다. 그래서 분기점은 그 의도를 실현하는 경로와 수단, 즉, '계몽인가 아니면 시장인가'인 듯했다. 80년대 문화맹점을 여지없이 드러낸 한 예로서, 논쟁하는 양측은 모두 알게 모르게 '계몽'과 '시장'사이의 논리적 연결을 무시한 듯하다."[42] 다이진화가 강조한 바에 따르면, 90년대 중국사회의 '거울의 성(鏡城)'과 같은 문화구조는 상이한 권력중심이 서로 충돌하거나 상호 도움을 받는 '공용 공간'이며, 그것들은 또 권력이 바뀌고 다시 조직되는 중에 변동이 없는 과정이므로, 이른바 '관방/민간'의 이원대립식의 묘사는 이 문화 거울의 성 속에서 그것의 명석함과 유효성을 이미 상실하였다. "양측이 주장한 이론은 많든 적든, 공개적이든 은밀하든 체제 혹은 '관방'에 대한 자신의 자리매김을 언급하였고, 똑같이 모종의 반체제의 주변부로서 자처하면서 자신의 합법성과 정의성을 증명하였다. 다른 점은 그들이 오늘날의 '관방', '체제'와 '주류'가 무엇인가에 대한 입장이 다른 점이다. 즉 봉건방식의 전제정치체제는 반드시 계몽주의적 인문정신으로써 대항해야만 하는가? 아니면 천하통일이라고 할 만큼 조금도 틈이 없으면서도 다원적이기에 대중문화로써 해소시켜야 하는가? 도대체 90년대의 염치없는 배금주의자, 시장에서 위험을 무릅썼던 용감한 자가 이미 중국사회의 주류가 되었는가, 아니면 80년대의 엘리트주의 문화와 엘리트주의 지식인이 진즉 '붉은 카펫'을 밟아 관방문화를 대신하여 정통의 자리에 서게 되었는가? 도대체 누가 (어떤) 관방과 공모하였는가?"[43] 다른 측면에서는, 논쟁의 각 진영내부에 존재하는 심각한 모순과 충돌이다. 즉 "예컨대 논쟁의 찬성 측의 경우, 계몽의 사명이 아직 완수되지 않았다고 믿는 논자, 그리고 자본을 따라 재차 대대적으로 침입한 서구문화를 증오하고 대항하려는 논자들 사이에는 도대체 공유할 만한 사회현실판단이 얼마만큼이나 있는가? 반면 논쟁의 반대 측의 경우, '대중문화'의 발흥을 빌려 '자유'의 강림을 호소하고 '민주'의 도래를 예상하는 낙관자유파, 그리고 기풍이 호방하고 표일한 '포스트모던' 논자들 사이에 도대체 얼마만큼이나 공통된 사회추구가 있는가?"[44] 바로 이 때문에 "인문정신 토론은 90년대 중국이 직면한 중대한 명제들을 다루었음에도 불구하고, 끝내 그와 더불어 눈앞의 좋은 기회를 놓치고 말았다."[45]

4. '무엇이' 지식인이고, 지식인은 '무엇을 할 것인가'?

1) 도덕 · 지식 · 지식인

인문정신 논자들이 남에게 책망 받는 한 가지는 늘 '도덕'이라는 잣대를 들이댄다는 점으로, 양지(良知) · 인격 · 지조를 우수한 지식인인가 아닌가를 재는 중요한 표지로 삼는다. 이것은 '지식인=도덕적 모범'이라는 지식인 도덕이상주의를 낳아, 지식인이 천성적으로 일반 민중보다 인격 및 도덕에서의 우월성을 지니고 있는 듯하다. 사실, 도덕은 인민 모두에게 해당되는 일이다. 지식인이 일반 민중보다 더 도덕적이지도 않고, 문인이 행실이 나쁜 예도 무척 많다. 반대로 말해, 지식인 또한 일반 민중보다 더 비(非)도덕적이지도 않으며, 도덕적 부패는 사회 전반의 문제이지 단지 지식계층에만 한정되어 있는 것은 아니다. 결국, 도덕수준에서 지식인이 일반민중과 다른 천부적 자질을 지니고 있음을 증명할 객관적인 데이터는 전혀 없다. 도덕에 비해, 지식이야 말로 지식인이 다른 사회계층과 독립되는 중요한 표지이다. 이들 지식인은 출신도 계급도 각기 다르며, 도덕수준의 높낮이도 다르다. 그러나 그들이 모두 지식담론을 다루고 지식공동체의 지식규칙을 준수하기만 하면, 지식인으로 간주된다. 달리 말하면, 진리를 추구하는 의지가 비로소 지식인의 공통 특징이며, 지식·재능과 지혜·진리를 견지하는 용기 등이 지식인을 평가하는 더욱 중요한 표준이다.

장이우와 천샤오밍은 인문정신을 담론이라 질책하고 인문정신 논자들을 담론생산자에 지나지 않는다고 여겼으나, "이러한 지식을 논하고, 이러한 지식계보에 들어섬으로써, 지식의 의의와 가치는 물론 서술자에게 투사된다. 그들은 사상이 깊은 사람, 책임감이 있고 이상이 있는 지식인, '민족의 기둥'이자 희망이라고 인식되거나 자처하였다."[46] 천샤오밍의 비꼬는 투의 후반부 말을 차치하더라도, 천샤오밍은 지식인과 지식계보·담론생산과의 관계를 확실히 지적했다. 구조주의에서 '주체의 중심이 바뀐' 이래, 사람들은 언어·담론이 주체를 만드는 기본요소 중의 하나이며, 언어와 담론구조가 상당한 정도로 주체의 존재방식을 결정하였음을 이미 의식하게 되었다. 지식인 역시 지식의 산물이며, 지식계보·담론규범의 훈련은 지식인이 되는 선결조건이며, 지식공동체에 들어온 후에 담론과 지식생산은 마찬가지로 지식인의 가장 중요한 일이 되었다. 이런 의미에서 담론생산은 원래 지식인, 특히 인문지식인의 직책이다. 관건은 담론 자체의 진리 가치, 담론과 현실의 관계, 그것이 참된 문제를 제기했는가의 여부이지, 담론이 자체번식하는가 아니면 제자리 걸음인가, 혹은 통제불능상태인가가 아니다. 이러한 관점에서 보면, 인문정신 논자들이 제기한 문제는 상당한 현실 적실성을 지니고 있으며, 결코 단순히 그것을 거품담론이라고 귀결시켜서는 안 된다. 90년대 전기의 시장이데올로기가 그것의 '문화 주도권'의 통합작업을 시작했을 때, 인문정신 논자들은 주류 이데올로기가 일으키고 있는 전환과 합법화 과정을 예민하게 알아차렸다. 그리하여 시장주의와 상업주의에 대해 경계할 것을 요구하였으니, 이것은 상당히 선견지명이 있는 것이었다. 물론 이 새로운 역사 정세에 직면하여, 인문정신 논자들이 황급히 내놓은 처방전은 문제의 해결을 지식인의 인격수양 및 도덕신화에 호소하는 혐의가 확실히 있다.

다른 한편, 도덕 문제는 토론해서는 안 되는 것이 결코 아니다. 다만 그것을 지식의 방식으로써 탐구할 필요가 있는 것이지, 도덕을 초험적·본질적인 범주로 여겨서는 안 된다. 인문과학과 자연과학의 분야는 다음과 같다. 자연과학의 지식은 일직선의 진행과정이어서, 새로운 지식이 출현하면 옛 지식은 효력을 상실한다. 반면 인문과학은 지름이 끝없이 확대되는 원주이며, 역사상황의 변동에 따라 인류의 기본문제에 대해 되풀이하여 질문을 던진다. 역사상황이 전환할 때, 무엇이 정의이고, 무엇이 도덕이며, 무엇이 아름다움인가 등의 문제는 모두 역사발전의 각종 참조체계 가운데 새로이 헤아려야 한다. 이 역시 왜 '도덕'이 지식인이 열중하는 주제인지를 부분적으로 설명해주고 있는데, 왜냐하면 그것은 항상 묻고 항상 새로워지는 인류의 기본문제 가운데 하나에 속하기 때문이다. 다만 여기에서 강조하려는 것은 그것이 역사주의의 문제이지 본질주의의 범주가 아니라는 점이다. 동시에, 일단 지식의 탐구를 거쳐 얻어진 결론은 역사상황 내의 도덕준칙을 만들어내기만 하면, 그것은 지식의 범주에서 실천의 범주로 들어서게 된다. 도덕은 단지 담론의 문제일 뿐만 아니라 실천의 문제가 되어, 지식인 역시 도덕담론의 지식생산자 신분에서 도덕규범을 준수하는 인민의 신분으로 들어서게 된다. 지행합일은 지식인에게도 사람들이 늘 기대하는 것이다. 그러나 어떤 지식인의 개인 실천이 사람들의 마음에 다 들지는 않더라도, 이것이 지식검토를 거친 도덕담론의 유효성을 방해하지는 않는다. 따라서 덕성(德性)은 지식인에 대한 기대라고 할 수 있으며, 지성(知性)이야말로 오히려 지식인이 지식인됨의 필수조건이다.

2) 중국 지식인의 역사와 현실상황

왕샤오밍이 말하였듯이, 인문정신의 토론은 '지식인의 자구(自救)행위'[47]였다. 자구의 배경은 1992년 덩샤오핑의 남순강화 이후 중국이 전면적인 시장화로 나아감에 따라, 지식인이 다시 한 번 주변화 되는 과정을 겪었던 현실상황과 깊은 연관이 있다. 이전의 국가 정치권력이 '노농대중(工農大衆)'의 이름으로 지식인에 대해 이데올로기의 주변화를 꾀했던 것과는 달리, 이번 지식인의 주변화는 확실히 '세계와 보조를 맞추고' 있었으며, 그것은 지식인에 대한 대중소비사회 흥기의 소리 없는 혁명이었다. 지식인은 80년대 사회문화의 중심위치에 일시적으로 오른 후에, 다시 신속하게 거대자본과 매스컴 스타에 의해 무대에서 밀려났다.

만청(晩淸)시기 중국에 '3천년 동안 일찍이 없었던 거대한 비상 국면'이 시작된 이래, 중국전통의 '지식인'-'사대부 계급'이 현대 지식인으로 전환되는 '현대화'과정이 시작되었다. 사대부는 사라지고, 독서인은 아직 남아 있었으며, 지식인은 만하임(Karl Mannheim)이 말한 '자유로운 방랑자'로서, 쉬지린이 일컫는 '단열 사회(斷裂社會)'[48]속의 주변인이 되었다. 이 과정에서 '천하의 스승이 되고' '시대의 책임을 통감하는' 전통 사대부의식 및 정치와 사회의 중심으로 되돌아가려는 충동은 중국 지식인이 여전히 떨쳐내기 어려운 컴플렉스였다. 일부의 지식인들, 예를 들면 량치차오(梁啓超)・후스(胡適)・딩원쟝(丁文江)・장쥔마이(張君勱)・장둥쑨(張東蓀) 등은 "전통 사대부의 꿈을 품고서, 언론과 지식의 역량을 빌어 사회의 중심으로 되돌아오려고 했으며, 아울러 서구식의 개혁을 통하여, 사회와 국가를 새로이 정합시키기를 희망했다" 다른 일부의 지식인들, 예를 들면 장타이옌(章太炎)・쑨중산(孫中山)・천두슈(陳獨秀)・리다자오(李大釗) 등은 "'단열 사회'의 틈을 이용하여 스스로 사회의 주변부에 머무른 채 체제와 주류에 반항하여 사회 제도 바깥에서 혁명을 일으켰으며, 20세기 두 차례의 장렬한 정치대혁명과 사회대혁명을 이끌었다."[49] 신사(紳士)와 떠돌이 선비(遊士)의 두 가지 전통이 남긴 영향 외에, 중국 지식인 역시 '현대'로 전환하는 각종 어려운 실험을 진행하고 있었다. 전공 지식과 공적(公共) 관심 사이에서, 현대 지식의 건설과 전파, 현대 시민사회와 민주정치의 건설을 위해 분투하는 과정 중에, 그들은 중국 지식인의 현대 전통을 만들었다.

오늘날 중국 지식인은 국가화 과정을 거쳤으며, 동시에 이것은 또한 비(非)지식인화 과정의 시작이었다. 각종 출신성분의 지식인을 '직장(單位)'* 체제로 조직하고 지속적인 운동방식의 담론으로 훈련・감독하고 순화함으로써, 오늘날 지식인은 현대지식인의 '학술자유・인격독립'이 가능한 사회 메커니즘과 담론공간을 상실하고 말았다.[50] 왕멍은 이렇게 물었다. 인문정신의 '상실' 이전에, '우리의 인문정신은 어떤 형세에 처하였는가? 매우 흥성하여 전성기를 맞이하였던가? 문단을 이끌었는가? 전통 혹은 '주류'가 되었는가? 매우 흥성하였다가 쇠하였는가?'[51] 그가 겨눈 것은 바로 당대 지식인의 비(非)지식인화라는 이 역사상황이다. 인문정신 논자들은 이 점에서 아마도 이견이 없을 것이며, "인문지식인은 분명히 깨달았다. 과거의 극'좌'정치가 이미 성공적으로 그들의 사상을 제거하였으며, 필요한 지식체계를 타파하였다. 이런 후유증은 지금까지도 제거하기 어렵다."[52] 그러나 이와 동시에, 정치권력의 지식인에 대한 개조라는 진부한 문제 이외에, 새로운 문제가 출현하였음을 깨달았다. 그것은 바로 시장화와 상업주의의 거대한 조류가 지식인에게 준 충격이었다. 아마 "인문지식인의 사상위기는 결코 상업경제의 산물이 아니지만, 상품경제가 활성화된 환경은 잠복되어 있던 사상위기를 표면으로 떠오르게 하였다"[53]라고 말할 수도 있다. 이 과정에서 다시 주변화된 지식인은 경제적・사회적 지위가 낮아져서 일부 지식인에게 공포를 불러일으켰다. 더욱 중요한 것은 지식인이 상품화의 거대한 조류에 직면하여 가치를 고수하려는 정신상태를 결여함으로써 낙관적이지 못한 상황을 드러냈다는 점이다. 왕샤오밍의 말을 빌리자면, 그들은 "기본적인 믿음과 정체성 면에서 두 손이 텅

* 중국에서 단웨이(單位)는 여러 층위로 쓰이는데, 여기에서는 기관, 단체 혹은 기업의 출근하는 곳을 가리킨다. – 역주

빈 채였으며, 심지어 자신의 두 손이 텅 비어 있다는 것조차 깨닫지 못했다."[54] 그리하여 인문정신 논자들은 지식인의 '자구책'으로써 인문정신을 재차 끄집어냈다. 간단히 말하면, 인문정신 논자들은 '인문정신'을 이용하여 지식인이 이 새로운 역사 상황 속에서 사회를 비판하는 지위를 유지하기를 희망했다. 그러나 왕후이와 다이진화가 깨달았듯이, 인문주의·인도주의 담론은 이 상황 속에서 그것의 유효성을 이미 상실하였다. 만약 더욱 강력하게 지식인의 사회비판을 실천하려면, 중국 지식인은 반드시 오늘날 중국의 다원화된 권력 메카니즘, 각종 권력중심, 정치·다국적 자본·시장·매스 미디어·대중문화·엘리트주의 문화 사이의 복잡한 상호충돌·상호원조·의견충돌과 공모에 대해 더욱 깊은 인식과 분석이 있어야 한다.

3) 전문화·전문주의와 공공(公共) 지식인

인문정신 토론 중에 두드러지지는 않았지만, 지식인과 밀접한 관련이 있는 다른 한 가지 문제는 90년대 후기, 국가 아카데미체제의 대폭적인 확장이었다. 교육산업화의 사고방식은 층차화된 기업관리 모식에 준거하여, 원사(院士)*·박사지도교수·교수·부교수, 국가급 프로젝트·성급(省級) 프로젝트·교육위원회 프로젝트·대학교 프로젝트, 권위(權威) 간행물·핵심 간행물**·SCI검색시스템·SSCI검색시스템 등 각종 학술 명칭과 지표는 지식인을 세밀하게 조직하여 전문화된 지식분업과 생산시스템 속으로 밀어 넣었고, 문화자본과 경제이익의 현저한 연계는 지식인이 자발적으로 '전문가'시대로 비집고 들어가게 했으며, 지식인과 사회의 관계를 평가·계량화 할 수 있는 전문 업적의 성과로 단순화시켜버렸다. 날로 만연하는 전문주의는 새로운 이

* 중국에서 원사(院士)는 국가가 설립한 과학기술방면의 최고학술 호칭이며, 중국과학원(中國科學院) 원사 혹은 중국공정원(中國工程院) 원사를 가리킨다. – 역주

** 중국현·당대문학(中國現當代文學)연구의 핵심간행물은 ≪문학평론(文學評論)≫·≪중국현대문학총간(中國現代文學叢刊)≫·≪신문학사료(新文學史料)≫·≪당대작가평론(當代作家評論)≫·≪문예쟁명(文藝爭鳴)≫·≪남방문단(南方文壇)≫ 등이다. – 역주

데올로기와 잘 어울리는 한 쌍의 짝이 되었다. 이것은 아마도 학술사·학술규범·'학술을 위한 학술'이라는 학자의 참모습을 강조하고 지식인의 '광장'의식*에 상대적으로 일컬어지는 '직업(崗位)'의식을 강조했던 90년대 초의 지식인들이 전혀 예상하지 못했던 것이다. 역사의 변증법은 다시 한 번 막을 올렸다.

90년대 초기에, '학술규범'과 '직업의식'의 제기는 그 구체적인 적실성과 역사적 의의를 지니고 있었다. 현실의 상처를 겪은 후, 격정이 충만하면서도 다소 공허함을 띠고, 지나치게 공리에만 급급했던 80년대의 학풍을 성찰하고, 아울러 근현대 학술과 정치의 얽히고설킨 지식상황을 검토함으로써, 일부의 지식인들은 학술 본위의 지식인의 태도를 제창하기 시작하였다. 즉 "최근 백 년 동안의 중국 학술을 정리하면서, 캉유웨이(康有爲)·장타이옌이 시작한 '구시(求是)'와 '치용(致用)'의 논쟁이 20세기 전체를 관통하고 있음을 발견했던 바, 오늘에 이르기까지 '경학(經學)을 빌려서 그 정론(政論)을 꾸미는' 것은 여전히 중국학자의 가장 능한 장기이다. 문화와 학술을 정치투쟁의 도구로 삼는 점에서는, '좌파'·'우파'가 근본적인 차이가 없는 듯하다. 20세기의 중국인은 '배워서 쓰임이 있어야 하는(學以致用)' 것을 지나치게 강조하여, '정치에서 벗어난' 순수한 지식인 및 '실제에서 벗어난' 문화와 학술에 대해 필요한 이해와 존중이 부족했다."[55] "20세기 이래, 광장의식은 '5·4'이래 지식인의 가치지향을 지배했다. …… 지식인은 광장의 이미지에 의해 자극받아, 거대한 공명의 욕망과 허황된 영웅주의 가운데에서 극도로 흥분하였지만, 그들은 지식인으로서의 자신의 가치가 어디에 있는지는 고려하지 않았다. 이것은 지식인이 세상을 구하는 활동 중에 열정은 넘치되 능력은 부족하

* 천쓰허(陳思和)는 현대사회 전환기의 지식인의 가치취향을 묘당(廟堂)의식, 광장(廣場)의식, 직업(崗位)의식으로 나누었다. 묘당의식은 사대부가 조정(朝廷)에서 정치문화의 중심이 되어, 성인(聖人)이 되기를 꿈꾸는 것을 말하는데, 중국사회의 현대화 과정에서 지식인은 정치문화의 중심에서 주변으로 전이되는 추세이며, 성인이 되고자 하는 옛 꿈을 상실했다고 하였다. 광장의식은 지식인의 가상의 가치체계인데, 허망한 환상이다. 지식인으로서의 자신의 가치가 어디에 있는지는 고려하지 않고, 광장의 이미지에 의해 자극받아, 과도한 열정은 있으나 현실에서 해놓은 일이 없는 것을 가리킨다. 직업의식은 지식인의 직업윤리를 가리킨다. – 역주

고, 비판은 심하되 해놓은 것은 하나도 없는 국면을 형성하였다. 광장의 허망함을 드러내는 것은 또한 우리 자신의 지식가치의 허망함을 벗겨내는 것이다. 오늘날 우리 지식인의 가치가 결국 어디에 있는지, 자신의 직책을 어떻게 확립하고 자신의 역할을 어떻게 발휘할 것인지를 분명히 하는 것만이 가상의 광장의식에서 물러난 후 유일하게 할 수 있는 일일 것이다."[56] 백 년 동안의 중국 지식인들은 학술과 정치의 관계가 지나치게 긴밀하였기에, 지식인은 전문화의 지향점으로 나아가기가 매우 어려웠다. 이것은 지식축적을 어렵게 하였으며, 학술전통이 쉽게 중단되게 만들었다. 그리하여 지식인의 '전문화'에 대한 요구는 중국 지식인이 어떻게 그 학술책임과 사회책임을 담당할 수 있는가에 대한 유익한 질문을 포함하고 있었다. 그러나 확실히 제창자들이 아직 예기하지 못하거나 깨닫지 못한 것은 이들 지식인의 '전문'태도와 직업윤리조차 바로 90년대 국가의 지식인 문화전략과 아카데미체제에 의해 윤허받았다는 점이다. 전혀 예상치 않게 지식인의 '학술독립'은 역사의 또 다른 역설에 빠져들었다. 즉 "하나의 관점이 갈수록 더욱 많은 묵인— 바로 직무를 다하여 전문 직위를 굳게 지키는 것이 곧 공공사물을 돕는 것—을 얻었는데, 이는 분명 전문 직위와 사회구조의 기존관계를 묵인하는 것이며, 아카데미 논리의 모든 의의를 묵인하는 것이다."[57] 만약 아카데미 논리가 전부가 아니라면, 지식인은 또한 사이드의 다음 발언을 어떻게 받아들여야 할 것인가. 즉 "지식인은 사회 속에서 특정한 공공역할을 맡은 개인으로, 단지 모습이 모호한 전문가로만 환원되어서도 안 되고, 단지 그가 맡은 직무에만 유능한 구성원이어서도 안 된다. 나에게 중요한 사실은 지식인은 대중에게로(to), 대중을 위하여(for) 정보・관점・태도・철학 혹은 의견을 대표・구현・표명할 수 있는 능력을 갖춘 개인이라고 나는 생각한다."[58]

지식인에 대한 사이드의 정의는 지식인의 두 가지 특질, 즉 전문능력과 공공 관심을 지적해냈다. 그것은 지식인이 대중을 위해야 하며, 대중에게 사물의 진상과 진리를 표명할 수 있는 능력을 갖출 것을 요구한다. 사이드는 여기에서 '정보・관점・태도・철학 혹은 의견'을 신중하게 사용하여 '진리'라는 지식인과 관련 있는 이 전통적인 거창한 용어를 대체하였다. 푸코의 영향을 많이 받았던 사이드가 계몽지식인의 '보편성 진리'의 신화를 경솔하게 말하지 않았던 것은 분명하다. 그가 요구한 것은 실제에 힘쓰고 전문성을 갖춘 푸코의 '특수 지식인' 위에서 푸코의 절대성 부정을 지양하는 지식인의 입장과 방식이었다. 한 명의 지식인으로서, 그는 지식-권력의 내부로부터 권력에 대해 해체를 진행함과 동시에, 또 대화를 통하여 일정한 역사 컨텍스트 안의 공동체의 공공가치를 수립하고자 했다. 간단히 말해서, 전문화('특수 지식인')와 공공성('보편적 지식인') 사이에 소통 불가능한 매개는 결코 존재하지 않으며, 부르디외의 말을 빌려 말하면, 다음과 같은 지식인이 되어야 한다. 즉 "한편으로 그들은 반드시 지식의 측면에서 종교·정치·경제 혹은 기타 세력의 장(field)에서 자주적·독립적이어야 함과 아울러, 이 장의 특정한 법칙을 준수해야 한다. 다른 한편으로, 그들의 지식영역을 초월한 정치활동 속에서, 그들은 반드시 이 영역에서의 전문지식과 권위를 드러내야 한다. 그들은 정객이 아니라, 반드시 전문적인 문화생산자여야 한다. 비록 자주와 현실참여 사이에 이율배반의 대립이 존재하겠지만, 여전히 동시에 발전할 가능성이 있다."[59)]

전문화가 충분히 발전하지 못한 것은 중국지식계의 병폐이다. 우리는 자주권과 유효성의 지식규칙과 교류윤리를 충분히 갖춘 지식공동체를 세우지 못했다. 따라서 지식공동체의 전문성 평가를 표준으로 삼는 자주적 지식 장(場)을 수립하는 것은 바로 지식계가 노력해야 할 목표 가운데의 하나이다. 다른 한편, 90년대 중·후기 아카데미체제의 확장과 전문주의의 추세는 또한 지식인의 '공공성(公共性)'이 미약해지는 우려스러운 상황을 야기했다. 아카데미 지식인이 일단 공공영역의 참여에서 저절로 물러나게 되자, 미디어 지식인, 혹은 미디어 문화인들이 재빠르게 매스 미디어의 문화생산 공간을 전면적으로 점령하였다. 비록 그들 중에 지식능력과 사회책임감을 지닌 사람들이 적지 않지만, 그러나 미디어 전체의 상업주의 추세는 이 집단이 독립적이고 공정한 의미에서 사회문제에 대해 발언하는 것을 방해하였다. 따라서 아카데미 지식인은 자신의 전문능력을 가지고 공공토론과 공공공간의 건설에 참여하는 것이 필요하다.

1993-1995년 사이에 발생한 인문정신 논쟁은 어쩌면 90년대 지식인이 공공성을 재건하려 했던 한 차례의 노력이라고 볼 수 있다. 80년대 말의 좌절을 겪은 후, 지식인이 처음으로 대규모로 공공영역으로 돌아와, 사회발전에 대하여 자신의 문제와 관점을 제기한 것이다. 이번 논쟁은 지식인의 현실에 대한 공공 관심을 드러냈을 뿐만 아니라, 또한 중국지식인의 보편성 사유의 경향을 드러내었다.(계몽지식인의 비판자였던 포스트모더니즘 지식인조차도 논쟁 가운데에서 한꺼번에 문제를 해결하려는 뿌리 깊은 '보편지식인'의 사유방식을 똑같이 드러냈다. 예를 들면 그들이 제기한 '현대성'에서 '중화성(中華性)'으로의 주장이 그러하다.[60]) 90년대 후기에 지식계에서는 '신좌파'와 '자유주의'의 논쟁이라고 일컬어지는 거대한 규모의 대형 논쟁이 또 한 차례 나타났는데, 이것은 지식계의 또 한 차례의 매우 의미 있는 공공성에 대한 참여이다. 두 차례 논쟁의 문제와 시야, 수준으로부터, 지식인의 비판이 천하를 품은 형태의 '보편 지식인'에서 실제에 힘쓰고 전문적인 형태의 '특수 지식인'의 방식으로 전환되고 있음을 엿볼 수 있다. 이는 중국 지식인이 학술/정치・전문/공공처럼 비슷하지만 다른 이원대립의 모식에서 벗어나, 더욱 더 성숙하고 지적인 동시에 또한 사회적・정치적인 방식으로 공공문제(public affairs)의 건설에 참여하려고 시도하고 있음을 보여주었다.

지은이 주

1) 王曉明, 〈'人文精神'論爭與知識分子的認同困境〉, 陳清僑 編, ≪身分認同與公共文化)≫(香港:牛津大學出版社, 1997年)
2) 王曉明 編, ≪人文精神尋思錄≫(文匯出版社, 1996年); 丁東 編, ≪人文精神討論文選≫(光明日報出版社, 1996年) 참조
3) 王曉明・張宏・徐麟・張檸・催宜明, 〈曠野上的廢墟—文學和人文精神的危機〉, ≪上海文學≫, 1993年 第6期
4) 張汝倫・王曉明・朱學勤・陳思和, 〈人文精神:是否可能與如何可能〉, ≪讀書≫, 1994年 第3期
5) 高瑞泉・袁進・張汝倫・李天綱, 〈人文精神尋踪〉, ≪讀書≫, 1994年 第4期
6) 許紀霖・陳思和・蔡翔・郜元寶, 〈道統・學統與政統〉, ≪讀書≫, 1994年 第5期
7) 吳炫・王干・費振鐘・王彬彬, 〈我們需要怎样的人文精神〉, ≪讀書≫, 1994年 第6期
8) 張汝倫・季桂保・郜元寶・陳引馳, 〈文化世界:解構还是重構〉, ≪讀書≫, 1994年 第7期)
9) 王曉明, 〈'人文精神'論爭與知識分子的認同困境〉, 陳清僑 編, ≪身分認同與公共文化)≫(香港:牛津大學出版社, 1997年)
10) ≪文匯報・文藝百家≫, 1994年 8月 7日
11) 위와 같음
12) 위와 같음
13) 張驊, 〈詩人息怒〉, ≪文匯報・文藝百家≫, 1994年 9月 4日
14) 王蒙, 〈人文精神問題偶感〉, ≪東方≫, 1994年 第5期
15) 위와 같음
16) 王蒙, 〈躲避崇高〉, ≪讀書≫, 1993年 第1期
17) 王蒙, 〈人文精神問題偶感〉, ≪東方≫, 1994年 第5期
18) 王蒙, 〈滬上思絮錄〉, ≪上海文學≫, 1995年 第1期
19) 王蒙, 〈人文精神問題偶感〉, ≪東方≫, 1994年 第5期
20) 위와 같음
21) 南帆, 〈人文精神: 背景和框架〉, ≪讀書≫, 1996年 第7期
22) 張頤武, 〈人文精神:最後的神話〉, ≪作家報≫, 1995年 5月6日
23) 위와 같음
24) 陳曉明, 〈人文關懷: 一種知識和敍事〉, ≪上海文化≫, 1994年 第5期
25) 위와 같음
26) 南帆, 〈人文精神:反抗的功能〉, ≪作家報≫, 1995年 6月17日 참조
27) 賀桂梅, ≪批評的增長與危機≫(山西敎育出版社, 1999年), 146쪽
28) 陳曉明, 〈人文關懷: 一種知識和敍事〉, 앞의 책
29) 張頤武, 〈人文精神: 一種文化冒險主義〉, ≪光明日報≫, 1995年 7月 5日

30) 위와 같음

31) 汪暉, 〈當代中國的思想狀況與現代性問題〉, ≪文藝爭鳴≫, 1998年 第6期

32) 위와 같음

33) 위와 같음

34) 汪暉, 〈人文話語與中國的現代性問題〉, 陳淸僑 編, ≪身分認同與公共文化)≫(香港: 牛津大學出版社, 1997年) 참조

35) 위와 같음

36) 위와 같음

37) 汪暉, 〈'新自由主義'的歷史根源及其批判—再論當代中國大陸的思想狀況與現代性問題〉, ≪臺灣社會硏究季刊≫ 第42期, 2001年 6月

38) 汪暉, 〈人文話語與中國的現代性問題〉, 陳淸僑 編, ≪身分認同與公共文化)≫(香港:牛津大學出版社, 1997年) 참조

39) 汪暉, 〈'新自由主義'的歷史根源及其批判—再論當代中國大陸的思想狀況與現代性問題〉, 앞의 책

40) '인문정신'의 초기 제창자 중 한 명인 왕샤오밍 선생은 90년대 후기에 대중문화에 대한 이런 엘리트주의 태도를 버리기 시작하였고, 더욱 현실적이고 효과적인 '문화연구'의 입장과 방법을 취하여 대중문화에 대한 연구를 전개하였다.

41) 戴錦華, ≪猶在鏡中≫(知識出版社, 1999年), 6쪽

42) 戴錦華, ≪隱形書寫≫(江蘇人民出版社, 1999年), 64쪽

43) 위의 책, 64-65쪽

44) 위의 책, 65쪽

45) 위와 같음

46) 陳曉明, 〈人文關懷: 一種知識和敍事〉, ≪上海文化≫, 1994年 第5期

47) 王曉明, 〈編后記〉, 王曉明 編, ≪人文精神尋思錄≫(文匯出版社, 1996年)

48) 쉬지린에 따르면, 현대 지식인이 처한 사회는 독서인이 중심이 되는 사민(四民)사회가 더 이상 아니며, 중심이 없는 '단열 사회'이다. '단열 사회'는 두 측면의 의미를 포괄한다. 첫째는 국가와 사회의 단열이고, 둘째는 사회 각 계층의 단열이다. 許紀霖, 〈'斷裂社會'中的知識分子〉, 許紀霖 編, ≪20世紀中國知識分子史論-序≫(新星出版社, 2005年版) 참조

49) 위와 같음

50) 黃平, 〈當代中國大陸知識分子的非知識分子化〉, 黃平, ≪未完成的敍說≫(四川人民出版社, 1997年)

51) 王蒙, 〈人文精神問題偶感〉, ≪東方≫, 1994年 第5期

52) 南帆, 〈人文精神: 背景和框架〉, ≪讀書≫, 1996年 第7期

53) 위와 같음

54) 王曉明, 〈編后記〉, 王曉明 編, ≪人文精神尋思錄≫(文匯出版社, 1996年)

55) 陳平原, 〈當代中國人文學者的命運及其選擇〉(1993), 陳平原, ≪當代人文觀察≫(人民文學出版社, 2004年)

56) 陳思和, 〈知識分子在現代社會轉型期的三種價值取向〉, ≪上海文化≫, 1993年 創刊號

57) 南帆, 〈四重奏:文學・革命・知識分子與大衆〉, 南帆, ≪理論的緊張≫(上海三聯書店, 2003年)

58) 에드워드 사이드, 單德興 譯, ≪知識分子論≫(三聯書店, 2002年), 16-17쪽

59) 부르디외, 趙曉力 譯, 〈倡導普遍性的法團主義: 現代世界中知識分子的角色〉, ≪學術思想評論≫ 第5輯(遼寧大學出版社, 1999年) 참조

60) 張法・張頤武・王一川, 〈從'現代性'到'中華性'〉, ≪文藝爭鳴≫, 1994年 第2期

다중 초점적 해석

— 포스트모던과 탈식민주의 논쟁

지은이 : 레이치리(雷啓立)
옮긴이 : 피 경 훈(皮坰勳)

1. 중국 '포스트' 담론의 출현
2. '포스트' 서사로부터 포스트모던·탈식민 논쟁으로
3. '포스트론' 논쟁의 이면
4. '포스트모던', '탈식민' 이론 비판의 현재적 가능성

1990년대 이래로 중국 사회에 발생한 일체의 변화는 모두 매우 첨예한 도전적인 과제였으며, 우리가 지금까지 쌓아 왔던 지식 체계를 비웃고 있다. '중국'을 어떻게 묘사할 것인가, 중국에 어떻게 고정적인 '형상'을 부여할 것인가의 문제, 그리고 어떻게 '서구의 문화적 지배권 아래에서 생산된 지식 체계'를 탈피할 것인가가 '중국'에 관한 거대한 해석의 초점을 구성하였다.[1] 서로 다른 초점과 지향점을 지닌 포스트모던 이론과 탈식민주의 논쟁은 1990년대 상당히 긴 시간 동안 지속되었으며, 사상계와 국내외를 통틀어 큰 반향을 불러 일으켰다. 1980년대 말 이후, 지식인들은 침묵 속에서 이러한 변화를 목도하고 있었고, '실천'에서 '순수학문'으로의 전환을 힘겹게 진행시키고 있었다. '후기 신시기'에서 '신상태(新狀態)'로, '신사실(新寫實)'에서 '포스트론'으로, 이른바 '포스트' 계열의 담론들이 1990년대 초 중국의 사상계에 등장하게 된 것은 우선 당시의 시대적 상황에 대응하기 위한 필요성 때문이기도 했으며, 다른 한편으로는 지식인 스스로 지식과 담론 방식을 전환시키는 지난한 과정을 대면하고 있다는 것을 보여주고 있는 것이기도 했다. 일반적으로 말해, '포스트론'은 "대중문화, 유행문화, 오락문화에 대한 감상 내지 열정적 동경을 그 특징으로 하며, 대중적 자유로 인해 새로운 공간을 확보하기는 했지만, '포스트론'이 담론으로서 갖추어야 할 비판적 입장을 소멸시키고 말았다."[2]고 비판 받기도 했고, '포스트론'에 대한 논쟁은 결국 '중화성(中華性)'을 건설하는 거대 서사로 변해버렸다는 풍자 섞인 비판을 당하기도 했다. 하지만 '포스트론'이 가지고 있었던 문제의식은 분명 이렇게 간단하게 처리되어 버릴 수는 없는 것이다. '포스트' 담론을 둘러싼 논쟁이 끝난 지 10년이 지난 오늘 다시 당시의 문장들을 읽어보면 사상적 쟁투 속의 정신 및 담론과 권력 투쟁의 흔적들 그리고 새로운 사상적 가능성과 이론적 범주의 도입을 목도할 수 있다.

10여 년이 지난 지금, 중국에서 출현하고 있는 사회, 정치, 문화적 현상들은 '현대성'의 전개 과정 중 나타난 거의 모든 문제들을 표출시키고 있으며, '포스트론'이 비판하고 대면해야 할 문제들 역시 실재적으로 우리들 앞에 출현하고 있다. 해외와 중국 대륙의 학술계를 막론하고 포스트모던과 탈식민주의 문제는 이론 생산의 층차에서 실제적 실천에 이르기까지 매우 민감한 학술적 문제가 되었으며 이러한 상황은 포스트모던과 탈식민주의 문제가 독특한 이론적 매력과 사상적 활력을 보여주고 있는 것이라고 할 수 있다. 그렇다면 이러한 상황의 출현과 십 년 전에 논의 되었던 '포스트론' 사이에는 모종의 형식적인 연결 관계가 존재하고 있는 것인가? '포스트론'을 둘러싼 논쟁은 중국의 어떠한 역사적 과정 속에서 전개된 것인가? '포스트론'의 정당성과 비판력은 어떻게 오늘날의 상황 속에서 그 실재적 의의를 가질 수 있을 것인가? 이러한 문제를 역사적으로 반성하고 최근 사회의 상황 및 변화를 파악하기 위해서 우리는 논쟁이 벌어졌던 당시의 역사적 상황으로 회귀하여 그 내재적 연결 고리를 탐구해야 한다. 작금의 사회 문화적 변화를 어떻게 이해하고 판단할 것인가? 상상주체로서의 지식인은 이러한 변화무쌍한 사회 안에서 어떠한 위치를 점하고 있는가? 또한 지식인 스스로 어떠한 입장과 위치에 서서 미래의 중국 사회의 가능성을 상상하고 예측할 것인가? 이렇게 심각한 문제들은 모두 매우 명확하고도 긴박하게 모든 중국 지식인 앞에 놓여 있다. 1990년대 중반에 발생한 '포스트모던과 탈식민주의 논쟁'은 위와 같은 문제들을 해결하기 위한 과정 속에서 생산, 전개, 변화된 것이며,

그러한 논쟁 역시 일정한 '초점' 안에서의 '해석'이라는 운명에서 벗어나지 못했다. 오늘날의 중국 지식인들은 여전히 부단한 '해석'을 필요로 하고 있으며, 여전히 어떻게 중국을 '서술'하고 '상상'할 것인가에 관한 초점의 문제를 대면하고 있다. 그렇다면 10년 전 논쟁을 효과적으로 정리하는 것 역시 그 나름의 의미와 가치를 가지고 있다고 할 수 있을 것이다.

1. 중국 '포스트' 담론의 출현

≪포스트모던의 기원≫에서 저자 페리 앤더슨(Perry Anderson)은 "포스트모더니즘"이 최초로 등장하게 된 역사적 배경과 그 배후의 의미 변천을 정리했다. 1930년대 오니스(F. de Onis)가 만들어낸 '포스트모던'이라는 이념(개념)이 스페인 비판 술어에 포함되었다. 1954년 역사학자 토인비(Arnold Toynbee)는 ≪역사연구≫를 출판한다. 본 저작에서 토인비는 "'포스트모던' 시대 안에서 사회를 주도했던 중산계급은 사회에 대한 통제력을 상실했다."고 언급하고 있다. 이후, 시(詩) 평론가 올슨(Charles Olson)에서 사회학자 밀즈(Mills)에 이르기까지 이들은 모두 '포스트모던'이라는 개념을 통해 자신의 비평과 분석을 진행시키고 있다. 이러한 과정을 통해 '포스트모던'이라는 개념과 이론을 구성하는 일련의 미학적 특징들이 점차적으로 형성되고 1970년대 이후 그것은 보다 보편적으로 사용되게 된다. 때문에 리오타르(Jean F. Lyotard)는 "포스트모던 사회의 도래는 결국 탈산업사회(post industrial)와 밀접한 연관을 가지고 있고", "탈산업사회 안에서 지식은 이미 민족국가 간의 경계선을 초월하여 움직이는 주요한 경제 생산력이 되고", "이러한 상황 속에서 지식은 그 전통적 정당성을 상실하게 되었다. 왜냐하면 오늘날의 사회는 더 이상 하나의 유기체적 전체 혹은 대립하는 두 계급에 의해 구성된 사회(파슨스와 마르크스가 주장하는 것과 같은)가 아니라 언어적 소통의 네트워크이며 언어 그 자체—일종의 총체적인 사회적 구조—는 대부분 서로 상이한 각종 게임에 의해 구성되는 것이다. 그러한 게임들의 규칙들은 서로 비교할 수 없지만 그들

사이에는 여전히 논쟁이 존재한다."고 주장한다. 이러한 포스트모던적인 시대 상황 속에서 "이른바 '진리'라는 것은 우리에게 익숙한 서술 스타일의 지식보다 우월한 것이 되며, 진리 그 자체를 숨기는 것이 서술 형식의 정당성을 뒷받침 하는 기초가 된다."[3] 이를 통해 우리는 '포스트모던'의 이론과 사상방식이 현대적 상상의 훈육 과정 안에서 생산된 세계관과 방법론에 대한 도전이었다는 것을 쉽사리 알아챌 수 있다. 언설로서의 '포스트모던'이 중국에서 전개된 것은 크게 두 가지 측면으로 정리될 수 있을 것이다. 첫째는 담론적 측면으로, 그것은 일종의 이론과 사조(思潮)로서 중국의 학술계에 수입되었다. 둘째는 사회적 측면으로, 당시의 사회적 상황에 의해 '포스트모던'이 문제화된 것이라고 할 수 있을 것이다.

개념과 이론 사조로서 '포스트 모더니즘'은 중국의 문학과 사상계에 모더니즘과 거의 동시에 출현하였다. 1980년 둥딩산(董鼎山)은 잡지≪독서≫ 제12기에 〈이른바 '포스트모던'적 소설(所謂"后現代派"小說)〉이라는 제목의 문장을 발표했고, 곧이어 몇 해 동안 위안커지아(袁可嘉) 등의 외국문학 연구자들은 연이어 서구의 '포스트 모더니즘'의 작가와 작품을 소개했다.[4] 또한 1985년 9월부터 12월까지 미국 듀크 대학의 프레드릭 제임슨(Fredric Jameson) 교수는 베이징대학(北京大學)에서 '포스트 모더니즘과 문화이론'이라는 제목으로 연속 강의를 개최하였다. 본 강의에서 제임슨은 서구 사상계 안에서의 포스트 모더니즘의 서로 다른 몇 가지 측면과 그 발전 과정을 소개하는 동시에 구조주의 이후 등장한 새로운 이론 체계, 특히 이데올로기 문제에 대한 서구 마르크스주의의 토론을 소개하여 중국 문학계와 사상계의 시야를 한껏 확장시켰다. 강연집은 이후 탕샤오빙(唐小兵)에 의해 중국어로 번역되어 1986년 산시사범대학출판사(陝西師範大學出版社)를 통해 출판되었다. 이후 십 년 동안 제임슨의 포스트모던 이론에 대한 소개와 비판은 중국의 문학, 문화 이론 및 비평 영역에 '총체적이고도 결정적인' 영향력을 끼쳤으며 '포스트모던'이 중국에서 뿌리를 내리게 하는 중요한 역량이 되었다. '포스트모던' 이론의 유입은 비단 문학 이론 영역에 머무르지 않고, 영화, 미술 등의 영역에서도 전개되었다. 1990년 초부터 잡지 ≪당대영화(當代電影)≫는 '영화의 외부(電影之外)'라는 특집란을 신설하고, 중국과 해외 학자들의 라캉, 데리다 등의 사상에 대한 연구와 '포스트 모더니즘'과 중국 문학, 영화에 대한 글들을 게재하였다.[5] 1980년대 말에서 1990년대 초에 이르기까지 '포스트 모더니즘'은 일종의 언설로서 당대 중국의 외국문학, 문학이론, 영화연구, 미학 영역 등에 걸쳐 광범위한 영향력을 끼쳤다. 일련의 포스트 모더니즘에 대한 비경전(非經典)적인 소개서들이 연속으로 번역되어 소개되었고, 장이우, 천샤오밍 등은 포스트모던 이론의 관념과 방법론을 사용하여 당대 중국의 문학을 평가, 비평하고, 중국 당대문학 안의 '포스트모던'적 요소들을 고찰하면서 ≪주변부에서의 탐색(在邊緣追素)≫(張頤武, 時代文藝出版社, 1993年), ≪끝없는 도전—중국 선봉문학의 포스트 모더니즘(無邊的挑戰—中國先鋒文學的后現代性)≫(陳曉明, 時代文藝出版社, 1993年) 등의 저작을 출판하였다. '포스트모던'은 외래 이론이자 문화의 일종으로서 당시 중국 문학, 이론에 대한 토론 과정 안에서 한 지류를 형성하였으며, 한정적이긴 하지만 문학 비평의 방법과 관점으로서의 영향력을 발휘하고 있다.

"하나의 문화 개념으로서—최소한 유럽과 미국에서 그렇듯이—'포스트모던'이라는 술어는 당대 문학과 사상을 이해하고 분석하는 데 상당히 유용한 도구임이 분명하다."[6] 1993년 2월 '포스트모던'에 대해 중요한 의의를 가지는 필담에서는 위화(餘華), 거페이(格非), 쑤퉁(蘇童) 등 당대 중국 선봉 소설 작가들을 일종의 문화 현상으로 파악하고 중국의 선봉소설과 포스트 모더니즘 사이의 관계를 탐색하면서 포스트 모더니즘이 중국의 선봉 예술을 정신적으로 고무시키고 있는 것으로 평가하였다. 비록 평론가 쟝위안룬(蔣原倫) 등은 선봉소설이 "주체의 은폐, 심도의 상실, 해석에 대한 거부, 불확정성, 단편성, 광기, 혼잡성 등" 일련의 포스트모던적 특징을 가지고 있다고 평가했지만, "중국의 소설가들이 '기표'의 차연을 통해 서구 작가들이 경험한 것에 육박할 수 있었음"을 부정할 수는 없다. 이것은 결국 중국의 선봉파 예술가들이 상당한 내적 곤경에 처해 있음을 보여주고 있는 것이다. 비록 쑨진(孫津)과 같은 비평가는 '포스트모던'을 주창했던 이들이 그것에 의존하고 그것을 추구했던 동기와 의의에 대해, '포스트모던'이 중국에 존재했었는가라는 근본적인 질문을 던지기는 했지만, 기본적으로 그의 글은 서구 포스트모던 이론의 연원을 소개하고 중국의 문학예술과 포스트모던 이론 간의 연관성을 탐색하고 있다. 또한 '포스트모던'을 일종의 세계를 해석하는 새로운 이론적 틀로 바라보고 있다. 때문에 중국에서 '포스트론'을 주창한 이들은 포스트 모더니즘이 설사 20세기 서구 사회에 대한 독창적인 인식은 아니라고 할지라도 의미 있는 재인식의 과정이었다고 보고 있는 것이라고 할 수 있다.[7] 당대 중국의 문학 안에서 포스트 모더니즘은 일종의 새로운 화두로서 유입된 것이다.

분명 '포스트론'에 대한 담론이 다만 여기서 그칠 뿐이었다면 그것은 단순히 학술계 안의 논쟁에 그쳤을 것이며, 사회와 사상 영역에 대한 영향력 역시 그 한계를 노정할 수밖에 없었을 것이다. "포스트모던과 탈식민주의"는 일종의 화두로서 사상계와 학술계에 격렬한 논쟁을 불러 일으켰으며, 매체 담론을 경유하여 공공 논쟁 영역으로 진입해 들어간 것은 '포스트모던'적 상황이 비단 문학과 이론 문제에 머물지 않고, 전반적인 사회적 현상으로 광범위하게 출현한 이후였다. 1990년 이래의 중국 대륙의 경제적, 사회적 변화는 1980년대 사람들이 상상 혹은 예상했던 것과는 너무도 달랐다. 1980년 후반 이후 많은 사람들이 우려했던 중국 사회의 개혁 개방 이전으로의 '퇴보' 현상은 나타나지 않았고, 오히려 그와 반대로 중국의 경제적, 사회적 변화의 현대화 과정은 짧은 시간 잠시 주춤거리는 듯 했으나 곧바로 더욱 빠른 속도로 더욱 폭넓은 편폭으로 전진하였다. 물론 이러한 상황의 출현은 1992년 덩샤오핑의 남순강화와 밀접한 연관을 맺고 있다고 할 수 있을 것이다. 사회주의 시기 형성된 각종 경제 규칙과 관념, 사회 계층 구조는 혁파되었고, 이와 연관되어 90년대 이후의 중국 사회에는 전대미문의 문화적 혼돈 상황이 등장하게 되었으며 엄숙문학, 사상 등 일련의 신성한 정신적 가치로 평가되었던 것들은 상업화의 큰 물결 속에서 상실되어 버렸으며, 왜곡되고 훼멸되었다.

지식인의 위치와 가치는 사라졌으며, 상업주의의 물결은 사회의 구석구석에 파고들었고 지식인이 중국 사회를 판단하고 사고할 수 있는 가능성 역시 그에 따라 심각한 변화를 겪을 수밖에 없었다. 다이진화는 당시의 상황을 다음과 같이 분석하고 있다. 당대 중국의 지식인들이 상업주의의 도전에 최초로 직면하게 된 시기는 1987년으로까지 거슬러 올라간다. 당시는 물가의 상승, 시장 개방 등 총체적인 상업주의의 물결이 유례없이 거대한 시기였으며, 무엇보다 문화산업에 가해진 충격은 그야말로 엄청난 것이었다. 출판물은 팔리지 않았고, 정기 간행물 역시 출로를 찾기 어려웠으며, 지식노동의 가치가 현격하게 떨어졌다. 사회의 기타 업종들의 월급은 높아졌지만, 지식인의 급여 수준은 여전히 낮은 상태였다. 지식인들은 사상해방운동에서 전위대의 역할을 수행했고 당연히 자신이 정치, 경제적 주체가 될 것이라고 생각했지만 사회는 지식인들을 주변적인 위치로 몰아내 버렸다. 대자적 존재가 즉자적 존재로 위축되어 버린 것이다.[8] 상업화된 사회의 세속성은 비단 기술과 지식을 가치 없는 것으로 만들어 버렸을 뿐만 아니라 문학과 정신적 의의의 신성성마저 사멸시켜 버렸다. 이러한 변화는 사회 문화적 측면에서 표출되었을 뿐만 아니라 엄숙(순수)문학 내부에서도 심각하게 그 징후를 표출시켰다. 1993년 쟈핑와(賈平凹)의 ≪폐도(廢都)≫, 천중스(陳忠實)의 ≪백록원(白鹿原)≫이 서로 다른 상업적 방식을 통해 대대적인 성공을 거두었으며 이로써 세속화된 시대의 도래가 더욱 분명해졌다. 천샤오밍의 분석에 의하면 "문학이 현대성의 유토피아적 담론을 실추한 이후, 그것의 현실적 호소력 역시 상실되어 버렸다."[9] 중국 당대문학 영역의 또 다른 변화는 바로 1980년대 후반 대대적인 성공을 거두었던 선봉파 문학의 점진적인 소멸이다. 그리고 선봉파 작가들의 창작과 그 한계는 포스트 모더니즘의 중국적 실천과 그 한계로 해석되었다. 이와 동시에 ≪완주(頑主)≫, ≪실컷 즐기고 죽다(過把癮就死)≫ 등의 작품이 당시 유행했으며, 그러한 소설이 조롱과 아이러니를 중심으로 하고, 스스로 '불량아 문화'로 자처하면서도 상업적으로 대대적인 성공을 거두게 되자, 정치 사회적인 질서와 전통은 크게 흔들리게 된다. 마찬가지로 지식인의 인문주의적 전통과 도덕주의적 이상 역시 소멸되어 버리고 만다.

이러한 사회적 변화를 어떻게 이해하고 처리해야 하는가 그리고 이러한 곤경이 문학을 통해 사회를 진단하고 그것에 영향을 미치는 것을 사명이자 직업으로 하는 문학비평—공공적 지식인의 문제—을 관통하게 된 것을 어떻게 대면해야 하는가.

때문에 '포스트모던' 담론이 당대 중국에서 출현하게 된 것은 그 나름의 현실적 근거를 갖추고 있다고 할 수 있을 것이다. 장이우는 "'후기 신시기'의 문화 중, 대중문화는 이미 거스를 수 없는 상업화의 과정 속에 있으며, 갈수록 중국의 독특한 역사적 상황에 적응하고 있다."고 말한다. '신사실주의' 문학의 일상생활에 대한 치밀한 기호화, 그리고 시민문화에 대한 보이지 않는 찬양 등은 이미 그 가치 판단에 있어 소비주의 문화와 동일한 입장을 취하고 있는 것이며, 시민적 취향을 인정하고 그것을 더욱 강화시키고 있는 것이다. 츠리(池利), 팡팡(方方), 류전윈(劉震雲) 등의 작품이 대중적 인기를 얻고, 선봉파 소설이 오히려 그 인기를 잃어 가고 있는 현실은 바로 이러한 사실을 방증하고 있는 것이다. 1992년 4월 버클리 대학에서 개최된 "탈오리엔탈리즘적 세계화 시대 비평 속의 동아시아(后東方主義的全球文化批評中的東亞)"라는 제목의 강연회에서 장이우는 "포스트모던은 이론으로 그리고 문화적인 양태로 중국에서 전파, 변이, 파생되었으며, 이러한 과정 속에서 부단히 본토화되어 우리의 가능성으로 자리 잡게 되었다."고 언급했다. 그는 또한 "포스트모던은 분명 우리(중국 — 옮긴이)가 차용해 온 것이다. 하지만 우리를 위해 사용하여, 그것을 우리의 문화 생산에 새로운 자극이 되도록 하고, 그것으로 하여금 새로운 토론과 대화를 불러일으키게 한다면 그것은 분명 바람직한 현상일 것"[10]이라고 언급했다. "'포스트 모더니즘'은 절대 우리와 무관한 서구 담론이 아니며, 우리의 언어/생존 속에 살아 숨 쉬고 있는 생생한 실재이다. 포스트모던은 제1세계와 제3세계 문화 간의 현실 관계가 상호 작용한 결과이다. 지금의 문제는 포스트 모더니즘이 중국 문화에 어떠한 영향을 끼쳤는가가 아니라 그러한 영향력이 우리를 어떠한 상황에 놓이게 했는가이다." "중국 문화는 국제적 현상일 뿐만 아니라 중국 대륙과 타이완, 홍콩 등 중국어를 모국어로 하는 지역 전체에 걸쳐 영향력을 미치고 있으며 미대륙과 동남아시아, 유럽 등에 거주하고 있는 화교들에게도 그 영향력을 발휘하고 있다." "90년대 이래로 세계성을 갖춘 민족문화의 특징을 찾으려는 열기가 모국어를 중심으로 하는 문화 담론을 이데올로기를 뛰어 넘는 대화의 중심으로 탈바꿈시키고 있다." 계엄 해제 이후의 타이완 지역의 정세, 홍콩의 대륙 반환 이전에 제작된 관진펑(關錦鵬)의 영화 ≪연지구(胭脂扣)≫에 나타난 중국 귀신문화와 광고풍의 화려한 색채의 결합, 그리고 텔레비전, 비디오, MTV를 주요 매체로 하는 상업문화, ≪갈망(渴望)≫, ≪편집부이야기(編輯部的故事)≫등의 텔레비전 연속극의 제작과 유행은 모두 포스트 모더니즘이 중국 문화권 안에서 그 영향력을 확대해가고 있다는 것을 보여주는 지표들이다. "때문에 중국어 문화권 안에서의 포스트 모더니즘의 위상은 결국 국제성을 띤 문화적 문제인 것이다." "'포스트모던'은 가까운 우리 주변부의 언어이자 생존 상황이며", 우리는 그것을 진지하게 대해야 한다.[11)]

여기서 장이우 등이 "중국어 문화권"이라는 개념을 재차 사용하고 있는 데에는 또 다른 의도가 담겨 있다. 장이우가 보기에 "80년대의 '계몽', '선언' 등 거대 서사의 해석 능력은 이미 상실되었고, 80년대의 급진적 담론은 이미 더 이상 부활시킬 수 없는 낡은 꿈이 되어 버려, 역사의 협곡 속으로 사라져 버렸다. 그리고 90년대 이르러 "담론의 전환은 이미 불가피한 것이 되어 버린 것이다."[12)] 때문에 새로운 서사를 건설할 수 있으며, 또한 그렇게 할 필요가 있는 것이다. 서구의 '포스트 모더니즘' 문제에 대한 토론 과정 속에서, 사이드(Edward Said), 호미 바바(Homi Bhabah) 그리고 스피박(G. C. Spivak) 등을 필두로 하는 탈식민주의는 서구에서, 특히 미국에서 이론적으로 발달했고 이는 제3세계와 제1세계 사이에 이루어진 '대화'의 성공적 사례로 꼽힌다. 이에 대해 류캉(劉康)은 직접적으로 "설사 포스트 모더니즘을 주창한 이들이 서구적 맥락에서의 텍스트와 그 역사적 상황을 고려하지 않았었다고 할지라도 결국은 다소 '뒤늦게' 도래한 포스트 모더니즘이 당대 중국의 문화계에 새로운 이론적 공간을 창출해 냈다는 것은 분명하다."[13]고 언급하고 있다. '포스트론자'들이 보기에, "중국의 '포스트론' 문제의 초점은 중국 현대사에 있어 '서구의 지배'와 '탈식민' 등의 문제가 아니라, 세계화된 문화적 상상의 거대한 장력 안에 놓여 있는 당대 중국의 위치이다."[14] 1970년 사이드가 "≪오리엔탈리즘≫을 발표한 이래, 구미 인문학계로부터 시작된 탈식민주의 이론은 서구의 문화적 헤게모니를 비판의 대상으로 보기 시작했다." "미국에서 탈식민주의 이론의 영향은 이미 역사학, 인류학, 사회학, 문학이론(신역사주의를 포함하여), 여성주의 이론, 소수민족 연구 등의 분야와 문화 비평을 그 명칭으로 하는 학술 연구를 포함하여 각 학계에 포괄적인 영향력을 미치고 있다. 현재 위에서 언급한 학적 영역의 최신 연구 성과들은 거의 모두 탈식민 이론의 영향을 받았다고 할 수 있을 것이다."[15] '탈식민'은 '포스트모던'을 계승하여 혹은 포스트모던 이론의 자장 내에서 가장 활력있고 매력적인 학술 사조로 떠올랐다.

1990년대 중국 사회 문화의 구체적인 상황은 '탈식민' 서사의 '중국화'라는 과제에 현실적인 기초를 마련해 주었다. 외부적 환경의 관점에서 말하자면, 문화공업(산업)의 발달과 대중매체의 국제화는 소비문화라는 세속적 신화에 가속도를 붙여 주었다고 할 수 있다. 문화의 세계화가 가져온 영향은 거스를 수 없는 것인 동시에 매우 실재적인 것이었다. 세계화라는 언어 환경은 중국의 사회 문화적 환경 속에서 날이 갈수록 분명해져 갔다. 장이머우(張藝謀), 천카이거(陳凱歌) 등을 비롯한 제5세대 감독들은 세계 영화계에서 승승장구했고, 광범위한 찬사를 얻었다. 그들의 영화는 대부분 신비로운 '민속(민간)'을 소재로 하여 추상-은유-표상의 방법을 통해 '중국'을 표현하고 있다. 억압된 욕망과 날뛰는 광기 간의 격렬한 충돌을 표현함으로써 서구의 미적 기준과 그 궤를 같이 하고, 초국적 자본을 이용하여, 해외 시장을 경유해 국내 시장을 공격하는 마케팅 전략을 통해 상업적으로도, 예술적으로도 딜레마에 빠져 있는 중국의 문화 예술계에 그것에 대한 '상상적' 해결 방식을 제공해 주었고, 그로써 장이머우와 천카이거는 90년대 중국의 문화적 영웅이 되었다. "이렇게 유형화된 '예술영화'는 더 이상 국내 관중의 선택을 대면하는 것이 아니라, 서구 관중의 욕망과 환상에 만족을 제공해 주기 위한 것이다." "장이머우와 천카이거의 고집스런 추구와 다른 이들을 압도하는 재능은" "그들 스스로를 서구 담론을 위한 일종의 '변압기(transmission)'가 되게 했다. 예술적 표현을 통해 '중국'을 '타자의 신화'로 전환시키고 있는 것이다."[16] "제1세계의 현대성과 포스트모던이라는 주제가 제3세계가 추구하는 목표가 될 때, 제1세계는 제3세계에 서구 중심적 신화를 만들어 내 전파하는 동시에 그들은 또한 서구적 포스트모던의 중심적 위치 역시 설정하고 있다." "탈식민주의라는 언어적 맥락은 '오리엔탈리즘'의 담론으로부터 기인하는 것이며, 오리엔탈리즘은 결국 서구가 자신의 위치를 확정짓기 위해 만들어 낸 일종의 주변적 참조물인 것이다."[17] 장이머우, 천카이거를 대표로 하는 1990년대 중국의 대중문화의 발전은 서구 중심적 담론을 위한 창조물이었으며 또한 '중국의 타자화'라는 언어 환경을 만들어 낸 역사적 과정이었던 셈이다. 서구 학계에서 유행하고 있는 탈식민주의 이론 역시 이러한 이유 때문에 중국에서 상당히 시의 적절했다고 할 수 있다. 새로운 '포스트모던'의 서사는 현대의 계몽 담론을 청산하는 동시에 어떻게 서구 중심주의에 맞설 것인가, 어떻게 중국민족의 독특한 문화를 건설할 것이며, '탈식민주의 시대'의 '중국판' 비평이론을 형성해낼 것인가와 같은 막중한 책무를 짊어지고 있는 것이다.

이와 같은 과제에 대한 해결 방안으로서 ≪문예쟁명(文藝爭鳴)≫1994년 제2기에 장파(張法), 장이우(張頤武), 왕이추안(王一川) 등이 〈'현대성'에서 '중화성'으로—새로운 지식 모델의 탐색(從"現代性"到"中華性"—新知識型的探尋)〉라는 제목의 글을 발표하였다. 본 글은 1993년 4월에서 1994년 1월 사이에 선언문의 형식으로 씌어진 논문을 편집한 것으로, 장이우는 1840년부터 1990년대 초에 이르는 150년에 걸친 중국의 역사를 서구 담론을 중요한 참조점으로 하여 현대를 그 효시로 하는 계몽(啓蒙)-구망(救亡)이 중국에서 전개된 과정으로 정리하였다. 장이우 등은 90년대 초 중국의 사회 문화, 특히 대중문화에 대한 묘사와 귀납을 통해, "현대성은 일종의 현실적 과정으로서 그 완결의 단계에 가까워지고 있으며", 점차 "새로운 지식형인 중화성"으로 "응결, 전이"되어 가고 있다고 평가했다. 여기서 언급하고 있는 '중화성'은 곧 "고전성과 현대성에 대한 이중적 계승이자 초월"이며 그것은 "모든 것을 포괄하는 관용성을 바탕으로" "앞으로의 발전 과정 속에서 특출한 중화성의 방식을 통해 인류를 위해 봉사하게 될 것이다." 중화성의 주체는 중화 문화권의 형성에 위치해 있고 중화권의 구성은 곧 중국 대륙을 핵심으로 하는 세계 화교권이라고도 할 수 있을 것이다. 그리고 중화권 형성의 가능성은 곧 신유가의 도덕윤리를 그 기반으로 하고 있다. 분명 '중화성'은 장이우가 언급한 '중국어 문화권'의 확장판임에 틀림없으며, 이것은 그가 '탈식민'을 실천하는 과정에서 성취한 중국판본의 '탈식민' 비판의 성과이다. 또한 그는 '제1세계' 문화에 대항하는 '제3세계' 문화를 실제적으로 사용하고 있다. 이러한 '탈식민' 이론의 부화 과정 속에서, '제3세계 비평'을 주축으로 하는 중국의 '탈식민' 서사가 중국의 '포스트모던'과 서로 뒤엉키는 형세가 1990년대 중국의 사상논쟁 중의 이른바 '포스트론' 풍조를 형성했던 것이다.

2. '포스트' 서사로부터 포스트모던·탈식민 논쟁으로

1980년대 중국 국내에서 가장 활기를 띠고 있었던 현·당대문학을 비롯한 문학 이론 및 비평은 1990년대 초반 그 문화적 전환기를 맞이하기 시작했으며, 동시에 미국에서 비교문학 연구에 종사하고 있던 일련의 화교 학자들 역시 새로운 연구 방법론의 범위 내에서 새로운 이론과 그 비판적 가능성을 찾고 있었다. 이들은 중국 현대 문학에 대한 연구에서 출발하여 중국 문학과 중국 사회 문화의 변화를 세계적인 문화와 사회의 변천이라는 보다 거시적 틀 안에서 고찰하려 하였다. 또한 중국 현·당대문학을 비평하고 중국 문제를 토론함에 있어, 현대성과 포스트 모더니티에 대한 관점과 연구 방법론을 끌어 들이면서 의식적으로 서구 당대 문학 비평과의 연접을 시도하였다. 이러한 시도는 류캉(劉康)의 표현을 빌려 말하자면 "우리들의 입장을 확립하고, 새로운 문화 영역을 재영토화(re-territorialization)시키는 것"이었다. 1993년 1월, 재미 학자 류캉은 ≪현대중국(現代中國, *Modern China*)≫에 영어 논문을 발표했다. 본 논문에서 류캉은 샤즈칭(夏志清)의 ≪중국현대소설사(中國現代小說史)≫에 대한 비판을 중심으로, 미국의 중국 학계의 중국 현·당대 문학계의 정치 이데올로기에 대한 비판을 출발점으로 하는 정치적 경향성을 비판하면서, 이러한 미국 중국 학계의 정치적 경향성의 배후에는 서구 중심주의적인 심미관이 놓여 있다고 지적했다. 류캉의 이러한 비판은 사이드의 '오리엔탈리즘'에 대한 비판의 영향을 받은 것이라고 할 수 있다. 또한 동(同)잡지 동(同)호에 또 다른 세 편의 중국학 연구에 관련된 논쟁을 실은 글이 발표되었다. 본 논쟁은 표면적으로는 정치와 문학의 관계, 문학 연구의 이론과 방법론 그리고 그 경험의 전개를 그 주제로 하고 있는 것이었지만, 그 이면에는 북미 학계에서 유행하고 있던 포스트모던에서 탈식민이론에 이르기까지의 문화 이론과 방법에 대한 관심과 호응이 깔려 있었다. 본 논쟁은 이후 ≪21세기(二十一世紀)≫, ≪오늘(今天)≫ 등과 같은 잡지로 이동하여 해외의 중국어 잡지상에서 계속적으로 전개되었으며, 국내의 장이우의 '포스트론'과 연접되었다.

중국 대륙의 문예 비평 영역의 '포스트론' 언설(담론)이 1990년대 가장 영향력 있는 사상 논쟁으로 변모한 것은 또한 해외의 중국학자들의 참여 때문이기도 했다. 그리고 이러한 과정 속에서 ≪21세기≫가 논쟁의 주요 전장(戰場)이 되었다. 1989년 이후, 중국의 지식인들은 의미 있는 사상 토론이 어떻게 진행되어야 하는지 알지 못했고, 그들이 대면하고 있는 현실의 최저점이 어디에 있는지에 대해서는 더욱 무지하였다. 본래 존재했던 담론들은 지속할 수도 없었으며 실패한 것이었다. 때문에 '중국 문화의 신(新)건설' 을 기치로 내세운 잡지 ≪21세기≫는 1990년대 상당히 오랜 시간 동안 중국 대륙의 학술계와 사상계가 지속적으로 전개시키지 못했던 학술, 문화, 사상 언로(言路)의 역할을 수행하였으며 적지 않은 학술적 토론과 활력 있는 사회사상 문화에 관한 토론을 전개시켰다. 이러한 역할로 인해 잡지 ≪21세기≫는 국내외 학술 사상계에 중대한 영향을 미치는 거의 유일한 학술적, 사상적 진지가 되었다. ≪21세기≫에서 전개된 포스트모던·탈식민주의 논쟁은 '포스트론'이 문예 이론 비평계의 협소한 공간을 빠져 나오게 했으며 이것은 비단 세속적인 층차에서 '포스트론'에 관한 논쟁의 영향력을 제고시켰을 뿐만 아니라 객관적으로 '포스트론' 언설의 이론적 논리와 배후의 의도가 진지한 탐색과 검증을 받는 계기가 되었다.

상술한 바를 통해, 우리는 포스트모던, 탈식민주의적 언설들이 1990년대 초 중국에서 출현하고 유행한 것은 서구 주류 학계의 중국 학술계에 대한 영향의 결과이기도 하면서, 더욱 근본적으로는 1990년대 이래 중국 사회 문화적 변화의 결과이기도 하다는 것을 알 수 있다. 이러한 화제들의 출현은 분명 '포스트론'을 주창한 이들의 중국 사회가 대면한 '미증유의 격변'에 대한 날카로운 통찰을 나타내 주고 있다고 할 수 있다. 그들은 서구의 이론과 사상방법론을 차용하여 전환기 중국 사회 문화의 새로운 상황에 대응하였으며, 그를 통해 날카로운 문제의식들을 생산해 냈다. 10년의 세월이 지난 지금에도 당시 사회 문화에 대한 날카로운 감각과 문제의식은 여전히 주목할 만한 가치가 있다. 또한 사회적 변화에 대처하기 위해 서구의 가장 최신의 그리고 가장 활력있는 비판 이론을 도입한 것은 특수한 정치 사회적 배경 하에서 국·내외 서로 다른 경험과 이론적 시각을 결합시켜 주었고, 그 어떠한 연구 영역에 대해서도 긍정적인 영향을 미쳤다고 할 수 있을 것이다. 일반적인 상황 하에서, 이것은 새로운 이론이 그것의 잠재력을 마음껏 발산할 수 있는 절호의 기회였는데도, 어떠한 반대 의견이 있어 '논쟁'이 발생한 것일까? '포스트론' 언설은 이후 포스트 논쟁으로 변하게 되는바, 왜 보다 적극적으로 사상적 진보를 추진시키고, 그것의 이론적 잠재력을 발휘할 수 없었던 것일까?

장이우는 중국의 '포스트론'에 대한 비판과 질책을 다음과 같이 정리하고 있다. "첫 번째는 정치론이다. 그것은 중국의 '포스트모던'과 '탈식민주의'가 제3세계의 억압적 성격의 관방 권력 이익에 순응해 관방 민족주의와 권위적 정권에 포섭된 문화 해설자를 양산하는 데 그치고 말았다는 것이다." "두 번째는 도덕론이다. 도덕론은 중국의 '포스트모던'이 대중문화와 공모하여, 엘리트 지식인의 입장을 상실하고, 계몽의 신성한 위치를 방기한 채, '중국의 지식계를 용속한 자멸의 길로 인도했다.'는 것이다." "세 번째는 경제론이다. 이는 중국이 여전히 '현대화'를 실현하지 못했다고 주장하면서, 때문에 '포스트모던'을 언급하는 것은 시기상조라고 비판한다."[18] 쉬번(徐賁)이 보기에, "서구에서 탈식민주의의 이론적 의의는 비단 제1세계 담론에 대한 대항담론이라는 데에만 있는 것이 아니라, 그것이 실제적인 사회운동, 여성운동, 소수민족운동과 결합하고 있다는 데 있다. 그리고 인도와 같은 제3세계 국가 안에서, 탈식민주의 비판의 주요 대상은 민족주의와 관방 담론의 결합, 식민지 시대의 권력 형태가 독립 이후 본토의 정권 안에서 다시 부활하는 현상 그리고 탈식민적 사회인 인도에 존재하는 사회 문화적 억압 등을 포함하고 있다. 탈식민주의적 관점을 통해 보았을 때, 제3세계 이론의 관건은 반(反)억압이지 본토성(本土性)이 아니다. 탈식민주의자들의 출발점은 특정한 생존 환경 안에서 사람들이 대면하고 있는 직접적인 억압과 현실적인 반항이다." 하지만 중국 '포스트론'의 핵심은 '본토성'이지 '반억압'이 아니다. "비록 중국의 제3세계 비평이 관방의 민족주의와 일정한 거리를 유지하려고 노력하긴 하지만, 그것은 시종 관방의 민족주의에 대한 비판을 직접적으로 제기하지 못하고 있다. 그리고 이것은 바로 중국의 제3세계 비평이 '국제성'만을 갖추고 있을 뿐, '국내성'을 갖추고 있지 못하기 때문이다. 그것은 관방의 민족주의 담론과 공모할 수 있을 뿐만 아니라, 가까운 것보다는 먼 것에 주의를 기울이고, 실제적인 것은 피하고 공허한 것에 힘을 기울이는 방식을 통해 관방 민족주의 담론의 이익에 순응하고, 관방 이데올로기에 의해 통제되고 조정되는 이름뿐인 '대항적' 인문비판 모델의 생산에 막대한 도움을 주고 있다."[19] '포스트모던'과 '탈식민주의' 이론은 모두 현대성 이론과는 완전히 다른 가치 지향을 가진 이론 체계이며, 현존하는 일체의 억압적 체제에 융합되지 않는 부정적 입장을 견지하고 있다. 그것은 또한 현대성의 모순에 대한 반성적 이론 논리에 그 뿌리를 두고 있으며, 서구 중심주의적 문화 패권의 논리를 그 결과에서부터 소급하여 그 입장과 방법을 분석하는 심도 있는 비판이다. 때문에 "후기 구조주의, 포스트 모더니즘, 탈식민주의를 중심으로 하는 서구의 최근 문화 연구의 흐름은 줄곧 그 비판자들에 의해 '지나치게 급진적'이라고 비판 받아 왔다."[20] '포스트론'적 언설은 엘리트로서의 위치와 책임을 스스로 방기해 버렸으며, 민간 문화, 즉 속(俗)문화와 그 입장을 같이 하였다. 정신적으로는 '5 · 4와 80년대 두 차례에 걸친 정신문화의 고양'을 청산해 버렸으며 '문화 다원주의'의 기치 아래 당대 세속주의 문화를 위해 길을 터주었고, 현실 속에서는 분명한 이익 집단적 경향성을 띠었다. 이러한 상황은 분명 당시 혼란스럽고 억압되어 있던 중국 대륙의 지식, 사상계가 용인하기 어려운 것이었다. 쉬번, 자오이헝(趙毅衡) 등 비판적인 대륙의 지식인들은 이러한 상황을 명확하게 인식하지 못한 것이 아니라 그저 문제의 주변부를 맴돌 뿐이었다. 그들은 문제점들을 명확하게 파악해 제기하지 못했으며, 포스트론(심지어 포스트 모더니스트들과도)과의 대화를 중요하게 생각하지 않았다. 왕후이(汪暉)는 "'중국의 포스트 모더니즘'이 부정해 버린 것은 '신계몽주의'의 엄숙한 사회 정치 비판이었다. 포스트 모더니스트들은 모든 가치에 대한 해체를 진행시켰지만, 현대의 생활을 구성하는 주요 특징인 자본의 활동에 대한 분석을 전혀 내놓지 못했다. 또한 이러한 자본의 활동과 중국 사회주의 개혁운동 간의 관계에 대한 평가 역시 내놓지 못했다."고 비판한다. "일련의 포스트 모더니즘이 차용하고 있는 강단-정치식 비판의 방식 안에는 그들의 문화정치적 책략이 숨어 있다. 그러한 책략의 목적은 결국 대중문화(허구적 인간의 욕망과 문화적 시장화를 그 중심 형태로 하는)를 포용하고 엘리트 문화를 거부하는 방식을 통해 중심으로 복귀하려는 것이다. 그 중심은 바로 중국 특색의 사회주의 시장경제다."[21] 현실 생활 속에서 '포스트론'을 내세운 일련의 사람들은 '화려한 무대(海馬歌舞廳)'*의 막이 오른 후 그야말로 몸을 던져 춤을 즐겼고, 거대한 '문화 자본'의 위임장을 '새 시대' 도래의 상징으로 받아 들여 시대의 주류에 한껏 편승하려 하였다. 지식인의 비판적 입장과 사명은 이로써 배제되어 버리거나 웃음거리가 되고 말았다. 당시 유행하던 말을 빌어 표현하자면, '포스트론' 언설의 사상적 동인(動因)의 '정치적 착오'로 인해 대륙 내에서는 포스트 담론이 보다 깊이 있는 사상토론으로 전개되지 못했던 것이다.

장룽시(張隆溪)는 비판의 예봉을 중국 '포스트론' 언설의 수사 방식에 겨누고 있다. 그는 조금의 망설임도 없이, 장이우가 〈중국을 해석하는 초점(闡釋"中國"的焦慮)〉에서 전체 중국 혹은 전체 중국 대륙의 비평계를 대변하는 양 말하고 있다고 비판하고 "제1세계에 대하는 제3세계의 비평을 자신 논리의 근간으로 하면서", "여타 비평가들의 입을 다물게 하고 있다. 누구라도 그를 비판하면, 그는 곧 '서구 중심주의적인 문화 헤게모니'를 통해 제3세계인 중국을 억압하고, 중국을 '다시 한 번 타자에게 순종하게 만드는' 자로 만들어 버린다."고 장이우의 논리를 신랄하게 질책하고 있다. 그는 이어서 "포스트론은 일관 되게 '세계화된 시대의 탈식민적 언어 환경에서 구성된 권력 관계'와 '서구 현대성 담론의 문화적 헤게모니'가 아닌가? 포스트론을 내세우는 비평가들이 자신을 곧 '중국'과 일체화 시키는 것은 바로 개인적인 관점을 전(全)중국의 통일된 의견으로 변형시키는 것이며, 이로써 무한한 권력과 막대한 담론적 헤게모니를 장악하게 된다."[22]고 따져 묻고 있다. 이는 중국의 포스트모던 담론과 탈식민주의적 언설들이 서구의 포스트모던 이론과 탈식민주의 이론의 외형적인 모습을 받아들이는 동시에, 그것의 이론적 핵심까지도 추려내면서, 비판적인 해체 이론을 거대한 이론 체계로 변형시키고 그러한 과정

* '海馬歌舞廳'은 본래 중국의 유명 작가 왕숴(王朔) 등이 1990년대 초에 베이징에서 만든 실내극의 명칭이다. 이들은 ≪갈망(渴望)≫, ≪편집부이야기(編輯部的故事)≫ 등의 텔레비전 연속극을 만들었으며 사회적으로 광범위한 영향력을 끼쳤다. 필자가 본고에서 '海馬歌舞廳'을 언급한 것은 실제 무대를 언급하기 위함이 아닌 포스트 모더니스트들의 화려한 무대를 비유적으로 언급하기 위함이었다. — 역주

을 통해 자신의 담론 권력을 구축하고 있다는 비판이다. 그리고 현실적인 전략의 층위에 있어서 중국의 '포스트론'자들이 서구의 포스트모던 담론을 당시의 중국 학계에서 잘 파악하지 못하고 있다는 점을 이용하여 국제(서구) 학술계의 문화적 패권의 헤게모니 전략을 남용했다는 비판 역시 무시할 수 없다.

"'중국의 포스트 모더니스트'들이 '계몽주의'적 역사관을 비웃을 때, 그들은 단지 역사적 과정이자 사회 운동으로서의 '계몽주의'가 왜 시의적절하지 않은가를 말했을 뿐이다. 왜냐하면 그들은 이미 자신들의 위치를 상업화된 대중매체가 지배하고 소비주의적인 '포스트모던'적 사회에 위치시키고 있기 때문이다." "'중국의 포스트 모더니스트'의 문화 비판 안에서 탈식민주의 이론은 오히려 민족주의 담론과 동일시되며, 중국 현대성 담론의 특징이라고 할 수 있는 '중국/서구'라는 이원 대립적 담론 구조를 더욱 강화시킨다." 때문에 "아이러니한 것은 일련의 중국의 포스트 모더니스트들이 포스트모던 이론을 이용하여 서구 중심주의를 비판할 때, 논증하고 있는 것은 오히려 중국이 다시 중심적인 위치를 회복할 수 있는 가능성 그리고 그들이 언급하고 있는 이른바 '중화성(中華性)'의 건립이다. 이러한 전형적인 현대성에 대한 거대 서사 안에서(비록 그것이 포스트모던이라는 기치를 내세우고는 있지만) 중국의 이른바 포스트 모더니스트들의 중화성의 미래에 대한 예측은 중국의 '세계화 과정' 안에서의 위치 변화를 짚어 내지 못하고 있을 뿐만 아니라, 전통주의자들의 21세기에 대한 전망 및 기대와 완전히 일치된 의견을 내놓고 있다."[23] 이와 같은 왕후이의 비판은 분명 시의성을 갖추고 있는 동시에 의미심장한 것임에 틀림없다.

중국의 '포스트론'자들이 중국적 의미의 '포스트모던'의 이론과 방법을 위와 같이 말하고 있기 때문에 그들은 중국 사상계로부터 무시를 당했으며, 포스트모던과 탈식민이론이 1990년대 이래 중국 사회 문화적 변화에 대응할 수 있는 정당성과 유효성 역시 상실시켜 버리고 말았다. 바로 이러한 이유 때문에 '포스트모던' 담론이 1990년대 이후 중국의 사회 문화적 변화의 과정 안에서 현실적인 대응 능력을 갖추고 있었음에도 당시 중국 대륙의 사상계가 왜 포스트모던 담론의 이론적 결함과 사상적 딜레마를 엄숙하고도 진지하게 대하지 않았는가를 알 수 있다. 다른 한편으로는, 1980년대 초를 시작으로 "일련의 중국 청년들이 고국을 떠나 미국과 유럽에서 새로운 생활을 시작하면서", "비록 안정적인 직업을 얻을 수는 있었지만, 마음은 여전히 불안한 상태를 유지하고 있었기 때문에" "종종 정신적 무력감과 같은 고뇌를 가질 수밖에 없었다." 더군다나 비평가라는 직업적 요구 때문에 주류 이론에 대한 의지 혹은 반항적인 심리를 가지게 되었고, 이러한 상황에서 탈식민-포스트모던 이론은 자신의 '주변적' 위치와 생활 체험을 해명해 주는 중요한 이론적 근거가 되었던 것이다.[24] 이러한 비판적 태도 이면에 숨어 있는 세속적인 용속함과 자기 과시욕은 이론 그 자체의 복잡함과 뒤섞이면서 해외의 중국학자들이 적극적으로 참여한 중국 '포스트론' 논쟁의 현실적 딜레마가 형성되었던 것이다. 때문에 많은 사람들이 보기에 실상 1990년대 중국에는 '포스트모던' 및 '탈식민주의' 논쟁이 존재했던 것이 아니라, 단지 '포스트모던'과 '탈식민주의'라는 고성과 언쟁만이 오갔을 뿐이다. 또한 '포스트론' 논쟁 역시 단지 일종의 언설(담론)로서 빠르게 변화하는 1990년대 상황 속에서 급속하게 사라져 버렸다.

3. '포스트론' 논쟁의 이면

비록 '포스트론' 논쟁이 중국의 학술 사상계에서 거품처럼 사라진 것은 사실이지만, 그 이면에는 여전히 보다 심도 있게 토론할 만한 주제들이 존재한다.

이상적인 관점에서 말하자면, 이론이 이론이 되기 위해서는 일정 정도 보편성을 담지한 계도적 성격을 띠는 것이 당연하다. 적당한 현실적인 상황 속에서 이론은 마땅히 능동성을 지녀야 하며, 현실문제에 대해 물질적 힘으로 전화되어 비판의 무기를 무기의 비판으로 변화*시킬 수 있어야 한다. 이

* '비판의 무기'와 '무기의 비판'의 언급은 마르크스의 〈헤겔 법철학의 비판을 위하여〉에 나와 있다.

론적 여정은 결국 이론이 물질적 역량으로 전환되는 구체화의 과정이다. 이론에 대한 이해는 응당 이론을 그것이 생산된 구체적인 역사적 상황 속에 대입시켜 그것이 만들어낸 사상적 동력과 이론적 논리를 찾아내야 하는 것이다. 이론의 실제적인 사용 역시 해당 이론이 가지고 있는 사상적 동력이 또 다른 상황으로 전환되는 상황에 의거하여 그 실질적인 작용을 발생시켜야 한다. 개념 안에서만 이론을 전개시킬 뿐 그 자체로 경화되어 버리거나 이론이라는 미명 하에 이론 외부의 실질적인 상황을 무시하고 심지어 그것의 본질에 역행하는 이론 체계는, 그것이 아무리 활력 넘치는 이론이라고 할지라도 일종의 해악이며 반동적인 사상이 될 수밖에 없는 것이다. 이러한 문제는 서구 이론의 중국화 과정 속에서 쉽게 찾아 볼 수 있는 현상으로, 루쉰(魯迅)이 제기한 '가져오기주의(拿來主義)'가 겨누고 있는 현상과 문제점들을 굳이 언급하지 않더라도, 최근 20년 동안 루쉰이 우리에게 전해주고 있는 교훈은 여전히 살아 숨 쉬고 있다. 1980년대 이래 자유, 민주, 과학 정신을 부르짖었던 신계몽운동으로부터 1990년대 이후 경제학계의 자본과 시장에 대한 이해 그리고 지식인의 민족과 국가의 현대화에 대한 이해에 이르기까지, 이러한 과정 속에서 일련의 서구 이론들이 중국에 수입되게 되고, 중국 대륙에서는 적지 않은 풍파가 일게 된다. 이러한 풍파 속에서 몇 조각 남지 않은 개념의 파편들은 모두 흩어져 버려 하나도 남지 않게 된 것일까? 이론의 내부적 논리는 깊이 있게 이해되고 소화되지 못했으며 이론적 활력 역시 그 역량을 마음껏 펼칠 수 없었다. 현실적인 문제는 이론적 층차에서 조망되거나 처리되지

원문은 다음과 같다. "비판의 무기는 물론 무기의 비판을 대신할 수 없다. 물질적 힘은 물질적 힘에 의해 전복되어야 한다. 그러나 이론 또한 대중을 사로잡자마자 물질적 힘으로 된다. 이론은 대인적(對人的)으로 증명되자마자 대중을 사로잡을 수 있으며, 그것이 근본적으로 되자마자 대인적으로 증명된다. 근본적이라 함은 사태를 뿌리에서 파악하는 것이다. 그런데 인간에게 있어서 뿌리는 인간 자신이다. 독일 이론의 근본주의에 대한 명백한 증거, 그러므로 독일 이론의 실천적 에네르기에 대한 명백한 증거는 그것이 종교의 결정적이고 확실한 지양에서 출발했다는 것에 있다." (≪칼 맑스 프리드리히 엥겔스 저작 선집 1≫, 박종철출판사, 1997년, 9쪽) 본문을 통해 확인할 수 있는 것처럼 '비판의 무기'는 이론을, '무기의 비판'은 무기의 실질적이고도 물리적인 힘을 가리킨다. 결국 본문의 언급은 이론적 비판의 역량을 실질적이고도 현실적인 힘으로 전환시켜야 한다는 것을 뜻한다고 할 수 있을 것이다. - 역주

못했으며 몇 가지 거대 서사를 총체적인 해결 방안으로 제시할 뿐인 이론적 껍데기만 남게 되었다.

이러한 상황에는 당연히 원인이 있다. 1980년대 이후 개혁 개방을 기치로 한 현대화 서사 속에서 20년 만에 200년 자본주의 역사의 길을 따라 잡은 중화 민족의 위대한 부흥은 이미 주류 이데올로기가 되어 버린 현대화의 꿈과 서로 연결되어 여러 형태의 거대 서사를 떠받치고 있다. 어떻게 다시 현대화를 추구할 것인가, 어떻게 다시 세계에 눈뜰 것인가, "達則兼濟天下 窮則獨善其身(궁할 때에는 자신을 돌보는 것이 최선이고 얻었을 때 비로소 천하를 도모함)" "身在江湖 心憂魏闕(자신이 어디에 거하고 있든 항상 국가의 일을 걱정함)"* "經世致用(국가와 사회를 질서 있게 통치하고 세상에 필요한 실용적인 지식을 알맞게 사용함)" 등, 전통적인 사대부적 정서가 줄곧 모든 중국 지식인의 마음을 관통하고 있었다. 중국의 문제는 본래 복잡하고, 그러한 문제들은 사회적 전환기에 더욱 쉽게 표면화된다. 각종 사회적 모순, 역사적 책임, 민족적 열등성 등 각종 문제들이 쉼 없이 솟아오르게 되고, 때문에 총체적 해결 방안은 독특한 매력을 갖게 되기 마련이다. 이러한 상황 속에서 외래 이론이 새로운 사유를 개척하게 되면 그것이 비록 국한된 효용성밖에 갖지 못할 지라도, 그것은 중국이라는 공간 속에서 본래 가지고 있는 능력보다 더욱 부풀려지게 되고, 그러한 사유의 경로를 따라 총체적 방안이 도출된다. 이론의 또 다른 효용성은 사람들로 하여금 시야를 확대하여 영역을 개척할 수 있게 해준다는 것이다. 새로운 이론적 언설은 여러 가지 이론들의 혼돈 속에서 보다 날카로운 시선을 갖게 해주고, 남들보다 뛰어난 혜안을 갖게 해준다. 20세기 80년대 "'혁신(創新)'이라는 녀석을 따라 잡느라 사람들은 소변 볼 시간조차 없다."는 농담은 그러한 역사적 상황을 반영하고 있는 것이다. 그리고 이러한 역사적 과정에 의해 시대의 새로운 학자들이 탄생되기도 했다. 1990년대 각

* "身在江湖 心憂魏闕"는 ≪莊子 · 讓王≫에 나오는 말로, 자신이 어느 곳에 위치하든 항상 국사(國事)와 같은 대의에 마음을 쓴다는 뜻이다. 본문에서는 중국 지식인의 전통적인 우환의식(憂患意識)과 대공무사(大公無私)의 사유방식을 가리킨다. - 역주

종 거대 서사적 이론 경향은 이러한 지적 전통을 계승한 결과이며, 서구의 이론이 중국으로 유입되는 과정 안에서 일종의 '풍토병'으로 변하게 된 것 역시 이러한 상황 속에서이다. 이러한 사유의 관성 속에서 '포스트모던'은 도래한 것이고, 그것은 인도와 파키스탄의 혼종적인 '탈식민'적 요소를 가지고 있었기에 더욱 복잡하고 혼란스러운 것이었다. 그리고 중국의 경제 사회 문화의 복잡성은 그러한 복잡성에 대응하기 위한 '처방전'을 기다리고 있었다. 이러한 상황 속에서 '포스트모던'은 결코 놓칠 수 없는 호기였다. '포스트모던'이 처음 등장하자마자 '중화성'이라는 위대한 구상을 내놓게 되는 것은 결국 중국의 전통적 지식인의 사대부 정신이 80년대 이후의 '혁신(創新)'이라는 지적 전통과 성공적으로 결합하고 있다는 것을 보여주고 있는 것이 아닌가? 그리고 그것은 '포스트모던'을 우회하여 '현대'의 '중심'에 진입하겠다는 의도를 담고 있는 것이 아닌가?

어떻게 기존의 이론적 관성을 혁파하고 현실적인 공리적 유혹을 넘어서서 활력 넘치는 이론적 매력을 다시 되찾을 수 있는가? 이것이야말로 중국 학계가 심원하게 대면하고 있는 새로운 주요 과제라고 할 수 있을 것이다.

'포스트론' 논쟁의 배후에는 또 다른 잠재적 명제가 존재하고 있다. 그것은 바로 1990년대 중국 사회의 전환에 대한 기본적 태도이다. 1990년대로부터 지금에 이르기까지 '후기 신시기', '신사실', '포스트모던', '탈식민' 등 각종 '포스트(post)'를 기치로 내세우고 있는 사조와 이론들은 학계에서부터 일상생활에 이르기까지 일종의 유행처럼 번져 나가고 있다. 그리고 이러한 상황은 1980년대 중국 대륙에서 각종 '신(新)' 사조들이 우후죽순처럼 등장했던 상황과 상당히 유사하다. 익숙하기도 하고 낯설기도 한 각종 서구의 저작들과 이론들이 산발적으로 혹은 체계를 갖추어 번역되어 유입되면서 서로 상이한 목소리를 내는 각종 사상적 흐름들이 경쟁적으로 분출하게 된다. 사상적 논쟁은 학술적 영역에서 보통 민중들의 삶으로까지 이어졌으며 학술적 관점의 상이함이 개인 생활의 서로 다른 선택에까지 영향을 미치게 되었다. 이러한 상황은 곧 서로 다른 사상사적 흐름 사이에 모종의 공통성이 존재하고 있음을 보여주고 있는 것이다. 물론 80년대와 90년대 사상적 흐름 사이의 차이점은 너무도 분명한 것이다. 그중 하나는 '진리 표준에 대한 논쟁'을 거치면서 마오쩌둥 시대의 사회주의와 혁명에 대한 몇 가지 주요 원칙들이 '양개범시(兩個凡是)'에 대한 비판 과정 안에서 부정되었다는 것이다. 또 다른 하나는 전체적인 사상 및 여론계가 소리 없이 '논쟁하지 않음'이라는 대규율을 무너뜨리면서 각종 사상 논쟁들이 표면 위로 부상하게 되고, 여러 사상 조류들이 80년대와 90년대 말이라는 서로 다른 시대 속에서 좌충우돌하며 상호 충돌하게 되었다는 사실이다. 80년대와 90년대 사이에는 서로 다른 형태와 특징 역시 존재하고 있는데, 80년대는 주로 문학, 심리학, 철학 등의 영역을 중심으로 논쟁이 진행되었고 개성해방, 주체성의 고양(高揚), 계몽, 과학, 민족-국가의 현대화에 대한 거대한 계획들이 당시의 광범위하고도 급박한 요구로 떠올랐다. 90년대 이후에는 사회학, 인류학 심지어 학제간 문화 연구 등의 영역이 전개되었으며, 현대성과 현대성에 대한 반성, 세계화와 세계화에 대한 비판, 발전 및 대안적인 경제 모델을 주제로 하면서, '새로움(新)'의 시대가 지나가고 '후기'의 시대가 도래하는 사이, 냉전 이후 '역사의 종결'이라는 새로운 세계사적 국면 안에서 중국적 현대화 혹은 그와 다른 대안적 가능성을 찾는 것이 중요 과제로 떠오르게 된다. 서로 다른 해석과 역사관의 이면에는 서로 다른 가치관이 놓여 있다. 80-90년대 사이의 상이함은 이처럼 선명했기 때문에 90년대 후반 이후의 대다수의 사상 토론과 분석은 두 시대 간의 사회문제, 문화 변천 및 사상적 흐름 등 그 차이점에 집중했다. 왕후이는 논쟁을 불러 일으켰던 저명한 논문 〈오늘날 중국의 사상 동향과 현대성 문제(當代中國的思想狀況與現代性問題)〉의 모두에서 "1989년은 역사적 결절점을 이루는 시기"이며, "두 세계가 하나의 세계가 되었다. 세계화된 자본주의 세계로 말이다."[25]라고 언급하고 있다. 냉전 종식 이후, 자본주의를 중심으로 한 세계의 통일은 얼마나 큰 변화인가? 1980년대 말, 더욱 정확하게 말하자면 덩샤오핑의 남순강화 이후, 즉 '경제, 정치, 문화 행위 심지어 정부의 행위를 포함한 중국 사회의 각종 행위는 모두 매우 심각하게 자본과 시장 활동의 영향을 받게 된' 이후 말이다.[26] 필자는 일찍이 위에서 언급했던 것과 같은 변화와 그것에 대한 관찰의 결과에 주목했다. 그리고 그러한 관점과 입장에서 출발하여 지금으로부터 그다지 멀지 않은 사회적 상황과 그에 따른 변화에 대한 관찰과 해석을 시도해 보았다. 그러나 일련의 논쟁들을 고찰하는 과정 안에서, 과거 십 년 동안의 각종 토론을 열람하고 당시 논쟁들이 벌어졌던 시대적 상황을 되돌아보면, 깊은 인상으로 남게 되는 것은 결국 80년대와 90년대라는 두 가지 시대 사이에 깊이 있는 내재적 연관 관계가 존재하고 있다는 사실이다. 한 편에서는 '새로움(新)'이, 다른 한 편에서는 '후기 혹은 탈(脫)'이라는 두 가지의 사조(思潮)가 사상과 역사 흐름의 양단을 꿰뚫고 있었던 것이다. 1990년대 이후 중국의 사회적 변화는 물론 거대했고 격렬했다. 하지만 그렇게 거대하고도 격렬한 변화가 어떻게 도래한 것인가를 알아내기 위해 그것의 특수성과 특이함만을 지나치게 강조하게 되면, 우리는 80년대와 90년대 사이의 연관 관계를 인식할 수 없게 되며 사회주의 시기의 중국과 오늘날의 변화 사이의 내재적 연관 관계를 제대로 파악할 수 없게 된다. 마찬가지로 두 시대의 단절성을 지나치게 강조하는 것은 결국 오늘날 중국 사회의 주류적 이데올로기를 비판하는 것이 아닌 구축하는 결과를 낳게 될 것이다. 분명 1990년대 중국 학술 사상계 변화의 의의와 가능성을 지나치게 강조하는 것 그리고 새로운 이론적 언설(담론)의 역량을 과도하게 강조하고 '포스트모던'과 '탈식민' 논쟁 및 그것 자체의 문제를 공허하게 떠들어 대는 것은 모두 이러한 시대적 분위기 속에서 탄생되고 전개된 것이다.

되돌아보면 '포스트모던'의 이론적 층차에서 보았을 때, 앞서 언급했던 것처럼, 포스트 모더니즘은 근본적으로 일종의 비판적 이론이자 사상 방법론이다. ≪포스트 모더니즘 혹은 후기 자본주의의 문화 논리(*Postmodernism or The Cultural Logic Of Late Capitalism*)≫에서 프레드릭 제임슨은 '포스트모던'이 제공하고 있는 것은 단순히 모종의 문학과 예술의 새로운 현상을 설명하는데 용이한 술어를 제공하는 데 그치는 것이 아니라, 후기 자본주의적 제도가 만들어 낸 '인식 척도'의 경로 역시 창출해 내고 있다고 주장한다. 이러한 '인식 척도'는 사람들로 하여금 "당연하다고 생각해 왔던 것들을 새롭게 인식하게 하며, 나아가 새로운 인식틀과 새로운 시각을 창출해 내게 하고, 그동안 익숙해져 있던 감각과 가치를 청산하게 한다." 분명 제임슨이 강조하고 있는 것은 '포스트모던' 개념이 담지하고 있는 '정치 문화에 대한 비판적 가치'이다. 그것은 경험적인 묘사적 개념이 아니라, 비판을 그 목적으로 하는 '협조적' 개념이다.[27] 중국에서 비교적 이른 시기에 그리고 전력을 다해 '포스트모던' 담론을 밀어 붙였던 왕닝(王寧)은 모더니즘이 일종의 가상적 중심을 만들어 내려 했던 반면, 포스트 모더니즘은 그러한 중심을 해체시키려 했다고 이해한다. 모더니즘은 등급제에 함몰되어 있었지만 포스트 모더니즘은 그러한 기존에 존재하고 있는 등급제를 해체시키려 한 것이다. 또한 모더니즘은 거대 서사 혹은 원(元)서사를 신봉했지만, 포스트 모더니즘은 '야사(野史)'를 중시한다. 모더니즘의 본체론은 정확성을 그 요체로 하지만, 포스트 모더니즘의 본체론은 불확정성을 그 요체로 한다. 모더니즘은 형이상학적 사고에 힘쓰지만 포스트 모더니즘은 풍자와 조롱을 숭상한다. 모더니즘적 역사관은 선형적이지만, 포스트 모더니즘은 반(反)역사적이다. 모더니즘의 자아의식은 매우 명확하지만, 포스트 모더니즘은 그러한 자아의식을 결여하고 있다. 모더니즘 문학은 자신의 우아한 형식과 내용을 통해 사람들에게 미적 향유를 제공하지만, 포스트 모더니즘은 풍부한 연출성과 무선택성(無選擇性)을 가지고 있다.[28] 하지만 설사 이러한 표상적이고 지식적인 귀납에 근거해 중국의 '포스트모던' 창도자들이 여전히 포스트모던적 문제 상황에 대면하여 포스트모던적 담론 방식을 모방하고 있다고 할지라도, 그들이 포스트모던의 문제의식과 근본적인 주안점을 제대로 짚어내지 못하고 있다는 사실을 놓쳐서는 안 된다. 포스트 모더니스트들의 최종 목표 안에서 직선적이고 확정적인 총체화된 '중화성'이라는 거대 서사가 자신을 기준으로 한 또 다른 중심을 건설하려 한다는 사실은 너무도 분명하다. 때문에 '포스트모던'이 주장하는 해체와 같은 목표는 완전히 '희극화'되어 버렸다고 할 수 있을 것이다.

'탈식민주의'적 언설에 있어서 탈식민주의 담론 비평은 식민화의 주동 세력이 피식민지에서 물러간 이후 피식민지의 "정치 문화적 환경이 어떻게 구성되어 있는가에 대한 고찰을 그 기본으로 삼고 있다. 탈식민주의 비평은 탈식민주의의 명의를 빌어 서구 문화를 비판하는 것이 아니다. 탈식민주의 비평의 주안점은 식민주의와 서구문화 양자 간의 영향이 어느 정도에 이르렀는가를 고찰하고 그러한 영향 관계가 어떻게 표현되고 있는가를 고찰하는 데 있다. 탈식민주의 이론은 불변하는 담론 질서 안에서 권력의 평형 관계를 뒤집는 것이 아니며 문화적 상징의 과정을 새롭게 설정하고 민족, 문화 혹은 집단이 담론의 '주체' 그리고 심리적 정체성의 대상이 되게 하는 것을 목표로 한다." 탈식민주의 담론 비평은 서구 문화에 대한 반대를 기회로 삼아 새로운 문화적 헤게모니를 통해 문화적 위치를 새롭게 정위시키고 그러한 과정을 통해 이전의 서구적 문화 패권을 대체하려는 것이 아니다. 그것의 진정한 목표는 서구 문화의 패권 아래서 억압된 종족적, 계급적, 성별적, 지정학적 요소들을 청산, 정리하고 정체성 인식에 영향을 미치는 사회 역사적, 문화 정치적 언어 환경 역시 청산 및 정리하여 새로운 가능성을 이끌어 내는 것이다.[29] 일찍이 1992년 류허(劉禾, 영어명 Lydia H. Liu)는 사이드의 ≪오리엔탈리즘≫를 대표로 하는 탈식민주의 이론의 내적 긴장과 그 문제점을 지적해 낸 바 있다. 그에 따르면 동서 문화를 비교하는 이론은 실상 지식과 권력이 작동하는 장소이다. 피식민지 문화에 대한 서구적 문화 패권의 압박을 강조할 때, 그것은 실제적으로는 또 다른 층차에서 서구인의 지식에 대한 독점을 긍정하고 있다는 것이다. 인도의 학자 파르타 차테르지(Partha Chatterjee)는 ≪민족주의적 사고와 식민지 세계(*Nationalist Thought and the Colonial World*)≫라는 저서에서 인도의 역사에 있어서 식민지 담론이 어떻게 피식민지의 지식인에 의해 식민통치에 저항하는데 이용되었고 그러한 과정을 통해 그것이 현대 민족-국가의 건설이라는 목표를 위해 사용되었으며 결국 현대 국가 권력의 합법성에 대한 해석을 뒷받침 하는 도구로 변형되었는가를 분석하였다. 또한 서구의 문화적 헤게모니는 모종의 중개와 전환을 통해 새로운 지식과 권력으로 변할 수 있다.[30] 〈이론과 역사, 동양과 서양(理論與歷史、東方與西方)〉이라는 글에서 류허는 한 걸음 더 나아가 서구 이론이 본토(피식민지 — 옮긴이)에서 현지화 되는 과정 중 나타나는 이론적 곤경에 대해 언급하고 있다. "서구적 문제가 우리에게 제기하는 도전은 '서구이론'이 중국의 언어 환경에 적합한가라는 오래된 문제를 훨씬 넘어선다. 또한 우리가 그것을 필요로 하는가 필요로 하지 않는가의 문제도 아니다. 서구 이론의 본토화가 제기하는 진정한 문제는 중국의 지식인들이 격렬하게 변화하는 세계화의 상황 속에서 어떠한 역할을 떠맡아야 하는가? 언어와 문화를 뛰어 넘는 학술 및 학제사 연구에 있어서 중국의 학자는 어떠한 독특한 공헌을 해낼 수 있는가?"[31]

지식인의 사명과 입장 혹은 '포스트모던' 이론의 기본적 요구를 막론하고 '포스트모던', '탈식민' 담론은 1990년대 이후 중국의 사회 문화적 변화 과정 안에서 그 현실적 예리함과 이론적 적합성을 보여주었다. 그리고 이러한 예리함은 현실 상황의 복잡성에 대한 비판을 시작으로 전개되었다. 때문에 내재적 문제로부터의 출발 혹은 이론적 부연의 층차에서 전개, 심지어 이론 적용의 동기상의 문제를 막론하고 '포스트론'의 언설은 시작과 함께 심각한 이론적 곤경에 부딪히게 되었으며, 당대 중국 사회 문화의 변화를 해석하는 과정 안에서, 그러한 내재적 초점과 곤경(困境)은 가장 근본적인 문제로부터 심각하게 표출되었다. 과거의 문제가 해결되지 않은 채 새로운 문제가 도래한 상황에서 중국의 '포스트론' 언설이 마땅히 받아야 할 존중과 의미 있는 사상적 검토를 받지 못했다는 점 역시 문제라고 할 수 있을 것이다. 이러한 상황에서 어떻게 또 중국 포스트론의 이론적 효용성의 발휘를 논할 수 있겠는가?

4. '포스트모던', '탈식민' 이론 비판의 현재적 가능성

그 이유가 무엇이 되었든, 필자는 '포스트론' 언설의 1990년대에 시작된 중국 사회 문화의 변화에 대한 의의, 그리고 포스트 모더니스트들의 예리함과 노력을 강조해 두고 싶다. 1980년대 초반을 시작으로, 특히 1992년 덩샤오핑의 남순강화(南巡講話) 이후의 경제 개혁은 중국을 전(全)지구적인 자본주의 생산관계로 진입시켰다. 그리고 현대화를 그 이상적 목표로 하는 계몽과 신계몽(新啓蒙), 인문주의적 도덕 이상을 사상적 입각점으로 하는 지식인군(群)은 심각한 도전에 직면하게 되었다. 경제적 사건으로서든 정치적 사건으로서든, 소비문화와 발전-시장-소비를 중심축으로 하는 소비 이데올로기는 이미 사람들의 일상생활에 깊이 파고들었고, 지식인의 변화하는 사회 속에서의 위치와 입장, 그들의 감각과 주안점 그리고 지식인의 '본성'이라고 할 수 있는 비판적 태도 등은 점차 심각한 변화를 겪게 되었다. 지나치게 강렬한 엘리트주의적 입장과 도덕 지상주의적 입장은 더 이상 '세속화'되어 버린 사회생활에 대한 해석을 내놓거나 그것에 적절하게 대응할 수 없었다. 프랑크푸르트학파의 지식인적 관심 그리고 문제를 서술하는 방식의 부족 등은 이러한 점에서 더욱 분명하게 드러난다. 이러한 의미에 있어서 중국 '포스트론'의 엘리트주의적 입장 및 도덕 이상주의적 입장에 대한 배리에는 일정 정도의 정당성이 있다고 할 수 있을 것이다. '포스트론'은 일종의 사상적 흐름으로서, 기존의 사상 체계와는 또 다른 측면에서 1980년대 중국 지식인들이 익숙해 있던 도덕주의적인 비판적 담론체계가 새로운 사회 문화 현상에 대한 해석에 실패했다는 것을 입증하고 있다. 하지만 '중국의 포스트 모더니스트'들의 언설이 별다른 효과를 창출해 내지 못했다는 것이 곧바로 '포스트모던', '탈식민' 이론이 중국에서 완전히 실패했다는 것을 의미하는 것은 아니다. 오히려 이와 반대로 그 내재적 곤경은 포스트론의 모종의 현재적 가능성을 예고하고 있다고 볼 수 있다. 오늘날, 현대성이 진행되는 과정 안에서 불거지고 있는 그것의 내재적이고도 구조적인 문제들이 중국에서 더욱 현실적이고도 엄혹하게 전개된 이후, '포스트모던' 이론의 반항적 논리와 포스트모던이 이론적 층차에서 강조 및 요구하고 있는 포스트모던적 사회에 대한 일종의 긴장 관계는 점차 매우 소중하고도 긴박한 가치로 변해가고 있다.

우선 포스트모던은 지식인군의 '본성'적 특징이라고 할 수 있는 사회적 대변인으로서의 신분에 직접적인 의문을 던지고 있다. 오늘날의 중국 사회에 있어서, 지식인에 대한 처우가 개선되고, 사회적 위치가 높아지면서, 그들의 사회 기층민의 요구와 울분에 대한 관심은 갈수록 요원해 지고 있다. 심지어 일부 지식인들은 주류 이데올로기를 구축하고 그것을 보위하려는 대오에 적극적으로 참여하면서 1980년대 '총체적 존재'로서의 지식인이라는 개념은 더욱 복잡해지고 말았다. 때문에 '주변부', '기층민중', '사회적 약자'를 대변해 왔던 지식인의 '본성'적 입장이라고 할 수 있는 비판적 입장과 그 유효성은 의문시 될 수밖에 없었다. 한 편에서는 중국을 어떻게 인식하고 해석할 것인가가 1990년대 후반 이후 지식인의 내부적 분화를 특징짓는 표지가 되었으며, 한 시대를 풍미했던 '신좌파'와 자유주의 간의 논쟁은 바로 이러한 내용을 포함하고 있다고 할 수 있다. 또 다른 한 편에서는 지식인의 분화가 지식인의 새로운 위치 설정을 외재적 지식인에서 내재적 지식인이라는 문제로 변화시켜 놓음으로써, '유기적 지식인(그람시적 의미에서)'의 문제가 더욱 분명하게 드러나게 된다. '삼농문제(三農問題)'의 표면화와 당대 중국 사회 계층 및 구조에 대한 조사와 분석이 그 대표적인 예라고 할 수 있을 것이다. 일련의 지식인들은 다시 농촌으로 내려가 향촌 사회의 건설에 투신하는 방식으로 '삼농' 문제라는 난국을 타개하려 하였다. 이러한 외부로부터 내부로, 즉 문제의 한 가운데로 들어가는, '기층으로 투신'하는 사고와 실천은 여전히 거대 서사의 기획을 벗어나지 못한 것이긴 하지만, 그 방법론을 미시적 정치 분석으로 전환시키면서 그 현실적인 실천 전략에 있어서도 총체적인 억압적 사회 기제를 미시적인 반항과 화해를 통해 해체시켜 나가고 있다.

학술운동의 일부분으로서 '포스트모던' 이론의 유입은 학술적 연구를 통해 드러나고 있다고 할 수 있다. 그중 가장 두드러지는 부분은 8,90년대 각종 인문사회과학 분야의 변화이다. 1990년대 후반 이후 사회학과 인류학은 중국에서 새로운 활력을 되찾기 시작했다. 사회학은 문학을 대체하여 자신과 사회 그리고 역사 문화를 관찰하는 주요 영역이 되었으며, 1990년대 이후 각종 중요한 공공 논전이 벌어지는 주요 영역이 되었다. 물론 이것이 사회학과 인류학의 부흥이 곧 이러한 분야가 어떻게 포스트모던 혹은 탈식민 이론을 광범위하게 유입시켰는가를 말하는 것은 아니다. 오히려 사회학과 인류학이 새롭게 부흥하게 된 원동력은 바로 새로운 시야와 방법론이 중국에 유입되었기 때문이다. 그러한 학과들이 새로운 활력을 얻어 단순히 광범위한 개념을 생산해 내고 총체적인 해결방안만을 내놓는다면 그것은 얼마나 시대에 맞지 않은 일일 것인가. 때문에 현장 조사를 하고 장기적인 사회 조사를 바탕으로 일지를 쓰고 개체적인 실천과 연구를 통해, 대중들이 익숙해져 있고, 총체적 관념을 형성하고 있는 '고정 관념'들을 타파해 사람들의 개체적 혹은 집체적인 언행들을 그 사건이 발생한 직접적인 언어 환경 속에 위치키는 것은 매우 중요한 이론적 전환이라고 할 수 있을 것이다. 다양한 형태의 '현지화' 방식과 주변부의 소수 민족 생활에 대한 연구, 농민공 등 사회적 약자의 처지, 동성연애로부터 페미니즘에 이르는 각종 주제들을 연구의 주제로 포함시켜 그러한 주제들을 모두 사회학과 인류학의 주제로 포괄할 수 있게 된 것이다. 이러한 연구 작업들은 단일한 사회적 상상의 방식을 타파해 다양한 종류의 생활 형태와 다원화된 문화적 가능성과 그 가치에 깊은 영향을 미쳤다.

보다 선명한 학제상의 변화는 당대 중국의 '문화연구' 분야에서 나타난다. 문화연구의 가장 독특한 변화는 바로 학제 간의 영역을 뛰어 넘는다는 것이다. 현대 학과제의 경계와 그 규범성의 건립은 현대성의 중요한 특징이다. 20세기 90년대 후반 이후, 문화연구는 문학, 번역을 뛰어 넘어 언어학, 심리학, 기호학에 이르기까지 인류학의 현장 조사, 역사학의 고증, 사회학의 설문 조사, 경제학적 정치 분석 등 각종 연구 방법과 분석 관점을 융합하고 있다. 그리고 이러한 융합과 통섭은 세계를 해석이 필요한 하나의 거대한 텍스트로 만들고 있다. 또한 문화연구의 관점과 방법은 거꾸로 각종 학과 연구에 응용되고 있다. 문학 영역에서 80년대 꾸준히 추구해 오던 '문학 그 자체로의 회귀', '순수문학'에 대한 요구와 추구는 심각한 반성에 직면했으며, 문학 외적 요소들이 보다 광범위하고 심각한 의미에서 연구 대상에 포함되었다. 적지 않은 문학연구자들은 "문학은 더 이상 폐쇄된 대상이 아니며, 그것은 사회생활의 실천 영역 속에 스며들고 있다. 문학적 의의의 생산 방식과 과정은 보다 넓은 사회적 배경 하에서 고찰되어야 한다." "문학 작품의 유통과 소비는 비단 모종의 확정적 의의의 전달인 것이 아니라 의미 증식의 생산과정이며, 이러한 의미 증식의 생산 과정 안에서 각종 사회 역사적 요소들의 개입이 문학 작품 연구의 중요한 목표가 되어야 한다. 바꿔 말하자면, 그러한 연구 지향점은 작품 그 자체가 아니라 각종 역량이 서로 복잡하게 얽혀 서로 영향을 미치고 있는 광대한 사회 역사적 장소인 것이다."[32] 이러한 관념의 변화는 당연히 우연한 것이 아니다. "푸코의 사상은 수많은 사람에게 영향을 끼쳤으며, 동시에 텍스트를 일종의 역사와 문화적 건축물로 보게 했다. '문화연구'가 제공한 '생산'이라는 개념은 사람들의 시선을 텍스트 배후에 있는 생산 기제와 각종 복잡한 권력 관계로 돌리게 하였으며, 문학사의 서사 범위를 보다 확대시켰다."[33] 문화연구의 활력은 비단 학과 영역에 혁명적 변화를 가져 오고, 역사와 사회적 텍스트를 문화적 시각을 통해 분석하게 해준 데에서 그치는 것이 아니다. 보다 중요한 의의는 문화연구를 통해 최근의 '현지화'를 통한 사회 운동과 실천이 결합되고 있다는 데에 있다. 1990년대 후반 이후 중국을 석권하고 문학, 문화 사상 영역에서 광범위한 영향력을 끼치고 있는 장아이링 열(張愛玲熱)에서부터 상하이 노스탤지어 열풍에 이르는 연구 주제 및 그러한 주제에 대한 독해와 분석은 이미 식민과 탈식민 이론의 비판적 역량을 보여 주고 있다. 포스트모던, 탈식민 이론은 문학연구 영역에 직접적인 영향을 미치고 있으며, 문화연구의 관점과 방법 역시 문학연구 영역에서 전개되어 문학을 우리의 현실적 상황에 직접적으로 적용될 수 있는 대상으로 변모시켜, 문학사상이 당대의 사회 문화적 변화를 미래로 이끌어 갈 수 있도록 하는 가능성이 되게 하고 있다.

앞서 살펴본 '포스트모던과 탈식민' 논쟁의 1990년대적 상황에 대한 정리를 통해 포스트모던, 탈식민 이론이 당대 중국의 각종 영역에서 전개 시킨 영향 관계를 살펴보면 일종의 사조로서 '포스트론'의 영향력은 이미 정점을 지나 하락단계에 접어들었다고 할 수도 있을 것이다. 하지만 포스트모던 이론의 잠재력과 그것의 강력한 반성적 역량은 아직 완전히 실현되지 못했다. 중국의 포스트 모더니스트들이 대면하고 있는 곤경은 프랑스의 사회학자 부르디외(Pierre Bourdieu)의 언급과 일치하고 있는지도 모른다. "지금의 세계는 상징적 측면 그리고 물질적 측면으로서의 활발하고 유효한 자본을 위해 존재하고 있다. 또한 그것은 행위자가 표현해 낼 수 있는 범위 안에 존재한다. 문화 자본은 투쟁 중의 일종의 무기로서 혹은 모종의 이해관계로서 주목받거나 혹은 투자에 사용된다. 그리고 그러한 투쟁은 문화상품의 영역과 사회적 투쟁의 영역에서 끊임없이 발생한다."[34] 사이드는 절대로 '권력지향'이 되어서는 안 된다고 말한다. 하지만 권력에 의해 고용되지 않은 지식인은 한낱 몽상에 불과한지도 모른다. 특히 오늘날과 같이 소비주의가 단순한 사회현상이 아니라 현재 중국인의 생활 방식이 되어 버리고 그러한 이데올로기가 전체 사회를 통제하고 있는 이 시기에는 말이다.

지은이 주

1) 張頤武, 〈闡釋"中國"的焦慮〉, ≪二十一世紀≫ 總第28期, 香港中文大學中國文化研究所, 1995年 4月
2) 王超華, 〈導論: 當代中國的精神界風貌〉, 王超華 編, ≪岐路中國≫(臺北:聯經出版公司, 2004年), 13쪽
3) 페리 앤더슨, 王晶譯, ≪后現代性的起源(*The Origins of Postmodernity*)≫(臺北:聯經出版事業公司, 1999年), 32-33쪽 참조
4) 陳曉明, ≪后現代主義·前言≫, ≪后現代主義≫(河南大學出版社, 2004年), 1쪽-7쪽 참조
5) ≪當代電影≫(北京:≪當代电影≫雜志出版社), 1990年 第2·5·6期, 1993年 第3期, 1994年 第5期 참조
6) 포케마(Dollwe Fokkema), ≪走向后現代主義·序言≫(北京:北京大學出版社, 1991年)
7) ≪鐘山≫第1期에 실린 王寧, 陳曉明, 張頤武, 蔣原倫, 孫津, 盛寧 등의 글인 ≪"后現代"筆談≫을 참조
8) 陳曉明, 張頤武, 戴錦華, 朱偉 등의 대화, 〈精神頹廢者的狂舞〉, ≪鐘山≫, 1993年 第6期
9) 위와 같음
10) 張頤武, 〈后現代性與"后新時期"〉, ≪文藝研究≫, 1993年 第1期
11) 張頤武, 〈后現代與漢語文化〉, ≪鐘山≫, 1993年 第1期의 〈"后現代"筆談〉
12) 張頤武, 〈闡釋"中國"的焦慮〉, ≪二十一世紀≫, 1995年 4月號 참조
13) 劉康, 〈批評理論與中國當代文化思潮〉, ≪二十一世紀≫ 第22期, 香港中文大學中國文化研究所, 1994年 4月
14) 劉康, 〈全球化與中國現代化的不同選擇〉, ≪二十一世紀≫ 第37期, 香港中文大學中國文化研究所, 1996年 10月
15) 劉禾, 〈黑色的雅典—最近關於西方文明起源的論爭〉, ≪讀書≫, 1992年 第10期
16) 張頤武, 〈后新時期中國電影:分裂的挑戰〉, ≪當代電影≫, 1994年 第5期; 張頤武, 〈全球性后殖民語境中的張藝謀〉, ≪當代電影≫, 1993年 第3期 참조
17) 王岳川, 〈后現代主義與價值反思〉, ≪文藝研究≫, 1993年 第1期
18) 張頤武, 〈面對全球化的挑戰〉, ≪二十一世紀≫, 第38期, 香港中文大學中國文化研究所, 1996年 12月
19) 徐賁, 〈"第三世界批評"在當今中國的處境〉, ≪二十一世紀≫ 第27期, 香港中文大學中國文化研究所, 1995年 2月
20) 趙毅衡, 〈"后學"與中國新保守主義〉, ≪二十一世紀≫ 第27期, 香港中文大學中國文化研究所, 1995年 2月
21) 汪暉, 〈當代中國的思想狀況與現代性問題〉, ≪死火重溫≫(人民文學出版社, 2000年), 69-70쪽
22) 張隆溪, 〈多元社會中的文化批評〉, ≪二十一世紀≫ 第33期, 香港中文大學中國文化研究所, 1996年 2月
23) 汪暉, 앞의 글, 앞의 책, 68-69쪽

24) 王曉明, 〈在批判的姿態背後〉, ≪二十一世紀≫ 第22期, 香港中文大學中國文化硏究所, 1994年 4月 참조

25) 汪暉, 앞의 책, 42쪽.

26) 汪暉, ≪死火重溫≫, 42쪽 본문에서 강조하고 있는 것은 '1992년'이지 '1989년 이후'가 아니다. 그것은 필자가 보기에 중국 지식인들의 사회사상 문화의 변화 추세에 대한 판단과 비판이 중국의 사회 정치적 변혁보다 선행하지 않았기 때문이다. 다시 말해, 비판적 지식인의 중국 사회, 사상 문제에 대한 사고가 충분한 예비적 단계를 거치지 않았다는 것이다. 이것은 중국의 지식인들이 여전히 가지고 있었던 현실 상황에 대한 날카로운 인식을 보여주고 있는 동시에 당시 지식인들의 상상력이 부족했음을 보여주고 있다.

27) 徐賁, 〈甚麼是中國的"后新時期"〉, ≪二十一世紀≫ 第36期, 香港中文大學中國文化硏究所, 1996年 8月 참조

28) 王寧, 〈如何看待和考察后現代主義〉, ≪文藝硏究≫, 1993年 第1期

29) 張京媛 主編, ≪后殖民理論與文化批評—序言≫(北京大學出版社, 1991年), 4-5쪽 참조

30) 劉禾, 〈黑色的雅典—最近關於西方文明起源的論爭〉, ≪讀書≫, 1992年 第10期

31) 劉禾, 〈理論與歷史、東方與四方〉, ≪讀書≫, 1996年 第8期

32) 倪偉, 〈作為視野和方法的文化硏究〉, ≪現代文學硏究叢刊≫, 2002年 第3期 참조

33) 王曉明, 〈面對新的文學生產機制〉, ≪中華讀書報≫, 2003年 2月26日

34) 부르디외, 包亞明 譯, ≪文化資本與社會鍊金術—布爾迪厄訪談錄≫(上海人民出版社, 1997年), 199-200쪽

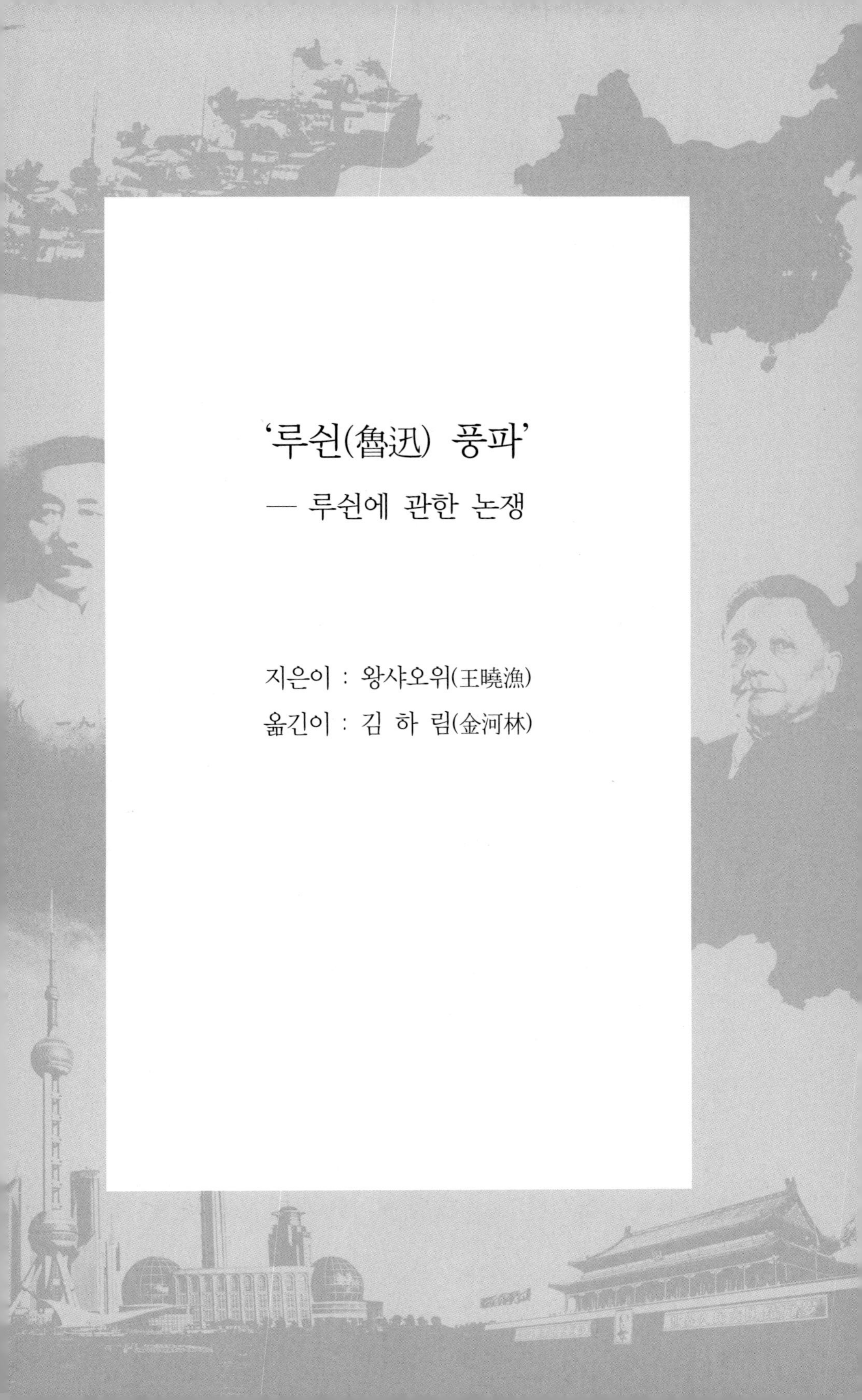

'루쉰(魯迅) 풍파'

— 루쉰에 관한 논쟁

지은이 : 왕샤오위(王曉漁)
옮긴이 : 김 하 림(金河林)

1. '50명의 루쉰'
2. 루쉰 연구의 수수께끼
3. 루쉰 패러디
4. 체 게바라와 루쉰

1988년 8월, 왕후이(汪暉)는 이후에 커다란 파장을 일으킨 한 편의 문장에서 '루쉰학(魯學)'*을 엄숙하고도 경건한 '오래된 성'에 비유했는데,[1] 이 비유는 서로 다른 방향에서 해석할 수 있다. 공간적인 속성에서 말하자면 오래된 성은 일종의 폐쇄성을 지니고 있어서 그 내부에 밝은 빛이 결핍되어 있는바, 이는 결국 '루쉰학'이 그 유명한 '쇠로 만든 방'**과 유사하다는 것을 암시하고 있다. 쑨위스(孫玉石)는 일찍이 "'쇠로 만든 방'을 부수어버리자고 외치는 와중에 서로 다른 힘들에 의해 루쉰 자신도 손가락 하나조차 대는 것을 허락하지 않는 하나의 '쇠로 만든 방'으로 주조되고 말았다"[2]고 말했다. 그러나 왕후이는 '오래된 성'이 일종의 회고 형태의 시간적 속성을 지니고 있다고 더욱 강조하며, '루쉰학'이 사람들에 의해 '고전연구'로 야유당하고 있고 연구자가 지속적으로 기존의 연구 성과에 새로운 것을 보탠다고 할지라도 그 내부의 분열과 논쟁은 더 이상 오늘날의 생활과 대화 관계를 구성할 수 없게 되었으며, 이로 인해서 결국 '고전적' 범주로 무정하게 내팽겨졌다고 지적했다. 이상의 이러저러한 루쉰 이해는 모두 나름대로 통찰력이 있는 견해이나,

* 루쉰에 관한 연구를 통칭해서 '루쉰학(魯學)'이라 지칭한다. 대략 1990년대 이후 중국의 루쉰 연구자들이 사용하기 시작했다. – 역주

** 루쉰의 첫 번째 소설집 ≪외침(吶喊)≫의 서문에 나오는 말로, 20세기 초반 중국의 현실을 비유한 것으로 널리 알려져 있다. – 역주

루쉰은 마치 카프카의 '성(城)'과 같이 무수한 수의 연구자가 그 안으로 들어서려 해도 바라만 볼 뿐 결국은 이르지 못하는, 최후에는 K의 운명을 벗어나지 못하게 된 것이다.

'루쉰학'만이 엄숙하고 경건한 '오래된 성'이 된 것이 아니라, 루쉰 자신 역시 종종 '성 위의 자주 바뀌는 대왕의 깃발'*로 여겨진다. '문화대혁명의 위대한 기수'라는 신분은 이미 반복적으로 의문시되었지만, 그는 여전히 중국 지식인의 첫 번째 깃발이다. '관 뚜껑이 닫힌 후에야 평가가 정해진다'는 옛말이 있으나, 루쉰이 서거한 지 이미 70년이 지났지만 그에 대한 논쟁은 오히려 지금까지 멈춘 적이 없다.

1980년대 말 이후 루쉰은 여타 문화 영웅들처럼 급속하게 사라지는 대신 반복적으로 논쟁의 주요 인물로 떠올랐고, 정리되어 출판된 논쟁집만 해도 10여 종에 달한다.[3] 그 중에는 루쉰의 도덕성과 인격, 루쉰과 후스(胡適)의 비교 등 비교적 오래된 명제도 많다. 그러나 이렇게 오래된 명제의 배후에는 계몽에 대한 재평가, 자유주의를 어떻게 평가할 것인가 등과 같은 적지 않은 새로운 문제들이 존재하고 있다. 루쉰은 이미 중국 지식인의 '현대 도통(道統)'이 되었고, 루쉰의 배후에는 매우 풍부한 상징자본들이 함축되어 있다고 말할 수 있다. 루쉰을 부정하든 긍정하든, 거의 모든 사상논쟁은 루쉰에게서 합법성을 탐색하고 있다. 일부 지식인들이 중국 지식인의 '현대 도통'을 다시 건립하고자 시도한다 하더라도, 루쉰에 대한 비판적 성찰로부터 시작해야만 했다.

루쉰을 둘러싸고 1990년대에 네 차례의 사상논쟁이 벌어졌다. 논쟁의 주제에 따라 도덕 이상주의 논쟁, 자유주의 논쟁, 해체주의 논쟁, 혁명 이상주의 논쟁으로 구분할 수 있다. 이러저러한 기복이 있는 '루쉰 풍파'는 루쉰 사상에 대한 지식인의 다른 관점을 드러내고 있을 뿐 아니라, 루쉰을 희소자원

* 이 시는 ≪남강북조집(南腔北調集)≫에 수록된 〈망각을 위한 기념(爲了忘却的記念)〉에 나온다. "夢裏依稀慈母淚, 城頭變幻大王旗"(눈물 젖은 어머니 얼굴 꿈결에 어렴풋한데, 성 위에는 자주 바뀌는 대왕의 깃발이 펄럭이네) – 역주

인 상징기호로 삼고 경쟁적으로 새로운 해석을 전개했다는 것을 보여준다. 총체적으로 말하자면, '루쉰 풍파'는 새로운 사회 환경에서 지식인이 어떻게 자아를 이해하고 자아의 정체성을 인식할 것인가라는 고민을 드러내고 있으며, 동시에 지식인이 전문화 시대에 어떻게 공공적 관심을 새롭게 건설하고 세속화 시대에 어떻게 정신과 상징을 새롭게 재건할 것인가를 시험적으로 사고했음을 보여준다. 인문과학 내지 사회과학 영역에서 루쉰을 핵심인물로 귀감삼은 문장은 그 수를 헤아리기 어려울 정도이므로, 본 장에서는 아래와 같은 두 방면에 치중하여 연구하고자 한다. 첫째, 범위는 공공 사상계와 공공 문화계의 루쉰 논쟁으로 제한하며, 이론계와 학술계 시야의 루쉰은 일종의 지식 배경으로 간주한다. 둘째, 물론 양자가 서로 완전히 분리될 수는 없지만, 연구 대상은 루쉰 논쟁이지 루쉰이 아니므로 전자에 치중한다. 때문에 루쉰의 '입인(立人)'사상과 같은 문제는 본문에서는 직접적으로 논의하는 범위에 포함되지 않는다.

1. '50명의 루쉰'
— 도덕이상주의에 관한 논쟁

1993년 중국의 지식인들은 겨울잠에서 깨어나 만물이 소생하는 시대를 맞이했다. 하지만 그들에게 되돌아온 것은 1980년대의 그러한 종류의 정신적 열정이 아니었다. 사회가 전면적으로 세속화되었다는 사실이 그들을 실망시켰다. 세속적 욕망은 대중 생활의 필수불가결한 일부분이 되었을 뿐만 아니라 점차 일부 지식인들에 의해 그 나름의 가치를 인정받기 시작했다는 점이 그들을 더욱 실망시켰다. 그 중 가장 많은 논쟁을 불러일으킨 인물은 바로 왕숴(王朔)였다. 왕숴는 본래 지식인 진영에 속해 있었던 작가였는데, 돌연 자신의 소설에서 지식인에 대해 거침없는 조롱을 퍼붓기 시작했다. 이러한 왕숴의 글쓰기는 정반대의 반향을 불러 일으켰지만 대중의 열렬한 환영을 받았으며, 그의 소설과 시나리오는 상당한 발행량과 시청률을 기록했다. 하지만 다른 한편에서 지식인들은 그를 무시하였으며, 혹자는 그의 작품을 '부랑아 문학'이라고 폄하했다.

이러한 상황에서 작가 왕멍(王蒙)이 〈숭고를 회피함(躲避崇高)〉[4]이라는 글을 발표했다. 광범위한 지지를 받고 있던 원로 작가가 궤도를 이탈한 청년 작가를 변호하고, 더불어 위와 같이 도발적인 제목으로 글을 발표한 일은 세간의 주목을 끌기에 충분했다. 이 글의 첫 부분에서 왕멍은 '5·4운동' 이래 작가들이 대부분 선각자적인 '엘리트' 이미지를 선택하고 스스로 자신의 지식, 미적 품격, 도덕적 소양, 그리고 정신적 수준 내지 정치적 자각을 일반 독자보다 높게 책정하였다고 지적했다. 그는 왕숴의 '오락문학'이 기존의 투철한 시대정신을 강조하면서도 대중을 얕잡아 보는 구세문학(救世文學)에 대한 반발이라고 평가하였다. '신성에 대한 모독'이라는 지적에 대해 왕멍은 다음과 같이 말했다.

> 우리는 반드시 공평하게 말해야 한다. 우선 생활 속에서 신성은 깨져버렸다. 예를 들어, 쟝칭(江青)과 린뱌오(林彪)*는 대단히 신성스런 모양으로 졸렬하고 역겨운 촌극을 벌였던가? 우리의 정치운동은 한 차례 그리고 또 한 차례 신성한 것들—주의, 충성, 당성, 칭호, 그리고 생명에 이르기까지—을 우습게 만들었다. 그들은 정말 잔혹하게도 '놀았다.' 그 다음이 왕숴이다. 몇몇 왕숴들은, '쟝칭동지를 보위하라'고 외치면서 사람들을 죽이고 그들 스스로도 죽임을 당했던 홍위병들을 아마도 줄어들게 할 수 있을 것이다. 왕숴의 세상에 대한 조롱은 홍위병과 모범극** 정신에 대한 반동이다.

위의 인용문에서 볼 수 있듯, 왕멍의 문제는 '문혁 이후'라는 맥락에서 제기

* 쟝칭은 마오저뚱의 부인으로 문화대혁명(1966-1976) 시기 '사인방'의 한 사람이었고, 린뱌오는 당시 국방장관은 맡았다가 반혁명 혐의로 체포되려는 순간 소련으로 탈출하다가 비행기 추락사고로 사망했다. – 역주

** 모범극은 문화대혁명 시기 규정된 문예 창작원칙에 따라 창작되고 공연된 상투적 혁명연극들을 가리킨다. – 역주

된 것이다. 바로 1년 전인 1992년 1월 25일, ≪문예보(文藝報)≫는 해당 일자의 신문 전면을 통해 왕멍의 소설 〈단단한 죽(堅硬的稀粥)〉을 비판했다. 그리고 여타 다른 문예 간행물들 역시 뒤를 이어 왕멍의 소설에 대한 '전면전'을 개시하려는 기세였지만, 다행히 대규모 필화사건이 벌어지지는 않았다. 아무리 '문혁'이 이미 과거의 일이 되었다고 할지라도, 왕멍 세대는 '반우파' 운동을 겪은 세대였고, 그로 인해 여전히 잠재적인 방식으로 존재하고 있는 '홍위병 정신과 모범극 정신'에 대해 비교적 민감할 수밖에 없었다. 문장의 말미에서 왕멍 역시 "문학에 대한 진정성을 여러 차례 방기하기는 하였지만 허위의식을 추구하는 것은 아니다"고 왕쉬를 비판했다. 왕멍이 왕쉬를 전면적으로 인정한 것은 아니었다. 왕멍은 '오락문학'을 통해 '구세(救世)문학'을 완전히 대체해 버리고자 한 것은 아니었고 다만 '구세문학' 외부에 존재하는, '오락문학'이 응당 가져야 할 자리를 강조했을 뿐이었다.

왕멍의 관점은 제목처럼 그리 단순한 것은 아니었고, 그의 진의는 '숭고를 회피하는 것'이라기보다는 숭고라는 가면을 쓰고 허위적 숭고를 내세우는 것을 피해야 한다는 논리였다. 하지만 안타깝게도 이렇게 미세한 차이는 이후 이어지는 논쟁에서 논쟁 상대방에 의해 무시되었고 왕멍과 왕쉬는 '두 명의 왕'씨로 함께 불려지게 되었다. 왕멍의 이 글은 비록 직접적으로 루쉰을 언급하고 있지는 않지만, 일찍이 우리에게 익숙했던 '투철한 시대정신', '구세문학' 등의 어휘에서 루쉰의 그림자를 엿볼 수 있다.

1993년 6월, 왕샤오밍 등은 ≪상하이문학(上海文學)≫에 〈광야 위의 폐허—문학과 인문정신의 위기(曠野上的廢墟—文學和人文精神的危機)〉라는 제목의 대담을 발표했는데, 이 글은 전국적인 범위의 대규모 논쟁을 불러 일으켰다. 1994년 10월에 왕멍은 〈인문정신문제에 대한 우연한 감상(人文精神問題偶感)〉[5]이라는 글을 발표했다. 왕멍은 이 글에서 '50명의 루쉰'이라는 저명한 가설을 제기했다.

다소 황당하면서도 놀라운 가정을 해보자. 만약 우리 작가들이 모두 왕쉬와 같다면 어떻게 되겠는가? 당연히 바람직하지 못하다. 왕쉬는 그저 한 명의 작가일 뿐, 작가의 모범 혹은 최고의 본보기와는 거리가 멀다. 모든 작가에게 모범이 될 것을 요구한다면, 그 결과 대다수의 작가를 소멸시킬 뿐이다. 반대로 우리들 작가가 모두 루쉰과 같이 정말 훌륭한지 물어보자. 결코 그렇지 않다. 문단에 한 명의 루쉰이 존재하는 것은 매우 위대한 일이다. 만약 50명의 루쉰이 있다면? 맙소사! 중국처럼 이렇게 큰 나라에, 그리고 이처럼 많은 작가에, 이처럼 많은 출판물이 쏟아져 나오는 상황에서, 어떻게 같은 방향만 바라보라고 요구하는 것을 긍정할 수 있거나, 혹은 기본적으로 긍정할 수 있단 말인가? 중국인 모두 공자 혹은 아Q가 된다면 그 역시 무서운 일이며 불가사의한 일이다. 모두 왕쉬처럼 되는 것도 당연히 바람직하지 않다. 하지만 모두가 왕쉬를 비판하는 모모 교수가 되는 것은 더욱 끔찍하다. 최소한의 유머정신조차 없으면서 무슨 인문정신을 말하는가? 이러한 문제를 제기하는 것 자체가 잠재의식 중에 문화 전제주의가 존재하고 있음을 보여주고 있는 것이다.

왕멍이 '50명의 루쉰'에 반대하고 있을 뿐만 아니라, '우리 작가들이 모두 왕쉬와 같이 되어야 한다'는 입장에도 반대하고 있음을 알 수 있다. 그는 여타 비평가들이 주장하고 있는 것처럼 '왕쉬를 치켜 올리고 루쉰을 깎아 내리는 것'이 아니라 일관되게 '홍위병 정신과 모범극 정신'을 비판하고 표준화/모범화의 사유와 거리를 유지하고 있다. 또한 나아가서 '잠재의식 중의 문화 전제주의'에 대한 경각심을 표출하고 있다.

〈숭고를 회피함〉과는 다르게, 왕멍은 〈인문정신문제에 대한 우연한 감상〉에서 더 이상 '구세문학'과 '오락문학'이라는 도식에 머무르지 않고, 시대 전체에 대한 분석을 진행하면서 계획경제와 시장경제에 대한 구분을 기술하는 데에 그 주안점을 두고 있다. 왕멍은 계획경제는 일종의 허위적인 인문정신으로 그 실제 내용은 유의지론(唯意志論), 유정신론(唯精神論)의 무효성이며, 허구적인 'Mensch'를 기반으로 한 유토피아를 통해 인간의 욕망과 필요를 몰

살시키는 것이라고 인식하고 있다. 반면 시장경제의 가정적 전제는 인간의 평범성과 유리한 것은 추구하고 해로운 것은 피하려는 점을 인정하고, 설사 이러한 인정이 이상주의적인 문인들을 낙담시킬지라도 인간의 작용과 주동성을 더욱 인정하는 것이다. 왕멍이 시장경제라는 조건 속에서도 역시 정신이 존재한다는 것을, 심지어는 진지하며 열광적이기까지 하는 종교 신앙을 부정하지 않았다는 점은 주의할 가치가 있다. 하지만 왕멍은 이러한 것들이 사회생활의 전부가 아니며, 또한 일반적인 규율도 아니라고 강조했다.

〈숭고를 회피함〉에서 언급하고 있는 '구세문학'과 '오락문학'의 구분은 결국 숭고와 허위적 숭고의 문제로 귀납되었고, 〈인문정신문제에 대한 우연한 감상〉에서 제기한 계획경제와 시장경제의 구분은 인문정신과 허위적 인문정신의 문제로 귀납되었다. 현재적 관점에서 보자면 왕멍의 이러한 판단은 문제를 지나치게 단순화했다는 점을 피할 수 없으며, '진위의 판단' 역시 다소 임의적이다. 하지만 위의 두 문장의 도덕이상주의에 대한 반성은 주목할 가치가 있다. 왕멍은 세속화라는 개념으로 도덕이상주의를 간단하게 대체하지 않았으며, 세속화가 지니고 있는 그 나름의 존재적 합법성을 제기하려 했고 또한 도덕이상주의의 한계와 적용 범위를 명확하게 규명하려 했다. 안타깝게도 자신들이 주변으로 밀려 나고 있다는 사실에 초조함을 느끼고 있던 당시의 지식인들은 왕멍의 글 속에 있는 풍부한 함의를 인내심을 갖고 판별하지 않았고, 그저 지식인 내부의 '반역자' 정도로 규정하고 매우 분노했다.

왕빈빈(王彬彬)은 〈지나치게 총명한 중국의 작가들(過於聰明的中國作家)〉[6]이라는 글을 통해 왕멍이 〈숭고를 회피함〉에서 보여준 왕숴에 대한 평가와 분석은 오히려 왕멍 자신에게 사용되어야 하며, 왕멍과 왕숴 두 사람의 소설에서 적지 않은 동일한 점이나 유사점을 발견할 수 있다고 주장했다. 왕빈빈은 동기분석의 방식을 통해 "왕숴식의 지능적이고 교활한 조롱은 영리하고도 총명한 문인정신이며, 인문정신과는 서로 모순된다"고 비판했다. 왕멍은 이에 대해 〈다크 호스와 다크 필리(黑馬與黑駒)〉, 〈상하이 사색록(滬上思絮錄)〉라는 글을 통해 왕빈빈을 반박했고,[7] 왕빈빈 역시 〈지나치게 총명한 중국 작가들 및 기타(過於聰明的中國作家及其他)〉[8]라는 글을 발표하여 왕멍을 재반박했다.

왕멍과 왕빈빈 역시 '두 명의 왕(二王)'이라고 불렸으나, 두 사람 모두 상대방의 의견을 경청하는 인내심이 부족했고 결국 문화자본의 경쟁에 말려들고 말았다. 왕빈빈이 다른 사람을 욕하면서 명성을 획득하고 있다고 왕멍은 여러 차례 지적했고, 류신우(劉心武)는 가오창홍(高長虹)과 루쉰이 "서로 욕했던" 전고(典故)를 원용하면서 청년들에게 가오창홍의 전철을 밟지 말라고 권고했다.* 자신이 이미 백 여 편의 작품을 발표했다고 왕빈빈은 말하면서, 먼저 류신우의 과거의 작품을 부정하고 류신우의 비평에 대해 재차 반박했다.[9] 주쉐친은 왕빈빈의 의견을 지지하면서 '50명의 루쉰'을 '다시는 루쉰이 등장할 수 없다'는 말로 해석하고, 자신의 특유한 매서운 필법으로 공허한 관점에 대해 조롱과 풍자를 퍼부었다.[10] 또한 그는 〈문단의 두 왕의 논쟁(文壇"二王"之爭)〉이라는 글에서 왕멍의 '진위의 판단'을 끄집어내서, "허위적인 숭고와 진실한 비루 이외에, 우리가 추구할 만한 제 3의 태도가 있는데, 그것은 바로 허위적이지도 않고 불량하지도 않으며 사람의 최소한의 존엄을 지키는 것이다. 또한 그 어떠한 횡포한 침범도 받지 않고 위선적인 군자의 속임수에 속지도 않으면서 동시에 소인배하고 서로 섞이지 않는 것"이라고 지적했다.[11] 사실 왕멍에게 도전한 것은 왕빈빈도, 주쉐친도 아닌 왕멍 자신의 글쓰기적 실천이었다. 논쟁 중에 표명한 왕멍의 태도는 그가 주장한 관용적인 이론과 상반되는 것이었고, 상대방에 대한 날카로운 공격은 왕멍으로 하여금 자신이 주장했던 것과 정반대의 방향으로 치닫게 했다. 동시에 논쟁의 쌍방이 모두 과도하게 문화자본의 경쟁에 말려들면서 논쟁은 보다 심도 있게 진행되지 못했다. 왕멍이 〈상하이 사색록〉에서 '경험주의'와 '이상주의'라는 명제를 제기하기는 했지만, 논쟁 내내 주목을 끌지 못했다.

루쉰은 논쟁 과정 중 쌍방 모두 쟁취하려는 문화 기호가 되었으며, 류신우

* 劉心武, 〈長虹的湮滅〉, ≪中華工商時報≫, 1995年 4月 24日. 1920년대 당시 문단의 원로였던 루쉰에 대해 청년 작가였던 가오창홍이 비난한 일을 말함. – 역주

와 주쉐친은 서로 상대방이 '루쉰을 부정'하고 있다고 비판했다. 루쉰은 흡사 의심의 여지없는 문화적 합법성의 근거가 된 듯 했다. 실상 논쟁의 당사자들 모두 루쉰이라는 인물 자체의 옳고 그름을 토론한 것이 아니라, 루쉰을 일종의 상징자본으로 활용했다.

비록 '두 명의 장(二張)'[12]이 '이왕(二王)'과 직접적으로 부딪힌 적은 없지만, 일반적으로 두 파의 입장은 뚜렷하게 구분된다. 1991년 4월, 장청즈는 일본에서 〈선생에게 보내는 서한(致先生書)〉이라는 글을 썼다.[13] 이 글은 내적 긴장으로 가득 차 있으며, 대담한 가설을 제기했다. 루쉰은 동남방의 풍수와는 맞지 않는 다혈질적인 성향을 가지고 있기 때문에 '오랑캐(胡人)'의 후예일지도 모른다는 것이다.

루쉰에 대한 장청즈의 다소 황당한 이러한 가설은 한 순간에 제기된 것이 아니라, 이것은 장청즈의 이슬람 소피즘 신앙과 관련되어 있다. 만약 왕멍의 도덕이상주의에 대한 비판이 문화 전제주의에 대한 경계와 연관되어 있다면, 장청즈의 도덕이상주의에 대한 호감은 그의 소수민족으로서의 신분 및 종교 신앙과 연관되어 있다. 비록 왕멍과 장청즈의 루쉰에 대한 태도가 서로 완전히 일치하지는 않는다고 할지라도 그 둘의 의견이 물과 기름처럼 서로 상반된 것은 아니다. 〈선생에게 보내는 서한〉에서 장청즈는 "왕멍이 자신의 내적인 체험에 근거하여 ≪홍루몽≫을 연구하고 있는 것처럼, 나 역시 오직 나의 내적 체험에 근거하여 루쉰선생에 대한 수필을 쓴다"고 말했다. 우리는 왕멍이 '50명의 루쉰'이라는 가설을 제기한 것은 익히 알고 있지만, 그가 "중국 12억 인구 중에 장청즈라는 작가 한 명이 비교적 격렬한 목소리를 내고 있는데, 그것은 매우 정상이며 또한 필요한 것이다"고 언급했던 것에 대해서는 오히려 주목하지 못했다. 〈다시 선생에게(再致先生書)〉[14]라는 글에서 장청즈는 "가짜 선비는 없어져야 하며, 미신은 남겨 두어야 한다(僞士當去, 迷信可留)"는 루쉰의 의미심장한 구절에서 앞부분을 자세히 독해하며 '가짜 선비'는 곧 지식인 계급을 지칭하는 것이라고 주장하였다.[15] 왕멍과 장청즈 모두 지식인 비판을 진행하고 있으며 도덕이상주의에 대한 '진위판별'을 도출해

내고 있다. 하지만 양자의 서로 다른 점은 왕멍이 가짜 숭고, 가짜 인문정신에 대한 비판을 통하여 도덕이상주의의 범위를 제약하고 세속화에 합당한 위치를 부여하려고 한데 반해, 장청즈는 '가짜 선비'에 대한 비판을 통해 도덕이상주의로 세속화에 대항하려 했다. 이러한 두 가지 주장 중에서 어느 것이 더 올바른가는 명확하게 판별할 수 없다. 이 배후에는 양자가 설정하고 있는 문제의식이 서로 다르기 때문이다.

장청즈와 장웨이를 한꺼번에 '이장(二張)'으로 일컫지만, 그들 사이에는 커다란 차이가 존재한다. 장청즈의 글은 상당한 내적 긴장감을 품고 있으며, 그는 종종 자신에 대해 반성하며 문제의 심도에 대해 일정 정도의 경각심을 유지한다. 하지만 장웨이 글의 관점은 선명하며 사유가 다소 간단하다. 이러한 차이점은 그들의 루쉰에 대한 태도에서 분명하게 드러난다. 장웨이는 "미워할 줄 알아야 비로소 사랑할 수 있다"는 변증법적 관점을 통해 루쉰을 칭송하며 "미워할 줄 아는 것은 대단한 능력이다"고 언급한다.

> 부패는 어느 시대에나 없어지지 않는다. 하지만 금전이 중심이 된 시대에 부패는 어디에나 존재한다. 우리는 진정으로 루쉰처럼 어둠을 폭로하기 위해 자신의 모든 것을 바치는 사람이 필요하다! 하지만 안타깝게도 그런 이를 찾을 수 없다……[16]

장청즈는 루쉰을 매우 존경하며 심지어 글에서 직접 그의 이름을 거론하지 않고 '선생'이라고 부를 정도이지만, 루쉰의 한계를 인정하고 있다. 반면 장웨이는 루쉰을 전지전능한 이로 여기고 있으며, 심지어 부패와 금전에 의해 타락한 사회 역시 루쉰에 의해 구원받을 수 있다고 여기고 있다. 기자가 장웨이에게 장청즈에 대한 의견을 물었을 때, 그는 "장청즈의 말은 사람을 불편하게 한다. 루쉰이 생존했을 때 했던 말들 역시 그러했을 것이다. 장청즈의 말에서 수많은 급진적인 말들을 찾아낼 수 있을 것이다. 루쉰이 생존했을 때 했던 말들 중에서도 그러할 것이다"[17]라고 답했다. 여기서 루쉰은 검증이 필요없는 표준이 되고 있으며, '급진' 역시 모방할 만한 가치가 있는 품격이 되어 있다. 단편 〈루쉰 학습을 다시 말하다(再談學習魯迅)〉 이외에도 장웨이는 ≪황량한 사랑—밤을 지새워 루쉰을 읽다(荒漠之愛—夜讀魯迅)≫를 통해 40편에 이르는 루쉰 독서기를 출간했다. 10여 년이 지난 지금 다시 당시의 문장들을 읽어보면 참고 읽을 수 없을 만큼 그 수준이 졸렬하지만, 당시에는 왜 그렇게 격렬한 반향을 불러 일으켰던 것일까? 비록 심도 있는 견해를 제기한 것은 아니지만, 장웨이는 세속화 과정 속의 정신적 위기를 정확하게 포착해낸 것이고 문제에 대한 민감성이 독자 대중의 공명을 불러 일으킨 것이다.

본 논쟁을 되돌아보면서 반성할 것은 왕멍과 '이장'의 차이점이 어디에 있느냐이다. 이 양자 사이의 차이점은 통상 세속화 관념과 도덕이상주의의 확연한 대립으로 간단히 정리되어 왔다. 하지만 이러한 단순한 설명은 문제 내부의 어떤 차이점을 은폐하고 있는 것일까? 왕멍이 완전히 세속화의 입장에 서 있다고 우리는 말할 수 없다. 왕멍은 왕숴와 장웨이라는 완전히 서로 다른 유형의 작가를 동시에 좋아한다고 했던 것처럼, 장청즈를 이해한다고 했을 뿐만 아니라, '기괴(奇怪)'라는 단어를 좋아한다고 말하기도 했다.[18] 사실 왕멍과 '이장'의 차이점은 전자가 세속화를 주장하고 후자가 도덕이상주의를 주장했다는 데 있지 않다. 진정한 차이점은 전자가 세속화와 도덕이상주의가 공존할 수 있다고 주장한 데 반해, 후자가 도덕이상주의를 통해 세속화를 억제해야 한다고 인식한 것에 있다. 그 배후의 논리는 '다원주의'와 '일원주의' 간의 대립이며, 이것은 그들의 '관용'에 대한 서로 다른 태도를 통해 드러난다. 1980년대 왕멍은 루쉰이 쓴 〈페어플레이는 아직 이르다(論'費厄潑賴'應該緩行)〉*를 비판하면서, 〈페어플레이는 마땅히 해야만 한다(論'費厄潑賴'應該實行)〉이라는 글을 통해 자신과 다른 견해에도 관용적인 태도를 유지해야 한다고 주장했다. 1990년대에 이르러서도 그는 이러한 관점을 유지하면

* 이 글은 루쉰이 1926년 1월 10일 반월간 잡지인 ≪망위안(莽原)≫에 처음 발표했다. 이후 잡문집 ≪무덤(墳)≫에 수록했다. – 역주

서, 자신이 주편한 '당대 작가 추천 청년 권장 도서 총서'에서 자신의 저서를 ≪관용의 철학(寬容的哲學)≫라고 명명하였다. 하지만 장청즈는 〈다시 선생에게(再致先生書)〉에서 "페어플레이를 전면적으로 실행해야 한다"는 주장에 강력한 불만을 피력했다. 장웨이는 〈루쉰 학습을 다시 말하다〉에서 루쉰을 "관용이 무엇인지를 가장 잘 이해하고 있는 사람이며 또한 관용을 베풀 줄 아는 사람"이라 칭했지만, 여타 다른 글에서는 다소 다르게 표현하고 있다. 그는 관용을 본격적으로 다룬 〈불관용의 부족(缺少不寬容)〉이라는 글을 썼고, ≪황량한 사랑—밤을 지새워 루쉰을 읽다≫이라는 글에서 루쉰이 자신의 잡문 〈죽음(死)〉 제7항에서 언급한 "관용을 주장하는 놈들과는 상종도 하지 마라"는 유언을 높이 평가하였다. 또한 "공공연하게 '불관용'을 언급하는 이들이 비록 가혹할지라도 그 가혹함 안에는 복잡한 배려가 담겨 있으며, 그 가혹함 또한 용기가 필요한 것이다"라는 루쉰을 언급을 인용하고 있다.[19] 이사야 벌린의 글을 편집한 헨리 하디(Henry Hardy)는 다원주의는 관용의 근원이며, 각종 일원론적 종교관 및 정치 이데올로기는 근본주의와 박해, 그리고 불관용을 초래한다고 언급하였다.[20] 왕멍에 대해 말하자면, 그는 '페어플레이' 이후의 다원주의가 어떻게 상대주의에 빠지지 않을 것인가에 대한 사고가 필요하며, 이 시대의 홍위병 창시자인 장청즈에게는 어떻게 종교적 신앙 혹은 도덕이상주의를 근본주의 혹은 '근본주의적 홍위병 사상'으로 흐르지 않게 할 것인가에 대한 사고가 필요한 것이다.[21] 이는 단순히 비평자의 기우만이 아니다. 장웨이는 성찰적 사고가 결여된 채 〈'다원(多元)'과 루쉰 학습〉이라는 글에서 '세속적 합리성에 대한 해석'을 철저하게 부정하였다.[22] 현재의 관점에서는 상식의 문제에 속하는 관용과 불관용, 다원과 일원의 관계는 1990년대 초에는 미궁 속에 빠져 있었다. 1990년대 초의 루쉰을 둘러싼 논쟁의 실제 내용은 세속화 시대의 도덕이상주의에 대한 논쟁이었으며, 논쟁의 당사자들 모두 도덕이상주의를 부정하지 않았다. 다만 논쟁의 분기점은 결국 도덕이상주의가 다원주의적인 가치의 일부분인가 아니면 일원적인 표준인가 하는 문제였던 셈이다. 루쉰 논쟁은 우리에게 세속화의 합리성을 긍정하면서도 어떻게 정신적 위기에 대응할 것인가, 그리고 정신의 초월적 기능을 긍정하면서도 어떻게 도덕적 공포의 제조를 피해갈 것인가에 대한 사유를 요청하고 있는 것이다.

2. 루쉰 연구의 수수께끼
— 자유주의 논쟁에 관하여

1998년은 자유주의 학설이 발언권을 얻은 한 해로 일컬어진다. 오랜 시간 침묵을 지키고 있던 학설이 구준(顧准), 천인커(陳寅恪), 왕샤오보(王小波) 등 세 명의 고인의 입을 통해 목소리를 내기 시작한 것이다.[23] 이와 동시에 루쉰과 후스(胡適)에 대한 논쟁 역시 점차 달아오르고 있었다. 현대 중국의 중요한 지식인인 루신과 후스는 줄곧 쟁점이 되어 왔던 인물이고, 두 사람에 대한 비교 역시 끊이질 않았다. 1998년 3월 린셴즈(林賢治)의 ≪인간 루쉰(人間魯迅)≫의 출판 기념 토론회에서, 셰융(謝泳)은 국민당이 루쉰을 배척했으면서도 왜 이후에 다시 존숭(尊崇)의 대상으로 삼았으며, 후스는 쉽게 정권과 타협했음에도 정치권력이 어째서 그를 이용하지 않았는가라는 질문을 제기했다. 린셴즈는 후스와 자유주의의 문제를 제기하고 당시는 자유주의를 논의할 수 없는 상황이었으며, 루쉰은 반자유주의적 급진주의자였다고 대답했다. 그는 또한 중국 현대사에 있어 자유주의 지식인(예를 들면 후스)에 대한 평가는 결코 높아서는 안 된다고 명확하게 표명했다. 이 문제와 관련하여 셰융은 ≪루쉰 연구의 수수께끼(魯迅研究之謎)≫라는 저서를 통해 학술토론회에서 제기되었던 문제를 '루쉰 연구의 수수께끼'라고 총결했다.[24]

> 루쉰의 비극은 살아 있을 때가 아니라 죽은 후에 발생했다. 그는 근대 이후 거의 유일하게 신시대에 의해 부정당하지 않은 지식인 형상이다. '문화대혁명' 중에 루쉰은 동시대의 지식인들 중 유일하게 긍정적인 평가를 받은 지식인이다. 이것은 무엇 때문인가? 관방의 잘못을 솔직하게 충고해주고자 하는 친구 역할을 후스는 담당했으나, 이와 다르게 루쉰

은 관리들과 관계를 맺는 것을 가장 싫어했다. 루쉰은 후스의 이런 점을 가장 눈에 거슬려 했다. 하지만 이상한 것은 루쉰이 줄곧 관방의 긍정적인 평가를 받아온 반면에 후스는 줄곧 비판을 당해 왔다는 사실이다. 항상 반(反)전제적였던 루쉰을 새로운 시대는 왜 자기들의 기치로 삼고자 원했으며, 정부의 잘못을 솔직하게 충고해주었던 후스는 줄곧 이용하지 않았던 것일까? 문장 스타일의 측면에서 말하자면, 후스는 논리가 분명했던 반면에, 루쉰은 상당히 어려우면서도 모호하게 글을 썼다. 다시 말해, 후스의 말은 재해석의 여지가 없는 반면, …… 루쉰의 수많은 말들은 새로운 해석의 여지가 있다.[25]

이 글에서 셰융은 담론의 문제로 루쉰과 후스의 차이를 설명하고 있으며, 루쉰과 후스의 언어를 각각 '어려움'과 '명백함'으로 정리하고 있다. 셰융은 뜻을 알기 어려운 담론이 차이성을 지니고 있고 쉽게 '오독'될 수 있음에 주목하고 있지만, 그는 억압적인 정부체제에서 지식인이 왜 '함축적인 글쓰기(隱微寫作)'[26]를 선택했는가에 대해서는 계속해서 더욱 깊이 있게 탐구하지 않았다. 린셴즈가 〈루쉰 연구의 수수께끼에 대해 말하다〉[27]에서 셰융에 대하여 답하고는 있지만 그다지 새로운 관점이 많지 않은데, 아마도 시간이 촉박했기 때문에 두 학자는 문제제기에 그치고자 한 듯하다. 이듬해인 1999년 후난(胡南)의 ≪책방(書屋)≫이라는 잡지를 주요 거점으로 '루쉰 연구의 수수께끼'라는 주제를 둘러싼 대량의 문장이 발표되었다. 루쉰과 후스, 급진주의와 자유주의라는 키워드를 둘러싸고 많은 학자들이 네 종류를 조합하여 해답을 내놓았다. 가오위안바오(郜元寶)는 루쉰과 자유주의의 관계, 셰융은 후스와 자유주의의 관계, 린셴즈는 후스와 급진주의의 관계, 주다커(朱大可)는 루쉰과 급진주의 관계 등.

가오위안바오는 '자유주의'와 '자유사상'을 구분하고 있다. 그는 루쉰의 자유사상은 강조하고 있지만 루쉰을 자유주의자로 칭할 수 있는가에 대해서는 명확하게 언급하지 않았다. 루쉰과 자유주의자의 다른 점을 제기한 후에 양자의 공통점을 특별하게 언급하고 있다.[28] 이에 대해 리칭시(李慶西)는 가오위안바오의 고찰이 "최근 중국 자유주의 문제를 논한 가장 가치 있는 관점"이라고 평가하면서도 가오위안바오가 루쉰과 자유주의의 관계를 명확히 하지 못한 것에 대해 유감을 표시하였다. 또한 리칭시는 '백마는 말이 아니다(白馬非馬)'식의 논증 방식을 이용하여 '현대 중국의 자유주의자'는 자유주의자가 아니고 가짜 자유주의자라고 비판하면서 루쉰이야말로 진정한 자유주의자라고 주장하였다.[29] 이후 가오위안바오는 ≪루쉰 육강(魯迅六講)≫에서 자신의 관점을 보다 명확하게 서술했다. 그는 많은 편폭을 들여 루쉰의 언어/ '루쉰의 스타일', 그리고 후스의 언어/ '후스의 문체(文體)'를 각각 분석하였는데, 셰융이 제기한 문제에 대한 대답이었는지도 모르지만, 마오쩌둥의 언어 스타일이 후스와는 밀접하지만, 루쉰과는 비슷한 점 보다는 다른 점이 많다는 것을 특별히 지적하고 있다. 루쉰과 일련의 자유주의자들이 어느 점에서 같으면서 다르고, 다르면서 같은 그 복잡한 관계에 대해 가오위안바오는 다음과 같이 말하고 있다.

> 루쉰과 자유주의 지식인은 뿌리를 함께 하고 있다. 루쉰이 자유주의 지식인을 비판하고 있지만 그들과 함께 공유하고 있는 자유사상이라는 뿌리까지 포기한 것은 아니다. 전제주의와 공화주의가 괴상하게 교잡, 배태되고 있는 사회 속에서 자유주의자들의 자유주의적 이상이 저열하며 실제에 맞지 않는 것을 루쉰은 비판했다. 다시 말해 루쉰과 자유주의자들의 진정한 구별은 각자 신념의 다름에 있는 것이 아니라, 그 신념에 대한 진정성의 다름에 있는 것이다.[30]

루쉰과 자유주의의 관계에 대하여 가오위안바오와 리칭시의 관점은 비교적 비슷하지만, '현대 중국의 자유주의 지식인'과 '중국의 현대적 자유주의자'에 대한 평가가 일치하지는 않는다. 가오위안바오는 '흰 말은 말이 아니다'와 같은 논증 방식을 사용하지는 않았으나, 린셴즈는 이러한 방법을 더욱 확장하여 후스가 '진정한 자유주의자'가 아님을 밝히기 위해 노력하였다. 이 문제를 논의하기 전에, '신좌파'와 자유주의 간의 논쟁을 소개할 필요가 있다.

1997년 앞서 언급한 바 있는 왕빈빈은 후스 등에 대한 분석을 통해 자유주의가 전체주의로 나아갔다는 결론을 얻었고,[31] 쉬유위(徐友漁)는 이론적 맥락과 역사적 사실 등 다방면에 걸쳐 즉각 이에 대해 반박했다.[32] 비록 쉬유위의 논술이 왕빈빈의 그것보다 더욱 학술이론적인 체계성을 갖추고 있지만, 자유주의와 전체주의 사이의 관계에 대한 왕빈빈의 분석은 린셴즈의 그것과 모종의 공통점을 가지고 있다. 린셴즈는 후스를 중국 현대 자유주의의 대부라고 인식하고 있으나, 중국에 도대체 '서구식 자유주의'가 존재했는가를 묻고 있는 것이다.[33] 이어서 그는 매우 엉성하긴 하지만 많은 사람들에 의해 회자된 질문을 던지고 있다. "'중국 자유주의의 아버지'로 추앙받는 후스는 사실 조정의 신하나 다름없지 않았는가?"[34] 셰융이 제기한 질문은 린셴즈로 하여금 자신의 루쉰관에 대해 비판적 성찰을 유도하지 못했을 뿐만 아니라, 오히려 린셴즈로 하여금 그 반대되는 측면에서 후스와 전제주의의 관계를 논증하도록 추동했다. 2003년 린셴즈는 ≪루쉰의 마지막 10년(魯迅的最後十年)≫에서 루쉰의 개인주의를 자유주의, 즉 개인주의적 자유주의라고 간주했고, 그것이 가장 본질적인 자유주의라고 주장했다. 그리고 또 다른 면에서는 후스를 '어용학자'로 묘사하면서 중국의 자유주의와 전제주의가 상당히 밀접한 관계가 있다는 결론을 도출하였다. 그는 다음과 같이 결론을 내리고 있다.

> 현존하는 정부와 법률을 인정하는가 인정하지 않는가, 노예—정부는 '공민'이라 부르지만—가 전제주의적 폭압에 저항하는 것의 합리성과 합법성을 인정하는가 인정하지 않는가, 이것이 바로 루쉰과 후스의 차이의 근본이다.[35]

린셴즈의 이러한 기준은 칼 만하임(Karl Manneheim)이 묘사한 '무산계급 사회학'과 비슷하다. 만하임은 다음과 같이 지적했다. "무산계급 사회학은 곧 계급 사회학이다. 그것은 하나의 사회 범주, 즉 계급이라는 범주에서만 운용이 가능하다. 이렇게 협애한 틀 안에서 하나의 사물은 단순히 계급 혹은 비(非)계급일 뿐이다."[36] 린셴즈는 '계급'이라는 개념을 '저항'으로 바꾸었으나,

그의 사유방식은 만하임이 언급하고 있는 무산계급 사회학과 일치하여 협애한 틀 안에서 지식인은 '저항' 혹은 '비(非)저항'으로 배치될 뿐이다. 이러한 선택적 답안은 결국 '저항'은 영웅적인 투사이고 '비저항'은 어용학자라는 선험적인 것을 설정해 놓고, '어떠한 저항인가'라는 본질적인 문제를 '저항인가 아닌가'라는 식의 잘못된 문제 설정으로 치환시켜버린다. 린셴즈와 왕빈빈은 자유주의가 전체주의와 통할 수 있다는 이론적 전제를 공유하고 있으나, 각자 다른 결론을 내놓고 있다. 린셴즈는 후스를 전체주의로 나아가는 자유주의자로, 루쉰을 '진정한 자유주의자'로 평가하고 있다. 반면 왕빈빈은 루쉰을 '주의(主義)에 반대하는 사람'으로 평가하고 자유주의자로서의 루쉰과 공산주의자로서의 루쉰은 그 사유방식에 있어 조금도 다르지 않다고 인식했다.[37] 왕빈빈의 관점이 어떠한 정치적 입장에 놓여 있는가('신좌파' 혹은 자유주의)는 잠시 미뤄놓고, 이 문제에 있어서 왕빈빈은 린셴즈에 대해 유효한 비평을 구축했다. 린셴즈와 왕빈빈이 서로 다른 결론에 도달하고 있는 것은 그들의 루쉰에 대한 견해가 다르기 때문이 아니라, 그들의 자유주의에 대한 이해가 다르기 때문이다. 린셴즈는 자유주의를 이상화된 '서구식 자유주의'와 왜곡된 '중국적 자유주의'로 구분하고 있다. 왕빈빈은 하이에크의 이론에 근거하여 자유주의를 프랑스 전통에 기반한 이성주의적 자유주의와 영국 전통에 그 기반을 둔 경험론적 자유주의로 구분하고, 루쉰은 일반적으로 언급되는 영미식 자유주의자가 결코 아니라고 인식했다.

이를 전후하여 셰융은 〈우리는 자유주의 전통을 가지고 있는가?(我們有沒有自由主義傳統)〉[38]를 비롯한 여러 편의 문장을 발표하고, 후스와 자유주의와의 관계를 논했다. 셰융과 린셴즈의 공통점은 그 둘 모두 자유주의 이론을 정리하는 데는 아무런 관심도 없었다는 것이다. 비록 ≪루쉰의 마지막 십년≫에서 대량의 자유주의 이론을 인용하고는 있지만, 대부분 자신의 필요에 의한 것이었을 뿐, 이론과 이론 사이의 맥락과 이론 내부의 결에 대해서는 파악하지 않았다. 셰융의 자유주의에 대한 이해 역시 간단하고 이상화된 수준이었다. 예컨대, 자유주의를 '바람직한 생활 방식' 정도로 이해했으며, 그 이유를 그저 '첫째로는 상식에 부합하기 때문이며 둘째로는 인정에 부합하기 때문'이라고 정리했을 정도이다. 물론 그들에게 정치학 전문가와 같은 수준으로 자유주의 이론을 탐구하라고 요구할 수는 없다. 하지만 그들의 자유주의에 대한 주관적인 이해로 인해 후스를 완전히 다르게 평가하게 되었다. 셰융 이외에, 사오젠(邵建) 역시 〈중국의 자유주의—후스와 루쉰(中國自由主義的胡冠魯戴)〉 등 여러 편의 문장을 발표하고, '루쉰은 자유주의자'라는 관점을 비판하였다.

> 1990년대 중후반, 수십 년간 외면받았던 자유주의가 중국에서 부활했다. 이로부터 루쉰 연구에 있어서 새로운 화두가 제기되었는데, 즉 루쉰이 자유주의자인가 아닌가라는 것이었다. 이 문제는 이전에는 절대 존재할 수 없었고 의심할 여지없이 루쉰은 반(反)자유주의자였다. 루쉰 서거 20주년인 1956년 ≪문예보(文藝報)≫에는 '개량주의, 자유주의에 반대한 루쉰의 투쟁'이라는 제목의 글이 발표되었다. 그 창끝이 겨냥한 것은 후스 등의 자유주의자들이었다. 문장의 논술 방식에 대해 우리는 (최소한 나 자신은) 동의하지 않을 수 있다. 하지만 루쉰과 후스의 가치 지향에 대한 정론은 논쟁의 여지가 없는 것이었다. 하지만 90년대 후반 지식계가 자유주의를 점차 인정하면서(신좌파를 제외하고), 새로운 반전이 발생했다. 루쉰과 현대 자유주의와의 관계를 해석할 뿐 아니라, 루쉰을 자유주의자의 반열에 자리잡게 하려는 시도이다. 심지어 혹자는 후스를 자유주의자의 대표로 보는 지식인들에 비해 후스가 아닌 루쉰이 더욱 자유주의의 본질을 잘 드러내고 있다고 여기고 있다.
>
> 나는 루쉰이 아무리 강렬하게 자유를 사랑했다 할지라도 그를 자유주의자로 칭하는 것에 반대한다. 자유를 열렬하게 사랑하고 자유를 위해 투쟁하는 사람 역시 완전히 비자유주의적일 수 있으며, 루쉰이 바로 그러하다. 하지만 나는 우선 묻고 싶다. 루쉰이 자유주의와 무슨 관계를 가지고 있는가? 아니, 어떻게 그럴 수 있는가? 이상하게 생각해야 할 것은 오늘날 우리가 도대체 자유주의를 어떻게 이해하고 있는가이다.[39]

사오젠은 비교적 정확하게 자유주의를 일종의 '제도적 요구'로 파악하고 있으며, 법치를 영미식 자유주의의 핵심으로 이해하고 있다. 때문에 동일한 역사적 사건에 대해서 그는 린셴즈와 완전히 다른 관점을 드러내고 있다. 사오젠이 보기에 루쉰의 자유주의에 대한 태도는 '(자유주의 — 옮긴이)인가 아닌가'의 문제인데 반해, 후스에게 있어 그것에 대한 태도는 '(자유주의 — 옮긴이)가 성숙했는가 아닌가'의 문제이다. 이외에도 사오젠은 익히 알려져 있지만 묻혀 있던 역사적 사건을 발굴하여, 후스 등이 일찍이 국민당과 쑨중산을 비판했고 뤄룽지(羅隆基)는 이로 인해 구류까지 당했지만, 루쉰은 이러한 '인권파'에 대해 조롱과 냉소를 퍼부었다는 사실을 공개하기도 했다.[40)]

만약 셰융과 사오젠 등이 후스와 자유주의와의 관계를 논하는데 중점을 두었다면, 주다커(朱大可) 등은 루쉰과 급진주의의 관계를 논하는 데 비중을 두었다. 주다커 등은 루쉰의 〈죽음(死)〉이라는 글에서 시작해, 장웨이와는 완전히 다른 결론에 이르고 있다. 그는 '루쉰의 언어'는 '폭력의 담론'과 '증오의 담론'을 구축하였고, 결론적으로 '증오의 정치학'의 7가지 기본 원칙을 총결해 냈다고 주장했다.[41)] 이 부분에 대해서는 차후에 상술하기로 한다.

잡지 ≪책방(書屋)≫의 편집장이 2001년 7월에 교체되면서 이후 이 잡지에서 루쉰과 후스에 관한 문장은 점차 줄어들었다. 그리고 이를 전후하여 지식계에서 이름을 떨치고 있던 리선즈(李愼之)는 〈5·4로 돌아가 민주를 학습하자(回歸"五四"學習民主)〉라는 공개 서한을 발표하고 계몽을 '깨트림(破)'과 '세움(立)'이라는 두 측면으로 나누어 해석했다.[42)] 그는 루쉰은 주로 전통을 '깨는' 투사였으며, 후스는 주로 그것을 '세운' 인물이라 인식했다. 그는 자신의 '루쉰을 존경하고 후스를 비판'했던 입장을 반성하고, 후스로 대표되는 노선이 결국 '모든 인류가 반드시 거쳐야할 필수불가결한 노선'이라고 주장했다. 린셴즈는 곧바로 〈리선즈 선생에게 보내는 서한—5·4, 루쉰 그리고 후스를 다시 논함(給李愼之先生的信 一也談五四、魯迅與胡適)〉[43)]을 발표하고 자신의 일관된 입장을 천명했다. 루쉰과 후스의 비교는 오래된 주제였으나, 자유주의가 표면으로 떠오르는 세기 말에 새로운 문제의식을 지니게 되었다.

이 주제가 새로운 문제의식을 통해 떠오르기 전, 루쉰은 줄곧 중국 지식인들의 현대의 도통(道統)으로 간주되었다. 비록 루쉰을 둘러싸고 서로 다른 해석들이 존재했지만, 그러한 해석들 역시 그를 구심점으로 한 것이었다. 루쉰을 중심으로 아무리 거대한 토론 공간이 형성되었다고 할지라도, 그는 결국 전지전능한 이가 아니었으며 자신의 유효한 반경을 지니고 있었다. 리선즈는 중국 지식인의 현대의 도통을 양분하여 각종 문제들이 더 이상 동심원을 형성하지 않고, 서로 다른 구심점을 가질 수 있도록 시도했다. 이는 의심할 여지가 없이 사상 토론의 공간을 개척했다. 2003년 봄, 리선즈가 서거했다. 하지만 중국 지식인의 현대적 도통을 새롭게 건설하려는 노력은 여기서 그치지 않았고, 오히려 망자를 애도하는 과정 속에서 더욱 분명해졌다. 셰융, 사오젠, 딩둥(丁東), 저우스(周實, ≪書屋≫의 전임 편집장) 등은 리선즈를 회고하는 문장에서 리선즈의 루쉰과 후스에 대한 새로운 평가와 리선즈의 사오젠의 〈류원디엔 사건의 발생(事出劉文典)〉에 대한 찬사를 언급하였다.[44] 동시에 위안웨이스(袁偉時)는 '천두슈에서 구준으로, 구준에서 다시 리선즈로(到陳獨秀到顧准到李慎之)'라는 글을 발표하였고,[45] 허쟈둥(何家棟)은 20세기 중국의 '새로운 도통'을 '량치차오(梁啓超)—후스—구준—리선즈'로 정리하기도 했다.[46]

비록 '루쉰 연구의 수수께끼'에는 수많은 대답들이 존재하고 있으나, 그것들 대부분은 루쉰과 후스를 대립항으로 설정하고 있다. 단지 아주 소수의 학자들만이 루쉰과 후스 사이에서 공통점을 찾아내고 있을 뿐이다. 주쉐친은 루쉰의 사회비판, 후스의 자유사상, 그리고 첸무(錢穆)의 엄격한 학문관을 지식인의 세 가지 중요한 모범이라고 주장했다.[47] 또한 리선즈가 계몽을 간단히 '깨트림'과 '세움'의 두 가지 전통으로 양분한 것과 달리, 쉬지린은 계몽 내부의 복잡성에 주목했다. 쉬지린이 보기에, 지셴린(季羨林), 왕위안화 그리고 리선즈는 계몽 진영 내부에 존재하는 서로 다른 노선의 정신적 상징인 바, 왕위안화는 '덕성론'에 '지식론'적 기초를 부여하려고 하였으며, 리선즈는 '지식론'은 반드시 '덕성론'을 실천해야 한다고 강조했다고 인식했다. 쉬지린은 만년의 리선즈에게서 역설적 측면을 발견했는데, "이성적으로는 분명 '침통하게' 자신의 60년을 루쉰이 오도했다는 것을 인식했으면서도, 감정적으로는 여전히 루쉰을 인정하고 후스는 인정하지 못했다"고 주장했다. 리선즈의 역사적 이상주의는 그로 하여금 후스의 자유주의를 추구하게 하면서도 동시에 루쉰의 도덕적 이상주의를 포기할 수 없게 했던 것이다. 이것 역시 당대 중국 지식인들이 처한 이중의 고민이었다.

> '5・4' 시기와 80년대에는 계몽적 지식 탐구와 도덕 실천은 일치하는 것이었다. 하지만 90년대에 이르러 이러한 일치가 점차 분리되었다. 학문적 탐구는 더 이상 실천적 지향성을 갖지 않았고, 날이 갈수록 공공생활에서 유리된 엘리트 지식이 되어 버렸다. 도덕적 실천이 기대고 있었던 이데올로기적 가치 역시 그 학문적 이론의 공허함으로 인해 지식 엘리트들로부터도 외면당하게 되었다. 이러한 이중의 고민은 오늘날까지 여전히 당대 중국의 지식인들을 괴롭히고 있다.[48)]

이러한 이중의 고뇌는 지식인들이 후스라는 '새로운 도통'을 수립할 때, 루쉰이라는 '구(舊) 도통' 역시 경시할 수 없다는 것을 각성하게 했다. 이러한 주장들을 종합해 보면, 결국 후스와 루신을 막론하고, 그들을 평가하고 있는 지식인들이 한 가지 공통의 가설을 지니고 있는데, 이는 즉 지식인은 마땅히 권력에 저항해야 한다는 것이다. 문제의 분기점은 '저항이냐 아니냐'에 있는 것이 아니라, '어떻게 저항할 것인가'에 있는 셈이다. 온화한 자유주의자는 비록 사회적 목표가 될 수는 있지만, 그들의 지식인적 인성에는 혹시 카리스마가 결여되어 있는 것은 아닌가? 후스와 같은 자유주의를 추구하는 이들에게는 혹 루쉰과 같은 도덕적 열정이 필요한 것은 아닌가?

앞서 언급되었던 학자들 이외에, 루쉰과 자유주의의 문제에 있어서 왕후이는 '루쉰 연구의 수수께끼'에 설정되어 있는 문제와 답안을 뛰어 넘으려 했다. 1997년 그는 친구에게 보내는 서한에서 루쉰의 '현대성에 대한 역설적 태도'를 언급하면서, 고전적 자유주의와 전통 사회주의에 대한 이중적 비판을 진행했다.[49] 왕후이는 이 문제에 대해 다시 글을 발표할 것이라고 언급했지만, 이와 관련된 글을 필자는 지금까지 접하지 못했다. 그전에 왕후이는 루쉰과 그의 논적들에 관한 문선집의 서문에서 루쉰을 '유기적 지식인'이라고 칭한 바 있다.[50] '유기적 지식인'은 안토니오 그람시(Antonio Gramsci)가 주창한 개념으로, 왕후이는 이 개념을 이용해서 지식 생산의 체제화와 직업화에 저항하는 비판적 지식인을 설정하고 있다. '유기적'이란 사회의 불공정성에 대한 태도가 민감하고, 지식과 사회의 관계에 대한 깊이 있는 비판, 문화와 대중의 관계에 대한 지속적인 관심을 의미한다. 가오위안바오(郜元寶)는 '유기적 지식인'에 대한 왕후이의 이해와는 반대로, 사이드(Edward Said)의 ≪지식인의 항변≫ 속의 그람시 이론에 대한 설명을 통하여, '유기적'이라는 개념은 '조직적, 체제적'이라는 함의에 더욱 근접해 있으며, '유기적 지식인'은 주로 공업 기술직, 정치경제 영역의 전문가, 신(新)문화와 신(新)법률 계통의 조직가와 같은 체제 내적 지식인을 의미하고 있음을 발견하였다.[51] 루쉰과 유기적 지식인의 관계에 대한 이러한 이해의 차이는 두 학자의 초월적 지식인에 대한 서로 다른 이해를 반영하고 있다. 하지만 이 문제가 지나치게 고답적인 학리적 문제였기 때문이었는지 안타깝게도 광범위한 주목을 끌지는 못했으며 더 이상 심도 있는 토론으로 이어지지도 못했다.

3. 루쉰 패러디

— 해체주의에 대한 논쟁

사상계에서 '루쉰 연구의 수수께끼'가 한창 논쟁의 중심이 되고 있을 때, 문화 영역에서는 '루쉰 패러디' 담론이 큰 반향을 불러일으키고 있었다. 본격적으로 이 문제를 논하기 전에, '패러디 문화'의 발생을 간단하게 소개하고자 한다. 1995년 홍콩에서 류전웨이(劉鎮偉)가 감독한 〈서유기 제101회 월광보함(西遊記第一百零一回之月光寶盒)〉(혹은 〈大話西游之月光寶盒〉이라고도 불린다)과 〈서유기 대단원의 선리기연(西遊記大結局之仙履奇緣)〉(혹은 〈大話西游

之大聖娶親〉이라고도 불린다)이 개봉되었다. 이 두 편의 영화는 합쳐져 〈대성동유기(大聖東遊記)〉라는 이름으로 개봉되었지만, 사람들은 〈패러디 서유기(大話西遊)〉라는 제목에 더욱 익숙해있다. 영화는 중국 고전소설인 ≪서유기(西遊記)≫를 새롭게 해석해, '고행승'인 삼장법사 일행의 금욕적인 생활을 '가짜 승려'의 정욕적 전기로 패러디했다.[52] 처음에는 비교적 제한적으로 영향을 미쳤지만, 인터넷을 통해 확산되면서 '패러디 문화'는 세기말에 점차 유행하는 문화 양식이 되었다. 환상, 풍자, 황당, 과장, 유치, 시공의 뒤집힘과 경전에 대한 조롱이 패러디의 주요 방식이었고, 그 중에는 문화적 전복과 세속적인 민간 취미, 그리고 감상주의 등 각종 혼란스럽고 모순된 요소들이 포함되어 있었다.[53] 만약 1990년대 이후의 '해체주의'가 대부분 서구 이론에 의한 '공중누각'이었다면, 비록 패러디를 실천하는 이들이 해체주의의 이론적 함의를 제대로 알지 못하고 있었다고 하더라도 '패러디 문화'는 해체주의가 중국의 대지에서 구체적으로 실천된 것이다.[54]

1998년 신세대 작가 주원(朱文)은 이른바 '단열(斷裂)'이라 명명한 문학행동을 발의하고, 수십 명에 달하는 젊은 작가들에게 설문지를 배포했다. 그 설문지에는 "당신은 루쉰을 창작의 모범으로 삼고 있습니까? 당신은 사상적 권위자로서 루쉰이 오늘날의 중국문학에 지도적 의의가 있다고 생각하십니까?"와 같은 질문이 있었다. '창작모범', '사상권위', '지도적 의의' 등과 같은 단어는 문제 설정에 매우 선명한 경향성을 부여하고 있음을 보여주며, 대부분의 작가들은 모두 '아니오'라고 대답했다. 그중에서도 시인 한둥(韓東)은 가장 격렬하게 "루쉰은 낡은 돌덩어리"라고 언급했다.[55] 1999년 '단열'에 참여했던 거훙빙(葛紅兵)은 〈20세기 중국 문학을 위한 애도사(為20世紀中國文學寫一份悼詞)〉에서 루쉰의 '사소한 것도 반드시 복수하는' 품성, '작품 속의 투쟁철학'을 비판했다.[56] 거훙빙의 이 문장은 이전 세대 사람들을 자극했고, 인리추안(尹麗川)은 그러한 '홍위병식'의 문풍에 대해 비판했다.[57] 만약 논쟁이 여기서 그쳤다면, 이것은 그저 문학계 내부의 사소한 충돌로 마무리되었을 것이다. 하지만 거훙빙의 이 문장과 뒤이어 발표한 〈20세기 중국 문예이론과 비평에 대한 애도사(為20世紀中國文藝理論批評寫一份悼詞)〉가 언론의 집중적인 비판을 받으면서 이 사건은 이른바 '애도사건'으로까지 발전하게 되었다. 이상한 것은 '루쉰에 대한 비판'이 '언론자유'에 대한 문제로 전환되면서 거훙빙 역시 학술적인 열세에서 벗어나 명분상의 우세를 점하게 되었다는 사실이다. 루쉰에 대한 간단한 부정이 그 기세를 꺾기는커녕 오히려 그의 문화자본을 큰 폭으로 상승시켰다.

이 시점까지 루신에 대한 논쟁은 그저 수박 겉핥기에 그치고 있었을 뿐, '패러디 문화'의 특징이 갖추어지지는 않았다. 2000년 저명한 문학잡지≪수확(收穫)≫은 '루쉰 탐구특집'란을 신설하고, 제2기에 왕숴(王朔)의 〈내가 보는 루쉰(我看魯迅)〉, 펑지차이(馮驥才)의 〈루쉰의 공과 '과'(魯迅的功與"過")〉와 린위탕(林語堂)의 〈루쉰을 애도함(悼魯迅)〉 등 세 편의 문장을 게재하였다. 이 중 '패러디' 수법을 통해 '루쉰 신화(魯迅神話)'를 논의한 왕숴의 문장은 지면과 인터넷을 통해 강렬한 반향을 불러 일으켰다.

> 그(루쉰 – 인용자 주)는 심지어 하나의 척도가 되어야 한다. 언제나 마음대로 그를 비판할 수 있으며 그를 깨끗이 잊어버릴 때에 우리는 진보한다. 중국에는 너무도 많은 신화들이 존재한다. 나처럼 티끌 같은 이가 정신적 자유를 원한다면 우선 '정신적 자유의 신(神)'부터 잊어버려야 한다.

인내심을 가지고 왕숴의 글을 끝까지 읽어보면, 여타 비평가들처럼 '루쉰을 타도하자'는 것이 아님을 알 수 있다. 왕숴는 루쉰에 대한 비판을 통해서 루쉰을 더 이상 '입을 열어서는 안 되는 기적'이 되지 않도록 만들고자 하였다. 요컨대 루쉰을 부정하려 하였다기보다는 루쉰에 대해 자유롭게 말할 수 있는 권리를 쟁취하려 했던 것이다. 하지만 안타깝게도 비판자들이 너무도 많은 선입견을 가지고 있었고, 더군다나 왕숴는 과장되고 조롱하는 필법을 구사했기 때문에 위의 문장은 엄청난 비판을 받게 되었다. 2000년 5월 말, 사오싱(紹興)시 정치협상위원회 위원이자 사오싱시 작가협회 주석이었던 주전귀(朱振國)는 천여 자에 달하는 〈루쉰에 대한 폄훼, 무엇을 위한 것인가—중국작가협회에 보내는 공개서한(貶損魯迅, 意欲何為—致中國作家協會一封公開信)〉이라는 글을 중국작가협회를 비롯해 ≪문예보(文藝報)≫, ≪문학보(文學報)≫, ≪수확(收穫)≫, ≪사오싱일보(紹興日報)≫ 등에 발표하였고, 그 후 ≪사오싱일보(紹興日報)≫는 솔선하여 공개서한을 일면에 게재했다. 또한 사오싱시 작가협회와 사오싱시 루쉰연구회는 연합해서 '루쉰 폄훼에 반대하는 좌담회'를 개최했다. 주전귀는 공개서한에서 잡지 ≪수확≫에 발표된 세 편의 문장을 비판하고, 펑지차이의 문장은 '혈도를 막은' 것이며, 왕숴 문장의 매력은 '모욕', 린위탕의 압권은 '만화와 같은' 것이라고 비판했다. 그는 잡지 ≪수확≫의 '감춰진 의도'를 의심하고, 마지막에는 중국작가협회가 이 사건에 직접 개입하여 독자와 회원들에게 명확하게 해명해야 한다고 호소했다. 중앙정부 관계자들의 지지를 받아 신화사(新華社)는 이 사건에 대해 〈루쉰에 대한 폄훼에 대해 작가 주전귀가 의문을 제기하다〉는 제목의 기사를 게재했고, 전국의 각종 매체들 역시 연이어 이 사건을 보도했다. 중국작가협회는 주전귀의 공개서한에 대해 공개적인 입장을 표명하지는 않았지만, 6월 10일 기관간행물인 ≪문예보(文藝報)≫의 '작가논단 주간'에 특집을 실었다. 〈루쉰은 현대중국의 진보적 문화의 대표이다〉라는 커다란 제목과 〈루쉰의 혁명정신은 쉽게 더렵혀지지 않는다〉라는 기사를 통해, 베이징에서 개최된 '루쉰연구 쟁점 토론회'의 소식을 게재했다. 잡지 ≪수확≫의 부편집장인 샤오위안민(肖元敏)과 청융신(程永新)은 이러한 움직임에 대응하면서 기자들의 질문에 '루쉰 탐구특집'란은 개방된 특집란이었으며 잡지는 단지 각종 의견을 수렴하는 무대일 뿐이라고 언급했다. 그러나 이후 잡지 ≪수확≫은 더 이상 루쉰을 비판하는 글을 게재하지 않았으며, 대신해서 천춘(陳村)의 〈나는 루쉰을 사랑한다(我愛魯迅)〉와 같은 글이 실렸을 뿐이다.[58] 이러한 비판에 대해 셰융은 루쉰 연구는 학술적인 문제일 뿐이며 모든 사람은 루쉰에 대해 자신의 의견을 발표할 수 있는 권리가 있다는 내용의 글을 발표했다. 학술적인 문제에 있어 서로 다른 의견에 대해 논쟁할 수는 있지만, 상대방의 정치적 동기를 마음대로 추측해서는 안 된다고 주장했는 바,[59] 이러한 관점은 상대적으로 비교적 이성적이었다.

공공문화계도 왕숴의 문장에 대해 신속한 반응을 보였다. 옌례산(鄢烈山)은 왕숴를 '금원보전의 어릿광대(金元寶殿上的一個小醜)'로 비유하고, 그의 기지와 유머를 상징적으로 긍정하면서도 왕숴의 '세속적인 성질'과 '부랑아식 담론'을 중점적으로 비판했다. 옌례산의 관점은 일정한 대표성을 지니고 있으며, 그의 비판을 전후하여, '어릿광대', '세속적', '부랑아식 담론'은 왕숴를 비판하는 관용구가 되었다. 이 시점에서 성찰할 것은 이러한 '이름 붙이기'가 과도한 도덕적 판단을 내포하고 있는 것은 아닌가 하는 점이다. 왕숴의 어떤 관점은 타당하지 않다. 예를 들어 경전(經典) 작가는 단편소설만 창작해야 한다는 왕숴의 인식은 의심스럽기도 하다. 그러나 왕숴는 왕숴에 대한 비판자들이 생각하듯 루쉰을 '전면적으로 부정'한 것은 아니었으며, 왕숴의 문장 안에도 내적인 긴장감이 존재한다. 왕숴의 발언들이 때로는 단순한 것이 사실이지만, 오히려 비판자들이 그의 심도 있는 발언들을 간단하게 처리해 버린 경우 역시 더욱 많이 있다. 예컨대 왕숴는 "루쉰의 소설은 분명 훌륭하다. 하지만 모두 좋은 것은 아니다. 그 어떠한 작가도 모든 작품이 다 좋을 수는 없다"고 말했지만, 비판자들은 그러한 발언을 왕숴가 루쉰의 문장 중 어느 것 하나 좋은 것이 없다고 말한 것으로 해석해버렸다. 또한 왕숴가 "의식을 일깨우고, 억압자를 고발하는 것은 표면적인 문장이며, 진정한 용기와 담력과 식견이 요구되는 것은 강자에게 대한 저항이 아니라, 가련하고 모욕당하고 피해를 당한 사람들을 직면하여 그들을 해부하는 것이다"고 언급한 것은 비판자들에 의해 왕숴가 '강자에 대한 저항'을 반대한다는 말로 해석해버렸다. '공개서한'의 비판과 문화계의 일부 비판은 왕숴의 가장 기본적인 논점을 뒤집기는커녕, 오히려 왕숴의 루신 비판이 결코 무의미한 것만은 아니었음을 보여주었다. 기자와의 대담에서 왕숴는 자신의 루쉰에 대한 관점을 직접적으로 밝히고 있다.

왜 루쉰을 일반적인 사람으로 대하지 못하는가? 그가 위대하다고해서 뭐가 어떻단 말인가? 당신은 루쉰이 위대하다고 생각한다면, 당신은 그를 찬양만 할 것인가? 마찬가지로 나도 루쉰이 위대하다고 생각한다. 하지만 나는 루쉰 역시 많은 결함이 있다고 생각한다. 그는 신이 아니다. 이러한 표현은 결코 충돌을 일으키는 것이 아니다! 루쉰은 하나의 척도가 될 수 있는 인물로, 루쉰을 자유롭게 토론할 수 있는가 없는가의 문제는 결국 문화 다원화의 중요한 척도이다. 만약 루쉰을 건드릴 수 없다면 문화의 다원화는 헛소리이다. 루쉰을 언급하는 그 어떠한 사람도, 루쉰은 말살할 수 없는 사람이라고 말하는 건 괜찮지만, 루쉰에 대해 특별한 경외심을 가져야 한다고 나는 생각하지 않는다. 당신이 무어라 말하든 루쉰이 이룩한 성취는 당신이 말한 그곳에 존재하고 있다. 하지만 그것이 내가 루쉰에 대해 말하는 것을 막아서는 안된다.[60]

인터뷰 과정에서 왕숴는 자신의 루쉰에 대한 비판을 미화하기는커녕, 오히려 "나는 내가 소란을 일으키고 있다고 생각한다"고 말했으며, 자신이 엄숙주의적인 문화를 건설할 능력이 없다는 것을 인정했다. 사상논쟁의 쌍방은 통상 하나의 공통된 마지노선을 필요로 한다. 그렇지 않으면 논쟁이 겉으로 보기에는 격렬해 보여도 더욱 핵심적인 층차까지 다다를 수 없고 그저 겉돌기만 할 뿐이다. 루쉰에 대한 왕숴의 평론은 다음과 같은 두 가지 기본 관점에 기반하고 있다. 첫째, 설사 그 관점이 그렇게 정확하지 않더라도 루쉰에 대해서 다양한 의견이 있을 수 있다. 둘째, 비판 대상에 대해 의구심을 가지는 동시에, 자기 자신에 대해서도 의구심을 가질 수 있어야 한다. 현재의 관점에서 보자면 이러한 기본 관점은 상식이다. 실상 일부 연구자들은 이러한 점을 인식하고 있었고, 앞서 언급했던 '루쉰 연구에 관한 쟁점 토론회'에서 일부 학자들은 당시 토론회의 주류 의견과는 다른 견해를 피력하기도 했다. 실례로 베이징 사범대학의 왕푸런(王富仁) 교수는 어떤 측면에서 사람들이 루신에 대해 불만을 가지고 있는데, 이러한 불만은 과도적인 성격을 지니고 있으며, 이러한 불만은 루쉰을 절대적으로 배격하고 있는 것이 아니라 일종의 문화적 추세의 발전과정 속에서 드러났을 뿐이라고 인식했다. 이러한 종류의 불만이 아무런 의미가 없는 것이 아니지만, 그러한 불만들이 가지고 있는 의미 역시 시간의 변화에 따라 함께 변해갈 것이라고 간주했다.[61] 이외에도 베이징 대학의 쑨위스(孫玉石)의 관점은 특히 주목해 볼 필요가 있다.

> 나는 당연히 '탐구'의 일부 의견에 완전히 동의하는 것은 아니다. 하지만 이러한 의견들의 분출은 정상적인 사상 현상이라고 생각한다. 문제는 어떻게 평정심을 가지고 진리 인식의 길로 나아가는 과정 중에 산출된 질문들을 대할 것인가에 있다. 이른바 평정심이라는 것은 엄숙한 사고를 통해 그들이 제기하고 있는 학술적인 문제에 대답하는 것이고, 엄숙한 사고를 통해 학리와 엄숙함을 갖추지 못한 조롱에 대해서도 대답하는 것이다. 각종 언설들의 공손하지 못한 외양을 지나치게 따지는 것은 진리를 인식하는 데 방해만 될 뿐이다. 또한 비판의 시의적 효과 혹은 정세의 배경을 지나치게 중시하는 것은 학술의 중요한 동인(動因)에 대한 사고를 덮어가릴 수도 있다.[62]

만약 비판자들이 종종 상대방의 진정한 문제를 허위적인 문제로 전환시켜 버린 후에 비판을 가한다면, 쑨위스는 설사 상대방이 허위적인 문제를 제기하고 있다고 할지라도 그것의 배후에 진정한 문제가 깃들어 있는지를 진지하게 사고해 보라고 주장하고 있다. 또한 쑨위스는 루쉰에 대한 서로 다른 의견은 결국 20세기 '경전'에 대한 다원론적인 해석이 등장하고 있음을 알리는 징표라고 인식했다. 이에 대해 놀랄 필요가 없으며 가장 가치 있는 것은 자신을 반성하고 자신에게 질문을 던지는 것이라고 쑨위스는 밝혔다. 이를 통해 서로 공통으로 인식하는 마지노선이 존재해야만 논쟁의 쌍방이 더욱 진일보한 연구성과를 낼 수 있다는 것을 우리는 알 수 있다.

왕숴를 비판하는 이들은 종종 왕숴의 '해체' 혹은 '전복'을 질책한다. 하지만 왕숴가 도대체 무엇을 해체했단 말인가? 왕숴는 자신의 글을 통해 이미 자신이 여전히 루쉰을 존중하고 있음을 토로하였으며, 실상 그가 해체하고 있는 것은 루쉰이라기 보다 루쉰의 배후에서 광채를 발하고 있는 '루쉰 신화'이다. 그렇다면 왜 '패러디'라는 방식을 통해 '루쉰 신화'를 해체하는가? 장훙(張閎)은 〈다가갈 수 없는 루쉰(走不近的魯迅)〉에서 이 문제를 비교적 상세하게 해명하고 있다.

> 현대중국의 문화사는 ≪서유기≫와 유사하다. 그중 가장 큰 문화적 '고승'은 바로 루쉰이다. 루쉰은 각종 무형의 후광으로 둘러싸인 현대판 성인이다. 루쉰을 둘러싼 후광은 이른바 '루쉰학(魯迅學)', 혹은 루학(魯學)으로 불린다.[63)]

'루쉰학'에 대한 반성이 완전히 새로운 것은 아니다. 1988년 왕후이는 루쉰의 '신성화'를 비판하는 글을 발표하고 루쉰 연구는 모종의 정치적 이데올로기의 성질을 가지고 있다고 인식했다. 당시 그는 왜 '신격화'라는 단어를 쓰지 않고 '신성화'라는 단어를 썼는지를 설명하고, 루쉰에 대한 높은 역사적 평가와 '루쉰의 신성화'를 구분하고 있다.[64)] 장훙은 이러한 해석에 강렬한 불만을 피력하면서, 루쉰의 급진주의적 외피는 현대 중국 지식인들을 매혹시키는 거대한 마력을 지니고 있음을 특별히 지적하고, 이 때문에 '5·4'계몽운동 중의 급진주의가 과장되었다고 추단했다. 그는 마지막에 "20세기의 중국의 문화 정신의 역사는 거의 '계몽'과 '신격화'의 순환이었다고 해도 좋을 것이다. 그리고 루쉰은 시종일관 넘어뜨릴 수 없는 '절대신'이었다"는 결론을 도출하고 있다. 왕쉬에게 루쉰은 '자유정신'과 '자유정신의 신(루쉰 — 옮긴이)'과의 충돌이고, 장훙에게는 '계몽'과 '신격화' 사이의 충돌이 되었다. 추이웨이핑(崔衛平) 역시 비슷한 의견을 피력하고 있는데, 그녀는 '계몽'이란 이성의 입장에서서 '신의 계시' 따위에 반대하는 것이라 보았다. 그녀는 또한 〈광인일기(狂人日記)〉에 대한 새로운 해석을 통해 '광인'을 '선구자' 혹은 '정신계의 전사'로 보는 견해에 대한 의문을 피력하고 있다.[65)] 이들의 글은 결국 '패러디 루쉰'이 해체하고 있는 것은 비단 '루쉰 신화'일 뿐만 아니라, 그것은 '루쉰-루쉰 신화-루신학-현대 중국의 지식인-계몽전통'이라는 고리를 통해 궁극적으로 '국가 신화'를 드러내려 한다는 것을 보여주고 있다. 혹은 그들이 더 이상 20세기 중국의 재난을 단순히 일부 정치인들의 책임으로 귀결시키지 않고, 중국의 지식인 스스로의 결함으로 반성하고 있다고 말할 수 있다. 이 점에 대해 주다커는 다음과 같이 명확하게 말하고 있다.

> 음미해야 할 것은 관방기관이 아니라 지식인 자신이 바로 루쉰이라는 성전에 머물고 있는 가장 경건한 참배자라는 사실이다. 뿐만 아니라 참혹한 정치적 폭압을 겪고 난 이후에, 심지어 마오쩌둥에 대한 개인숭배를 철저하게 부정한 이후에도, 그들은 여전히 루쉰에 대한 뼛속 깊이 박힌 충성심을 품고 20세기 가장 견고한 도덕적 우상을 전력을 다해 보위하고 있다.[66]

만약 과거의 지식인들이 자신들을 불행하지만 정당성을 갖는 피해자로 규정함으로써 도덕적 우위를 점하고 있었다고 한다면, 주다커 등은 지식인들이 여러 차례의 역사적 재난의 협조자였음에도 불구하고 그들이 '원한의 정치학'적 사유를 더욱 고집스럽게 유지하고 있었음을 지적하는 것이다. 아마 어떤 비평가들은 과격한 말로 놀라게 하는 것이라고 인식하겠지만, 앞서 언급한 서로 다른 관점의 글에서 모두 '폭력 담론'의 그림자를 엿볼 수 있을 것이다. 이러한 지식인들의 '루쉰 패러디' 이외에도, 인터넷에는 수많은 익명(혹은 가명)의 네티즌들이 '루쉰 패러디'를 행했다. 그 대표적인 글들로는 '예마이즈(野麥子)'의 〈광인일기 2000판(狂人日記2000版,)〉, '저우싱츠(周星馳)'의 〈루쉰, 왕숴의 서유기 패러디 버전을 보다(魯迅看王朔之大話西遊版)〉, '다오왕셴펑(倒王先鋒)'의 〈패러디 서유기—왕숴편(大話西遊之王朔篇)〉, '저우바(走把)'의 〈10인, 노신을 말하다(魯迅形象十人譚)〉 등이 있다.[67] 이러한 글의 언어는 패러디 특성이 농후하며, 해체 효과 역시 더욱 철저하다. 하지만 자신에 대한 절제와 반성은 더욱 부족하다.

'루쉰 패러디'에 대한 가장 흔한 비판은 바로 루쉰을 패러디 하는 이들이 '루쉰 신화'를 해체시킴으로써 문화자본을 쟁취하려 한다는 것이다. 이러한 견해는 당연히 그 나름의 논리를 갖추고 있지만, 패러디 문화의 또 다른 측면을 놓치고 있다. 즉 이러한 사상논쟁 과정에서 문화자본을 가장 많이 획득한 이들이 바로 '루쉰 신화'를 보위한 이들이라는 점이다. 루쉰을 패러디한 수많은 작가들이 가명 혹은 익명으로 글을 발표하였고, 왕숴 등은 자신들의 문장을 출판할 수 없는 곤경에 직면했다.[68] 또한 루쉰을 패러디한 이들이 주목해야 할 것은 바로 '루쉰 이후 어떻게 할 것인가?"의 문제이다. 다시 말해 '도덕적 우상'이 해체된 이후, 어떻게 그로부터 초래되는 문화 견유주의(犬儒主義)를 응대할 것인가? 그리고 일정 한도의 도덕적 이상주의가 여전히 필요한 것은 아닌가와 같은 문제에 대답해야 하는 것이다. 왕숴와 같이 "실컷 지껄이고 떠나 버리는" 식은 분명 이상적인 답안이 아니다.

4. 체 게바라와 루쉰

— 혁명 이상주의에 관한 논쟁

2001년은 루쉰 탄생 120주년이 되는 해였다. 이를 전후하여, 루쉰과 관련된 다섯 편의 연극이 상연되었다. 린자오화(林兆華) 감독의 화극(話劇) 〈고사신편(故事新編)〉, 장광톈(張廣天)이 각본 · 감독한 민요 음악극 〈루쉰선생(魯迅先生)〉, 리류이(李六乙)가 각본 · 감독한 화극 〈루쉰(魯迅)〉, 정톈웨이(鄭天瑋)가 각색한 소극장 화극 〈무상 · 여조(無常 · 女弔)〉, 구룽(古榕)이 감독한 화극 〈공을기정전(孔乙己正傳)〉 등이 그것이다. 이 가운데 가장 대중적 영향력이 컸던 연극은 장광톈이 감독한 〈루쉰선생〉이었는데, 이 연극은 2001년 4월 12일 베이징에서 초연된 이후 중국 전역에 걸쳐 공연되었다. 하지만 장광톈의 연극 중 가장 유명한 것은 〈루쉰선생〉이 아니라, 정확히 일 년 전에 베이징 런이(人藝) 소극장에서 초연된 〈체 · 게바라〉였다. 같은 해 12월 2일부터 16일까지 베이징-광저우 철도노선을 중심으로, 정저우(鄭州), 카이펑(開封), 광저우(廣州) 등지에서 문화교류 공연활동이 전개되었다. 2000년 12월 21일에는 베이징 중앙희극학원 실습극장에서 재차 공연되었으며, 2001년 1

월 5일 막을 내릴 때까지 공연 횟수만 56회에 달했으며, 총 관중은 5만 명에 이르렀다.[69] 체 게바라는 정치적 기호이고 루쉰은 문화적 기호이지만, 연극인들의 관점에서 보았을 때 이 두 사람은 공통점을 가지고 있었다. 연극 〈체・게바라〉의 연극단원들과 관중들 사이의 교류 일지에는 다음과 같은 대화가 기록되어 있다.

> 관　중 : 혁명은 구질서의 타파를 추구합니다. 루쉰 선생은 몸을 숨긴 채, 비수를 던지는 방식을 통해 적과 실력을 겨루었습니다. 즉 실력을 보존한 것입니다. 하지만 게바라는 사람들을 이끌고 폭력혁명의 방식을 취했습니다. 당신들은 어떤 방식에 치우쳐 있습니까?
>
> 극단원 : 루쉰 선생은 붓을 사용하여 문화사상 전선에서 투쟁했습니다. 이는 한두 개 사단의 전투력에 뒤지지 않을 것입니다. 체 게바라는 군사행동의 방식을 취했는데, 그것은 방식에 있어서 차이일 뿐입니다. 혁명의 방식은 천차만별입니다. 하지만 그들은 모두 폭력혁명을 찬성했고, 계급투쟁을 주장했습니다.[70]

체 게바라와 루쉰이 '폭력혁명'과 '계급투쟁'이라는 공통점을 지니고 있다고 인식하는 것은 학술적 측면에서 많은 허술한 점이 있다. 하지만 대다수 사람들이 수용하는 것은 선전물 속의 체 게바라와 루쉰이다. 그들이 체 게바라와 루쉰을 모종의 기호로 보고 있지, 두 사람의 역사적 참모습을 탐구하려는 것이 아니라는 점에 문제가 있다. 기호화의 과정은 곧 단순화의 과정이며, 때문에 '체 게바라'와 '루쉰 선생'은 하나로 융합되어 혁명 이상주의의 상징—'체・루쉰 선생'—이 되었다.

우선 연극 〈체・게바라〉 논쟁의 배경을 살펴보자. 1990년대 초반 '인문정신' 토론부터 1990년대 후반 '신좌파와 자유주의' 사이의 논전에 이르기까지 중국 문제에 대한 지식인들의 견해차는 날로 커져 갔다. 이와 동시에 기득권층인 이익집단들이 급속하게 성장하면서, 일련의 노(老)간부들은 주변화되었고, 절대 다수의 노동자와 농민들은 사회의 하층으로 전락했다. 때문에 이들은 이러한 상황에 저항하기 위한 새로운 사상적 자원을 절실하게 요구하였다.[71] 장광톈은 기자와의 인터뷰에서 연극 〈체·게바라〉는 "문화사상 영역의 선봉대로 자만에 사로잡힌 '자유주의'자들의 불패 신화를 깨버렸다"고 했던 친구의 말을 전해주었다.[72] 이에 대해 양판(楊帆)은 자유주의자들을 보다 세밀하게 구분하고 있다.

> 경제적 자유주의자들은 하루 종일 재벌, 외국인들과 함께 지내니 그들이 이 연극을 이해하지 못하는 것은 당연하다. 그들은 돈도 있고 이름도 날리고 있다. 하루 종일 호화로운 말장난에 거품을 물고 있으니 허풍 역시 대단하다. 그들은 이미 자신을 '상위층'으로 여기고 있으니 일반 민중들의 고통이 무엇인지 이해할 수 없다. 하지만 일반적 자유주의자인 친후이(秦暉), 리밍(黎鳴), 딩둥(丁東), 왕둥청(王東成) 등은 비교적 진지하다고 할 수 있다. 그들은 나의 초청을 진지하게 받아들였으며, 장광톈(張廣天) 및 황지쑤(黃紀蘇)와 진지한 대화를 나누었다. 이들 몇몇은 자유주의자들 중에서도 비교적 양호한 편이라고 할 수 있을 것이다.[73]

이 논쟁이 주로 신문과 인터넷을 주요 근거지로 하였으며, 논쟁에 참여한 문장들 역시 수필과 시사평론을 위주로 하고 있다는 것을 감안하면, 그 언어가 대부분 강렬한 주관 색채를 띠고 있음을 알 수 있다. 이러한 점은 위의 인용문에서 알 수 있다. 쌍방의 문장에서 거품을 거둬내면, 그 미세한 차이가 드러난다. 양판은 자유주의자를 '경제적 자유주의자'와 '일반적 자유주의자'로 세분하고 있다.(후자는 '정치적 자유주의자'에 더욱 가깝다) 이러한 구분이 비교적 간단하고 그 안에 대상에 대한 좋고 나쁨의 가치 판단이 부여되고 있다 할지라도, 그는 최소한 자유주의자들의 내부적 차이를 인식하고 있다. 이러한 기초 위에서 문제가 전개될 수 있지, 경제적 자유주의자의 결함을 정치적 자유주의자로 환원시켜버리는 어떤 비평가들처럼 하는 것은 옳지 않다. 양판은 친후이와 장광톈의 논쟁을 논평하면서, 이상주의가 세속 이성에 저항해야 할 필요성을 특별히 강조했다. 양판의 문장은 문제를 지나치게 간단하게 처리해 버린 점이 적지 않다. 예를 들어, 그는 '세속 이성에 저항하는 이상주의'를 '거짓과 추악함에 대항하는 진선미'로 묘사하였다. 하지만 그의 문장은 최소한 문제의 임계점에 접근하고 있다. 즉 연극 〈체 · 게바라〉의 공평과 정의에 대한 호소는 사회적 약자 계층의 심리적 요구에 부합했다는 것이다.

양판의 문장은 단순히 '경제적 자유주의자'와 '정치적 자유주의자'의 차이에 머무는 것이 아니라, 자유주의 지식인의 '혁명이여 안녕(告別革命)'을 집중적으로 비판하고 있다. '혁명이여 안녕'에 대한 비판은 연극 〈체 · 게바라〉의 각본자인 황지쑤(黃紀蘇)의 핵심 관점으로, 그는 특별히 "영구혁명과 '문화대혁명'은 함께 논해도 무방한데, 이는 정확한 답안을 내놓기 때문이 아니라 진정한 문제를 제기하고 있기 때문"이라고 강조했다.74) 이 말은 연극 〈체 · 게바라〉를 형용하는 데에 똑같이 사용될 수 있다. 즉 연극 〈체 · 게바라〉는 진정한 답안—예컨대 혁명의 호소와 같은—을 내놓을 필요가 없이, 전환기에 놓인 민중의 현실에 대한 불만과 기본적인 요구와 같은 진정한 문제를 제기하고 있다고. 그러나 우리는 아름다운 목표를 위한답시고 수단과 방법을 가리지 말아서는 안 되며, 진정한 문제를 제기했다고 해서 잘못된 답안을 받아들여서도 안 된다. 특히 연극 〈체 · 게바라〉처럼 문제와 답안이 서로 뒤얽혀 있는 작품에서는 어떻게 진지하게 그 안에 담겨 있는 '문제'와 '답안'을 판별해 낼 것인가의 문제가 가장 중요하다. 장광톈, 황지쑤 등 '신좌파' 진영으로 분류되는 이들이 '구좌파'에게 저지른 실수는 그들이 반성하지 않았다는 데서 비롯된 것이 아니라 반성 그 자체가 지나치게 단순했다는 데에서 비롯된다. 황지쑤는 '억압에 저항하는 혁명'과 '억압을 소멸시키는 혁명'을 구분하고, "양자는 같은 방향이지만, 동일한 역사적 단계, 도덕적 층차에 놓여 있지 않다. 그 운행의 동력, 현실적 조건, 사용해야 할 방법 등은 서로 완전히 다르다"고 구분하고, 이전 혁명의 실패의 교훈은 "두 종류의 혁명의 같고 다름을 완전히 파악하지 못한" 데에 있다고 여겼다. 그는 사회주의의 선구들을 저평가하고, 선배들이 그의 '제도창신'을 인식하지 못했다고 여기는 듯하며, 심지어 자신이 주장한 단계론에 기대어 역사상 발생했던 수많은 재난을 피할 수도 있다고 생각하는 듯하다.

상당수의 문장들이 연극 〈체 · 게바라〉와 장광톈, 황지쑤 등의 관점을 비판했다. 레이이(雷頤)와 짜시둬(扎西多)는 연극 〈체 · 게바라〉의 모순을 지적하고, 극단적으로 반(反)물질주의적인 체 게바라, 이상주의적인 체 게바라가 이미 문화 소비 안에서 허무하고도 불명확한 기호가 되었다고 지적했다.[75] 레이이는 또한 '이상'이 극단적으로 발휘되면 그것은 곧 '정신적 마약'이 될 수 있음을 지적하였고, 짜시둬는 이른바 '사회적 약자 집단'을 내세우는 것이 자칫 '중산계급 지식인과 도시 문예청년'의 한낱 유행이 될 수도 있다고 지적했다. 만약 연극 〈체 · 게바라〉를 옹호하는 사람이 현실 문제에 직면하여 '혁명'이라는 지나치게 단순한 답안을 내놓는다면, 그것에 반대하는 사람들은 혁명을 성찰할 때마다 또한 현실 문제를 회피할 것이다. 허칭롄(何清漣)은 개혁 이후의 사회에도 확실히 수많은 문제점들이 존재하고 있음을 인정하면서, 다만 이러한 문제는 폭력혁명을 통해서 해결될 수 있는 것들이 아니라, 반드시 또 다른 종류의 무혈혁명을 통해, 즉 제도적 변천을 통해 해결되어야 하는 것들이라고 주장했다.[76] 푸진(傅瑾)은 연극 〈체 · 게바라〉가 이상주의와 인도주의라는 두 가지 중요 요소를 내포하고 있다고 주장하면서, 동시에 실천의 영역에서 양자 사이에는 메울 수 없는 간극이 존재하고 있다고 주장했다. 그러나 '이상주의'와 '혁명 이상주의' 사이의 구분에 대한 문제는 그의 문장에서 충분히 논의되고 있지 않다. 체 게바라를 인정하는 한 학자는 다음과 같이 말하고 있다. "이상주의는 사람을 감동시킨다. 하지만 그것은 공허한 것이 아니라 구체적인 것이다. 때문에 한계를 지닐 수밖에 없다. 그것은 정의가 될 수도 있고 파쇼가 될 수도 있다. …… 모호한 이상주의는 바람직하지 않다."[77] 이러한 언급은 이상주의를 긍정하든 부정하든 간에, 만약 그것이 단순한 본질주의적 이해에 불과한 것이라면, 그것은 의심할 가치가 있다는 것을 우리에게 일깨워준다. 사실 연극 〈체 · 게바라〉를 공연했던 단원들의 의견이 완전히 일치했던 것은 아니며, 심지어 장광톈의 말 역시 자기모순적 측면이 있다. 그는 화극은 집단창작이며, 자신 역시 연극 안에 정치 관념이 짙게 배어드는 것에 반대하고 체 게바라에 반대하는 연극도 연출할 수 있다고 표명했다.[78] 이에 비해, 연극 〈루쉰선생〉은 〈체・게바라〉와 같은 문제의식이 부족했으며, 때문에 그만큼의 강렬한 호응은 얻지 못했으나, 격렬한 사상논쟁을 일으켰다. 연극 〈체・게바라〉가 이상주의와 경제자본의 관계를 반영하고 있다면, 연극 〈루쉰선생〉은 이상주의와 문화자본 사이의 애매한 관계를 반영하고 있다고 할 수 있다. 장광톈이 보기에 루쉰은 이미 상징자본이 되었으며, 때문에 그는 그러한 문화자본을 향유하고 있는 작가 혹은 학자에게 도전하고자 했던 것이며, 작가 혹은 학자가 어떠한 관점을 유지하고 있는가는 그다지 중요하지 않았다. 이상주의에 대해 완전히 서로 다른 관점을 가지고 있는 왕숴와 첸리췬(錢理群)은 장광톈의 비판 대상이 되었다. 그는 "미신을 타파하려 한다. 루쉰을 의심하는 미신, 루쉰에 반대하는 미신"이라고 밝히면서,[79] 기자와의 인터뷰에서 연극 〈루쉰선생〉을 왕숴, 첸리췬에게 보여주고 싶다고 말했다.

> 현재 학계와 문예계의 젊은이들이 예전에는 루쉰에게 의존했지만, 나중에는 루쉰에 반대하고 있다. 지금 루쉰을 의심하는 것이 일종의 유행이 되었는데, 우리는 루쉰에 대한 이러한 의심에 반대해야 한다. 이것 자체가 바로 루쉰 정신을 계승하는 것이다. 나는 좀 전에 술이부작(述而不作)을 말했다. 오늘날 술이부작 그 자체는 일종의 투쟁이다. 왕숴, 첸리췬 등은 유행을 만들어내고 싶어하는 듯 하다. 이러한 현상에 대해 나는 아무 말도 하지 않겠다. 다만, 당신이 그렇게 한다면, 나는 그 반대로 행할 것이고, 당신 눈에 거슬린다면, 나는 당신의 눈을 더욱 거슬리게 해주겠다. 이 자체가 바로 반동이다. 만약 왕숴와 첸리췬이 루쉰이 내심 '인터내셔널'을 부르고 있다는 것을 안다면, 그날 저녁 그들은 목을 매달아 죽을 방법을 생각해 봐야 할 것이다.[80]

위의 인용문에서 엿볼 수 있듯이, 장광톈은 첸리췬의 관점을 전혀 이해하지 못하고 있으며, 그의 비판 대상은 첸리췬의 루쉰 연구가 아니라 '루쉰 연구의 권위자'라는 신분이다. 졔시장(解璽璋)은 연극 〈루쉰선생〉을 이른바 '혁명쇼'라고 비판했지만,[81] 장광톈은 오히려 그러한 '쇼'라는 비판을 적극적으로 받아들여, 자신의 연극 사업은 '상품경제'적 수단을 사용하면서, 동시에 '담론권력'을 쟁취하는 것이라고 밝혔다.[82] '상품경제'가 경제자본에 속하는 것이라면, '담론권력'은 문화자본에 속하는 것이다. 최초로 도덕이상주의를 주창했던 장웨이(張煒)가 이상주의와 시장경제를 완전히 대립시켰다면, 현재 혁명 이상주의를 주장하고 있는 장광톈은 오히려 시장경제 수단을 이용하여 시장경제를 비판하고 있는 것이다. 한더챵(韓德强)은 이에 대해 의문을 제기하면서, "자본으로 하여금 반(反)자본적인 루쉰을 찬양하게 하는 건, 아마 연극 〈루쉰선생〉을 경제적으로 감당하기 어렵게 만들 것"이라고 여겼다.[83] 이에 반해 양판은 비교적 낙관적인 관점을 견지했다. 그는 "진정으로 성숙한 시장경제 안에서, 자본을 비판하고 민중을 동정하는 좌익문화는 분명 입장권을 살만한 충분한 가치를 지니고 있다"고 인정했다.[84]

〈루쉰선생〉을 둘러싸고 적지 않은 글들이 〈체・게바라〉의 이슈들, 즉 '이상주의', '영웅주의', '혁명' 등을 지속적으로 토론하였다. 한위하이(韓毓海)는 특히 〈루쉰선생〉이 1990년대 이후의 '형식 우선주의'적 예술 규칙을 타파했음을 강조하고, 장광톈이 '내용 우선주의'적 노선을 탐색했다고 인정했다. 그는 또한 연극 〈루쉰선생〉이 '예술생활'과 '소비생활'의 경계를 긋고, '예술이 금전의 노예가 되는 것이 아닌, 금전이 사람과 예술을 위해 봉사할 수 있게 했다"고 주장했다.[85] 한위하이의 이러한 주장은 연극 〈루쉰선생〉에 대한 비판에 효과적으로 대응하지 못했다. 첫째로, 이 연극에 대한 비판자들은 주로 사상적 각도에서 연극의 '혁명관'을 문제 삼았지, 예술규율의 관점에서 그것이 '형식 우선주의'적 규율을 타파했다고 비판하지 않았다. 다음으로, 연극 〈루쉰선생〉은 오히려 '예술생활'과 '소비생활'이 서로 뒤엉켜 있고 그 경계가 분명치 않아서, 주관적으로 자신의 수중에 있는 자본은 '예술을 위한 것'이고 다른 사람 수중의 예술은 '금전의 노예'라고 말할 수 없다는 점이다. 쾅신녠(曠新年)의 평가는 더욱 전면적이었다. 그는 〈루쉰선생〉의 공연은 "루쉰의 복권(復權)이자, 좌익사상의 또 한 차례의 복권"이라고 여기는 한편, 연극은 "단순하고 어설프며, 히스테리적인 적지 않은 구호가 90년대 중국 좌익사상의 붕괴를 설명해 주고 있다"고 평가했다.86) 예술적 측면에서 쾅신녠은 한위하이와는 전혀 다른 판단을 내리고 있는데, 그는 연극 〈루쉰선생〉이 "지나치게 서정적이며, 지나치게 많은 수사가 포함되어 있다"고 보았다. 한위하이와 쾅신녠은 모두 '인간 루쉰'/'인성화 된 루쉰'적 경향에 반대하고 있지만, 전자는 그러한 경향이 루쉰을 공공 영역에서 '사적 영역'과 '가족 영역'으로 축소시키고 있다고 인식하고 있고, 후자는 그러한 경향이 루쉰의 어둠과 엄숙에 걸맞지 않다고 인식하는 것이다. 하지만 이 둘 모두 '인간 루쉰'/'인성화 된 루쉰'에 대해 지나치게 엄격한 반면, 체 게바라와 루쉰이 합쳐진 '체 · 루쉰선생'에 대해서는 지나치게 관용적이다.

1990년대 이래, 루쉰과 관련된 논쟁은 오늘날에도 여전히 그치지 않고 있다. 그 가운데 인터넷이 갈수록 논쟁의 중요한 부분을 담당하게 되면서, 대량의 비전문가 독자들이 이 논쟁에 참여하고 있다. 또한 논쟁의 전체적인 맥락 역시 격렬한 변화를 겪고 있다. 논쟁 중의 그 어느 쪽도 모두 이전보다는 대중의 반응에 더욱 주의를 기울이고 있으며, 대중들의 이목을 끌기 위해 노력하고 있다. 이러한 추세는 공공 토론공간을 확장시키고 있지만, 다른 측면에서는 토론을 더욱 방만하게 만들고 있기도 하다. '루쉰 풍파'의 흐름을 대략적으로 일괄해 보면, 논쟁의 쌍방 모두 비본질적인 문제에 격렬하게 매달려 있음을 알 수 있다. 이러한 상황 속에서 학술적 논리를 갖춘 본질적 문제는 한쪽으로 밀려났다. 그렇기는 해도, 우리는 네 차례의 '루쉰 풍파' 안에서 그것의 이면에 놓여 있는 문제의식을 추출할 수 있으며, 그러한 문제의식들이 모두 도덕 이상주의, 자유주의, 해체주의, 혁명 이상주의 등과 같은 핵심적인 문제들과 연관되어 있음을 알 수 있다.

왕후이가 말한 것과 같이 '루쉰학'이 엄숙한 '오래된 성'이라면, 현재의 생활과는 대화할 수 없을 것이다. 루쉰은 카프카가 묘사한 난공불락의 '성(城)'이다. 사람들이 루쉰의 내면을 파악할 수는 영원히 없겠지만, 대화를 위한 노력을 방기한 적은 없다. 루쉰은 '루쉰 논쟁' 속에서 '부활'하는 것이다. 구체적으로 말해 20세기 90년대에 벌어진 '루쉰 논쟁'은 주로 두 가지 문제와 연관되어 있다. 하나는 지식인은 자신을 어떻게 이해해야 하는가의 문제이다. 80년대의 '문화 영웅'들은 갑자기 자신이 주변화되고 있다는 것을 발견하고 신분에 대한 위기에 직면했다. 경제에서의 소비주의와 정치에서의 자유주의, 혹은 문화에서의 포스트 모더니즘 어느 것을 막론하고, 모두 과거 지식인 중심의 사회 구도를 바꾸어 놓았다. 지식인들은 과거 자신이 현실을 비판할 수 있는 천부적 권력을 가지고 있다고 생각했거나, 혹은 '현실비판'이 자신의 사명이라고 생각했다. 하지만 90년대에 그러한 권력 혹은 사명은 의심을 받거나 냉대를 받게 되었다. 이러한 상황에서, 루쉰을 어떻게 이해해야 하는가의 문제는 곧 지식인의 자기 이해의 변화된 다른 표현방식이 되었던 것이다. 또 다른 측면의 문제는 바로 하버마스(Jürgen Habermas)가 언급한 세속 사회의 '종교 신성성', 즉 세속 사회와 종교 신앙 간의 긴장 관계였다. 90년대는 급속한 세속화의 시대였으며, 신앙 문제를 해소하기는커녕, 오히려 줄곧 치환되어 왔던 신앙 문제를 더욱 중요한 이슈로 떠오르게 만들었다. 중국의 민간 신앙은 현대화 과정 중의 정신적 위기에 대응하기 어렵기 때문에 도덕가치가 언제나 신앙 문제를 대신해왔다. 이러한 상황 속에서 루쉰은 오랫동안 도덕적 우상으로 평가되었기 때문에 그가 함유하고 있는 도덕가치가 논쟁의 초점이 된 것이다.[87] 지식인의 정체성 위기, 세속화된 사회의 정신적 위기라는 두 문제가 중국 지식인의 현대적 도통(道統)을 되묻게 한 것이며, 이로부터 루쉰에 대한 새로운 평가가 도출된 것이다.

쑨위스는 루쉰 논쟁을 다음과 같이 개괄하고 있다. "1930년대 이래로 루쉰과 관련된 논쟁의 역사 속에는 세속성을 넘어서려는 신성화 경향과 신성성에 반대하는 세속화 사이의 모순적 역동성이 줄곧 존재해 왔다."[88] 신성화와 세속화 사이의 모순적 역동의 과정은 1990년대 이후의 '루쉰 풍파'에도 존재하고 있다. 루쉰은 그 함의가 풍부한 상징 기호가 되었으며, 루쉰에 대한 해석이 '세속을 넘어선 신성화'로 흐르든, '신성성에 반대하는 세속화'로 흐르든, 그것은 모두 루쉰에 대한 해석자의 오늘날 중국에 대한 판단에서 취사선택된 것이다. 일반적으로 말해, 현재를 '포스트 혁명'의 시대로 인식하는 지식인들, 예컨대 왕멍, 셰융, 왕숴, 장훙 등은 '루쉰 신화'로부터 그 신성성을 떼어내려 했고, 현재를 '전지구적 자본주의화'의 시대로 규정하는 지식인들, 예컨대 장청즈, 장웨이, 린셴즈, 장광톈 등은 루쉰을 이상주의의 상징, 그리고 저항자의 상징으로 여기려 했다. 평상심을 갖고서 루쉰을 바라본다면, 이 두 입장은 서로 모순되지 않음을 발견할 수 있다. 우리는 도덕적 우상으로서의 루쉰을 타파하는 것이 필요하며, 동시에 급속하게 세속화 되어가는 이성적 사회 속에서 '이성의 감옥'에 끊임없이 저항하는 정신상징 또한 필요하다.

루쉰에 대한 견해차는 1990년대 이래 중국 사상계의 분화를 반영하고 있다. 이러한 분화는 지금도 계속되고 있으며, 우리는 앞으로 어떠한 일이 발생할지 예측할 수 없다. 하지만 어떠한 관점을 견지하든 간에, 다양한 목소리가 존재하는 사상계가 한 목소리로 합창하는 사상계보다 더욱 기대할 가치가 있다. 이와 동시에 루쉰에 대한 공통된 인식의 마지노선도 점차 형성되어 가고 있다. 예컨대 루쉰에 대한 다원적인 해석을 사람들이 이미 수용하는 것이다. 이것은 또한 점차 분화되고 있는 중국 사상계가 동시에 논쟁의 규칙을 갖추고 있는 사상계를 건설해 가고 있다는 것을 암시하고 있다. 그러나 기복이 심한 '루쉰 풍파'는 중국의 사상 자원이 부족함을 설명하고 있으며, 중국의 문제를 대면하여 우리는 여전히 다시 루쉰으로 돌아갈 수밖에 없다. 일부 중국 학자들은 중국 지식인들의 현대 도통(道統)을 건설하려 하지만, 그 안에 다소 엉성한 점이 있다는 것 역시 부정할 수 없다. 하지만 그들의 사상 자원 개척에 대한 노력은 존중받아야 하는 것이며, 다만 그러한 노력이 '루쉰 부정'이 아닌 '루쉰 비판'을 전제로 삼기를 희망할 뿐이다.

지은이 주

1) 汪暉, 〈魯迅研究的歷史批判〉, ≪文學評論≫, 1988年 第6期
2) 孫玉石, 〈反思自己, 走進真實的魯迅〉, ≪魯迅研究月刊≫, 2000年 第7期
3) 루쉰에 대한 논쟁을 다루고 있는 주요 서적은 다음과 같다. 高旭東 編,≪世紀末的魯迅論爭≫(東方出版社, 2001年); 葛濤・谷紅梅 編, ≪網絡魯迅≫(人民文學出版社, 2001年); 葛濤・谷紅梅 編, ≪聚焦"魯迅事件≫(福建教育出版社, 2001年); 何夢覺 編, ≪魯迅檔案 : 人與神≫(中國人工出版社, 2002年); 陳漱渝 編, ≪魯迅風波≫(大眾文藝出版社, 2001年); 陳漱渝 編, ≪誰挑戰魯迅一新時期關於魯迅的論爭≫(四川文藝出版社, 2002年); 一土 編, ≪21世紀 : 魯迅和我們≫(人民文學出版社, 2001年); 謝永 編,≪胡適還是魯迅≫(中國工人出版社, 2003年)
4) 王蒙, 〈躲避崇高〉, ≪讀書≫, 1993년 제1기
5) 王蒙, 〈人文精神問題偶感〉, ≪東方≫, 1994年 第5期
6) 王彬彬, 〈過於聰明的中國作家〉, 長春:≪文藝爭鳴≫, 1994年 第6期
7) 王蒙, 〈黑馬與黑駒〉, ≪新民晚報≫, 1995年 1月 17日; 王蒙, 〈滬上思絮錄〉, ≪上海文學≫, 1995年 1期
8) 王彬彬, 〈再談過於聰明的中國作家及其他〉, ≪死在路上≫, 上海人民出版社, 1996年
9) 王彬彬, 〈如此借古諷今〉, ≪死在路上≫, 上海人民出版社, 1996年
10) 朱學勤, 〈城頭變幻二王旗〉, ≪二十一世紀≫, 1995年 10月號 참조
11) 朱學勤, 〈文壇"二王"之爭〉, 原載 ≪勞動報≫, 1995年 9月28日, 朱學勤 著,≪書齋的革命≫(長春出版社, 1999年), 149 쪽에서 재인용
12) 장청즈(張承志)와 장웨이(張煒)를 말함. 이 두 사람에 관한 자료로는 蕭夏林 編, ≪無援的思想・抵抗投降書系之張承志卷≫, ≪憂憤的歸途抵抗投降書系之張煒卷≫(華藝出版社, 1995年) 참조
13) 張承志, 〈致先生書〉, ≪荒荒英雄路≫, 知識出版社, 1994年
14) 張承志, 〈再致先生書〉, ≪讀書≫, 1999年 第7期
15) 장청즈는 루쉰이 이 구절에 대해 상세하게 해설한 적이 없으며 뒷 구절 역시 그 의미가 명확하지 않다고 지적했다. 장청즈는 '미신'을 종교신앙이라고 이해했으며 이것은 아마도 이 구절에 대한 장청즈의 이해를 암시하는 것이다.
16) 張煒, ≪再談學習魯迅〉, ≪文匯報≫, 1994年 9月 4日
17) 張煒, 〈冬月訪談〉, 蕭夏林 編, ≪憂憤的歸途・抵抗投降書系之張煒卷≫, 195~196쪽
18) 王蒙, 〈探尋中國文化更新與轉換的契合點〉, ≪寬容的哲學≫, 203, 208쪽
19) 張煒, 〈荒漠之愛一夜讀魯迅〉, ≪冬天的閱讀≫(東方出版中心, 1997年) 217쪽
20) 헨리 하디(Henry Hardy), 〈編者絮語 : 從[自由三論] 到[自由論]≫, 以賽亞 伯林, 胡傳勝 譯, ≪自由論≫(譯林出版社, 2003年)
21) '근본주의적 홍위병 정신'은 장청즈의 '홍위병 콤플렉스'를 비판할 때 '근본주의'라는 말에 근거하여 만들어낸 말이다. 자세한 사항은 張志忠, ≪1993 : 世紀末的喧譁≫(山東教育出版社, 1998年), 279쪽 참조

22) 張煒, 〈"多元"與學習魯迅〉, ≪冬天的閱讀≫(東方出版中心, 1997年), 396쪽

23) 朱學勤, 〈1998 : 自由主義學理的言說〉. 이 글은 두 회에 걸쳐 각각 1998년 12월 25일자 ≪南方週末≫와 1999년 1월 5일자 ≪中國圖書商報 書評週刊≫에 나뉘어 게재되었다. 본서에서는 朱學勤의 ≪書齋里的革命≫에서 인용하였다.

24) 王得后 等, 〈人間魯迅〉, ≪讀書≫, 1998年 第 9期 참조

25) 謝泳, 〈魯迅研究之謎〉, ≪中國文化報≫. 이 글은 〈魯迅研究中無法迴避問題〉라는 제목으로 1998년 7월 20일자 ≪岭南文化時報≫에도 게재되었다. 본서에서는 ≪胡適還是魯迅≫(中國工人出版社, 2003年), 19쪽에서 인용

26) '함축적인 글쓰기'는 레오 스트라우스(Leo Strauss)와 연관된 개념이다. 본문에서는 이 개념에 대한 상세한 분석은 생략한다. 자세한 사항은 賀照田 主編, ≪西方現代性的曲折與展開≫(吉林人民出版社, 2002年) 참조

27) 林賢治의 〈也談魯迅研究之謎〉는 〈魯迅如何被利用〉이라는 제목으로 1998년 8월 10일 ≪岭南文化時報≫에도 게재되었다. 본서에서는 謝泳編의 ≪胡適還是魯迅≫에서 인용하였다.

28) 郜元寶, 〈魯迅與中國現代自由主義〉, ≪書屋≫, 1999年 第2期

29) 李慶西, 〈何謂"自由主義知識分子"〉, ≪讀書≫, 2000年 第2期

30) 郜元寶, ≪魯迅六講≫(上海三聯書店, 2000年), 192쪽

31) 王彬彬, 〈讀書札記 : 關於自由主義〉, ≪天涯≫, 1997年 第2期

32) 徐友漁, 〈自由主義、法蘭克福學派及其他〉, ≪天涯≫, 1997年 第4期

33) 林賢治, 〈五四之魂〉,≪書屋≫, 1999年 第5・6期

34) 林賢治, 〈魯迅三論〉,≪收獲≫, 2000年 第1期

35) 林賢治, ≪魯迅的最後十年≫(中國社會科學出版社, 2003年, 본 문장은≪黃河≫ 2002年 第1期에도 게재되었다. 린셴즈는 루쉰의 입을 빌려 반복하여 어용학자들과 아카데미파의 문장들을 비판하고 있는데, 이것이 그의 문장에서 언급되고 있는 중국 자유주의 이론에 대한 혼란스런 관점과 중국 현대사의 사실에 대한 착오를 덮어 주는 핑계거리가 될 수는 없다. 이에 대해서 보다 자세한 비판을 진행한 문장은 2002年 7月 19日www.cc.org.cn에 게재된 張耀傑의 〈對於魯迅的化裝與還原〉 참조

36) Karl Manneheim 著, 〈知識階層 : 它過去和現在的角色〉, 鄭也夫 譯, ≪文化社會學論集≫(遼寧教育出版社, 2003年), 120쪽

37) 王彬彬, 〈魯迅的腦袋和自由主義帽子〉, 一土 編, ≪21世紀 : 魯迅和我們≫(人民大學出版社, 2001年) 왕빈빈은 이 글을 2000년 5월 21일에 썼다. 그리고 이때를 전후로 하여 (2000년 6월 10일) 왕빈빈은 다른 글에서 "루쉰과 자유주의 지식인 간의 충돌의 원인은 복잡하다. 하지만 오랜 시간 동안 필자 본인을 포함한 수많은 사람들이 이러한 충돌과 그 충돌의 시비를 간단히 처리해 버렸다."고 언급했다. 王彬彬, 〈在魯迅止步的地方 — 關於魯迅和魯迅研究的幾點想法〉, ≪魯迅研究月刊≫, 2000年 第7期

38) 謝泳, 〈我們有沒有自由主義傳統〉, ≪書屋≫, 1999年 第4期

39) 邵建, 〈中國自由主義的"胡冠魯戴"〉, ≪長城≫, 2003年 第5期

40) 邵建, 〈事出劉文典〉, ≪書屋≫, 2002年 第8期; 邵建, 〈動物上陣〉, ≪書屋≫, 2004年 第2期

41) 朱大可, 〈植民地魯迅和"讐恨政治學"的屈起〉, ≪書屋≫, 2001年 第5期 참조

42) 李愼之, 〈回歸"五四"學習民主〉, ≪書屋≫, 2001年 第5期

43) 林賢治, 〈給李愼之先生的信—也談五四、魯迅與胡適〉, ≪書屋≫, 2001年 第7·8期 合刊

44) 謝泳, 〈人去思想在〉; 邵建, 〈李老, 請允許我用這樣的方式紀念〉; 丁東, 〈失去思想家的悲痛〉; 周實, 〈愼之先生與≪書屋≫〉, ≪懷念李愼之≫, 自印本, 2003年

45) 袁偉時, 〈到陳獨秀到顧准到李愼之〉, 香港: ≪二十一世紀≫, 2003年 6月號

46) 何家棟, 〈二十世紀中國的"新道統"〉, ≪博覽群書≫, 2003年 第8期

47) 朱學勤, 〈想起了魯迅、胡適與錢穆〉, ≪魯迅還是胡適≫

48) 許紀霖, 〈最後的士大夫, 最後的豪傑〉, 香港: ≪二十一世紀≫, 2004年 4月

49) 汪暉, ≪反抗絕望 · 新版序≫(河北教育出版社, 2000年)

50) 汪暉, 〈死火重溫〉, ≪恩怨錄—魯迅和他的論敵文選≫(今日中國出版社, 1996年)에 게재

51) 郜元寶, 〈居韓零墨〉, ≪書屋≫, 2000年 第2期

52) 王曉漁, 〈經典的自助餐〉, 香港:≪二十一世紀≫, 2001年 12月號

53) 朱大可, 〈大話革命與小資復興〉, 香港:≪二十一世紀≫, 2001年 12月號

54) 香港의 잡지 ≪二十一世紀≫ 2001년 12월호에는 ≪패러디 서유기(大話西遊)≫와 패러디 문화에 대한 5편의 문장이 게재되었다. 이는 '패러디 시대와 경전의 해체'라는 특집 제목으로 게재된 글들이었다. 이상에서 인용한 왕샤오위와 주다커의 글은 모두 이 잡지의 특집의 일부분에서 인용한 것이다.

55) 朱文 等, 〈斷裂：一份問卷和五十份答卷〉, ≪北京文學≫, 1998年 第10期

56) 葛紅兵, 〈為20世紀中國文學寫一份悼詞〉, ≪芙蓉≫, 1999年 第6期

57) 尹麗川, 〈愛國、性壓抑……與文學一致葛……紅兵先生的公開信〉, ≪芙蓉≫, 2000年 第1期

58) 陳漱渝, 〈由≪收穫≫風波引發的思考—談談當前魯迅研究的熱点問題〉, ≪魯迅研究月刊≫, 2001年 第1期; 葛濤、谷紅梅, 〈"魯迅事件"白皮書〉, 葛濤、谷紅梅 編, ≪聚焦"魯迅事件"≫(福建教育出版社, 2001年) 참조

59) 謝泳, 〈魯迅研究是一個學術問題〉, 셰융의 홈페이지 http://xieyongju.yeah.net에 게재된 글에서 인용

60) 王童, 〈王朔 : 我起完哄就走〉, ≪北京娛樂信報≫, 2000年 11月 27日

61) 白燁, 〈歲末回眸: 文壇近年熱点九辯〉, ≪南方日報≫, 2000年 12月 24日

62) 孫玉石, 〈反思自己, 走近眞實的魯迅〉, ≪魯迅研究月刊≫ 참조

63) 장훙(張閎)의 〈走不近的魯迅〉은 '橄欖樹' 문학 사이트(www.wenxue.com)에 게재되었고, 이후 高旭東 編, ≪世紀末的魯迅論爭≫(東方出版社, 2001年)에 수록되었다.

64) 汪暉, 〈魯迅研究的歷史批判〉, ≪文學評論≫, 1988年 第6期

65) 崔衛平, 〈閣樓上的瘋男人……〉, ≪莽原≫, 2000年 第4期

66) 朱大可, 〈植民地魯迅和"讐恨政治學"的堀起〉

67) 葛濤, 〈互聯網上的魯迅〉, 葛濤 編選, ≪網絡魯迅≫(人民文學出版社, 2001年)

68) 2000년 2월, 왕숴는 기자와의 인터뷰 중, 출판사의 '좌고우면' 끝에 저자의 동의를 얻어 ≪無知者無畏≫가 출판될 당시 〈我看魯迅〉 등을 비롯한 몇 편의 문장이 '지나치게 격렬하다'는

이유로 삭제되었다고 말했다. 〈王朔揚言要“罵”魯迅〉, ≪楚天都市報≫, 2000年 2月 3日 참조. 이외에 장홍(張閎), 주다커(朱大可)의 글은 최초 인터넷을 통해 발표되었으며, 장홍의 글은 이후 비판을 받는 방식을 통해 몇몇 루쉰 논쟁집에 게재되었다. 주다커의 글은 수정 후 ≪書屋≫에 게재되었으며, 추이웨이핑(崔衛平)의 글은 허난(河南)의 문학 간행물 ≪莽原≫을 통해 발표되었다.

69) 吳菲, 〈張廣天 : 偏執是因爲必要〉, ≪北京青年報≫, 2001年 4月 23日

70) 劉智峰 主編, ≪切・格瓦拉 : 反響與爭鳴≫(中國社會科學出版社, 2001年), 193쪽

71) 雷啓立, 〈“酷男” 切・格瓦拉出場〉, ≪天涯≫, 2002年 第4期

72) 劉智峰 主編, ≪切・格瓦拉 : 反響與爭鳴≫(中國社會科學出版社, 2001年), 154쪽

73) 楊帆, 〈爲≪切・格瓦拉≫叫好〉, 劉智峰 主編, ≪切・格瓦拉 : 反響與爭鳴≫

74) 黃紀蘇, 〈革命及相關詞語〉, 위의 책

75) 雷頤, 〈精神吸毒〉, ≪北京晚報≫, 2000年 5月 25日; 扎西多, 〈歸來的陌生人〉, ≪萬象≫, 2000年 第9期

76) 何清漣, 〈我看≪切・格瓦拉≫一劇〉, ≪書屋≫, 2000年 第4期

77) ≪切・ 格瓦拉≫ 좌담회 기록에서 인용. 발언인은 ‘戴教授’. 劉智峰 主編, ≪切・格瓦拉 : 反響與爭鳴≫

78) 杭程, 〈張廣天 : 人們對我有六大誤讀〉, ≪北京青年報≫, 2003年 4月 14日 참조

79) 張廣天, 〈我的回答〉, ≪粵海風≫, 2001年 第4期

80) 安替, 〈張廣天 : ≪魯迅先生≫是演給王朔錢理群看的〉, ≪北京晚報≫, 2001年 5月 5日

81) 解璽璋, 〈張廣天的“革命秀”〉, ≪南方週末≫, 2001年 5月 10日

82) 楊瑞春, 〈我們要狠狠作秀〉, ≪南方週末≫, 2001年 5月 10日

83) 韓德强, 〈魯迅不能變成商標〉, ≪粵海風≫, 2001年 第4期

84) 楊帆, 〈左翼文化在成熟的市場經濟中有票房價値〉, ≪粵海風≫, 2001年 第4期

85) 韓毓海, 〈赤手空拳打破規律〉, ≪粵海風≫, 2001年 第4期

86) 曠新年, 〈它要的不是觀衆而是人民〉, ≪粵海風≫, 2001年 第4期

87) 이 부분은 許紀霖 선생으로부터 계발 받은 것임을 밝혀둔다. 자세한 사항은 宋宏이 정리한 ≪1990年代以來中國思想文化界重大論爭課題討論紀要≫(華東師范大學, 2005年) 참조

88) 孫玉石, 〈反思自己, 走近眞實的魯迅〉, ≪魯迅研究月刊≫, 2000年 第7期

전지구화 속의 민족국가 정체성

— 1990년대 이래 민족주의에 관한 논쟁

지은이 : 청야원(程亞文)

옮긴이 : 박혜은(朴慧銀)

1. 1990년대 이래 역사 배경의 전변
2. 민족주의 사조의 흥기
3. 민족주의 사조의 상이한 지향
4. 민족주의에 관한 논쟁
5. 현명한 민족주의, 어떻게 가능할까?

1990년대 초 이래, 전지구화의 물결이 중국에 파급됨에 따라 민족주의 사조는 점차 일반 사람들의 시야 속으로 들어와 국내외의 보편적인 관심을 불러 일으켰다. 사상계는 이 논제를 둘러싸고 근 10여 년 가까이 각기 서로 다른 층차에서 여러 차례 논쟁을 지속적으로 펼쳐왔다. 그렇다면 80년대 말 이후, 중국 민족주의가 하나의 사조로서 커다란 반향을 불러일으킨 까닭은 무엇인가? 이 사조는 근 10여 년 동안 어떻게 전개되었으며, 당시 중국의 여러 현실 문제에 대해 어떻게 답하고 있는가? 이 사조를 마주하여 중국 지식계층은 또 어떻게 해석하고 반응하였으며, 아울러 그 안에서 어떤 새로운 지식 자원을 구축하고, 그 지식 자원은 앞으로의 중국 지식 사상 건설에 어떤 영향을 끼칠 것인가?

이 글에서는 이상의 문제에 대해 분석정리하고 성찰하는 데 주력하고자 한다. 90년대 이후 중국의 사상 상황에 비추어볼 때, 공공성 담론은 세 가지, 즉 국가 이데올로기 담론, 지식인 담론 및 네트워크(인터넷) 대중 담론으로 나누어지기 시작하였다. 민족주의 사상 또한 이 세 담론의 텍스트 속에서 고찰되어야 한다. 그러나 전체 담론 체계 속에서 지식인이 사조를 추동하고 장악하며 기록하는 역할을 담당해왔기에, 지식인 담론을 중점적인 고찰 대상으로 삼지 않을 수 없다. 민족주의라는 텍스트의 전파 경로를 보면, 비록 90

년대 후기부터 인터넷 매체가 돌연 등장하여 논쟁의 무대로 자주 나타나기는 하였으나, 총체적으로 봤을 때, 전통적인 인쇄 매체인 신문이나 잡지, 서적 등은 여전히 무시할 수 없는 중요한 역할을 담당하고 있다. 그러므로 ≪전략과 관리(戰略與管理)≫, ≪독서(讀書)≫, ≪동방(東方)≫, ≪이십일세기(二十一世紀)≫와 같은, 90년대 이래의 중국 지식사상 전파 과정에서 중요한 영향력을 발휘한 이러한 잡지들 역시 중점적인 연구 대상이 될 것이다.

1. 1990년대 이래 역사 배경의 전변

1990년대 이래의 중국사회는 민족주의 이데올로기의 발흥을 한 차례 경험하였다. 민족주의는 왜 갑작스레 출현하게 되었으며, 또 어떻게 90년대 이래 자유주의, 보수주의, 신좌파(新左派) 등의 유파로 이뤄진 사상 지도 가운데에서도 자신의 존재를 확연히 드러낼 수 있었을까?

90년대 이래의 중국 민족주의 사조는 물론 이와 더불어 생겨난 시공구조의 전변에서 비롯되었으며, 중국이 전 세계와 복잡하게 벌인 게임의 결과이다. 시공구조의 전변이란 세 가지 기본 차원으로 귀결 지을 수 있는데, 그것은 곧 1970년대 말 이후의 개혁개방정책, 1990년 전후의 자본주의와 사회주의라는 양극 구조의 붕괴 및 1980년대 이래의 전지구화 물결이다. 근 10여 년 가까이 세계적으로 '전지구화' 물결이 일어났는데, 이는 경제적 측면에서는 "국가와 국가 간의 무역 및 자본투자가 대폭적으로 증가하고 있는 흐름"을 의미하며, 국제관계와 사회학의 측면에서는 '영역 허물기'의 과정으로서, 사람들의 사회공간은 더 이상 이전의 영역 관념(지방, 전통집단, 지방 국가 등)에 국한되지 않게 되었다.[1] 직접적인 원인을 살펴보면, 전지구화는 의심할 나위 없이 중국 민족주의 사조를 불러일으킨 주된 동력이다. 그러나 미국과 소련의 양극 구도의 붕괴 및 경계가 뚜렷했던 냉전체제의 와해가 전지구화의 결과일 뿐만 아니라, 동시에 전지구화의 확산과 심화에 이데올로기 장애를 일소하였다는 점, 그리고 양극 구도의 종결 및 전지구화 시대의 도래가 더불어 중국 민족주의사조의 흥기를 위해 외부 조건을 갖춰주었다는 점 또한 간과해서는 안 된다.

전지구화가 중국 민족주의를 불러일으킨 까닭은, 중국이 전지구화의 발전과정에 융합되기를 주체적으로 선택하였던 사실과 밀접한 관련이 있다. 사실 중국과 세계의 관계에서 보자면, 1970년대 말 개혁개방이라는 국가의 기본 정책을 수행한 이래, 중국은 실제로 서서히 세계경제 및 사회의 일부분이 되어가면서, 이내 중국과 서구 세계 사이에는 이미 전지구화의 관계가 이루어졌다. 서구세계를 향해 문을 활짝 열었다고는 하나, 80년대의 중국에서는 서구를 겨냥한 민족주의 사조가 특별히 두드러지지는 않았다. 이는 물론 양극 구도가 완전히 종결되지 않은 상황인데다가, 중국과 서구세계가 여전히 공동으로 경계해야 하는 소련 제국이라는 적을 마주하고 있었다는 사실과 연관성이 있다. 그러나 양극 구도가 붕괴되고, 지난 시대를 관통했던 냉전 이데올로기의 경계가 무너진 후, 전지구화는 인류를 하나로 연결해주었다. 그리고 이러한 현상은 중국에 두 가지 측면에서 거대한 충격을 안겨주었다.

첫째로, 전 세계의 정치 차원에서 볼 때 전지구화는 국가 주권 및 국가민족 정체성을 약화시켜 전통적인 국가주권 원칙에 도전하였다는 점이다. 전지구화를 추동한 배후 역량에는 전통의 민족국가가 존재하고 있기는 하지만, 다국적 기업, 다국적 자본, NGO 등의 비(非)국가주체가 전지구화의 진척에서 훨씬 더 적극적인 역할을 담당하여 왔다. 총체적으로 말하자면, 10여 년 가까이의 전지구화 물결은 전통적 민족국가 영역 허물기의 경향을 띤 해체성 역량이었으며, 이 역량은 이 방면에서 전통적인 국가주권 원칙과 국가 민족 정체성에 도전하였다. 즉, 정보의 유량과 유속의 폭발적인 증가는 개인의 인지능력을 제고하는 동시에 상이한 정체성 간의 상호 작용을 확대시켰으며, 기존의 불안정한 일부 정체성을 동요시켰다. 국제 활동 주체의 끊임없는 수적 증가, 통제받는 자원의 뚜렷한 증가는 민족국가의 행위에 대해 공공연한 혹은 은밀한 제약을 가하고, 정체성을 위해 다국적인 특징을 갖춘 담지체를 제공하였다. 개인행위의 선택성의 증가 및 자주성의 제고는 민족국가라는 공동체에 대한 개인의 의지 수준을 낮추었다. 전지구적인 문제의 출현은 전지구적 정체성의 형성을 추동하였을 뿐만 아니라, 다국적 문제에 대한 국가의 해결능력에 문제를 제기하였다. 이상의 이들 요소의 영향을 받아, 민족 정체성과 국가 정체성의 관계에 간극이 발생하고 국가에 대한 민중의 신임도도 낮아졌을 뿐만 아니라, 민족국가의 정체성 역시 종적 및 횡적으로 분산된 채 지역조직이나 일부 국가가 중심축이 되어 국제적 혹은 전지구적 정체성이 형성되는 한편, 지방이나 종족 및 각종 준국가(substate)의 정체성 주체 또한 대량으로 나타났다.[2] 전지구화의 물결이라는 충격을 받아, 90년대 이후 세계적으로 전지구화와 민족국가에 관한 많은 새로운 이론이 글로벌화한 지식사상의 생산 속에 들어오기 시작하여 관념 면에서 전통적인 국가주권과 민족국가의 정체성에 대해 도전하였다. 대체적으로 사람들의 지식사상에 상당한 큰 충격을 안겨주었던 이론으로는 민족국가 종말론, 국가주권 진부론, 국가 주권의 다원화, 세계정부론, 신제국주의론(新帝國主義論), 신제국론(新帝國論) 등이 있다.[3]

전지구화 역시 개혁개방의 중국에 거대한 충격을 가져왔다. 이제 막 시작된 전지구화 시대에, 중국은 '인류문명의 주류'로 들어서야 하는가, 아니면 자신의 문명 주체성을 견지해야 하는가? 경제에 대한 국가의 전통적인 개입을 포기하고 신자유주의 경제정책을 선택해야 하는가, 아니면 여전히 경제생활 속에서의 민족국가의 주체적 지위를 뚜렷이 드러내어 '국민경제'를 '자유무역'의 전제로 삼아야 하는가? 국가의 일부 주권을 포기하거나 혹은 주권 문제에 있어서 상대적으로 유연한 태도를 취할 것인가, 아니면 기존의 국가주권 원칙을 고수할 것인가? 전지구화 시대의 중국이 민족국가 정체성과 전지구적 정체성의 관계를 어떻게 조화시킬 것인가 등의 이러한 문제들은 90년대의 중국사상계에서 끊이지 않는 논쟁거리가 되어 직접적으로 민족주의 사조의 성장을 자극하였다.

둘째로, 전통적인 국제정치 차원에서 볼 때, 전지구화는 중국을 날로 세계적 민족국가 정치구조의 일부가 되도록 하였다. 이른바 중국은 글로벌한 정치 · 경제 · 문화의 교환과정에 더욱 활발하게 참여하는 동시에, 서방국가의 이데올로기 및 국가이익과의 대립 또한 90년대 이후 한층 격화되었다. 1980년대 중국은 서구와 상대적으로 사이가 좋았지만, 90년대 이후 중국이 처한 국제정치시스템에는 극심한 변화가 발생하였다. 90년대 초 소련이 해체되고 동유럽이 급변한 이후, 서구세계는 한때 중국도 소련과 동유럽을 뒤이어 곧 무장해제한 채 투항하리라고 여겼으며, 이에 따라 중국을 봉쇄하는 정책을 취하였다. 프랜시스 후쿠야마(Francis Fukuyama)*의 ≪역사의 종언(*The End of History and the Last Man*)≫ 출판은 중국에 대한 서구세계의 보편적인 심리상태를 잘 반영해주고 있으며, 이 심리상태는 또한 현실적 정책과 국가간 교류에서 뚜렷하게 드러났다. 1989년 이후, 서구세계는 연합하여 중국에 대해 경제 · 정치 · 군사적 제재를 가하였고, 90년대 전반기에 미국은 빈번히 UN 인권 회의에서 중국을 겨냥하여 인권 관련 안건을 제기하였다. 또한 1992년에는 중국과 '은하호(銀河號)'사건**을 일으키고, 1993년에는 중국의 2000년 올림픽대회 유치를 방해하였는가 하면, 1995년에는 타이완 총통인 리덩후이(李登輝)의 방미를 비준하고, 1999년에는 코소보 전쟁에서 주(住)유고슬라비아 중국 대사관을 폭격하였으며, 2001년에는 미국의 정찰기가 중국 해역 근처를 비행하다가 중국 전투기와 충돌하는 사건을 일으키기도 하였다. 이러한 일련의 사건들을 통해 미국은 스스로의 패권 심리를 숨김없이 드러냈으며, 이들 사건들은 점차 중국의 수많은 사회 엘리트와 일반대중의 미국 패권에 대한 보편적인 반감을 자극하였다. 이러한 반감은 지식계층의 이론적 사고, 청년

* 프랜시스 후쿠야마(Francis Fukuyama, 1952-)는 미국의 정치학자이며, 일본계 미국인이다. 대표적인 저서로는 ≪역사의 종언(*The End of History and the Last Man*)≫, ≪정치의 기원－인류이전부터 프랑스혁명까지(*The Origins of Political Order: from prehuman times to the French Revolution*)≫ 등이 있다. － 역주

** 1993년 7월, 미국은 이란으로 향하는 중국 화물선 은하호(銀河號)에 다량의 화학무기 원료가 선적되어 있다는 정보를 입수하고, 7월 23일 주미 중국대사관에 선박 운항중지를 정식으로 요구하는 한편, 미군이 이 화물선에 승선하여 조사할 수 있도록 요청하였다. 그러나 중국 측은 미국의 요구가 부당하다고 판단하여 이를 거절하였으며, 이에 미국은 군에 은하호를 강제적으로 저지하도록 명령하였다. 이후 중미 합동으로 화물선에 대해 조사를 진행하였으나, 결과적으로 그 어떠한 화학무기 원료도 발견할 수 없었다. － 역주

학생들의 반미시위, 그리고 90년대 이래 인터넷상의 반미여론 등에 잘 드러났다.

90년대 이래 중국과 서구, 특히 미국과의 관계 변화에 있어서, 이데올로기, 사회제도, 가치관의 차이는 사실 하나의 측면에 지나지 않으며, 똑같이 중요한 점은 미국이 중국의 앞으로의 방향에 대해 의구심을 품고서 중국을 '경쟁상대'로 여기기 시작했다는 것이다. 1990년과 1991년의 개혁 정체와 경제 하락을 겪은 후, 1992년부터 중국은 다시 새로운 경제개혁을 전개하기 시작하였으며, 1993년에는 다시 이전의 경제성장의 탄력을 회복하였다. 1993년을 전후로, '중국 굴기(中國崛起)'라는 화제가 사람들의 입에 오르내리기 시작하였으며, 중국은 차츰 신흥의 대규모 경제체로 여겨져 주목을 받게 되었다. 그러나 중국이 '전지구화의 조류에 동참하자'고 호소하고, 국가 의지와 많은 지식인들이 전지구화에 환호할 때에, 중국과 서구 세계의 불협화음도 함께 커져갔다. 즉 1993년을 전후로 '중국위협론'과 '중국을 봉쇄하자'는 함성이 영국과 미국 등지에서 갑자기 터져 나왔다. 이러한 함성이 1989년부터 1992년까지의 중국경제 정체기에 나타난 게 아닌, 1993년 중국 경제가 새로이 비상하여 중국이 미국과 일본의 뒤를 이어 제3의 경제대국으로 여겨졌던 시기에 나타났다는 점에서, 그 의미는 곰곰이 새겨볼 만한 가치가 있다. 미국을 비롯한 일부 서구 국가들은 사실상 이미 중국을 서구의 정치경제적 패권에 도전할만한 잠재적인 적수로 여기고 있었다. 90년대 내내 중국이 '전지구화의 참여', '인류 문명 주류에의 융합'에 온 힘을 쏟아 부을수록, 중국과 서방국가의 정치, 경제, 심지어 군사 분야에서의 마찰은 나날이 갈수록 심각해져만 갔다. 이러한 상황이 엘리트 계층을 포함한 중국의 일반 대중들을 분노케 하는 한편, 그들은 또한 이전에 그다지 주목하지 않았던, 불합리한 국제 경제 질서와 민족자본에 대한 다국적 자본의 압박 등의 문제에도 관심을 보이기 시작하였다.

중국과 서구세계의 충돌이 심화되고 서구세계에 '중국위협론'이 퍼져나가자, 중국 여론 역시 이에 반발하기 시작하였다. 1993년에 창간된 이래, 90년대에 중국지식계의 사상논쟁에서 중요한 역할을 담당했던 잡지 ≪전략과 관리(戰略與管理)≫는 1995년 제5기의 권두 논문으로서 국제정치학자 스인훙(時殷弘)의 〈국제정치의 세기적 법칙 및 이의 중국에 대한 계시(國際政治的世紀性規律及其對中國的啓示)〉라는 글을 실었다. 이 글은 근세 이래 세계 정치권력의 전환 법칙에 관한 미국 학자 모델스키(George Modelski)*의 연구에 대해 수많은 논자들의 참여 열정을 불러일으켰다. 전지구화 시대에 중국은 어떻게 국제정치시스템에서 자리를 확고히 할 수 있을까? 중미 관계에서 '추종자'의 길을 선택할 것인가, 아니면 '도전자'의 길을 선택할 것인가? 이러한 문제를 둘러싸고 서로 대립하는 의견과 주장들이 끊임없이 잇따랐다. 이 논쟁은 금방 국제정치영역 너머로 확대되었으며, 다른 영역의 전문학자들 역시 이 토론 행렬에 가담하였다.[4] 오늘날까지도 이 논쟁은 여전히 종결되지 않은 상태이다. 잠시 이 논쟁에서 다루어지는 구체적인 내용은 차치하더라도, '추종자'인지 아니면 '도전자'인지의 문제 자체는, 중국 지식계층이 이미 변화된 국제형세에 대응할 때 국제의식과 중국 관념상에서 그들의 중대한 변화를 반영하고 있음을 어렵지 않게 알아차릴 수 있다. 외부세계의 행위와 사상이 중국 지식계층에게 자극을 주지 않았더라면, 이러한 변화는 상상할 수 없었을 것이다.

2. 민족주의 사조의 흥기

기존의 이데올로기 기호체계로는 더 이상 중국사회를 총괄할 수 없고, 전통적인 유가문화 전통과 가치 또한 이미 쇠락한 상황에서, 90년대 이래 흥기한 중국의 민족주의 사조는 민족의 공동 이데올로기의 새로운 모색이다. 최초로 민족주의의 깃발을 치켜든 이로는 허신(何新)을 들 수 있다.

* 모델스키(George Modelski, 1926-)는 미국의 정치학자로서, 패권순환론(覇權循環論)을 주창하였다. 대표적인 저서로는 ≪세계정치원리(*Principles of World Politics*)≫, ≪세계정치의 장기 사이클(*Long Cycles in World Politics*)≫ 등이 있다. - 역주

1990년 6월, 베이징대학의 강연회에서 허신은 80년대 중국 지식인의 국제정치에 대한 낙관주의 및 문화사상에 대한 허무주의를 비판하면서, 격렬히 민족주의를 제기하였다. 그의 주장에 따르자면, 중국의 외부 환경은 극도로 험악해져서 냉전의 종결 역시 미국이 이데올로기를 전복시키고 제어의 목표로 중국을 겨냥하기 시작했음을 의미하며, 또한 엘리트들의 사회다원주의 경향이 중국에 재난을 가져올지도 모르지만 중국을 어지럽힐 수는 없을 것이며, 애국주의는 유행이 지난 게 아니고, 중국의 문화와 종족에 대한 서구의 경멸과 차별은 여전하다는 것이다.[5] 이로부터 반년 후, 허신은 ≪인민일보(人民日報)≫에 〈세계경제 형세와 중국경제 문제—허신과 일본경제학 S 교수의 대담록(世界經濟形勢與中國經濟問題—何新與日本經濟學教授S的談話錄)〉이라는 장문의 글을 발표하여, 세계경제 및 사회주의의 전망(前途) 등의 문제에 대해 민족주의 주장을 한층 분명히 펼쳤다.[6] 이 글은 국내외적으로 상당한 반향을 불러일으켰다. 타이완 작가인 천잉전(陳映眞)은 이에 회답하는 글을 발표하여 허신의 관점에 호응하면서, 국가민족의식에 있어서의 대륙 지식계의 편파성을 비판하였다.[7] 그러나 허신의 이러한 관점들은 당시 대다수의 중국 지식인에게 받아들여지지 않았으며, 비공식적으로 사사로이 두루 비판을 받기도 하였다.

베이징대학에서의 허신의 강연은 90년대 이래 중국 민족주의의 첫 번째 물결이었다. 이에 따라 위에서 서술한 중국에 대한 전지구화의 충격 및 중미(中美)·중일(中日) 간의 일련의 사건들이 지식계층 내에서 반향을 불러일으키기 시작하였다. 잡지 ≪전략과 관리≫는 1994년 제2기에 '변화하는 국제질서와 민족주의'를 주제로 학자들을 한데 모아 민족주의 문제를 집중적으로 토론하였으며, 뒤이어 제3·4·5기에 토론의 장을 마련하여 관련 글들을 실었다. 이듬해, 잡지 편집부는 다시 선전(深圳)에서 '세기 전환기의 민족주의(世紀之交的民族主義)'라는 제목으로 세미나를 개최하였는데, 이번 세미나의 규모는 이전에 비해 훨씬 컸다. 당시의 성과는 연이어 1996년의 제1·2·3기에 발표되었다. 민족주의 문제에 관한 이 두 차례의 토론을 통해, 냉전 이후

전 세계적인 민족주의의 흥기, 중국에서의 민족주의 표출, 민족주의와 정치 발전, 정치민족주의와 문화민족주의의 관계 등이 폭넓게 다루어졌다. 이 잡지의 1996년 제1기 〈편집자의 변〉에서 토론회를 조직했던 인사는 다음과 같이 말하였다. "세계로 눈을 돌려보면, 민족주의 사조가 만들어낸 영향은 냉전 이후 각종 상이한 유형의 국가와 지역으로 나날이 파급되고 있다. …… 그러나 냉전 이후, 글로벌한 새로운 질서를 동경했던 사람들이 맞이한 것은 오히려 민족분쟁, 종족학살의 냉엄한 현실이었으며, 이는 사람들을 심각한 고민에 빠뜨렸다. 개발도상국인 제3세계에서 민족주의는 일종의 사회 사조로서, 국제정치적인 의미를 지니고 있을 뿐만 아니라, 더 중요하게는 후진국의 현대화 진행과정에도 밀접하게 관련되어 있다. 불합리한 국제정치 · 경제시스템 속에서 개발도상국은 사회생활에서의 현대화 임무를 이뤄내야 할 뿐만 아니라(선진국의 가치 기준에 따라 전통사회를 개조), 본 민족의 이익 또한 지켜내야 한다(완전히 서구 가치에 따라 전환하지는 않음). 이러한 내재된 긴장은 민족주의를 평범한 정치 선택이 되게 하였으며, 경제 · 정치 · 문화영역에서의 민족주의 운동은 현대화 과정에 뒤따르는 현상이 되었다. 이와 더불어, 이러한 민족주의를 평가하고 고찰하는 작업은 후진국의 현대화 연구에 중요한 하나의 과제가 되었다."[8] 당시 ≪전략과 관리≫ 잡지의 편집장인 양핑(楊平)은, 훗날 민족주의가 지식인의 시야 속으로 들어온 원인을 회고하면서 다음과 같이 말하였다. "냉전 이후, 낡은 세계질서가 와해되고 새로운 세계질서가 새로이 싹텄다. 미국을 비롯한 서구 세계는 민주와 시장경제의 가치관으로써 전 세계적인 서방세계의 질서를 구축하고자 했던 한편, 중국, 러시아, 인도, 아랍 세계는 이 새로운 질서의 구축과정에서 자신에게 더 유리한 새로운 국제정치경제 질서를 모색하였다. 이리하여 민족주의 사조는 다시금 널리 번져나가 세계의 어느 곳에서나 볼 수 있는 거센 조류가 되었다."[9]

민족주의에 대한 관심은 ≪전략과 관리≫에만 국한되어 있지 않았다. 1994년 창간된 동인지 ≪원도(原道)≫에서, 편집자는 글 첫머리에 문화민족주의의 입장을 다음과 같이 밝힌 바 있다. "≪원도≫는 전통자원에 입각하여 문화건설을 이룩한다. 이는 옛 성현의 지혜가 오늘날에도 여전히 풍요롭게 우리를 일깨운다고 믿을 뿐만 아니라, 또한 오늘날의 문화가 이뤄낸 성취들은 본질적으로 민족의 의지와 창조력의 구현이자 검증임에 틀림없다고 여기기 때문이다. 이 두 가지가 우리들이 이해하고 있는 전통의 핵심이다. 중국 역사의 내재성과 일관성에서 중국을 이해하고 인식하는 것, 중화민족 스스로의 문화 표현 방식을 적극적으로 탐구하는 것, 이것이 바로 ≪원도≫가 추구하는 목표이다." 이와 함께 "≪원도≫의 책임은 문화와 민족의 내재적인 관련 속에서 이러한 담론 체계를 새로이 세우는 것이다. 이러한 목표와 과정 속에서 동서와 좌우의 구분은 상대적인 의미만을 지나고 있을 뿐"이며, "만약 현대성과 전지구화를 우리가 처한 상황의 역사적 특징이라 확신한다면, 현대성을 받아들이고 전지구화에 융합하며 아울러 스스로의 주체성을 높이는 것은 선택의 여지가 없는 방향임에 틀림없다."[10] 1995년 전후로 성훙(盛洪)의 〈무엇이 문명인가(什麽是文明)?〉와 〈경제학, 역사에 도전하다(經濟學挑戰歷史)〉를 둘러싸고, ≪전략과 관리≫, ≪독서≫, ≪동방(東方)≫ 등의 90년대 주요 사상지를 무대로, 문화와 민족에 관해 영향력이 큰 논쟁이 전개되었다. 이 논쟁에 참여한 이들의 숫자와 관념의 첨예한 대립은 극히 보기 드문 경우였다.[11] 이밖에 2000년 이후 왕샤오둥(王小東)의 '향산(香山) 기슭에서 두 차례 민족주의를 논하다'를 둘러싸고 발생한 논쟁,[12] 2000년 전후로 양판(楊帆)에 의해 주도된 사상통합토론회의 민족주의에 대한 토론[13] 및 2003년 베이징대학의 커리큘럼 개혁에서 야기되어 간양(甘陽)이 제창한 '화인(華人)대학 이념' 및 이에서 비롯된 논쟁[14] 등은 90년대 이래 중국 사상계의 사조의 변화 속에서 민족주의가 지식계의 관심사가 되었음을 입증하였다.

80년대에 전반적으로 서구 지식을 포용했던 것과 달리, 90년대 이래의 중국 지식계는 서구담론의 제약에서 벗어나 '중국의 문제'에 의문을 제기하고 중국 지식의 자주성을 추구하기 시작하였다. 지식 자원 역시 이전의 오로지 '서구만 바라보는' 태도에서 '자신에게서 모색하는(反求諸己)' 태도로 바뀌어 본토의 문화자원을 추구하게 되었다. 간양 등은 페이샤오퉁(費孝通)의 ≪

강촌경제(江村經濟)≫에서 계발되어, 중국 향진(鄕鎭)기업과 향촌사회 성격의 변화 추세에 관심을 갖고 연구하기 시작하였다. 추이즈위안(崔之元, 칭화대학 공공관리대학 교수)은 '문화대혁명'과 '안강헌법(鞍鋼憲法)*'에서 영감을 받아, '제도혁신 및 제2차 사상해방'을 진행해야 한다고 주장하였다. 법학 영역에서 주쑤리(朱蘇力, 베이징대학 법학대학장)는 국내외의 법치사(法治史)에서 착안하여 '법치의 본토자원'설을 주장하였다.[15] 90년대 중후기에, ≪전략과 관리≫, ≪독서≫, ≪천애(天涯)≫과 ≪동방문화≫ 등의 잡지 역시 '아시아 논술' 토론을 발기하고 전개하였다. 1993년에 ≪전략과 관리≫는 창간호에서 '미래 10년과 동아시아'를 첫 토론주제로 내세워, 아시아 특히 동아시아의 현대화에 대해 지대한 흥미를 드러냈다. 지식계층은 '서구'에서 '아시아/동아시아'로 눈을 돌렸으며, 이러한 전향에는 물론 90년대 이래 지식계층의 심리변화 및 사고방식의 변경이 반영되어 있었다. 그리고 90년대에 발생한 포스트식민 사조, 유가사상과 전통문화에 대해 새로이 평가한 국학붐(國學熱), 헌팅턴(S. Huntington)**의 '문명충돌론'에 대한 토론 및 발전주의와 그 배후의 서구적 시각에 대한 비판 등은 모두 80년대의 계몽담론과 판이한 사상적 풍경을 드러내주었다.

총체적으로 말하자면, 90년대 이래 일부 중국 지식인들은 이상화된 서구의

* 1960년 3월 마오쩌둥은 〈공업전선에서의 기술혁신과 기술혁명운동의 전개정황에 관한 안산시 위원회의 보고(鞍山市委關於工業戰線上的技術革新和技術革命運動開展情況的報告)〉를 통해 기업의 민주적 관리를 위한 새로운 원칙으로서 '양참일개삼결합(兩參一改三結合)'을 제창하였다. 이는 간부의 노동 참여 및 노동자의 관리 참여, 불합리한 제도 개혁, 노동자와 간부 및 기술자의 결합을 가리킨다. 이 원칙은 노동자들이 기업 관리에 참여하고 행정을 감독함으로써 관료주의를 극복할 수 있는 올바른 형식으로 간주되어 1961년에 제정된 '공업 70조'에서도 정식으로 확인되었다. 마오쩌둥은 이 관리 제도를 '안강헌법(鞍鋼憲法)'이라 일컬어, 한 사람에게 기업 관리의 권한과 책임을 부여하는 소련의 경험에 대비하였다. – 역주

** 헌팅턴(Samuel Phillips Huntington, 1927-2008)은 미국의 정치학자로서 국제정치학, 비교정치학 및 개발도상국의 민주화 등의 연구에서 업적을 남겼으며, 냉전 이후의 세계질서를 다룬 ≪문명의 충돌≫의 저자로 유명하다. 대표적인 저서로는 ≪제3의 물결—20세기 후반의 민주화(*The Third Wave: Democratization in the Late Twentieth Century*)≫, ≪문명의 충돌(*The Clash of Civilizations and the Remaking of World Order*)≫, ≪우리는 누구인가—미국의 정체성 도전(*Who are We?: the Challenges to America's National Identity*)≫ 등이 있다. – 역주

이미지가 점차 사라지는 과정을 겪었다. 그들은 두 기본적인 측면에서 '서구'를 중국발전의 직접적인 모델로 삼아서는 안 된다는 사실을 발견하였다. 즉 서방과 중국은 이해를 달리한 채 경쟁관계에 있는 한편, 서구적 지식사상을 중국의 현실에 곧바로 적용해서는 안 된다는 점이다. 80년대의 '서구 지식'에서 90년대의 '본토 지식'으로의 전환, 이 지식 추세의 전환은 90년대 중국사상 변화의 지식론적 토대를 이루고 있다.

지식계의 반응이 여전히 엘리트적인 학술 성찰을 담고 있다면, 챠오볜(喬邊), 쑹챵(宋强)과 장창창(張藏藏) 등 아웃사이더인 몇몇 젊은 지식인이 1995년에 통속적으로 써낸 ≪No라고 말할 수 있는 중국(中國可以說不)≫이라는 책은, 중국에 만연한 친(親)서구 콤플렉스를 조롱하고 미국의 오만과 일본의 '모반 획책'을 폭로함으로써 그 해의 베스트셀러가 되었다. 이 책은 세상에 나오자마자 국내외에서 강력한 충격을 가하였는데, 민족주의에 대한 토론 역시 순수학술 사상의 범주를 벗어났으며, 일반 대중매체 또한 이 대열에 이끌려 들어갔다. 이는 민족주의 사조가 더 이상 소수 엘리트만의 사상이 아니며, 중국의 대중이데올로기의 일부가 되기 시작했음을 나타낸다. ≪No라고 말할 수 있는 중국≫이 크게 환영을 받은 까닭은, 앞 절에서 언급한 중국과 서구세계에서 발생한 일련의 충돌과 관련이 있었다. 중미 간의 '은하호' 사건, 미국 국회의 주(駐)티벳 '대사' 파견 제기, 리덩후이의 방미 허용, 중국의 WTO 가입을 둘러싼 미국과의 담판에서의 거듭되는 좌절, 중국의 2000년 올림픽 개최에 대한 미국의 방해, 일본의 역사교과서 개정 의도, 일본 수상 하시모토 류타로(橋本龍太郎)의 '신사' 참배, '댜오위다오(釣魚島)' 영유권문제를 둘러싼 일본 우익의 거듭된 문제 야기 등, 이러한 중국과 서방 국가 간의 충돌은 중국 국민들 속에서 격분의 소리를 자아내게 하였다. 확실히 샤오궁친(蕭功秦)이 말한 것처럼, 중국의 민족주의는 기본적으로 반응성(反應性)을 띠고 있다.[16] 1993년 전후로 민족주의가 대중 차원에 나타났던 것은 대체로 중국에 대한 미국의 압력과 중일 양국의 오랜 역사적 앙금이 90년대 이래 현저해진 데에서 비롯되었다.

1999년 코소보 전쟁 중에 일어난 미국이 주(駐)유고슬라비아 중국 대사관을 폭격한 '5·8' 사건 이후, 민족주의는 중국대중, 특히 젊은 대학생 집단에서 대대적으로 폭발하였다. 베이징, 상하이, 광저우, 난징과 청두 등의 대학생들은 현지의 주중(駐中) 미국 영사관에 항의하였다. 그 후 2001년에 발생한 중미 전투기 충돌 사건, 2000년 미국의 '9·11' 사건 및 그 후 아프가니스탄과 이라크에 대해 미국이 벌인 전쟁 등은 하나같이 중국에 광범위한 민족주의 반응을 불러일으켰다. 특히 90년대 후기에 인터넷이 출현하고 보급됨에 따라, 대중의 민족주의 정서는 더욱 빠르게 발산할 무대를 갖추게 되었으며, 이른바 '인터넷 민족주의'가 이에 따라 흥기하게 되었다.

3. 민족주의 사조의 상이한 지향

중국 사상계에서, 90년대 이래 민족주의 사조는 각기 세 가지 상이한 측면, 즉 정치민족주의, 경제민족주의, 문화민족주의에서 나타났다.

1) 정치민족주의

90년대 이래의 경제 발전은 중국에 다시금 우뚝 일어설 기회를 가져다주었다. 하지만 중국의 굴기는 경제대국으로서인가, 아니면 정치대국으로서인가? 80년대의 중국 계몽운동에서 일찍이 중요한 역할을 담당하였던 간양(甘陽)의 뇌리를 떠나지 않은 문제는 바로 다음과 같은 베버식의 문제였다. 즉, 오랫동안 경제적으로 낙후했던 후진국이 빠르게 경제대국으로 우뚝 서면서 만일 제때에 정치적 전환을 이뤄내어 '정치가 성숙'한 민족이 되지 못한다면, 이러한 경제적 발흥은 극히 위험해져서 "낙후한 민족 특유의 '정치적 미성숙(political immaturality)'을 금방 드러내보이게 될 것이다. 뿐만 아니라, 이러한 경제의 급속한 발전과 정치의 미성숙의 선명한 대비는 끝내 민족 진흥의 간절한 바람을 헛되게 할 것이며, 심지어 민족 자체의 해체라는 재앙적 결과를 낳고 말리라는 것이었다.[17] 간양은 베버의 '정치민족'에 관한 연구를 받아들여 다음과 같이 지적하였다. “현대경제발전은 필연적으로 고도의 사회분화(societal differentiation)를 촉진함으로써 사회 전체가 나날이 다원화되고 흩어지는 사회 원심력 경향을 띠게 만든다. 따라서 현대정치의 기본적인 임무는 다원분산적인 사회이익을 민족 전체의 정치의지와 정치 구심력으로 응집시킬 수 있는 정치과정을 어떻게 창조하는가이다. 그렇지 않으면, 민족 전체에게는 사회 원심력만 있을 뿐 정치구심력은 존재하지 않고, 지방과 집단의 이익만 있을 뿐 민족이익은 존재하지 않는 복잡한 국면을 드러낸 결과, 민족 전체가 사분오열되는 상황이 나타날 것이다.” 따라서 낙후한 민족이 경제적으로 급성장한 이후에 마주하는 문제는 바로 “그 민족의 정치 주도역량이 충분한 정치적 통찰력과 의지로써 사회구조의 거대한 변동에 적응할 수 있는 새로운 정치 메커니즘을 만들어낼 수 있는지의 여부이다. 현대 경제발전의 기본적인 추세는 사회의 모든 인구를 통일된 교환경제 과정 속에 받아들이므로, 베버에 따르면, 이러한 ‘대중경제’ 과정에 적응할 수 있는 유일한 정치 메커니즘은 오직 ‘대중 민주(mass democracy)’일 수밖에 없는 바, 즉 통일된 경제 과정 속에 받아들여진 사회대중은 동시에 통일된 정치 과정 속에 참여할 수 있어야 하며”, “가장 광범한 정치 참여로써 민족의 정치적 아이덴티티를 응집한 민족이야말로 현대 ‘정치민족’이다.”[18] 베버의 ‘정치민족’에 대한 해석을 토대로, 간양은 오늘날의 중국 역시 ‘외재적 강성’ 과정(단순한 경제 군사력의 성장)을 겪고 있는데, ‘내재적 강성’(‘정치민족’의 형성)으로 들어서기 위해서는 반드시 현재 중국사회에 성행하고 있는 정치의 미성숙(‘정치적 속물근성political philistinism’)을 극복하여 제도의 혁신(대중민주의 수립 및 이를 토대로 한 중앙권력의 현실화)을 이뤄내야 한다고 지적하였다. 간양에 따르면, 이는 중국이 내부의 혼란을 피하고 독일 바이마르공화정 이후의 군국주의식 길을 걷지 않도록 해줄 유일한 방안이기도 하다.[19]

간양의 ‘정치민족론(政治民族論)’은 장쉬둥(張旭東)과 한위하이(韓毓海) 등의 학자들의 적극적인 호응을 얻어냈다. 〈니체와 문화정치(尼采與文化政治)〉라는 글에서 장쉬둥은 그의 우려를 다음과 같이 드러냈다. “우리들은 현재 그 당시의 니체와 베버가 독일인에게 제기한 심각한 문제를 마주할 준비조차도 되어 있지 않다. 이러한 의미에서 오늘날 중국 지식인이 상상하는 중국은 정치민족도, 문화민족도 아니며, 민족과 문화를 정치와 문화정치의 의미에서 통일시키는 것은 의제에 끼어 넣어보지도 못했다."[20] 그렇다면 이 '정치 미성숙'의 상황에서 어떻게 벗어날 것인가? 장쉬둥은 민족주의의 명분을 바로잡기 위해 민족주의의 현대성 특징을 다음과 같이 지적하였다. 즉, 그 특징은 "민족주의가 출현하는 일반적인 사회경제적 조건, 즉 민족주의와 '현대성(modernity)' 역사단계의 구조적 공생 관계이다. 이 문제에 대한 토론은 민족주의에 대한 보편적인 오해, 즉 일반 사람들 마음속에 자리 잡은 민족주의의 '비(非)이성', '광기', '반(反)서구', 심지어 '현대화에 대한 저항'의 이미지를 불식하는 데에 도움을 준다." 민족주의의 형성은 사실 공리적 이성, 즉 "노동력, 자본, 정보의 유통을 제한하는 전(前)산업사회의 갖가지 등급 제약과 지역 간의 상호단절 상태에서 벗어나, 통일된 국내 시장을 넓히고 보호하며, 새로운 사회적 생산방식과 교류방식에 알맞은 표준화된 '국민' 대중을 길러내는 것"[21]에 의지하고 있다고 그는 주장하였다. 한위하이는 '정치민족'을 만들어내는 임무는 중국에서도 마찬가지로 요원하기만 한데, 이러한 상황에서 중국이 직면한 것은 당시 독일 민족에 대한 베버의 우려와 똑같은 것이었다. 즉 "글로벌 경제공동체의 확장은 각 민족 간의 상호 투쟁의 또 다른 형식에 지나지 않으며, 이러한 형식은 자신의 문화를 수호하기 위한 각 민족의 투쟁을 더욱 쉽게 만드는 것이 아니라 더욱 힘겹게 만들 뿐이다. 왜냐하면 이러한 글로벌 경제공동체는 그 민족 내부에서 목전의 물질적 이익과 민족의 장래 사이의 충돌을 불러일으키고, 기득권자로 하여금 자기 민족의 적과 연합하여 민족의 미래에 반대하도록 만들기 때문이다."[22] 중국이 어떻게 "정치민족"을 만들어내느냐에 대한 문제에서 한위하이가, 전지구화와 국가 민족 이익 간의 관계에 대해 가장 많이 고민한 사람이라는 사실은 의심할 나위가 없다. 전지구화가 반드시 '세계대동(世界大同)'을 가져온다고 할 수 없으며, 오히려 세계의 등급과 민족 간의 억압을 악화시킬 수도 있다. 이러한 문제는 또한 한위하이의 다른 글들, 예컨대 〈전지구화, 여전히 자본주의인가?(全球化, 還是資本主義?)〉에도 잘 드러나 있다. 또한 간양의 글 〈'세계대동'에서 민족국가로(從'世界大同'到民族國家)〉와 장쉬둥의 2002년 ≪중화독서보(中華讀書報)≫와의 인터뷰 글 〈우리는 이제 어떻게 중국인이 될 것인가?(我們現在怎樣做中國人?)≫ 역시 모두 이에 대해 의미 있게 호응하고 있다.[23] 물론 중국경제가 성장함과 동시에, 전지구화가 중국 및 '제3세계'에 안겨준 충격에 대해 한위하이 등의 견해는 동일시기에 일어난 전지구화에 대한 낙관적인 정서와 확연히 다르며, 이 또한 그들이 '정치민족(政治民族)' 문제를 깊이 고찰하는 중요한 국제적 배경이 되었다.

2) 경제민족주의

90년대 중후기 이후, 중국이 전지구화 진척을 가속화함에 따라 국영경제의 쇠퇴, 중국경제에 대한 외래자본의 장악의 심화, 중국자본의 해외도피 증가 등의 현상에 자극을 받아, 신좌파(新左派)로 불리는 일부 경제학자들의 사이에 이른바 '경제민족주의' 사조가 나타났다. 그들은 전지구화와 중국경제 발전 및 중국의 전도와의 관계에 대해 깊은 불안과 회의를 드러냈다. 이러한 학자들에는 팡닝(房寧), 한더창(韓德强), 줘다페이(左大培), 양판(楊帆), 왕샤오둥(王小東)과 루저우라이(盧周來) 등이 망라되어 있다. 경제민족주의는 90년대 이래의 전지구화, 시장화, 자유무역 등의 문제에서의 낙관주의에 이의를 제기하면서, 전지구화의 본질, 시장화와 중국개혁 발전, 자유무역과 중국의 전도 등에 대해 독특한 분석을 제시하였다. 1999년에 출판된 ≪전지구화의 그늘 아래의 중국의 길(全球化陰影下的中國之路)≫을 예로 들어 보자. 이 책은 90년대 중후기 이래 글로벌 경제에 대한 중국 사회내부의 완연한 낙관과 뚜렷한 대조를 이루고 있다. 이 책에 따르면, 현재 겪고 있는 이른바 경제의 글로벌화 과정은 실상 '전쟁터가 시장으로 바뀐 것'이자 '포스트식민시대가 머잖아 도래하는' 것이고, '자본은 온 세계를 돌아다니되, 이윤은 서구로 유입된다'는 근대 역사법칙의 진일보한 설명이며, 이전의 '중심-주변'의 세계

불평등교환체계의 변형에 지나지 않을 따름이다. 책 속에서는 전지구화와 자유무역이 중국 경제·정치·사회의 안전에 가져올 수 있는 부정적인 효과에 대해 경고하면서 네 가지 함정, 즉 농업의 쇠퇴, 수출 주도로 인한 경제구조의 악화, 사회분화 및 국제무역환경의 악화 등을 언급하고, 일단 이들 함정에 빠지게 되면 미래 중국의 전망은 '군사 통제, 정치 대행, 경제 접수관리'와 다름없다고 주장한다. 이러한 결과를 피하고자 한다면, 중국은 전지구화에 참여하는 동시에 전지구화에 대한 경계를 게을리 하지 말아야 하며, 실행 가능한 공업화 및 현대화 발전 노선으로는 적절한 개방의 실시, 경제구역의 적극적 추진, 효율과 공평의 동시 추구, 서구문화의 패권에의 저항 등을 들 수 있다.[24] 또한 2000년 한더창(韓德强)이 저술한 ≪충돌 ― 전지구화의 함정과 중국의 현실적 선택(碰撞 ― 全球化陷穽與中國現實選擇)≫과 2002년 쭤다페이(左大培)가 저술한 ≪혼란의 경제학(混亂的經濟學)≫에서는 상술한 왕샤오둥 등의 주장보다 한층 더 상세하고 구체적인 견해를 밝히고 있다. 한더창은 중국 사회에 만연한 '시장낭만주의(市場浪漫主義)', 즉 자유무역에 대한 미신을 집중적으로 비판하여, 당시 중국의 WTO 가입신청 및 WTO 가입에 대한 허황된 기대에 찬물을 끼얹음과 아울러, 취업 우선과 자원 절약, 전략산업 육성, 과학기술과 교육사업에 의한 영혼 개조 등의 무역 보호주의의 이론을 주장하였다. 90년대 중후기 이래의 경제민족주의 사조는 이른바 '신자유주의'를 명확하게 논쟁의 대상으로 삼았으며, 신자유주의의 이론주장이 국가정책으로 구체화된다면 무궁무진한 해독을 낳으리라고 여겼다.[25] 양판은 2000년 전후로 조직된 '사상통합토론회(思想整合討論會)'에서 중국에서 비롯된 신자유주의 사상을 반박하였으며, 이는 쭤다페이의 ≪혼란의 경제학≫ 속에 선명하게 드러나 있다.[26] 특히 2001년 중국이 WTO에 가입한 이후, WTO 가입에 대한 비판은 줄곧 끊이지 않았다. 경제민족주의의 주창자들은 독일 경제학자인 리스트(F. List)의 국민경제학 이론을 사상적 무기로 삼아, 아담 스미스의 자유무역이론을 적용한 결과에 대해 심각한 반대와 회의를 표명하였다.

3) 문화민족주의

90년대 이래, 정치민족주의 및 경제민족주의와 어깨를 나란히 할 뿐만 아니라, 심지어 한 발 더 앞서 있다고 볼 수 있는 것은 바로 문화민족주의이다. 이 민족주의 지향은 1989년 이후, 80년대 사상 성찰 과정에서 발생한 지식계층의 지식사상의 전향, 그리고 중국 자체의 문화전통에 대한 중시 등과 관련이 있으며, 동시에 90년대 이래 문화 전지구화의 충격 속에서 중국사회에 가치의 전도가 일어난 사실, 그리고 중국의 심령세계에 어떻게 정체성을 새로이 할 것인가의 문제 등과도 밀접히 관련되어 있다. 허신(何新)은 ≪홍콩상보(香港商報)≫의 수석 기자와 인터뷰를 하면서 이렇게 자신의 견해를 밝힌 바 있다. "20세기의 중국 지식인은 자신의 정신적 고향을 상실하고 말았다. '5・4' 이후 격렬한 반(反)봉건과 반(反)전통, 서구 세력과 일본인의 침입은 잇달아 급진주의적 대혁명을 불러일으켰다. 이러한 '혁명'은 마침내 마오쩌둥이 일으킨 10년의 '문화대혁명'에서 정점에 이르렀다가 자기부정으로 나아갔다. 20세기 초엽 이래 1980년대까지, 중국 문명의 고유한 전통과 그 이성정신은 심각한 파편화('해체')를 겪었다. 현대 주류 이데올로기는 스탈린주의, 마오쩌둥 사상을 정신적 지주로 삼은 적도 있었지만, 근 20년 동안 이 지주 역시 붕괴되고 말았다. 그래서 오늘날 중국의 인문지식계는 줄곧 심각한 방황과 곤혹, 그리고 새로운 모색 속에 놓여 있다. 사람들은 새로운 가치 체계를 찾고 있는 것이다."[27)]

문화민족주의를 명확하게 제기한 주창자로는 성훙(盛洪)과 캉샤오광(康曉光)을 들 수 있다. 성훙은 자신의 문명생성진화 논리를 기초로, 사회다윈주의에 기초한 서구문명을 선양하였지만, 실제로는 '천하주의' 및 '인서(仁恕) 정신'을 기초로 한 중국문명의 우월을 결론으로 내세우느니만 못했다.[28)] 캉샤오광은 〈문화민족주의 개론(文化民族主義論綱)〉이라는 글을 통해, 자신의 독서와 방문연구의 경험, 중국 전통 경전에 대한 열독, '9・11' 사건 이후 미국으로 건너가 '미국에 만연한 강렬한 민족주의 정서'에 대한 직접적인 느낌

등을 회고하면서, 다음과 같이 밝히고 있다. "현대적 의미에서의 문화, 민족, 국가는 분리될 수 없다. 민족, 문화, 국가의 '삼위일체'는 현대화의 산물이다. 문화는 민족과 국가 정체성의 기초이다. 통일된 문화가 존재하지 않는다면, 통일된 민족과 국가 역시 존재하지 않는다. 반대로 독립된 국가가 존재하지 않아도 완전한 문화는 존재하기 어렵다." "문화 혹은 문명이 국제정치구조를 지배하는 기본 역량의 하나가 되어가고 있"고 "21세기 초 중화민족이 문화부흥의 전환점에 서 있다"면, "격심한 전 세계적 경쟁 속에서 어느 민족이나 자신의 문화자원을 홀시해서는 안 된다." 아울러 그는 구체적인 기획을 다음과 같이 밝혔다. "일반적인 민족주의 혹은 문화민족주의 논의와 달리, 이 글에서는 아래의 세 가지를 강조하고자 한다. 첫째, 미래로 향하고 역사를 계승하며, 현대화의 맥락 속에서 문화전통을 살피고, 중화민족을 위해 새로운 이념・가치・도덕을 모색하며, 중화민족의 정신적인 고향을 재건한다. 둘째, 전지구화의 입장에 서서 문화전통을 살피고, 문화민족주의를 국제경쟁력 제고의 유용한 수단이자 문화중국의 영혼으로, 그리고 중화민족이 세계민족의 숲에 우뚝 솟을 기반으로 간주한다. 셋째, 실천을 제창하고 쓸데없는 공론을 반대하며, 사회운동을 통해 일상 사회생활 속에 스며들고 현대사회에 알맞은 민족종교, 즉 신유교(新儒教)를 수립할 것을 제창한다.[29]"

성홍과 캉샤오광 외에, 샤오궁친(蕭功秦), 쟝칭(蔣慶), 천밍(陳明), 간양(甘陽), 장쉬둥(張旭東) 등도 상이한 각도에서 문화민족주의 주장을 서술하였다. 비록 그들 모두가 중국 문명전통의 기초 위에 미래의 민족국가를 세워야 한다고 주장하고 있지만, 그 안에도 엄연히 차이가 존재한다. 성훙, 쟝칭, 샤오궁친 등은 '중국문명 우월론'의 흔적을 보일 듯 말 듯 드러내고 있는데, 20세기 상반기의 문화보수주의자들의 주장을 계승하여, 덕성을 중시하는 중국문명이 실리를 중시하는 서구문명에 비해 문화적으로 훨씬 많은 우월성을 지니고 있다고 확신하고 있다. 반면 간양과 장쉬둥 등은 현대성과 민족 고유의 역사문화전통 사이의 내재적 관련을 강조하는 데에 중점을 두고 있다.

4. 민족주의에 관한 논쟁

90년대 이래 나타난 민족주의 사조에 대해 지식계층의 반응은 각기 달랐으며, 민족주의 문제를 둘러싸고 중국 지식인 내부에서는 줄곧 논쟁이 끊이지 않았다. 논쟁의 입장과 그 입장 이면의 지식사상 배경에서 살펴보자면, 민족주의에 대한 반대는 주로 자유주의 진영에서 비롯되었으며, 90년대 후기 신(新)좌파와 자유주의의 양대 진영이 분화된 이후 이러한 상황은 더욱 뚜렷해졌다.

민족주의에 관한 논쟁은 최초로 문화민족주의 측면에서 나타났으며, 이 논쟁은 90년대 중기에 시작되어 오늘날까지 이어져 이제 바야흐로 한창이라고 할 수 있다. 대체로 최근 10여 년간의 문화민족주의에 관한 논쟁은 세 단계로 나눌 수 있다. 첫 번째 단계는 성홍(盛洪)의 〈무엇이 문명인가(什麽是文明)?〉를 둘러싸고 전개되었다. 경제학자인 성홍은 1995년 ≪전략과 관리(戰略與管理)≫라는 잡지에 〈무엇이 문명인가?〉라는 글을 발표하였는데, 이 글에서 경제학이론을 끌어와 '문명'의 성격을 아래와 같이 정의하였다. 즉 (1) 문명은 협력이 비(非)협력보다 더 낫다고 여긴다. (2)문명은 여러 차례의 게임 결과로부터 원가와 수익을 따져본 즉, "문명은 지난날 무력으로 해결한 인간 사이의 충돌을 평화적 방식으로 해결하는 것이고, 문명의 본질은 바로 인간과 인간 사이의 조화이다." 이러한 기초 위에서 그는 다시 동·서방 문명을 비교하였다. 그에 따르면, 서구문명의 승리는 그저 무력의 승리에 불과하고, 평화적 방식으로 충돌을 해결하는 경향이 있는 중국문명과는 다르며, 서구문명의 확장성은 "서구가 자기 내부의 이해가 충돌하는 문제를 원만히 해결하지 못했음"을 보여주는 것이고, 서구문명의 강성함 또한 어쩔 도리 없이 "세계를 더욱 격렬한 충돌 속으로 끌고 들어갔으며", 따라서 "중화문명은 다른 문명에 비해 더욱 큰 동력을 지니고서 핵무기 없는 글로벌문명을 창조해야 한다. 이는 사실 중화문명이 더 많은 희생을 치러야함을 의미한다. 중화문명은 솔선하여 서구인이 세운, 핵시대를 초래한 모든 규칙을 바꾸어야만 한다."[30] 이후에도 그는 잡지 ≪동방(東方)≫ 1996년 제1기에 〈경제학은 어떻게 역사에 도전하는가(經濟學怎樣挑戰歷史)?〉를 발표하여 〈무엇이 문명인가?〉라는 글의 견해를 다시 구체화하였다. 성홍의 문명론은 80년대 중국 지식계에 보편적으로 유행했던, 서구문명이 중국문명보다 우월하다는 주장을 뒤집은 것이었다. 이러한 견해가 세상에 나오자마자, 사회학자인 쑨리핑(孫立平), 철학자 쉬유위(徐友漁)와 역사학자 친후이(秦暉) 등의 자유주의진영 인사들은 잇달아 글을 지어 응답함으로써 일순간에 뜨거운 관심과 토론을 불러일으켰다. 당시의 토론이 남긴 자료를 살펴보면, 성홍의 관점에 반대하는 사람들이 다수를 차지하고 있다. 쑨리핑의 글 〈'무엇이 문명인가'의 연역 논리와 토론 컨텍스트('什麽是文明'的演繹邏輯與討論語境)≫에서는 성홍이 주장한 몇몇 논점과 가설에 대해 학술적이고 논리적인 질문을 제기하였다.[31] 쉬유위는 〈경제학이 역사에 도전하는가, 아니면 논리가 경험적 사실을 대체하는가?(是經濟學挑戰歷史, 還是邏輯代替經驗事實?)〉라는 글에서 성홍에게 경제적 관점에서 문명문제에 개입하는 방식의 유효성을 물으면서, 서구문명이 동방문명보다 보편성을 지니고 있다고 주장하였다. 쉬유위의 지적에 따르면, 경제학적 관점에서만 문명을 바라보는 것은 "흥미롭고 계발적이면서도 커다란 한계를 지니고 있"는 바, 결코 보편성을 지니고 있지 않으며, 중국 자신의 낙후와 결함에 대한 성찰 및 비판을 회피하기도 쉽다.[32] 또한 친후이(秦暉)는 〈'신 야만족정복론'과 문명구원의 길에 관하여(關於'新蠻族征服論'與拯救文明之路)〉라는 글에서 자유주의 관점에서 성홍의 주장을 해석하였다. 친후이에 따르면, 중국학자들을 곤혹스럽게 만드는 자유주의와 서구 가치라는 문제를 처리할 때, "성홍의 해결방식은 서구를 반(反)자유주의의 야만적 역량으로, 반면에 중화 전통을 자유주의 전통으로 묘사"하는데, 이는 '사실에 위배될' 뿐만 아니라, '논리에도 어긋난' 것이다.[33] 이러한 견해를 펴는 이로는 왕샤오보(王小波)도 있는데, 그는 잡지 ≪독서(讀書)≫ 1995년 제11기에 〈지혜와 국학(智慧與國學)〉이라는 글을 발표하였다. 이 글에서 나타난 80년대식의 '낙후-도태'의 문화 태도는 성홍과 현저한 차이를 드러내고 있다. 이 글이 발표된 이후, 성홍과 성위밍(盛宇明) 등은 각자의 글을 통해어 '문화평등주의' 문제를 토론하여, 왕샤오보의 중국문명 허무주의 사상을 반격하였다.[34] 성홍의 비판자들은 민족주의 배후의 문화보수주의를 비판하고 질의함과 동시에, 자유주의와 민족주의의 결합 가능성을 제기하였다.[35] 성홍이 야기한 이번 문화민족주의 논쟁은 당시에 중국문명 전통과 중국의 장래 및 서구지식의 실천 효용성에 대해 사고하도록 이끌었다.

몇 년간의 휴지기를 거친 후, 문화민족주의와 관련한 논쟁은 90년대 후기에 다시금 수면 위로 떠올랐다. 두 번째 논쟁의 도화선은 주쉐친(朱學勤)이었으며, 논쟁을 벌인 양측은 자유주의진영과 문화보수주의·민족주의진영이었다.

민족주의 사조를 비판하는 진영 내에서 주쉐친의 목소리는 줄곧 눈길을 끌었다. 그의 〈5·4 이래의 두 가지 정신적 '병소'(五四以來的兩個精神'病竈')〉라는 글은, 중국 근대사에서의 민족주의와 대중주의에 대해 매서운 역사적 비판을 가하였다.[36] 이 글이 발표되고 오래지 않아 중국 대사관에의 폭격 사건이 발생하였고, 이는 중국 사상계에 격렬한 반향을 불러일으켰다. 이 글에서는 민족주의가 중국 근대사에서의 하나의 '병소'가 되었다는 것에 대해 그 근대적인 연원만을 분석했다고 한다면, 2000년에 그가 발표한 〈명유(明儒)의 곤경으로부터 문화민족주의의 내재적 모순을 살펴보다(從明儒困境看文化民族主義的內在矛盾)〉라는 글은 한 걸음 더 나아가 이 '병소'의 역사문화적 원인(遠因)을 파헤치고자 하였다. 이 글에서 그는 명말 청초의 고염무(顧炎武), 황종희(黃宗羲), 왕부지(王夫之) 등 명대의 3대 유학자들이 망국 이후 문화민족주의로 나아가면서 오히려 문화 정체성 및 정치 정체성의 곤경에 빠지고 말았다는 분석을 통해, "민족주의는 전통문화에 자리 잡아서는 안 된다"라는 결론을 내렸다. 그러나 3대 유학자와 중국 민족주의에 내린 그의 처방과 출로는, 민족주의의 "가장 천박한 것은 배외(排外)이고, 그 다음은 자국의 고유문화를 옹호하는 것이며, 최고이자 가장 어려운 것은 하나의 민족국가를 건설하고자 힘쓰는 것"이라는 후스(胡適)의 견해를 근거로 하고 있다.

주쉐친은 자유헌정이야말로 민족주의의 기초라고 지적하고, "헌정체계를 갖추고 공민 개인의 권리를 확립한 현대국가제도는 오늘날 대륙의 컨텍스트에서 말하는 정치체제개혁에 해당되며, 이는 대체로 하버마스가 서술한 바의 헌정애국주의와 통한다[37]"라고 여겼다.

주쉐친의 민족주의 '병소"론은 민족주의 입장을 견지하는 일부 지식인들 사이에서 강렬한 반발을 불러일으켰다. 그러나 왕샤오둥, 팡닝(房寧)이 보기에는 사실 주쉐친이 말한 것과 전혀 달리, 중국인이 지나치게 민족주의를 떠벌리는 것이 아니라 중국 지식 엘리트에게 민족의 이익을 고려하는 의식이 부족하였던 것이다. 왕샤오둥은 다음과 같이 비판하고 있다. "나는 비록 주쉐친 선생의 인품과 학식을 존중하고, 또한 주쉐친 선생의 글 속에 옳은 관점들이 적지 않다고 생각하지만, 이 두 가지 정신 '병소'는 어느 것이나 대단치 않다고 생각한다. 더욱 큰 두 가지 정신 '병소'는 정반대로, 하나는 중국 지식 엘리트의 일반 민중에 대한 지나친 멸시와 공포이고, 다른 하나는 중국 지식 엘리트에게는 자민족의 이익을 고려하는 의식이 부족하다는 점, 그리하여 자신이 중국인이라고 해서 남보다 못하다고 지나치게 부끄럽게 여기고, 지나치도록 서구에 동화되어 자유인(어느 나라 사람인가는 둘째치고)이 마땅히 지녀야 할 자존감과 당당함을 잃어 버렸다."[38] 아울러 주쉐친의 문화 정체성과 정치 정체성에 대한 해석은 문화보수주의 진영의 반대를 불러일으켰다. 천밍(陳明)은 2002년에 저술한 〈문화 정체성과 정치 정체성의 보론(文化認同與政治認同補議)〉에서, 실제로 "문화원칙은 정권 합법성의 기초 혹은 정치활동 조정의 표준"이라고 강조하였다. 그는 특히 포스트먼(N. Postman)*과 로크(J. Locke)의 관련 논술을 인용하여 지적하였는 바, 세계의 역사가 이미 증명하였듯이 정치제도는 문명의 표면에서 순식간에 사라지는 임기응변의 수단에 불과하며, 어느 정부라도 스스로의 정당성과 합법성을 증명하고자 싶다면

* 포스트먼(Neil Postman, 1931-2003)은 미국의 저명한 매체문화연구자이자 비평가로서, 미디어 생태학이라는 학문분야를 개척하였다. 대표적인 저서로는 ≪죽도록 즐기기(*Amusing Ourselves to Death*)≫, ≪동년의 소멸(*The Disappearance of Childhood*)≫, ≪18세기에 다리 놓기(*Building a Bridge to the Eighteenth Century*)≫ 등이 있다. – 역주

개인과 사회의 고유한 도의(道義) 권력에 대한 인정과 지지를 기초로 할 수밖에 없다는 것이다. 문화가 본질적으로 민족의 의지력・창조력의 표현과 증명이라면, 치통(治統)과 도통(道統) 또한 어찌 분리될 수 있으며, 정치 정체성 또한 어찌 일정한 문화 정체성 위에 세워지지 않을 수 있겠는가? 정치민족주의로써 문화민족주의에 반대한 주쉐친과 달리, 천밍은 그의 문화에 대한 분석을 인정하면서도 그의 글을 조목조목 반박하였다. 그는 주쉐친의 글이 실제로 명대의 3대 유학자라는 역사 텍스트를 잘못 해석하는 바람에, 정치 정체성으로 문화 정체성을 대신하는 그릇된 논리에 이르게 되었다고 주장하였다.[39)]

주쉐친식의 '정치민족' 이념에 대한 천밍의 논전은 90년대 말의 정치민족주의와 문화민족주의의 논쟁으로, 당시에는 잔물결만 일으켰을 뿐 하늘을 덮을 만큼 거대한 물결을 일으키지는 않았다. 2003년에 이르러 간양의 '화인(華人)대학 이념'을 둘러싸고 발생한 문화민족주의논쟁은 이 토론을 한층 심화시켰다. 2003년 봄, 베이징대학에서는 커리큘럼 개혁이 무르익고 있었는데, 개혁 방안에 대한 광범한 토론 중에 간양은 ≪21세기 경제보도(21世紀經濟報道)≫에 게재한 〈화인대학 이념과 베이징대학의 개혁(華人大學理念與北大改革)〉이라는 글에서 베이징대학의 커리큘럼 방안에 대해 진지하게 질의하였다. 그는 베이징대학의 개혁방안은 미국의 기준에 따라 설계되었으며, 이는 장차 화인대학의 독립성과 자주성을 상실하게 만들 것이라고 여기면서 이렇게 지적하였다. "화인대학의 근본적인 사명은 서방대학의 우수한 제도와 성과를 학습하지만, 다른 한편 이러한 학습 목적은 사상・학술・문화・교육에 있어서 중국인의 독립과 자주를 강화하여, 화인대학이 결코 서방대학의 '종속물'이 되지 않도록 해야 한다는 데에 있다. 우리들이 현재 우려하는 문제는, 바로 최근 베이징대학 등의 개혁방향이 중국 대학의 사상학술과 교육과학 연구방면의 독립과 자주를 상실하게 할 것인지, 오히려 적극적이고 자각적으로 베이징대학 등을 서방대학의 '종속물'로 만들 것인지의 여부이다." 그는 이로 인해 '화인대학 이념'을 이렇게 외친다. "오늘날 화인사회(華人社會)……의 모든 대학에 대해 말하자면, 근본적인 문제는 화인대학이 기본적으로 문화의 자부와 문화 자각을 지녔다고 말할 수 없다는 점, 다시 말해 화인대학의 이념 확립이 아직 멀었다는 점이다."[40] 간양의 '화인대학 이념'은 재미(在美) 학자인 쉐융(薛涌)의 비판을 받았는데, 쉐융은 중국의 대학들은 짧은 역사를 지녔을 뿐이며, 화인대학 이념을 운위할 밑천이 없다고 여겼다. 그에 따르면, 간양은 일본 메이지 후기의 문화민족주의와 유사한 수렁에 빠져 있으며, 19세기 말 나쓰메 소세키(夏目漱石)가 일본에서 문화민족주의를 널리 알렸음에도 20세기에 맺었던 것은 일본 군국주의의 열매였다고 주장하였다.[41]

간양에 대한 쉐융의 비판에 맞서, 장쉬둥(張旭東)은 쉐융의 주장에 반박을 가했다. 그는 민족주의에 대한 겔너(Ernest Gellner)*의 서술적 정의, 이를테면 '문화와 정체의 일치(the convergence of culture and polity)'의 개념, 주장의 제기와 역사운동 등을 빌려 다음과 같이 지적하였다. "비록 자본주의 생산방식과 그것이 가져온 현대성의 갖가지 속성 자체가 지역과 문화의 '특수성'을 초월하더라도, 보편적인 역사의 역량은 구체적인 삶의 현실이 되고 살아 숨쉬는 대중 속에 실현되어야 하며, 그렇게 함으로써 오랜 기간 형성된 언어, 풍속, 공동의 기억, 집단 경험 및 집단 심리 등등의 '문화' 범주에 마침내 자리해야 한다." 민족주의에 대한 이러한 이해를 기초로, 그는 쉐융이 '문화민족주의'를 자명한 반의어로 간주하여 사용한 데 대해, 이를 받아들일 수 없다면서 "'문화 존재'이자 '정치 존재'로서의 중국은 자연적으로 현대민족국가의 성질을 띠고 있으며, 그 '민족주의'는 자연적인 정당성을 지니고 있다. 이는 이데올로기적 결론이 아니라, 역사적 관찰이다"[42]라고 지적하였다. 장쉬둥의 반박은 쉐융의 재반박을 불러일으켰다. 쉐융은 글을 통해 재차 19세기 후반기의 일본의 문화민족주의를 분석하였다. 그의 견해에 따르면, 문화민족주의가 비록 일본의 문화독립을 지키자고 외치고 일본의 가치를 뿌리로 삼았지만 실제로는 서구적 사회다윈주의로부터 깊은 영향을 받았으며, 비록 일본의 가치를 논술

* 겔너(Ernest Gellner, 1925-1995)는 영국의 역사학자, 철학자이자 사회인류학자로서, 민족주의 연구로 명성을 얻었다. 대표적인 저서로는 ≪민족과 민족주의(*Nations and Nationalism*)≫, ≪민족주의(*Nationalism*)≫ 등이 있다. ─ 역주

해내는 것을 자신의 사명으로 여겼지만, 여전히 감성 측면에 머물러 있었으며, 일본적 가치의 확립이 좌절을 겪은 이후 일종의 신비주의적 문화주술로 발전해나간 바람에 일본문화의 독특성을 얘기하여도 일본인 외에는 아무도 이해하지 못한다는 것이다. 쉐융은 이러한 문화민족주의 사상이 간양과 장쉬 등의 글 속에 "수두룩하게 있다"면서 다음과 같이 말하였다. "이처럼 '중국'을, 그리고 '화인(華人)'을 강조하더라도 그 안의 핵심적인 가치가 무엇인지, 이러한 신비로운 '중국가치'를 서구의 보편적인 기본가치보다 중국인이 더 소중히 여기고 지켜야 할 이유가 무엇인지를 제대로 설명해주지 못한다. 결론적으로 그들은 모종의 문화 해석권을 자신들의 손아귀에 독차지하려 하며, 또한 문화의 지위를 끌어올림으로써 스스로 인류가치체계를 해석할 때의 지식권력과 문화특권을 확대하려 하는 것이다."[43]

90년대 이래의 문화민족주의 논쟁을 살펴보면, 전체적으로 볼 때 문화민족주의는 엘리트 계층 속에서 훨씬 더 많은 이들의 지지를 받고 있는 추세를 보이지만, 문화민족주의 역시 줄곧 양측 방향의 반대에 부딪쳐왔다. 한 측은 80년대의 계몽전통을 옹호하는 자유주의 지식인들이다. 그들은 "인류문명의 주류와의 융합"을 부르짖으면서 전통문화로 뒷걸음치는 것에 반대하였다. 리선즈(李愼之)는 '재계몽(重新啓蒙)'설을 제기하였는데, 그는 서구문명을 보편적인 문명으로, 중국문명을 특수한 문명으로 간주하였다. 이러한 문명인식론하에서 그는 서구문명에 가까이 다가가 인류의 주류문명 속에 융합되어야 한다고 주장하면서, 유가문화를 일종의 '전제주의'로 간단히 결론짓는다.[44] 반면 주쉐친(朱學勤)은 역사문화전통을 초월하여 현대헌정국가를 건설해야 한다고 주장하는데, 그의 '민족국가' 관념 속에서 정치 정체성의 '현대성'은 당연히 문화 정체성의 '전통성'에 얽매이지 않는다.[45]

아울러 정치민족주의를 주장하는 일부 학자들, 이를테면 왕샤오둥은 중국 유가전통이 지나치게 등급을 강조하고 기개, 즉 상무 정신이 결여되어 있으며 총체적으로 타성과 보수에 치우쳐 있어서 새로운 강력한 정치민족주의를 개발해내지 못하였다는 점을 들어 문화민족주의에 반대하였다.[46] 샤오궁친

(蕭功秦)은 이에 대해 다음과 같이 설명하고 있다. "유가문화는 중국전통사회의 주류문화형태인데, 중국근대화의 과정에서 상당히 강한 타성과 보수성을 지닌 이 주류문화는 중국 근대화과정에 장애가 되었다. 이것이 바로 금세기 초 이래로 중국의 현대화를 추구했던 선배들이 이 주류문화에 대한 비판과 반역을 중국민족의 부강이란 목표를 이뤄내는 기본 기점으로 삼았던 까닭이며, 이것이 바로 중국이 20세기 초 이래 반(反)주류문화, 즉 반(反)유가적 민족주의를 형성한 까닭이다. 당시의 사람들은 이 주류문화를 비판하고 부정해야만 중국이 멸망의 위기에서 벗어나 생존을 도모할 수 있으며, 자민족의 현대화를 실현할 수 있으리라고 보편적으로 여겼다."[47)]

정치민족주의로써 문화민족주의를 반대하는 것은, 안소니 스미스(Anthony D. Smith)*가 개괄하였듯이 일종의 '모더니즘'의 도구주의적 관념으로서, 민족의 정체성을 순수히 하나의 현대적 산물이자 근세 이래 삶을 영위해온 인류의 무작위적 선택이라고 여기는 것이다.[48)] 그러나 90년대 후기 이래, 날로 많은 학자들이 정치민족주의와 문화민족주의의 관계를 소통시키고자 하였으며, 이들은 일정한 정치 정체성은 반드시 일정한 문화 정체성을 전제로 한다고 생각하였다. 샤오궁친은 이렇게 말한다. "역사적으로 볼 때, 혁명시대에는 낡은 문화와 낡은 전통에 대해 더욱 많은 비판을 요구하는데, 이렇게 해야만 광범하게 사회를 참여시킬 수 있었다. 따라서 낡은 전통에 대한 비판은 역사적인 합리성을 지니고 있었다. 다른 한편, 진정으로 현대화의 민족진흥과 발전의 시기에 들어서면, 자국의 주류전통문화에 대한 계승이 틀림없이 한 국가의 각 계층 공통의 추세가 될 것이다. 자국의 주류문화를 단순히 부정하고 포기하는 것은 분명 합리적인 선택이 아니다."[49)] 정치민족주의를 명확하게 주장하는 학자들, 예컨대 장쉬둥과 간양 등은 정치민족을 건설

* 안소니 스미스(Anthony D. Smith, 1939-)는 영국의 사회학자로서 민족주의 연구에서 업적을 남겼다. 민족 및 민족주의를 근대 특유의 산물로 간주하는 홉스봄이나 겔너와 달리, 그는 이전부터 존재하는 문화적 공동체와의 연속성을 중시한다. 대표적인 저서로는 ≪20세기의 민족주의(*Nationalism in the Twentieth Century*)≫, ≪글로벌 시대의 민족과 민족주의(*Nations and Nationalism in a Global Era*)≫ 등이 있다. — 역주

하자고 부르짖음과 동시에, 현대민족의 성장은 그 민족의 과거문화와 분리될 수 없으며, 비록 민족이 '정치'적이지만 정치민족주의는 문화전통을 배척하는 것이 아니라 오히려 민족문화 전통의 지지를 필요로 한다는 것을 강조하였다.[50)]

문화민족주의의 논쟁은 정치 정체성과 문화 정체성의 관계뿐만 아니라, 그 이면에 놓여 있는 문화 보편주의와 특수주의의 분기(分歧)와도 관련되어 있었다. 문화민족주의에 대한 견지라는 측면에서 성홍(盛洪)은 문명우열을 판단하는 것처럼 보이지만, 그의 문명론 속에도 보편적 문명이 존재하고 있는 반면, 다른 문화민족주의자들의 다수는 문화상대주의 입장을 지니고 있다. 딩윈(丁耘)은 간양의 문화민족주의 주장을 평론할 때 이렇게 말했다. "정치민족주의만이 전쟁이 여전히 지속되고 있음을 알고, 문화민족주의만이 여러 신(神)과 관련되어 있음을 안다. 반면 정치적으로 성숙한 문화민족주의만이 궁극적인 정치는 다른 게 아닌, 여러 신의 다툼임을 안다."[51)] 또한 전지구화와 중국문화 자주성에 대한 장쉬둥의 견해는 간양과 동일한 생각을 공유하고 있다.[52)] 간양과 장쉬둥이 취한 문화특수주의 입장은 실제로 90년대 후기 이후 문화보편주의에 대한 의문의 증폭 및 문화특수주의의 정체성 강화를 반영하는 것이기도 하다. 문화특수주의를 기초로 제기한 헌팅턴(Samuel P. Huntington)의 '문명충돌론'이 막 중국에 전해졌을 때, 중국학자들이 호응했던 글들은 대부분 문화보편주의적인 입장을 취하고 있었으며, 문명 간의 공통성이 차이보다 더 많다고 여겼다. 그러나 이러한 상황은 90년대 후기에 들어 점차적으로 바뀌어, 헌팅턴의 '문명충돌론'과 문화특수주의에 찬성하는 이들이 현저하게 늘어났다. 이러한 현상은 한편으로는 현실세계의 충돌에서, 다른 한편으로는 문화 문제에 대한 토론의 심화에서 비롯되었다고 볼 수 있다.

90년대 이래, 경제의 전지구화와 민족주의 문제를 둘러싸고서도 지속적인 논쟁이 전개되었다. 전지구화에 대한 낙관 정서는 경제민족주의와 동시에 발생하였는데, 국가이익을 견지하고 경제자유화에 반대하며 국민경제 전략산업을 옹호하는 경제민족주의와 뚜렷한 대조를 이루었다. 90년대 이래 중국경제의 전지구화를 주장하는 이들은 글로벌 경제의 아름다운 청사진을 그려냈다. 즉 세계경제를 완전히 자유화하고, 세계경제의 발전을 위해 양질의 질서정연한 사회 환경을 조성하며, 개발도상국가에게 선진국을 따라잡을 수 있는 좋은 기회를 가져다주고, 전 세계에 보편적인 이익을 가져다주며, 전 세계의 민주화를 추동하리라는 것이다.[53] 그러므로 중국은 '조류에 순응하고, 전지구화를 받아들어'[54]야 마땅하다. 전지구화를 주장하는 이들은 다음과 같은 사실을 믿는다. 즉 전지구화가 장차 국가민족의 차이와 국가민족의 정체성을 약화시킬 것이며, 따라서 민족주의가 부르짖는 국가주권, 국가이익, 국가경제, 갖가지 지역가치는 이에 따라 뒤쳐지게 되고, 이를 대신하는 것은 틀림없이 '전지구적 가치'와 '세계주의'라는 점이다. 리선즈(李慎之)는 동남아 금융위기 이후 싱가포르 전임 총리인 리콴유(李光輝)가 '아시아적 가치'를 포기한 사실을 두고 이렇게 말했다. "전지구화시대가 도래함에 따라, 경제·과학·기술이 이미 전지구화로 나아가고 있을 뿐만 아니라, 각국의 국가제도, 따라서 각국의 가치들 또한 장차 전지구화로 나아갈 것이다. 이것이 바로 전지구적 가치이다." 이른바 '전지구적 가치'는 또한 민주화와 시장화에 있다.[55] 전지구화에 대한 이러한 인식으로 말미암아, 전지구화와 전지구적 가치를 주장하는 이들은 중국의 WTO 가입에 대해 적극적인 지지 태도를 보였다. 90년대 이래, 경제의 전지구화를 둘러싼 격렬한 논쟁은 대개의 경우 중국의 WTO 가입의 필요 여부 문제를 둘러싸고 펼쳐졌다. 중국에게 있어 WTO 가입은 바로 전면적으로 전지구화과정에 융합해 들어가는 것을 의미했다.

전지구화주의자가 묘사한 낙관적인 정경은 한더챵, 쥐다페이 및 한위하이(韓毓海) 등의 신좌파 지식인에게 공중누각이자 그림의 떡에 다름 아니었다. 한더챵은 ≪충돌—전지구화 함정과 중국 현실의 선택(碰撞—全球化陷穽與中國現實選擇)≫에서 전지구화, 자유무역, 시장에 대한 당시의 낙관주의를 쟁점으로 삼아, WTO 가입이 중국에 가져올 손익을 세밀하게 분석하였다. 그가 보기에, WTO 가입에 대한 중국 국내의 지지 태도는, 국제경제의 거대 사이클에 가입하면 자동적으로 '비교우위'를 실현할 수 있다고 믿는 시장낭만주의에서 그 배경의 원인을 찾아볼 수 있다. 이 시장낭만주의 및 자유무역론과 반대로, 한더챵은 국내의 정부의 독점이 타파된 이후 이를 대체하는 것은 결코 자유경쟁이 아니라 외국 대기업의 독점일 것이라고 주장하였다. 이 책에서 그는 시장낭만주의의 세 가지 구성성분, 즉 '보이지 않은 손', '비교우위' 및 경제성장 단계론에 대해 하나하나 반박을 가하였으며, 이 기초 위에서 그의 시장현실주의에 대한 자신의 견해, 즉 경쟁론, 무역보호론 및 '중심-주변론'을 제기하는 한편, 미국 등이 우뚝 일어섰던 경험을 통해 중국이 배워야 할 것은 자유무역이 아니라, 어떻게 무역보호를 진행하고 중국 자신의 민족산업, 특히 전략산업을 육성해야 할 것인가임을 강조하였다. WTO와 경제 전지구화에 대해 비관적인 이들에게, 전 지구가 일체화된 세계란 일부 중국 지식인들의 바람에 불과하고, 이러한 낭만주의의 배경에 숨겨져 있는 실제는 현실의 경제적 등급과 권력의 억압이며, 전지구화가 사람들이 말하는 것처럼 반드시 온정으로 가득 차 있는 것은 아니며, WTO 가입이 중국에게 반드시 복음이라고는 할 수 없는 것이다.[56] 전지구화의 또 다른 반대자인 한위하이(韓毓海)는 이로 인해 질문을 던졌다. 우리들이 하나의 동질화된 세계를 받아들여야 하는가?[57]라고.

중국의 WTO 가입과 경제 전지구화 문제를 둘러싸고 펼쳐진 논쟁의 기본적인 입장 차이는 명확하다. 한 측은 WTO 가입과 전지구화의 진행이 중국의 경제발전에 유리하다고 여기는 반면, 다른 한 측은 이것이 중국의 민족 산업을 파멸시킬 것이며, 중국은 전 세계적인 경제피라미드의 밑바닥으로 떨어져 끝내 낙후를 면치 못하리라고 생각한다. 한 측은 시장과 자유무역이 '대세'이자 뭇사람이 바라는 바라고 여기는 반면, 다른 한 측은 자유무역과 전지구화 시장을 스스로를 기만하고 남도 속이는 신화에 불과하다고 여긴다. 한 측은 당연히 국유기업과 국민경제에 대한 전통적 지지를 포기해야 한다고 여기는 반면, 다른 한 측은 국민경제가 여전히 현실적으로 필요하며 민족 산업을 강력하게 지원해야 한다고 생각한다. 한 측은 전 지구가 일체가 되는 시대가 곧 다가올 것이며, 중국은 새로운 '전지구적 문명'의 합창에 가담하여야 한다고 여기는 반면, 다른 한 측은 이른바 '전지구적 가치'란 새로운 '전지구적 낡은 격식'에 불과하며, 민족국가와 그 가치는 오늘날 세계에서 여전히 완전한 합법성을 지니고 있다고 여긴다. WTO 가입, 전지구화의 진행 및 중국의 앞날 등의 문제를 둘러싸고, 낙관과 비관 사이의 지향점의 차이는 의심할 바 없이 뚜렷하였다. 이 논쟁은 오늘까지도 끊이지 않고 이어지고 있으며, 또한 내용은 그대로이고 방식만이 바뀐 채 표현되고 있을 뿐이다.

90년대 중후기에, 왕샤오둥(王小東)은 공개적으로 자신이 민족주의자이며, 민족주의의 대표인물이 되었노라고 밝혔다. 민족주의에 관한 그의 사상은 인터넷 매체에 광범위하게 유포되었다. ≪전략과 관리≫, ≪박람군서(博覽群書)≫ 등의 지면매체를 무대로, 왕샤오둥의 민족주의 사상에 대한 반박 또한 멈추지 않았으며, 이로 인해 양측은 몇 차례 논쟁을 펼쳤다. 왕샤오둥의 정치 민족주의사상의 연구영역은 전지구화와 국가이익, 민주주의와 민족주의, 자유주의와 패권 등을 포함하고 있다. 경제면에서, 그는 상술한 바처럼 경제민족주의 사상을 주장하고, 국가 이익, 보호무역, 그리고 전략산업의 건설을 주장하며, 정치에서는 민주주의와 민족주의의 긴장을 완화시키고, "민주 없는 민족주의는 가짜일 가능성이 높다"고 여겼다. 그러나 국제정치의 영역으로 넓혀 살펴보면, 강대국의 자유주의가 수립한 것은 평등한 세계가 아니라 실제로는 패권이었다고 여겼다. 이를 고려하여 그는 '생존공간'의 문제가 여전히 중국의 가장 중요한 문제 중의 하나이며, 인구는 많되 자원은 부족한 상황 속에서 미래 중국의 활로는 상무(尙武)정신을 진작하고 서양으로부터 민주제도와 과학기술을 배우며 중국 내부에서 종족의 구분 없는 민주자유를 실현하는 것이라고 주장하였다.[58] 왕샤오둥의 민족주의사상에 대해 가장 많은 비판을 했던 이로는 허쟈둥(何家棟)을 들 수 있으며, 그는 여러 차례 글을 써서 왕샤오둥과 논쟁을 펼쳤다. 허쟈둥에 따르면, 왕샤오둥의 민족주의사상은 민족주의와 민주주의를 분립시키고 민주를 민족주의의 도구로 연역하였으며, 왕샤오둥의 '생존공간론'은 적나라한 사회다윈주의에 불과하고, 그가 제창한 상무정신은 단지 군국주의만을 조성할 뿐으로, 이를 대체하는 것으로

는 응당 공민(公民)정신이어야 한다고 그는 주장하였다.[59)]

90년대 이래 민족주의에 관한 논쟁은 견해나 주장의 차이에 있어 뚜렷한 대립 양상을 보였다. 한 측은 서구를 본받아 계몽을 지속하자고 주장하는 반면, 다른 한 측은 중국은 중국 나름의 발전 노선을 걸어가야 한다고 주장하였다. 한 측은 전지구화의 도래가 장차 인류를 '세계대동(世界大同)'으로 들어서도록 이끌 것이라 여기는 반면, 다른 한 측은 중국의 국가 이익의 홀시를 전제로 전지구화에 가입하는 것에 강력하게 반대하였다. 한 측은 인류 공통의 보편적인 가치가 존재한다고 여긴 반면, 다른 한 측은 상이한 문명 간에는 가치의 공약불가능성(Incommensurability)이 존재하고 있다고 주장하였다. 이러한 견해 차이의 배경에는 기본적인 세계관의 차이 및 중국 미래의 전망에 대한 상이한 구상이 깔려있다. 그러나 논쟁의 양측 모두를 두루 살펴보면, 그들의 공통점 또한 분명한 바, 현대성을 구현하는 '정치민족'의 수립은 중국에게 여전히 미완성의 임무이다.

만일 90년대 전기의 민족주의가 단지 물질이익과 권력에 치우친 정서적인 반응의 측면일 뿐이고, '도전자' 혹은 '추종자'의 태도를 취하였으며, 주로 외부의 위협에 맞서서 제기된 것이라고 한다면, 90년대 후기 이래에는 민족주의가 민주, 자유, 헌정 등의 문제에 대한 사고로 전향됨에 따라, 민족주의 역시 날로 학술이론화되어 국가제도의 혁신성 및 국가민족 생성의 내재적 정신 차원으로 심화되었다. 미래의 중국은 도대체 어느 방향으로 나아갈 것인가? 80년대에 공동의 계몽진영에서 비롯되어 90년대에야 비로소 분화가 일어난 논쟁의 양측은, 미래 중국의 국가민족 상상에 대해 중국의 현대적 개조의 완수라는 이상목표를 동일하게 계승하고 있으며, 그 목표의 주요 내용은 민주제도의 실현이었다. 이 점은 그들이 보편적으로 정치민족주의에 대해 기대를 품고 있다는 측면에서 살펴본다면 명확하게 알 수 있는 부분이다. 문화민족주의를 찬성하든 반대하든, 중국이 여전히 국가민족주권을 강조해야 한다고 여기든 여기지 않든, '생존공간'설을 주장하든 반대하든, 그들은 모두 편하게 '정치민족'을 논할 수 있고 중국에서의 민주 필요성을 운위할 수 있으며, '현대성'에 대한 그들의 합의 수준을 낮출 수도 있다. 그들은 현대성의 구체적 함의는 무엇이고, 이 현대성을 실현시킬 수 있는 길은 무엇이며, 현대성은 전통과 충돌하는지의 여부, 전지구화와 민족주의의 관계는 어떠한가 등에서 차이를 보였으며, 이를 둘러싸고 격렬한 논쟁을 벌였다.

5. 현명한 민족주의, 어떻게 가능할까?

1990년대 이래의 중국사회에서는 대중이든, 지식엘리트이든 누구나 상당히 강한 민족주의 의식을 지니고 있었다. '외국의 달은 늘 중국의 것보다 둥글다'라는 80년대의 보편적 의식과는 달리, 90년대 이래의 중국지식계는 서구에 대해 차츰 성찰의 태도를 취하였다. 이러한 태도가 민족국가문제에 체현된 것이 바로 서구, 특히 미국의 민족국가 개념에 대한 새로운 인식과 이해였다. 장쉬둥(張旭東)은 2000년에 〈지식인과 민족이상(知識分子與民族理想)〉이라는 글을 발표하여, 1960년대에 흥기한 '문화좌파'에 대한 미국 철학자 로티(Richard Rorty)*의 비판적 분석을 통해, 미국 지식인의 심중에 끊임없이 일어나는 강렬한 민족국가의식을 살펴보았다. 쉬지린(許紀霖)과 캉샤오광(康曉光)은 '9·11' 사건 당시 미국에서 직접 미국식의 애국열정을 경험하면서 미국의 정치이념 배경 뒤에는 공통의 민족국가 감정이 존재하고 있다는 사실을 인식하였으며, 아울러 중국민족주의의 긍정적인 의미를 다시금 사고하게 되었다.60) 이러한 다문화 비교연구는 많은 중국 지식인들에게 커다란 자극을 안겨주었다. 그들은 민족주의가 결코 개발도상국만의 전리품이 아니며, 기실 서방국가의 민족주의는 사람들이 상상하는 것 이상으로 훨씬 심각하다는 사실을 깨닫게 되었다.61)

1990년대 이래의 국내 및 국제정치가 보여주었듯이, 국가민족의 정체성은

* 로티(Richard McKay Rorty, 1931-2007)는 미국의 철학자로, 실용주의의 입장에서 근대철학을 재검토함으로써 철학의 종언을 논했다. 대표적인 저서로는 ≪철학과 자연의 거울(*Philosophy and the Mirror of Nature*)≫, ≪실용주의의 귀결(*Consequences of Pragmatism*)≫, ≪문화정치학으로서의 철학(*Philosophy as Cultural Politics*)≫ 등이 있다. — 역주

전지구화에 따라 소실되기는커녕 훨씬 첨예한 방식으로 표출될 것이다. 이렇게 생각하는 까닭은 민족주의가 본래 현대성의 산물이기 때문이다. 오늘날 민족주의이론 연구의 대가인 겔너(E. Gellner), 에릭 홉스봄(E. J. Hobsbawm)*, 베네딕트 앤더슨(Benedict Anderson)** 등은 이를 깊이 있게 분석한 바 있다. 그들의 분석에 따르자면, 민족성, 민족주의, 민족국가는 모두 근대 이래 유럽의 특정한 역사조건 하에서 나타난 산물로, 그것의 주요 동력은 자본주의의 발전이 초래한 사회적 격변이다. 경제발전이 조성한 요구에 따라 지방의 성체를 부수고 유기적으로 연관된 정치단위를 형성한 충격력은 민족 생성의 기본 메커니즘이며, 경제 현대화와 문화 본토화, 국가민족의식의 심화는 실제로는 동전의 양면으로서 동반성장하는 것이다. 헌팅턴이 ≪문명의 충돌과 세계질서의 재건(*The Clash of Civilizations and the Remaking of World Order*)≫이라는 책에서 반복적으로 사람들에게 경고하는 것이 바로 이 점이며, 이는 또한 그의 '문명충돌론'의 중요한 유래이기도 하다. 안소니 스미스(Anthony D. Smith)는 ≪글로벌시대의 민족과 민족주의(*Nations and Nationalism in a Global Era*)≫라는 책에서, 전지구화가 오늘날 여전히 민족 정체성을 약화시키기는커녕 오히려 민족 정체성을 자극할 것이라는 역사적 원인을 분석하였다. 그는 "현대주의의 해석은 과거와의 분리 정도를 과장한 채, 현대성 내에도 전통적인 것이 존재하고 있음을 보지 못한다"고 말하였다. 그가 보기에, 민족주의 이데올로기를 구성하는 상징기호는 '현대성'이 아니라 주로 역사에 존재하고 있다. 즉 "민족과 민족주의를 현대세계의 보편적인 현상으로 이해하는 관건

* 에릭 홉스봄(Eric John Hobsbawm, 1917-2012)은 영국의 맑스주의 역사학자이다. 대표적인 저서로는 ≪혁명의 시대(*The Age of Revolution:Europe* 1789-1848)≫, ≪자본의 시대(*The Age of Capital*:1848-1875)≫, ≪제국의 시대(*The Age of Empire*:187501914)≫, ≪극단의 시대(*Age of Extremes:the short twentieth century*, 1914-1991)≫, ≪1780년 이후의 민족과 민족주의(*Nations abd Nationalism since* 1780)≫ 등이 있다. – 역주

** 베네딕트 앤더슨(Benedict Richard O'Gorman Anderson, 1936-)은 미국의 정치학자로서, 동남아시아, 특히 인도네시아 전문가로도 손꼽힌다. 대표적인 저서로는 ≪상상의 공동체—민족주의의 기원과 전파에 대한 성찰(*Imagined Communities: Reflections on the Origin and Spread of Nationalism*)≫, ≪세 깃발 아래에서—아나키즘과 반식민주의적 상상력(*Under Three Flags: Anarchism and the Anti-colonial Imagination*)≫ 등이 있다. – 역주

은 글로벌한 상호의존의 영향이 아니라, 주로 역사문화 및 종족 유대의 기존 틀과 오랜 유산"이며, "민족주의의 역량은 바로 그것의 역사적 침적에서 비롯된 것"으로, 민족주의의 이러한 특성이 민족주의 자체로 하여금 신앙 기호의 기능을 담당하게 하였으며, 따라서 "민족주의는 자유주의나 사회주의와 다르며, 종교 및 종교공동체와 더욱 유사하다." 이로 인해 안소니 스미스는 민족주의를 일종의 '현대성의 결과'로 보는 견해를 비판하였으며, 아울러 이러한 '현대성 결과'가 과거의 역사와 완전히 단절되었다는 견해에 대해서 "현대주의의 해석은 과거와의 분리 정도를 과장한 채, 현대성 내에도 전통적인 것이 존재하고 있음을 보지 못한다"고 비판하였다. 또한 냉전 이후 범세계적으로 나타난 종족민족주의(ethno-nationalism)의 물결 또한 '민족주의'의 부흥이라기보다, "그것은 기본적으로 일종의 '역사적 산물'로서 일부 냉전 이데올로기에 의해 감춰졌을 뿐"이라고 보았다. 전지구화시대에, "경제에서의 상호 의존 및 대중 전파는 나날이 증대되고 있으며, 시간과 공간은 끊임없이 축소되고 있다. 이 모든 것들은 사람들을 자극하여, 자신의 전통 구조와 문화가 왜곡되고 있음을 놀람 속에 발견하게 된 사람들이 반응을 보이도록 만들었"으며 "세계의 일체화 정도가 나날이 심화됨에 따라, 갈수록 많은 뿌리 없는 이들은 자신이 잘 알고 있는 종족연계와 문화전통 속에서 보호 받고자 할 것이다." 안소니 스미스는 유럽연합(EU)을 그 일례로 들어, 유럽이 경제 일체화를 실현하고 국가 간에 이미 일부 경제주권, 심지어 일부 정치주권을 상호 양도했을 경우를 들어, 다음과 같이 지적하고 있다. 즉, 유럽에서 초(超)민족의 공동체를 수립하고 통일된 유럽 정체성을 형성하기란 설상가상격으로, "'유럽의 역사'를 얘기하는 것은 단지 '유럽 각 민족의 역사'만이 아니니", 이는 오늘날까지도 여전히 아름다운 꿈에 지나지 않으며, "유럽의 '문화가족'은 이처럼 공허하고 창백하며 뼈가 드러날 정도로 여위어 보인다. 마치 텅 빈 조가비 같아서, 유럽의 모든 국가와 지역, 그리고 종족이 모두 그 안에 숨을 수 있을 것만 같다.[62)]"

유럽의 지역화는 유럽 각국의 자국 및 자민족에 대한 정체성을 약화시키지 않았으며, 경제의 전지구화 역시 예견 가능한 미래에 인류로 하여금 민족국가에 대한 집착을 포기하도록 하기는커녕, 경제발전 이후 민족주의는 오히려 더욱 강력한 모습으로 탈바꿈하여 틀림없이 정치적 독립을 추구하게 될 것이다. 한국의 '386세대' 및 그들의 정치적 주장은 또 다른 전형적인 예이다. "서른 살부터 마흔 살 사이의, 1980년대에 대거 정치운동에 참여한 적이 있으며 1960년대에 출생한" 이 새로운 세대의 한국인은 미국에 대해 더 많은 독립을 쟁취하고, 자체적인 역량으로 한반도의 통일을 이룩하자고 주장하였다. 그들은 또한 한국의 정치적 민주화가 뚜렷한 진전을 보이는 상황에서 한국 정치무대의 전면에 등장하여, 경제발전과 민주, 그리고 국가민족의식 사이에서 이 국가민족이 도저히 상상할 수 없었던 조화와 통일을 이루어냈다. 이로써, 이른바 전지구화 시대에 중국경제의 급성장 및 '현대성'의 증가에 따라 민족주의가 '반동 몰락'하리라고 악담을 퍼붓는 것은 아무 쓸모가 없을 뿐만 아니라, 오히려 민족주의를 압박하여 '극단'과 '광기'의 방향으로 나아가게 할 뿐이다. 사고를 전환하여 현명한 방안을 내놓자면, 현대세계에서의 민족주의의 합법성을 한사코 승인하지 않느니, 차라리 아예 민족주의에게 '현대성'의 정당성을 입증하는 증서를 발급하여 민족주의가 전지구화 속에 살면서 전지구화 과정에 동행하도록 허락하는 편이 나을 것이다. 진정 관심을 기울여야 할 만한 문제는 사실 적합한 민족주의를 선택하는 것이며, 이것이야말로 그 무엇보다도 중요하다.

그렇다면 어떻게 '현명한 민족주의'를 건설할까? 혹은 어떻게 중국에서 성숙한 '정치민족'을 만들어낼까? 앞으로의 중국의 민족국가 상상은 반드시 다음과 같은 세 가지 구체적인 현실문제에 직면하게 될 것이다. 첫째, 전지구화의 배경 하에 중국의 전지구화 참여가 심화되고 경제생활이 국경을 넘어서고 있음에도, 정치·군사적 안전은 여전히 중국 국내에 국한되어 있는 현상에 어떻게 대처할 것인가, 다시 말해 국가민족과 전지구화의 긴장관계를 어떻게 해소할 것인가이다. 둘째, 어떻게 내부 제도를 새로이 창조하여, 날로 고조되는 국민의 권리 요구에 대처할 것인가이다. 셋째, 중국이 다민족국가라는 사실에 어떻게 대처할 것인가이다.

중국이 세계경제교환과정에 참여하고 해외의 자원과 시장에 대한 의존도가 나날이 심화됨에 따라, 만약 이에 상응하여 국가민족의 이익요구와 조화를 이루면서도 국가민족을 초월하는 상상을 해내지 못한다면, 장차 중국 외부로부터 정치·경제적 반발을 불러일으키게 될 것이다. 그 결과 중국의 경제·정치·사회 발전에 유리한 국제환경을 조성할 수 없을 것이다. 중국의 전지구화에의 참여가 심화되는 사실에 상응하여, 미래의 중국민족주의는 새로운 공간의식을 배양하는 데 힘써야 하며, 중국의 국가이익과 외부세계의 바람 사이에서 평형을 유지해야 한다. 20세기 초, 쑨중산(孫中山)은 중국의 경계를 뛰어넘은 '대아시아주의(大亞州主義)'를 제창한 바 있으며, 리다자오(李大釗) 역시 각각의 독립민족이 공동으로 나아가고 물러서는 '연치주의(聯治主義)'를 주장한 바 있다. 그들은 민족국가의 앞날에 대해 심각한 우환을 드러냄과 동시에, 자신의 국가민족을 초월하여 국경을 뛰어넘은 공동체 생활에 지대한 관심을 보였다. 오늘날의 중국민족주의는 여기에서 지혜의 자원을 받아들일 필요가 있다. 예견 가능한 미래에, 중국은 장차 '문명 부흥' 혹은 '굴기(崛起)'의 과정에 놓이게 될 터인데, 이 과정은 국제정치체계 내에서의 중국의 무게와 지위의 변화를 의미하며, 이 가운데 불가피하게도 중국과 세계 간에는 수많은 충돌이 빚어질 것이다. 중국이 '굴기'하는 과정에서 다른 국가와의 영토분쟁, 해양권익의 충돌, 외부의 경제안전 및 역사문제로 인해 발생하는 마찰 등을 어떻게 이성적으로 다루고 대처할 것인가? 중국민족주의는 이 점에 대해 새로이 고민할 필요가 있으며, 자국과 자민족을 뛰어넘는 보다 큰 공간의 공동생활을 상상해야 한다. 이러한 면에서, 18세기 말과 19세기 초에 영국과 프랑스 등에서 처음 발생한 상태의 민족주의 사조는 오늘날 중국민족주의가 참고할 만한 사상 자원이라 하지 않을 수 없다. 이러한 양태의 민족주의에 따르면, '민족'의 상상이란 이전의 지방성채 및 분할생존상태에 대한 일종의 초월이며, 따라서 그것은 현대민족국가를 구축함과 동시에, 또한 미래에 자신을 초월하여 '세계대동(世界大同)'으로 나아가는 중간역이 되었다. 물론 오늘날의 중국민족주의가 국가민족의 한계를 초월하여 공동생활의 상상으로 성장할 때, 이데올로기에 기반한 이전의 낭만적 국제주의사상을 결코 직접 계승해서는 안 되며, 그 대신에 중국과 세계의 상호 관계 속에서 중국의 국가안전과 이익을 올바르게 사고해야 할 것이다.

중국민족주의의 미래에 있어서 회피할 수 없는 또 다른 문제는 바로 자유주의와의 관계를 어떻게 처리할 것인가이다. 일반적으로 민족주의는 대외적인 것으로서, 중국의 민족주의는 줄곧 '반응성(反應性) 민족주의'로 여겨져 왔다. 이러한 유형의 민족주의는 과거 중국에서 합리성을 지녔지만, 오늘날 여전히 민족주의의 이러한 측면을 고집한다면, 이는 두말할 나위 없이 문제가 많다. 민족주의의 기원에서 살펴보자면, 민족주의는 애초부터 두 가지 측면을 지니고 있는 바, 하나는 주권 독립의 대외적 선포이고, 다른 하나는 내부의 국민 권리의 보급이다. 또한 후자의 경우는 계몽운동의 민주, 자유, 인권 등의 사상과 직접적으로 관련되어 있다. 민족주의가 영국과 프랑스 등의 국가에서 일찍 생성되었던 것은 실질적으로 사회혁명의 결과로, 훗날 '정치민족주의' 혹은 '공민민족주의'로 일컬어진 이 민족주의 전통은 주로 사회 내부의 제도적 혁신에 주목하였다. 이보다 앞선 미국 혁명 역시 마찬가지로 민족주의와 자유주의가 상호 결합한 하나의 전범이었으며, 독립의 요구와 자유의 이상은 페인(Thomas Pain)과 제퍼슨(Thomas Jefferson), 매디슨(James Madison) 등의 아메리카 민족의 건설자에게 어떠한 충돌 없이 서로의 능력을 마음껏 발휘할 수 있게 해주었다. 민족주의와 자유주의의 결합의 역사는 양자가 결합할 수 있을 뿐만 아니라 당연히 결합해야 하며, 이렇게 해야만 비로소 안팎의 관계를 제대로 정리해낼 수 있음을 보여주었다. 90년대 후기 이래 중국사회의 민족국가 상상은 이 점을 증명해주었다. 만일 90년대 이래 중국사회가 만들어낸 거대한 분화, 대중의 권리 요구의 급신장을 직시하지 못했더라면, 개혁개방 자체는 파멸을 맞았을지도 모른다. 대중의 이익이 분화됨에 따라 서둘러 '정치민족'을 만드는 것, 이 임무는 이에 따라 매우 절박해졌다.

오늘날 중국에서의 민족주의와 자유주의의 분기(分岐)는 오늘날 중국민족주의가 이론적으로 개선할 필요가 있다는 점을 반영하고 있다. 중국 근대사는 비록 '구망(救亡)이 계몽(啓蒙)을 압도'했던 역사로 일컬어지지만, '구망'은 실제로 '계몽'의 일부분이기도 하였다. 왜냐하면 이 '구망'은 이미 현대성의 함의를 지닌 민족주의 이데올로기 아래의 '구망'이었기 때문이다. '구망'은 주로 외부 관계에 대한 지향성이기는 하여도, '계몽'의 다른 측면, 즉 자유주의 사회와 공민의 권리에 대한 탐색을 소홀히 하였다. 일부 자유주의는 민족주의를 지나치게 독단적으로 배척하면서, 민족주의가 필경 역사를 후퇴시키리라고 여겼는데, 이러한 태도 역시 양자의 상호결합에 장애요인이 되었다. 초기 민족주의의 형성은 위에서 밝혔듯이 계몽사상의 산물이었으며, 민족의 형성은 개인적 자유의 필수적 보증이었다. 오늘날 세계에 여전히 민족국가의 분별이 뚜렷이 존재하고, 국가와 국가 사이에 강자와 약자의 차이가 남아 있는 상황 하에서, 약소국가가 효과적으로 민족국가의 주권을 지키지 못한다면, 대다수 공민들의 이른바 개인적 자유 또한 유효하게 보장받기 어려울 것이다.

다른 한편, 중국은 다민족국가이며, 따라서 민족주의 사조의 흥기는 중국 내부의 '소(小) 민족주의'를 불러일으키기 쉽다. 바로 샤오궁친(蕭功秦)이 말한 바처럼, "사람들이 세계민족의 수풀 속에서 중화민족의 이익과 지위를 강조하기 위해 중화민족의 '민족주의'를 제창할 때, '민족주의'라는 이 개념은 거꾸로 소수민족의 분리주의 경향에 '합법성'을 안겨줄 것이다."[63] 90년대 이래의 중국민족주의 사조는 중국과 그 바깥세계와의 차이를 지향할 뿐만 아니라 국가 내부의 종족의 차이에도 주목하였으며, 이러한 내부적 차이에 대해 이론적으로 성찰하기는 하였지만 총체적으로 볼 때 성찰은 너무도 불충분하였다. 실제적으로 90년대 말 이후의 문화민족주의 논쟁은 '민족'이라는 이 개념을 '중국'에 응용했을 때의 당혹스러움을 이미 인식하였으며, 나아가 이 개념을 포기하려는 경향을 드러내기까지 하였다.[64]

간양, 캉샤오광, 성홍과 장칭(蔣慶) 등은 자신의 문명전통을 강조하고 있다. 물론 이들의 의도는 중국 내부의 민족문제를 해결하는 데에 그치지 않고 이를 더욱 깊게 사고하는데 있었다. 즉, 역사상 '문명국가'의 하나인 중국이 오늘 '현대성' 세계와 충돌할 때 과거와 현재를 어떻게 연계시킬 것인가? 아울러 그들은 또한 전지구화 과정에서의 중국과 세계의 긴장을 완화하기 위해서든, 아니면 중국이 직접 '정치민족'을 만들어 내거나 혹은 중국 내부의 민족문제에 대처하기 위해서이든, 90년대 이래의 민족주의, 특히 문화민족주의에 관한 논쟁이 중국사상계에 시사하는 바는 전통자원의 관점에서 중국민족국가 정체성의 역사적 자원을 풍부하게 해야 한다는 점을 들어 자신들의 견해를 강조하였다. 민족 자체의 문화전통이 비록 민족주의의 유일한 자원은 아니지만 없어서는 안 될 중요한 자원이다. 스미스(A. D. Smith)가 말했듯이, 현대성을 체현하고 있는 민족주의는 추상적이지 않고 구체적이며, '현대' 속에서 '전(前)현대'의 정신적 유산을 없앨 길이 없고, '전현대'는 각기 다른 국가 혹은 국가집단의 입장에서 본다면 전혀 다른 문명과 서로 관련되어 있다.[65] 또한 각기 다른 지역의 민족주의는 그 '현대' 특징 속에 각 지역의 문화적 차이, 각 민족의 '전현대'의 문화유산을 물론 포함하고 있으며, '현대'의 민족주의의 구축에 응당 참여하면서 모습을 바꿔 새로운 형식을 드러낼 것이다. 만일 민족주의의 '현대성'을 이렇게 인식한다면, 우리들은 스미스가 민족주의의 생성에 관해 언급했던 '도구주의'와 '원생론(原生論)'의 관념 속에서 절충을 찾지 않으면 안 된다. 즉 한편으로는 '예나 지금이나 한 줄기'로 이제껏 변한 적이 없는 민족이 존재하고 있다고 여겨서는 안 되며, 다른 한편으로는 민족주의와 민족 정체성을 순수한 현대적 산물이자 임의로 변할 수 있는 것이라 여겨서는 안 된다는 것이다. 어떻게 자신의 전통 역사문화자원을 오늘의 쓸모에 맞도록 창조적으로 흡수·개조·전환하고, 현대적 집체생활 도구를 수립함과 동시에 전통과 현대를 넘나드는 의미세계를 구축하여 정치민족주의와 문화민족주의를 융합해낼 수 있을까? '민족'이란 개념을 내버린 채 '문명국가'라는 완벽한 상상을 달리 세울 수 있을까? 이는 21세기의 중국 사상계가 끊임없이 고민하고 대답할 문제이다.

지은이 주

1) 徐賁,〈中國語境中的全球化、現代性和民族國歌〉,≪社會理論≫ 第2期(南京大學出版社, 1994年)

2) 俞可平 주편, ≪全球化與國家主權≫(社會科學文獻出版社, 2004年), 88-97쪽 참조

3) 위의 책, 11-21쪽

4) 時殷弘,〈國際政治的世紀性規律及其對中國的啓示〉〉(≪戰略與管理≫, 1995년 제5기). 王在邦,〈世界領導者地位交替的歷史反思〉(≪戰略與管理≫, 1995년 제6기). 楊錚,〈世界政治進程的週期性規律與机遇〉(≪戰略與管理≫, 1995년 제6기). 閻學通,〈中國崛起的可能選擇〉(≪戰略與管理≫, 1995년 제6기). 任東來,〈國際政治的霸權學穩定理論〉(≪戰略與管理≫, 1995년 제6기). 唐永勝,〈國際政治周期規律在當代的演變〉(≪戰略與管理≫, 1996년 제1기). 劉靖華,〈霸權的興衰及其理論啓示〉(≪戰略與管理≫, 1996년 제1기). 程廣中,〈瀕海强國參與國際政治的世界性規律〉(≪戰略與管理≫, 1996년 제1기) 참조

5) 何新,〈世界經濟形勢與中國經濟問題—何新與日本經濟學教授S的談話錄〉, ≪人民日報≫, 1990年 12月 11日

6) 何新, 위의 글

7) 陳映眞,〈尋找一個失去的視野—世界經濟形勢與中國經濟問題〉, 台北≪海峽評論≫ 1991年 第2期

8) 〈編輯手記〉, ≪戰略與管理≫, 1996年 第1期

9) 楊平,〈思想的魅力〉, ≪天涯≫, 2001年 第2期

10) 陳明, ≪新原道≫ 第二輯稿約(大象出版社, 2004年)

11) 盛洪,〈什麽是文明?〉(≪戰略與管理≫, 1995年 第5期),〈經濟學挑戰歷史〉(≪東方≫, 1996年 第1期) ; 孫立平,〈'什麽是文明'的演繹逻輯與討論語境〉(≪戰略與管理≫, 1996年 第2期); 徐友漁,〈是經濟學挑戰歷史, 还是邏輯代替经验事实〉(≪戰略與管理≫, 1996年 第2期); 秦暉,〈關于"新蠻族征服論"與拯救文明之路?〉(≪戰略與管理≫, 1996年 第4期),〈自由主義與民族主義的契合点在哪里—回應盛紅先生的"挑戰"〉(≪東方≫, 1996年 第3期); 陳少明,〈低調一些—向文化保守主義進言〉(≪東方≫, 1996年 第3期); 王小波,〈智慧與國學〉(≪讀書≫, 1996年 11月號); 盛宇明,〈智力差異與文化平等主義〉(≪東方≫ 1997年 第6期) 참조

12) 王小東,〈當代中國民族主義論〉(≪戰略與管理≫, 2000年 第5期),〈自由并非强權恩賜而來—回答何家棟先生的批評〉(≪戰略與管理≫, 2001年 第1期); 陳大白,〈民族主義的中國道路:評王小東對中國民族主義的言說〉(≪戰略與管理≫, 2000年 第3期); 何家棟,〈中國问題語境下的主義之爭—就"中國民族主義"與王小東商榷〉(≪戰略與管理≫, 2000年 第6期); 王思睿·何家棟,〈民主民族主義在中國〉(≪博覽群書≫1997年 第12期) 참조

13) 사상 재통합 토론회(思想整合討論會)의 민족주의에 대한 토론은 양판(楊帆)의 홈페이지인 '오유지향(烏有之鄕)' 참조. http://www.wyzxwyzx.com/xuezhe/yangfan/

14) 甘陽,〈華人大學理念與北大改革〉(≪21世紀經濟報道≫, 2003年 7月 3日). 張旭東,〈文化民族主義、"挫折感"與中國學人的精神使命—駁薛涌'甘陽與文化民族主義'〉(≪21世紀經濟報道≫, 2003年 8月 15日); 薛涌,〈甘陽與文化民族主義〉(≪21世紀經濟報道≫, 2003年 8月 12日),〈文化民族主義走向何處?—論"華人大學的理念"(之二)〉, http://www.sis.pku.edu.cn/wanglian/mzzhy/readings/rdgs.htm. 참조

15) 甘陽, 〈'江村經濟'再認識〉(≪讀書≫, 1994年 10期); 崔之元, 〈制度創新與第二次思想解放〉(≪二十一世紀≫, 1994年 8月호); 朱蘇力, ≪法治及其本土資源≫(中國政法大學出版社, 1996년) 참조

16) 蕭功秦, 〈與奧大利亞記者馬利聖先生的談話〉. 사이트 '天涯之聲', http://intermargins.net/intermargins/TCultural Workshop/academia/civil%20Society/cs07.htm

17) 甘陽, 〈走向"政治民族"〉, ≪讀書≫, 2003年 第10期

18) 甘陽, 위의 글

19) 위와 같음

20) 張旭東, 〈尼采與文化政治〉, ≪讀書≫, 2002年 第4期

21) 張旭東, 〈民族主義與當代中國〉, ≪讀書≫, 1997年 第6期

22) 韓毓海, 〈我們是否要接受一個同質化世界?〉, ≪二十一世紀≫, 1999年 8月. 원문은 막스 베버, ≪民族國家與經濟政策≫(生活·讀書·新知三聯書店, 1997年), 92쪽 참조

23) 韓毓海, 〈全球化, 還是資本主義?〉(≪二十一世紀≫, 1999年 4月); 甘陽, 〈從"世界大同"到民族國家〉(新加坡: ≪聯合早報≫, 1999年 4月 8日); 張旭東, 〈我們現在怎樣做中國人?—張旭東教授訪談錄〉(≪中華讀書報≫, 2002年 7月 17日) 참조

24) 王小東·房寧 等, ≪全球化陰影下的中國之路≫(中國社會科學出版社,1999年) 참조

25) 韓德强, ≪碰撞—全球化陷阱與中國現實選擇≫(經濟管理出版社, 2000年) 참조

26) 左大培, ≪混亂的經濟學≫(石油工業出版社, 2002年) 참조

27) 何新, 〈關于"全球化"與民族主義〉, 何新論壇網站(http://www.hexinnet.com/documents/other/zhuixinshangchuang/hxdxgsbsxjz.htm)

28) 盛洪, 〈什麽是文明?〉(≪戰略與管理≫, 1995年 第5期), 〈經濟學怎樣挑戰歷史〉(≪東方≫, 1996年 第1期) 참조

29) 康曉光, 〈文化民族主義論綱〉, ≪戰略與管理≫, 2003年 第2期

30) 盛洪, 〈什麽是文明?〉, ≪戰略與管理≫, 1995年 第5期

31) 孫立平, 〈'什麽是文明'的演繹邏辑與討論語竟〉, ≪戰略與管理≫, 1996年 第2期

32) 徐友漁, 〈是經濟學挑戰歷史, 还是邏輯代替经验事实〉, ≪戰略與管理≫, 1996年 第2期

33) 秦暉, 〈關于"新蠻族征服論"與拯救文明之路〉, ≪戰略與管理≫, 1996年 第4期

34) 盛洪, 〈爲什麽要容忍異教徒≫(≪讀書≫, 1996年 第7期); 盛宇明, 〈智力差异和文化平等主義〉(≪讀書≫, 1996年 第6期) 참조

35) 陳少明, 〈民族主義:復興之道?〉(≪東方≫雜誌, 1996年 第2期), 〈低調一些一向文化保守主義進言〉(≪東方≫ 雜誌, 1996年 第3期); 秦暉, 〈自由主義與民族主義的契合点在哪里—回應盛洪先生的"挑戰"〉(≪東方≫雜誌, 1996年 第3期) 참조

36) 朱學勤, 〈五四以來的兩個精神"病竈"〉(≪戰略與管理≫, 1999年 第4期) 참조

37) 朱學勤, 〈從明儒困境看文化民族主義的內在矛盾〉(≪書屋≫, 2000年 第8期)

38) 房宁·王小東 等著, ≪全球化陰影下的中國之路≫(中國社會科學出版社, 1999年), 70쪽

39) 陳明, 〈文化認同與政治認同補議〉, ≪書屋≫, 2000年 第8期

40) 甘陽, 〈華人大學理念與北大改革〉, ≪21世紀經濟報道≫, 2003年 7月 3日

41) 薛涌, 〈甘陽與文化民族主義〉, ≪21世紀經濟報道≫, 2003年 8月 12日

42) 張旭東, 〈文化民族主義、"挫折感"與中國學人的精神使命—駁薛涌〈甘陽與文化民族主義〉, ≪21世紀經濟報道≫, 2003년 8월 15일 참조

43) 薛涌, 〈文化民族主義走向何處?—論"華人大學的理念"(之二)〉, http://www.sis.pku.edu.cn/wanglian/mzzhy/readings/rdgs.htm

44) 李愼之, 〈中國文化傳統與現代化〉, ≪戰略與管理≫ 2000年 第4期

45) 朱學勤, 〈從明儒困境看文化民族主義的內在矛盾〉, ≪書屋≫, 2000年 第8期

46) 王小東, 〈中國互聯網上的民族主義走向成熟〉, 士柏論壇(www.pen123.net)

47) 蕭功秦, 〈民族主義, 儒家文化與中國未來—與澳大利亞記者馬利聖先生的談話〉

48) Anthony D. Smith, ≪全球化時代的民族與民族主義≫(中央編譯出版社, 2002년), 34쪽

49) 蕭功秦, ≪與奧大利亞記者馬利聖先生的談話≫

50) 장쉬둥는 〈민족주의와 당대중국(民族主義與當代中國)〉에서 다음과 같이 말한 바 있다. "민족국가의 형성은 일반적으로 현대성의 보편적 추세와 복잡한 현실 지형(地形)의 상호 작용과 상호 타협의 결과이다. 갖가지 경제・사회・종족・문화・정치적 조건과 장애는 아마도 민족국가와 민족주의의 형성에 있어 결정적인 흔적을 남길 것이다. 그러나 민족주의의 비(非)문화주의 성질은 인류학과 문명사 의미에서의 문화가 민족국가 형성의 자연적인 근거와 보호벽임을 의미하는 것이 결코 아니다. 경험의 직관은 공동의 언어・관습・윤리규범・역사적 기억이 종종 특정 그룹이 민족국가를 건립하기 위해 힘을 쏟고, 자신들의 '문화'를 위해 '정치 보호막'을 제공하는 충분조건이라는 것을 알려준다. 이는 동시에 민족주의의 심각하고도 이성화하기 어려운 역사・문화・심리 및 감정 갈등과 배타성을 가정하고 있다."(≪讀書≫ 1997年 第6期). 2002년 ≪중화독서보(中華讀書報)≫의 탐방 〈我們現在怎樣做中國人?—張旭東教授訪談錄〉에서 장쉬둥은 전지구화와 민족문화 정체성의 관계에 대해 더 많은 자신의 견해를 상세히 밝혀 놓았다.(≪中華讀書報≫ 2002年 7月 17日≫)

51) 丁耘, 〈文化民族主義, 刺猬的抑或狐狸的〉, ≪讀書≫, 2003年 第3期

52) 〈我們現在怎樣做中國人?—張旭東教授訪談錄〉, ≪中華讀書報≫, 2002年 7月 17日 참조. "오늘날 중국 지식인이 고려하지 않으면 안 되는 것은 바로, 어떻게 '전지구화'의 배경 하에서 문화의 자주성을 지켜낼 것인가, 또 다시 강제로 '세계문명주류'의 담론과 가치체계 속에 편입되는 것이 아니라, 어떻게 가치의, 윤리의, 일상생활 세계의 연속성이 자신의 논리에 근거하여 전개되도록 할 것인가이다. …… 문화의 지위란 실제로 상이한 문화와 가치체계 간의 상호 경쟁이다. 중국 문화가 오늘날 서구의 각종 강력한 문화의 영향 하에서 어떻게 자아의 위치를 확정하고 자아를 구상할 것인가, 이는 실제로도 자주성을 쟁취하고, 이로써 세계문화와 세계역사의 정의에 참여하는 문제이다. 이는 민족의 근본적인 포부와 자아의 기대를 반영하고 있다."

53) 周春明, 〈試析經濟全球化的五大神話〉, ≪新視野≫, 1999年 第4期

54) 寵中英, 〈自信些: 迎接全球化〉, ≪環球時報≫, 2003年 3月 31日

55) 李慎之, 〈全球化和全球價値〉, 2002년 5월 저장(浙江)대학의 강연. http://personal.nbnet.nb.ca/stao/lisz003.htm 참고. 동일한 제목의 또 다른 강연으로 1998년 9월 14일 "지식경제와 전지구화 학술 토론회"에서의 연설이 있다. 이에 대해서는 사이트 "博客中國" http://www.blogchina.com/new/display/? id=8671 참조. 리우쥔닝(劉軍寧) 역시 다음과 같이 여겼다.

"정치 의미에서 말하자면, 전지구화는 정치적으로 민주화의 동의어라고 말할 수 있다. 최근의 정치글로벌화는 1989년 베를린 장벽 붕괴, 냉전의 종식, 철의 장막 소실에서 시작되었다. 전지구화의 유형의 동력은 경제 일체화이며, 전지구화의 무형의 동력은 가치의 일체화, 민주정치와 전지구적인 가치의 일체화이다." 劉軍寧 著, ≪全球化與民主政治≫, 胡元梓・薛曉源 주편, ≪全球經濟與中國≫(中央編譯出版社, 1998년)), 68-72쪽

56) 韓德强, ≪碰撞—全球化陷阱與中國現實選擇≫(經濟管理出版社, 2000年版) 참조

57) 한더챵은 다음과 같이 말한 바 있다. "전지구적 자본주의가 세계경제공동체의 건설이라는 이름으로 수립한 것은 문화와 가치관에서 고도로 동질화된 세계이다. 자유주의의 정치 이상은 경제 개인의 공개적인 자유경쟁을 보장하는 것이지만, 오늘날 세계의 실제 상황은 오히려 전(前)사회주의이든 오늘날 자본주의사회이든 경제적 이익을 위해 종족・문화와 가치의 권력을 내팽개치고 말았다. 이러한 방안이 그곳 인민들에게 통할 수 있는지는 사실 몹시 의심스럽다." 韓毓海, 〈我們是否要接受一個同質化世界?〉, ≪二十一世記≫, 1999年 8月號 참조

58) 왕샤오둥의 관련 관점은 王小東, ≪全球化陰影下的中國之路≫(中國社會科學出版社, 1999年); 〈當代中國民族主義論〉(≪戰略與管理≫2000年 第5期); 〈自由并非强權恩賜而來—回答何家棟先生的批評〉(≪戰略與管理≫2001年 第2期) 등을 참조

59) 何家棟, 〈中國問題語境下的主義之爭—就"中國民族主義"與王小東商榷〉(≪戰略與管理≫, 2000年 第6期); 王思睿・何家棟, 〈民主民族主義在中國〉(≪博覽群書≫, 1997年 第12期). 왕샤오둥의 민족주의사상에 대판 비평으로는, 천다바이(陳大白)의 〈民族主義的中國道路: 評王小東對中國民族主義的言說〉(≪戰略與管理≫, 2000年 第3期)이라는 글이 일찍이 광범한 관심을 불러일으킨 바 있다. 이밖에 2000년에 왕샤오둥과 한위하이 등의 '盜版有理'論을 둘러싸고 논쟁들이 펼쳐졌는데, 왕샤오둥의 관점에 반대한 이로는 우관쥔(吳冠軍) 등이 있다.

60) 張旭東, 〈知識分子與民族理想〉(≪讀書≫, 2000年 第10期); 許紀霖, 〈從非典危机反思民族、社群和公民意思〉(≪天涯≫, 2003年 第3期); 康曉光, 〈文化民族主義論綱〉(≪戰略與管理≫. 2003年 第2期)

61) "중국의 민족주의는 근래에 들어 거듭 비난을 자초하는 듯하다. 중국인의 애국적인 행위, 대사관 '오폭'사건 및 중미(中美) 전투기 충돌 사건에서의 항쟁은 서방 매체에 의해 극단적 민족주의로 업신여겨졌으며, 일부 중국인들마저 이에 영합하였다. 그러나 모름지기 서방은 스스로의 민족국가를 수호함에 있어서 지금껏 망설인 적이 없었음을 알아야 한다. 80년대 초 수감중이던 아일랜드 공화군 죄수가 감옥에서 정치범 대우를 쟁취하고자 단식을 하였지만, 사람 목숨을 초개처럼 여기던 영국 정부는 10여 명의 멀쩡한 사람들을 굶어죽게 만들었다. 이렇게 잔인하고 극단적인 수단은 기실 극히 드문 경우이다. 서방의 민족주의는 이렇게 횡포한 짓을 거리낌 없이 행할 수 있는데도, 중국의 민족주의는 어찌 걸음을 내딛는 게 이리도 어려울까?" : 黃張凱, 〈中國民族主義的困境〉(新加坡, ≪聯合早報≫, 2001年 4月 20日)

62) 안소니 스미스, ≪全球化時代的民族與民族主義≫(中央編譯出版社, 2002年), 序 6-7쪽 및 161-166쪽

63) 馬立誠, 〈爲何不要民族主義〉(≪環球時報≫ 1999年 11月 19日)에서 재인용

64) 간양이 2003년에 제기한 '문명국가' 관념은 이미 이 문제에 대해 주목하였다. 甘陽, 〈從"民族-國家"走向"文明-國家"〉, ≪21世紀經濟報道≫, 2003年 12月 27日 참조. 캉샤오광, 쟝칭, 샤오궁친 등 또한 유사한 견해를 지녔다.

65) 안소니 스미스, ≪全球化时代的民族與民族主義≫(中央編譯出版社, 2002年) 참조

국가와 사회에 대한 재상상

— 시민사회에 관한 논쟁

지은이 : 청 칭(成 慶)

옮긴이 : 이여빈(李如彬)

1. 시민사회논쟁의 발생원인
2. 시민사회 개념의 역사적 분석
3. 두 종류의 시민사회관
4. 공공영역, 공공성과 시민사회
5. 세 가지 공동체 모식과 중국의 시민사회
6. 결론

1990년대부터 '시민사회'이론은 공공 사상학술계의 열띤 화제 가운데 하나가 되었으며, '시민사회'(및 나중의 '공공영역')에 관한 논쟁이 여러 차례 벌어졌다. 하지만 중국 사상계에서 왜 갑자기 '시민사회' 및 '공공영역'이란 의제에 대해 큰 관심을 가지게 되었는지, 그리고 이러한 논쟁의 이면에 국가/사회 관계 및 민주 등의 의제에 대한 어떠한 이해가 내포되어 있는지 자세하게 대답해줄 수 있는 이는 거의 없었다.

이 글은 1990년대 이래 시민사회논쟁에 대한 회고로서, 기본적으로 다음과 같은 점을 지적하고자 한다. 즉 중국 대륙의 경제개혁이 시작됨에 따라, 특히 80년대 가격개혁 이후 향진(鄕鎭)기업의 흥기와 도시 민영상공업자의 굴기에 따라 구체제의 바깥에 몇몇 공간이 출현하기 시작하였으며, 이는 국가/사회 관계를 새롭게 이해하는 현실적 기초를 제공하였다. 하지만 가격개혁 역시 각종 부패와 '정치적 부패' 문제를 초래하였고, 소유제를 핵심으로 하는 기업개혁은 이데올로기로 인해 추진될 길이 없어졌으며, 오히려 결국 80년대 말의 정치적 충돌을 야기하였다. 이후 지식인들은 80년대의 개혁의 경험을 정리하기 시작했으며, 훗날의 시민사회 및 공공영역에 관한 토론은 정식으로 오늘날 중국의 국가/사회 관계의 발전과정을 새롭게 이해하는 계기가 되었다. 그러나 국가/사회 관계에 대한 이해에 있어서 지식인들 사이에는 중대한 분기(分岐)가 존재하였고, 이는 국가와 사회 각각의 함의에 대한 이해에 각기 다르게 체현되었다. 나아가 '민주'에 대해 서로 다른 상상을 하였는데, 이 역시 그들 각자가 구상한 중국의 미래 민주화의 길에 대한 계획에 상당한 차이를 드러내게 하였다. 이러한 의미에서 시민사회 및 공공영역에 관한 토론은 90년대 말의 '자유주의'와 '신좌파' 논전의 이론적 전제를 기본적으로 마련해주었다. 따라서 시민사회 및 공공영역에 관한 토론은 당대 중국사조의 위치에서 다시금 자세히 살펴보아야 할 것이다.

1. 시민사회논쟁의 발생원인

시민사회에 관한 학계의 논쟁은 해외의 중국연구학계와 대륙의 사상계에서 거의 동시에 전개되었다. 시간상으로는 해외의 중국연구학계의 시민사회에 대한 토론이 조금 더 일렀지만, 시민사회토론에 대한 문제의식은 지역간에 커다란 차이를 보였다.[1)]

해외의 중국연구학계 연구자의 대부분은 시민사회이론을 이용해 만청의 역사적 사회전환에 대해 새로운 해석의 차원을 제공하였지만, 기본적으로 '중국에는 시민사회 혹은 공공영역이 존재하는가 존재하지 않는가'와 같은 문제의식에 머물러 있었다. 비록 그들 또한 시민사회 혹은 공공영역 이론을 이용하여 중국의 역사를 해석하는 데에 곤혹감과 불안감을 느끼고 있었지만, 그들의 연구성과는 대부분 이러한 경로를 이용해 만청 이래의 중국역사를 이해한 것이었다. 이 방면의 연구에서는 미국 존스홉킨스대학의 윌리엄 로우(William T. Rowe)교수의 ≪한커우: 중국 도시의 상업사회(1796-1889)(漢口: 一個中國城市的商業社會(1796-1889))≫와 ≪한커우: 중국 도시 속의 충돌과 사회공동체(1796-1889)(漢口: 一個中國城市中的沖突和社會共同體(1796-1889))≫, 그리고 마리 랜킨(Mary Backus Rankin)의 ≪엘리트의 활동과 중국의 정치적 전환: 저장성(精英活動和中國的政治轉型: 浙江省)≫이 선구적인 글이라고 할 수 있다. 로우는 그의 두 권의 저서에서 한커우의 '시정자치(市政自治)'에 대한 분석을 통해 만청사회에 자치 의미의 '관리형 공공영역'이 이미 존재했음을 증명하고자 하였으며, 랜킨은 만청 저장의 공공영역의 엘리트 능동주의를 분석하였다. 하지만 확실히 로우와 랜킨이 '공공영역'이라는 이 개념을 사용할 때 두드러졌던 것은 그것의 묘사성과 해독성이지, 하버마스의 규범적 의미에서의 '공공영역'이 아니었다. '공공영역'에 대한 이러한 운용은 자연히 커다란 논쟁을 불러일으켰다. 즉 웨이크먼(F. Wakeman)은 경험적 차원에서 로우에 대해 비판하였을 뿐만 아니라, 로우가 사용한 '공공영역' 개념과 하버마스의 규범적 의미의 함의는 분명히 다르며, 따라서 '공공영역'이라는 특정한 가치 함의를 지닌 개념으로써 만청 역사를 해석하면 장차 모종의 목적론과 환원주의를 초래할 것이라고 보았다.[2] 웨이크먼의 비판을 대표로 하는 해외의 중국연구학계에서는 시민사회이론에 대해서 시민사회와 공공영역이라는 개념이 중국 역사연구에 사용될 수 있는지의 여부와 사용될 수 있다면 과연 어떻게 사용될 수 있을지에 주로 관심을 가졌다. 이는 주로 전통적 이론모식, 즉 일찍이 해외의 중국연구학계에서 성행했던 '충격-반응' 모식과 혁명모식으로는 이미 중국의 근대사를 효과적으로 해석할 수 없다고 하는 성찰에서 나왔다. 이 때문에 시민사회라는 이론적 패러다임이 제기된 후, 그들이 주로 궁구했던 것은 이러한 새로운 연구 패러다임이 이전의 '충격-반응' 모식과 혁명모식의 해석상의 한계를 얼마나 피했는가 하는 점이었다. 이러한 문제점에 대해 해외의 중국연구학계에서는 많은 논변이 전개되었다. 예컨대, 황쭝즈(黃宗智), 자오원츠(趙文詞) 등의 학자들은 모두 이 이론적 패러다임의 성찰에 대해 매우 통찰력 있는 관점을 보여주었다. 하지만 덩정라이(鄧正來)가 말한 것처럼, "극히 아이러니한 점은 본래 더욱 효과적으로 역사를 해석하리라 여겨졌던 모식이 오히려 모식과 모식 간의 논변 속에서 역으로 이러한 모식에 의해 조합된 역사를 이용하여 자신의 유효성을 증명한다."[3]는 것이다. 해외의 중국연구학계가 직면해야 하는 주된 곤경은 확실히 해석학적 의미상의 곤경이지, 결코 규범적 의미상의 곤경이 아니다. 이러한 역사 해석 방법에 대해 분석하려면 당연히 더욱 심층적인 인식론과 지식론의 문제까지 언급해야 하지만, 본고에서는 생략하기로 한다. 하지만 해외의 중국연구학계가 제공한 이 해석모식과 대량으로 쏟아진 관련 역사저작은 만청 이래 역사에 대한 해석을 풍부하게 해주었을 뿐만 아니라 국내의 시민사회에 관한 논쟁에도 수많은 역사적 경험을 제공하여 주었다.

시민사회이론에 대한 국내외 중국학계의 폭넓은 관심은 1980년대 말 서구 시민사회이론의 부흥과 동유럽 제도전환의 본보기로부터 영향을 받았다.

시민사회(civil society)[4]는 사회이론 가운데 하나의 키워드로서, 오늘날 서구에서 부흥한 것은 분명 동유럽 정치변천으로부터 자극받은 것이다. 이에 대해서 체코의 루프니크(Jacques Rupnik)가 폴란드의 형세를 토론한 글에서 제기한 견해는 매우 유명하다. 그에 따르면, 1968년에서 1978년까지 폴란드의 정치발전은 "수정주의의 종결과 civil society의 재생"[5]을 단적으로 보여주는 표지이다. 게다가 그의 유명한 '피난처'설 역시 시민사회이론이 동유럽 정치에서 발전한 결과이다. 캐나다의 저명한 철학자 찰스 테일러(Charles Taylor)가 말하였듯이, 오늘날 부흥한 시민사회라는 개념은 헤겔 철학으로부터 체현된 일종의 비교성 개념이다.

> 이러한 의미의 시민사회는 국가와 상대되며 부분적으로는 국가로부터 독립되어 있다. 그것은 국가와 서로 섞이거나 국가에 묻혀서는 안 되는 사회생활영역을 포괄한다.[6]

동유럽에서의 시민사회이론의 발전은 물론 정치형세의 급박함에 따른 것이었으나, 거의 동시에 서구의 시민사회이론 역시 관심의 초점이 되기 시작하였다. 앞에서 서술한 바와 같이, 시민사회이론에 대한 서구의 관심은 동유럽의 정치변화에 자극받은 것과 연관되어 있다. 하지만 시민사회이론에 대해 새로이 관심을 갖게 된 것은 서구에서 국가/사회 관계에 대해 재조명한 결과로서, 그것은 서구 자체의 정치형세발전에서 영향을 받았다. 동유럽의 정치적 실천자들이 보기에, 서구에는 이미 하나의 시민사회가 존재하였고 그것은 서구자유민주제도의 기초였다. 이러한 견해로부터 동유럽의 정치적 실천자들은 서구의 자유민주의 가치를 그 목표로 삼아 동유럽 전통사회의 구조적 상황(예컨대 강력한 종교의 힘)을 결합했으며, 나아가 일련의 자유민주에 관한 시민사회의 서술을 발전시켰다. 그러나 덩정라이의 분석에 따르면, 서구 시민사회이론의 부흥은 주로 시민사회에 대한 '국가주의'의 침투와 침탈에 대한 반동이었다.[7]

흥미로운 점은 civil society가 국내외 중국학계에 유입된 후, 각기 다른 명칭으로 번역되었다는 사실이다. 대만에서 civil society는 '민간사회'라고 번역되었는데, 대만의 몇몇 지식인들은 민간사회가 풀뿌리사회와 권위적 '국가'의 대항관계를 체현한다고 여겼기 때문이다. 민간사회라는 이 명칭은 서구의 이론구조모식을 참조함과 동시에 '민(民)이 관(官)에 대항한다'는 전통적 도덕함의도 흡수함으로써, 대만의 반(反)권위적 사회운동에 유효한 이론적 서술을 제공하였던 것이다.[8] 그러나 대륙에서 간양(甘陽)은 일찍이 1991년에 쓴 글에서 civil society를 '민간사회'라고 번역한 것에 동의하지 않는다고 밝혔다. 그는 만약에 '민(民)'과 '관(官)'의 대항관계를 강조한다면, 현대국가와 사회의 양성(良性)의 상호작용관계를 효과적으로 추진할 방법이 없다고 보았다.[9] 이러한 점에서 그와 덩정라이 등의 관점은 기본적으로 일치하는데, 즉 그들은 국가와 사회는 반드시 상호작용을 해야 하며 대항적 관계가 되어서는 안 된다고 보았다. 그러나 량즈핑(梁治平)은 이러한 '민간사회'에 대한 이해는 논의할 만한 가치가 있다고 보았다. 그에 따르면, 우리들은 일반적으로 전통적인 국가와 민간을 대항적 관계로 이해하기 때문에, 학자들은 모두 '민간사회'의 행위경향에 반대할 것이고, 실제로 '민간사회'는 국가와 조화하고 합작한 경험이 있다. 다만 우리들이 일반적으로 이러한 함의를 소홀히 함으로써, 오늘날 중국의 국가/사회 관계 속에서 변함없이 이용될 '민간사회'의 긍정적 역할을 발굴해낼 길이 없을 뿐이라는 것이다.[10]

당시 개혁이 심화됨에 따라 사회경제구조는 명확히 전환되기 시작하고, 국가권력은 전체 사회생활을 효과적으로 제어할 수 없게 됨으로써, 자주화된 사적 공간들이 등장하였다. 이러한 특징은 대륙학자 왕사오광(王紹光)과 후안강(胡鞍鋼)이 1993년에 발표한 ≪중국국가능력에 관한 연구보고(關於中國國家能力的硏究報告)≫에서 엿볼 수 있는데, 그들은 십여 년의 경제개혁을 거치면서 중국의 국가제어능력이 실제로 끊임없이 감퇴하였다고 보았다.[11] 쑨리핑 또한 연구를 통해 10여 년의 개혁을 거치면서 정부의 제어범위 및 제어력이 모두 축소되었고 약화되었다는 점을 발견하였다.[12] 구체적으로 농촌사회를 살펴보면, 가족단위 농업생산책임제의 추진과 농산품의 시장화로 인해 기층정권조직에 대한 국가의 제어력이 실질적으로 끊임없이 감퇴되었다.[13] 하지만 당시의 상황에서 '자유'에 대한 요구가 전반적으로 '민주'에 대한 요구보다 더욱 두드러졌는데, 이 시기에 민주의 정당성은 자유의 문제, 즉 정부가 '자유로운' 사회의 존재와 발전을 허용하는지의 여부에 그 기반을 두고 있었다. 총체적으로 볼 때, 이 단계는 국가의 제어를 벗어나 사회구조를 새롭게 조직하는 과정으로, '민주'의 의제는 아직 주요 초점이 되지 않았다. 이러한 과정 가운데 사회자주성 요구의 증가와 국가제어능력간의 충돌은 끊임없이 누적되었다.[14] 이후 덩정라이를 비롯한 학자들은 시민사회이론을 이용하여 개혁 이래의 경험교훈을 정리하고 시민사회를 재건할 방안을 제시하기 시작했다. 이 방안은 시민사회의 두 단계의 발전경로를 분명히 밝히고자 하였다. 즉 첫째 단계는 주로 경제개혁의 성과를 계속 이용하여 시장경제를 기초로 하는 사회구조를 완성하고, 이로부터 국가를 견제하는 자원과 능력을 획득하는 것이다. 둘째 단계는 이러한 능력을 이용해서 정치에 참여하여 '사적 영역'에서 '공적 영역'으로 넘어가는 것이다. 하지만 당시 자주화 공간의 출현은 지식인들로 하여금 국가의 독단적 권력 통제를 와해시키려면 더욱 효과적으로 사회자주화 과정을 추진하여야 한다고 여기게 하였다. 다수의 사람들은 이 과정에서 나타나는 많은 '부패' 현상과 '특권에 의한 렌트 추구(rent seeking)' 문제에 대해서는 사회전환이 반드시 지불해야 할 대가라고 생각하였다. 80년대 내내 정부는 개혁을 합법성의 근거로 삼았으며, 이러한 방식은 대다수 지식인들의 인정을 받았다. 그리하여 정치전환에 관한 서술은 대부분

엘리트주의식이었는데, 예컨대 '신권위주의'는 전통적 권위자원을 지닌 정부의 통제와 안배 아래 현대화를 목표로 하는 개혁을 추진해야 한다고 여겼던 반면, '민주선도론'은 먼저 정치권위의 민주화 전환을 완성함으로써 더욱 효과적으로 현대화 과정을 추진해야 한다고 보았다. 하지만 80년대 말 이후 지식인들은 이 두 방안 모두에 대해서 회의를 품게 되었으며, 아래에서 위로의 정치전환방안을 세울 수 있기를 희망했다. 이에 대해 덩정라이는 다음과 같이 분석하였다.

> 대륙 논자들에게 '시민사회와 국가'의 관계는 각자가 지니고 있는 발전 논리와 자주성에 기초하여 전개된 양성의 상호작용관계로 훨씬 자주 설정되는데, 이는 민주정치를 실현할 수 있는 바람직한 기초구조라고 여겨지고 있다. 따라서 중국 대륙논자에게 있어서는 시민사회와 국가의 양성의 상호작용관계가 훨씬 더 목표에 가까운 상태라 할 수 있다.[15]

분명히 덩정라이 등은 시민사회의 발전과 완전함은 '민주'에 반드시 필요한 밑바탕을 만들어줄 것이라고 보았다. 하지만 어떻게 '자유(자주)'에 대한 요구에서 '민주'의 실천으로 넘어갈 것인지에 대해서는 그들도 자세히 설명하지 못하였다.

그들의 당초 문제의식을 가장 잘 보여준 글은 덩정라이와 징웨진(景躍進)이 ≪중국사회과학계간(中國社會科學季刊)≫ 창간호에 발표한 〈중국의 시민사회를 건설하다(建構中國的市民社會)〉라는 글이다. 이 글은 1992년 중국의 개혁이 새로운 조정에 직면한 시기에 발표되었는데, 이는 확실히 '개혁의 강령'적 의미를 지니고 있으며 총체적인 방안을 구상하던 80년대 사상계의 특징을 답습하고 있다. 덩정라이와 징웨진은 시민사회이론을 중국 현대화의 또 다른 선택의 길로 삼았는데, 그들은 아래와 같이 이를 명확하게 인식하고 있었다.

> 중국 현대화 과정에서의 두 가지 난관을 벗어나려면, 먼저 인식면에서 일종의 사유의 전향을 반드시 실현해야 하며 이전의 논자들처럼 정치권위의 전환에만 초점을 두어서는 안 된다. 왜냐하면 중국 현대화의 두 가지 난점의 근본적이고 진정한 핵심은 국가와 사회 양자 사이에 현대화 발전에 적합한 양성 구조를 형성하지 못했다는 점, 정확하게 말하자면 사회가 줄곧 독립적이고 자치적인 구조적 영역을 형성하지 못했다는 점이기 때문이다.[16]

이처럼 강렬한 현실적 관심을 지니고 있는 현대화 방안은 중국의 개혁이 직면한 곤경을 국가와 사회의 양성(良性)의 상호작용관계가 없었다는 점에 귀결시켰다. 하지만 국가와 사회의 함의에 대한 그들의 이해를 자세히 고찰해보면, 덩정라이와 징웨진의 글에서 국가와 사회의 각각의 함의가 상당히 단순화되어 있고, 국가와 사회를 각각 상호 독립적이고 자명한 부분으로 간주하고 있는데, 그 가운데 국가는 정부의 권력구조를, 사회는 새롭게 흥기한 시장경제구조를 가리킨다는 점을 발견할 수 있다. 이러한 사고는 상당히 환원론적 색채를 띨 뿐만 아니라 시장사회와 국가 간의 복잡한 관계 또한 명확하게 의식하지 못하여, 시장경제가 가져온 사회 자주화가 민주화를 낳으리라는 과다한 상상을 만들어냈다. 그들이 보기에 일련의 제도적 규범을 만들어내기만 하면 시민사회 내의 각기 다른 이익단체들로 하여금 정치에 참여하게 할 수 있다는 것이다. 하지만 이러한 일련의 제도적 규범이 과연 어떤 것이며 어떤 방식으로 참여할 것인가 하는 등의 문제에 대해서는 자세히 설명하지 않았다. 그들은 일단 시민사회가 자족적 지위를 얻고 중산계급이 발전하면 정치참여는 자연스럽게 이루어질 것이라고 생각했던 것 같다.

또 다른 각도에서 말하자면 이 총체적 방안은 필경 민주가치를 목적으로 함으로써 강렬한 규범적 색채를 띠는데, 이러한 정치적 실천의 취지는 동유럽 지식인들과 상통하는 면이 있다. 하지만 그들과 달리 덩정라이와 징웨진은 이러한 시민사회의 건설이 '민(民)이 관(官)에 대항하는' 사회를 이용하여 국가에 저항하는 협소한 정서와는 다르며, 또한 시장사회질서가 완전해지기 전에 시민사회가 너무 일찍 정치에 참여하는 것을 피해야 한다고 보았다. 이러한 사고는 대륙의 80년대 정치실천과 사회운동의 경험에 기초하고 있다. 그러므로 덩정라이와 징웨진의 글에서 다루고자 한 문제는 바로 정치와 사회질서가 전환 속에서 어떻게 안정을 유지하느냐 하는 점이었다.[17] 그들의 가설 가운데서 민주가 일종의 현대적 가치라는 점은 의심할 나위가 없으나, 이러한 민주가 어떠한 함의를 지니고 있는지에 대해서는 거의 관심을 갖지 않았다. 즉 시장경제가 현대화의 목표라는 점은 그들의 관점에서 볼 때 확정적이고 자명한 것이었지만, 시장경제 및 그것이 만들어낸 이른바 '자족'적 사회구조와 정치권력간의 관계, 시장경제가 논리와 경험측면에서 민주를 반드시 이끌어낼 수 있는지 등의 문제는 이 강령식의 글에서도 진일보한 설명을 기대하기 힘들다. 덩정라이는 후에 이러한 건설적 방안에 대해 많은 성찰을 하였는데, 그는 시민사회의 이론모식이 비록 당초에 일정한 해석과 규범적 역할을 하였지만, 이 수입된 이론 자체가 오히려 점차 해석과 가치선택의 표준이 되고 게다가 현대화의 틀에 대해 성찰하지도 않은 채 받아들여졌다고 보았다. 그리하여 덩정라이는 아래와 같이 총결했다.

> 먼저, 중국의 시민사회론자들은 서구의 발전경험이 자유경제의 기초 위에서 시민사회를 건설하고, 나아가 시민사회의 기초 위에서 정치민주화를 실현하였다고 보았다. 이러한 인식이 중국의 현대화 발전에 투사되어 있는데, 이는 서구의 정치적 현대화 실현 노선이 보편적 유효성을 지닌다는 가설을 강하게 암시하고 있다.[18]

덩정라이의 사고의 전환은 의심할 여지없이 그가 훗날 현대화의 틀에 대해 성찰했던 것과 관련되어 있는데, 〈중국의 시민사회를 건설하다〉를 저술한 당시에 덩정라이가 현대화론자였다면 1994년을 전후로 그는 이미 현대화 이론의 틀에 대해 성찰을 하고 있었던 것이다. 하지만 그의 성찰은 주로 지식의 자주성이라는 문제의식에서 출발하였고, 하나의 이론이 왜 결국에는 그 이론 자체에 대한 성찰과 비판을 제한할 수밖에 없는지에 대해 사고하였다.[19] 이는 이 글에서 다루는 문제의식과 그다지 연관되지 않기에 상세한 서술은 생략하겠다.

결국 덩정라이와 징웨진의 〈중국의 시민사회를 건설하다〉는 대륙에서의 시민사회논쟁의 서막을 열었으며, 중국의 정치사회이론에 대한 토론에 새로운 영역을 열어주었다.

2. 시민사회 개념의 역사적 분석

90년대 중국에서의 시민사회논쟁은 물론 서구이론의 영향을 받았기에 시민사회이론의 역사에 대한 간략하면서도 명료한 고찰이 필요하다.

시민사회(civil society)의 사상연원 자체는 서구 사상사에서 매우 복잡한 논제이다. 이 개념은 애덤 퍼거슨(Adam Ferguson)이 ≪시민사회의 역사(*An Essay on the History of Civil Society*)≫에서 처음으로 제기하였다. 그와 홉스(Thomas Hobbes), 루소 등의 논술에서 civil society는 주로 원초적 야만상태와 상대적인 의미였으므로 일반적으로 '문명사회'라고 번역되었다. 중세 후기 서구 정치사회질서가 와해됨에 따라 사회질서는 신으로부터 기원한다는 전통적 관념이 붕괴되기 시작하였다. 그리하여 '계약론'이 흥기하기 시작하였고, '계약'은 정치와 사회질서의 기초로 이해되기 시작하였다.[20] 이 중간과정을 이어받은 사람이 로크인데, 그는 한편으로는 그로티우스(H. Grotius) 등의 이론가의 사상을 흡수하였고, 또 한편으로는 자연법에 기초한 개인권리 전통을 수립하기 시작하였다. 그가 보기에 사람들이 '자연상태'에서 벗어난 후에 형성한 정치적 공동체가 바로 시민사회인데, 사람들은 그 속에서 서로 계약을 이용해 '자연법' 통치의 결함을 보완한다는 것이다. 로크에게 있어서 권리는 결국 시민사회의 기초로서 확립될 수 있었지만, 그의 논술 속에서 세속적 정치사회질서는 궁극적으로 초험적 질서로써 정당성을 설명해야만 한다.

찰스 테일러의 분석에 따르면, 서구 근대사상사에는 사회에 관한 두 가지의 이해방식이 있다. 그 중의 하나는 로크식으로, 이 방식에서는 일반적으로 사회를 정치에 우선하여 존재하는 공동체라고 여긴다. 이러한 사고는 아담 스미스(Adam Smith) 등을 거치면서 발전되어 '사회'를 차츰 자치적 '경제체'로 간주하게 되었는데, 거기에는 그 자체의 내재된 동력과 자주성이 있다. 다른 하나는 몽테스키외(Montesquieu)식으로, 즉 사회는 결코 그 정치구성의 바깥에 범위가 정해지는 것이 아니라 반대로 늘 일정한 정치구성과 서로 부합한다는 것이다.[21] 이 두 가지의 상이한 범주의 확정은 대체적으로 상이한 두 종류의 '정치질서관'으로 나눌 수 있다. 로크식에서는 일반적으로 정치에 우선하는 자연권리를 이용하여 개인권리의 천부적 정당성 및 국가는 그저 이러한 권리를 옹호하는 정치기구일 뿐임을 논증할 수 있다. 그들이 보기에는 자연법이야말로 가장 완전무결한 정치·사회의 질서의 근원이다. 월린(Sheldon Wolin)의 관점에 따르면, 자유주의가 정치질서를 경시하는 풍조는 로크로부터 시작되었는데, 즉 사회·경제질서가 정치질서를 대체하여 마지막에는 비정치적 상태를 가져오리라는 환상을 품는다.[22] 한편 몽테스키외식에 따르면, 정치는 사회의 각 구조 속으로 깊이 파고드는 것이며, 따라서 시민사회는 정치권력 속으로 침투하는 역량으로서 정치와 한데 얽혀 있으며, 정치질서보다 우선하거나 정치질서의 외부에 존재하는 특징을 지니고 있지 않다.

시민사회에 대해 분명하게 정의내린 이는 헤겔이다. 그가 보기에 시민사회는 독립적 경제활동의 영역이지만, 결코 자족적인 것은 아니었다. 시민사회 내부의 경제과정은 국가적 조정을 받아들여야 할 뿐만 아니라, 윤리적으로도 국가의 구제를 받아야만 자아훼멸을 피할 수 있다. 여기에서 주목할 점은 헤겔이 결코 '경제적 성격'을 지닌 시민사회가 정치질서의 형성을 보장할 수 있다고 보지 않았다는 것이다. 그러므로 그가 제시한 국가와 사회의 구조에서는 국가의 위치가 가장 높으며, 국가는 가장 높은 도덕질서와 정치질서를 대표한다. 마르크스는 시민사회에 관한 헤겔의 이해를 받아들였다. 즉 그는 시민사회가 '경제활동'이라는 특징으로 정의되지만, 그 안에서의 경제적 불평등과 압박이 정치적 불평등을 초래한다고 보았다. 부르주아지가 그들의 경제적 지위를 빌어 국가기구를 장악하기 때문에, 마르크스는 경제결정론을 제기하고, 결국 부르주아지의 소멸을 통해 공평한 정치질서를 획득하고자 하였던 것이다.

그밖에 시민사회이론에 대해 통찰력 있는 견해를 제기한 이는 이탈리아의 저명한 사상가인 그람시(Antonio Gramsci)이다. 그람시에게 있어서 시민사회란 통치계급 이데올로기의 제정 및 전파와 관련된 모든 민간기구의 총칭이다. 그는 오늘날 국가는 정치사회와 시민사회라는 두 부분을 포괄하고 있다고 보았다. 정치사회는 정부 등의 폭력적 집행기관에 해당하고, 시민사회는 통치계급에 협력하여 통치계급의 이데올로기를 생산하고 전파하는 영역이다. 이는 근대 국가의 발전과정에서 국가가 끊임없이 시민사회에 스며들고, 시민사회는 이에 따라 차츰 국가의 유능한 조수가 되어 국가가 자기 계급의 이데올로기를 전파하는 것을 도왔기 때문이다. 그람시는 미래의 국가에서 강제성을 띤 정치사회는 차츰 사라지는 반면, 시민사회는 점차 강해져 이른바 '윤리국가'와 '조정된 사회'를 형성할 것이라고 보았다.[23)]

'시민사회'에 관한 헤겔과 마르크스의 이해는 기본적으로 현대사회의 분화라는 현실에 대응한 것이었다. 자본주의 시장경제가 신속하게 발전함에 따라 경제활동이 점차 사회활동의 주된 내용을 차지하게 되어 '사회'는 점차 '경제'적 특징을 지니게 되었다. 하지만 만약 우리가 '시민사회'라는 협소한 정의에만 국한되지 않고 시야를 전체 서구 사상사로 넓혀본다면, 고대 그리스사상에는 상응하는 '사회' 관념이 존재하지 않은 채 오직 가정과 도시국가라는 이원구조만 존재했으며, 여기에서 전자는 개인의 생활영역을 대표하고 후자는 정치적 공공영역을 의미하고 있음을 발견할 수 있다. 고대 그리스인들이 보기에 정치는 개인영역으로부터 독립된 우선적 가치를 지니고 있으며, 바로 이러한 의미에서 아리스토텔레스는 비로소 그 유명한 "인간은 정치적인 동물이다."라는 말을 한 것이다. 하지만 아렌트(Hannah Arendt)가 발견한 것처럼 라틴어에서는 political(정치적)을 social(사회적)로 번역했으나, 로마인들은 일반적으로 여전히 civitas(공동체)와 res publica 혹은 res populi(호혜와 정의원칙 및 법치를 기초로 형성한 정치공동체)라는 단어를 사용하여 그들의 정치공동체를 서술하였다. 기본적으로 공동체에 대한 고대 그리스와 고대 로마의 이해는 모두 정치적 성격을 띠고 있었던 것이다.[24)]

그러나 자본주의 경제의 발전은 전체 서구의 정치사회구조를 완전히 바꾸었다. 아렌트에 의하면, "새로운 사회영역은 비교적 짧은 시기 안에 모든 근대 공동체를 노동자와 고정 직업인의 사회로 변화시켰다."[25)] 경제생활은 정치영역의 중요한 주제가 되었고, 바로 이러한 배경 아래 로크로부터 아담 스미스를 거쳐 오늘날의 하이에크에 이르는 자유주의 사상은 점차 경제의 '자발적 질서'로서 정치질서를 대체했다. 아렌트는 이러한 과정을 사회영역이 공공영역을 소멸시킨 역사로 묘사했는데, 결국 '사유재산'을 특징으로 하는 사회는 금전을 유일한 평가의 기준으로 삼기 때문에 사회의 동질화와 순응주의(conformism)를 초래하고 끝내는 정치의 본질을 소멸시킬 것이라고 보았다. 하지만 여기에서 중점적으로 지적해야 할 점은 로크 등 17, 18세기의 사상가들이 그들의 기독교적 배경으로 인해 세속사회의 정치사회질서는 초험적 종교질서에 의해 지도를 받아야 한다고 여겼으며, 따라서 그들의 사회 · 정치공동체 역시 마찬가지로 도덕윤리적 공동체였다는 점이다.[26)] 그러나 현대 사상가, 특히 경제학자들의 부상 이후 현대적 의미상의 시민사회, 더욱이 헤겔이 의미하는 시민사회가 가리키는 사회공동체는 주로 경제활동 공동체이며, 이 공동체들은 일련의 시장규칙으로 연결되고 독립적으로 활동하는 영역과 규율이 존재한다. 이러한 '시장화'의 과정은 필연적으로 전통적 정치질서를 변화시킬 수 있었기에 자유주의가 때맞추어 일어나게 되었다. 자유주의에서는 시민사회는 국가의 보호를 받아야 하고 개인의 권리는 국가권력이 제멋대로 간섭하는 것을 막는 마지막 보루이며, 시장사회가 내세우는 '자발적 질서'가 안정된 정치질서를 형성하는 바에야 국가가 해야 할 일은 개인의 권리가 타인의 침범을 받지 않게 보호하는 것에 불과하다고 여긴다.

하지만 이러한 자유주의적 정치질서관은 확실히 국가와 사회의 교류 감소를 그 기본 전제로 삼는다. 즉 국가는 사회에 대하여 '공공권력'의 봉사적 기능만을 가지며, 따라서 자유주의는 정치참여적 민주관을 강조하는 것에 대해 회의적 태도를 지니며, 현대자유주의는 일반적으로 '민주'는 도구적 가치만 가지며 선거투표의 과정에서만 체현될 뿐이라고 본다. 하지만 현대사회에서 가치와 문화 등의 차이로 야기된 각종 쟁의는 여전히 보편적으로 발생하고 있으며, 시장의 '자발적 질서'는 이러한 의견 불일치가 자발적으로 합의에 이를 수 있으리라고 결코 보장해주지 않는다. 실제로 이러한 의견의 불일치가 만약 공공토론의 정당화 과정을 거치지 않는다면, 정치권위는 그 정당성을 잃게 될 것이며 정치질서 또한 위험에 처할 것이다. 하버마스의 공공영역이론은 이러한 사고에 따라 발전해온 것으로 그의 경전적 정의에 따르면, "이른바 공공영역이란 먼저 우리들의 사회생활 가운데 하나의 영역을 가리키며, 이 영역에서 공공의견과 같은 것이 형성될 수 있다."[27] 간단히 말해서, 하버마스는 17, 18세기의 유럽에서 일찍이 '민주적 공공영역'이 출현했으며, 이러한 공공영역에서 사람들은 신문이나 잡지를 이용해 공공의제에 대한 견해를 발표하였는데, 이것이 바로 '공공성'의 특징이라고 여겼다. 그는 공공영역은 마땅히 민주적 규범성 요구를 갖추어야 하지만, 자본주의의 발전에 따라 개인이익은 공공영역을 잠식했고, 이로 인해 '공공성'이 와해되고 공공영역 또한 이익쟁탈의 장소로 변질되었다고 보았다. 따라서 공공영역이 짊어지고 있는 '민주'라는 정당성 요구는 이익을 추구하는 사회질서에 의해 집어 삼켜졌으며, 정치는 결국 이익교환과 이익경쟁의 활동이 되어버렸다.

그러므로 현대의 시민사회관념은 기본적으로 자유주의의 서술모식 하에 전개된 것이었지만, 그것이 사회적 합의를 정합하는 면에서 유효한 방안을 제공하지 못했기 때문에, 공동체주의와 공화주의, 서구 마르크스주의는 모두 현대사회의 공동체구성 및 사회와 정치질서의 관계에 대해 제각각의 의견을 제기하였으며, 이 역시 오늘날 서구사조의 중요한 방향을 이루고 있다.

3. 두 종류의 시민사회관

20세기 80년대의 중국에서 개인/국가의 이원관계는 당시에 유행한 주된 모식이었는데, 이는 오랜 기간 동안 국가의 전면적 통제가 개인의 생활에 너무 심한 속박을 가하여 사적 공간이 거의 없어졌기 때문이다. 개혁이 시작되어 빠짐없이 모든 것을 포괄했던 이전의 체제가 와해됨에 따라, 특히 사적 영역이 차츰 흥기하고 개인은 국가의 전면적 통제를 벗어나기 시작하였으며, '개인의 자유' 관념은 당시 계몽사상에서 매우 중요한 주제가 되었다. 하지만 80년대의 사회운동으로 말미암아 지식인들은 정치생활에서의 개인적 역할이 매우 보잘 것 없으며, 특히 강대한 국가를 마주하게 되자 개인과 국가 간의 관계가 극단적으로 불평등하다는 사실을 인식하기 시작하였다. 그리하여 지식인들은 국가권력을 제어하려면 개인의 역량에만 의지해서는 턱없이 부족하다는 점을 인식하였다. 바로 이 시기에 시민사회는 마침 새로운 정치사회관계를 수립하고자 했던 그들의 요구를 충족시켜주었고, 그리하여 개인/국가의 범주는 시민사회국가의 범주에 의해 대체되었다.[28)]

이러한 대체 과정의 배후에는 '사회' 및 '민주'에 대한 당시 지식인들의 상상이 내포되어 있었다. 이러한 상상은 90년대 초 그들 각자가 시민사회를 논술하는 언로를 결정지었는데, 당시 시민사회에 관한 토론은 대체로 사회와 정치의 관계를 처리하는 방식에 따라 두 종류의 '시민사회관'으로 나눌 수 있다.

첫째는 '국가로부터 독립된 사회관'이라고 할 수 있다. 이러한 사회관을 지니고 있는 사람은 시민사회에 대해 대체적으로 다음과 같이 이해하고 있다. 시민사회는 시장경제를 주요한 기초로 삼고 계약관계에 의거해 상호 연결되며, 국가권력은 시민사회의 경제운영에 마음대로 간섭할 수 없으며 오직 법치원칙에 의거해 통치할 수 있다는 것이다. 이러한 원칙의 배후에는 사실 시민사회에 대한 헤겔식의 이해가 자리 잡고 있는 바,[29)] 현대사회의 주된 특징은 정치와 경제의 분리이고 시민사회는 경제과정이 분리되어 나온 결과를 체현하고 있으며, 따라서 시민사회는 정치보다 우선하거나 정치 외적인 성격을 지니게 되었고 정치에 의해 임의대로 간섭당하지 않는 독립적 품격을 지니게 되었다. 그것의 배후에는 또한 개인주의 및 인권에 대한 긍정 등과 같은 일련의 가설이 존재한다. 총체적으로 말해서 시민사회에 대한 이러한 이해는 서구 사상사에서 일찍이 전제에 반대하는 사상적 무기가 되어 급진적 의미를 발휘하기도 하였지만, 그것의 가장 주된 목적은 국가와 사회의 경계를 분명히 하여 시민사회가 국가권력에 의해 임의적으로 간섭받지 않도록 보장하는 것이다. 그러므로 이러한 시민사회관을 지닌 사람들, 특히 하이에크를 대표로 하는 자유주의 이론가의 영향을 받은 학자들은 시장사회 자체가 '자발적으로 조절'하는 조화로운 질서를 가지고 있어서 시장의 운영을 간섭하지만 않으면 그 자체로 가장 많은 이익을 얻을 수 있는 바, 정부의 기능은 이를테면 법치의 보장 등과 같이, 시장의 외부환경을 보장하는 것에만 한정될 수 있다고 여길 것이다.[30)]

중국의 당시 일부 지식인들은 이와 같은 관점을 가졌는데, 주로 ≪공공논총(公共論叢)≫ 잡지에 모여든 몇몇 경제학자들이 그 대표적 인물이다. 장수광(張曙光), 성홍(盛洪) 등은 ≪공공논총≫ 제1집에 실린 〈시장논리와 국가관념(市場邏輯與國家觀念)〉이라는 대담을 통해 그들의 국가사회관을 기본적으로 제시하였다. 장수광은 시장논리와 국가제도라는 "양자를 서로 비교해보면, 전자는 자연적 발육의 성격을 더욱 많이 가지고 있고, 후자는 인위적 선택의 색채를 더욱 많이 띠고 있다."고 하였다. 아울러 시장논리는 개인권리의 자유로운 교역으로서 궁극적으로 개인자유의 확립과 보장을 그 기초로 삼는 반면, 국가관념은 반드시 개인권리를 보장하는 기초 위에 그 합법성을 획득해야 하며, 개인의 독립적 지위와 자유권리를 확립한 국가제도가 바로 일종의 민주제도라는 것이다.[31)] 류쥔닝은 더욱 직접적으로 다음과 같이 지적하였다. "공공이익(public interest)은 특정한 제도의 틀 안에서 개인의 이익을 추구한 결과이다. …… 자유시장 하에서 개인의 이익은 공공이익을 창출할 수 있다. 자유시장은 사적 이익을 공적 이익으로 전환시킬 수 있으며, 아담 스미스는 일찍이 이 점을 증명했다."[32] 대체적으로 이러한 견해에 따르면, 사실 시장질서는 자연스럽고 조화로운 특징을 지니고 있으며, 국가의 임무는 다만 제도적 안배를 통해 시장질서를 보장하는 것이다. 이러한 틀 속에서 시장질서와 국가는 각각 '낙원'과 '보호자'의 대비적 형상이며 '작은 정부, 큰 사회'라는 사고방식은 당시의 유행어가 되었다.

시장자체가 지닌 '자발적 질서'라는 특징에 관하여 당시 많은 학자들이 상세히 논의하였는데, 그 가운데 왕딩딩(汪丁丁)이 ≪공공논총≫에 3기에 걸쳐 연이어 발표한 〈하이에크의 '확장된 질서' 사상 초론(哈耶克"擴展秩序"思想初論)〉은 당시 '경제자유주의식의 사회관'에 최적의 학술이론적 논증을 제공한 글이었다. 왕딩딩이 여러 편의 글에서 반복적으로 지적하고 있는 점은 다음과 같다. 즉 지식이 지닌 '분립적' 특징으로 인해 일련의 완정한 사회와 정치질서를 설계할 수 있는 사람이 없으므로 '분립된 지식들'을 서로 소통시키는 시장의 역할이 특히 중요해졌으며, 사유재산권을 기초로 한 '질서의 자발적 확장'이 자본주의에 대한 가장 적합한 묘사라는 것이다.[33] 물론 하이에크의 사상은 매우 풍부하므로 여기에서 대충 다룰 수는 없지만, 당시 하이에크의 영향을 받아 '국가로부터 독립된 사회관'을 지녔던 지식인들은 '시장질서' 자체가 자족적인 사회질서를 구성하기 때문에 정치질서의 지도가 불필요하다고 여겼다.

사회와 국가의 관계에 대한 이러한 처리는 자유주의이념의 한 가지 가설, 즉 "자유주의자는 사회와 정치를 매우 분명하게 나누는 바, 국가는 공공의 영역이며 정치적 범위인 반면, 사회는 개인의 영역이며 정치가 개입할 수 없다."[34]는 가설에 의거하고 있다. 이러한 이론적 전제 하에 당시 논쟁했던 주제의 대부분은 시장에 대한 '정치적 간섭의 많고 적음'에 관한 문제에 머물러 있었을 뿐, 이 시야를 벗어나 국가와 사회의 함의 및 그들 간의 관계를 살펴보지는 못했다.[35] 이 때문에 자유주의자들이 비록 일반적으로 시민사회의 발전과 민주화간에 일종의 긍정적 상관관계가 있다고 여겼을지라도, 실제로 그들은 오늘날 중국의 권력이 지니고 있는 전면성이라는 특징을 효과적으로 설명할 수가 없었고 개혁 과정에서 출현한 부패와 공정의 문제에 대해서도 정면으로 대응할 방도가 없었다. 그들은 다만 시민사회가 국가를 견제할 힘을 가지고 있음을 반복적으로 강조하고, 시민사회의 발전으로 인해 양성된 다원적 이익집단이 민주정치의 사회적 기초가 될 것이라고 여겼을 따름이다.[36)]

하지만 이러한 관점은 왕사오광, 장루룬(張汝倫) 및 왕후이 등으로 대표되는 일부 학자들의 질의를 받았다. 왕사오광은 〈'시민사회'에 관한 몇 가지 사고(關於"市民社會"的幾點思考)〉에서 서구사상계에서 civil society가 가지는 함의에 대해 정리하였다. 그는 대륙 사상계에서 civil society라는 개념을 토론할 때, 근본적으로 제멋대로인 채 피차간에 개념 자체에 대해 명확히 해명하고 구분하지 않았다고 보았다. 또한 대륙 사상계에서는 시장경제관계에 따라 정의된 '시민사회'에 대해 지나친 상상을 하고 있는데, 시장경제로부터 촉성된 시민사회는 사적 이익경쟁영역으로, 그 속에는 충돌과 모순이 가득하여 자본을 지닌 사람들은 점점 경제적으로 유리한 지위를 차지할 뿐만 아니라 이로부터 정치적 발언권을 얻게 되지만, 경제적 지위가 낮은 민중들은 정치참여의 기본적인 권리마저 상실하게 된다는 점을 오히려 간과하고 있다고 보았다. 그리하여 왕사오광은 이른바 시민사회가 민주를 이끌어낸다는 논조를 격렬하게 비판하고, 정치와 경제가 동시에 민주화되어야만 대중이 진정한 정치적 민주를 획득할 수 있다고 여겼다.[37)] 분명 그에 따르면, 시민사회에 관한 대륙의 일반적인 토론에서 시민사회는 모두 헤겔과 마르크스가 말한 의미에서 정의되어졌다. 즉 시민사회는 주로 시장경제에 의해 정의된 영역이라는 것이다. 왕사오광은 시민사회가 민주의 충분조건이라는 논법은 잘못된 결론이며, 시민사회가 만약 경제민주화의 과정을 거치지 않는다면 정치민주화는 결국 왜곡될 것이라고 보았다. 그는 분명 시장질서 자체가 결코 정치질서를 보장할 수 없으며, 이와 상반되게도 사회의 내부에 불평등이 가득하고 충돌과 투쟁이 그 속에 꽉 차있기 때문에 시장질서 자체가 전체 질서를 이끌어낼 수 있다고 여기는 관념은 이러한 현실에 대응할 수 없음에 틀림없다고 보았다.

이밖에 주목할 만한 것으로는 장루룬의 〈시민사회의 신화(市民社會的神話)〉라는 글이 있다. 그는 루소, 헤겔로 거슬러 올라가 시민사회라는 개념에 대해 다음과 같이 역사적으로 정리하였다. 그에 따르면, 이들 서구사상가들은 모두 시장관계가 주도하는 시민사회는 현대성의 산물이며, 그것이 공공영역과 개인영역을 분리함으로써 시민사회는 이익논리가 주도하는 영역으로 변하였으며 그 정치적 차원은 거세되어버렸다고 진단하였다. 그리하여 인간은 '경제적 동물'이 되었고, 민주는 결국 이익투쟁의 허수아비로 전락하고 말았다는 것이다. 장루룬은 다음과 같이 말하였다.

> 시민사회는 민주정치의 실시를 보장할 수 없다. 물론 그것이 근본적으로 개인영역의 범주에 속하여 개인적 이익추구를 근본 목적으로 삼기 때문이며, 또한 도구이성에만 의지하기 때문이다.[38)]

여기에서 장루룬은 이미 시민사회의 도구이성 논리를 발견했고, 시민사회 역시 민주정치의 실시를 보장할 수 없음을 간파했다. 이는 스위안캉(石元康)이 분석한 바처럼, 즉 '경제식의 민주이론'의 배후 역시 일련의 도구이성 논리로, 국가가 필요한 까닭은 단지 그것이 갖고 있는 '보호적' 작용 때문이며 개인이익의 고려야말로 최종목표이다.[39)] 이로써 알 수 있듯이, 현대 이래 '공공영역'과 '개인영역'의 분열은 국가/사회관계에 기초한 정치질서관념에도 심각한 변화를 가져왔으며 시민사회의 '개인성'이 그 최종 변천의 목적이 되었는데, 이 역시 국가와 사회를 뚜렷이 분리되는 두 영역으로 만들었다는 것이다.

왕후이는 '국가로부터 독립된 사회관'에 대해 더욱 직설적으로 비판하였다. 그는 시민사회와 국가 간의 관계에 대한 그들의 이해가 잘못되었다고 보았다. 왜냐하면 중국의 개혁은 줄곧 국가가 주도하고 추진한 바, '시민사회'는 실제로 국가가 적극적으로 참여하여 세운 것으로 국가의 권력구조가 일찌감치 이른바 '정토(淨土)'로 깊이 침투했기 때문이다. 그는 한 걸음 더 나아가 다음과 같이 설명했다.

> '경제와 정치의 분리'는 이 두 개의 합리화된 영역이 이미 진정한 자율적 영역으로 발전했음을 결코 증명해주지 못하며, 그저 이 두 영역의 관계에 어쩌면 중대할지도 모르는 변화가 생겼음을 설명할 뿐이다. 하지만 이러한 변화는 여태껏 이 두 영역을 철저히 분리할 정도에까지는 이르지 못했다.[40]

왕후이가 보기에, 오늘날 중국사상계가 만들어낸 시민사회의 '자발적 질서'란 사실상 여전히 인위적인 설계의 결과이며, 이 때문에 정치영역과 경제영역을 분리하려는 노력은 실제로는 성립되지 못한다고 보았다. 그는 브로델(Fernand Braudel)과 폴라니(Karl Polanyi)의 관점을 인용하여 이른바 '자기조정시장(Self-Regulating Market)'은 이제껏 모두 환상이었으며, 자유시장의 도입은 오히려 국가의 간섭과 제약의 필요를 전에 없이 확대시켰다고 여겼다.[41] 그리하여 그는 마지막으로 다음과 같은 결론을 얻었다. "역사적 각도에서 보면, 경제를 초월한 각종 사회역량, 특히 정치권력의 간섭이 없었다면 시장경제는 탄생할 수 없었을 것이다. 시장경제는 자연적 진화의 결과가 아니라 일종의 창제(創製)이다."[42] 왕후이가 줄곧 비판하고자 했던 것은 자족적이고 조화롭다고 일컬어지는 '자발적 질서'이다. 그는 역사적 분석을 통해 시장질서의 비역사적이며 비정치적인 특징을 제거하고자 하였는데, 이러한 의미에서 보면 왕후이가 생각한 사회질서는 분명히 정치질서에서 분리될 수 없는 일부분이며 뿐만 아니라 정치의 지도를 받고 정치에 의해 창제되어야 한다.

필자가 보기에 위의 몇 명의 서술은 기본적으로 '삼투성(滲透性) 사회관'의 범주로 구분지을 수 있다. 이러한 사회관에서는 경제활동을 주요한 특징으로 삼는 시민사회가 여태껏 정치의 범주와 개입을 벗어나본 적이 없다고 여긴다. 시민사회 모식에 대한 찰스 테일러의 권위 있는 분석에 따르면, 이러한 견해는 대체로 몽테스키외식의 모식으로 분류될 수 있다. 즉 사회는 그 정치 조직에 근거하여 범주가 확정되어진다고 보는 것이다.[43] 이러한 논조는 앞서 논술한 '사회는 국가로부터 독립되어 있다'는 모식과는 확연히 구별되는데, 이러한 모식은 일종의 자아조정적 사회생활 혹은 '자생자발적 질서'를 강조하여, 시장을 기초로 하는 시민사회가 일종의 새로운 국가/사회관계 모식을 가져올 수 있다고 본다. 반면 '삼투성 사회관'의 관점을 지닌 사람들은 중국의 시민사회가 개혁발전의 과정에서 일종의 정치권력과 경제 및 문화권력이 서로 얽혀있는 사회구조를 점차 형성했고 이는 시민사회의 내부로 하여금 각종 복잡한 권력관계로 가득 차게 만들었다고 본다. 그리하여 이러한 사회관에서는 사회를 결코 자족적인 '사적 영역'이 아닌, 투쟁으로 가득 찬 영역이라고 본다. 하지만 주의해야 할 점은 이러한 관점을 지닌 지식인들의 사상자원에는 각각의 뿌리가 있다는 점이다. 왕사오광은 확실히 공화주의의 영향을 받았고, 장루룬은 현대성에 대한 비판에 편중되어 있다. 한편 왕후이의 사상적 자원은 더욱 복잡하여 아렌트 등의 공화주의적 자원을 가지고 있을 뿐만 아니라 그람시와 같은 서구 마르크스주의 사상가들의 영향도 많이 받았다.

시민사회에 대한 두 사회관의 이해에는 커다란 차이가 존재하며, 이는 더욱이 90년대 말 중국사상계 논전의 이론적 전제가 되기도 했다. 쉬지린은 일찍이 '신좌파'와 '자유주의' 논전을 총결한 글에서 직접 이 두 파를 '자유주의 민주관'과 '공화주의 민주관'으로 대비하여 고찰했다.[44] 논쟁의 양측의 시민사회관에는 물론 앞에서 서술한 차이가 존재하며, 이에 따라 민주 등의 관념에 대한 그들의 인식과 판단에도 영향을 주었다. 하지만 이러한 구분으로는 90년대 사조의 용솟음치는 풍부함을 결코 개괄할 수 없었다는 점을 주목해야 할 것이다. 게다가 학계, 특히 사회학계는 국가/사회 관계에 대한 방면에서 비교적 많은 연구를 하였으며, 상술한 두 종류의 국가/사회 관계 모식에만 머물러 있지 않았다. 예컨대 장징쥬(張靜就)는 서구의 '코포라티즘(Corporatism, 협동조합주의)'을 소개하면서 시민사회의 조직화된 이익이 어떤 방식으로 국가의 정책결정시스템과 연결되는지를 강조하였다.[45]

기본적으로 이 두 종류의 사회관은 국가/사회관계에 대해서 각각 서로 다른 판단을 하였다. 이는 또한 그들로 하여금 민주 등의 문제에서 커다란 의견의 불일치를 낳게 하였다. 하지만 그들은 모두 이미 변화된 사회구조에서 어떤 방식과 가치규범을 통해 정치질서와 사회질서의 관계를 재건할 것인가에 대해서는 자세히 서술하지 않았다. 공공영역과 개인영역의 분할에 문제점이 있다고 한다면, 정치질서와 사회질서가 어떠한 관계를 유지하고 있는지는 깊이 탐구하고 토론할 가치가 있는 문제일 것이다. '공공영역' 이론이 후에 사상계의 주목을 받았던 것은 틀림없이 이 문제의 도전에 응한 것이다.

4. 공공영역, 공공성과 시민사회

'공공영역'이라는 개념은 시민사회이론보다 분명 뒤늦게 등장했다. 이는 하버마스의 ≪공공영역의 구조변동≫의 영문판이 1989년에야 정식으로 출판되었는데, 초기에는 해외 중국연구학계이든 국내의 학술사상계이든 기본적으로 '시민사회'와 '공공영역'을 동등하게 여겨 상세하게 정리하지는 않았기 때문이었다. 예컨대 로우(W. T. Rowe)나 랜킨(M. B. Rankin) 등의 학자는 '관리형 공공영역'을 만청의 역사연구 속으로 끌어들였으나 기본적으로 현대화라는 목표를 가설하였으며, 만청의 '공공영역' 범주의 구분은 서구의 '공공영역'을 기준으로 삼았다. 그러나 황쭝즈는 '공공영역'과 하버마스가 말한 '자본주의 공공영역'을 단순하게 동일시해서는 안 되며, '공공영역'을 하나의 가치중립적 개념으로 설정할 수 있다고 여겼다. 즉 '공공영역'은 국가와 사회가 서로 삼투하는 하나의 공간에 불과하다는 것이다. 그리하여 그는 그것을 '제3의 영역'으로 정의하였다. 하지만 이렇게 하버마스의 '공공영역'의 규범적 의미를 완전히 포기하는 방식은 역사학자 양녠췬(楊念群)이 보기에 몹시 의문스러운 것이었다.

이상의 학자들의 관점을 자세히 살펴보면, 그들이 인용한 증거와 자료 및 구상한 국가-사회 간 상호작용 틀의 진정한 함의는 모두 하버마스가 정의내린 "공공은 바로 정부와 대치하는 공공여론의 일부분으로서 출현한다."는 이 '공공영역'의 일반적 특징과 상당히 거리가 있다. 아마도 최초 이론과의 이러한 상이점은 중국역사의 개별적 안건을 해석하는 융통성이라 여길 수 있겠지만, 동시에 가설의 이론적 합리성을 파괴할 위험성도 내포하고 있다.[46)]

확실히 양넨췬은 규범적 의미를 박탈한 '공공영역'이 중국 역사를 분석하는 이론이 될 수 있는지의 여부에 대해 의혹을 나타냈지만, 그는 여기에서 결코 진일보한 설명을 가하지는 않았다. 그러나 그는 로우의 한커우 연구를 평론할 때, 로우가 '공공영역'에 대해 실증화된 해석의 방식을 취한 것에 대해 딜릭(A. Dirlik)*의 관점을 가지고 비판하였는데, 딜릭은 '공공영역'이라는 이 강렬한 정치적 함의를 지닌 개념을 실증적으로 단순화해서는 안 된다고 보았다. 그는 시민사회와 공공영역에 대한 마르크스주의의 환원론적 해석은 분명히 자치적 공공영역을 부정함으로써 관료의 전제를 초래하리라고 보았다. 이러한 의미에서 본다면, 비판적 의미에서의 '공공영역'을 새로이 이해하는 것은 꼭 필요한 일이다.[47)] 당연히 양넨췬은 규범적 의미에서의 토론이 시민사회나 공공영역의 운용문제를 해결할 수 있다고 보지 않았으며, 많은 미시적 연구를 거쳐야만 중국시민사회이론을 제대로 세울 수 있다고 시종 주장하였는데, 이러한 연구는 물론 역사적 해석의 의미를 목적으로 삼고 있다.

미국의 저명한 중국연구 전문가이자, 듀크대학 교수인 딜릭은 사실 비교적 일찍 오늘날 중국의 시민사회/공공영역토론에 관한 문제를 인식하고 있었다.

* 딜릭(Arif Dirlik, 1940-)은 터키 태생의 역사학자로서, 오랫동안 중국근대사, 특히 중국혁명사를 연구하여 서구학계의 중국학 권위자로 여겨지고 있으며, 1990년대 이래 포스트식민 비평가 문화연구로 연구범위를 확대하고 있다. 대표적인 저서로는 ≪혁명과 역사—중국 마르크스주의 사학의 기원(*Revolution and History: Origins of Marxist Historiography in China*, 1919-1937)≫, ≪중국공산주의의 기원(*The Origins of Chinese Communism*)≫, ≪포스트 식민의 아우라: 글로벌 자본주의 시대의 제3세계 비평(*The Postcolonial Aura: Third World Criticism in the Age of Global Capitalism*)≫ 등이 있다. – 역주

그는 일찍이 《중국사회과학계간》 제3기에 발표한 글에서 이렇게 비판을 제기하였다.

> 이 글에서는 특히 이러한 환원론이 드러내는 두 가지 형식에 관심을 갖는다. 첫째는 시민사회를 남용되기 일쑤인 개념인 민주의 동의어로 대충 간주하여 사회주의 정권을 비판하는 것이다. …… 둘째는 공공영역을 실증식으로 해독하는 것으로, 이 방법은 청말 연구에서 주도적 지위를 차지하고 있다. 이러한 해독방식은 공공영역이라는 개념을 현대화의 '사회-역사학'의 범주에 집어넣고자 한 것이지만, 이 범주에서 공공영역 개념의 비판적 역사의의는 완전히 사라지고 말았다.[48]

딜릭은 하버마스의 공공영역이론이 다루었던 것은 민주의 보편문제, 특히 자본주의 민주의 타락이라고 보았다. 그는 공공영역과 오늘날 중국의 민주화 과정을 의식적으로 연계시켰는데, 그가 보기에 시민사회/공공영역에 대한 현재 중국의 이해는 이미 사회주의의 기존 형식을 맹목적으로 비판하는 타성에 빠져버린 채, 자본주의 민주에 존재하는 문제점을 소홀히 하고 있다.

여기에서 우리들은 하버마스가 《공공영역의 구조변동》에서 밝힌 '공공영역' 개념에 대해 간단하게 고찰해볼 필요가 있다. 하버마스는 이 책에서 막스 베버 식의 사회사 경로를 확실히 답습하여, 17세기 후기의 영국과 18세기의 프랑스에서 시민사회의 발전에 따라 비판성을 띤 '공공영역'이 출현했다고 분석했다. 그는 이 책의 1990년 신판 서문에서 다음과 같이 밝혔다.

> 언뜻 보기에 《공공영역의 구조변동》은 막스 베버식의 사회사 저작인 듯하다. 이 책의 구조를 확립한 부르주아지의 변증법은 오히려 그 이데올로기 비판의 특징을 드러내주었다.[49]

당시 하버마스는 여전히 마르크스의 이데올로기 비판에 심취해 있었다. 그가 책에서 완성하고자 했던 임무는 '공공영역'이라는 개념을 추려낸 뒤 이것을 규범으로 삼아 오늘날 자본주의의 공공생활을 비판하는 것이었으며, 따라서 '공공영역' 이라는 개념은 강렬한 규범적 색채를 띠게 되었다. 바로 여기에서 딜릭은 자본주의 이데올로기를 비판하는 하버마스를 발견하게 된다. 딜릭은 국가와 시민사회에 대한 자본논리의 잠식이 비판성과 규범성을 띤 공공영역의 잠식을 초래한다고 여겼다. 그가 보기에 공공영역이라는 이 개념은 오늘날 중국에서 자본주의를 비판하는 이론적 자원이 되어야 하며, 사회주의 이데올로기 비판의 도구로만 여겨져서는 안 된다는 것이다.

미국의 중국연구 전문가인 자오원츠(趙文詞, Richard Madsen) 역시 공공영역이 지니고 있는 민주의 규범가치를 확신한다. 그는 비록 민주 자체의 복잡성을 인정하지만, '민주적 공공영역'은 마땅히 보편성을 지닐 수 있어야 하며 우리들이 처리하고자 하는 것은 단지 어떻게 각기 다른 상황 하에서 각자의 '민주적 공공영역'을 건설하는가 하는 문제일 뿐이라고 보았다.[50]

'공공영역'이 중국 사상학술계의 광범위한 관심을 이끌어냈음은 의심할 여지가 없다. 이는 주로 중국의 시장화 추진이 이익단체의 끊임없는 분화와 재건을 초래함과 동시에, 다방면에서 '공평문제'와 같은 격렬한 분기(分歧)가 일어났기 때문이다. 하지만 이러한 문제는 일반적으로 모두 국가권력범위 내에서 행정적 및 법률적 수단을 통해서만 해결되었을 뿐, 결코 공공의 토론에 부쳐지지 않았다. 그리하여 중국대륙에서 '공공영역'의 등장은 한편으로는 사회구조의 격렬한 변화의 결과임과 동시에, 민주에 대한 사상계의 요구이기도 했다.

하지만 시민사회와 공공영역의 관계는 어떠한가? 오늘날 중국의 지식인들은 또 어떻게 이 양자 간의 관계를 이해하는가? 이 문제에 답하기 위해 우리는 먼저 하버마스의 '공공영역'에 대한 전범적 서술로 다시 돌아가지 않으면 안 된다. 하버마스가 공공영역이라는 개념을 사용하게 된 까닭은 그가 후에 서술한 현대사회에 대한 견해를 근거로 살펴볼 수 있다. 그것은 바로 시스템과 생활세계의 분화이며, 시스템은 주로 경제조직과 관리조직을 가리키고 생활세계는 교육체계, 대중매체, 가정생활로 구성된다. 이들은 사회형태상

다를 뿐만 아니라, 시스템과 생활세계의 내재논리 역시 크게 다르다. 간단히 말해서 시스템은 주로 도구이성의 논리로써 운행되는 반면, 생활세계는 가치이성의 논리로써 운행된다. 그러므로 현대사회는 시스템이 생활세계를 침범하는 문제에 직면해 있으며, 도구이성이 생활세계를 지배하기 시작했다. 좀 더 분명히 말하자면, 도구이성이 주도하는 현대의 시장경제는 사실 사회를 단일화된 것으로 이해한다. 시민사회는 이로부터 단지 경제이성에 의해서만 주재되는 영역으로 간주되어, 도덕, 문화 등 생활세계의 가치함의를 잃어버렸는데, 이 점 역시 일찍이 아렌트가 특별히 진술했던 바이다. 이러한 의미에서 보면, '공공영역'은 공공복지를 목표로 삼는 영역으로서, 생활세계에 대한 시스템의 잠식과 식민화에 반드시 항거해야 한다.

이러한 범주 확정은 기타 몇몇 서구사상가들이 시민사회이론을 지속적으로 발전시키는 데에 이론적 기초를 제공하였다. 예컨대 미국 철학자인 코헨(J. L. Cohen)과 아라토(A. Arato)는 ≪시민사회와 정치이론≫에서 '시민사회'에 대해 아래와 같이 정의하였다.

> 우리들은 '시민사회'를 경제와 국가 사이의 사회적 상호작용 영역으로 이해한다. 그것은 먼저 개인의 영역(특히 가정), 결사체의 영역(특히 자발적 결사체), 사회운동 및 각종 공공교류형식으로 구성되어 있다.[51)]

코헨과 아라토는 시민사회/국가라는 이 하나의 틀을 시민사회/경제/국가라는 삼원 모식으로 바꾸었는데, 이 이론은 바로 위에서 서술한 시스템과 생활세계에 대한 하버마스의 구분에 근거한다. 전통적 시민사회이론에서는 시민사회를 시장논리가 주도하는 경제영역으로 여겼지만 시민사회내의 생활세계인 문화비판적 부분은 홀시하였기에, 결국 기존의 시민사회이론을 개조하려면 반드시 새로운 내용을 집어넣어야 한다는 것이다.

이러한 견해 역시 중국 대륙의 학자들, 예컨대 퉁스쥔(童世駿), 쉬지린 등이 시민사회논쟁을 판단하는 중요한 근거가 되었다. 퉁스쥔은 <'포스트 마르

크스주의'가 바라본 시민사회('後馬克思主義'視野中的市民社會)〉에서 시민사회에 대한 코헨과 아라토의 견해, 그리고 시스템과 생활세계에 대한 하버마스의 구분간의 연관성을 정리하였는데, 그는 이러한 일종의 새로운 시민사회 이론이 가지고 있는 규범적 의미를 매우 중시하였다.[52] 한편, 쉬지린은 시민사회에 대한 코헨과 아라토의 정의가 대륙사상계에서 받아들여지지 않았던 것에 대해 의아해하면서도, 시민사회에 대한 헤겔의 정의가 여전히 주류임을 발견했다. 그리하여 80년대의 '개인'과 '국가'라는 이원대립의 모식을 거친 후에 반드시 '공공영역'이라는 개념을 끌어와서 중국의 현 상황을 다시 규범화하고 해석할 것을 강조하였다.[53]

이러한 '공공영역'과 시민사회에 대한 새로운 해석과 정의는 시민사회이론에 대한 대륙사상계의 토론이 심화되었음을 보여준다. 쑨리핑은 90년대 사회구조의 변화를 총결할 때, 다음과 같이 말했다. "시장경제 하에서 개인이 획득한 권리는 국가권력의 간섭을 저지해주는 보장이 될 수 있었다. 하지만 경험에 비추어 볼 때, 90년대 시장화의 추진은 민주의 발전을 가져오기는커녕 오히려 더욱 심각한 공평의 문제를 초래하였으며, 시장에서의 정치자본의 렌트 추구(rent seeking)는 권력을 가진 자로 하여금 더욱 풍부한 경제자본을 얻게 함으로써 '총체적 엘리트'를 형성했다."[54] 그들은 권력자원을 가지고서 개혁과정에서 권력을 통해 부를 축적할 수 있었기에, 그들에게 있어 권력과 시장 간의 관계는 상호 제약이 아니라 공모의 관계이다. 한편, 중산계층은 한때 시장경제하에 민주를 촉진하는 주요한 동력이 되리라고 상상되었지만, 이 집단은 전환과정에서 여전히 기득권 계층에 속해 있고 정부와의 이익 충돌도 아직은 표면화할 길이 없었기에, 따라서 정치개혁에 대한 호소 또한 매우 미약하였다. 이와 반대로, 대중매체가 느슨해짐에 따라 지식인들은 공공여론 공간에서 비판적 공간을 찾기 시작하였으며, 체제 내의 공공여론은 늘 국가권력의 논리와 부딪히게 되었는데, 이 또한 비판적 '공공영역'을 찾는 지식인들에게 공간을 제공해주었다. 몇몇 지식인들은 경제를 그 특징으로 하는 시민사회와 민주 사이의 관계가 불확정적이고 애매하다는 것을 의식하기 시작하였고, 이 때문에 '공공영역'은 비판적 규범성 개념으로서 지식인들이 세심하게 관심을 갖는 대상이 되기 시작하였다.

1998년에 왕후이와 천옌구(陳燕谷)가 편집한 ≪문화와 공공성(文化與公共性)≫이 정식으로 출판되었는데, 이 책에 수록된 글은 주로 오늘날 정치생활에서의 공공영역의 의의를 다루었다. 왕후이는 〈서문〉에서 '공공성'에 관한 하버마스의 견해를 이용해 자유주의의 보편주의적 권리이론을 비판하였는데, 이는 또한 그가 '참여식 민주'에 관한 자신의 비판을 심화시키고자 했음을 의미한다. 그는 아렌트와 하버마스의 이론을 빌어 현대사회의 공적 영역과 사적 영역의 분리에 따라, 시장원칙이 점차 전체 사회를 지배하고 '개인영역'을 '사회영역'으로 변화시키고 있음을 증명하였다.[55] 따라서 '시장원칙'이 사회의 주도적 원칙이 된 것은 '공공성'의 상실과 동시에 전개된 것으로, 정치는 소수 엘리트에 의한 조종의 산물이 되고 민중과 국가 간의 거리는 날로 멀어졌는데, 이는 또한 민주가 쇠락되는 모습이기도 하다.

하버마스가 강조하였듯이, 현대사회에서 자본은 공공영역에서 날이 갈수록 중요한 위치를 차지하고 있으며, 이로 인해 '공공영역'이라는 상이한 신분으로 구성되고 각기 다른 목소리를 담아내는 이 비판적 공간은 끝내 이익논리의 주도에 의해 공공영역의 '재봉건화'로 나아가게 되었다. 이에 대해 왕후이는 다음과 같이 우려하였다.

> 정치 공공영역에서 '개인'은 이미 철저하게 사라졌고, 정당과 거대 이익집단이 유일한 합법적 대표가 되었다. 갓 태어난 동아시아의 몇몇 민주정치는 이미 뚜렷한 정당정치에 의해 포위되고 조정되었으며, 힘든 투쟁을 거쳐 건립된 또 다른 민주정권들은 이미 거대자본에 의해 조정·통제되는 희생물이 되었다. 더욱 분명한 것은 민족국가와 거대자본이 타협하여 오늘날 사회의 정치, 경제와 문화구조를 재구축하였다는 점이다.[56]

'공공영역'은 그 '공공성'의 끊임없는 상실을 은폐하는 개념이 될 것이며,

쉬지 않고 강대해지는 시장사회는 전체 공공공간을 이익을 주요 발전방향으로 삼는 정치적 욕구로 가득 채우게 함으로써, 자본을 가지고 있는 집단은 더욱 많은 정치참여권을 얻지만, 기타 신분의 집단은 발언 기회를 얻을 길도, 얻을 수도 없게 되어 민주정치 참여권의 상실을 초래할 것이다. 따라서 왕후이가 보기에, 오늘날 중국의 '시민사회'에 대한 이해는 비판받아 마땅하지만, '공공영역' 역시 마찬가지로 경각심을 가지고 대처해야 한다고 여겼다. 왜냐하면 그것 역시 자본과 권력논리에 의해 잠식되고 국가와 거대자본에 의해 지배되어, 결국 허위의 '공공성'을 초래할 가능성이 있기 때문이다. 왕후이는 일찍이 중국의 공공여론에 대해 다음과 같이 평한 바 있다.

> 대륙의 공공공간은 미성숙한 시민사회의 전제하에 형성된 것으로, 수많은 상황 속에서 그것은 심지어 국가체제의 내부에도 존재한다. 그러나 공공공간이 국가체제 내부에 존재할 수 있는 까닭은 한편으로는 국가와 국내 시장의 경제적 보조로 인한 것이었고, 또 한편으로는 국가의 이익에 대한 수요와 국가 내부공간의 형성으로 인한 것이었다. 때문에 이 공간의 형성은 하버마스가 묘사한 초기 부르주아지 공공영역의 특징을 보여준 적이 없다. …… 또한 매체는 이러한 상황에서 이제껏 자유롭게 토론하거나 공공의견을 형성하는 영역이 아니라 거꾸로 각종 지배적 역량이 각축을 벌이는 장소였음을 보여준다.[57)]

중국의 '시민사회'와 '공공영역'에 대한 왕후이의 이중비판은 당연히 그 이론적 근거가 있으나, 대만 학자 자오강(趙剛)이 제기했듯이 다음과 같은 문제인식에 부딪힐 수 있다.

> 왕후이의 글(〈오늘날 중국의 사상 동향과 현대성 문제(當代中國的思想狀況與現代性問題)〉를 가리킴)의 비판이 마르크스주의, 시민사회와 공공영역론을 겨누었을 때, 도가 지나쳐 현실 분석과 총체 인식을 명분으로 삼아 규범적 개념을 내쫓아버린 바람에 규범성의 과다출혈을 일으킨

> 게 아닐까. 만약 하나의 사회이론이 '사회적(the social)', '공공적(the public)' 가능성에 대한 토론을 봉쇄해버린다면, 이 비판적 사회이론의 실천공간은 어디에 있겠는가?[58]

'공공영역'이라는 이 비판성을 지닌 개념을 어떻게 바라보고, 그것이 오늘날 중국의 정치민주에 어떠한 작용을 일으켰는지는 중국의 지식인들이 생각해 보아야 할 중요한 문제이다. 대중매체가 날로 시장화함에 따라 시장논리와 권력논리는 매체에서 자주 충돌과 대항의 일면을 드러낸다. 반면 지식인들은 이러한 공간에서 여전히 권력과 시장에 대해 비판할 수 있으며, 이와 더불어 인터넷 매체의 흥기는 그 독특한 전파경로와 더욱 느슨한 언론척도로 인해 지식인들이 더욱 자주적으로 정치와 사회에 대해 비판할 수 있게 할 것이다.[59] 이러한 관점에서 공공영역을 바라본다면, 아마 현재의 정치 속에서 공공영역의 규범과 실천 의의를 발견할 수 있을 것이다.

5. 세 가지 공동체 모식과 중국의 시민사회

시민사회에 대한 토론은 줄곧 두 영역에서 진행되었는 바, 공공사상계에서는 시민사회이론의 규범성 내용을 비교적 중시하는 반면, 역사학계에서는 상대적으로 만청 이래의 중국역사에 대한 묘사성 해석을 중시한다. 이 두 영역은 결코 엄격하게 나누어지지 않고 그 토론의 주제와 내용이 늘 한데 얽혀 있기에, 공공사상계는 역사학계의 경험연구를 이용해 그들의 규범 판단을 증명할 수 있고, 역사학계의 경험연구의 초점 역시 늘 규범 표준의 변화에 따라 전이될 수 있다.

이 두 영역에서 우리들은 하나의 공동의 문제의식을 추출하여 시민사회에 관한 토론을 살펴볼 수 있다. 즉 만청 이래 중국의 국가/사회 관계는 어떠했는지, 오늘날 중국에서 국가/사회 관계는 어떠한 방향으로 발전해야 하며 또한 어떻게 발전해야 하는지의 문제이다. 하지만 이러한 문제를 토론하기 전에 먼저 밝혀야 할 점은, 오늘날 중국에 각종 사조가 매우 풍부하더라도 오늘날 중국의 주요한 관심은 여전히 '현대화'라는 것이다. 이 '현대화'의 내용은 대체로 정치적 현대화인 '민주', 경제적 현대화인 '시장경제', 문화적 현대화인 '계몽'이라는 세 부분으로 나눌 수 있다. 만약 이러한 구분이 적당하다면, 시민사회를 둘러싼 오늘날 중국 사상계의 토론은 기본적으로 정치적 현대화인 '민주'와 경제적 현대화인 '시장경제'를 둘러싸고 전개되었음을 알 수 있다. 그러나 이 두 가지 문제는 국가/사회 관계와 연관되어 있다. 만청 이래 중국에는 전면적인 전환이 발생했으며, 정치사회구조는 와해와 재건의 과정 속에 처하게 되었는데, 이러한 과정은 지금까지도 여전히 완수되지 않았다. 따라서 국가와 사회의 함의를 어떻게 바라볼 것인가, 그들 사이의 관계를 어떻게 탐구할 것인가는 당대 중국 사상계가 관심을 갖는 주요한 문제의식이 되었다.

앞의 절에서 서술하였듯이, 오늘날의 시민사회론자 가운데 대다수는 중국사회가 시장경제를 핵심 원칙으로 삼는 방향으로 발전해야 한다고 여기는데, 이러한 관념상의 경향은 일찍이 만청 당시에 생겨나기 시작한 것이다. 간략하게 말해, 중국의 전통적인 정치사회구조는 종족제도를 핵심으로 하여 건설되었으며, '가(家)', '국(國)'은 국가와 사회 관계의 핵심단어가 되었다. 량치차오가 말하였듯이, "옛 성인께서는 나라(國)의 근본은 집(家)에 있다고 하셨으며, 또한 집이 다스려진 후에야 나라가 잘 다스려질 수 있다고 하셨다. 대저 이러한 사회에서는 진실로 가족 외에는 한데 뭉칠 방법이 없다.(先聖曰, 國之本在家. 又曰: 家齊而後國治. 蓋在此種社會之下, 誠哉舍家族外無所以爲團也)."[60] '집'은 종족제도를 그 특징으로 하고, '나라'는 '가족'의 확대일 따름이다. 전통중국의 정치와 경제구조에는 현대적 의미의 '사회'라는 개념이 없었으며, '사회'라는 단어는 대부분 비밀단체를 가리켰다. 진관타오(金觀濤)와 류칭펑(劉靑峰)의 연구에 따르면, '사회'라는 개념은 대략 20세기 초에 중국 지식인들에 의해 보편적으로 받아들여졌으며, 이로써 인류생활 속의 조직 전체를 가리키기 시작하였다.[61] 비록 '사회'라는 관념은 차츰 형성되었지만, 그것이 어떠한 원칙으로 조직되어야 하는지는 오히려 명료하지 않았는데, 이 역시 만청 이래 많은 지식인들의 관심의 대상이었다. 진관타오와 류칭펑의 연구에 따르면, 만청의 지식인들이 비록 '경제'라는 단어를 사용하긴 했지만 사회조직 원칙에 대해 여전히 도덕적으로 이해하였는데, 즉 사회는 주로 윤리원칙에 의해 구성된다고 여겼다. 1915년 신문화운동시기부터 '경제'는 차츰 '도덕'의 함의에서 벗어났고, 지식인들은 시장경제로써 정의된 자유주의의 사회조직원칙을 인정하기 시작했다.[62] 이러한 '사회'관념의 변천사와 현재 중국의 정황은 매우 비슷하다. 즉 자유주의 지식인들은 경제적 특징으로써 사회적 함의를 다루고자 시도했지만, 이는 곧 두 가지 문제에 봉착하게 되었다. 하나는 미래의 이러한 '시장사회'가 사회질서를 정합하는 방면에서 전통사회구조보다 더욱 효과적인가의 여부이고, 다른 하나는 만약 전통적 사회질서가 현재의 정치사회의 구조변화에 대처할 수가 없다면 미래의 '시민사회'는 기타 내용을 더해야 하는가의 여부이다.

만청 이래 국가/사회 관계에 대한 평가에 있어서, 만청의 시장사회는 국가가 만들어낸 산물이라고 보는 왕후이의 관점에 대해 양녠췬은 이러한 판단에 동의함과 동시에, 하버마스 역시 19세기 이래의 서구사회를 국가가 만들어낸 대상으로 간주하였다고 여겼다. 하지만 이러한 경험적 판단은 국가/사회라는 틀의 유효성을 뒤집을 수 없을 뿐더러, 반대로 이러한 전제하에서 우리는 국가의 창제행위에서의 사회의 내부 반응을 더욱 중시하고 궁극적으로 국가와 사회가 상호작용하는 모습을 이룩해내야 한다.[63] 왕후이가 세계 시스템의 구도로써 만청 중국의 민족국가 창건의 충동을 정의한 것은 물론 나름의 이유가 있겠지만, 양녠췬은 오히려 아래와 같이 서술하였다.

> 사회사적 각도에서 말하자면, 만약 우리들이 국가의 사회 창제에 대한 글로벌 자본주의의 영향을 중국의 구체적인 역사적 컨텍스트 하에 두고서 분석하지 않고, 심지어 이러한 국가의 사회창제에 대한 중국 전통사회(민간제도, 이념, 의식, 조직을 포함)의 반응과 전개형식을 무시한 채

오로지 글로벌 자본주의 지배 하에서의 국가의 초월적 제조 기능만을 강조한다면, 분명 중국 역사발전의 내부 추세를 설명할 길이 없다.[64)]

또한 역사경험의 각도에서 양녠췬은 만청 지식인들이 민족국가창건을 첫 번째 목적으로 삼았다고 강조하는 왕후이의 관점에 대해 반박하였다. 왕후이와 반대로, 그는 '5·4'운동 후 지식인들이 국가의 능력에 대해 의심하기 시작했을 뿐만 아니라, 오히려 "총체적인 '국가'관념을 분해하여 일종의 사회적 공간을 재구성함으로써 자본주의 경제의 침입이 가져온 사회적 불평등 상태를 해소했다."[65)]고 보았다. 따라서 국가행위가 사회의 창건을 주재한다고 보는 왕후이의 해석모식은 지나친 단순화로, 만청 역사를 고찰하는 더욱 풍부한 시각을 제공할 수도 없다. 이러한 점에서 덩정라이의 관점은 양녠췬과 어느 정도 일치하는데, 어느 방문 취재에서 그는 국가 혹은 사회를 각각 전체로 간주하는 관점에 대해 반대해야 한다고 지적하면서, 한편으로는 사회와 국가 간의 상호작용을 강조해야 하며, 다른 한편으로는 국가와 사회를 분해하여 내부고찰을 진행함으로써 이들의 비교적 복잡한 전경을 찾아내야 한다고 보았다.[66)]

그러나 왕후이의 문제점은, 그가 공화주의와 서구 마르크스주의의 사상자원으로써 오늘날 중국의 국가/사회 관계를 분석하고 참여민주의 중요성을 강조했으나, 그가 의지할 수 있었던 권력비판적 사회자원은 오히려 '시민사회'에서만 찾을 수 있다는 점이었다. 필자가 보기에 여기에서 중요한 점은 아마도 어떻게 '시민사회'를 개조하느냐 하는 것이지, 줄곧 비판만하는 것은 아닐 것이다. 이 방면에서 왕후이는 분명 자신도 의식하지 못하는 사이에 비판의 사회적 기초를 제거해버렸으며, 어떻게 '시민사회'를 개조할지에 대해서는 방안을 제시할 수 없었다.

만약 국가와 사회 관계에 관한 토론을 심화하고자 한다면, 오늘날 중국의 사회조직형태에 대해 더욱 자세히 고찰할 필요가 있다. 전통적인 국가/사회 관계를 어떻게 바라볼 것인가를 둘러싸고서 학술계에서는 대규모의 쟁의가 벌어졌는데, 현재 일반적으로 유행하는 해석모식은 두 가지이다. 하나는 전통 농촌을 토지소작관계에 의해 결정하는 소작농 사회로 보는 것으로서, 소작관계가 바로 농촌사회와 국가관계의 기초라는 것이다. 다른 하나는 중국 전통신사(士紳) 연구에 의해 대표되는 해석모식으로서, 이 모식에서는 전통적 국가정권역량이 현(縣)급에 이르기만 하면 기층 향촌은 주로 습관법과 종족윤리에 의해 유지될 수 있다고 보며, 어떤 학자는 이를 '향토조화론'이라고 총괄하였다. 몇몇 학자는 두 번째 해석모식을 이용하여 이러한 전통사회구조는 자유주의의 '작은 정부, 큰 사회'와 비교될 수 있다고 보았다. 친후이(秦暉)는 이에 대해 중국의 전통은 '대공동체주의(大共同體主義)'인 바, 즉 국가가 가장 높은 가치주체로서 기층사회에 대한 억제력이 줄곧 약화된 적이 없었다고 보았다. 그러나 개혁개방 이래 출현한 각종 소(小)공동체는 경제이익을 원칙으로 조직되었든, 아니면 전통종족윤리를 원칙으로 조직되었든, 모두 '공민(公民)과 소공동체'의 결합이 궁극적으로 민주화에 도달할 수 있음을 보장해주지는 않지만, 이 길이 기본적으로 '대공동체주의'를 없애는 것을 그 전제로 한다는 점은 분명하다.[67] 친후이는 소공동체와 공민의 결합을 통해 민주로 나아가는 사고를 구상하였다. 그는 마치 이익을 발전방향으로 삼는 소공동체이든, 전통윤리를 원칙으로 삼는 소공동체이든 모두 국가라는 '대공동체'에 대항하는 자원으로 전환될 수 있다고 본 듯한데, 이러한 추론의 타당성 여부에 대해서는 진일보한 탐구가 필요하다.

공동체가 어떻게 국가권력에 대항하는가 하는 문제에 관해서, 서구 사상사에는 비교적 풍부한 전통이 있다. 자유주의 헌정의 역사는 우리가 현재 일반적으로 생각하는 개인권리의 실현과정이 결코 아니고, 사실은 상이한 공동체가 끊임없이 국가권력을 향해 도전한 결과이며, 그중 주요한 것은 바로 교회공동체이다.[68] 이 문제에 있어 통찰력 있는 중요한 견해를 제기한 사상가는 토크빌(Tocqueville)이다. 그의 사상이 중국사상계로 유입된 후 어느 정도 시간이 흘렀으나, 이해할 수 없는 점은 그에 대한 중국 사상계의 이해가 오랫동안 '다수의 폭정'이라는 논점에만 머물러 있었다는 사실이다. 기실 토크빌의 핵심 문제의식 중 하나는 민주추세는 막을 수 없다는 점이고, 다른 하나는 공동체가 어떻게 권력을 제약하는가이다. 공동체가 권력의 독단을 제약하는 방면에서 토크빌은 ≪미국의 민주주의≫에서 미국사회에는 공공이익의 실현에 관심을 갖고서 자발적으로 이루어진 자원(voluntary) 조직이 대단히 많은데, 바로 이러한 공공 정신이 미국 민주주의의 기초가 되었다고 언급하였다.[69] 토크빌이 진술한 공동체 성원은 사실 공공이익을 주된 관심목표로 삼는 '공민'으로서, '시장' 아래의 시민 및 전통사회 내의 '신민(臣民)', '자민(子民)'과는 확실히 크게 다르다. 이는 공동체의 세 가지 구성모식과도 관련되어 있는데, 이에 대해 여기에서 간단히 살펴볼 필요가 있다. 독일의 저명한 사회학자인 퇴니스(F. Tönnies)는 일찍이 '공동체'와 '사회'라는 두 가지의 모식을 구분했다. 전자는 "일종의 원시적 혹은 천연상태의 인간 의지의 완벽한 통일체"이고, 후자는 일종의 목적연합체로서 현대의 부르주아지사회가 바로 이러한 전형에 속한다.[70] 베버는 이러한 구분을 좇아 다음의 두 가지 모식을 제기했다. 즉 전통이나 감정을 기초로 하는 '공동체 관계(vergenmeinschaftung)'와 경제관계를 기초로 하는 '결합체 관계(vergesellschaftung)'가 바로 그것인데, 전자는 가정과 씨족 등의 전통공동체 속에서 나타나고 후자는 현대 기업을 그 주요한 표지로 삼는다.[71] 오늘날 서구의 '공동체주의(communitarianism)'는 정치사회생활 속에서의 전통의 작용을 회복하고 뿌리 없이 부유하는 현대 개인의 곤경을 극복하는 데 치중한다. 반면 '결합체'의 이익방향은 그 행위의 사적 이익을 결정하며, 공공생활에서 '공익'의 역할을 지속적으로 맡을 길이 없다. 공민공동체는 위의 두 가지 공동체 모식을 초월하고자 노력하였는데, 여기에서 필자는 오크셧(M. Oakeshott)의 '공민결사(civitas)'의 개념을 인용하여 '공민공동체'의 함의를 해석하고자 한다. 오크셧에 의하면, 한 공민공동체의 성원은 공민의 신분으로서 한데 결합하는데, 이 공동체는 모종의 실질적 가치를 달성하려고 하는 것이 아니라 그저 각자의 공민신분을 피차 인정하는 데에 의지한다. 다른 한편으로 그들은 공통의 '공공관심'을 지니고 있는데, 이러한 공공관심은 또한 그들의 실천행위를 제약한다.[72] 이러한 공동체는 오늘날 비정부조직(NGO)의 모습으로 자주 출현한다.

토크빌이 진술한 '자원 조직'은 앞에서 소개한 '공민공동체'와 유사하다. 그러나 오늘날 중국사상계에서 '공민공동체'에 대한 토론은 줄곧 결여되어 왔다. 비록 일찍이 1995년에 구신(顧昕)이 '사회로 권력을 제약한다'는 토크빌의 관점을 심화시킬 것을 제기했지만, 그의 '공민사회 담론'은 사상계의 반응을 이끌어내지 못하였다.[73] 사상계가 어떻게 민주화할 것인가의 의제에 대해서도 충분히 발전된 모습을 줄곧 보이지 못한 것은 '조합주의(corporatism)'이든 향토분위기의 '공동체주의'이든 모두 오늘날 정치사회의 상황 아래 그들이 구상한 공동체모식이 어떻게 정부권력을 제약하고 민주화 역할을 발휘할 수 있는지에 대해 설명할 수 없었기 때문이다. 그러나 '공민사회'에 대한 서술은 조합주의와 공동체주의의 공통된 결함을 보완할 수 있고, 정치참여방면에서 더욱 적극적인 공민공동체의 역할을 발휘할 수 있을 듯하다. 이러한 정치참여는 사적 이익으로 인해 전이되는 이익공동체의 불안정성을 피하고, 또한 '민간사회'의 농후한 관민대항(官民對抗)의 정서와 협소한 지방주의로 빠지지 않을 수 있게 한다. 비록 공민사회가 의지하는 각종 조건이 모두 아직 충분하지도 않고 완비되지도 않았지만, 그것은 적어도 또 다른 규범적 방도를 제공해주었다.

필자는 이 글이 결코 현재 사회가 공민공동체라는 모식만을 발전시켜야 한다고 주장하는 바는 아니라는 것을 덧붙이고자 한다. 하버마스의 견해에 따르면, 현대사회가 직면하고 있는 주요한 문제는 바로 '생활세계의 식민화' 문제인 바, 즉 도덕과 문화 영역 등의 생활세계가 도구이성으로 대표되는 시스템화된 세계에 의해 침습당하여 사회의 단일화를 초래하였다는 점이다. 그러나 필자는 미래의 정치영역에서 마땅히 '공민공동체'의 이념을 힘껏 운영해야 한다는 입장을 밝히면서, 기타 영역에서도 여러 종류의 공동체의 공간과 가능성이 존재하길 희망한다. 이 역시 현대사회 다원화의 중요한 특징 가운데 하나이다.

6. 결론

이 글은 1990년대 이래 중국 대륙의 시민사회논쟁에 대한 고찰을 통해 시민사회를 이해하는 데에 있어 존재하는 두 가지의 상이한 이해방식을 분석하였으며, 이 두 가지의 상이한 이해의 기초 위에서 미래 중국의 민주에 대한 두 가지 구상을 발전시켰다. 이 두 가지 관점은 결코 멈추어있는 정지상태가 아니며, 쟁론의 발생에 따라 끊임없이 수정되고 조정되고 있다. 하지만 총체적으로 보면, 이 두 가지 관점은 오늘날 중국의 개혁 이래의 사회구조변화에 대한 상이한 두 가지 판단을 반영하고 있으며, 심지어 오늘날 중국 개혁의 방법 및 목적에 대한 상이한 견해 역시 시민사회에 대한 그들의 인식과 설명을 결정지었다고도 말할 수 있다. 이 점에 대해서는 오늘에 이르기까지도 여전히 토론의 쟁점이 되고 있다.

이상의 갖가지 토론이 밝혀주었듯이, 현재 중국의 민주발전은 복잡하고 다중적인 국면에 직면해있다. 즉 국가의 권력구조가 아직 전환과정 중에 처해 있는 한편 사회 내부의 '공동체 건설'은 여전히 기다려야 하는 상황이어서, 모든 노력의 방향이 미래 중국의 민주화 방향에 영향을 미칠 수 있다. 정치영역에서 우리는 이익을 쫓는 추세의 '기업화 건설'에 반대해야 하는 한편, 전(前)근대적 성격의 갖가지 공동체 환상의 유혹을 막아냄으로써, 평등과 자유를 기본원칙으로 삼는 공민 공동체 건설의 가능성을 발전시켜야 한다. 어쩌면 이것이야말로 우리 미래의 방향일지도 모른다.

지은이 주

1) 이러한 구분이 정확하다고는 할 수 없다. 해외와 중국의 연구자들 개개인을 살펴보면 각자의 연구경향은 모두 다르지만, 전체적으로 보면 중국과 해외 연구학계의 초점은 확실히 구분된다.

2) 魏菲德 著, 〈市民社會和公共領域問題的論爭—西方人對當代中國政治文化的思考〉, 鄧正來, J.C.Alexander 主編, ≪國家與市民社會——種社會理論的研究路徑≫(中央編譯出版社, 2002年), 398쪽

3) 鄧正來 著, 〈導論〉, 위의 책, 10-11쪽

4) civil society는 중국어 권역에서는 '민간사회', '문명사회', '시민사회', '공민사회' 등의 다양한 번역방식이 있으며, 이들은 각기 상이한 가치와 해석 함의를 포함하고 있다. 글쓰기의 편의를 위해 필자는 특별한 설명을 제외하고 일반적으로 언급한 시민사회는 논쟁을 일으킨 'civil society'라는 개념 자체만을 지칭할 뿐이며, 그 배후의 맥락간의 번역을 거쳐 포함된 복잡한 함의는 포함하지 않는다.

5) 王紹光, 〈關於"市民社會"的幾點思考〉, ≪二十一世紀≫, 1991年, 12月號에서 재인용

6) 찰스 테일러 著, 〈市民社會的模式〉, 鄧正來, J.C.Alexander 主編, 앞의 책, 3쪽

7) 鄧正來 著, 〈導論〉, 위의 책, 3쪽

8) 시민사회 및 공공영역 이론에 대한 타이완의 수용역사 역시 마찬가지로 자세히 고찰해야할 문제이다. 필자가 현재 접촉한 범위 내에서 鄧正來의 〈臺灣民間社會語式的研究〉와 錢永祥이 ≪臺灣社會研究季刊≫(2003年 10月 4-5號)에 발표한 〈公共領域在臺灣:一頁論述史的解讀與借鑒〉은 틀림없이 진일보한 참고자료가 될 것이다.

9) 甘陽 著, 〈"民間社會"概念批判〉, 張靜 主編, ≪國家與社會≫(浙江人民出版社, 1998年)

10) 梁治平, 〈"民間"、"民間社會"和CIVIL SOCIETY-CIVIL SOCIETY概念再檢討〉, ≪當代中國研究≫, 2001年, 第1期

11) 王紹光, 胡鞍鋼 著, 〈中國政府汲取能力的下降及其後果〉, 張靜 主編, 앞의 책

12) 孫立平, 〈國家與社會的結構分化—改革以來中國社會結構的變遷研究之一〉, ≪中國社會科學季刊≫, 1992年 11月. 第1卷. 72쪽

13) Vivienne Shue는 경제개혁이 농민을 국가의 통제 아래 직접적으로 드러내게 하였다고 여겼다. 한편 Jean Oi와 Jonathan Unger는 경제개혁이 하층간부에 대한 국가의 통제력을 약화시킬 뿐이라고 하였다. 하지만 필자는 개인적으로 왕쉬(王旭)의 관점, 즉 하층정권조직에 대한 국가의 통제력이 줄곧 약화되고 있다는 관점에 기울어져 있다. Vivienne Shue, ≪*The Reach of the State-Sketches of the Chinese Body Politic*≫(Stanford University Press, 1988), Jean Oi, ≪*State and Peasant in Contemporary China*≫, ≪*The Political Economy of Village Government*≫, (Berkeley: (University of California Press, 1989), Jonathan Unger, 〈"Rich Men, Poor Men: the Making of New Classes in the Countryside"〉 in David Goodman and Beverley Hopper, eds., ≪*China's Quiet Revolution: New Interactions Between State and Society*≫(New York, St.Martin's Press, 1994), 王旭, 〈探究新的民主化模式: 鄉村中國的基層民主〉, ≪二十一世紀≫, 1997年, 第40期, 4月號 참조

14) 汪暉, 〈"新自由主義"的歷史根源及其批判—再論當代中國大陸的思想狀況與現代性問題〉,

≪臺灣社會研究季刊≫, 2001年 6月, 第42期

15) 鄧正來 著, 〈導論〉, 앞의 책, 15쪽

16) 鄧正來, 景躍進, 〈建構中國的市民社會〉, ≪中國社會科學季刊≫, 1992年, 第1期

17) 위와 같음

18) 鄧正來, 〈中國發展研究的檢視—兼論中國市民社會研究〉, ≪中國社會科學季刊≫, 1994年, 第8期, 55-56쪽

19) 鄧正來가 지식 자주성의 각도에서 현대화의 틀에 대해 성찰한 부분에 관해서는 위의 글을 참조

20) Adam Seligman 著, 〈近代市民社會概念的緣起〉, 鄧正來, J.C.Alexander 主編, 앞의 책, 51-52쪽

21) 찰스 테일러 著, 〈市民社會的模式〉, 위의 책, 15-16쪽

22) Sheldon Wolin, ≪*Politics and Vison: Continuity and Innovation in Western Political Thought*≫, (London, 1961년), 이와 같은 사고는 첸융샹(錢永祥)의 〈自由主義與政治秩序: 對[自由中國]經驗的反省〉이란 글에서 도움을 받음.

23) 何增科, 〈市民社會與文化領導權: 葛蘭西的理論〉, ≪中國社會科學季刊≫, 1993年, 第4期

24) 蔡英文 著, 〈邁克爾·歐克肖特的市民社會理論—公民結社與政治社群〉, 許紀霖 主編, ≪共和, 社群與公民)≫(江蘇人民出版社, 2004年), 175-176쪽

25) 아렌트, 〈公共領域與私人領域〉, ≪文化與公共性≫(三聯書店, 1998年), 78쪽

26) 중세 시민사회에 대한 서구사상가들의 이해는 Adam Seligman 著, 〈近代市民社會概念的緣起〉, 鄧正來, J.C.Alexander 主編, 앞의 책, 51-76쪽 참조. Adam Seligman은 주로 로크 등 사상가들이 세속정치질서와 종교질서 간의 관계를 다룰 때에 어떻게 시민사회를 이해했는지에 대해 논술했다.

27) 하버마스 著, 〈公共領域(1964)〉, 汪暉, 陳燕谷 主編, 앞의 책, 125쪽

28) 許紀霖 著, 〈從范型的確立轉向范例的論證〉, 張靜 主編, 앞의 책, 305-306쪽

29) 헤겔은 비록 시민사회를 경제체계로 이해했지만, 이와 동시에 시민사회내부의 모순과 충돌로 인해 여전히 국가의 구제가 필요하며 그 자체로는 충분하지 못하다고 지적하였다. 자세한 내용은 찰스 테일러, ≪黑格爾≫(譯林出版社, 2002年), 663-674쪽 참조

30) 하이에크의 자발적 질서관념은 오늘날 중국의 사조에 미치는 영향력이 매우 크다. 중국에서 그의 관련 저작이 대량으로 출판되었을 뿐만 아니라, 심지어 이로 인해 유입된 스코틀랜드 계몽학파 및 오스트리아 경제학파에 대한 관심은 하이에크로 대표되는 고전자유주의가 오늘날 중국의 사조에 얼마나 커다란 영향을 끼치는지를 보여준다.

31) 張曙光, 〈個人權利和國家權力〉, ≪市場邏輯與國家觀念≫(三聯書店, 1995年), 5쪽

32) 劉軍寧, 〈市場與憲政〉, 위의 책, 24쪽

33) 汪丁丁, 〈論公民社會與"資本主義"的實質〉, ≪90年代思想文選 第2卷≫(廣西人民出版社, 2000年), 117-123쪽

34) 石元康, 〈兩種民主與兩種理性〉, ≪全球正義與文明對話≫(江蘇人民出版社, 2004年)

35) 潛龍, 〈政府與市場: 敢於更多還是更少——一宗學案的記錄〉, ≪自由與社群≫(三聯書店, 1998年), 24쪽

36) 鄧正來, 景躍進, 〈建構中國的市民社會〉, ≪中國社會科學季刊≫, 1992年, 第1期, 64쪽
37) 王紹光, 〈關於"市民社會"的幾点思考〉, ≪二十一世紀≫, 1991年, 2月號
38) 張汝倫, 〈市民社會的神話〉, ≪90年代思想文選 第2卷≫(廣西人民出版社, 2000年), 153쪽
39) 石元康, 앞의 글
40) 汪暉, 〈現代性問題答客問〉, ≪死火重溫≫(人民文學出版社, 2000年), 36쪽
41) 汪暉, 〈"科學主義"與社會理論的幾個問題〉, 위의 책, 139-141쪽
42) 위의 책, 140쪽
43) 찰스 테일러 著, 〈市民社會的模式〉, 鄧正來, J.C.Alexander 主編, 앞의 책, 27쪽
44) 許紀霖, 〈兩種自由和民主一對"自由主義"與"新左派"論戰的反思〉, ≪二十一世紀≫, 2001年, 12月號
45) 張靜, 〈舊傳統與新取向: 從法團主義看"國家與社會"的分析模式〉, ≪自由與社群≫(三聯書店, 1998年)
46) 楊念群, ≪中層理論≫(江西教育出版社, 2001年), 117쪽
47) 딜릭, 〈當代中國的市民社會與公共領域〉, ≪中國社會科學季刊≫, 1993年, 第33期, 22쪽
48) 위의 책, 19쪽
49) 하버마스 著, 曹韋東 等 譯, ≪公共領域的結構轉型≫(學林出版社, 1999年), 19쪽
50) 趙文詞(Richard Madsen) 著, 〈公共領域、市民社會與道德共同體一當代中國研究的研究議程〉, 黃宗智 主編, ≪中國研究的範式問題討論≫(社會科學文獻出版社, 2003年), 229쪽
51) Jean L. Cohen and Andrew Arato, ≪*Civil Society and Political Theory*≫, (The MIT Press, 1992년), 童世駿, 〈"後馬克思主義"視野中的市民社會〉, ≪中國社會科學季刊≫, 1993年, 第5期, 190쪽
52) 童世駿, 위의 책
53) 許紀霖, 〈從范型的確立轉向范例的論證〉, 張靜 主編, 앞의 책, 304-305쪽
54) 孫立平, 〈總體性資本與轉型期精英的形成〉, ≪浙江學刊≫, 2002年, 第3期
55) 汪暉, 〈導論〉, ≪文化與公共性≫(三聯書店, 1998年), 38-47쪽
56) 汪暉, 〈承認的政治、萬民法與自由主義的困境〉, ≪死火重溫≫, 342쪽
57) 汪暉, 〈當代中國的思想狀況與現代性問題〉, 위의 책, 78쪽
58) 趙剛, 〈如今, 批判可能嗎〉, 〈後發展國家的現代性問題〉, ≪學術思想評論≫, 2002年, 第8輯, 38-39쪽
59) 2003년은 몇몇 매체에 의해 '공민권익 보호의 해'로 불렸다. 이는 주로 인터넷 매체가 쑨즈강(孫志剛) 등의 사건에서 발휘한 역할과 밀접한 관련이 있다. 인터넷 매체 또한 비록 통제의 문제가 존재하긴 하지만, 더욱 원활한 글쓰기와 발표형식을 지니고 있는데다, 더욱 빠른 전파속도와 더욱 넓은 전파범위 덕분에 '공공여론'의 형성에 필수적인 기술적 토대를 다져주었으며, 동시에 오늘날의 사회항의운동과 민주적 표현방식이 더욱 유연함을 보여준다. 이러한 추세에 대해 진일보한 고찰과 연구가 필요함은 물론이다.
60) 梁啓超, 〈新民說〉, ≪梁啓超全集 第2卷≫(北京出版社, 1999年), 730쪽
61) 金觀濤, 劉青峰, 〈從"群"到"社會"、"社會主義"一中國近代公共領域變遷的思想史研究〉,

≪"中央研究院"近代史研究所集刊≫, 第35期

62) 金觀濤, 劉青峰, 〈從"經世"到"經濟"一社會組織原則變化的思想史研究〉, ≪臺大歷史學報≫, 第32期

63) 楊念群, 앞의 책, 105쪽

64) 위의 책, 106쪽

65) 위의 책, 107쪽

66) 鄧正來, 〈國家與社會之間一鄧正來先生訪談錄〉, ≪市民社會理論的研究≫(中國政法大學出版社, 2002年), 290쪽

67) 秦暉, 〈傳統中國社會的再認識〉, ≪戰略與管理≫, 1999年, 第6期

68) 錢永祥, 〈個人, 抑或共同體?一關於西方憲政思想的斷想〉, ≪自由與社群≫(三聯書店, 1998年) 참조

69) 토크빌, ≪論美國的民主 下卷≫(商務印書館, 1988年), 213-221쪽

70) 퇴니스, ≪共同體與社會≫(商務印書館, 1999年)

71) 베버, ≪韋伯作品集Ⅳ一 經濟行動與社會團體≫(廣西師范大學出版社, 2004年), 231-235쪽

72) 蔡英文 著, 앞의 글, 許紀霖 主編, 앞의 책, 205쪽

73) 顧昕, 〈以社會制約權力: 托克維爾、達爾的理論與公民社會〉, ≪市場邏輯與國家觀念≫(三聯書店, 1995年)

전환기 중국을 어떻게 인식할 것인가

— 자유주의와 신좌파 논쟁에 대하여

지은이 : 가오리커(高力克)

옮긴이 : 이 희 경(李喜卿)

1. 전환 시대의 사회적 충돌과 사상의 분화
2. 시장사회와 전환사회
3. 공정문제: 자본과 권력
4. 헌정민주와 전면적 민주
5. 현대성 비판과 현대화 호소
6. 결어

1. 전환 시대의 사회적 충돌과 사상의 분화

1992년 시작된 시장화로의 궤도 수정은 중국 사회의 급격한 변화를 야기했다. 중국의 시장화는 전 세계가 주목하는 경제적 번영과 문명의 진보를 가져왔으나, 경제적 전환은 심각한 사회문제도 함께 양산하여 중국은 이익과 계급이 분화하는 불확실한 사회로 접어들게 된다. 노벨 경제학상 수상자인 아마르티아 센*의 말처럼 중국의 근 몇 년 간 지속적 소득증가라는 거대한 성과는 불평등의 심화를 통해 실현된 듯하다.[1] 사회학자 쑨리핑(孫立平)의 분석에 따르면 90년대의 경제적 전환은 중국 사회구조의 '단절'을 초래했다. 80년대 개혁은 한 사회자산이 국가에서 사회로 확산되고, 농민 등 소외계층과 주변부 집단이 보편적으로 그 혜택을 입는 과정을 경험했다. 그러나 90년대는 자원이 개인에게 축적되는 시대였다.[2] 중국의 시장화 발전 과정은 중산계급이 주체가 되는 안정적인 현대사회구조를 형성하지 못했고, 도리어 심각한 이익분화가 나타나 새로운 빈부의 분화라는 양극사회를 이루

* 아마르티아 센(Amartya Sen, 1933-) 인도의 경제학자이자 철학자. 1998년 아시아인으로서 최초로 노벨 경제학상을 수상했다. 불평등과 빈곤 연구의 대가이며 후생경제학의 대표적인 학자로 경제학계의 테레사 수녀로 불린다. 수리적 모형인 빈곤 지수(센 지수)를 통해 빈곤을 측정한 연구가 특히 주목받았다. — 역주

었다. 1994년, 중국 도농(都農) 주민의 총 수입 구조 가운데 수입이 가장 높은 1/5 가정이 전체 수입의 50.13%를 차지했고, 수입이 중간인 1/5 가정이 14.35%를, 수입이 가장 낮은 1/5가정이 4.27%를 차지했다.[3] 세계은행의 보고에 따르면 1980년대 초 중국의 지니계수(주민 수입 격차를 반영하는 수치 — 옮긴이)는 0.28이었으나, 1995년에는 0.38, 2000년에는 0.458까지 치솟아 이미 정상수치를 넘어선 위험한 수준으로 접어들었다. 중국의 빈부격차는 선진국, 동아시아의 다른 나라와 지역 및 구소련·동유럽 국가들을 일찌감치 뛰어넘은 상태이다. 게다가 전 세계적으로도 한 나라의 수입 격차 변화가 이처럼 급변한 예는 아직까지 없었다.[4] 미국의 경제학자 칼 리스킨*은 유엔 개발계획국에 제출한 한 연구 보고서에서 다음과 같이 지적했다. "중국에서는 발전, 불평등 및 빈곤 감소 사이에 독특한 관계가 존재하는데, 이 가운데 수입의 불평등이 급속도로 악화되고 있다. 2001년 중국의 지니계수는 0.458에 도달했고, 이로써 중국은 '전 세계에서 가장 수입이 불평등한 40개국'의 대열에 들어섰다."[5]

중국의 시장화는 체제 전환과 자본 축적이라는 이중의 진통을 겪었다. 시장화 발전 과정 속에서 사회의 빈부 양극화는 중국 전환기 사회의 또 다른 어색한 역사적 장면을 연출했다. 이러한 '불평등한 발전' 추세는 중국이 세계무역기구(WTO)에 가입함으로써 더욱 심화되었다.

전환기 중국의 좌우가 뒤섞인 양분화와 중국문제의 복잡성은 1980년대 신계몽주의의 한계를 부각시킨다. 계획경제도 시장경제도 아닌 전환기 경제 속의 '자유', '평등', '공정' 문제에 대해 좌/우, 사회주의/자본주의, 개혁/보수 등의 이원 대립적 이데올로기 범주로써 중국문제의 복잡성을 진단하는 것은 확실히 어려운 일이다. 이익이 분화하고 사회가 갈라졌던 90년대에는

* 칼 리스킨(Carl Riskin, 1939-) 뉴욕시립대학 퀸즈 칼리지 경제학 교수. 중국의 수입 분배 문제, 빈곤 문제와 빈곤감소 정책, 경제개혁 문제 등을 집중적으로 연구했다. 저서로는 ≪1949년 이래 발전에 대한 탐구(*The Quest for Development since 1949*)≫(1987), ≪글로벌 시대 중국의 불평등과 빈곤(*Inequality and Poverty in China in the Age of Globalization*)≫(공저, 2001), ≪평등으로부터 철수한 중국(*China's Retreat from Equality*)≫(공저, 2001)등이 있다. — 역주

개혁의 정당성에 대한 의문, 중국문제에 대한 서로 다른 진단, 그리고 중국 지식계의 비판 전통을 재건하는 상이한 방향들이 신계몽 지식인의 사상적 분열을 초래했다. 신계몽의 입장을 견지하는 자유파는 서구 자유주의 속에서 시장화와 민주화의 사상적 자원을 찾았고, 계속하여 극'좌' 이데올로기와 권력구조를 심도 있게 비판하며 헌정민주 정치체제로의 개혁 추진을 촉구했다. 그러나 신계몽 진영에서 갈라져 나온 신좌파는 서구 좌익비판이론에서 영감을 얻어 자본주의에 반대했던 신좌익 비판 전통의 재건을 시도했다.

당대 중국의 자유주의는 1980년대 '신계몽 운동'의 범자유화 사조에서 움트기 시작했다. 옌푸(嚴復)에서 시작되고 후스(胡適)에 의해 계승된 중국 자유주의 사조는 수 십 년의 침묵 후에 세기말 개혁시대에 이르러 다시금 부흥했다. 당대 중국의 개혁개방은 만청 이래 중국 현대화 발전 과정의 연속이며 그 본질은 여전히 서구 자유주의의 도전에 대한 역사적 대응이었다. 자유주의는 서구 현대사회의 기본철학이다. 서구 현대성의 주류 패러다임인 자유로운 질서의 시장경제, 헌정민주와 자유정신은 백 년 동안 근대 중국의 변함없는 역사적 도전이자 변혁의 자원이 되었다. 1990년대, 중국이 시장화로의 궤도 전환을 시작하고 소련과 동유럽의 사회주의가 실패하는 역사적 컨텍스트 속에서 잠잠했던 자유주의의 물결이 용솟음쳤으며, 자유주의는 점차 이데올로기의 금기를 타파하고 사상계를 풍미하게 되었다. 구준(顧準)의 재발견은 근 반 세기동안 끊어졌던 중국 자유주의의 전통을 다시 이어줬다. 시장화와 헌정 민주를 부르짖는 지식계의 개혁 추구에 상응하여 하이에크, 포퍼, 벌린*,

* 벌린(Isaiah Berlin, 1909-1997) 영국의 역사가・철학자・정치사상가. 전통적인 자유주의 지지자였으며, 다원주의를 신봉했다. 사회를 조직하는 문제에 단 하나의 해결책만이 있다는 생각을 거부하였다. 정치적으로는 이스라엘과 시온주의를 확고하게 지지했으며, 단호한 반공주의자였다. 그는 논문 〈고슴도치와 여우(The Hedgehog and the Fox)〉(1953)에서 아리스토텔레스나 셰익스피어처럼 '많은 것을 두루 아는 사람'을 '여우'로, 플라톤이나 단테처럼 '중요한 한 가지를 깊이 아는 사람'을 '고슴도치'로 비유하였다. 저서인 ≪칼 마르크스: 그의 생애와 주변(*Karl Marx: His Life and Environment*)≫(1939)은 서구세계에서 공산주의라는 주제를 구체적으로 다룬 최초의 연구서였다. – 역주

롤스*, 노직** 등 당대 자유주의 사상가의 저작이 연달아 번역 소개되었고, 이는 당대 중국 자유주의 부흥의 새로운 물결을 이루었다.

1990년대 하이에크 붐은 국가 사회주의를 반성하는 사상해방운동을 추진했다. 그러나 1989년 이후 중국의 시장화 및 비정치화라는 상황하의 하이에크 붐 속에는 용속한 보수 경향 또한 유행하고 있었다. 헌정 수호자로서의 법학자이자 정치학자인 하이에크의 사상적 면모는 가려지고, 경제학화, 견유(犬儒)화, 권력화된 용속한 하이에크주의가 성행했다. 경제학계에 유행한 이러한 '신자유주의'는 시장으로 헌정을 대체하고 자유로써 민주를 부정하며 소극적 자유를 가지고 적극적 자유를 반대했는데, 이는 중국이라는 특수한 환경에 처한 하이에크 이론의 애매함을 보여준다. 중국의 자유주의 경제학은 부패와 정실자본주의(crony capitalism)***에 대해서는 언급하지 않아, 자유주의에 반대하는 좌익 비판사조가 굴기하는 유인(誘因)을 제공했다.

전환기 사회의 이익분화와 계층분화에 따라 지식계의 사상분화 역시 날로 심각해졌으며, 이는 마침내 신계몽 지식진영의 분열을 초래했다. 90년대 전기, 자유주의의 부흥에 맞춰 '신좌파' 비판사조가 갑작스레 출현했다. 1994년에는 ≪구준 문집≫과 왕후이(汪暉)의 〈오늘날 중국의 사상 동향과 현대성 문제(當代中國的思想狀況與現代性問題)〉(한국어판)가 발표되었는데, 이는 사

* 롤스(John Rawls, 1921-2002) 미국의 사회철학자. 사회계약설의 전통을 오늘날에 다시 부활시키고 그 관점에서 공리주의(功利主義)의 취약점을 보완시킨 새로운 정의론(正義論)을 제시하였다. 1971년에 출판된 그의 저서 ≪정의론(*A Theory of Justice*)≫은 공정한 사회를 이룩하기 위한 하나의 체계적이고 규범적인 이론을 제시하여 큰 반향을 불러 일으켰으며, 현재 실천 철학적 논의의 한 초점이 되고 있다. － 역주

** 노직(Robert Nozick, 1938-2002) 미국의 철학자. 철학의 영역을 개척하여 넓힌 저작이자 롤스의 '정의론'에 도전하고 있는 수작으로 평가받는 ≪무정부, 국가 그리고 유토피아(*Anarchy, State, and Utopia*)≫(1972)를 통해 국가의 역할을 인정하면서도 그 권력이 더 이상의 자유를 제약해서는 안 된다는 자유주의 국가론을 주장했다. 또 다른 저서인 ≪철학적 설명(*Philosophical Explanations*)≫은 인식론, 개인의 동일성, 자유의지, 그리고 윤리학의 기초에 대한 인식에 많은 기여를 하였다. － 역주

*** 정실자본주의: 서구에서 동양의 소위 '아시아적 가치'에 기반한 자본주의를 비판하면서 사용된 용어로, 특히 1990년대 이후 동아시아의 경제위기를 두고 거론된 단어 중 하나. 혈연, 지연, 학연 또는 정경유착, 기업연고주의에 이르기까지 일련의 집단주의적 특징을 보이는 경제활동을 지칭한다. － 역주

상사적으로 자못 상징적인 의의를 지닌다. 소위 중국의 '신좌파'는 각종 좌익 비판사조의 혼합체로 그 사상적 자원은 마르크스주의, 사회주의, 세계체제이론, 프랑크푸르트학파, 공화주의, 공동체주의, 포스트모더니즘, 탈식민주의 등 각종 비(非)자유주의 이론을 포괄한다. 신좌파는 이론 형태가 복잡한 반자유주의 사상 연맹으로 그 가치취향과 사상자원이 각기 다르다. 신좌파의 자유주의 비판은 중국의 하이에크식 경제자유주의와 정실 자본주의의 시장 숭배를 겨누고 있으며 주로 평등과 공정 문제를 추구한다.

당대 서구의 자유주의는 복잡한 사상 스펙트럼을 형성하는데, 그 중 하이에크의 신고전자유주의('신자유주의'라고도 칭함)는 우익 측을 대표하고, 롤스의 정의론 자유주의는 좌익 측을 대표한다. 서구 정치사상에서는 이러한 하이에크식 우익 자유주의와 롤스식 좌익 자유주의가 각각 우파와 중도파를 대표한다. 서구 정치사상 스펙트럼에 대한 윌 킴리카(Will Kymlicka)*의 좌파・중도파・우파 구분에 따르면, "좌파 인사는 평등을 믿기 때문에 어떤 형식이든 사회주의를 지지하고, 우파 인사는 자유를 믿기 때문에 어떤 형식이든 자유시장 자본주의를 지지한다. 그 중간에 위치하는 것이 자유주의자로, 그들은 목표가 불명확한 평등과 자유의 혼합을 믿기 때문에 어떤 형식이든 복지국가 자본주의를 지지한다."[6] 서구 정치 전통 속에서 사회주의는 좌파에 속하고, 신고전자유주의는 우파에 속하지만, 자유주의는 중도파에 속한다.

서구에서 자유주의는 내포하는 의미가 복잡한 사상운동이다. 당대 중국의 자유주의 속에도 고전자유주의(신고전자유주의), 신자유주의, 경제자유주의, 정치자유주의 등 서로 다른 유파가 있다. 전환기 중국 시장경제라는 상황에서 국가와 시장의 결탁으로 말미암아 경제 자유주의는 민간의 경제자유 추구를 나타낼 수도 있고 반민주적인 정실 자본(Crony capital)을 위해 변호할 수

* 윌 킴리카(Will Kymlicka, 1962-) 캐나다의 저명한 다문화주의(multiculturalism) 이론가, 정치철학자. 민주주의와 다양성의 이슈들, 특히 다문화사회 내에서의 시민권과 사회정의의 모델들에 대한 연구로 유명하다. — 역주

도 있는 가치가 애매한 자유이론이 되어 버렸다. 따라서 전환기 중국이라는 상황에서 경제자유주의는 그저 '반쪽짜리 자유주의'에 불과할 따름이다. 당대 중국의 자유주의는 복잡한 사상 계보를 지니고 있는바, 만약 자유 우파와 자유 좌파로 구분한다면 중국 하이에크식 신고전자유주의 내에서도 경제자유파와 정치자유파로 나눌 수 있다. 그 중 경제자유파는 톈쩌(天則)경제연구소*의 장수광(張曙光)과 판강(樊綱)을 대표로 하며, 정치자유파는 리선즈(李慎之), 주쉐친(朱學勤), 쉬유위(徐友漁), 류쥔닝(劉軍寧) 등을 대표로 한다. 롤스의 '평등한 자유'를 신봉하는 쉬지린(許紀霖), 지웨이둥(季衛東) 등은 온건한 자유좌파에 속한다. 그러나 '자유'와 '공정'의 통일을 추구하고 자유주의와 사회민주주의의 공동 마지노선을 견지하는 친후이(秦暉)는 자유우파와 자유좌파 사이에 위치한다.

중국 신좌파 내부의 사상 추세는 더욱 복잡하다. 간양(甘陽)의 분석에 의하면 신좌파의 주요 대표인물은 왕사오광(王紹光), 추이즈위안(崔之元), 간양, 그리고 왕후이다. 의미심장한 것은 간양이 중국 '신좌파'를 '자유좌파'로 분류하여 마르크스레닌주의식의 '구좌파'와 구분했다는 점이다. 그는 90년대 중국 자유파 지식인이 이미 자유좌파와 자유우파 혹은 신좌파와 신우파 두 진영으로 분화했다고 강조한다. 중국 '자유좌파'의 주요 경향은 당대 미국의 '자유파'에 가깝지만, 이와 대립하는 중국 자유파는 실제로는 '자유우파'로 그 주요 경향은 당대 미국 레이건주의의 '보수파'에 가깝다. 자유우파는 '자유방임적 자유주의'를 신봉하나, 자유좌파는 루즈벨트 이후의 뉴딜 자유주의와 롤스의 자유주의를 견지한다. 왕사오광은 '신좌파'가 바로 '자유좌파'라는 간양의 명칭 정정에 대해 동의했다. 그러나 자유주의 이론의 내부 불일치로써 신좌파와 자유파를 나누는 간양의 좌우 이분법은 분명 '신좌파' 지식인의 복잡한 사상 추세를 개괄해내기 어렵다. 만약 간양 본인의 '민주적 자유주의' 요구와

* 베이징톈쩌경제연구소(北京天則經濟研究所): 1993년 7월 경제학자 마오위스(茅於軾), 장수광(張曙光) 등이 사회과학원을 나와 세운 연구소로, 중국에서 가장 영향력 있는 민간 싱크탱크 중 하나이다. 경제학이론과 사회경제문제에 대한 수준 높은 연구를 통해 중국 개혁 실천에 창의성 있는 해결방안을 제공하는 것을 목표로 삼고 있다. – 역주

왕사오광의 '강력한 민주국가 건립' 주장이 대체로 자유좌파의 범주에 속한다라면, 추이즈위안의 분석적 마르크스주의(Analytical Maxism)를 '자유좌파'로 분류하는 것은 확실히 억지스럽다. 왕후이의 비판이론은 이보다 훨씬 복잡하다. 그 주된 이론적 자원은 롤스식의 좌익 자유주의라기보다 월러스틴*, 폴라니** 등을 대표로 삼는 서구 신좌파 전통이라고 보는 편이 낫다. 게다가 간양의 분석은 주로 초기 신좌파 진영에 대한 개괄로, 왕후이의 신좌파적 비판 입장을 더 많이 추종하는 한위하이(韓毓海), 천옌구(陳燕穀), 쾅신녠(曠新年) 등 신좌파 문학가들에 대해서는 주목하지 않았다. 신좌파는 대략 해외파와 국내파로 나눌 수 있다. 해외 신좌파는 미국유학파 학자인 간양, 왕사오광, 추이즈위안을 대표로 하고, 국내 신좌파는 왕후이를 영수로 하여 천옌구, 한위하이, 쾅신녠, 왕빈빈(王彬彬) 등을 포함한다. 문학가로 구성된 좌익사상 유파는 주로 경제학자, 정치학자, 법학자로 구성된 자유파와 흥미로운 대조를 이룬다.

자유주의와 신좌파 논쟁은 1990년대 중후기에 일어났는데, 중국의 수많은 유명 지식인들이 이 논쟁에 참여했다. 신좌파의 대표인물로는 왕후이(≪독서(讀書)≫잡지 편집장, 중국사회과학원 문학연구소 연구원), 간양(홍콩대학 아시아연구센터 연구원, 미국 시카고대학 연구원), 추이즈위안(미국 메사추세츠공과대학 정

* 월러스틴(Immanuel Maurice Wallerstein, 1930-) 세계체제론으로 유명한 사회학자. 종래의 종속이론은 자본주의 세계를 중심부/주변부로 구분하여 중심부에 의한 주변부의 수탈과 착취를 상정하고 주변부 국가의 성장가능성을 상대적으로 낮게 보았으나, 월러스틴의 세계체제론에서는 중심부와 주변부 사이에 반 주변부(semi-periphery countries)를 설정하여 소득계층상의 '중산층'에 해당하는 국가군을 설정한다. 반주변부는 중심부로부터 수탈당하면서 주변부를 다시 수탈하는 관계에 놓일 수도 있으므로, 주변부 국가가 반주변부라는 과도기를 거쳐 중심부를 향해 성장할 수 있음을 인정하는 견해가 되기도 한다. – 역주

** 폴라니(Karl Polanyi, 1886-1964) 오스트리아 출신의 미국 사회철학자. 1945년 발표한 대표적인 저서 ≪거대한 전환 (*The Great Transformation*)≫에서 19세기적인 시장 경제를 토지, 노동력, 화폐의 상품화라는 픽션 상에 성립한 사회에서 돌출한 이상한 시스템이라고 여기고 그 문화 파괴적인 성질을 명확히 하여 경제를 사회로 되돌려야 한다고 주장하였다. 이후 그의 경제인류학 연구는 전통적 사회 속에 묻혀 있는 경제를 상호보수 및 재분배라는 시점에서 구체적으로 분석함으로써 비(非)시장적인 여러 제도의 중요성을 해명하는데 주력했다. 이러한 연구방법은 지나친 시장 만능주의를 비판하는 사람들에 의해 높이 평가되고 있다. – 역주

치학과 조교수), 왕사오광(홍콩 중문대학 정치학과 부교수, 미국 코넬대학 정치학 박사), 천옌구(중국사회과학원 문학연구소 연구원)와 한위하이(베이징대학 중문과 부교수) 등이 있다. 자유주의의 대표인물로는 리선즈(중국사회과학원 전 부원장, 미국연구소 전 소장), 쉬유위(중국사회과학원 철학연구소 연구원), 주쉐친(상하이대학 역사학과 교수), 친후이(칭화대학 역사학과 교수), 왕딩딩(汪丁丁, 베이징대학 경제연구소 연구원), 류쥔닝(전 중국사회과학원 정치학연구소 연구원), 덩정라이(鄧正來, ≪중국사회과학계간≫편집장), 쉬지린(화둥사범대학 역사학과 교수), 지웨이둥(일본 고베대학 법학대학원 교수) 등이 있다.

자유주의와 신좌파 논쟁은 대략 두 단계로 나눌 수 있다. 첫 번째는 1990년대 전기, 홍콩 ≪이십일세기≫잡지를 중심으로 주로 해외학자인 추이즈위안, 간양 등의 글을 둘러싼 논쟁이고, 두 번째는 1990년대 후기 이래 하이난(海南)의 ≪천애(天涯)≫ 잡지를 중심으로 왕후이 등의 글을 둘러싼 논쟁이다.

1990년대 초 이래 미국유학파 학자인 간양, 추이즈위안 등은 홍콩 중문대학 중국문화연구소 ≪이십일세기≫ 잡지에 연이어 글을 발표하여 중국 자유주의의 보수적 경향을 비판하고 중국 시장화 개혁노선에 대해 의문을 던지며 비서구적 현대화의 길을 주장했다. 간양의 〈향토중국의 재건과 중국문화의 앞날(鄕土中國重建與中國文化前景)〉, 〈반민주적 자유주의인가, 민주적 자유주의인가?(反民主的自由主義還是民主的自由主義?)〉, 추이즈위안의 〈러시아의 경험에 비추어본 중국(以俄爲鑒看中國)〉, 〈제도 혁신과 제2차 사상해방(制度創新與第二次思想解放)〉, 류캉(劉康)의 〈세계화와 중국 현대화의 서로 다른 선택(全球化與中國現代化的不同選擇)〉 등이 그 예이다. 이들 신좌익 학자들의 논문이 발표된 후, 자유파 지식인의 비판이 잇따랐다. 친후이와 레이이(雷頤)는 각각 〈"토지를 떠나지만 고향을 떠나지는 않는다.": 중국 현대화의 독특한 모델?—또한 '향토중국 재건 문제'를 논하다("離土不離鄕":中國現代化的獨特模式?—也談'鄕土中國重建問題')〉, 〈무엇이 보수인가? 누가 민주를 반대하는가?(甚麽是保守? 誰反對民主?)〉를 발표하여 간양의 논문 두 편에 반응했다.

추이즈위안의 일련의 논문은 강한 좌파 성향으로 인해 지식계에 더욱 큰 쟁론을 불러일으켰다. 그는 〈제도 혁신과 제2차 사상해방〉에서 중국 현대화는 마오쩌둥 시대의 유산을 계승하여 반자유주의적인 '제2차 사상해방'과 비서구화된 '제도 혁신'을 진행해야 한다고 주장했다. 그의 글이 발표된 후 자유파 학자들의 비판이 즉시 그 뒤를 이었다. ≪이십일세기≫는 지웨이둥의 〈제2차 사상해방인가, 신유토피아인가?(第二次思想解放還是新烏托邦?)〉, 덩정라이의 〈'제도 혁신과 제2차 사상해방'의 논증방법을 평하다(評'制度創新與第二次思想解放'的論證方法)〉, 친후이의 〈회수 남쪽의 귤이 탱자가 되니 제삼자가 헛갈리네: '중국 특색이 있는' 신좌파를 평하다(淮橘爲枳, 出局者迷: 評'有中國特色的'新左派)〉 등의 글을 연속하여 발표했다. 뒤이어 추이즈위안은 다시 〈제도 혁신과 '제2차 사상해방'을 세 번째 논하다—볜우에게 답함(三論制度創新與'第二次思想解放'—答卞悟)〉, 〈'문혁' 중의 합리적 요소를 발양하자(發揮'文革'中的合理因素)〉 등의 글을 발표하여 응대했다. 그 후, 친후이는 다시 〈'제도 혁신'인가, 제도 복구인가?—추이즈위안선생에게 다시 답하다('制度創新'還是制度復舊?—再答崔之元先生)〉를 썼다. 이것이 신좌파와 자유주의 논쟁의 첫 번째 물결이었다.

논쟁의 두 번째 물결은 90년대 후기에 발생했다. 두 번째 논쟁의 규모와 영향은 훨씬 방대해졌으며, 시간상으로는 세기를 뛰어넘어 지금까지 이어지고 있다. 작가 한사오궁(韓少功)이 주도하는 하이난의 문학간행물이었던 ≪천애≫는 1996년 사상문화잡지로 개편되어, 새로운 역량으로 돌연 등장한 신좌파의 사상적 진지가 되었다. 1997년 왕후이는 이 잡지에 〈오늘날 중국의 사상 동향과 현대성 문제〉를 발표하여 좌익비판이론으로 현대성 문제를 성찰하고 당대 중국의 현대화 이데올로기와 신계몽주의의 곤경을 비판했으며, 글로벌 자본주의시대에 대한 비판사상을 선양했다. 이 글은 세기말의 신좌파와 자유주의 논쟁의 도화선이 되었다. 2001년 왕후이는 ≪타이완 사회연구계간(臺灣社會硏究季刊)≫에 〈'신자유주의'의 역사적 근원 및 그 비판—오늘날 중국 대륙의 사상 동향과 현대성 문제 재론('新自由主義'的歷史根源及其

批判一再論當代中國大陸的思想狀況與現代性問題)〉을 발표하여 중국 신자유주의의 급진적 시장주의와 신보수주의를 가일층 비판했다. 이 기간 동안 왕후이는 또 〈승인의 정치, 만민법과 자유주의의 곤경(承認的政治, 萬民法與自由主義的困境)〉, 〈'과학주의'와 사회이론의 몇 가지 문제('科學主義'與社會理論的幾個問題)〉, 〈현대성 문제에 대한 대답(關於現代性問題答問)〉, 〈죽은 불 다시 살아나 · 서문(死火重溫 · 序)〉 등의 글을 연속 발표하여 자유주의이론과 중국 자유주의사조를 더욱 비판했다. 이 외에도 ≪천애≫는 한위하이의 〈시장 이데올로기의 형성과 비판의 곤경(市場意識形態的形成與批評的困境)〉, 〈'자유주의' 자태의 배후에서(在'自由主義'姿態的背後)〉, 왕빈빈의 〈독서찰기: 자유주의에 관하여(讀書劄記: 關於自由主義)〉 등의 글을 실었다. 논쟁에 참여한 다른 글로는 천옌구의 〈역사의 종결인가, 전면 민주인가?(歷史的終結還是全面民主?)〉, 쾅신녠의 〈바람과 깃발: 90년대의 책 읽기(風與旗: 90年代的閱讀)〉 등이 있다.

신좌파의 자유주의 비판에 직면하여 자유파 지식인들은 분분히 이론적 대응에 나섰고, 이로써 90년대 이래 가장 큰 규모의 사상논쟁이 전개되었다. 자유주의자 측의 비교적 대표적인 글로는 주쉐친의 〈1998년 자유주의 학술이론의 언설(1998年自由主義學理的言說)〉, 〈'신좌파'와 자유주의 논쟁('新左派'與自由主義之爭)〉, 왕딩딩의 〈자유—착실하고 진지한 일단의 서술(自由—一段腳踏實地的敍說)〉, 〈계몽은 죽었다, 계몽 만세!—왕후이의 '중국문제'에 관한 서술을 평함(啓蒙死了, 啓蒙萬歲!—評汪暉關於"中國問題"的敍說)〉, 쉬유위의 〈자유주의를 다시 제기하다(重提自由主義)〉, 〈자유주의와 오늘날 중국(自由主義與當代中國)〉, 〈자유주의, 프랑크푸르트학파 및 기타(自由主義, 法蘭克福學派及其他)〉, 〈90년대 중국 '신좌파'를 평함(評90年代的中國'新左派')〉 및 친후이의 〈자유주의, 사회민주주의와 오늘날 중국'문제'(自由主義, 社會民主主義與當代中國'問題')〉, 류쥔닝의 〈중국문제와 신좌파의 서로 다른 진단(中國問題與新左派不同的診斷)〉, 쉬지린의 〈두 종류의 자유민주: '자유주의'와 '신좌파' 논쟁에 대한 성찰(兩種自由民主: 對'自由主義'與'新

左派'論爭的反思)〉, 성훙(盛洪)의 〈어째서 경제민주주의를 강조해야 하는가(爲甚麽要强調經濟民主主義)〉, 런졘타오(任劍濤)의 〈'신좌파' 해독(解讀'新左派')〉, 왕쓰루이(王思睿)의 〈현대화와 인류문명의 주류(現代化與人類文明主流)〉 등이 있다.

자유주의와 신좌파 논쟁은 세기를 넘어 전개된 전환기의 사상논쟁으로 90년대 초에 시작되어 90년대 말에 최고조에 이르렀으며 새로운 세기에 접어들어서도 여전히 그 여파가 이어지고 있다. 이처럼 규모가 크고 오랫동안 지속되며 심오한 주제를 다룬 논쟁은 전환 시기 사상계에서 찾아보기 힘들다. 논쟁의 주제는 전환 시기 중국사회의 성격, 시장경제와 사회 공정, 자유와 민주 및 중국 현대화의 길 등 중대한 문제들을 다루고 있다.

2. 시장사회와 전환사회

1990년대 이래 계획경제의 시장화로의 궤도 수정에 따라, 중국의 경제사회 구조에 급격하고도 극심한 변화가 등장했으며, 빈부의 분화는 개혁의 곤경과 사회적 모순을 부각시켰다. 전환 시기 중국사회의 성격과 변천 추세를 어떻게 판단할 것인가는 신좌파와 자유주의 논쟁의 초점이 되었다.

박학하면서도 풍부한 관찰력을 가진 왕후이는 90년대 중국의 시장화로의 궤도 수정과 사회 변천의 새로운 특징을 예리하게 관찰하여, 80년대 신계몽주의와 현대화 이데올로기를 뛰어넘어 글로벌 자본주의의 시야로써 중국의 문제를 새롭게 사고할 것을 주장했다. 왕후이의 새로운 결론은 바로 중국이 시장화 개혁을 거쳐 이미 기본적으로 '시장사회' 혹은 '자본화된 사회'를 형성했다는 것이다. 경제, 정치 및 문화 행위를 포함한 중국사회의 각종 행위는 모두 자본과 시장 활동에 의해 심각한 제약을 받고 있다. 왕후이는 90년대 이래 중국이 국가의 추진하에 생산, 무역, 그리고 금융체제의 진일보한 개혁을 통하여 세계시장의 경쟁 속으로 날로 깊숙이 들어갔으며, 내부 생산과 사회 메커니즘의 개조는 당대 시장제도의 규약 아래에서 진행되었다고 간주했다. 다른 한편으로는 상업화 및 그에 동반하는 소비주의 문화가 사회생활의 각 방면으로 침투하였는바, 이는 시장화 과정의 궁극적 요구가 시장법칙으로써 모든 사회생활을 계획하는 것임을 보여준다. 이 때문에 중국문제는 90년대에 벌써 대단히 복잡해졌다. 중국의 경제개혁이 시장사회를 이미 기본적으로 형성했고, 국유기업생산액이 겨우 국민 생산총액의 30%가량만을 차지하는 조건에서 중국의 사회문제를 단순히 사회주의의 문제라고 말할 수는 없게 되었다. 동시에 소련과 동유럽 사회주의 시스템의 와해 이후 자본주의의 세계화 과정은 일찌감치 당대 세계의 가장 중요한 세계적 현상이 되었고, 중국의 사회주의 개혁은 벌써 중국의 경제와 문화 생산과정을 글로벌 시장 속으로 포함시켰다. 따라서 정부의 행위 자체를 포함하는 중국의 사회문화문제를 단일한 중국의 컨텍스트 속에서만 분석할 수는 없게 되었다. 자본 활동이 사회생활의 각 영역으로 침투하는 역사적 컨텍스트 속에서 정부의 행위와 권력 운용 역시 시장의 자본 활동과 이미 밀접하게 연관되었기 때문에, 이 또한 단순히 정치적 각도에서만 분석할 수는 없다.7) 왕후이는 계몽주의가 90년대에 이미 시대에 뒤처졌다고 보았다. "빠르게 변천하는 역사적 컨텍스트 속에서 일찍이 중국의 가장 활력 있는 사상적 자원이었던 계몽주의는 날로 애매모호한 상태에 처하게 되었으며, 오늘날 중국의 사회문제를 비판하고 진단하는 능력도 점차 상실해가고 있다. ……중국의 계몽주의가 직면한 것은 이미 자본화된 사회였다. 시장경제는 날로 주요한 경제형태가 되어갔고, 중국의 사회주의 경제개혁은 벌써 중국을 글로벌 자본주의의 생산관계 속으로 끌고 들어갔으며, 자본주의화의 과정 속에서 국가 및 그 기능 역시 이에 상응하여 철저하진 않으나 매우 중요한 변화를 일으켰다." 왕후이가 보기에 다국적 자본주의 시대에 '신계몽주의'의 비판적 시야는 여전히 민족국가 내부의 사회정치적 업무에 국한되어 있다. 대내적으로는 국가 전제에 대한 비판을 자본주의 시장 형성 과정 중의 국가-사회의 복잡한 관계에 대한 분석으로 시기적절하게 옮기지 않았기에, 시장이라는 조건하의 국가행위의 변화를 심도 있게 분석할 수 없었다. 대외적으로는 중국의 문제가 이미 세계 자본주의 시장의 문제이기도 하여 중국문제에 대한 진단은 갈수록 세계화 되어가는 자본주의 및 그 문제에 대한 진단이어야 하므로, 이전처럼 서구를 중국 사회·정치·문화 비판의 자원으로 삼을 수 없다는 사실을 깊이 이해하지 못했다.[8)]

더 나아가 왕후이는 경제 자유주의의 시장 배물교에 대해 비판했다. 그는 경제 자유주의가 중국의 시장 형성과 국가 개혁계획의 관계를 감추고 자연적 범주의 '시장' 개념을 창조하여, 시장관계 내부의 지배와 피지배의 권력 관계를 분석하는 능력을 도리어 상실해 버렸다고 여긴다. 이러한 권력 관계는 사회부패의 주요한 근원일 뿐 아니라, 불평등한 사회자원 분배의 기본 전제이기도 하다. 계획/시장의 이원론 속에서 '시장' 개념은 '자유'의 원천인양 설정되었다. 그러나 이 개념은 시장과 시장사회의 구분을 모호하게 만들었다. 만약 시장이 투명하고 가치규율에 따라 운행되는 교환 장소라면, 시장사회는 시장의 법칙으로 정치, 문화, 그리고 모든 생활영역에 대한 지배를 요구할 것이며, 시장사회의 운영과 독점적 상층구조는 분리할 수 없게 된다. 그리하여 '시장' 개념은 현대사회의 불평등 관계 및 그 권력구조를 엄폐해 버렸다.[9)] 중국의 '시장사회' 혹은 자본주의 사회에 대한 왕후이의 판단은 지식계가 90년대 중국 사회의 변천에 대해 예리하게 반응했음을 보여주며, 이는 또한 중국문제에 대한 신좌파의 기본 관점이 되었다.

자유주의자는 중국문제에 대한 왕후이의 판단에 동의하지 않는다. 그들은 결코 90년대의 시장화 개혁이 중국 사회의 기본제도를 이미 바꾸었다고 보지 않는다. 쉬유위는 중국 사회에 거대한 변화가 일어났지만 그 사회적 성격과 정치 제도는 1949년 건국 이래 지금까지의 사회 및 제도와 여전히 일맥상통하여 혁명도 없고, 단절도 없으며, 질적 변화도 없다고 지적했다. 그가 보기에 중국 신좌파 사고의 출발점은 현실이 아니라 이론이다. 글로벌 자본주의 시스템에 대한 서구 좌파의 이론을 중국에 응용하기 위해 신좌파는 중국 정세를 변형시키고 재단하여 당대 서구의 '신좌파'와 '네오 마르크시즘'의 분석 틀에 맞추었다. 중국 사회의 성격이 자본주의적이어야만 글로벌 자본주의에 대한 서구 '신좌파'와 '네오 마르크시즘'의 진단 · 비판을 중국에까지 이식하고, 이로써 새로운 언로를 개척할 수 있는 것이다.[10] 쉬유위는 비록 중국의 시장 요소가 점진적으로 증가하고 대도시의 사회심리와 소비습관의 자본주의적 경향이 발전하고 있긴 하나, 경제 성분, 투자 비중, 취업 구조 및 헌법과 법률에 의해 보장 받는 사유제의 정황을 들더라도 중국이 이미 시장사회를 형성했다고 말할 수는 없다고 보았다. 쉬유위는 80년대부터 90년대까지 중국의 현실에 근본적인 변화는 결코 없었다고 강조한다. 그러나 많은 사람들이 자각적으로든 비자각적으로든 중국을 또 다른 중국, 즉 80년대와 다른 중국으로 대한다. 이리하여 미국의 문제는 중국의 문제가 될 수 있고, 서구지식인의 사상방식은 중국지식인의 사고방식이 될 수 있는바, 특히 세계화 문제에 대한 당대 서구 좌파의 진단은 중국문제에 대한 진단이 될 수 있다. 80년대와 90년대를 떼어놓는 신좌파의 관점과 달리 자유주의자들의 문제의식은 '새로운 상황, 오래된 문제'[11]이다. 쉬유위는 신좌파가 행하는 비판의 병폐가 가까운 데 있는 것을 버리고 먼 데 있는 것을 찾으며 요점은 피하고 공론만 일삼는 '비판정신'에 있다고 보았다. 그들은 중국을 시장사회와 다국적 자본주의의 일부분이라 일컫는데, 그 결과 비판의 시선을 중국사회 내부로부터 멀어지게 했다. 중국문제를 연구하려면 권력이 시장화에 적응할 때의 융통성 있는 변화에 특히 주의해야 한다.[12]

주쉐친은 자유주의와 신좌파의 불일치가 기본 국가정세에 대한 쌍방의 서로 다른 판단에서 기인한다고 여긴다. 신좌파는 중국이 일찌감치 세계화에 휘말려들었고 자본주의는 중국에서 이미 범람하여 해를 끼쳤으므로 주요한 배척 대상은 외래 자본주의 다국적 기업의 경제 및 문화 침입이라고 간주한다. 서구 좌파 비판이론 가운데 자본주의의 추악함에 대한 묘사는 벌써 중국의 현실이 되었으므로 이 현실은 반드시 비판해야 한다. 그러나 자유주의 측은 중국이 세계화에 휘말려들기는커녕, 포스트모던 사회나 자본주의 사회 단계에도 진입하지 못했다고 간주한다. 중국사회의 진보를 방해하는 것은 외래의 자본주의와 다국적 기업이 아니라 내재된 진부한 체제와 이데올로기이

므로 대외 개방을 확고부동하게 확대하고 심화시켜야 한다.[13]

런젠타오(中山대학교수)는 신좌파의 중국에 대한 관심(中國關懷)이 '구체감(specific sense)을 잘못 배치하는 오류'를 범했다고 비판한다. 그는 신좌파가 서구 자유주의 비판과 시장사회 비판을 중국으로 옮겨올 때 그 중국에 대한 관심이 삼중(三重)의 잘못된 자리 매김을 피할 수 없다고 지적한다. 첫째는 이론적 인식의 잘못된 자리 매김이고, 둘째는 역사적 차원의 잘못된 자리 매김이며, 셋째는 현실 판단의 잘못된 자리 매김이다. 신좌파가 판단한 것처럼 당대 중국이 이미 자본주의 세계화 시스템 속으로 진입했는지 자체가 문제인 것이다. 신좌파는 선진 자본주의 국가의 컨텍스트로 개발도상국인 중국의 발전 문제를 다루고 있는데 이는 자기의 중요한 문제는 홀시하고 이론에만 전념하는 것이다. 신좌파의 주장은 'No라고 말할 수 있는 중국(中國可以說不)'*의 정교하고 치밀한 판본에 불과할 따름이다.[14]

미국유학파 학자인 류칭(劉擎)은 신좌파의 자본주의 논술을 비판할 때 다음과 같이 지적한다. '자본주의'는 냉전시기의 개념으로 '자본주의'라는 분석 개념 사용의 위험성은 그것이 자본과 생산방식의 각도에서 전체 사회구조와 권력관계를 묘사하는 데에 있다. 이러한 분석 방법의 맹점은 그것이 공공공간, 정치 담론의 독립적 차원 등의 측면을 홀시한다는 것이다. 이 측면들은 경제영역과 상관성을 가지면서도 상대적으로 독립성을 지닌다. 경제적 요소로써 사회의 전모(全貌)를 파악하면 다른 것들을 은폐해 버릴 수 있다. 또 다른 위험은 '자본주의'라는 개념이 300년이 넘는 서구 사회의 성질을 고정불변하다고 느끼게 하는 점이다. 소위 '자본주의'라는 시스템은 사실 부단히 변화하는 중이다. 고정 불변하는 '자본주의 모델'로써 현재 중국이 빠져들고 있는 소위 세계화 시스템을 명명한다면, 선명한 비판적 입장을 강조하고 자본

* 중국의 젊은 지식인인 쑹창(宋強 · 33 · 충칭경제방송기자), 장창창(張藏藏 · 33 · 베이징 문화사업체 대표), 탕정위(湯正宇 · 29 · 베이징 중화상공시보기자), 지칭성(吉淸生 · 38 · 자유기고가), 챠오벤(喬邊 · 38 · 시인) 5인이 공동집필한 책으로 1996년 출판 당시 3백만 부 이상이 팔려나간 베스트셀러. 서구문화에 물든 중국인들의 문제점을 조목조목 짚어내고 미국과 일본에 대한 자신들의 반감을 솔직하게 드러내어 반향을 일으켰다. — 역주

이 조장한 권력의 불평등을 두드러지게 할 수는 있지만, 자본주의 변천의 역사성과 복잡성을 덮어버릴 가능성이 높다.[15)]

쉬지린은 류칭의 분석에 동의하며 더 나아가 다음과 같이 강조한다. 신좌파가 자본주의에 대한 서구 좌파의 비판을 아무런 제한 없이 중국으로 횡적 이동시킨 것은 분석대상에 대한 이중 환원(化約, reduction)이다. 먼저 복잡한 서구 자본주의를 환원화한 후 다시 중국 현상을 단순하게 서구 자본주의로 환원한 것이다. 이런 환원주의(reductionism) 경향은 자유주의에도 존재한다. 환원주의는 20세기 중국지식인의 고질병이다.[16)]

자유주의 지식인 가운데 친후이는 본토 문제의식을 지닌 '전환 자유주의'를 대표하며, 그 '체제전환기 경제학(轉軌經濟學, transitional economy)'은 중국 전환기 경제의 새로운 정치 경제학적 시야를 지니고 있다. 이러한 '전환 자유주의'는 경제학계에서 유행하는 스미스-하이에크 전통의 '경제 자유주의'와 다르다. 중국 전환기 사회 특유의 자유와 공정 문제에 더 많은 관심을 가지고 소련과 동유럽 전환 국가들의 역사적 경험을 더욱 중시하기 때문에, 체제전환기 경제이론은 정치 자유주의 요소에 더 많이 융합된다. 친후이는 당대 중국을 '포스트 공산주의 전환시대' 혹은 '전환사회'로 귀납시킨다. 그가 보기에 1992년부터 중국 체제하의 '사회주의'의 원시적 축적물과 '자본주의'의 원시적 축적물은 모두 강력한 추진의 과정이었다. 중국 재산권 개혁에는 '판매자 부재'라는 곤경이 나타났다. 이는 국민들이 참여할 수도 없고 권한을 부여받을 필요도 없으며 감독받지도 않는 정부 위주의 '감시자 무역'이다. 이것이 바로 '분배'와 '판매' 외의 '범위정하기식 사유화(界定式私有化)'*가 당당히 진행된 이유이다. 이는 중국의 개혁이 '선민주화, 후사유화'의 길을 거쳐 '공평분할'을 시행했던 동유럽의 전환기와 다른 점이다.

친후이는 대중영합주의와 과두주의 모두 중국 사회의 계층구조에 확연한

* 界定式私有化: 친후이가 붙인 명칭으로, 정부 관련 당국이 재산권의 범위를 정한다는 명분하에 국유재산을 무상으로 개인들(특히 원래 공기업의 지도자였던 개인들)에게 나누어 주는 것을 뜻한다. − 역주

변화를 일으켰다고 간주한다. 중국의 지니계수는 1994년 일찌감치 미국을 앞질렀다. 90년대 후반 중국의 '시장형' 계급분화는 뚜렷하게 발전했고 동시에 '전통형' 등급 차이(농민과 비농민) 역시 확연히 벌어져, 등급분화가 계급분화에 더해지는 국면이 나타났다. 중국의 스톨리핀*식 시장경제는 서구 시민사회의 역사나 중・동유럽 전환기 국가를 훨씬 능가하는 속도로 노골적인 계급분화를 형성했으나, 원래의 등급 신분의 장벽을 부수지는 못했다. 중국의 핵심문제는 공동체에의 종속에서 '인간의 독립성'으로 나아가는 것인데, 이것이 바로 '전환'의 본질이다. 어느 전환기 사회든(예를 들어 중국, 동유럽 및 '공동체적 세계'에서 벗어난 제정러시아) 모두 이 문제에 직면하게 되지만, 전통 사유제의 기초 위에서 시장경제를 추진하는 비전환기 사회에는 이 같은 문제가 존재하지 않는다.[17]

친후이의 전환 이론은 문제화되고 본토화된 것이다. 그는 보편 가치를 드높여야 하지만 보편 문제에 대해 신중하게 언급해야 하고, '주의'를 '가져올' 수는 있으나 '문제'는 반드시 토착적이어야 하며, 이론은 자립적이어야 한다고 주장한다. 친후이는 중국의 '체제전환 경제학' 건설을 앞장서서 제창했다. 그는 '체제전환 경제학'은 서구식의 '순수 경제학'이 아니라고 강조한다. 시장경제 속의 '순수 경제학'은 개인 물품의 투입-산출에만 관여할 수 있을 뿐, 공공 사무를 처리하는 정치학에는 관여할 필요가 없기 때문에 '공정'・'민주'와는 관련이 없다. 그러나 체제전환 경제학은 이와 달리 공공자원을 어떻게 개인의 것으로 전환하고, 교역이 불가한 것을 어떻게 가능한 것으로 바꿀 것인가 하는 문제를 처리하는 것, 다시 말해 공공사무 처리를 논리의 시작점으로 삼고 있다. 그러므로 아담 스미스의 경제학을 '정치경제학'이라고 일컫는 것이 습관적인 것에 불과하다면, 체제전환 경제학이야말로 명실상부한

* 스톨리핀(Pyotr Stolypin, 1862~1911) 1905년 '피의 일요일' 사건으로 말미암아 니콜라이 2세가 입헌군주제 등 혁명세력의 주장을 일부 수용한 10월 선언을 발표한 이후 약 6년 동안 러시아의 수상을 역임한 인물. 공산당 등 혁명세력을 강력히 탄압함과 동시에 정부 내 부정부패 사범들을 대거 축출했고, 농지를 공동 소유에서 개인 소유로 바꾸어 농민 개개인에게 분배하는 등 사회 각 분야에 폭넓은 개혁 정치를 실시하여 민심을 얻었다. ㅡ 역주

'정치경제학'일 것이다. 체제전환 경제학의 핵심문제는 어떻게 '공평하게 분할'할 것인가, 즉 소위 '권력 사유화'인가 아니면 '민주 사유화'인가, 자기가 관리하는 공공재물을 훔치는 것인가 아니면 합법적으로 교역을 대리하는 것인가, "배식자가 공동식사를 사적으로 점유"하는가 아니면 출발점부터 평등하고 공평한 경쟁을 할 것인가이다. '분할이 공정한지 여부'는 체제전환 경제학만의 독특한 문제의식이다.[18)]

상술한 관점들은 90년대 중국사회와는 다른 몇 가지 역사적 풍경을 드러내는바, 이는 90년대 중국사회와 중국문제에 대한 신좌파와 자유주의의 판단에 심각한 불일치가 존재함을 나타낸다. 신좌파는 중국이 시장화 개혁을 거쳐 이미 자본주의 시장사회, 즉 글로벌 자본주의의 일부분으로 바뀌었다고 간주한다. 그에 반해 자유주의는 중국이 아무리 개혁을 했더라도 본질에서 멀어지지 않았으며, 그 기본 체제는 결코 바뀌지 않았다고 생각한다. 하지만 친후이를 대표로 하는 제3의 관점은 중국 사회 전환의 복잡성과 양면성에 주목했다. 왕후이의 '시장경제'설은 중국의 시장화 개혁과 사회 변천의 새로운 추세 및 자본과 국가 관계의 새로운 특징을 게시했으나, 중국 정치구조의 지배성, 항구성 및 그 적응성 변천의 능력을 설명하기는 어렵다. 게다가 '시장사회' 혹은 '자본화 사회'로 중국을 설명하면, 서구의 '후기 자본주의 사회'와 중국의 '포스트 공산주의 사회'를 구분하기가 쉽지 않다. 쉬유위와 주쉐친의 관점은 중국 권력구조의 연속성에 주목했지만, 중국의 시장화로의 궤도 수정, 사회 변천의 새로운 추세 및 사회 문제에 대한 관심이 부족하다. 양자는 중국 경제사회의 '변화'와 정치구조의 '항구(恒久)'에 각각 주목했으나, 양자 모두 전환기 중국의 야누스적 전모를 드러내 보일 수 없었다. 이들과 비교했을 때, 친후이의 '포스트 공산주의 전환사회'가 전통적 체제와도 다르고 자유민주 체제와도 다른 90년대 중국 사회의 현실에 더 가깝다. 중국사회와 중국문제에 대한 서로 다른 판단에 근거하여 신좌파는 글로벌 자본주의에 대한 비판에 더욱 치중했고, 자유주의는 전통 권력구조에 대한 비판에 더욱 치중했다. 이러한 불일치 역시 양자의 사회 관찰 시각과 분석 방법의 차이에서 기인한다. 왕후이는 중국과 서구의 경제'세계화'라는 연계를 강조하고, 친후이는 전환중인 동유럽 '포스트 공산사회'의 특징에 주목한다. 여기에서부터 '시장사회'와 '전환사회'라는 중국에 대한 각기 다른 평가가 생겨난다.

주목할 만한 것은 친후이 외에 왕후이 역시 근래 전환사회의 좌우 불일치성에 대해 상당히 깊은 인식을 하고 있다는 점이다. 왕후이는 1989년 이후 중국은 연속과 비연속이라는 이중의 특징을 지니고 있는바, 중국 사회가 연속적인 국가권력 구조하에 급진적 시장화 과정을 추진했으며, 또한 이 국가정책의 주도 아래 전 세계 경제시스템의 적극적 참여자가 되었다고 지적한다. 그는 개혁 이래 국가 기능의 변천에 주목하고 '과거의 국가'와 '개혁을 추진하는 국가'를 구분하며, 아울러 양자의 복잡한 변화 발전과 연속성을 지적한다. 왕후이는 시장개혁과 사회변천을 추진하는 국가가 과거의 국가 정치유산과 이데올로기의 통치방식에 의존하고 있다고 강조한다. 과거의 국가는 이데올로기와 수익분배 측면에서 평등을 중시했지만, 강제적이고 계획적인 방식으로 제도적 불평등을 보호했다. 개혁이라는 조건하에, 이 제도적 불평등은 계급과 계층의 수입차별로 신속히 바뀌었고, 그리하여 사회분화가 촉진되었다.[19]

'전환사회'설은 중국 경제 형태에 대한 유럽공동체(EU)의 평가와 비슷하다. 1998년 유럽공동체는 시장경제의 다섯 가지 기준에 대한 905.98호 법령을 반포하여 중국을 '비시장 경제국가' 명단에서 삭제했으나, 아직은 '시장전환 경제국가'로 간주한다고 선포했다. 중국 시장경제의 성격에 대해서는 국제적으로도 줄곧 논쟁이 있어왔다. 2004년 6월, 중국 시장경제의 수준이 이미 60%*이상에 도달했음에도 미국과 유럽공동체는 잇따라 중국 시장경제의 지위를 부정했다. 미국과 유럽공동체는 중국의 시장화가 아직 시장경제국가 수준에 도달하지 못했다고 판단했다. 미국 상무부의 여섯 가지 시장경제 인정기준은 통화의 자유태환 정도, 노사 쌍방 임금협상의 자유화 정도,

* 5대 요소의 평점을 토대로 산술평균으로 계산한 중국의 시장경제 수준 총평점을 백분율로 환산한 것. 60% 정도가 시장경제 여부를 가늠하는 임계선이다. — 역주

합자기업 또는 외자기업의 설립 자유화 정도, 생산방식에 대한 정부의 소유 및 통제 정도, 자원분배·기업의 산출·가격 결정을 정부가 지배하는 정도, 미국 상무부가 적합하다고 생각하는 기타 판단기준이다. 유럽공동체가 시장경제 지위를 판단하는 다섯 가지 기준은 정부행위의 규범화, 경제주체의 자유화, 생산요소의 시장화, 무역환경의 공정화, 금융 매개변수의 합리화이다. 구미 시장경제의 기준들은 경제체제와 관련될 뿐 아니라, '노사 쌍방 임금협상의 자유화 정도' 등의 기준처럼 정치·법률·행정 체제와도 연관된다. 만약 시장경제가 특정 정치, 법률제도를 포함하는 경제시스템이라고 한다면, 전환 중인 중국은 시장경제로부터 여전히 멀리 떨어져 있는 셈이다.

3. 공정문제: 자본과 권력

사회공정 문제는 전환기의 중국 개혁이 직면한 가장 심각한 도전이다. 90년대 이래, 중국 시장화 개혁은 공전의 경제 번영을 가져왔고, 갈수록 심각해지는 사회 불공정과 빈부의 분화를 낳았다. 이 모든 것이 갈수록 많은 사람들로 하여금 개혁의 공정성에 대해 의심을 품도록 만들었다. 자유주의와 신좌파 논쟁 중, 사회공정 문제는 양측 지식인의 공통 관심사지만, 사회 폐단에 대한 양측의 진단에는 심각한 불일치가 존재한다. 신좌파의 비판의 창끝은 자본주의를 겨누고 있으나, 자유주의의 비판 대상은 권력구조이다.

왕후이는 당대 중국의 주류인 효율지상적 발전주의에 대해 비판한다. 그가 보기에 효율을 가장 우선시하는 실용주의는 새로운 사회 불평등의 조건을 조성하고 또한 정치민주화의 걸림돌을 만든다. 만약 사회적 재산의 재분배가 충분히 공개되거나 민주적 감독의 절차하에 진행된다면, 국유자산 분할을 특징으로 하는 사회 재분배가 이처럼 심각할 정도로 임의적으로 이뤄질 수는 없을 것이다. 사람들은 사유재산의 합법화로써 당면한 사회적 모순을 해결하는 데에 희망을 걸지만, 만약 사유화 과정이 민주와 공정의 조건하에서 이뤄지지 않는다면, 이 합법화 과정이 보호할 수 있는 것은 비합법적인 분배 과정 뿐이다.[20] 권력 사유화에 대한 왕후이의 비판은 친후이 등 자유파의 관점과 일정 정도 인식을 공유한다.

왕후이는 더 나아가 공정 문제를 글로벌 자본주의의 시야 속에 놓고 고찰하는데, 그가 주목하는 것은 세계화 과정 가운데 지배와 피지배의 권력관계 및 글로벌 자본주의와 민족국가의 상호작용 관계이다. 그는 시장 메커니즘과 자본주의를 구분해야 한다고 간주한다. 자본주의는 일종의 독점 형식이다. "만약 우리가 시장 메커니즘을 믿는다면, 독점적 자본주의를 껴안아서는 안 되고, 이러한 자본주의를 반대해야 한다. 자본주의는 자유시장이 아니고, 시장규칙도 아니며, 시장에 반하는 역량이다. 이런 의미에서 권력의 시장화와 시장의 권력화는 전형적인 자본주의 현상이지, 현대적 현상은 아니다. …… 지금까지 국가의 형식으로 출현한 사회주의 역시 독점 형식이고 시장에 반하는 역량이다. 이는 '두 세계'가 줄곧 진정으로 확실히 구분할 수 있는 세계는 아니었음을 보여준다. 바로 이 때문에 우리는 이 두 가지 역사 형식을 초월하여(단순히 포기하는 것이 아닌) 진정으로 창조적인 작업을 진행해야 한다."[21] 왕후이는 더 나아가 '시장'과 '시장사회'의 구분에 주의해야 한다고 지적한다. 만약 시장이 투명하고 가치규율에 따라 운행되는 교환 장소라면, 시장사회는 시장의 법칙으로 정치, 문화, 그리고 우리의 모든 생활 영역을 지배할 것을 요구하게 되며, 시장사회의 운행은 독점적 상층구조와 분리할 수 없게 된다. 그리하여 '시장' 개념은 현대사회의 불평등 관계 및 그 권력구조를 은폐해버린다. 중국은 생산과 무역의 세계화 과정 속으로 날로 깊이 참여하고 있으므로 국제 자본 및 민족국가 내부의 자본과 권력 통제자가 서로 침투하고 충돌하여, 한편으로는 국내 경제관계를 더욱 복잡하게 만들었고, 다른 한편으로는 부패가 정치생활 · 경제생활 · 그리고 도덕생활의 각 방면으로 침투하여 이미 심각한 사회 불공정을 낳게 되었다.[22]

왕후이는 중국 경제자유파가 권력 자본을 위해 변호하는 의견을 비판한다. 그는 이들 '용속한 자유주의자'에게 있어 부패와 심각한 사회 불평등은 합리적 사회질서에 필요한 대가에 불과한 듯하며, '시민사회' 혹은 시장사회가 우리를 자연스럽게 공정, 민주, 그리고 행복의 시대로 데려가 줄 수 있는 양 여기는 점을 지적한다. 그들은 실제로는 통제시장(controlled market)을 통해 사회 불평등의 재조장을 독려하면서 오히려 이를 '불간섭주의'라고 주장한다. 왕후이는 다음과 같이 추궁한다. 어째서 이런 이론가들은 민족국가와 대자본 사이의 관계에 대해 침묵하는가? 그들은 실제 역사 관계에 대해 비판적으로 사고하기를 거부하고, 오늘날 세계의 변화 속에서 자신의 사회에 대해 이해하기를 거부한다. 어제는 비판적 투사였으나, 오늘은 새로운 질서의 변호사가 될 수도 있는 것이다.23)

왕후이는 더 나아가 폴라니, 브로델*, 월러스틴, 베어록**, 아리기*** 등 서구 좌파의 자본주의 연구를 인용하며 고전 자유주의의 자유시장 이론에 질문을 던진다. 그가 보기에 '시장 확장'과 자본주의 경제 발전에 대한 이 학자들의 역사 연구는, '시장 확장'의 과정과 권력·독점·식민·전쟁·약탈 등의 역사적 관계의 내재적 연관성을 충분히 밝혀준다. 이처럼 경제사와 정치경제학이 한데 융합된 연구의 이론적 의의는 다음과 같다. 첫째, 이 연구가 아담 스미스 이래 자본주의와 자기조정 시장(self-regulating market)이라는 상호 중

* 브로델(Fernand Braudel, 1902-1985) 프랑스의 역사학자. 2차 대전 이후 세계 문명의 역사에 대한 거대한 틀을 이루는 대저(大著)들을 저술하는 한편, 행정적인 역량을 발휘하여 사회과학고등연구원이라는 연구교육기관을 창설하고 ≪아날≫이라는 학술지를 주관했다. 이후 역사학이 중심축이 되고 다른 여러 학문분야들이 공동으로 참여하는 총체적인 '인간학' 연구를 주도했다. 역사학계뿐만 아니라 인문·사회과학 분야에 지대한 영향을 끼쳤다. – 역주

** 베어록(Paul Bairoch, 1930-1999) 스위스의 저명한 전후 경제사학자로 글로벌 경제사학, 도시역사 및 역사 인구학 전문가이다. 베어록은 현재 경제학에서 일반적으로 받아들여지고 있는 많은 신념들, 예컨대 자유무역과 인구증가가 역사적으로 경제 성장을 이끌었으며, 자유무역으로부터의 이탈은 심각한 디플레이션을 야기하고, 19세기와 20세기 초 제국주의가 부강해진 것은 제3세계를 착취했기 때문이라는 등의 인식에 대해 질문을 던졌다. 그는 역사적 추세에 대한 양적, 실증적 조사를 통해 이러한 신념들이 미국, 유럽 및 제3세계 경제사학의 불충분한 지식과 잘못된 해석에 근거한다고 주장했다. – 역주

*** 아리기(Giovanni Arrighi, 1937-2009) 월러스틴과 더불어 대표적인 세계체제론자로 꼽히는 학자. 월러스틴이 산업자본주의를 자본주의의 시작으로 여기는 데에 반해 아리기는 상업자본주의를 강조함으로써 브로델의 입장을 따른다. 기존의 세계체제론자들이 세계자본주의를 강조함으로써 민족국가의 중요성을 간과했다는 비판을 수용하여 패권국의 헤게모니와 자본주의의 순환을 분석한 학문적 업적으로 유명하다. 서구와 동아시아의 경제적 발전을 비교하고 경제적 대국으로 떠오른 중국의 부상을 연구했다. – 역주

첩된 이론방식에 의문을 던지고, 아울러 자본주의는 독점으로 기울어지는 반(反)시장적 제도임을 지적해준다. 시장경제는 투명한 근거리의 현실세계이며 저이윤(低利潤) 구역이고 서로 다른 시장 간의 수준이 연계되는 구역이다. 이와 반대로 자본주의의 특징은 원거리의 투기 세계로 투자와 자본이 빠른 속도로 형성되는 영역이며 터무니없는 고이윤 구역이다. 전자는 자유로우나 후자는 독점적이다. 이 역사 분석은 자기조정 시장이라는 신화를 와해시켰다. 둘째, 일상생활이나 시장경제가 됐든 아니면 자본주의 등의 범주가 됐든 이들은 모두 특정한 사회형태를 개괄하는 데에 쓰일 수 없다. 왜냐하면 이들 범주가 묘사하는 물질관계가 장구한 역사를 가지고 있기 때문이다. 봉건제도와 자본주의 제도 내부에는 모두 시장관계와 자본주의가 존재하기 때문에 이 두 사회 간의 구별은 극히 모호해진다. 이리하여 스미스, 헤겔, 그리고 마르크스가 역사를 서로 다른 단계로 구분한 목적론적 역사관과 그 인식론의 전제가 되었던 되돌릴 수 없는 시간관념도 그에 따라 와해되었다. 셋째, 브로델은 또 상업, 공업, 그리고 금융 등의 범주를 이용하여 자본주의의 각 역사시기를 구분했던 것에 의문을 표하고 아울러 현대 시장사회가 19세기 영국의 산업혁명과 프랑스의 자산계급 혁명을 표지로 삼는 거대한 전변 속에서 탄생했다는 관점을 부정한다. 브로델은 자기의 독특한 역사연구로써 정치경제학의 기본 가설, 즉 경제는 정치제도, 법률, 일상생활과 문화습속 내부에 깊숙이 새겨진 활동임을 거듭 천명한다. 상술한 세 가지는 모두 계몽시대의 지식과 신념에 대해 의문을 던졌다.

왕후이에게 있어, 당대 중국과 당대 세계의 변화 및 당대 사회운동 방향에 대한 폴라니, 브로델 및 그 추종자들의 이해는 다음과 같은 계시적 의의를 갖는다. "첫째, 자본주의의 독점은 정치, 경제, 문화 및 기타 영역의 불평등과는 밀접하게 연결되어있기 때문에 (노동력 계약의 자유, 교환관계의 자유 등을 포함한) 자유 쟁취 투쟁은 또한 사회평등 쟁취 투쟁이어야 한다. 동시에 시장과 자본주의는 서로 구분되기 때문에 독점에 대한 반항은 더 이상 반(反)시장 투쟁과 같을 수 없고, 반대로 시장의 자유를 쟁취하는 투쟁으로 바뀐다. 둘째,

경제의 운행은 항상 정치, 문화, 그리고 기타 사회 조건 속에 새겨져있으므로 경제자유 쟁취 투쟁의 목적은 정치제도와 기타 문화구조로부터의 이탈이 아니라, 이러한 제도를 어떻게 개혁하고 제한하며 확장시켜 자유경쟁과 상호작용 공정성의 조건을 창조할 것인가이다. 이러한 의미에서 시장자유 쟁취 투쟁은 국가의 간섭을 반대하는 것과 같을 수 없고, 국가가 독점의 보호자가 되는 것에 반대하며, 아울러 각종 사회투쟁 형식으로써 국가로 하여금 가격조절 등의 요소들을 통해 진정한 시장경쟁을 보호하도록 강요하는 것으로 이해되어야 한다. 셋째, 경제패권과 다국적 독점에 대한 반항은 자유무역과 자유시장에 대한 부정과 동일할 수 없다. 그와 반대로 이 투쟁이 추구하는 바는 민주적이고 자유로운 방식으로 자유경쟁과 상호작용 공정성의 제도적 형식을 세우고 보장하는 것이다. 바꿔 말해, 어떠한 범위에서든, 즉 민족국가의 범위 내에서든 세계시장의 범위 내에서든, 자유 쟁취 투쟁은 반드시 민주와 평등 쟁취 투쟁으로 나타나야 한다. 자유의 정도가 높을수록 평등의 수준도 갈수록 높아짐을 의미하므로 그들이 창조한 잔여가치를 획득하는 노동자의 능력 또한 갈수록 높아진다."24)

2000년에 쓴 오늘날 중국의 사상 동향과 현대성 문제에 대한 두 번째 논문 속에서 왕후이는 '공평한 시장'과 '민주적 시장경제'라는 목표에 근거하여 비판의 예봉을 중국 '신자유주의'에 겨누고, 아울러 그 본질을 '시장 급진주의'와 '정치 보수주의'로 귀결시킨다. 그는 '신자유주의' 이데올로기의 핵심내용이 경영권 및 이익의 기업에로의 양도(放權讓利)*와 청부제 개혁을 급진화하는 것인데, 이는 민주제도의 보장이 없는 전제하에 자발적 사유화 진행과정을 전면적으로 추진하고, 아울러 입법절차를 통해 인위적으로 만든 계급과 이익분화 과정을 합법화하는 것이라고 지적했다. '신자유주의'는 정치 강령일 뿐만 아니라, 또한 늘 반정치적 형식으로 출현하는 정치 강령으로, 그 담론형식은 자유시장, 자유무역, 금융통제 해제, 효율 우선, 이윤의 최대화, 국가의

* 放權讓利 : 공유제를 유지하는 조건하에 기업에게 권한을 대폭 이전해주고 기업이 자율적 경영을 통해 스스로 이익을 창출하도록 유인하는 제도 – 역주

간섭 반대, 사유화 및 WTO · IMF 등 새로운 경제 질서 중개기구의 기능 등과 같은 '경제'적 범주에 종속된다. '신자유주의'가 일컫는 시장관계는 줄곧 이론적인 것, 혹은 더 정확하게 말하자면 이데올로기적 추상인바, 그 본질은 이 추상을 통해 경제와 정치, 더 정확하게는 경제과정과 사회과정을 철저히 분리하여 민주 및 그 제도적 실천을 당대 세계의 사회생활 특히 경제생활 밖으로 몰아내는 것이다. 이러한 의미에서 신자유주의에 대한 투쟁은 주로 광범위한 범위 내에서의 민주 쟁취 투쟁이고, 시장조건하의 민주제도를 세우려는 노력이다. 신자유주의의 국가 간섭에 대한 비판과 정치성에 대한 배척은 이러한 이데올로기, 이익집단, 정치권력 및 그 정책의 내재적 연계를 조금도 숨길 수 없다. '신자유주의'는 경제와 관련된 이론이며 범위가 넓은 이데올로기일 뿐만 아니라, 당대 사회 각 방면으로 침투해 들어가는 지배 역량이다. '신자유주의'는 자유주의라고 명명되나, 그 핵심은 보수주의적 정치이론과 시장 급진주의이다. 당대 중국의 컨텍스트 속에서 '신자유주의'는 독단적 방식으로 각종 비판이론을 배척할 뿐 아니라, 롤스, 드워킨* 등의 평등주의 경향, 공동체주의 및 공화주의의 관련 토론과 같은 자유주의 내부의 다른 전통에 대해서도 전혀 용납하지 않는다. 권력 시장화의 시대와 사유화의 명의로 공공자산을 분할하는 과정 속에서 자유와 평등, 자유와 민주, 개인과 사회를 명확하게 대립시켜 '민주가 자유를 방해'하는 것을 반대하는 이론방식과 논조는 의미심장하다. 설사 하이에크의 이론이라 할지라도, '신자유주의'는 그 이론을 그저 '자유시장'의 합법성을 논증하는 데에 이용할 뿐이며, 모든 사회의 전통적, 급진적 시장계획을 해체하여 '자유' 개념과 동등하게 만듦으로써 하이에크 이론 내부의 역사성과 관련된 토론에는 전혀 관심을 두지 않는다. '신자유주의' 이론의 특징 중 하나는 시장과정과 정치과정 간의 밀접한 관계를 부정하는 것인데, '신자유주의' 이론은 국가 해체라는 명분으로 시장화 조

* 드워킨(Ronald Dworkin, 1931-2013) 롤스 이후 자유주의 정치철학을 대표하는 법철학자로 법은 도덕적 가치에 근거를 둬야 한다고 주장했다. 정부가 시민을 동등하게 존중해야 한다는 대원칙을 사회의 근본적 도덕원칙으로 제시하고 법은 이런 도덕적 가치를 반영해야 한다는 주장으로 유명하다. — 역주

건하의 민주문제에 대한 탐색을 포기한다.[25]

한위하이는 자유파가 과두이익을 옹호하는 것에 대해 비판한다. 그는 오늘날 '자유주의'의 깃발을 들고 있는 사람들이 말하는 '사유재산 보호'란, 공공재산을 개인의 것으로 만드는 자발적 사유화 과정에서 재산을 모은 사람들이 방향을 바꿔 불변의 진리인 학술이론으로써 그들의 사유재산권을 보호하려는 것을 연상시키기만 한다고 지적한다. 한위하이는 그와 이들 '자유주의자'의 불일치가 결코 한 쪽은 '공정'을 요구하고 다른 한 쪽은 '자유'를 요구하는 데에 있는 것이 아니라, 이들 자유주의자들이 한편으로는 '자유시장 경쟁'으로써 민주적 공정을 대체하려하고, 다른 한편으로는 또 '자유시장 경쟁'을 가지고 자발적 사유화 과정 중의 권력 시장화와 시장 권력화를 은폐하려는 데에 있다고 강조한다. 이런 사람들은 '자유주의자'라고 불릴 자격이 없다.[26] 또한 한위하이는 권력 자본을 반대하는 측면에서 자신과 친후이 등의 자유주의자가 모종의 공통된 인식을 가지고 있음을 인정한다. 그가 보기에 시장과 권력의 관계라는 문제에서 토론 쌍방의 몇몇 인식들은 아주 비슷하다. 만약 시장의 권력 운용이 특권계층을 너무 가까이 의지하고 심지어 그들에 의해 독점되거나 혹은 그로 말미암아 개시되고 결정된다면, 소위 사유재산권 보호는 친후이가 말한 특권계층의 '공공재산 사유화'와 독점 재산으로 바뀌어 예전의 독일, 이탈리아, 오늘날의 라틴 아메리카의 전철을 밟을 가능성이 높다. 그러나 만약 권력과 권력 분배 장소로서의 시장이 더욱 광범한 사회계층을 향해 개방된다면, 사유재산 보호는 중소기업과 일반 노동계층 보호를 의미하게 되어 노동자 계급 역시 시장경쟁에 참여할 능력을 갖추게 된다. 따라서 경제민주 문제와 전체 사회의 민주 문제는 불가분의 관계이다.[27] 쾅신녠 또한 친후이의 관점에 동의하며 공공자산의 '분할'과 '매도' 문제의 본질은 '권력 사유화'냐, 아니면 '민주 사유화'냐의 문제라고 간주한다.[28]

자유파와 신좌파 논쟁의 초점이 되는 문제는 자본주의를 어떻게 평가할 것인가이다. 경제학자 왕딩딩은 자본주의에 대한 추이즈위안 등 신좌파의 비판에 동의하지 않는다. 그가 보기에 자본주의의 본질에 대해서 마르크스, 베버, 좀바르트*, 돕** 등이 모두 논술한 바 있으나, 하이에크는 '인류 합작의 확장된 질서'를 가지고 자본주의를 해석함으로써 통상 오도되는 이 개념을 대체했다. 마르크스와 마찬가지로 하이에크의 시선은 인류지식의 모든 영역을 탐사했다. 이 역사적 과정에서 그는 '확장된 질서(the extended order)'라는 추상화된 개념을 도출하여 '자본주의'의 본질로 삼을 수 있었다. 마르크스가 '임금노동(wage labor)'을 보았던 곳에서 하이에크는 '확장된 질서'를 보았다. '자본주의' 개념이 오도된 부분은 그에 대한 사람들의 이해가 통상 '자본'의 여러 가지 사회적 성격(사회사적, 금융적, 임금노동적)을 둘러싸고 이뤄지는 데에 있다. 그러나 하이에크가 보기에 '자본'은 그저 인류 합작 질서를 확장시킨 여러 수단 중 하나일 뿐이며, '확장된 질서'는 서로 다른 방식을 통해 실현된다. 왕딩딩은 더 나아가 자본주의의 본질이 인류 합작의 확장된 질서로 그 가운데 두 가지 요소를 포함한다고 강조했다. 즉 자발적인 것과 부단히 확장될 수 있는 것이다. 모든 역사를 살펴볼 때, 이러한 제도는 자본주의 사회에서만 찾아볼 수 있다. 오직 사유재산을 보호하는 사회에서만 '정의', '자유', '인권'이 비로소 존재할 수 있다.[29)]

'공정'문제에 대해 신좌파의 자본주의 비판과 달리 자유주의는 전통권력체제에 대한 비판에 더 많이 집중한다. 주쉐친은 자유주의와 신좌파 논쟁의 불일치에 대해 서술할 때, 중국의 시장경제는 서구 시장경제가 아니고, 권력메커니즘의 견제를 더 많이 받으며, 항상 '보이는 발'이 '보이지 않는 손'을

* 좀바르트(Werner Sombart, 1863-1941) 독일의 경제학자이자 사회학자. 1904년 이래 M.베버와 함께 ≪사회과학 및 사회정책 잡지(*Archiv für Sozialwissenschaft und Sozialpolitik*)≫를 편집함으로써 ≪슈몰러 연보(*Schmollers Jahrbücher*)≫의 윤리적 사회정책학파에 대항하여 사회정책의 과학성 확립에 힘썼다. 만년에는 나치즘의 대두와 때를 같이하여 우경화 경향을 보였다. 몰이론적(沒理論的)인 역사학파를 비판하고, 이론과 역사의 종합을 시도하여 '경제체제'의 개념을 확립하는 등, 경제사회의 전체적 파악을 위하여 노력하였다. 그 성과를 집대성한 것이 ≪근대자본주의(*Der moderne Kapitalismus*)≫(전3권)이다. — 역주

** 돕(Maurice Dobb, 1900-1976) 영국의 마르크스주의 경제학자. 전통적인 경제이론의 중핵을 이루고 있는 기업이론에 대해 역사적・이론적 입장에서 비판을 가했다. 경제사 연구에서 경제학상의 분석은 역사적 발전의 연구와 결부되어야 한다고 주장했고, 소비에트 연구에서는 계급 없는 일국계획사회의 경제발전과 후진국개발의 지침을 파악해야 한다고 서술했다. — 역주

짓밟는다고 쟁변했다. 사회 불공정, 자본과 권력의 공모는 그 무지막지한 '발'의 탓으로 돌려야지, 더럽지 않은 '손' 탓이 아니라는 것이다.30) 주쉐친은 신좌파가 오늘날 사회 병폐는 서구 자본주의의 '서구병(西方病)'과 '시장병'에서 기인한다고 여김을 지적했다. 그러나 자유주의는 소위 '서구병'이 기실 세계 근현대사에 대한 중국 문사(文史) 교육의 왜곡된 부정적 묘사와 '5·4' 이래 중국지식인에 대한 '좌'경 사조의 편파적 영향에서 기인하며, 이러한 영향은 90년대 개혁이 이데올로기 영역에서 좌절을 겪었기 때문에 더욱 확대되었다고 본다. 당대 중국의 사회 병폐가 단순히 외부에서 온 '서구병'과 '시장병'이라는 해석은 억지이다. 오히려 이는 진부한 권력 메커니즘과 시장 메커니즘이 병존하고, 권력이 시장에 기생하며 시장을 왜곡, 심지어 억압하는 데서 생겨난 '중국병'과 '권력병'이다. 사회 공정에 대해서는 자유주의가 가장 먼저 이 문제를 제기했으며, 아울러 그 문제가 마오쩌둥 시대에서 기원했음을 지적했는데, 체제 초기 발생한 이러한 불공정은 평균주의적 환상 이데올로기에 의해 가려졌을 뿐이다. 시장 메커니즘을 끌어들인 후 권력 메커니즘은 결코 바뀌지 않았고, 시장 메커니즘을 빌어 특권을 확대하고 더 큰 범위의 렌트추구(rent-seeking)* 공간을 찾았는바, 이에 따라 전체 사회의 구조적 부패와 사회 공정 문제가 전에 없이 첨예해졌다. 우리는 권력 메커니즘이 진 빚을 시장 메커니즘에게 갚도록 할 수 없다. 주쉐친은 더 나아가 사회 병폐를 해결하는 방법에 대해 신좌파는 시장 메커니즘 비판을 제창하고 자유주의는 정치체제 개혁을 호소하는데, 이것이 두 파의 불일치의 관건이라고 강조한다.31)

쉬유위도 공정문제에 대해 비슷한 관점을 갖고 있다. 그는 보기만 해도 몸서리쳐지는 체제전환기의 부패와 사회 불공정 문제는 시장이 구 권력체제의 통제를 벗어나지 못하여 미성숙하고 비규범적이기 때문이고, 따라서 그 출로는 시장 경제의 발전과 개선에 있다고 생각한다. 중국의 시장경제로의 전환문제가 아무리 많고 심각하다하더라도 눈 딱 감고 앞으로 나아갈 수밖에

* 경제 주체들이 자신의 이익을 위해 비생산적인 활동에 경쟁적으로 자원을 낭비하는 현상, 즉 로비·약탈·방어 등 경제력 낭비 현상을 지칭하는 말로 지대 추구라고도 한다. — 역주

없고, 의식주행(衣食住行: 의복·식사·주거·생활)이 모두 타인에 의해 처리되며 무엇을 심고 만들고 팔지도 모두 상부의 지시를 기다려야 하는 그 시절로 절대 되돌아가서는 안 된다. 쉬유위는 다음과 같이 주장한다. "첫째, 진짜 시장, 진정한 자유 경쟁을 만들며, 규칙을 공정하게 하고 모두 이를 준수하여 권력을 시장에서 쫓아내야 한다. 둘째, 법치에 의거하여 법제를 완벽하게 한다. 예를 들어, 헌법을 고쳐 합법적인 사유재산을 보호하고, 입법을 통해 빈부 차이를 축소하며, 법률에 의거하여 부패를 처벌하고, 국유 자산의 유실을 방지하는 것이다."[32)]

친후이는 90년대 초기 '공정' 문제에 주목하고 이를 추구한 지식인이다. 그가 제창한 '체제전환 경제학'은 바로 공정문제를 주제로 삼고 있다. 친후이는 중국 경제개혁을 연구하는 '체제전환 경제학'은 '순수경제학'이 아니라 정치경제학이며, 거래비용경제학이 아니라 거래권리경제학(交易權利經濟學)으로, '공정'이 그 관건이라고 강조한다. 체제전환 경제학은 또한 '분할경제학'인데, 그 핵심 문제는 어떻게 '공평하게 분할'할 것인가이다. 분할이 공정한지 여부는 권력 사유화와 민주 사유화의 차이로 나타난다. 폴란드와 같은 동유럽 체제전환 성공의 전형과 러시아와 같은 실패의 전형이 '쇼크요법'을 시행한 후 보여준 현저한 결과의 차이는 바로 공정 여부가 만들어 낸 것이다.[33)]

친후이가 추구한 공정은 우선 '과정의 공정'이다. 그는 중국과 서구의 시장 문제가 다르다고 강조한다. 비 자유경쟁사회에서의 최대 문제는 결코 '승자독식'이 아니라 '권력자 독승(獨勝)', 즉 과정의 공정이 부족하다는 것이다. 거기에서 출현한 독점 역시 경쟁의 결과인 '자연적 독점'이 아니라 경쟁을 배제한 권력 독점이다. 공유제가 재산권 명료화를 향해 진화 발전하는 사회에서 사유재산권의 '최초 획득'은 역사적 상황이 아닌 현실 상황이므로, '획득한 정의'는 '역사적 원칙'이라기보다 현재의 원칙이다. '출발점의 평등'은 조작할 수 있을 뿐 아니라, 더욱이 재산권 초기 배치 문제에서는 규칙의 평등과 거의 동일하다. '시정된 정의'를 소급 불가하며 시행 불가하다고는 더더욱 말할 수 없다. 그러므로 이러한 상황에서 사회 민주원칙은 자유원칙에 대해 효과적인 추궁을 할 수 없다. 또 다른 측면에서, '과정의 공정'은 비록 '결과의 평등'을 보장할 수는 없으나 결과의 공정의 기초가 된다. 따라서 '정당함'은 공평의 전제이고, 공정은 이상적 마지노선이며, 사회 민주원칙 역시 자유원칙을 전제 혹은 마지노선으로 삼아야 한다. 자유가 없는 조건 아래에서, 자유 자체는 공정의 동의어가 된다. 과정의 공정과 결과의 평등간의 충돌(즉 자유와 평등의 충돌, 혹은 효율과 공정의 충돌 등)은 자유 질서가 세워진 후에야 진짜 문제가 된다. 그러므로 노직(Robert Nozick)식의 고전적 자유주의자와 사회 민주파는 '과정의 공정'에 대해 공통된 입장을 취하며, 이는 양자 정의관의 공동 마지노선이 된다. 바로 이 때문에 제정 러시아의 사회 민주당 인재들이 '프로이센식 노선'에 반대하고 '미국식 노선'*을 택하자고 한 것이다.[34)]

친후이는 중국이 직면한 문제 상황에서 노직의 정의관이 가장 중시할 만하다고 여긴다. 첫째는 노직의 정의론이 마지노선의 성격을 가장 잘 갖추고 있기 때문이고, 둘째는 그의 이론이 가장 철저하기 때문이다. 전에 계획경제 체제였던 국가에서는 획득한 정의가 가장 기본적인 요구이고, 시정된 정의 역시 실행가능성을 갖는다. 그러나 하이에크의 보수주의는 코스**와 마찬가지로 그 자명한 전제를 구비하지 못한 환경에서는 쉽게 왜곡된다. 자연적으로 형성된 것이 합리적인 것이고, 전통적인 것이 바로 합리적이라는 등의 하이에크의 논법은 '현존하는 것이 바로 합리적인 것'으로 왜곡되기 쉽다. 그의 이론 속에서 과정의 공정은 되돌릴 수 없음을 도출할 수 있기 때문에, 비록 자유주의 사상사에서 하이에크의 지위가 의심할 여지없이 노직보다 높

* 레닌은 농업의 자본주의화방식을 프로이센식 노선과 미국식 노선으로 개괄하였다. 친후이는 〈현대사상의 공동 마지노선을 논함(論現代思想的共同底線)〉이라는 글에서 '프로이센식 노선'을 비스마르크식 사회보장제도의 전제국가로, '미국식 노선'을 자유경쟁의 민주국가로 설명하고 있다. – 역주

** 코스(Ronald Harry Coase, 1910-2013) 영국의 경제학자. 미시경제론을 통해 경제제도의 구조를 설명하는 원칙을 구체화하여 시장에 실패가 발생하더라도 당사자들 간의 자발적 협상이 쉽게 이루어질 수 있다면 정부의 개입이 불필요하다는 '코스정리'라는 이론을 내놓았다. 경제의 제도적 구조와 기능을 위한 거래비용, 재산권의 중요성을 밝힌 공로로 1991년 노벨경제학상을 수상하였다. – 역주

긴 하나, 현실의 불공정에 대한 그의 비판력은 노직에 미치지 못한다. 오늘날 중국에서 롤스의 사상은 포퓰리즘에 의해 왜곡될 수 있고, 하이에크와 코스의 사상은 과두주의에 의해 왜곡될 수 있지만, 노직의 사상은 왜곡되기 어렵다. 중국 공정문제의 핵심은 주로 '권력자 독승'인바, 즉 최초 재산의 근원이 확실치 않고 그 후의 증식에 또 강권을 이용하는 사람이다. 노직의 이론은 바로 이 점을 겨냥하고 있으나, 롤스의 이론 절반은 그 최초의 획득이 확실하고 그 후의 증식에서도 공정한 거래에만 의지하는 사람을 향한다. 하이에크와 노직도 롤스와 마찬가지로 후자를 변호하지만, 롤스는 전자, 즉 '권력자 독승'에 대해서도 이번만 용서해주는 식의 관용을 베풀 수 있는데, 이는 노직이 반대하는 바이다. 이 때문에 오늘날 중국의 공정을 논함에 있어, 노직은 하이에크보다 확실히 더 큰 계시를 우리에게 주고 있다. 친후이는 현재 중국 경제학계에 유행하는 수많은 관점들, 예컨대 공공자산을 주인이 없는 것으로 여겨 선점권을 행사하고, 거래권리를 무시하면서 '거래비용'을 대대적으로 논하며, 공공영역에서 '공공선택'을 배제하고, '재산권보다 우선하는 거래'를 제창하는 것 등은 이 정의의 마지노선에 부합하지 않는다고 비판한다. 상술한 관점들은 자유주의의 마지노선을 명백히 위배하고 있다.[35)]

공정 문제에서 친후이는 과두주의에도 반대하고 대중영합주의에도 반대하는 입장을 견지한다. 그는 다음과 같이 지적한다. 역사상 과두주의가 자유라는 이름을 사칭하는 것을 앞세웠다면, 대중영합주의는 자유의 내용을 소멸하는 결과를 가져왔으며, 대중영합주의가 평등이라는 이름을 사칭하는 것을 앞세웠다면, 과두주의는 평등의 내용을 소멸하는 결과를 가져왔다. '불공정한 가짜 경쟁'과 '반(反)경쟁적 가짜 공정'은 서로 원인과 결과가 되어 악순환을 형성했고, 이로써 자유와 평등, 자유주의와 사회민주주의가 함께 망하는 위험을 초래했다. 중국에서 자유주의는 과정의 공정(출발점의 평등과 규칙의 평등)을 견지하는 측면에서 과두주의와 선을 분명히 그어야 하고, 사회민주주의는 공민의 자유를 쟁취(전체주의 반대)하는 측면에서 포퓰리즘과 선을 분명히 그어야 한다. 자유와 공정은 자유좌파와 자유우파의 공동 마지노선일 뿐만 아니라, 자유질서 실현 이전의 자유주의와 사회 민주주의의 공동 마지노선이기도 해야 한다. 친후이는 더 나아가 "과두주의를 염려하지 말고 불공정을 염려하며, 불균등을 염려하지 말고 자유롭지 못함을 염려하라"고 주장한다. 과두주의의 변호자를 겨냥해서는 "과두주의를 염려하지 말고 불공정을 염려"하는 원칙을 내세워야 하며, 대중영합주의를 겨냥해서는 "불균등을 염려하지 말고 자유롭지 못함을 염려"하는 원칙을 내세워야 한다. 현재의 폐단은 시장에 있는 것이 아니라 여전히 강제에 있으므로, 지금은 시장을 제한해서는 안 되고 강제에 이별을 고해야 한다.[36] 과두주의를 겨냥해서는, 강제적인 공공재산의 사유화, '권력 사유화', 불공정한 가짜 경쟁에 반대해야 하며, 출발점의 평등과 과정의 공정을 견지해야 한다. 대중영합주의를 겨냥해서는, 강제적인 사유재산의 공유화를 반대하고, '인민공사가 바로 경제 민주'라는 이론에 반박하며, 반경쟁적 가짜 공정, 결과의 평등과 주인이 은혜를 베푸는 식의 공정에 반대해야 한다. 요컨대, 강권을 사용하여 이루어진 원시적 축적(primitive accumulation)에 반대하면서 정상적인 시장경제 속의 경쟁은 보호해야 한다.[37]

전환기 중국 사회의 불공정 폐단에 대한 신좌파와 자유주의의 진단은 일치와 불일치가 공존한다. 쌍방의 사회공정 문제에 대한 주목과 권력 자본주의의 원시적 축적에 대한 비판은 전환기 사회 중국지식인의 사회적 양심을 드러냈다. 사회공정 문제에 대한 양자의 사고는 모두 중국의 시장화로의 궤도수정 과정 중의 자본과 권력 관계의 새로운 변화 및 이러한 반민주적 자본권력 구조와 권력 사유화가 중국 개혁 진행과정과 공공이익에 미치는 손해에 주목했다.

그러나 이러한 공통된 사상인식이 공정 문제에 대한 두 파의 심각한 불일치를 가릴 수는 없다. 쌍방이 모두 중국 시장화 과정 속의 자본과 권력의 상호관계에 주목하긴 했지만, 신좌파의 비판은 주로 글로벌 자본주의를 향하고, 자유주의의 비판은 전통 권력체제에 집중된다. 왕후이는 자본주의가 반시장적 역량이고 지배적 권력을 지닌 독점 형식이며, 권력시장화와 시장권력화는 전형적인 자본주의 현상이라고 간주한다. 중국의 전환 사회에 출현한 권력과 자본이 결탁한 자본의 원시적 축적과 부패현상은 글로벌 자본주의 확장의 산물에 불과하다. 그러나 자유주의자는 오늘날 중국 권력 사유화의 원시적 축적과 부패는 전환기 사회 특유의 역사현상으로, 이는 전통적 권력 구조가 시장경제에 적응하는 접목식 적응 변천의 산물이기 때문에 권력의 제약이 부족한 시장화 개혁은 반드시 권력 자본주의와 사회 불공정을 야기한다고 여긴다. 자본과 권력의 관계에서 왕후이의 자본주의 비판은 브로델, 월러스틴 등 서구 좌파의 '경제정치학' 전통을 계승하여 전 세계적인 '자본의 권력 지배'(자본권력)라는 결론을 얻어낸다. 친후이의 권력 비판은 동양식 전환기 사회의 '정치경제학'(체제전환 경제학)에 기초하여 전환기 중국에서의 '권력의 자본 지배'(권력자본)라는 본질을 드러내 보인다. 전환기 중국에 대해, 신좌파의 스미스(하이에크) 비판과 자유주의의 권력 비판은 각각 서로 다른 방향에서 중국 시장화 진행 과정 가운데 권력과 자본이 합류하는 현실을 지적하는바, 그 자본 비판과 권력 비판은 전환기 중국의 대체할 수 없는 두 가지 지식 비판 전통을 대표한다.

사상사가(思想史家)이자 문학사가(文學史家)인 왕후이는 그 사상적 관찰의 예민함, 지식적 시야의 광활함 및 이론적 사변의 깊이를 가지고 중국 좌파 비판이론에서 가장 영향력 있는 사상적 지도자가 되었다. 왕후이의 깊이는 '현대/전통', '사회주의/자본주의', '시장/국가'라는 이분법적 신계몽주의 이데올로기를 해체하고 중국문제를 현대성과 글로벌 자본주의의 컨텍스트에 놓고 다시 사고했다는 데에 있다. 이로써 자본주의의 전 세계화라는 배경하에 중국 경제의 궤도 수정 중 국가와 자본의 복잡한 상호작용 관계 및 신자유주의의 중국에서의 우익화 경향을 밝혀냈다. 왕후이의 자본주의 비판이론은 주로 브로델과 월러스틴 등의 학설에서 영감을 얻었다. 브로델은 시장과 자본주의에 대해 의미 있는 분석을 했지만, 그 '자유로운 시장/독점적 자본주의'라는 이데올로기 이분법은 또 다른 종류의 새로운 반자본주의 '시장 신화'를 만들어낸 듯하다. 월러스틴은 브로델의 학설을 해석할 때, 시장은 보잘것없는 이들의 영역이고 자유의 영역이지만, 독점은 거물들의 영역이고 강제적인 영역이라고 강조한다.[38)*] 기실 이런 '보잘것없는 이들의 자유시장'은 또 다른 비역사적인 '시장 유토피아'에 불과할 따름이다. 월러스틴 본인도 '자본주의'를 반대하는 '시장'의 투쟁에 대해 다음과 같이 인정했다. "우리가 토론하는 것은 분명 과거의 역사가 아니라 창건하기 어려운 미래이다. 브로델이 정의를 내린 시장이 승리하는 것은 결코 쉬운 일이 아니다. 어떤 의미에서, 과거 500년의 역사는 이 시장이 누누이 실패한 역사이다."[39)]

브로델의 '시장/자본주의'라는 이원 대립적 관점과 달리, 앤서니 기든스는 시장경제와 자본주의는 불가분의 관계이며, 자본주의 사회에서만 시장이 비로소 확장되고 시장경제로 변화 발전할 수 있다고 생각한다. 기든스는 다음과 같이 지적한다. "비록 모든 계급분화사회에 지방 단계를 뛰어넘는 시장이 존재하지만, 오로지 자본주의 사회에서 시장은 비로소 상당수(이후 다시 절대 다수에 근접하는) 사람들의 일상 필수품 생산과 연결되기 시작한다."[40)]

자본주의는 문명과 죄악이 교차하는 복잡한 역사의 다면체이다. 계몽시대 이래 사상사에 존재하는 두 종류의 대립적 자본주의 이론은 다음과 같다. 첫째, 마르크스 식 자본주의 병리학으로 이데올로기의 각도에서 자본주의의 사회 도덕적 부작용에 주목하는데, 브로델의 '독점 자본주의' 이론이 바로 이 비판 전통에 속한다. 둘째, 베버식의 자본주의 생리학으로 기술과 기능의 각도에서 자본주의 문명의 성장 발육을 고찰하는데, 베버가 '이성화(rationalization)'로써 자본주의를 해석한 것과 하이에크가 '인류 합작의 확장된 질서'로써 자본주의를 정의한 것이 그 예이다.[41)] 자본주의에 대한 신좌파와 자유주의의 변론 속에서 우리는 여전히 마르크스와 스미스의 이론이 충돌하고 있음을 볼 수 있다.

* 페르낭 브로델의 저서 ≪자본주의의 동력(資本主義的動力)≫(三聯書店, 1997年) 부록에는 1985년 10월 프랑스 샤또발롱(Chateauvallon)에서 열린 브로델 학회에 참석한 월러스틴의 발언이 소개되어 있다. — 역주

4. 헌정민주와 전면적 민주

민주는 중국 현대화의 기본 목표이다. 1980년대의 신계몽 사조 속에서 '민주'는 일찍이 전제에 반대하는 중국지식인의 공통된 가치 이상이었다. 그러나 90년대 사회 전환이라는 새로운 상황 속에서 지식계에는 서로 경쟁하고 충돌하는 갖가지 민주 관념이 출현했고, '민주'의 기치에는 여러 가지 색이 칠해졌다. 헌정민주와 급진민주의 충돌은 자유주의와 신좌파 논쟁의 초점이 되었다.

민주 문제에서 신좌파는 서구식 자유민주를 뛰어넘는 '전면적 민주'라는 급진적 요구를 내세운다. 추이즈위안은 미국의 '분석적 마르크스주의'를 중국에 끌어들였는데, 마르크스 학설을 다시 상세히 논술하여 현재의 조건하에서 인류의 전면적 해방과 개인의 전면적 발전이라는 이상 실현의 추진을 그 목적으로 삼았다. 그는 사회주의 이상이 광대한 인민의 '경제민주'로써 사회 자원에 대한 소수 경제・정치 엘리트의 조작을 대체하는 것이라 간주한다. 러시아와 중국이 시행한 국유자산의 주식화 혹은 사유화 운동에 대해, 정치민주는 공유자산이 소수에 의한 '자발적 사유화'의 필요조건이 되지 않도록 보장한다. 만약 자본주의 민주가 '자본주의'와 '민주'의 타협이라면, 사회주의는 경제・정치민주의 동의어이다.[42] 추이즈위안은 더 나아가 중앙정부, 지방 엘리트와 일반 국민의 삼자 관계를 중심으로 삼아, 이 삼자 간에 형성된 유기적 상호작용의 '혼합 헌법'과 '혼합 제도'적 민주 방안을 구상한다. 그는 정치이론에서부터 일종의 혼합적 헌법과 제도를 구상하고, 중앙국가, 지방정부와 대부호, 일반 민중의 상・중・하 세 층차가 상호작용하는 선순환을 이루려고 시도하는데, 이는 민중의 요구를 국가의 의지로 전환시켜 새로운 귀족제도를 억제하는 것을 목적으로 한다.[43] 이 정치적 구상은 시민사회 이론과 대조를 이룬다.

왕사오광은 정치민주와 경제민주를 공평과 효율의 관계를 처리하는 기본 원칙으로 귀납시킨다. 그가 보기에, 공평과 효율 사이에서 이익의 분배를 절충하고 이에 관여하는 것은 정치적인 문제이다. 이 문제를 해결하는 가장 훌륭한 메커니즘이 정치민주, 즉 모든 성인으로 하여금 정책 결정과정에서 동등한 발언권을 갖게 하는 것이다. 그러나 정치민주가 공평과 효율 사이에서 조절하는 방식은 그저 2차 분배로써 초기 분배를 수정하는 것일 뿐이므로, 결코 초기 분배의 불평등을 해결할 수는 없다. 초기 분배의 불평등을 해결하는 가장 좋은 방법은 경제민주이다. '경제민주'의 핵심내용은 노동의 자본 고용으로써 자본의 노동 고용이라는 자본주의 제도를 바꾸는 것이다. 경제민주의 의의는 다음과 같다. 첫째, 노동 소유자가 자본을 고용하여 그들로 하여금 자본 소유자의 지배를 벗어나 스스로 자신의 권리를 관리하게 한다. 둘째, 새로운 경제성장이론은 더 이상 자본 축적을 성장 결정의 유일한 요소로 삼지 않으며, 노동력 요소의 결정적 역할을 더욱 중시한다. 이렇게 생산과정을 지배하는 노동자는 당연히 잔여이익 청구권자(residual claimant)로 변모한다. 셋째, 노동자가 잔여이익 청구권자로 바뀌고 자본이 피고용자가 될 때, 수입의 초기 분배는 더욱 공평하게 되며, 이로써 자본주의 제도 아래 정치민주의 '절름발이' 문제가 해결된다. 마지막으로, 노동자의 자아관리는 자본의 노동 지배로 야기되는 소외도 극복할 수 있으며, 이로써 노동자의 적극성과 창조성을 분발시킨다. 왕사오광은 비록 그 실현이 상당히 요원하나, 정치민주와 경제민주가 중국 사회주의 시장경제 건설의 필수 단계임을 강조한다. 사회주의 민주 실현은 자본주의 민주처럼 정치영역에서 먼저 시작하여 경제영역으로 확장될 필요가 없다. 중국 민주화의 길은 경제영역에서 시작하여 정치영역으로 확장되는 것을 시험해볼 수 있고, 아울러 기층민주의 훈련을 통한 대중의 정책결정과정 참여능력의 제고도 시험해볼 수 있다.[44)]

왕사오광의 민주관은 사회주의와 좌익 자유주의의 모종의 혼합물이다. 왕사오광은 간양의 관점을 받아들여 신좌파와 자유좌파의 혈연관계를 인정한다. 그는 다음과 같이 강조한다. '신좌파'와 국제사회의 '자유좌파'는 동일한 참호에 서있으며, 신좌파는 "자유를 추구하지만 단지 경제엘리트, 사회엘리트와 지식엘리트만이 향유할 수 있는 자유가 아니라, 공평한 자유, 모든 공민이 향유할 수 있는 확실한 자유를 추구한다. 자유 좌파는 국가가 항상 공민의 자유를 침범할 수도 있다고 인정하지만, 그 해결책은 국가를 제거하는 것이 아니라 민주적 방식으로 국가를 개조하는 것이다." 왕사오광은 서구식의 자유민주주의적 다당제를 마음에 들어 하지 않으며, "국민이 소유하고(民有), 국민이 누리며(民享), 국민이 다스리는(民治) 의미의 민주는 일당제에서 실현할 수 있다."고 믿는다.[45)]

왕후이는 더 나아가 '문화민주'와 '경제민주', '정치민주'의 상관성을 강조한다. 그는 시장의 조건하에 문화자본과 매체에 대한 통제는 사회의 기본적 문화 경향과 주류 이데올로기의 추세를 결정짓는다고 지적한다. 문화생산이 국제 · 국내 경제자본의 활동과 밀접하게 연결되어 있는 당대 중국의 상황 속에서 국가 기관과 시장의 관계는 복잡하게 얽혀있는데, 문화 생산은 한편으로 국가 기관에 의해 제약을 받고, 다른 한편으로 경제자본과 시장활동에 의해 제약을 받는다. 그러나 경제와 시장은 여태껏 국가의 영역을 벗어난 적이 없으며, 문화생산은 바로 전체 사회 재생산의 일부분이다. 이 때문에, 문화문제에 대한 분석은 '경제기초' 및 '상부구조'와 관련된 마르크스적 이분법을 뛰어넘어, 문화비판과 사회 · 정치 · 경제 과정에 대한 분석을 서로 연결시킬 필요가 있다. "가장 기본적인 결론은 바로 경제민주 쟁취, 정치민주 쟁취, 문화민주 쟁취가 사실 동일한 투쟁일 따름이라는 것이다." 왕후이가 보기에 민주문제에는 1990년대에 새로운 사회적 내용이 추가되었다. "중국사회에 있어, 경제민주에 대한 토론은 전체사회의 분배제도 및 생산방식과 관련되기 때문에 정치민주 문제를 언급하지 않을 수 없다. 이러한 의미에서 경제민주와 문화민주 문제에 대한 토론은 정치민주 토론에 실질적 내용을 제공했다. ……정치민주는 사회실천의 목표일 뿐 아니라 문화 성찰과 역사 성찰의 과제이기도 하다. 정치민주에 대한 해석은 한편으로 서로 다른 문화가치관의 제약을 받고, 다른 한편으로 국가 간 경제 · 정치 관계와 밀접하게 연관된다. 중국의 독특한 시장사회 형식 속에서 경제민주와 문화민주를 벗어난 정치민주 문제는 존재하지 않으며, 정치민주와 문화민주를 벗어난 경제민주 문제 역시 존재하지 않는다.”[46)]

정치민주에 대해 왕후이는 ‘민주’의 고전적 의미, 즉 공민의 정치참여와 직접민주에 더 주목한다. 그는 마오쩌둥 시대 군중운동에 대한 공포 때문에 정치민주에 대한 많은 사람들의 이해가 주로 ‘형식적 민주’, 특히 법률제도를 세우는 데에 집중됨으로써 ‘민주’라는 광범위한 사회문제가 상류사회 개혁방안 설치 및 전문가의 법률 수정과 건의라는 방면에 국한되어, 민주의 필수적 내용인 광범위한 정치참여를 홀시할 뿐 아니라, 이러한 정치참여와 입법과정의 적극적 상호관계가 바로 현대 민주 변혁의 기본 특징임을 완전히 무시해 버린다고 지적했다. 놀라운 사실은, 일부 학자들이 현대 헌정민주 속에 포함된 직접민주와 간접민주의 내용을 무시하며, 민주 실천 가운데 직접민주의 의미를 완전히 배제하고, 심지어 민중의 보편적 참여를 전제주의의 온상으로 본다는 점이다. 이러한 ‘민주관’은 어떤 의미에서든 민주 정신과 완전히 상반된 것이다.[47)]

왕후이에게 있어, 정치민주와 관련된 이론은 반드시 공민의 기본 권리를 보장하는 전제하에서 제도화된 방식으로 국가와 이익집단의 양자 연맹을 저지해야 하는바, 이는 공평한 시장을 형성하는 기본 전제이다. 이 때문에 추이즈위안의 일반 공민의 참여를 핵심으로 하는 혼합제도(즉 국가, 엘리트 및 대중의 삼층 구조) 구상은 고려해볼만한 민주 방안이다. ‘삼층 구조(三層結構)’의 구상이 강조하는 바는 어떻게 민중의 요구를 국가의 의지로 전환시켜 새로운 귀족제도를 억제할 것인가이다. 이 정치 구상은 시민사회 이론과 정확히 대조를 이룬다. 여기에서 특히 연구해야할 것은 어떻게 사회운동과 제도 혁신 사이의 상호관계를 통해 민주적 감독 메커니즘을 형성하고, 이로써 일반적으로 국가에 의지하여 신귀족계층을 감독하는 것이 아닌, 서로 다른 차원의 각 민주적 메커니즘을 통해 국가의 권력 전횡과 지방정부 내 이익집단의 부패를 저지할 수 있을 것인가이다. 따라서 공공공간의 형성은 매우 중요하다. 이 혼합제도는 반드시 일반 공민이 사회운동, 공공토론 등의 형식을 통해 서로 다른 차원에서 추진한 공공정책 결정에 대한 공개토론에 기초를 둬야 한다. 여기에서 사회운동과 서로 다른 차원의 공공공간의 형성은 특별히 중요한 중간 고리이다. 즉 공공토론과 사회운동은 전국적인 공공공간에서 발생할 뿐 아니라, 각 지방의 공공공간에서도 발생하기 때문에, 일반 공민으로 하여금 공공 범주에서 그들의 일상생활 안배와 밀접하게 관련된 사회적 의제를 발견할 수 있게 한다. 이는 민주와 자유의 추구가 그 구체적인 내용을 획득하고 급진적 구호로 바뀌는 것을 피할 수 있는 중요한 방식이다. 중국의 구체적인 상황을 겨냥하여 생긴 이 구상은 국가와 시민 사이의 거리를 확대함으로써 가정한 시민사회 개념과 상반되는데, 후자는 사회민주를 비정치화된 자발적 과정으로 이해하기 때문에 사회동원(social mobilization)과 제도 혁신 사이의 적극적 상호작용 관계를 와해시킨다.[48]

왕후이는 정치적 자유가 민주의 기초임을 강조한다. 헌법으로 보장되지 않는 공공공간은 언론자유와 공공토론을 추구하거나 이것들을 위해 분투할 수 없으며, 비판정신의 생존공간과 민주적 가능성도 갖지 못한다. 어느 이론에서 출발하든지, 정치적 자유를 부차적인 것 혹은 허위적 논제로 폄하하는 방식은 모두 거절해야 한다. 이와 동시에, 사회 전제(專制)는 결코 국가권력에서만 기인하는 것이 아니라, 모종의 사회단체와 지식단체 및 그 운용 메커니즘에서 기인할 수도 있다. 이처럼 복잡한 역사적 조건하에 비판적 지식인은 더욱 넓은 범위 내에서 서로 다른 형식이면서도 상호 협력하는 전제주의와 문화 공포주의에 대한 지속적인 투쟁을 전개해야 한다.[49]

왕후이는 신자유주의와의 논쟁을 민주 투쟁으로 귀결시킨다. 그가 보기에, '신자유주의'와 관련된 논전의 초점은 사회평등과 사회공정 문제로 귀결시킬 수 있다. 현재 중국 좌·우의 근본적 불일치는 여전히 민주 문제에 있다. 비판적 지식인은 시장과 시민사회 운동이 여태껏 특정 정치구조를 벗어나지도 않았고 벗어날 수도 없기 때문에, 사회변혁의 임무는 민주 참여 메커니즘을 만드는 것이라고 강조한다. 그러나 신우익(新右翼)은 이론상 시장과 시민사회의 자율적 운영기능을 강조하고, 이 두 영역의 비정치성을 강조함으로써 자유에의 추구를 민주에의 추구 위에 둔다. 문제의 핵심은 정치적 자유에 실질적인 내용을 부여해야 하는 데에 있지, 정치적 자유의 기본적 추구를 버리는 것이 아니다. 당대 상황 속에서 자유로써 민주를 반대하고, 개인의 권리로써 평등을 비판하는 것은 단순히 자유주의 이론 문제에 대한 연구로 볼 수 없다. 이는 현재 진행 중인 불평등한 시장의 확장 과정(소수의 사람들이 자유롭고 합법적으로 사회재산을 약탈하는 과정)과 밀접한 관련이 있다.[50)]

문학가 천옌구는 급진민주의 창도자인데, 그가 추구하는 것은 모든 압박관계에 반대하고 인류해방을 실현시키는 '전면적 민주'이다. 후쿠야마*의 역사종결론을 비판하는 한 논문에서 그는 '전 세계 고통당하는 사람들'이 서구를 초월하는 '전면적 민주'를 추구하기를 호소했다. 그는 포스트냉전시대에 역사는 결코 종결되지 않았다고 지적했다. 왜냐하면 생산 불평등, 부자유와 비민주를 낳는 토양이 여전히 존재하고, 어떠한 역량도 전 세계 고통 받는 사람들이 더욱 공정하고 전면적인 민주적 생활방식을 추구하는 것을 저지할 수 없기 때문이다. 천옌구의 '전면적 민주' 개념의 제기는 역사의 발전을 기대하며 자유주의 민주 원리에 대한 비판적 이해에 기초하는데, 그 주요 함의는 다음과 같다. "민주적 원칙은 반드시 사회생활의 모든 방면에서 관철되어야 한다. 자유주의가 민주를 하나의 정치개념(특히 정부의 생산방식과 조직원칙)으로 이해하는 것과 달리, 전면적 민주의 생활방식은 모든 사람이 사회생활의 모든 주요한 방면의 정책 결정과 안배에 참여할 평등한 권리가 있음을 인정한다. 왜냐하면 권력은 결코 협의의 정치영역에 국한되지 않으며, 경제자원과 문화자원이 점유한 불평등도 동일하게 권력관계의 불평등을 야기하고 형형색색의 억압관계를 초래하기 때문에, 정치민주와 똑같이 중요한 것이 바로 경제민주와 문화민주이다. 또 다른 방면에서, 전면적 민주의 원칙은 전 세계적 기획이어야 하는데, 이는 어떠한 민족국가의 범위 내에서도 완전히 실현될 수 없다. 자본주의가 만들어낸 전 세계의 분열은 전면적 민주의 주요한 장애

* 후쿠야마(Francis Fukuyama, 1952-) 3세대 일본계 미국인으로 철학자이자 정치경제학자. 자유주의와 공산주의의 이데올로기 대결의 역사는 자유주의의 승리로 끝났다고 주장한 ≪역사의 종말(*The End of History*)≫로 유명하다. - 역주

물이기에, 전면적 민주 실현은 국부적 범위 내에서도 전 세계적 범위 내에서도 자본주의를 반대하고, 자본주의 세계 체제가 만든 전 세계적 양극화를 소멸시켜야 한다." 천옌구는 더 나아가 '전면적 민주'가 경제민주를 필요조건으로 하며, 게다가 이는 사회주의의 실천이라고 강조한다. "만약 전면적 민주의 글로벌 사회 건설을 일종의 사회주의 실천이라고 말한다면, 이는 사회주의의 부흥 없이는 상상할 수 없다."[51)]

신좌파의 급진 민주이론은 서구 신좌파의 민주이론에서 기원한다. 월러스틴은 '전면적 민주론'의 창도자이다. 그는 다음과 같이 주장한다. "시장(보잘것없는 인물들의 천지, 자유로운 세계)이 끊임없이 독점(거물들이 강한 세력으로 약자를 깔보는 영역)과 대결하고, 독점의 존재가 또 국가의 지지에 전면적으로 의지하는 바에야, 불평등에 반대하는 투쟁이 어찌 정치·경제·문화 세 방면과 동시에 관련되지 않겠는가? 독점 집단의 통치는 경제 분야에서 자유와 평등을 부정하고, 정치와 문화 분야에서도 반드시 자유와 평등을 부정하려고 한다. 이 때문에, 나는 브로델이 주장한 의미의 시장경제에 찬성하며, 결국에는 세계의 평등, 인류의 자유 및 박애를 쟁취하기 위해 분투해야 한다고 여긴다. 논리적 추리에 근거하여 이 투쟁을 전개하고, 상등인과 하등인의 구분을 허락하지 않아야 한다. 아마 브로델이 말한 시장의 승리는 자본주의의 승리에 대한 명시가 아니라, 오히려 세계 사회주의의 승리에 대한 명시일 것이다."[52)] 월러스틴은 전면적 민주를 사회주의의 승리로 귀결시킨다.

간양은 토크빌*의 민주이론을 사상적 자원으로 삼아 귀족제를 반대하는

* 토크빌(Alexis-Charles-Henri Maurice Clérel de Tocqueville, 1805-1859) 프랑스의 정치학자이자 역사가이며 정치가. 노르망디 귀족 출신으로 1827년 베르사유재판소 배석판사에 취임하였으며 1831년 교도소 조사를 위하여 미국으로 건너갔다. 귀국 후 ≪미국의 민주주의(*De la démocratie en Amérique*)≫를 저술하였다. 이 저서에서 근대 민주주의 사회로의 이행을 필연적 현상으로 보았으며, 더 나아가 이러한 사회의 부정적 영향인 개인주의나 정치적 무관심 등에 대해서도 언급하였다. 1833년 영국으로 건너가 J.S.밀 등 자유주의자와 교유하였으며, 밀에게 큰 영향을 끼쳤다. 1849년 외무장관을 지냈고, 1851년 나폴레옹의 쿠데타에 반대하여 체포된 후 정계에서 은퇴하고 역사연구에 전념하였다. — 역주

현대 민주의 ‘평등’의 함의와 귀족자유주의를 대체하는 민주자유주의의 역사적 추세를 추켜세우며, 아울러 당대 중국 자유주의 사조의 영국 숭배와 프랑스 격하라는 보수적 경향을 비판했다. 간양은 현대 민주가 고대 그리스 로마의 귀족식 민주와 다른, ‘각종 조건의 평등’이라는 의미의 민주라고 지적한다. 프랑스 대혁명은 민주시대의 도래를 나타내지만, 영국의 명예혁명은 민주 이전 시대의 혁명에 속한다. 콩스탕*의 자유이론에 따르면, 현대사회에는 사회생활의 ‘과도한 정치화’와 ‘과도한 개인화’라는 두 가지 위험이 있으며, 양자는 왕왕 상호 전화(轉化)된다. 1980년대 말 이후 급진주의와 루소를 대표로 하는 프랑스 혁명 전통에 대한 중국 지식계의 성찰은 이미 또 다른 극단으로 나아갔다. 즉 한편으로는 프랑스 혁명의 악습을 검토하여 프랑스 대혁명 자체의 정당성 및 중국혁명에 미친 거대한 영향을 전면적으로 부정하고, 다른 한편으로는 버크**의 보수주의를 ‘영미 자유주의’의 정수로 떠받들었다. 이러한 보수 경향을 겨냥하여 간양은 다음과 같이 강조했다. “오늘날 특별히 제기해야 하는 것은, 자유주의라는 이름으로 민주를 부정하고, 영국 혁명으로써 프랑스 혁명을 부정하며, 버크를 가지고 루소를 부정하고, 이 모든 것들의 이름으로 신해혁명 이래 20세기 중국 혁명사와 ‘5・4’ 이래 중국 현대 사상사를 부정하는 것에 대해 거부하는 것이다. 그와 반대로 이

* 콩스탕(Henri Benjamin Constant, 1767-1830) 스위스 태생의 프랑스 소설가. 소설 ≪아돌프≫의 작가인 그는 ≪정복과 찬탈의 정신에 대하여≫, ≪정치의 원리≫, ≪헌정론≫ 등을 쓴 정치사상가이자, 프랑스 제1제정기에서부터 7월 혁명 때까지 격동의 역사에 참여한 정치가이기도 하다. 자유주의 원칙들을 선양하는 계몽군주를 옹호했던 중농주의자들과 달리 콩스탕은 국가를 자유에 대한 가장 큰 위협으로 보았다. 몽테스키외와 마찬가지로 견제와 균형의 원리를 신봉하여 언론・출판의 자유를 옹호했다. 그러나 지방분권주의와 마찬가지로 종교도 국가의 힘을 견제할 수 있다는 생각에서 한 사회 내에서 종교가 맡는 긍정적 역할을 믿었다. — 역주

** 버크(Edmund Burke, 1729-1797) 아일랜드 출신의 영국 보수주의 정치가. 당시 만연했던 정치가의 이권개입으로 발생하는 부패, 단순한 법조문 해석과 지배자의 권리 주장, 정치적 관직과 명성을 추구하는 세태를 비판하고, 보편적 원리에 의해 판단하는 정치적 행위를 통해 국가의 이익과 정의를 실현하는 정치철학을 제시하였다. 프랑스 혁명의 과격화를 경고한 저서 ≪프랑스 혁명에 관한 고찰≫과 일정한 자격을 가진 시민들에게만 선거권을 제공하는 것이 더 나은 결과를 가져올 것이라는 선거권 확대 반대 주장은, 그의 귀족적이고 부르조아적인 정치성향을 보여준다. 하지만 정치가로서 독재체제에 반대하고 정당정치를 통해 권력의 남용을 견제하며 정의와 자유를 주장한 점은 정치사에서 높이 평가된다. — 역주

모든 것들은 토크빌이 말한 '민주시대의 도래'라는 광활한 역사적 시야에서부터 다시 자세히 살펴보아야 한다. 우리가 필요로 하는 것은 급진주의를 비판하고 보수주의를 옹호하는 방향으로 나아가는 것이 아니라, '급진과 보수를 동시에 초월하는 것'이다."[53]

한위하이는 중국 자유주의의 보수성에 대해 비판했다. 그는 자유주의 유산의 귀중한 점이 자유주의의 기본 원칙, 즉 개인자유 발전의 권리는 반드시 가장 큰 한도 내에서 보장받고 존중받아야 한다는 원칙 속에서 체현되었다고 지적한다. 그러나 이 유산의 위대함은, 오직 여러 경로와 방식을 통해 사회성원들의 정치참여 범위를 확대해야만 비로소 정부를 포함한 집중된 권력에 대해 가장 효율적인 제한과 감시제어가 이뤄지며, 여러 형식의 전제의 탄생을 방지할 수 있다는 데에 있다. 그러나 보수적 '자유주의'는 우익의 극단을 향해 발전하여 권력의 집중을 제한하는 것이 아니라, 인민을 제한하고, 공유자원 통치에 대한 인민의 참여를 제한하며, 정치영역의 공공성과 인민주권의 정치원칙을 제한한다. 그들은 인민주권 원칙의 실행이 결국 모든 차이를 파괴하고, 사회적 차별을 균등하게 할 뿐이며, 게다가 인민참여와 인민민주 역시 정치적 효율성을 낮추고, 심지어 사회적 동요를 초래할 뿐이라고 간주한다. 이 때문에, 그들은 '소극적 자유'와 '소극적으로 참여하는 대중'이 적극적 참여보다 훨씬 낫다고 여긴다. 이와 동시에, 그들은 여러 형식의 집중된 권력과 '소수인'의 전제가 결코 위험하다고 여기지 않고, 직접민주야말로 '온갖 악의 근원'이라고 생각한다. 이것이 바로 당대 중국 주류 지식인이 대표하는 자유주의 이데올로기이다.

한위하이가 보기에, 자유주의는 민주와 대립적인 것으로, 1989년 이후 소련과 동유럽 사변은 '자유주의'의 승리이지, 결코 민주의 승리가 아니다. 왜냐하면 자유주의가 현대 '사회주의' 국가의 합법성 위기에 불길한 해결방안을 제공했기 때문이다. 스탈린 모델의 위기는 그것이 사회주의 원칙을 위배한 데에 있다. "스탈린식 사회주의는 생산재의 소유제 개조를 제대로 실행하지 않았다. 시장이 사라진 후 남은 공백은 국가 관료에 의해 채워졌으며, 국가

관료는 실제로는 유산자(有産者)의 역할을 맡게 되었다. 인민들은 그저 명의상 정치와 경제 사무에 참여하는 권력을 가졌을 뿐, 실제 이 권력은 소수 관료의 손안에서 조종되었다. 이 때문에 이 합법성 위기에 대한 해결에는 두 가지 방안이 있게 된다. 한 가지는 민주 참여를 확대하는 방식 및 경로를 통해 정치영역을 날로 공공화하는 것이고, 또 한 가지는 실제로는 제어당하는 상명하달식의 시장화와 사유화를 통해 이뤄진 생산재에 대한 소수의 장악을 익명이 아닌 공개화, 합법화시키는 것이다."[54] 그러나 자유주의가 소련과 동유럽에 제공한 것은 바로 소수가 독점하고 점유하는 시장화 방안이었다. 한위하이는 비분강개하여 '역사 종결론'에 의문을 던진다. "절망적인 문제 한 가지가 우리 앞에 다시 나타났다. 자유주의가 승리한 곳에서 민주는 왜 실패하는가?" 한위하이는 자유주의의 역사 속에 화려하고 다채로운 악장은 얼마 없으며, 자유주의가 역사상 가장 불합리한 제도를 도와줬다고 질책한다.[55]

한위하이는 더 나아가 '문화대혁명'의 사회주의 민주 실험을 긍정한다. 그가 보기에 사유제 소멸은 오히려 국가 관료들로 하여금 인민의 명의로써 생산재를 '점유'하지는 않으나 실제로는 지배하게 했는데, 이들 관료는 그 특수한 정치적 지위를 가지고 사회를 착취했던 자산계급의 '통치자' 역할을 대신하여 '새로운 자산계급'을 형성했다. 마오쩌둥이 '이선으로 물러난' 의미는 '인민의 대변인'이라는 비판적 방식으로 관리자의 권력을 감독하려는 데에 있었다. 마오의 이러한 '관리권'과 '해석권'의 분리는 '사회주의 민주'의 한 가지 실험형식이다. 그러나 문제는 이러한 '해석권'이 전혀 제도화되지 않았고, '혁명 지도자' 마오의 사상과 인격으로 체현되었다는 데에서 나온다. 결정적인 곤경은, 중국식 '사회주의 민주' 실험이 해결할 수 없는 혼란과 군중 내홍을 야기했다는 데에 있다.[56] 한위하이는 또한 마오를 현대 역사상 가장 위대한 '평민 경제학자'라고 칭송한다.[57]

신좌파의 급진 민주 추구와는 달리, 자유주의자의 민주 이념은 주로 정치영역의 헌정민주를 요지로 삼고 있다. 주쉐친은 한위하이의 자유주의 비판에 반응할 때, 고대 그리스의 직접 민주제는 인류 초기에 시행된 일종의 고대

민주로, 여론에 밀려 소크라테스에게 사형을 선고한 좋지 않은 기록을 갖고 있다고 지적한다. 이 고대 민주제는 그 역사적 지위를 부정해서도 안 되지만, 맹신할 수도 없다. 인류 역사상의 민주에는 고대 민주와 근대 민주 두 유형이 있다. 직접 민주제는 고대 도시국가에 적합하나, 근대 민족국가에는 적합하지 않다. 양자 사이에는 사르토리*가 말한 '규모의 장애'가 존재하는바, 만약 직접 민주제를 억지로 근대 민족국가에 부활시키면, 민주로 시작하여 전제로 끝을 맺는 촌극만이 출현할 것이다. 프랑스 혁명의 자코뱅 독재, 러시아 혁명의 급진적 실천, 그리고 중국 '문화대혁명'의 역사적 비극이 벌써 이를 증명했다. 민족국가는 그리스 도시국가의 행정범위를 훨씬 뛰어넘는 '거대 국가'이므로, 이러한 제한하에 현대인들은 비교적 타당한 대의제 헌정민주를 선택할 수밖에 없다. 1688년 영국 혁명, 1787년 미국 입헌 이래의 장기적 안정은 1789년 프랑스 혁명 이후의 장기적 동요와 정반대되는 두 측면에서 이 점을 증명했다. 정치제도를 비교하여 논하자면, 대의제 헌정민주는 물론 이상적인 정치제도가 아니라 근현대의 조건하에서 찾을 수 있는 '가장 나쁘지 않은' 민주형식에 불과하다. 이 때문에 헌정이 사람들의 뜻대로 다 되지 않는다고 맘껏 비판할 수는 있겠지만,(이 역시 서구 좌파 비판 전통의 오랜 입론의 근거이다) 만약 이 무대 바깥에서 좌파 이상을 실천에 옮겨 다시 새로운 무대를 세운다면, 역사적 기록으로부터 프랑스, 러시아 등의 재난의 기억만 볼 수 있을 것이다. 이 때문에, 자유주의자들은 시종 민주를 요구하지만, 무책임하게 고대의 직접민주를 부르짖는 것, 즉 한위하이가 칭송한 '모든 형식의 통제를 받지 않는 민주'에 결연히 반대한다.[58)]

어떻게 하면 오늘날 중국의 사회 병폐를 해결할 것인가에 대해, 주쉐친은 신좌파가 근대 역사상 프랑스 혁명을 대표로 하는 군중성 대민주(大民主)와 마오쩌둥의 '문혁' 중 일부 방식을 긍정하며, 그 유산을 발굴하여 '제도를 혁

* 사르토리(Giovanni Sartori, 1924-) 이탈리아의 정치학자. 정당 체제를 단순히 그 숫자에 의해서만 구분할 것이 아니라 '의미 있는 정당(적실성 있는 정당)'의 개념을 도입해서 정당 체제의 작동 기제에 따라 구분해야 한다고 주장했다. — 역주

신'할 것을 주장하고, 중국이 글로벌화에 진입하는 잘못된 형세를 되돌리려 한다고 지적한다. 그러나 자유주의는 프랑스 혁명에서 기원한 근대 좌파 정치문화가 러시아를 거쳐 중국에 전파되어 점점 '문혁'의 실천이라는 절정에까지 발전했으며, 이 역사적 갈림길에서 가장 많이 희생된 것이 바로 맨 처음 동원되었던 사회 하층 민중이라고 간주한다. 개혁은 '문혁'에 대한 철저한 부정을 제기하여 시장 메커니즘을 도입하였는바, 이는 세계 주류문명을 향한 힘겨운 회귀이다. 개혁을 정치체제에까지 연장하고, 제도 차원에서 권력 감독 메커니즘을 세우며, 헌정으로 나라를 다스려야만 사회 공정을 해결할 수 있고, 또한 폭력으로 폭력을 대체하는 중국 역사의 악순환을 가능한 한 피할 수 있게 된다.[59)]

왕딩딩은 자유주의를 위해 변호하면서, 인류의 자유 쟁취 과정은 피할 수 없고, 자유·평등·정의·박애·우정 같은 가치 있는 것들은 동시에 획득할 수 없으므로, 모든 훌륭한 것에는 반드시 순서를 매겨야 한다고 강조한다. 그에게 있어 '자유'는 최고의 가치를 지녔으며, 그 다음이 '평등'과 '정의'인데, 이 '정의'는 '공평'이 아니다. 한위하이가 제기한 "자유주의가 승리한 곳에서 민주는 왜 실패하는가?"라는 문제를 겨냥하여, 왕딩딩은 다음과 같이 힐문한다. "설마 자유주의가 아직 허락되지 않은 곳에서 민주가 더욱 충분하단 말인가? 나는 항상 사회를 비판하는 동시에 '비판주의자'들에 대해 고도의 회의를 표한다. 만약 당신의 유일한 사명이 '비판'이고, 반드시 언어를 사용하여 비판해야 하며, 언어는 늘 언어의 사용자에게 '지적'의 권리를 부여한다면, 당신 자신에 대한 푸코의 비판에 어떻게 직면하겠는가?"[60)]

쉬유위는 자유주의의 헌정민주를 좌익적 사회민주의 전제와 기초로 귀납시키는 입장을 견지한다. 그는 토마스 마이어*의 관점을 인용하여 현대 사회민주주의는 자유주의의 자유운동 계승자이며, 그 강령은 자유주의 운동

* 마이어(Thomas Meyer, 1943-) 독일의 정치학자, 독일 사회민주당 당헌집필위원회 부주석이자 사민당의 전문잡지인 ≪새로운 사회/프랑크푸르트 수첩≫의 편집장으로 사민당 내 여러 위원회에서 적극적인 활동을 하고 있다. 저서로는 ≪사회민주주의 입문≫, ≪사회민주주의의 전환≫ 등이 있다. - 역주

위에 세워졌고, 또한 이 운동의 진정한 성취를 유지했다고 강조한다. 쉬유위가 보기에 사회민주주의에게 있어 자유주의는 선결 조건의 역할을 한다. 중국, 소련 등의 역사적 경험은 자유민주 헌정에 대한 '초월'이 결코 더 '높은' 자유와 민주가 아니라, 자유와 민주에 대한 파괴임을 드러내보였다. 만약 구미국가의 자유주의 헌정이라는 무대가 세워진 후 이에 대한 비판, 보수, 개선에 여태 큰 착오가 없다면, 인류 역사상 아직 등장하지 않은 아름다운 무대를 세우자라는 주장은 새빨간 거짓말이거나 이성의 망동(妄動)일 것이다. 인류 역사상 인류가 자유주의 헌정의 성과를 벗어나 사회 민주주의적 목표를 실현할 수 있음을 증명한 선례는 아직 없다. 만약 우리가 서구의 진정한 사회민주주의자들처럼 자유주의가 사회민주주의의 기초이자 전제 조건임을 인정한다면, 이러한 전제 조건이 우리로부터 아직 멀리 떨어져 있을 때 소위 '초월'한다는 것은 실제로는 부정일 따름이다. 쉬유위의 결론은 다음과 같다. "나는 결코 헌정민주를 실현한 후에 사회민주주의를 강력하게 쟁취한다는 가능성을 미리 반대하지는 않는다. 또한 사회민주주의를 제창하는 것이 헌정민주를 서둘러 성사시키는 것이라는 현실적 고려에도 반대하지 않는다. 그러나 반드시 기억해야 할 것은, 자유주의가 사회민주주의의 기초이자 선결 조건이므로, 자유주의의 헌정 무대를 함께 세워야만 자신이 좋아하는 여러 주의들에 대해 진정으로 의미 있게 토론하고 그것들을 쟁취할 수 있다는 점이다."[61)]

정치민주에 대한 논쟁의 초점은 직접민주와 간접민주의 관계이다. 류쥔닝은 극'좌'시대의 역사적 경험 성찰을 통해 직접민주의 실행불가능은 그 운용 규모의 어려움 때문만이 아니라, 더욱이 그 자체가 내포하는 경향 때문이라고 강조한다. 직접민주론자들이 요구하는 것은 더 많은 정치권력일 뿐 아니라, 제약받지 않고 무한히 확장되는 권력이자, 완전히 다른 정치제도, 개인의 자유와 근본적으로 대립되는 제도이다. 중국의 문화대혁명, 혁명위원회, 공개재판, 대민주 등의 정치적 괴물은 물론 직접민주라고 할 수는 없으나, 직접민주를 추구한 산물임은 틀림없다. 그 본질은 강권(强權)민주에 속한다. 직접민주는 비용이 비싸고, 위험이 높으며, 저항과 감정화를 야기하기 쉽다. 직접

민주는 절차가 없고, 획일적이며, 자유가 없고, 폭정을 낳는다. 직접민주는 역시 가짜 민주이다. 그러나 자유민주는 다르다. 이는 일종의 간접민주이고, 그 목적은 공민의 자유 권리 보장이며, 그 우세함은 혼합민주적 정치체제에 있다. 직접민주는 순수민주적 정치제도이다. 간접민주는 큰 범위에서 권력에 대해 제한하고 감독하는 제도로 공민 개인의 생명의 자유와 행복 등의 목표를 추구하기 위해 봉사하는 수단일 뿐이나, 직접민주론자는 민주를 자명한 궁극적 목표로 여긴다. 간접민주는 다층적이고 여러 번 여과된 정책결정 과정이므로 방비력(防備力)과 제약력(制約力)을 획득한다. 이와 비교하면, 직접민주는 가장 허술하고 엉성한 정치구조로, 기능 분화도 없고 여과장치와 안전밸브도 없어, 고도로 분업화된 현대사회와 전혀 어울리지 않는다. 이 때문에 두 가지 민주의 차이는 본질적 차이이고, 강권민주와 자유민주의 차이이다. 간접민주가 이미 확립된 곳에 직접민주의 일부 성분들을 추가하는 것은 큰 틀에 지장을 주지 않지만, 간접민주가 없는 곳, 혹은 간접민주가 아직 확립되지 않은 곳에서 먼저 직접민주를 확립하는 것은 본말을 전도하는 것이다.[62)]

철학자 구쑤(顧肅)는 그의 신작 ≪자유주의의 기본이념(自由主義基本理念)≫에서 자유주의와 신좌파의 민주 논쟁을 분석했다. 그는 자유주의의 관점을 인용하여 신좌파가 주장하는 직접민주는 구체적인 제도 설계와 실행가능성 연구가 부족하기 때문에 일종의 기대할 수는 있으나 이루기는 어려운 고양된 민주이고, 이는 신좌파의 주조(主調)인 유토피아적 성격과 기본적으로 일치한다고 강조했다. 사실, 루소식의 허황된 인민주권은 여태껏 실현된 적이 없다. 문제는 민주적 제도의 보장인데, 민주는 공민의 기본 자유권을 배제할 수 없고, 헌정주의의 제도적 제약이 필요하며, 분권·권력제약 및 균형, 그리고 법치를 필요로 한다. 신좌파는 문명세계의 정치적 실천이 그 실행효과를 반복하여 증명한 제도적 보장들을 무시하고, 고양된 직접민주 혹은 전민(全民)민주에만 시선을 고정시킴으로써 포퓰리즘적 '대민주'라는 악순환에서 벗어나지 못한다. 구쑤는 더 나아가 신좌파가 추구하는 경제민주와 문화민주가 거시적 논증이든 미시적 논증이든 모두 유토피아적 성격을 띤다고 지적한다. 경제민주는 정치민주 상의 평등한 투표권을 실현할 수 없는데, 경제영역 속의 완전한 평등권은 평균주의, 인재 말살, 경쟁 방해라는 나쁜 결과를 야기하여, 결국 사회 전체의 효율을 희생시킬 수 있기 때문이다. 관료 부패와 사회 불공정 문제 해결은 경제영역의 대민주에 의탁할 수 없고, 정치민주화, 즉 정부관리와 공공부문에 대해 민주적 감독을 시행하여 민의와 이익이 충분히 반영되는 대의 기구로 정부의 행위를 제약하게 하는 데에 달려있다. 이들 낭만주의 문학 비평가들이 공개적으로 제창하는 문화민주는 경제민주보다 더욱 공허하고 비현실적이다. '문화민주' 개념의 혼란은, 문화영역이 정치상의 평등한 투표권처럼 모든 사람으로 하여금 문화 창조에 평등하게 참여하게 할 수 없고, 문화자본의 점유와 감상 소비의 평등권을 실현시킬 수 없으며, 문화 감상의 평등권 측정기준이 무엇인지 어느 누구도 분명하게 설명할 수 없다는 데에 있다.[63)]

재일(在日) 법학자 지웨이둥은 중국 정치 개혁에 있어 헌정민주의 중요한 역사적 의의를 강조한다. 그는 '냉전' 종결 후 구소련과 동유럽 각국이 경제시장화를 진행하는 동시에 정치체제에서도 강권주의 체제에서 자유주의 '헌정' 체제로의 심각한 변화를 일으켰다고 지적한다. 동시에 서구 사회비판이론의 기수인 하버마스 및 좌익 지식인들 역시 입장을 조정하여 대중이 정치에 직접 참여하는 급진민주에 대한 추구와 자유주의 헌정의 법률제도를 결합시키기 시작했다. 이는 유럽 비공산당계 사회주의 운동의 목표가 따로 한 파를 만드는 것이 아니라, 합법적 투쟁방식을 통해 자본주의의 철저한 자아비판과 수정을 촉진시키는 것으로 확정됐음을 의미한다. 이는 또한 서구 사회 비판의 중점이 파괴적인 해체에서 건설적 재구성으로 전이되었음을 의미하며, 일정한 수준에서의 비판법학의 퇴각을 의미하기도 한다. 이처럼 중요한 당대 사상가의 태도 변화는 마치 다음과 같은 사실을 알려주는 듯하다. 제도적으로 실행 가능한 민주정치에 대해 말하자면, 근대 법치주의가 물론 충분조건은 아니나 필요조건은 되어, 적어도 각종 제도 혁신의 기본 참고물, 더 나아가 입장이 된다. 물론 법치가 만능인 것은 아니다. 그러나 법치 이외에 정치민주, 경제질서 유지 및 개인권리 보장을 실현할 더 훌륭한 방법은 아직 발견되지 않았으므로, 우리는 법치를 믿을 수밖에 없다. 지웨이둥은 당대 자유주의 체제가 분명 계급 대립, 사회복지 요구와 국제관계 평등 등의 갖가지 도전을 받고 있다고 인정한다. 그러나 그가 보기에, 자유주의 체제의 가장 큰 위기는, 그 내재된 모순이 이익집단 위주의 민주주의 정치 과정 및 문화 다원주의의 변질 과정 속에서 자유주의로 하여금 점차 공공성 기초를 상실하게 한 데에 있다. 후쿠야마가 소련과 동유럽의 해체를 자유주의의 최종 승리로 귀납시킨 것은 당연히 천박한 견해이다. 신좌파는 자유주의 체제의 내재된 모순과 공공성 위기에 일리가 있다고 인식했다. 하지만 만약 이 때문에 공동체주의·종족주의·민족주의·국가주의와 같은 자유주의의 각종 대립면에 분명 만병통치약이 존재할 것이라고 추론하는 것 역시 또 다른 천박함이다.[64]

지웨이둥은 중국에서 자유주의 체제를 평가할 때는 반드시 세 방면의 문제를 고려해야 한다고 강조한다. 첫째, 자유주의 체제를 다른 체제와 비교하면 더 나은가 아니면 모자란가? 이를 충분히 대신할 만한 성숙한 제도적 모델이 존재하는가? 만약 중국이 왕사오광이 비판한 제3세계 '모델 제작자'의 놀이터(추이즈위안의 '제도 혁신'이 바로 여기에 속한다)가 되고 싶지 않다면, 중국은 기존 체제를 바꾸지 말거나 조금만 바꾸어 유지하든가, 아니면 현재 다른 체제에서 상대적으로 가장 훌륭하고 보편적인 것을 모범으로 삼아 실제 상황과 결합시켜 수정하든가 해야 한다. 둘째, 중국의 가장 근본적인 문제는 자유주의가 너무 많고 다원화가 지나치게 과도하여 공공성 상실을 야기한 탓인가, 아니면 국가권력에 대한 통제가 너무 부족하거나 공동체 집단주의가 지나치게 강해서 개성의 억압을 야기했기에 공공성이 원천 없는 물로 변한 탓인가? 먼저 본토화를 통해 '외국의 것을 배웠어도 실제로는 응용하지 못하는' 편향을 바로잡을 것인가, 아니면 열린 마음자세로 세계화의 도전을 맞이해야 할 것인가? 중국의 문제는 절차적 민주주의의 결핍이다. 셋째, 자유주의 체제의 내재된 모순이 완화 혹은 해결될 수 있는가? 그 공공성 위기를 극복하는 방식, 방법이 실행가능한가? 롤스는 '정치자유주의'의 이론 구상 및 개인의 울타리를 뛰어넘는 자유민주주의 체제의 개혁에 대해 절차적 정의와 법치를 여전히 견지하고 심지어 더 강조한다. 어째서 신좌파는 중국 '자유파' 특히 '경제자유파' 중의 일부 고전 자유주의 관점에 대한 비판에만 열중하고, "국가를 해체하는 것이 아니라, 민주적 방식으로 국가를 개조하자"고 주장하는 대다수의 의견 및 오늘날 자유주의 체제의 여러 가지 발전에 대해서는 언급을 회피하는가? 이상의 세 방면에서 고려해볼 때, 미래 중국의 정치개혁 방향은 자유주의 체제를 독단적으로 부정하는 것이 아니라 현실적 조건에 근거하여 이 체제를 점차 세워가고 완비하며 개선함으로써 (통일 · 법치 · 민주 등 방면의 제도화를 포함하는) 현대 민족국가 건설의 기본 임무를 완성하는 것이다. 수많은 신사조의 모형에 대해 자세히 연구하고 그 중 유익한 건의를 흡수해야 하지만, 전체적으로 성급하게 '모델 제조자의 놀이터'가 될 필요는 없다.[65)]

신좌파와 자유주의의 민주 논쟁 중, '제3의 길'을 공개적으로 제창한 쉬지린은 규범 차원에서 민주문제를 토론하는데, 롤스의 '반성적 평형(reflective equilibrium)' 방법을 응용하여 자유주의 민주와 공화주의 민주에 대한 상호 반성과 겸용을 통해 중국 민주화의 새로운 사고를 찾아보자고 주장한다. 그는 하이에크 이론과 자유주의 민주가 중국문제에 여전히 영감을 주긴 하지만, 모든 문제를 다 처리할 수는 없다고 간주한다. 그러나 신좌파의 급진민주 관점은 자유주의 민주의 헌정과 법치 전통에서 벗어나 적극적 자유 혹은 대중 참여를 논의하는바, 여기에는 의심할 여지없이 루소식 민주의 전체주의적 위험도 잠재되어 있다. 중국의 자유주의와 신좌파는 각각 현대의 자유를 중심으로 삼는 자유주의 민주관과 고대의 자유를 핵심으로 하는 공화주의 민주관을 기반으로 하고 있다. 롤스는 자유주의 민주 전통을 계승했으나 공화주의 민주관도 겸용하여 사회민주주의 평등 원칙을 내포하는 신자유주의 이론을 형성했다. 하버마스는 공화주의 민주 전통을 계승했지만, 또한 자유주의적 법치와 인권원칙도 인정하여 자유주의 제도 구조하의 사회민주주의 이론을 형성했다. 보수적인 신 고전 자유주의와 전통적 좌익 급진민주 사이에서, 롤스와 하버마스는 서로 다른 방식으로 규범 차원에서 자유주의와 공화주의라는 양대 민주 전통을 결합시켰는데, 경험 차원에서도 중국 민주화 문제에 시사하는 의미가 적지 않다. 쉬지린은 현대 서구 민주사상사는 자유주의와 공화주의가 서로 대치하고 이해하며 점차 상호 포용해가는 역사라고 강조한다. 현대 서구 민주는 바로 자유주의와 공화주의라는 두 전통의 긴장을 빌어 부단히 스스로를 성찰하고 완벽하게 하는 내재적 자원을 갖게 된 것이다. 그러나 자원이 오직 하나 뿐인 사상과 체제는 분명 경직되거나 심지어 붕괴된다. 이 점을 깨닫는다면, 이것 아니면 저것이라는 식의 습관에 익숙한 중국 지식인에게는 자유주의든 신좌파든 모두 큰 도움이 될 것이다.

쉬지린이 보기에 하버마스가 근래 창도한 절차적 숙의민주주의(deliberative democracy)는 일종의 자유주의 민주와 공화주의 민주를 초월한 '제3의 민주'의 규범 양식이다. 숙의민주 이론은 정치가 민주적 의견과 의지의 형식이고, 그 형성 과정은 의회의 이익 타협을 표현할 뿐 아니라, 또한 공민의 정치적 공공영역에서의 자유로운 협의와도 관련이 있다고 강조한다. 숙의민주주의 이론은 더욱 높은 층차에서 교류 과정과 관련된 상호주관성(intersubjectivity)을 제기하는데, 정의 문제와 관련된 숙의 규칙과 변론 형식을 민주 정치의 핵심으로 삼는다. 숙의민주주의는 의회의 숙의제도와 공공영역 속 숙의제도라는 두 가지 형식을 포괄한다. 마지막으로, 비정식적인 의견 형식은 제도화된 선거와 행정 정책결정 속에서 관철되며, 이로써 교류 권력은 행정권력으로 바뀐다. 이 때문에, 공공 권위 역시 견실한 합법성 기초를 얻는다. 이른바 '숙의민주주의'는 기든스의 '대화민주주의(dialogic democracy)'로 해석되는데, '민주'의 의미는 이미 "모든 사람의 참여에서 정책문제에 대한 공공의 숙의로 바뀌었다." 쉬지린은 더 나아가 다음과 같이 강조한다. "숙의민주주의의 본질은, 모든 형식의 강제에 반대하고, 반드시 모든 이들의 서로 다른 의견을 포용하여 공공의지를 형성하며, 아울러 이성의 논증이나 논쟁을 거쳐 공통된 인식을 얻는 데에 있다. 권위주의 전통이 깊이 뿌리박힌 중국의 정치 전통에서는 이처럼 타자를 포용하고 이성적으로 협상하는 공공제도와 정치문화 자원이 매우 부족하므로, 이는 충분히 중시하고 참고할만하다. ……자유·

인권·법치가 부족하고 자유 역사전통의 정치문화가 결핍된 중국의 현실적 상황에 직면하여, 우리는 이렇게 말할 수밖에 없다. 반드시 롤스로 하버마스를 보충하고, 정의의 우선 원칙으로 제3의 민주의 합법적 기초를 규범화해야 한다."[66)]

친후이의 '제3의 길'은 중국문제의 특수성에 더욱 주목한다. 그가 보기에 중국문제는 유럽과 정반대이다. 한편으로는 개혁 20년 이래 정치권력이 제약을 받지 않는 상황이 근본적으로 변하지 않았고, 다른 한편으로는 개혁 전 구체제하에서의 사회복지 수준이 매우 낮아 국가가 절대다수 국민(농민)에 대해 사회보장 책임을 완전히 지지 않으면서도 엄밀한 권력을 행사하여 그들을 전에 없는 엄격한 신분제도의 속박 아래 두었다. 이 두 가지 모두 같은 제도의 국가들에서는 극히 보기 드물다. 중국의 문제는 국가기관의 권력이 지나치게 커서 공민의 자유가 부족하고, 그 책임은 또 너무 적어서 사회보장이 부족하다는 점이다. 이러한 상황 아래, 국가권력을 제한하는 자유주의의 추구와 국가의 사회적 책임을 확대하는 사회민주주의의 추구는 결코 모순되지 않는다. 농민에게 있어 양자는 완전히 일치하는 것이다. 유럽의 문제는 자유주의(보수주의)도 사회민주주의도 이미 모두 희망이 없기 때문에 '제3의 길'을 찾아야 한다는 것이다. 그러나 중국의 문제는 자유주의도, 사회민주주의도 모두 가능하기 때문에 우선 양자의 공동 마지노선을 실현시켜야 한다는 점이다. 중국 '제3의 길'의 목표는 반드시 '더 많은 자유방임, 더 많은 사회복지'여야 한다.[67)]

신좌파와 자유주의의 '민주' 논쟁은 공화주의 민주, 사회주의 민주 그리고 자유주의 민주 사이의 충돌로 표현되었다. 비록 두 파 모두 민주를 숭상하지만, 민주에 대한 그들의 추구는 그 지향점이 크게 다르다. 신좌파가 추구하는 민주는 사회주의의 경제민주, 공화주의의 참여식 민주, 그리고 완벽한 '전면민주'를 목표로 삼는다. 그러나 자유주의의 민주 추구는 헌정민주를 중국 정치 개혁의 모델로 삼는다. 우리는 '전면민주'와 '헌정민주'의 대립 속에서 고양된 민주와 소극적 민주, 민주이념과 민주경험, 직접민주와 간접민주, 사회민주와 자유민주, 대중민주와 엘리트민주, 문학적 민주 상상과 정치학적 민주 운용 사이의 심각한 긴장을 발견한다.

민주이념에서 자유주의와 신좌파의 근본적 불일치는 자유민주와 대중민주의 충돌에 있는데, 옌푸의 개념을 빌자면, 즉 "자유를 근본으로 삼고, 민주를 도구로 삼는다."와 "민주를 근본으로 하고, 자유를 도구로 삼는다."의 대립이다.

'전면적 민주'는 신좌파가 자유주의 민주를 초월하여 이뤄낸 새로운 민주적 상상으로, 경제 · 정치 · 문화 모든 영역에서 억압이 사라진 인류의 평등과 자유라는 매력적인 청사진을 묘사한다. 경제민주와 정치민주의 내재적 연계에 대한 왕후이의 강조는, 중국의 경제 전환과 정치 개혁의 상호작용성에 주목하는바, 이러한 경제민주의 추구는 의심할 바 없이 정치민주에 대한 중요한 보완이다. 왕후이와 간양은 공화주의적인 민중의 정치참여와 직접민주의 가치를 거듭 천명하는데, 이는 자유파의 헌정민주관과 상호 보완된다. 중국의 자유주의 민주가 처한 곤경은 시장경제 · 시민사회 · 소극적 자유에서 출발하여 저절로 민주사회까지 이를 수 있다는 천진난만한 상상에서 기인한다. 이는 또한 후스가 일찍이 처했던 곤경으로, 이 영미파 자유주의 지도자는 중국과 미국 사회의 차이를 홀시했을 뿐 아니라, 견고한 군주제 전통을 가진 중국이 자유주의의 수단으로 자유주의의 목표를 실현할 수 있으리라고 심하게 과대평가했던 것이다.

신좌파와 자유주의의 민주 논쟁은 이상주의 민주관과 경험주의 민주관의 충돌을 보여주었다. 사르토리는 민주와 관련된 토론은 민주가 무엇의 '묘사적 정의'이고 무엇의 '규정적 정의'여야 하는지를 구분할 필요가 있다고 지적했다. 정치체제 간의 비교 평가는 "현실로 현실을 비교하거나 이상으로 이상을 비교해야 한다. 사회주의적 이상으로 현실 속 민주를 비교하는 것은 해서는 안 되는 부정행위이다. ……묘사로 묘사를 비교하고, 규정으로 규정을 비교하며, 각자의 이상이 그 가리킨 현실로 바뀔 때 어떻게 성공했는지(혹은 엉망이 됐는지)에 대해 비교해야 한다. '그러한 것'과 '그래야 하는 것'을 구분하는 데서 경계심을 늦추지 말아야 이 일의 이상이 저 일의 현실보다 우월하다는 관련 언사가 전혀 터무니없는 소리임을 즉시 증명할 수 있다."[68] 사르토리가 비판한 '그러한 것'과 '그래야 하는 것'을 구분하지 않는 것, 민주의 이상적 형태로 그 현실적 형태를 비교하는 것은 물론 좌파 민주이론의 일반적 병폐지만, 이 또한 단지 비교정치학적 관점에서만 그러한 것이다. 비판이론의 기능은, 바로 '그래야 하는 것'으로 '그러한 것'을 비교하여 급진 민주의 유토피아 이상으로써 현실 민주제도의 결함을 비판하는 것이다. 그러나 민주 비판이론 운용은 역사와 제도적 환경을 고려해야 한다. 만약 비(非)자유민주국가에서라면, 좌파의 민주 전략은 서구 좌파의 포스트 헌정주의적 반자유주의 비판 방식을 완전히 답습하기 어려울 것이다. 아직 민주화 과정 중에 있는 전환기 사회에서, 중국 민주좌파는 그 민주 이상을 실천에 옮기고, 서구 좌파의 '가장 좋든지, 아니면 거절하든지'라는 급진적 태도의 유혹에 신중히 대처해야 한다.

자유주의와 신좌파의 민주 논쟁은 사실 동일한 차원은 아니다. 신좌파가 더 주목하는 것은 민주의 좋고 나쁨의 문제(어느 민주가 더 완벽한가)이고, 자유파가 주로 주목하는 것은 민주의 유무문제(어떻게 민주로 전제를 대체할 것인가)이다. 신좌파의 전면적 민주에의 추구는 서구식 자유민주 질서를 초월하는 데에 그 목적이 있으나, 자유파의 헌정민주 목표는 우선 중국에서 '민주 이전의 권리', 즉 인권과 공민권리를 실현하는 것이다. 역사상, '민주 이전의 권리'와 '민주'는 각각 영국 혁명과 프랑스 혁명의 주제였다. 민주는 자연히 민주 이전의 권리보다 높지만, 권리는 민주의 기초이다. 프랑스 혁명과 러시아 혁명이 그 민주 이상을 실현하기 어려웠던 이유가 바로 민주 이전의 권리 기초가 부족했기 때문이다. 민주의 절차로 말하자면, 권리는 뛰어넘을 수 없는 역사적 단계이다. 19세기 영국은 민주 이전의 권리에서 민주(프랑스화)로 안정적인 전환을 했고, 프랑스는 민주혁명의 좌절로 뒤로 후퇴하여 민주 이전의 권리를 쟁취하는(영국화) 동요의 순환을 겪었는데, 이러한 역사적 사실은 권리가 민주의 전제 조건임을 증명했다. 권리와 민주는 서로 보완하고도와가며 완성되므로, 다수의 인구가 아직 '국민 대우'(호적인구 대우)의 권리를 얻지 못한 중국에서, 민주 지식인은 민주 모델의 이로움과 폐단에도 주목해야 하고, '민주 이전의 권리' 실현에도 주목해야 한다.

자유주의 민주의 가치에 대해, 캐나다 정치철학자 윌 킴리카(Will Kymlicka)는 자신의 ≪당대 정치철학(當代政治哲學)≫ 중문판 서문에서 다음과 같이 독자에게 훈계했다. "나는 자유주의 민주의 핵심 장점이, 공민 행동의 고효율과 강대한 현대 국가 건설을 가능케 하는 데에도 유익하며, 국가의 권력을 규제하고 아울러 이 권력을 남용하여 공민을 해치는 것을 방지할 수 있는 것이라고 믿는다. 이러한 현대국가가 비록 서구에서 먼저 출현하기는 했으나, 오늘날 세계 모든 국가가 유사한 국가 효율을 실현하는 데에 힘쓰고 있다. 이 때문에 모든 사회가 비슷한 도전, 즉 국가 권력을 효과적으로 운영하면서 그 권력을 규제하는 도전에 직면하고 있다. 자유주의 민주는 아마 이 도전의 유일한 답변은 아닐 것이다. 그러나 내가 보기에 이는 서구에서나 중국에서나 모든 현대 정치이론이 반드시 직시해야할 도전이다."[69]

왕사오광의 '경제민주' 방안은, '노동의 자본 고용'이 노동자로 하여금 자아관리를 실현하고 아울러 잔여이익 청구권자가 되는 것을 가상한다. 이론적으로 말하자면, '노동이 자본을 고용함'으로써 '자본이 노동을 고용하는' 자본주의를 대체하는 것은 물론 자본주의적 경제 불평등을 근본적으로 해결하고 경제 민주를 실현하는 방법이다. 그러나 왕사오광은 '노동의 자본 고용'이 '자본의 임금노동'을 대체하는 경제학 논리를 명백하게 밝히지 않는다. 그는 마르크스가 ≪자본론≫에서 자본의 기능을 묘사할 때 사용한 이 '고용'이라는 개념을 노동에 전용(轉用)하여, 마르크스의 '임금노동' 개념을 '자본 고용' 개념으로 바꾸었는데, 당연히 논리적으로 문제가 많다. '노동자가 자본을 고용'하는 것은 논리에 위배될 뿐만 아니라 조종하기는 더욱 어렵다. 중국이 아직까지 시장경제국가에 들어서지 못한 큰 결함 중 하나가 바로 노동자가 고용자 측과 임금을 협의하는 자유로운 권리의 결핍이다. 여기에서 문제의 관건은 바로 '민주 이전의 권리'이다. 이 노동조합 부재의 시장에서 크게 남아도는 저렴한 노동력에 대해, 모래알처럼 흩어진 빈곤한 노동자의 자본 '고용'을 논하는 것은 그저 탁상공론의 낭만적 공상에 불과하다.

천옌구의 '전면적 민주의 글로벌 사회'라는 민주 청사진은 문화 좌파의 급진적 민주 유토피아를 드러낸다. 이는 모든 불평등과 억압관계를 없애고, 인류의 최종적 해방을 실현하는 철저한 민주로, 인류 사회생활의 모든 면을 관철하는 '전면적 민주'이자, 세계 모든 국가에 '글로벌 민주'를 널리 확산시키는 것이기도 하다. '공산주의'의 대체물이 될 만한 이러한 '전면적 민주'의 실현은 반자본주의적 글로벌 사회주의 실천에 의존한다. 천옌구의 급진 민주 추구는 문학가의 낭만적 성격을 충분히 보여준다. 그가 서구를 초월하여 따로 유파를 세운 이 '전면적 민주'라는 상상은 인류의 영원하고 위대한 사회이상을 가지고 중국이 백 년 동안 추구해온 헌정이라는 목표를 대체한다. 전면적 민주와 헌정 민주는 완벽한 고양된 민주와 불완전한 소극적 민주라는 차이가 분명히 있지만, 양자는 마치 '대형 건물'과 '주춧돌'의 관계와 같다. '전면적 민주'를 공공연히 외치는 서구 신좌파 지도자 월러스틴은 미국 사회 발전과정에 대해 어제의 '자유', 오늘의 '번영', 내일의 '평등'이라고 예언했다.[70] 미국 사회가 진보해 온 과정은 자유가 없으면 번영이 없고 평등도 있을 수 없음을 분명하게 밝혀준다. 인류 최고의 이상인 '평등'이라는 대형 건물은 '자유'라는 주춧돌을 떠날 수 없는 것이다.

민주에 대한 사르토리의 다음 평론은 아마 많은 것을 계시할 것이다. "그 누구도 민주 정치제도의 없어서는 안 될 기초로서의 사회민주의 중요성을 부정하지 않고, 기층의 초급 민주가 민주의 다른 어떤 측면보다 더욱 가치 있음을 부정하지 않는다. 이와 유사하게, 경제평등과 산업민주는 다른 어떤 일보다 우리에게 더욱 중요하다. 그러나 사실 정치적 민주야말로 여전히 우리가 아끼는 모든 형식의 민주 혹은 민주적 목표의 필요조건이고 필요수단이다. 만약 통솔적 제도, 즉 전체 정치제도가 민주제도가 아니라면, 사회민주는 가치가 없어지고, 산업민주는 진실성을 갖지 못하며, 경제평등은 노예 사이의 평등과 다를 바가 없게 될 것이다." "이것이 바로 일반적으로 일컫는 민주가 '정치적 민주'를 뜻하고, 민주가 일차적으로는 정치적 개념인 이유이다."[71] 분명 헌정은 민주의 충분조건은 아니나, 민주의 필요조건이긴 하다. '전면적 민주'의 청사진이 얼마나 웅장하든 간에, 그것은 헌정 민주를 기초로 하지 않을 수 없으며, 게다가 민주 이전 사회인 중국에게는 더욱 그러하다. 정치적 민주가 없으면 다른 어떤 민주도 논할 수 없다. 의미심장한 것은, 듀이가 '5・4'시기 중국을 방문했을 때에도 민주 문제에 시달린 적이 있었다는 사실이다. 1919년 6월초 베이징에 처음 왔을 때 듀이는 '정치적 민치주의', '민권적 민치주의', '사회적 민치주의'와 '생계적 민치주의'를 포괄하는 새로운 민주 이념을 강력하게 제창했다. 그러나 1921년 봄 중국을 떠나기 전 중국 청중들에게 한 연설에서는, 인권이 포함하는 신체의 자유, 재산의 자유와 사상의 자유를 민주 정치의 기초라고 강조하고, 중국인민이 3대 자유권과 선거권 쟁취를 위해 분투하기를 호소하는 것으로 입장이 바뀌었다.[72] 듀이가 전면적 민주의 급진적 이상에서 물러나 자유의 권리를 호소함은, 민국 초기 중국의 정치 현실에 대한 한 이상주의 민주사상가의 반응을 구체적으로 드러낸 것이었다. 듀이의 사상역정은 우리가 오늘날 중국의 민주문제를 토론하는 데에 여전히 계시하는 바가 적지 않다.

마오쩌둥의 영구혁명에 대한 한위하이의 새로운 해석은 사회주의 민주의 급진적 사상을 나타냈다. 이 청년 문학평론가는 사회주의 국가관료라는 '신 자산계급'을 반대했던 마오에 대해 변호하며, 마오가 '이선으로 물러나' '인민의 대변인'이라는 비판방식으로써 관리자의 권력을 감독하고, '관리권'과 '해석권'이 분리된 '사회주의 민주' 실험을 시행했던 것에 대해 긍정하는데, 이는 중국 현대역사의 낭만적인 문학화된 해석을 보여준다. 그러나 역사는 그 '인민의 대변인'의 절대 권력으로써 '신 자산계급'을 감독하고 숙청했던 마오식 '사회주의 민주'가 마르크스의 '인민이 관리하는' 사회주의 민주 이념과는 거리가 매우 멀다는 것을 증명했다.

자유주의와 신좌파의 민주 논쟁은 자유주의 민주, 공화주의 민주, 그리고 사회주의 민주의 대립을 부각시켰다. 서구 정치사상사에서 공화주의, 자유주의와 사회주의는 상호 경쟁하면서도 보완하는 세 가지 이데올로기이다. 헬드*가 말했듯이, "군주와 제후 권력에 대한 공화주의의 회의, 모든 형식의 정치 집권에 대한 자유주의의 회의, 경제 권력에 대한 마르크스주의의 고려라는 삼자 사이에는 상호 보완성이 있는데, 이 상호보완성을 정확히 평가하는 것은 중요하다."[73] 헬드가 보기에 공화주의의 유산은 적극적 공민의 이상**이지만, 그 결함은 국가 권력이 고도로 집중되고 공민의 역량이 약소해진 거대한 현대 민족국가에서 어떻게 공민의 정치참여를 확보할 수 있는지에 대한 논증의 부재에 있다. 바로 이 점에서 자유주의가 공화주의의 약점을 드러냈을 때, 자유주의는 자신의 가장 강력한 힘을 발휘했다. 그러나 자유주의의 헌정민주 모델은 오히려 자유시장과 자본주의 제도로 인해 훼손되었는바, 자유주의의 결정적인 약점은 시장을 '비권력적인' 조정 메커니즘으로 본 탓에 민주주의와 관련해 경제 권력이 가하는 왜곡성을 간과했다는 점이다. 이 문제를 철저하게 분석한 것이 마르크스주의 역량의 핵심이다. 그러나 마르크스주의는 또 정치권력을 경제권력으로 단순화시켜 그 입장이 약화되었고, 이로 인해 정치권력이 집중되는 위험을 홀시했다. "이 때문에 반드시 참여제도의 가능성에 대한 공화주의의 논술에 대해 반성해야 하고, 시장과 경제권력의 성격에 대한 자유주의의 관점에 의문을 제기해야 하며, 민주주의 성격에 대한 마르크스주의의 인식에 대해 비판적인 평가를 해야 한다."[74]

세 가지 민주 모델에 대한 성찰은 사상사에서 각각의 가치가 있다. 중국 사상계는 세 가지 민주 모델에 대한 성찰과 종합이라는 기초 위에서 중국

* 헬드(David Held, 1951-) 영국의 정치학자. 비판이론에서 출발한 그의 학문적 관심은 민주주의 이론을 중심으로 전개되어 왔는데, 최근에는 세계화 시대의 국제 질서, 전 지구적 거버넌스와 민주주의 문제 등에 천착하여 아치부기(D. Archibugi)와 함께 '세계시민 민주주의'의 주창자로 널리 알려져 있다. 주요 저작으로 《비판이론 입문: 호르크하이머에서 하버마스까지》, 《정치이론과 현대국가》, 《세계시민 민주주의》 등이 있다. — 역주

** 헬드는 그의 저서 《민주주의의 모델들》에서 '적극적 공민의 이상'에 대해 다음과 같이 언급한다. "공화주의자들은 시민(공민)들의 자유는 정치적 사안에 참여하는 데에 직접적으로 달려있다고 주장하면서, 적극적 시민(공민)의 이상이라는 혁신적 개념을 제시했다". (데이비드 헬드 지음, 박찬표 옮김, 《민주주의의 모델들》, 후마니타스, 2010년, 505쪽 참조) — 역주

민주화 문제에 대해 건설적인 사고를 해야 한다. 중국 민주문제에 대한 쉬지린의 사고는 자유주의 민주와 공화주의 민주의 성찰과 종합에 기반을 세우고, 두 가지 민주의 장점을 종합한 하버마스의 '숙의민주주의' 모델을 귀감으로 삼는다. 국가, 엘리트, 민중의 세 층이 상호작용하는 왕후이의 혼합제도는 반드시 공민 참여의 사회운동과 헌법으로 보장되는 공공공간이라는 관점에 기초를 세워야 하며, 사회주의, 공화주의, 자유주의의 민주 자원을 융합하여 사회운동, 공민참여, 공공공간, 언론자유, 정치자유를 한데 융합시켜야 한다. 친후이의 융합 자유주의와 사회 민주주의는 과두주의와 포퓰리즘에 모두 반대하며, '더 많은 자유방임, 더 많은 사회복지'라는 중국식의 '제3의 길'을 주장한다. 상술한 관점들은 중국의 민주문제에 대한 개방적 사고라고 할 수 있다.

전환기 중국의 상황에서 고전 자유주의는 양날의 칼로 반민주적 권력 자본을 위해 변호할 수도 있고, 민간의 공민 자유 권리에의 추구를 나타낼 수도 있다. 마치 중국에서 사회주의가 국가 이데올로기와 권력 담론이면서 하층 민중 사회운동의 이익 추구도 드러내는 것처럼 말이다. 이 때문에 문제의 관건은 어떤 판본의 '자유주의'와 '사회주의'인지, 그리고 이들 '주의'와 어떤 사회 정치적 역량과의 결합인지를 구분하는 데에 있다. 중국 '신자유주의'에 대한 왕후이의 비판은 그 '국가' 문제에 대한 인식에 기초한다. 그가 보기에 "당대 중국의 국가문제는 가장 민감하고 복잡한 이론문제이다. 국가의 필요성과 합법성 위기가 병존하고, 국가 능력의 쇠약과 기층사회 및 시장 활동에 대한 국가의(시장에 대한 행정 분할을 포함한) 과도한 간섭이 병존한다. 이 역설적인 역사 조건하에서 국가문제를 연구하는 데에 우선 피할 수 없는 문제가 바로 민주문제이다."[75] 왕후이의 탁월함은 바로 그가 전환기 중국의 국가능력과 국가체제의 역설적 곤경을 밝히고, 나아가 이를 민주문제로 귀결시켰다는 데에 있다. 그러나 사실 중국의 역설적 곤경은 그저 민주문제만이 아니다. '기층사회와 시장 활동에 대한 국가의 과도한 간섭'이라는 장애는 자유문제이다. '더 많은 자유방임, 더 많은 사회복지'라는 친후이의 '제3의 길'은 국가의 역설적인 자유화와 민주화 문제에 대해 변증법적으로 대답했다.

지적할 필요가 있는 것은, 중국의 '제3의 길'과 '제3의 민주' 토론이 반드시 중국과 서구 역사 상황의 시차에 주의해야 한다는 점이다. 유럽의 '제3의 길'은 모두 '제1의 길'인 자유민주 제도를 전제적 기초로 한다. 헌정을 기초로 정치적 공동 인식을 재건하자는 지웨이둥의 주장, 자유주의와 사회 민주주의 공동 마지노선에 대한 친후이의 강조, 선(先) 헌정・후(後) 사회민주에 대한 쉬유위의 절차 개념 모두 헌정민주가 기초이며 우선시 된다는 점에 주목한다.

민주문제에서 신좌파와 자유파에게 있어 중국좌파의 종사(宗師)인 천두슈(陳獨秀) 만년의 사상 역정은 계시하는 바가 크다. 천두슈는 '5・4'시기 자유민주를 추구하다가 마르크스주의로 개종하여 자유주의 민주를 버렸고, 만년에 다시 스탈린주의를 성찰하고 비판하면서 자유민주로 회귀하였으며, 아울러 헌정민주를 사회주의 민주의 기초로 삼음으로써 양자를 결합하는 민주주의의 길을 모색했다. 1989년 이후, 서구 좌파 지도자인 하버마스의 자유주의 민주에 대한 파괴적 해체에서 건설적 재건으로의 전향, 대중이 정치에 참여하는 정치적 급진 민주 추구와 자유주의 헌정의 법률제도를 서로 결합하고 인민주권과 인권의 종합을 모색하는 이론적 경향은 반세기 전 천두슈와 방법은 다르나 같은 효과를 내고 있다. 두 동서 좌파 지도자의 헌정민주에 대한 인식은 20세기 좌파 민주사상의 중요한 유산임이 틀림없다.

5. 현대성 비판과 현대화 호소

현대화는 만청 이래 세기를 넘어 지속되는 중국의 역사 주제이며, 또한 1980년대 이래 국가 개혁개방과 지식계 신계몽운동의 기조이다. 이 논쟁에서 신좌파는 현대성 문제 토론에서 착수하여 중국 현대화 가치의 목표에 대해 비판적으로 성찰하고, 나아가 중국의 비서구적 발전의 역사적 가능성을 탐색한다. 그러나 자유주의는 현대화를 인류문명 진보의 역사적 추세로 삼는 입장을 견지하여 현대 세계 주류문명의 역사적 유산을 받아들일 것을 주장하고, 시장화와 헌정화를 중국 현대화의 역사적 목표로 삼는다.

왕후이는 90년대 처음으로 현대성 문제에 대해 비판적으로 성찰한 지식인이다. 〈오늘날 중국의 사상 동향과 현대성 문제〉 등의 글에서 그는 현대성 문제 토론을 통해 중국 현대화의 가치 목표와 신계몽주의를 포함한 당대 중국의 각종 현대화 이데올로기에 대해 의문을 던졌다. 왕후이는 현대성 성찰의 의미를 토론할 때 다음과 같이 지적했다. "현대성에 대한 성찰은 현대 경험에 대한 전면적 부정이 아니다. 반대로 이는 우선 일종의 해방운동으로, 역사목적론과 역사결정론의 사유방식에서 해방되어 나온 운동이며, 각양각색의 제도 숭배에서 해방되어 나온 운동이고, 중국과 기타 사회의 역사적 경험을 이론 혁신과 제도 혁신의 원천으로 삼는 노력이다."[76] 왕후이에 따르면, 현대성은 그 자체에 내재된 장력과 모순을 포함하는 역설적 개념이다. 현대성은 세속화 과정과 밀접하게 연관되어 있는데, 이성에 대한 숭배, 경제 발전·시장체제 및 법률-행정체제에 대한 믿음, 합리화 질서에 대한 신념으로 집중적으로 표현되는 일종의 현대화 이데올로기이다. 다른 한편, 동일한 발전과정에서 탄생한 현대주의 문학은 오히려 낭만주의처럼 극렬한 반자본주의 세속화의 경향을 띤다. 과학주의와 인문주의, 이성주의와 비이성주의의 대립 역시 현대성의 내재적 모순을 드러낸다. 마르크스주의는 일종의 '현대성을 비판하는 현대성 방안'인데, 그 역시 역사 목적론적 논리에 기초를 세웠기 때문이다.[77]

왕후이는 중국 현대사상이 '현대성에 반(反)하는 현대성'의 특징을 가졌다고 지적한다. 중국의 현대성 모색은 식민주의 시대에 시작되었는데, 이 모색 자체에 식민주의에 저항하고 자본주의를 비판하는 역사적 함의를 내포하고 있다. 그러나 이 저항과 비판이 중국으로 하여금 전 세계적 현상인 현대성 논리에서 벗어나게 해주지는 못했다. 마오쩌둥의 사회주의는 한편으로는 현대화 이데올로기이고, 다른 한편으로는 구미 자본주의 현대화에 대한 비판이다. 그러나 이 비판은 현대화 자체에 대한 비판이 아니라, 혁명적 이데올로기와 민족주의 입장에 근거하여 현대화의 자본주의 형식 혹은 단계에 가한 비판이다. 이 때문에 마오쩌둥의 사회주의 사상은 자본주의 현대성에 반대하는 현대성 이론이다. 이러한 '현대성에 반하는 현대성 이론' 또한 만청 이래 중국 사상의 주요 특징 가운데 하나이다. '반현대'적 추세는 전통적 요소에서 기인한 것일 뿐만 아니라, 더 중요하게는 제국주의의 확장과 자본주의 현대사회의 위기라는 역사적 상황이 현대성을 모색하는 중국의 역사적 컨텍스트를 구성한 것이다. 중국의 개혁가들은 중국의 현대화 운동이 어떻게 해야 서구 자본주의 현대성의 갖가지 폐단을 피할 수 있을지 사고하지 않을 수 없었다. 캉유웨이(康有爲)의 대동사상, 장타이옌(章太炎)의 평등관념, 쑨중산의 민생주의, 그리고 중국 사회주의자들의 자본주의에 대한 각양각색의 비판은 그들이 정치, 경제, 군사, 문화 등의 영역에서 구축한 갖가지 현대성 방안에 수반된 것들이다. 현대성에 대한 질의와 비판 자체가 중국 현대성 사상의 가장 기본적인 특징을 구성했다. 이 때문에, 중국 현대 사상가들은 역설적인 방식으로 중국 현대성을 모색하는 자신들의 사상적 노력과 사회적 실천을 전개했다. 중국 현대사상은 현대성에 대한 비판적 성찰을 포함했다. 그러나 현대화를 모색하는 과정이라는 특정한 컨텍스트 속에서 생겨난 심오한 사상은 도리어 다른 방면에서 반현대적인 사회적 실천과 유토피아주의를 낳았다. 바로 관료제 국가에 대한 공포, 형식화된 법률에 대한 경시, 절대 평등에 대한 추앙 등이다. 중국의 역사적 분위기 속에서 현대화의 노력과 '이성화' 과정에 대한 거부는 서로 병행하여 심각한 역사적 모순을 형성했다. 중국 사회주의의 현대화 실천은 반(反)현대성이라는 역사적 내용을 포함하고 있다. 이 역설적 방식에는 문화적 근원이 있지만, 중국 현대화 운동의 이중의 역사적 컨텍스트(현대화 모색과 서구 현대화 역사의 부작용에 대한 성찰) 속에서 해석하는 것이 더욱 필요하다.[78] 현대성에 반하는 현대성은 중국 사상가들의 특수한 표현일 뿐 아니라, 현대성 자체의 모순된 구조의 표현이다. 이러한 모순된 구조는 현대성 자아 갱신의 원천이며, 극복할 수 없는 내재된 모순의 근원이기도 하다. 현대성 방안 자체가 역설적이므로 철저하게 완성되기 어렵다.[79]

왕후이는 현대성에 대한 성찰이 모든 현대생활 과정과 현대적 가치에 대한 부정은 아니라고 강조한다. 현대성 성찰의 중요한 의의는, 그것이 현대적 가치와 현대 사회 사이의 복잡한 관계를 해석하고, 그 중심주의적 역사 서술을 와해시키며, 현대사회의 내재된 곤경과 위기를 드러낼 수 있고, 더욱 광범위한 민주와 건전한 자유를 위해 이론적 자원을 제공할 수 있다는 것이다. 왕후이는 중국 계몽주의자들이 '현대성'과 '현대화'를 한데 섞어 논했다고 비판한다. 현대성 문제에 대한 토론이 구시대와 '문혁'으로 돌아갔으며, 계몽주의자들은 현대성을 내적 충돌을 포함한 구조로 간주하고 성찰하는 것이 아니라, 하나의 총체적 목표로 보고 이를 긍정하며, 이 시대를 수호하는 패권적 이데올로기로 여긴다고 지적한다. 중국 계몽주의자들은 현대성 자체의 내재된 긴장을 이해하지 않고, 무턱대고 현대성만을 옹호하여 최소한의 성찰 능력마저 상실해버렸다.[80] 왕후이는 더 나아가 현대화 이론이 유럽 자본주의 발전 속에서 현대화의 기본 규범을 이해했기 때문에 현대화 과정 역시 항상 자본주의화의 과정으로 이해된다고 지적한다. 마르크스에게 있어 현대화는 자본주의적 생산방식을 의미한다. 그러나 당대 중국에서 현대화 문제는 중국 마르크스주의자들이 제기한 것일 뿐만 아니라, 중국 마르크스주의 자체가 바로 일종의 현대화 이데올로기이기도 하다. 중국의 사회주의 운동이 현대화 실현을 기본 목표로 삼을뿐더러, 그 자체가 바로 중국 현대성의 주요한 특징이 되는 것이다. 당대 중국에서 유행하는 현대화 개념은 주로 낙후된 정치, 경제, 군사, 과학기술이 선진화로 향하는 과도(過渡)와 발전을 지칭하나, 이 개념은 그저 기술적인 목표나 중국 민족국가 및 현대 관료체제의 형성만이 아닌, 목적론적 역사관과 세계관을 의미하는 것이기도 하다. 따라서 사회주의의 현대화 개념은 중국 현대화의 제도 형식과 자본주의 현대화의 차이를 명확히 지적할 뿐 아니라, 일련의 가치관도 제공하고 있다.[81]

왕후이는 나아가 중국의 '신계몽주의'가 프랑스 계몽주의와 영미 자유주의로부터 직접 사상적 영감을 얻었기 때문에, 중국 사회주의에 대한 비판을 전통과 봉건주의에 대한 비판으로 이해했다고 지적한다. 신계몽사상이 호소한 바는 서구의 자본주의 현대성이다. '신계몽주의'적 정치비판은 개혁 전 중국 사회주의의 현대화 실천을 봉건주의 전통에 비유하였는데, 이로써 이 역사적 실천의 현대적 내용을 회피하고 중국 사회주의의 곤경 역시 전체 '현대성 위기'의 일부분이라는 사실을 회피했다. 신계몽주의자는 (사회주의 방식을 그 특징으로 하는) 중국 현대성에 대한 성찰을 전통/현대라는 이분법 속에 놓고 현대성의 가치를 다시 한 번 천명했다. '신계몽'은 전통/현대라는 이분법 속에서 스스로를 이해함으로써 현대국가체제, 정당정치, 산업화 과정 및 여기에서 발생하는 사회 전제와 불평등이 대부분 '현대'적 현상임을 등한시했다. 중국을 세계 자본주의 경제시스템으로 포함시키려는 현실적 목표를 모색하는 측면에서, 중국 '신계몽주의'와 개혁적 사회주의에는 수많은 공통점이 있다. 이 현대성 방안의 주요한 표지는 경제, 정치, 법률, 문화 각 영역에서 '자주성' 혹은 주체적 자유를 건립하는 것이다. 여기에는 경제의 자유, 정치의 자유, 그리고 개인의 자유가 포함된다.[82] 왕후이가 보기에 신계몽주의는 90년대 시장화라는 새로운 컨텍스트 속에서 이미 쇠락해갔다. 일찍이 중국에서 가장 활력 넘치는 사상적 자원이었던 계몽주의는 날로 애매모호한 상태에 처하게 됐고, 당대 중국 사회문제를 비판하고 진단할 능력도 점차 상실해갔다. 중국의 계몽주의가 직면한 것은 이미 자본주의화된 사회였다. 시장경제는 날이 갈수록 주요한 경제형태가 되어갔으며, 중국의 경제개혁은 이미 중국을 글로벌 자본주의의 생산관계 속으로 끌어들였고, 자본주의 생산관계는 벌써 그 대변인을 양성해냈으므로, 가치 창조자로서의 계몽 지식인의 역할은 심각한 도전을 받고 있다. 계몽주의의 추상적 주체 개념과 인간의 자유해방이라는 명제는 전통적 사회주의를 비판할 때 거대한 역사적 능동성을 보여주었지만, 자본주의 시장과 현대화 과정이라는 사회적 위기에 직면해서는 무력함을 드러냈다.[83]

현대성 문제 토론과 신계몽주의에 대한 왕후이의 성찰은, 중국의 비서구적 발전이라는 또 다른 역사적 가능성에 대한 탐구로 그를 이끌었다. 그는 "자본주의적 역사 형식에서 벗어나 탄생하는 현대사회 혹은 현대화에 대해 반성적 의미를 지니고 있는 현대적 과정은 없는가?"라고 추궁한다.[84] 그에 따르면, 전 세계가 모두 세계화의 과정 속으로 휩쓸려듦으로 말미암아 많은 충돌이 발생했다. 경제·사회·정치적 분야를 망라하고 많은 국가들에게는 이미 다른 선택의 여지가 없어 보인다. 그러나 중국은 아직 변화와 발전의 가능성을 가지고 있다. 중국이 처한 곤경은 가장 심각한 것이다. 폴란드나 루마니아는 유럽공동체에 희망을 걸 수도 있지만, 중국의 위기를 해결할 수 있거나 해결할 나라, 조직, 기금은 어디에도 없을 것이기 때문이다. 중국문제는 예컨대 유럽공동체와 같은 과정을 통해 해결할 수 없다. 중국은 거대한 나라이므로 단순히 타인의 방식을 답습함으로써 자신의 사회문제를 해결할 수 없다. 하지만 이 곤경 자체가 가능성을 제공한다. 즉 이 사회의 풍부성과 복잡성에서 출발하여 이 세계와 우리 자신을 상상하는 또 다른 방식을 펼쳐나가는 것이다. 이 때문에 바로 곤경 자체가 지식인에게 자기 발전의 길을 탐구할 가능성을 제공해 준다. 자기의 길을 탐구하려면, 우리가 출발점으로 삼는 사회의 전통, 즉 고대 전통·근대 혁명전통·사회주의 전통 및 개혁전통을 포함하는 전통에 대해 평가해야 한다. 우리는 비단 전통 속의 어떤 요소가 비극적인 결과를 초래했는지 물어야할 뿐 아니라, 도대체 어떤 역량이 중국 사회로 하여금 여전히 활력을 갖게 하는지에 대해서도 질문해야 한다. 동유럽, 러시아 등 국가에서 신자유주의 질서에 반대하여 진행됐던 사회적 탐색은 이미 어려워졌다. 그러나 중국에서는 아직 수많은 불확정적인 요소들이 작용하고 있다. 국가에서 기층사회에 이르기까지 사회 각 차원에서 이들 불확정성 자체가 바로 가능성인 것이다. 이 가능성을 탐색하는 과정 속에서 중국의 사회적 자원이 활발하게 나타날 것이다. 전 세계 경제와 사회 발전 시스템 속에서 중국의 특수성은 분명 존재한다.

왕후이는 중국이 구식 사회주의에 대해 개혁을 진행했지만 근대 혁명전통을 철저하게 부정하지 못한 유일한 대륙이며, 이 전통 가운데 수많은 요인들이 여전히 중국 사회 내부에 살아있다고 지적한다. 중국과 동유럽, 러시아가 혁명전통을 대하는 서로 다른 태도는 일정 수준에서 또한 중국 혁명의 독특성을 반영한다. 중국 혁명·중국 사회주의 실천 가운데 대단히 많은 비극과 문제가 발생했는바, 미래의 길을 탐색하기 위해서는 그 어느 비판적 지식인도 이 과정이 초래한 비극을 감추거나 회피해서는 안 된다. 모든 회피와 은폐는 도덕적·정치적 불성실일 뿐 아니라, 이 역사적 과정 속에서 몇 세대 사람들이 생명을 걸고 탐색한 것을 매장하는 것과 같다. 중국의 비판적 지식인의 주요한 결함은 전반적이고 깊이 있게 중국 혁명의 비극을 총결할 수 없었고, 이로써 비판적 입장에서 완정한 역사관을 형성할 수 없었기에, 혁명의 비극과 관련된 거의 모든 해석이 관방이나 우익의 것이라는 데에 있다. 비판은 필수적이지만, 완전히 부정하는 것은 역사적 태도가 아니다. '냉전'이 종결되고 자본주의가 전혀 새로운 단계로 진입했던 역사적 시기에 동유럽과 러시아 지식인들은 혁명전통을 전면적으로 부정하는 과정 속에서 미래를 상상하는 능력을 상실했고, 사회의 우익화를 야기했다. 당시의 분위기 속에서 사회주의 전통을 내포한 근대 전통은 비판적 전통과 새로운 역사적 상상을 재건할 자원으로 바뀔 가능성이 있었다. 그러나 일단 이 전통을 철저히 부정해버리면, 당대 발전과정 자체를 겨냥한 진정한 비판 전통과 미래 상상의 능력을 형성할 수 없다. 하지만 국가 사회주의의 문제를 회피할 수는 없다. 어째서 사회주의적 국가실천은 수많은 비극과 위기를 낳았으며, 세계적 범위 내에서 이 실천을 계속 이어가기가 어려운가? '문혁' 이후 국가 사회주의 역사에 대한 총결과 비판 역시 우리에게 유익한 자원을 제공해 주었다. 바로 이런 성찰과 총결로 인해, 기존의 길로 더는 갈 수 없고 열린 자세로 당면 문제를 연구하며 또 다른 길을 찾아야 한다는 것을 분명히 인식하게 됐다. 기로에 선 중국의 현실적 처지와 그 자체가 갖고 있는 사회적 실험의 규모는 중국으로 하여금 적어도 가능성과 개방성을 갖게 했다. 중국 현대성의 가장 기본적인 가치와 문제는 중국혁명과 개혁을 통해 비로소 드러난 것이다. 현대성에 대해 기본적으로 신뢰하든지, 아니면 부정하든지 간에, 어느 특정 이론의 입장에 서서 이 발전 과정과 전통을 전반적으로 부정할 수는 없다. 바로 이 전통을 철저히 부정한 배경하에 수많은 지식인들이 식민주의를 다시 긍정하고, 당대의 전변이 창조한 지극히 불공정한 사회 정치 상태를 긍정하게 된 것이다. 현대성을 성찰하는 동시에 혁명과정에 대해 성찰하는 것은 바로 중국

현대의 역사적 자원에 대한 재정리이며, 이로써 역사적 가능성이 현대화 서사 속에서 해방될 것이다.[85)]

왕후이의 비판이론은 주로 중국 신자유주의를 겨누고 있다. 그는 〈경제사인가, 정치경제학인가?—'반시장적 자본주의' 서론(是經濟史, 還是政治經濟學?—'反市場的資本主義'導言)〉, 〈'과학주의'와 사회이론의 몇 가지 문제〉 등의 글을 연이어 썼는데, 정치경제학 전통과 폴라니, 브로델의 이론 및 사회이론적 각도에서, 그리고 사회이론의 기본 가설 위에서 중국 자유주의자들의 하이에크 이론 남용을 비판했다. 왕후이는 신자유주의가 각종 풍부한 사상과 이론적 전통을 포함하는 자유주의와 동일하지 않다고 강조한다. 자유주의자이든 아니든, 그 어떤 비판적 지식인도 이 전통을 등한시할 수 없다. 중국 신자유주의는 그 자체가 매우 우익적이므로, 신자유주의를 통상 일컫는 자유주의, 특히 정치 자유주의 혹은 자유주의적 비판 전통과 구분해야 한다. 이 우익의 기본 특징은 민주에 반대하고 권위주의로써 불평등한 발전을 유지하는 것인바, 그 정책과 정치상의 부작용으로 결국 고도로 분화되고 분열된 사회가 탄생하였다. 중국에서는 한편으로 혁명의 비극으로 말미암아 자본주의의 길에 상대되는 다른 가능성에 대한 사람들의 상상이 와해되어 버렸지만, 다른 한편으로는 또 혁명사와 사회주의 경험이 깊이 뿌리박혀 있어 전면적으로 민주를 쟁취하는 비판적 좌익역량이 쉽게 사라질 수 없었다. 바로 중국의 현대 전통 때문에 이처럼 강한 조류 속에서도 중국이 완전히 신자유주의의 길로 나아가지는 않은 것이다. 오늘날 신자유주의는 갈수록 지배적인 이데올로기가 되어가고 있으나, 그 패권 역시 중국 현대 전통을 철저히 지워버릴 정도로 강력하지는 않다.[86)]

왕후이의 현대성 비판과 비서구적 역사 추구는 물론 서구 현대 주류문명을 중국 현대화의 모델로 견지하는 자유주의자의 현대화 목표와 엇갈린다. 자유파의 지도자 리선즈는 베이징대학 개교 100주년 기념 때 다음과 같이 강조했다. "세계는 산업화 이래 2-300년의 비교와 선택을 거쳤는바, 중국은 특히 100여 년 동안의 인류역사상 가장 규모가 큰 시험을 거쳐 이미 자유주의가 가장 훌륭하고 보편적인 가치임을 증명할 충분한 이유를 갖게 되었다. 베이징대학에서 시작된 자유주의 전통이 오늘날 부흥하는 것은 분명 자유로운 중국을 글로벌화된 세계로 데려갈 것이며 전 세계에 행복과 영예를 가져다 줄 것이다."[87]

리선즈의 현대문명론은 문학평론가 쾅신녠의 비판에 부딪혔다. 그는 다음과 같이 지적했다. "80년대에 현대화 지식을 받아들임에 있어 우리는 명백한 결함을 갖고 있었는데, 60년대 미국의 추상적인 현대화 이론을 아무런 비판 없이 받아들인 것이다. 리선즈 선생의 표현을 빌자면 '300년 문명'이 바로 그것이다. 그러나 이는 '300년 문명'이 가장 탐욕스럽고 뻔뻔한 약탈이며, 철저한 야만화가 그 바탕임을 완전히 등한시한 것이었다. 이는 현대화와 식민주의의 역사적 연계성을 모조리 무시했다. 우리가 본 것은 문명의 '성과'일 뿐, '문명'의 역사적 과정은 등한시되었다."[88]

자유파 경제학자 왕딩딩은 왕후이의 현대성 논술에 응답했다. 발전주의에 대한 왕후이의 비판을 겨냥하여, 왕딩딩은 백 년 동안의 중국사회 변천은 경제상의 '발전' 문제로 귀결시킬 수 있다고 지적했다. "낙후되면 수모를 당한다."는 것이 인류 세계의 영원한 '보편 법칙'이다. 이 때문에 중국인들은 '경제발전'이라는 보편적 욕구를 드러내게 되었다. 이 보편적 욕구는 물론 정치적 운용에 의해 '발전주의'로 쉽게 바뀔 수 있다. 발전과 발전주의 사이에는 모종의 내재적 연계가 존재한다. '발전'은 가능하지만, '발전주의'를 야기할 필요는 없다. 지식인의 임무가 바로 '경제발전' 이데올로기를 포함한, '소서사(微小敍事, small narratives)'에서부터 사회 주류로 상승한 이데올로기를 비판하는 것이기 때문이다. 비판은 모든 사람으로 하여금 자신의 생활방식을 성찰하고 '살만한 가치가 없는 삶'을 버리고 싶도록 만든다. 왕딩딩은 계몽이 전통을 대하는 영원히 비판적인 태도라고 간주한다. 이런 의미에서 계몽정신은 영원히 존재한다. 만약 서구 문화가 중국 전통에 스며들고 있다면, 계몽은 서구 문화에 대한 비판도 포함하게 된다. 이른바 '전통'이라는 것은 일련의 역사에 의해 '유효한' 행위방식 및 이 방식에 대해 '승인 받은' 해석으로 고르게 실현된다. 그리하여 전통적인 것은 '비전통', '현존하지 않는 것', '소서사'와 '모든 개인의 모든 가능성이 열려 있는 생활 방식에의 추구'에 대해 객관적인 억압을 조성한다. 이로 인해, 하이에크의 '고전'적 자유주의 입장에서 보자면 자유주의자들 역시 '전통'에 대해 비판적 태도를 지녀야 한다. 왕딩딩은 계몽에 대한 왕후이의 성찰에 깊이가 있다고 여긴다. 계몽은 추상적 인권, 추상적 '개인' 관념 및 '보편주의'적 이성관을 포함하고 있다. 거대서사의 일종으로서 계몽은 서풍을 타고 중국으로 전해졌는데, 바로 중국인들이 '덕(德, democracy)선생'과 '새(塞, science)선생'으로 신봉했던 민주와 과학이다. 이 '강력한 문명'의 두 선생은 동방 본토의 '모 아가씨(眸, morality)'에게 커다란 상해를 입혀 우리가 목격하고 있는 (현대 시장경제를 지탱할 도덕적 기초도 없고, 전통 경제모델을 지탱할 도덕적 기초도 상실한) 도덕기초의 이중 와해를 빚어낸 듯하다. 그러므로 우리 모두는 먼저 생활방식을 선택하고 그 후에 제도를 선택할 수밖에 없다. 왕후이의 성찰은 선택의 출발점으로 삼은 개인을 역사 언어학과 비판학을 통해 해체한 후, '개인'적 관점의 대립 면인 '사회'적 관점 역시 의미를 상실하게 한다. 왕딩딩의 결론은 바로 서구 계몽운동에서 기원하는 '보편주의'적 이성과 '개인주의'적 자유이다. 당대 중국의 곤경 속에서 성찰은 여전히 적합하다. '보편주의'를 선택함은 '민족주의'를 선택함보다 낫고, '개인주의'를 선택함은 '집단주의'를 선택함보다 낫다. "계몽은 죽었지만, 개인의 자유와 보편주의 원칙으로서의 계몽정신은 살아있다."[89)]

쉬유위 역시 왕후이의 현대성 비판에 응답했다. 그는 근대 이래 중국지식인의 주류 사상 경향이 현대화를 가이드라인으로 삼는다고 여긴다. 그러나 중국의 현대화 역정이 열강의 침략에서 시작됐기 때문에 서구와 현대성에 대한 의혹은 왕왕 한데 결부되었다. 이것이 바로 왕후이가 말한 "현대성에 대한 의문과 비판 자체가 중국 현대성 사상의 가장 기본적인 특징을 구성했고", "'현대성에 반하는 현대성 이론'……은 만청 이래 중국 사상의 주요 특징 중 하나"라는 것이다. 그러나 이런 특징의 주요 내용은 자본주의·자유주의·시장경제에 반대하는 것, 즉 사회주의 경향이다. 쉬유위는 앨리토*의 말을 인용하여 어떤 형식의 사회주의는 거의 영원히 반(反)현대화 사상가들의 사상을 구성한다고 강조한다. 경제사상 영역에서 자유시장적 자유주의는 좌파와 우파의 공공의 적이다. 재미있는 현상은, 공산당·국민당·쑨중산·옌시산(閻錫山)**·펑위샹(馮玉祥)***·후한민(胡漢民)**** 등을 포함한 20세기 중국의 모든 중요한 사상가와 정치 지도자들이 예외 없이 사회주의를 제창했다는 사실이다. 방임적 자본주의를 제창한 이는

* 앨리토(Guy S. Alitto, 1942-) 시카고대학 동아시아 언어·문명학과 교수. 중국 현대지식인, 사회사, 노동사, 중국 공산당운동을 연구하고 있다. 최근 십여 년의 연구는 주로 촌락, 성, 지방 단위의 지역사, 가족사, 사회사에 집중되고 있는데, 특히 특정 개인들과 지역 문화에서 보여지는 정치·사회 영역과 지적·문화적 영역 간의 유대관계에 관심을 갖고 있다. 량수밍(梁漱溟) 연구의 일인자로 알려져 있다. 저서로는 ≪마지막 유학자: 량수밍과 중국 현대성의 딜레마(*The Last Confucian: Liang Shu-ming and the Chinese Dilemma of Modernity*)≫(1986), ≪인간에게 미래가 있는가?: 마지막 유학자와의 대화(*Has Man a Future?: Dialogues with the Last Confucian*)≫(2006) 등이 있다. – 역주

** 옌시산(閻錫山, 1883-1960) 산시성(山西省) 출생. 1909년 일본육군사관학교를 졸업하고, 1911년 신해혁명에 참가하였으며, 1912-1927년 산시성 군정장관(山西軍政長官) 및 산시성장(山西省長)을 역임하였다. 그 후 타이위안(太原)을 거점으로 山西 먼로주의를 표방하고 독립왕국을 형성했다. 또한 1930년 펑위샹(馮玉祥)·리중런(李宗仁) 등 국민당 내 이질분자(異質分子)들과 결탁하여 장제스(蔣介石)에 반대하는 베이징(北京)정권을 수립하였으나 실패로 끝났다. 1937년 중일전쟁 발발 때까지 반공적(反共的) 보갑제도(保甲制度)를 강화하는 등 산시성 경영에 전념하였고, 중일전쟁 중에는 장제스 휘하에서 제2전구(戰區) 총사령관을 지냈다. 제2차 세계대전 후 반공내전(反共內戰)을 지휘하였으나 팔로군(八路軍)에게 패배, 1949년 광저우(廣州)로 탈출하여 행정원장 겸 국방부장으로 있다가 얼마 후 타이완으로 건너가 총통부 자정(總統府資政) 및 국민당 중앙평의원이 되어 반공저술에 전념하였다. – 역주

*** 펑위샹(馮玉祥, 1882-1948) 중화민국의 군인. 초기에는 군벌이 되어 자신의 부대를 이끌다가 1924년 국민군으로 부대를 개편했고, 그 뒤 만주 군벌 장쭤린(張作霖)과의 내전에서 패배했다. 하지만 장제스에게 협력하며 세력을 키워 1928년에는 산시성 군벌 옌시산과 함께 북경을 점령하기도 했다. 1929년 국민당에 대해 독립을 선언했으나 1930년 중원 대전에서 패배해 추방당했다. 그 후 중일 전쟁에도 참전했으나 지지를 얻지 못하고 1947년에 미국으로 건너갔다. 1948년, 소련 선박을 타고 귀국하던 중 흑해에서 선박 화재로 사망했다. – 역주

**** 후한민(胡漢民, 1879-1936) 일본 호세이(法政)대학을 졸업하고, 1905년 도쿄에서 쑨원이 지도하는 중국혁명동맹회 창립에 참가, 1912년 중화민국 난징 임시정부 수립과 함께 임시 대총통부 비서장, 이어서 광둥도독(廣東都督)이 되었다. 이듬해 제2혁명에 실패하자 일본으로 망명했다. 1924년 국민당 개조(改組) 후 선전부장이 됐고, 쑨원이 북상(北上)한 후 대원수(大元帥)의 직권을 대행하였다. 1927년 장제스와 함께 4·12쿠데타를 발동하여 공산당을 탄압했고, 이듬해 국민정부 입법원장이 되었다. 장제스와 쌍벽을 이루는 국민당의 중진이었으나, 장제스와의 의견충돌로 1931년 난징에 감금당했다. 9·18사변 후 감금이 풀렸지만, 여전히 장제스·왕자오밍(汪兆銘) 등의 국민정부와 대립하며 광둥(廣東)에서 적대세력을 유지했다. 유럽 외유(外遊)를 마치고 귀국한 1936년 사망하였다. – 역주

거의 없다. 쉬유위는 한 걸음 더 나아가 중국 역사의 컨텍스트에서 현대성 주류 담론, 즉 개인의 자유 · 사유재산 · 시장경제 · 헌정체제에 대한 긍정은 자본주의에 속하지만, 각종 사회주의는 서로 다른 범위와 정도에서 자본주의에 대해 반대 입장을 견지한다고 지적한다. 급진적이고 정통적인 사회주의일수록 더욱 전면적이고 철저하게 반대한다. 중국 당대 사상해방은 사실 요괴화되었던 것, 즉 명칭 상으로는 '자본주의'라 일컬어지고 실제로는 인류 문명 속에서 보편적 의미를 갖는 것에 대해 새롭게 인식하고 인정하는 것이다. 그러나 추이즈위안이 '제도 혁신'의 명분하에서 제창한 '제2차 사상해방'의 방향은 완전히 상반된다. 그의 구호가 미국에서는 새로운 의미를 갖고 있을지 모르나, 중국에서는 옌시산, 후한민 등이 일찍이 받아들일 수 있었던 것이다.[90)]

쉬유위에 따르면, 왕후이의 현대성 비판의 문제는 다음과 같다. 첫째, 현대 서구 사회의 모든 반항운동을 반현대운동으로 간주하는 것으로, 이는 일종의 혼동이다. 기실 미국의 흑인 인권운동 같은 수많은 중요한 사회 진보운동은 현대성 쟁취 운동이다. 서구사회에서 현대성은 아직 막바지에 이르지 못한 미완의 사업이다. 둘째, 왕후이는 현대성의 성찰과 비판이 현대성 자체에서 배태되었다고 인정하지만, 기존과 현존의 각종 구조 속에서 현대성을 지닌 정치 · 경제 · 사회 구조만이 유일하게 자아비판을 위한 조건을 제공하는 구조임을 인정하려 들지 않는다. 셋째, 중국이 현재 고려해야 하는 것은 이러한 자유의 조건을 어떻게 쟁취하고 창조하는가이다. 현대성이 중국에서 이미 충분히 확립되고 심지어 과도하게 성숙되었을 때, 그 부작용이 폭발할 것이며 우리의 경계와 비판이 필요할 것이다. 그러나 신좌파의 현대성 비판은 맑은 날 우산을 받쳐든 양 우스꽝스럽기만 하다. '문혁' 시기에 '자산계급 특권'을 대대적으로 비판했던 황당한 경험을 거울로 삼을 일이다.[91)]

쉬유위는 현대성이 관념으로서든 제도적 안배로서든 모두 그 발전과정 중에서 끊임없이 비판 받아왔다고 쟁변한다. 관념과 문화상의 비판은 왕왕 활력이 충만하고, 사람들을 황홀한 경지로 이끌며, 심사숙고하게 만들어주지만, 인권 · 자유 · 민주 · 자유경제 · 법치 등과 같은 그 기본 정치이념과 제도적 안배는 오히려 시대 변천과 역사 발전의 검증에 시달렸다. 바로 이것들이 (반현대화 사조를 포함한) 여러 사조가 제 기량을 충분히 발휘할 무대를 구성했다. 신좌파가 만약 자신의 역할을 자본주의 시대의 서정 시인으로 정하고 니체에서부터 하이데거에 이르는 서구 현대성에 대한 비판만을 반복하고자 한다면, 당연히 크게 문제될 것은 없다. 하지만 그들이 현재 흥미를 갖는 것은 제도 안배의 측면이다. 이 무대를 마련하기 위한 노력에 대해 그들은 까다롭게 트집을 잡고 질책하나, 비판과 해체 외에 더 나은 다른 무대를 만들 실행 가능한 방안은 도무지 내놓지 못한다. 아마 어떤 이는 지식인의 사명은 오직 비판이라고 변명할 수도 있겠다. 하지만 베이징에서 미 제국주의를 욕하고, 미국 대학 강단에서 자본주의의 비민주를 이야기하는 것은 모스크바에서 레이건 대통령 타도를 외치는 것과 별 차이가 없다. 이는 결코 지식인의 비판정신이 아니다.92)

주목할 만한 것은 왕후이의 현대성 논술이 대륙의 '신유가'학자인 천밍(陳明, 중국사회과학원 종교연구소 연구원, ≪원도(原道)≫편집자)에게서도 비판 받았다는 점이다. 천밍은 자유주의자는 서구의 방식으로 중국문제를 해결하려고 하고, 신좌파는 글로벌화의 홍수와 현대성의 세계적 보편화 속에서 '반' 서구적 이론 서술을 가지고 중국 사회발전의 독특한 길을 가리킴으로 현대성을 단수의 modernity에서 복수의 modernities로 바꾸려 한다고 생각한다. 왕후이의 문제의식은 "자본주의적 역사 형식에서 벗어나 탄생하는 현대 사회 혹은 현대화에 대해 반성적 의미를 지니고 있는 현대적 과정은 없는가?"이다. 이는 왕후이의 이론적 포부와 현실적 기원을 보여주는바, 분명 신좌파의 사상 구조 중 가장 매력적이고 잠재력 있는 부분일 것이다. 만약 그들 역시 19세기 러시아 나로드니키와 마찬가지로 그 이상(理想)이 필요로 하는 사회 조사 분석 · 정치문화 전략 · '민중 속으로'의 열정과 용기를 실천한다면, 중국에서의 이러한 노력은 러시아 사회보다 더 많은 지지를 얻게 될 것이다. 이러한 연유로, 서구 중심주의 방법론과 목적론적 역사관에 대한 반대는 러시아 귀족 지식인에 필적할만한 이론적 명성을 얻게 해줄 뿐더러, 동시에 동양식 현대화는 중화민족이 다행이라고 여길만한 역사적 업적을 성취할 가능성도 있다. 하지만 신좌파는 아카데미파와 특정 잡지를 중심으로 활동하는 사람들이다. 그들이 더욱 흥미를 갖는 것은 사상의 전파이지 사상의 심화는 아닌 듯하다. 신좌파는 문화생산에 근접한 흐름 속에서 본토의 사회문제를 그들의 분석 틀에 집어넣어 예상치 못한 격앙된 만남으로 만들어 놓고서는 도리어 멋진 데이트를 기대한다. 중국 현실과 역사에 대한 그들의 거친 판독에서 그 이론의 출발점이 중국 본토의 경험이 아니라 서구 아카데미 이론서의 논리적 전제임을 분석해낼 수 있다. 왕후이의 '복수의 현대성'의 표준 답안은 "마오쩌둥 사회주의 사상이 반자본주의 현대화의 현대성 이론"이라는 것이다. 계속되는 왕의 글은 '용'과 '벼룩'의 대비일 뿐만 아니라, 몇 십 년 동안 형성된 이성과 상식에 대한 도전으로, 사람들로 하여금 할 말을 잃게 만든다. 다행히 자유주의자, 신 권위주의자 및 '중간파' 등도 이에 대해 반대의견을 가지고 있으니, 이성과 상식이 전복된 것은 결코 아니다.[93)]

천밍은 더 나아가 신좌파의 서구 이론 담론과 중국의 역사적 컨텍스트의 간극에 대해 비판한다. 그는 신좌파가 "푸코, 리오타르, 아민*과 월러스틴 등의 의견을 인용하여 서술한 것 외에 그들의 논술과 중국의 역사적 컨텍스트와의 상관성을 증명하지 못했음"을 논자들이 발견했다고 지적한다. 이는 서구의 상황에서 실마리를 찾아낸 문제를 중국 사회에 억지로 끼워 맞추었기 때문이다. 만약 신좌파와 서구의 방식으로 중국문제를 해결하자고 주장하는 자유주의와의 논쟁이 오십보백보라면, 신좌파는 백보 뒤처진 쪽일 것이다.

* 아민(Samir Amin, 1931-) A.G.프랑크와 함께 신종속학파(新從屬學派)의 대표적 이론가. 파리에서 경제학을 배운 뒤 1957년부터 이집트 정부의 경제계획기관에 근무하였다. 1960년 나세르 정권에 의하여 국외로 추방되어 말리공화국 정부의 경제고문과 프랑스·세네갈의 여러 대학의 교수를 지냈다. 1970년 이후 다카르의 국제연합 아프리카 경제개발·경제계획연구소 소장이 되었다. 연구의 중점을 제3세계, 특히 아랍과 아프리카의 구체적 분석에서 세계적 국면에서의 자본축적이론으로, 또 유물사관(사적유물론)의 재해석이나 민족문제로 옮기고 있으나 일관되게 전통적 사회과학·경제학의 서구중심주의를 비판하고, 제3세계에 주축을 둔 마르크스주의 이론의 재구축을 꾀하고 있다. 주저로는 ≪북아프리카의 경제≫, ≪불균등발전≫ 등이 있다. – 역주

그들은 본래 중국의 ××문제를 해결하려는 것이 아니라, ××주의 혹은 ××학파의 지부나 분과를 중국에 세우고자 할 따름이다. 문제는 서구에서 건너온 낭만적 문화 시각을 유일무이한 선택이라고 여기는 점이다. 이는 겉으로는 공격하는 듯하면서 실제로는 후퇴를 준비하는 책략 혹은 태도이다. 왜냐하면 이것이 중요한 것을 피하고 대수롭지 않은 것을 취하는 비판적 선택권을 움켜쥘 수도 있으며, 유토피아적 논점에서 감언이설을 전개할 수도 있기 때문이다. 프랑크푸르트학파의 사회비판이론은 부유한 선진 자본주의를 비판대상으로 삼아 세워졌는데, 그 이론은 '본능 구조'에서 시작하여 '심미적 차원'을 따라 확장된다. 자본주의 사회의 자아 완선(完善)과 갱신의 내재적 메커니즘이자 잠재 능력의 이론적 체현으로서 이 서구 좌파의 담론은 실제로는 '비꼬는 말처럼 여겨지는 옳은 말'로, 즉 자유주의 주류 이데올로기에 대한 기능적 보충 역할을 한다. 당대 서구에서 마르크스주의의 연속으로서 그 계발성은 물론 경시할 수 없다. 그러나 만약 이를 그대로 중국으로 옮겨 와 연마한다면, 중국에서 '포스트학'들이 부대끼는 것과 마찬가지로 '가짜를 진짜로 여길 때 진짜는 가짜가 되고', '항주를 변주(汴州)로 여기는'* 사이비 속에서 회남의 귤이 탱자가 되는 효과를 낳을 뿐이다.[94)]

천밍은 개혁개방과 세계 역사 발전 과정으로의 유입이 중국 민족 부흥이 내딛은 핵심적 일보(一步)라고 강조한다. 비록 앞으로 어떻게 나아갈지에 대해 일부 자유주의자들의 말을 곧이곧대로 믿을 수는 없지만, '가난한 사회주의를 고집할지언정, 자본주의를 받아들이지는 않는' 시절과 '문혁' 10년으로 되돌아갈 수 없음은 의심할 여지가 없다. 그러므로 개혁개방이 '마오쩌둥 이상주의의 현대화 방식'을 방기하여 중국의 현대화로 하여금 더 이상 이전의 '반현대성 경향'을 갖지 못하게 했다는 왕후이의 질책을 읽고 있노라면, 신좌파와 구좌파의 차이가 도대체 무엇인지 알 수 없게 된다.[95)]

* 천밍(陳明)은 南宋 시인 林升의 시 〈題臨安邸〉의 한 대목인 "봄바람에 취해버린 사람들 항주를 옛 북송의 도읍지 변주로 여기고 있네(暖風熏得游人醉, 直把杭州作汴州)"를 인용하여 비판적 접근 없이 서구 좌파 담론을 중국에 바로 수용하는 경우 발생하는 부작용을 언급하고 있다. - 역주

이 현대성 논쟁은 해외 지식계의 관심도 불러일으켰다. 타이완 학자 쳰융샹(錢永祥)과 자오강(趙剛)은 각각 왕후이의 현대성 논술에 대해 논의하는 글을 발표했다. 쳰융샹('중앙연구원' 중산사회과학연구소)은 문화 현대성*과 사회 현대성**에 대한 하버마스의 대비를 인용하여 현대성은 단순한 현대화와 동일하지 않을 뿐더러, 문화 현대성이 성찰과 자아 정당화라는 기본 특색을 지니고 있으므로 현대성 내부에 풍부한 비판 능력이 내포되어 있다고 설명한다. 당대 중국의 여러 사상주류가 모두 현대화라는 사상의 틀 속에 빠져 있다는 왕후이의 견해에 대해 쳰융샹은 깊은 관심을 보인다. 그는 왕후이의 견해가 심오한 사상사적 의의를 지닐 뿐 아니라, 당대 중국인의 자아의식과 자아 위치 정립에 대해 중대한 예언적 의의를 가진 의제라고 인정한다. 그러나 그는 다음과 같은 사실을 발견한다. 즉 중국의 사상 주류가 현대성을 사회 현대성과 동일시하고 있을 뿐 아니라, 사회 현대성에 대해 강한 의문을 품고 있는 비판가인 왕후이 자신 역시 사회 현대성을 현대성과 동일시하고 있는데, 이는 현대성 문제에 대한 중국 사상사계의 공통된 인식 수준을 보여준다는 점이다. 동시에 쳰융샹은 중국이 글로벌 자본주의 질서 속으로 유입되는 현대화 노력이 현대성 속에 내포된 모든 비판 능력을 소멸시켜버릴 것이라는 주장에 대해 동의하지 않는다. 서구 사회의 경험 역시 이처럼 부정적인 단정을 증명할 수

* cultural modernity: 사회적 현대성의 지배적 가치들에 저항하는 미적 기획. 칼리니스쿠(M. Calinescu)는 ≪모더니티의 다섯 얼굴≫에서 "문화 현대성은 그 낭만적 시초에서부터 개혁적인 반(反)부르주아적 태도로 기울어졌다. 그것은 중산층의 가치를 혐오했고, 폭동과 무정부주의 혹은 묵시론에서 귀족적인 자기유폐에 이르는 극도로 다변화된 수단을 통해 부르주아에 대한 자신의 역겨움을 표현했다. 따라서 문화적 모더니티를 규정한 것은 그것의 긍정적인 열망들—이 열망들은 통상 아무런 공통분모도 갖지 않곤 했다—보다는, 오히려 부르주아 모더니티에 대한 철저한 거부 및 소멸적인 부정적 열정이라 할 수 있다."고 설명한다. – 역주

** social modernity: 과학과 기술의 진보, 산업혁명, 그리고 자본주의에 의해 야기된 광범위한 사회 경제적 변화의 산물로서의 현대성. 근대적 관념의 역사 초기에 두드러졌던 전통의 계승, 진보의 원리・과학과 기술의 유용한 활용가능성에 대한 신뢰, 시간(측정할 수 있는 시간, 사고 팔 수 있는 시간, 다른 상품과 마찬가지로 돈으로 계산 가능한 등가물인 시간)에 대한 관심, 합리적 이성 숭배, 추상적 인본주의 틀 안에서 정의된 자유의 이상, 동시에 실용주의 내지는 행동과 성공의 숭배를 지향하는 자유의 이상 등을 그 특징으로 한다. 근대를 위한 투쟁에 연루되어 왔으며, 중산층에 의해 수립된 문명의 핵심적인 가치로 보존되고 증진되어온 현대성 관념이다. – 역주

없지만 말이다. 쳰융샹이 보기에 현대성의 비판적 잠재능력은 문화 현대성이 반드시 사회 현대성에 항거해야 한다는 단정 및 보수 경향에 항거해야 한다는 전현대적 요구와 관련되어 있다. 문화 현대성 자체는 '현대 상황' 속 인간의 도덕 생활에 대한 해석을 강구하여 제공해야 한다. 넓은 의미의 계몽은 바로 이러한 해석인바, 자유주의는 계몽원칙의 사회/제도적 주장으로 볼 수 있다. 계몽의 기본적인 추구는 이성・개인・평등・다원이다. 계몽의 동기 및 계몽 동기에 대해 이 조건들을 운용한 자유주의의 설명은, 현대성을 구성했고 아울러 비판적 의미를 지닌 현대성의 대표적인 이론을 구성했다. 이러한 의미에서 자유주의는 기본적으로 문화 현대성을 지향하고 있다.[96)]

쳰융샹은 한 걸음 더 나아가 보편주의와 특수주의 논쟁의 시야 속에서 왕후이의 현대성 논술을 논평한다. 그에 따르면, 왕후이가 관심을 갖는 문제는 어떻게 하면 계몽의 보편주의 패권을 타파할 수 있는가이다. 그가 공격하는 것은 서구의 정치 규범을 다른 문명에 강제로 주입하려는 자유주의의 의도이다. 그러나 쳰융샹은 현대성의 비판적 성격이 자유주의의 기본 입장에서 명확히 표현된다고 보았다. 자유주의는 현대성의 지탱자이다. 현대성의 엄숙한 도전에 직면하지 않으면, 자유주의의 진정한 의미도 깨달을 수 없다. 자유주의가 요구하는 보편성은 세속화 이후(後世俗, post-secular) 의미하의 보편성으로, 이러한 보편성 역시 계몽의 자주성 이념에 정확히 부합된다. 반성을 거쳐야만 가치가 있는 것이다. 정체성정치(identity politics), 종족정치(Ethnic Politics) 더 나아가 젠더정치(Gender Politics)는 모두 자유주의의 보편적 요구의 제약을 받지만, 반드시 보편성에 의해 상해를 입으라는 법은 없다. 자유주의의 비판자들은 왕왕 이 보편주의가 요구하는 진보적 의미를 등한시한다. 자유주의의 보편성 주장은 명확한 실질적 요구를 내포하고 있다. 자유주의는 나름대로 '보편'적 표준을 갖고 있기 때문에, 비판능력을 구비한 일련의 학설이 되었고 현실에 존재하는 여러 집단의 신념과 실천을 뛰어넘어 비판의 거리를 유지할 수 있었다. 이와 상대적으로 공동체주의, 다문화주의 및 정체성정치의 일부 유행하는 주장들은 잘못된 것을 바로잡으려다 정도를 지나쳐버린 탓에 적잖은 보수적 분위기와 현실적 숭배가 난무하는 것을 면치 못한다. 이들 각 전통세력의 의견이 분분하고, 각종 보수의식들이 흥분제와 피난처를 제공하기에 분주할 때, 현대성의 진실한 내용을 직시하는 것은 사회개조의 동력을 유지하고 사회 진보의 청사진을 보호하는 중요한 일보이다.[97]

자오강(둥하이(東海)대학 사회학과 학과장, ≪타이완사회연구≫ 편집장)은 사회이론 측면에서 왕후이의 현대성 논술 중의 비판적 현대주의 계획에 대해 논의한다. 그는 왕후이의 논문이 당대 중국 대륙의 각종 사조가 비판성을 상실한 것에 대해 강력히 비판했으나, 그 자신도 일종의 비판성 위기에 빠졌다고 지적한다. 이 위기는 가치 혹은 규범에 대한 상세한 비판의 부족으로 나타나는바, 이로써 비판적 사회이론 구성과 혁신 과정 중의 규범성 방향의 모호함이라는 문제가 생겨났다.[98] 자오강이 보기에, 왕후이의 비판적 현대주의 계획이 가치에 대해 가하는 비판은 지나치게 막연하다. 왕후이는 '참여민주'와 '경제평등'이 신계몽주의의 '형식민주'와 '경제자유'보다 우월하다고 주장하지만, 참여민주와 형식민주 간의 관계는 어떠한지, 경제평등과 시장 간의 관계는 어떠한지에 대해 깊이 연구하지 않았다. 만약 왕후이가 참여민주와 경제평등을 비판활동의 규범적 기초 혹은 비전으로 삼는다면, 이는 그의 가치체계가 신계몽주의와 가깝다는 의미가 아닐까? 만약 그렇다면, 한 가지 중요한 이론적 · 현실적 문제, 즉 "왕후이는 자유주의 전통을 어떻게 보고 있는가"에 대한 해답이 필요하다. 마찬가지로 왕후이는 마오쩌둥의 마르크스주의가 현대화 이데올로기라고 지적했지만, 이성화와 관료화에 대한 반대로 인해 마오의 마르크스주의가 '자본주의 현대화에 반하는 현대성 이론'이 되어버린 이 '역설'에 대해 그는 과연 어떻게 평가할 것인가? 우리는 이 역설 속에서 '참여민주'와 '경제평등'이라는 문화 자원을 찾아낼 수 있고, 더 나아가 전체 현대화 역정에 대해 비판할 수 있는가? 분명 '현대화 이데올로기'에 대한 막연한 비판으로써 이 서로 다른 사조들을 간단히 처리해서는 안 되며, 그들의 비판성은 상세하게 평가되어야 한다. 그렇지 않으면 비판의 역량을 도리어 약화시키게 될 것이다.[99]

자오강은 목적론에 대한 질의는 반드시 상세한 민감성을 가지고 막연한 지양을 피해야 하는데, 그렇지 않으면 사회이론의 전체 인식과 윤리 기초가 붕괴할 것이라고 강조한다. 왕후이의 글 역시 한 편으로는 현대성 중의 이러한 시간관과 결연히 단절하면서 다른 한 편으로 사회이론의 존재 기초를 유지할 수는 없다. 왕후이가 푸코와 리오타르의 극단적 관점주의(視覺主義, perspectivism)를 인용하는 것은 위험하다. 이 극단적 관점주의 및 이와 상호 생장하는 현재주의(presentism)와 공간주의는 정당화할 수 있는 역사성을 근본적으로 제거해버리지만, 역사성이 없으면 비판이론이 존재할 수 없기 때문이다. 자오강은 더 나아가 전통 혁명 좌파의 목적론적 만가(輓歌), 신자유주의의 역사종결의 개가(凱歌), 포스트 모더니즘의 정치적 올바름(political correctness)이라는 시끌벅적한 선동 속에서 좌익 전통을 혁신하려는 어떠한 시도도 모두 심각한 신념의 위기에 봉착할 것이라고 지적한다. 희망과 동력은 어디에 있는가? 오늘날 이러한 문제 제기는 사람들로 하여금 자주 프랑크푸르트 학파가 드러낸 지식엘리트 취향의 고립무원의 정서 속으로 빠져들게 한다. 왕후이가 비록 이 절망감에 저항하기 위해 자신이 논한 중국 당대의 위기를 '오늘날 중국의 사상 동향'이라는 범위 내로 제한했지만, 이러한 제한은 오히려 그 글 속에서 상쇄되어 버린다. '시민사회'와 '공공영역'에 대한 논술이 특히 그러하다. 자오강은 왕후이의 비판이 시민사회와 공공영역 문제를 겨냥할 때 도가 지나쳐서, 현실 분석과 총체적 인식이라는 명분으로 규범적 개념을 내쫓아 버린 바람에 규범성의 출혈을 일으킨 것이 아닌지 우려한다. 자오강에게 있어, 사회이론의 혁신은 규범적 역량과 희망적 자원을 포함한 앞으로 나아가는 건설적 역량이지, 역사주의적 방식으로 중국사회의 특수성을 지적하는 것이 아니다. 왕후이의 글은 보편주의가 가장 필요한 대목에서 특수주의적 태도를 드러낸다. 마치 마르크스의 아시아적 생산양식론*과 비트포

* 마르크스가 ≪경제학비판≫(1859) 서문에서 처음 사용한 용어. 그는 동방사회를 사하라부터 아랍, 페르시아, 인도 및 타타르 지역을 거쳐 가장 높은 아시아고원지역에까지 뻗어있는 광대한 사막

겔*의 동양적 전제주의론**처럼, 모두 일종의 비판적 사회이론에서 출발했다가 오히려 '중국 역사에 부합하는' 국가이론에 도달해 버리는데, 이는 역사가 이론의 가능성을 거듭 제한한 것이 아닐까? 비판성의 기초에 대해 자오강은 국가에 빌붙는 중국의 비판적 지식인의 비판성에 대해 회의를 드러낸다. 중국 대륙에 상대적으로 자주적인 비판 공간('시민사회' 혹은 '공공영역')이 전혀 없다면, 왕후이가 자나 깨나 생각하는 비판 전통은 어디에서 발판을 찾을 수 있는가? 왕후이는 지식인의 비판성에 진심어린 기대를 드러내고 있지만, 어쩌면 무의식적으로 비판적 사회학의 기초를 뽑아내 버린 것일 수도 있다.[100)]

왕후이의 현대성 문제에 대한 토론과 당대 중국 현대화 이데올로기에 대한 성찰은, 그 심오한 사상사적 의의로써 광범위한 주목을 받았다. 앞에서 언급한 첸융샹의 말처럼, 당대 중국의 각종 사상 주류가 현대화의 사상적 틀 속에 빠져있다는 왕후이의 논단은, 깊은 사상사적 의의와 당대 중국의 문제의식을 지니고 있으므로 중대한 예언적 의의를 가진 의제이다. 현대성에 대한 반성

지대 같은 열악한 지리적・기후적 기초에 근거한 사회로 인식했다. 이러한 사회에서는 생존을 위해 강력한 중앙집권적인 중앙정부를 야기할 수밖에 없고, 어떠한 형태의 사적 소유도 존재하지 않으며, 오로지 공동소유만 존재한다고 여겼다. 마르크스는 공동소유에 기초해서 성립된 아시아적 생산양식 내에서는 분업이 발달하기 어렵고, 이러한 생산의 고립성과 분산성으로 인해 아시아사회가 장기간 침체할 수밖에 없다고 파악하였다. 더 나아가 동양사회의 장기적인 정체성은 내부요인이 아니라 외부요인에 의해서만 깨질 수 있다고 보았다. 그는 "개략적으로는 아시아적・고대적・봉건적・근대 부르주아적 생산양식을 가지고 경제적 사회구성의 계기적(繼起的) 시기를 구별할 수 있다."고 말함으로서 인류 최초의 생산양식으로서의 아시아적 생산양식을 거론하였다. 이것이 마르크스가 생각한 세계사의 발전법칙을 나타낸다는 의미에서, 아시아적 생산양식이란 과연 어떠한 내용의 사회구성인가 하는 문제가 이후 역사학계와 경제학계에서 중요하게 논의되었다. － 역주

* 비트포겔(Karl August Wittfogel, 1896-1988) 하이델베르크대학에서 M. 베버의 지도를 받은 후, 1925-1933년 프랑크푸르트대학 사회연구소에서 아시아, 특히 중국사회에 대하여 마르크스주의의 입장에서 연구했다. 1934년 나치 정권의 탄압을 피해 미국으로 망명하였으며, 1935년 중국으로 건너가 중국 농촌사회의 특징, 공업발전의 정체성(停滯性), 관료주의적 봉건국가의 경제적 기초 등에 관한 연구에 전념했다. 그는 국가의 치수관개(治水灌漑)사업을 중국사회의 기초적 요인으로 생각하여, '물의 이론'을 제시하였다. 저서로는 ≪시민사회사≫, ≪해체(解體)과정에 있는 중국 경제와 사회≫, ≪동양적 사회의 이론≫, ≪동양적 전제주의≫ 등이 있다. － 역주

** 동양적 사회에서 행해진 전제정치의 지배를 뜻한다. 전제정치는 세계 어느 나라에도 존재하였으나, 중국에서 가장 오랫동안 존속했기 때문에 중국의 정치체제를 대표하는 것처럼 여겨졌다. 일찍이 비트포겔은 중국에서는 수리통제(水利統制), 즉 치수(治水)의 필요로 인해 전제군주가 출현하게 되었다고 주장하였다. － 역주

의 중요한 의의는, 왕후이가 명백히 밝혔듯이, 현대가치와 현대사회 사이의 복잡한 관계를 해석하고, 그 중심주의적 역사 서사들을 와해시키며, 현대사회의 내재된 곤경과 위기를 드러내어 더욱 광범위한 민주와 건전한 자유를 위해 이론적 자원을 제공할 수 있다는 것이다. 여기에서 왕후이는 비판적 성찰의 시선으로 현대성의 내재된 모순 및 중국 현대성의 '현대성에 반하는 현대성'이라는 모순된 특성에 주목했다. 동시에 그는 중국 사회주의 문제를 현대성의 시야 속에서 고찰하고, 현대/전통, 사회주의/자본주의라는 이분법을 초월하여 중국 사회주의의 현대적 특성과 현대 문제를 드러냈으며, 중국 사회주의와 현대화 문제에 대한 토론을 심화시켰다.

왕후이가 밝힌 '현대성에 반하는 현대성' 혹은 반자본주의적 현대성이 분명 중국 현대사상의 기본 특징이긴 하나, 중국 현대사상 속의 '현대성에 반하는 전현대성', 즉 80년대 신계몽사상이 비판한 구전통인 반현대화적 포퓰리즘·전제주의·전통주의를 은폐시킬 수는 없다. 왕후이의 현대성 논술의 한 가지 결점은 마오쩌둥 사상과 중국 현대사상 중의 '현대성에 반하는 현대성'의 비판적 의의를 지나치게 강조하여 그 반자본주의 사상 중의 '현대성에 반하는 전현대성'이라는 보수적 요인을 등한시했다는 데에 있다. 이는 확실히 신계몽주의의 '반봉건' 입장과 팽팽히 맞서는 것이다. 왕후이는 동방 전통 속에서의 권위주의와 포퓰리즘의 쌍둥이 같은 모습, 그리고 양자가 현대성에 항거할 때 동맹을 맺을 가능성에는 주목하지 않았다. 중국의 비판적 지식인은 이러한 '반현대성'에 대해 경계를 늦춰서는 안 된다. 다른 한편으로 현대 중국의 사회주의를 완전히 보수적인 반현대화 사조로 귀납시키는 쉬유위의 관점 역시 단순화와 편파성의 오류를 피하기 어렵다. 이는 명백히 왕후이가 강조한 중국 사회주의 이데올로기의 현대적 특징을 홀시하여 중국의 현대성 문제를 회피한 것이다.

왕후이의 현대성 논술을 둘러싸고 전개된 토론 속에서 두 명의 타이완 학자는 그 비판적 사회이론의 규범성 기초의 결함에 대해 철저하게 비판했으며, 더 나아가 비판적 사회이론이 자유주의 전통을 어떻게 보고 있는가 하는 문제도 제기했다. 왕후이는 현대성의 생명력을 그 내부의 비판전통, 즉 자유주의를 비판하는 사회주의 전통으로 귀납시켰다. 그러나 첸융샹은 자유주의의 기본 입장이 현대성의 비판적 성격을 나타낸다고 간주한다. 현대성의 지탱자로서 자유주의가 요구하는 세속화 이후 의미하의 보편성은 계몽의 자주성 이념에 부합된다. 자유주의는 스스로 '보편'적 표준을 갖기 때문에 비판 능력을 갖춘 학설이 될 수 있다. 보편주의 외에, 쉬유위가 말한 것처럼, 현대성을 구성하는 기초인 헌정민주가 사회주의를 포함하는 각종 비판 사조를 위해 제도적 전제 조건을 제공해준다. 구준은 자본주의의 생명력을 그 내부의 비판 사상 및 비판의 기초로서의 다원주의 철학, 학술의 자유, 그리고 민주정치에 귀결시켰다.[101] 현대성의 생명력이 그 자아 비판적 가치와 제도에서 기인하며, 자유주의에 대한 사회주의의 비판은 당연히 현대성의 생명력의 표현이고, 자유주의의 보편적 가치와 민주제도가 각종 사회주의와 포스트자유주의의 비판이론에 가치적 기초와 제도적 기초를 제공해줬음을 알 수 있다. 자오강은 사회이론 측면에서 왕후이의 비판이론에 대해 체계적인 비판을 가한다. 왕후이의 비판적 현대주의 계획이 규범성 기초의 결핍으로 말미암아 비판성의 위기에 빠졌다는 분석, 마오쩌둥의 '반자본주의 현대화의 현대성 이론'이라는 역설 속에서 '참여민주'와 '경제평등'이라는 비판 자원을 뽑아낸 것에 대한 의문, 상세함은 빠진 채 '현대화 이데올로기'에 대한 막연한 비판으로 마오의 사회주의와 신계몽주의를 처리한 것에 대한 비판, '시민사회'와 '공공영역' 토론 비판에 대해 현실 분석과 총체적 인식이라는 명분으로 규범성 개념을 몰아냄으로써 무의식적으로 비판적 사회학의 기초를 뽑아내버린 것을 지적한 점, 자오강의 이러한 비판들은 아마도 왕후이의 현대성 논술에 대한 가장 깊이 있는 토론일 것이다. 두 타이완 학자의 학리성 넘치는 비평은 사상논쟁과 학술 비평의 모범이 될 만하다.

왕후이의 현대성 논술의 이론적 종지(宗旨)는 현대성 비판과 중국 현대성 유산의 총결산을 통해 비서구적인 또 다른 역사의 길을 탐색하는 데에 있다. 그는 신계몽주의가 중국 혁명과 사회주의 유산을 버린 것에 반대함으로써 중국 개혁의 우익화로의 편향을 막으려 한다. 그는 중국이 국가 사회주의라는 옛 길로도 다시 가지 말고, 현대화 이데올로기에서도 해방되어, 중국 근대 혁명 전통을 성찰하고 전화(轉化)시키는 기초 위에서 또 다른 발전의 길을 탐색해야 한다고 주장한다. 중국의 현대성과 진로에 대한 왕후이의 사고는 예언성이 풍부한 적극적인 사상적 의의를 갖고 있다. 그러나 왕후이가 중국 사회 및 혁명의 '특수성'에서부터 중국의 '또 다른 길'을 이끌어 내려한 점은 토론해볼 필요가 있다. 20세기 중국에게 진보와 재난을 가져다 준 혁명의 비극 자체에 대해 우리는 깊이 있는 비판적 성찰을 해야 하는바, 이 성찰이 바로 중국 개혁개방의 사상적 출발점이자, 현대문명을 향해 나아가는 사상적 출발점이다. 동시에 중국혁명 전통의 '특수성'은 인류 문명의 주류 혹은 현대성의 '보편성' 가치를 결코 부정하지 않는다. 현대 중국이 평등하고 공정한 혁명 전통의 '특수성'을 추구하는 것은, 동방 전제사회의 불평등하고 불공정한 전현대성 구조와 연관이 있다. 급진과 보수는 일란성 쌍생아로, 자유민주 현대성의 '보편성' 가치는 바로 이러한 동방 전통에 대한 해독제이다. 왕후이는 중국의 비판적 지식인의 주된 결함이 중국 혁명의 비극을 전면적이고 깊이 있게 총결하지 못함으로써 비판적 입장에서 완정한 역사관을 형성할 수 없었던 데에 있다고 솔직히 시인한다. 앞에서 언급한 한위하이의 마오쩌둥 혁명론이 바로 이 점을 설명해 준다. 마찬가지로 좌익의 비판적 지식인 역시 전체 자유주의 전통의 유산에 대해 전면적이고 깊이 있게 총결하지 못했다. 이 때문에 쳰융샹과 자오강이 강조한 자유주의 전통 및 그 현대성 규범의 '보편성' 가치를 어떻게 대해야 하는가는 왕후이의 중국의 '특수한' 현대에 대한 논술과 '또 다른 길'에 대한 추구가 피하기 어려운 문제이다. 다른 한편, 계몽주의의 현대성 규범의 '보편성'으로써 중국문제의 '특수성'을 대체하려는 자유주의자들의 현대화에의 추구 역시 반성적 현대 비판정신과 본토의 문제의식이 결핍되어 있어, 교조 자유주의와 서구 중심주의로 치우치는 오류를 피하기 어렵다.

신좌파와 자유파 외에, 전환 사회학자 쑨리핑은 또 다른 중국 개혁의 미래도를 보여준다. 자유파와 신좌파의 서구 이론 자원과 달리, 쑨리핑의 전환 사회학은 주로 셀레니*와 트라이만** 등의 소련 동유럽 공산주의 전환기 연구에서 영감을 얻었다. 그에 따르면, 중국은 시장화 전환 속에서 정치자본·경제자본·문화자본을 독점하는 총체적 자본 및 빈부분화의 양극사회를 형성했다. 앞으로 몇 년은 중국개혁 역사의 핵심적인 시기로, 전환기 사회에 장기간 축적된 모순과 위기가 모두 폭발하여 사회의 진전과 전환을 저지할 것이며, 이로써 중국 사회는 '고위험 사회(high risk society)'로 밀려날 것이다. 개혁 후 출현한 네 가지 기본 사회-정치 역량, 즉 국가·독점기업 엘리트·민간 엘리트·사회 대중 사이의 관계는 부단한 변동과 진화 속에 처하여 여러 가지로 조합될 가능성이 있다. 독점기업은 타고난 혈연관계를 유대로 삼아 한 곳으로 모이는데, 이는 정치·경제·문화가 하나로 모인 특수한 사회 집단으로 체제와 시장 두 영역에서 자원을 동원하고 흡수하는 데 능하다. 이 때문에 단기간에 빠른 속도로 거대한 부를 착취하고, 경제생활의 명맥을 장악하며, 정치생활에 중대한 영향을 미칠 수도 있다. 네 가지 각기 다른 사회 역량의 상이한 조합은 중국 사회의 서로 다른 앞날을 결정한다. 그 중 관건은 바로 국가가 어느 사회 역량과 결합하느냐이다. 미래의 중국은 적어도 두 종류의 앞날을 가지고 있다. 첫 번째, 국가와 독점기업의 결탁으로, 양자의 선호는 사회로 하여금 사회주의 계획체제로 심하게 기우는 경로의존성(path-dependence)*** 특징을 지닌 제도적 틀과 사회적 안배를 선택하도록

* 셀레니(Iván Szelényi, 1938-) 헝가리 출신의 미국 사회학자. 국가사회주의와 포스트 공산주의 사회의 사회경제 변천 진행에 대한 연구에 주력하고 있으며, 이 방면의 개척자이자 선구자이다. 오랜 기간에 걸쳐 완성한 '사회변천 삼부곡'인 ≪계급권력의 길로 통하는 지식인≫(1979), ≪사회주의 기업가≫(1988), ≪자본가가 없는 자본주의≫(1998)는 동유럽의 국가사회주의 변천 이해에 필수적인 자료로 평가받고 있다. – 역주

** 트라이만(Donald J. Treiman, 1940-) 미국의 저명한 사회학자. 그의 연구는 두 가지로 요약할 수 있는바, 첫째는 사회적 유동성과 지위 달성의 국제적 비교이고, 둘째는 중국 내 이주의 결정 요인, 역학 관계 및 그 결과이다. 이와 함께 서아프리카와 동유럽의 불평등 문제에 대해서도 연구하고 있다. – 역주

*** 경로의존성(path-dependence): 법률이나 제도, 관습이나 문화, 과학적 지식이나 기술에 이르기까지 한번 형성되어 버린 내용이나 형태가 환경과 조건이 바뀌었음에도 관성(inertia) 때문에 쉽게 변하지 않고 기존의 모습을 유지하는 현상. – 역주

주도할 것이다. 이는 일종의 관료-독점 형태의 시장경제로, 라틴아메리카의 현대화 후발국가 모델과 유사하다. 두 번째, 국가와 민간 엘리트 및 대중과의 연합으로, 이는 바람직한 발전 경로인바, 중국 사회가 점차 규범화된 시장경제로 나아가도록 추동해주며, 사회와 정치 차원에서 기본적으로 구미 선진국과 매우 유사하다. 그러나 중국사회를 구미 모델로 바꾸는 데에는 다음과 같은 제도 혁신이 필요하다. 첫째, 정책을 통해 중등계급을 육성하여 사회구조를 양극 구조에서 삼극(三極) 구조로 변화시킨다. 둘째, 서로 다른 사회집단이 의견을 표현할 수 있는 합법적 루트를 마련하여, 국가・엘리트・민중의 바람직한 소통과 상호 작용 관계를 촉진시킨다. 셋째, 자주성을 지닌 각종 사회조직을 재건한다.[102] 중국 개혁 전망에 대한 쑨리핑의 독특한 견해는 좌우 이데올로기의 틀에 국한되지 않고 중국 사회구조 변화의 경험에 기초한 연구이기에, 사회과학적 현실감과 조작(操作)의 가능성이 더 풍부하다. 중국의 '구미화'와 '라틴 아메리카화'라는 쑨리핑의 두 가지 역사 전망 분석은 신좌파의 '제도 혁신'이라는 낙관주의와는 다르다. 하지만 중국이 민주화를 통해 '라틴 아메리카화'되는 미래를 피할 수 있다는 주장은 분명 신좌파와 자유주의 모두가 받아들일만한 공통된 인식이다. 게다가 그 '삼극 구조'의 민주화 구상은 또한 추이즈위안, 왕후이의 '삼층 구조' 민주방안과 약속이나 한 듯 일치한다.

6. 결어

자유주의와 신좌파의 길고 지루한 논쟁은 이미 막을 내린 20세기를 따라 종결되지 않았고, 중국 전환기의 곤경 및 개혁・현대화 문제에 대한 지식계의 심각한 불일치를 부각시켰다. 미국 클레어몬트 대학원 아시아센터 주임이자, 화교학자인 탕번(湯本)은 이 논쟁을 "2000년 세계의 새로운 국면에 직면한 중국 대륙의 열렬한 애국자들이 미래 중국의 경제・정치의 길을 재선택하기 전에 행한 이론적 탐색"이라고 귀결지었다.[103] 미국학자 메츠거(Thomas

A. Metzger)는 20세기 중국지식인에 대해 성찰하는 논문에서 다음과 같이 지적했다. 현대화는 경제, 사상, 정치의 세 가지 다원주의 혹은 세 개의 시장과 떼려야 뗄 수 없는 관계이다. '경제적 다원주의'는 자유시장, 자유기업 혹은 자본주의이다. '사상적 다원주의'는 자유로운 사상시장으로, 사상들이 분분히 충돌하지만 세계와 역사 속의 각종 사조 및 정보에 대해서는 열린 상태로 소통하는 일종의 지식체계이다. '정치적 다원주의'는 정치시장으로, 즉 정당과 정객의 권력 경쟁이기도 하다. 바꾸기 어려운 인성의 어두운 면을 반영하는 이 세 가지 다원주의는 중국의 도덕 이상 및 가치관과 심각하게 충돌한다. 다원주의의 역사적 특징, 예컨대 자본주의의 이익만 도모하는 심리가 야기한 사회 불평등, 정치시장 정객의 권력 이익 다툼과 온갖 음모, 그리고 사상시장의 옥석혼효(玉石混淆)와 분분한 학설에 대해, 많은 중국인들은 이러한 현상들을 다원주의의 폐단이긴 하나 본질적인 것은 아니라고 간주한다. 이 때문에 중국 사상가들은 중국 현대화 문제를 고찰할 때 한 가지 어려운 문제에 직면하게 된다. 세 가지 다원주의 혹은 세 개의 시장과 중국의 도덕 이상은 도무지 어울리지 않지만, 역사는 경제 현대화와 정치 민주화 과정 속에서 세 가지 다원주의가 필수적이라는 사실을 증명한다는 점이다. 그런데 마르크스주의는 세 개의 시장을 일소해버리는 현대화 모델을 제공했다. 많은 중국 지식인들이 마르크스주의를 마음에 들어 하는 이유 중 하나는, 그들이 세 개의 시장이 없는 완벽한 현대화 방법을 찾아야 했기 때문이다.[104] 메츠거가 보여준 자유주의 현대화 모델과 마르크스의 사회주의 현대화 모델의 대립은 20세기 중국 이데올로기 충돌의 기조를 구성했다. 탕더강(唐德剛)이 말했듯이 '5・4'이래 반세기 동안의 중국의 희비극은 레닌의 '절반의 서구화(半盤西化)'와 듀이의 '절반의 서구화' 투쟁의 결과이다.[105] 두 현대화 모델의 대립은 여전히 오늘날 중국 자유파와 신좌파 사상 충돌의 근원이다. 자유주의는 '인류문명의 주류'인 서구식 현대화에의 추구로 회귀하려하고, 신좌파는 현대성 비판을 통해 비서구적인 '다른 길'을 모색하는데, 이는 현대 중국에 대한 중국 지식인들의 서로 다른 상상을 드러낸다.

1990년대, 세계 역사는 포스트 냉전시대로 접어들었다. 1989년 이후, 70여 년에 걸친 자본주의와 사회주의의 분열을 겪고 나서 유럽은 다시금 '민주적 자본주의'로 통일되었다. 이는 물론 후쿠야마가 말한 자유주의가 승리한 '역사의 종결'은 아니다. 당대 유럽의 '민주적 자본주의'는 자본주의의 민주화·사회화의 산물이지, 더 이상 스미스식의 자유방임적 자본주의가 아니다. '민주적 자본주의'는 사회주의의 세례를 받아 자본주의라는 몸과 사회주의라는 '유령'을 한데 모은 것이다. 19세기 이래, 유럽은 자유주의와 사회주의의 대립, 상호작용, 융합의 과정을 거쳤고, 폴라니가 말한 자본주의에 저항하는 '사회의 자기보호운동'의 성과는 이미 보통선거권, 노동조합 제도, 사회복지 권리 등처럼 자유민주적 헌정 시스템으로 편입되었다. 자유 헌정제도는 하층 민중의 이익 추구를 체현하는 사회의 자기보호운동을 포함시켰으며, 사회의 자기보호운동은 자유사회의 민주화를 촉진시켰다. 자유주의와 사회주의를 겸용하는 '민주적 자본주의'는 구미 문명국가의 주류 노선을 대표하는데, 그 속에서 우리는 스탈린식의 국가사회주의 체제가 실패한 원인을 쉽게 찾을 수 있다. 서구의 '가치사회주의'가 자유주의 체제 속에서 성장하고, 동유럽의 '체제사회주의'가 실패한 근본적인 원인은 자유민주제도의 유무에 있다. 헌정의 다원적 틀은 자유주의와 사회주의가 병립하고 융합하는 제도적 기초이다. 유럽 좌익비판이론의 기수인 하버마스는 1989년 이후 자유민주주의에 대한 비판적 해체에서 건설적 재건으로의 사상적 전환을 했고, 대중 참여 정치의 급진주의 추구와 자유주의 헌정의 법률제도를 융합한 숙의민주주의 모델을 제기했는바, 이는 ≪인권선언≫과 ≪공산당선언≫이 대립에서 벗어나 대화로 향하는 역사적 조류를 보여주고 있다. 중국사회의 전환기 역시 이 양대 선언간의 대화라는 역사적 발전과정으로 녹아들고 있다.

자유주의와 신좌파의 사상적 충돌은 전환기 중국 사회의 충돌을 보여준다. 이데올로기 색채가 농후한 이 사상논쟁의 의의는 관념적 차원을 훌쩍 뛰어넘는다. 계몽운동 양대 정신의 후예로서 자유주의와 사회주의가 당대 중국에서 서로 불러일으킨 장력은 전환기 사회의 자유주의와 좌익이론의 병존이라는 독특한 지식 비판의 국면을 조성했다. 자유파의 권력비판과 신좌파의 자본비판은 서로 다른 방향에서 전환기 중국의 좌우가 뒤섞인 권력자본 경제의 본질을 드러냈고, 상호 경쟁하는 현대화 방안도 제기했다. 두 파 모두 중국사회의 '라틴 아메리카화'라는 미래에는 반대했지만, 중국문제에 대한 진단과 현대화 방안에 대해서는 매우 상이한 입장을 보였다. 자유주의자는 구미식의 '좋은 자본주의'(민주 자본주의)와 라틴 아메리카식의 '나쁜 자본주의'(과두 자본주의)를 구분하고, 헌정개혁을 통해 중국이 구미화의 노선을 걷도록 재촉했다. 신좌파는 사회주의 자원으로써 글로벌 자본주의에 대항하여 비서구화된 중국의 사회발전 미래를 모색하자고 주장했다. 신좌파, 자유주의, 신자유주의에 대한 논쟁은 또한 '비서구화'·'구미화'·'라틴 아메리카화'라는 좌파·중도파·우파의 세 가지 개혁 청사진 논쟁으로 귀결할 수 있다.

중국문제의 복잡성은 서구에서 기원한 그 어떤 이데올로기의 틀도 훌쩍 뛰어넘어 버린다. 재미학자 훙자오후이(洪朝暉)의 '중국 특수론'은 개혁 이래 중국의 발전이 세계적 주류와 국제 추세를 거슬러 왔다고 본다. 이런 다른 종류의 '중국 현상'은 기존의 이론과 양극화된 사유방식에 도전장을 내밀었다.[106] 복잡한 중국문제를 연구하려면 좌우 이데올로기의 울타리를 넘어 본토문제 연구에서부터 출발해야 한다. 이 방면에서 쑨리핑의 '전환 사회학'은 유익한 탐색을 했다. 그의 전환 사회학은 사회학의 각도에서 공산주의 문명의 독특한 논리 및 그 역사 전환기의 추세를 이해하고, 이를 기초로 사회 전환 시기 각종 사회 현상에 대해 연구하는 것을 목적으로 한다.[107] 쑨리핑의 '전환 사회학'의 문제 방향, 본토에 대한 관심, 경험 연구는 이데올로기화된 여러 '주의'를 초월하여 중국 전환기 사회의 심각한 본질을 드러내 주었다. 친후이의 '전환 경제학'은 정치 경제학 각도에서 중국 경제체제 전환의 발전 과정 및 그 문제를 연구하는 데에 목적이 있다. 자유주의와 사회민주주의를 융합한 종합이론적 시야와 전환기 사회의 본토 문제의식은 쑨리핑의 '전환 사회학'과 방법은 다르지만 같은 효과를 내고 있다. 왕후이의 당대 중국 현대화 이데올로기에 대한 성찰과 비판적 사회이론을 형성하기 위한 시도는, 전환기 중국의 사회이론 혁신을 위해 필요한 지식의 정리와 이론적 준비를 해 주었다. 포스트 공산주의 전환기 사회에서 세계문명으로 유입된 중국은 자유주의와 사회주의로부터 이중의 도전을 받고 있다. 21세기 중국이 직면한 가장 큰 도전은, 정치민주화와 공정한 평등의 발전을 어떻게 실현할 것인가이다. 중국 전환기 사회의 변혁은 이론적 시야가 융합되고 본토의 경험에 입각한 '전환기 사회이론'을 호소하고 있다.

자유주의와 신좌파 논쟁은 '5・4'시기의 '문제와 주의' 논쟁이 세기말 중국에서 반향을 일으킨 것이다. 이 두 차례 '주의' 논쟁의 주제는 모두 중국 현대화의 방향 문제에 관한 것이다. 그러나 세기의 교차기에 포스트 공산주의 중국사회의 전환과 유럽 문명의 통일은 '5・4' 시대와 전혀 다른 역사적 컨텍스트를 구성했다. 이로 인해 '5・4'의 이것 아니면 저것이라는 식의 이데올로기 사유방식 역시 냉전시대의 종결과 함께 시대에 뒤처지게 되었다. 중국의 현대화는 아마도 세계 현대화사상 가장 힘겨운 사회문화의 전환 과정일 것이다. 전환기에 처해있는 오래된 동방의 대국에게 있어, '중국문제'는 분명 외부와 본토의 어떤 '주의'보다 중요하다. 그 어떤 주의도 중국문제를 '근본적으로 해결'할 수 있는 만병통치약이 될 수 없다. 중국문제의 다원성은 문제를 해결할 주의의 다원성을 요구한다.[108)]

계몽시대 이래 인류는 현대성 이상을 추구하였으나 이러한 추세는 이데올로기의 충돌에 의해 누차 찢기었는바, 이는 특히 20세기가 남긴 중대한 교훈이라 하겠다. 새로운 세기에 중국의 개혁이 이데올로기의 충돌을 넘어 계몽의 가치를 다시금 통합할 수 있다면, 자유와 사회해방을 융합하는 현대화의 길을 기대할 수 있을 것이다.

지은이 주

1) 아마르티아 센, 〈能力, 貧困和不平等:我們所面臨的挑戰〉, 姚洋 主編, ≪轉軌中國-審視社會公正和平等≫(中國人民大學出版社, 2004年), 52쪽
2) 孫立平, ≪斷裂—20世紀90年代以來的中國社會≫(社會科學文獻出版社 2003年), 220-221쪽
3) 孫立平, ≪轉型與斷裂—改革以來的中國社會結構的變遷≫(淸華大學出版社, 2004年), 46쪽
4) 위의 책, 271-272쪽
5) 칼 리스킨, 〈貧困, 不平等和中國的總體經濟政策〉, 姚洋 主編, 앞의 책, 202쪽
6) 윌 킴리카, ≪當代政治哲學≫上卷(上海三聯書店, 2004年), 4쪽
7) 汪暉, 〈當代中國的思想狀況與現代性問題〉, ≪天涯≫, 1997年, 第5期
8) 汪暉, 위의 글
9) 위와 같음
10) 徐友漁, 〈自由主義與當代中國〉, ≪開放時代≫, 1999年, 第5期
11) 徐友漁, 〈一評90年代'新左派':制度創新與國情〉, 公羊 編, ≪思潮—中國'新左派'及其影響≫(中國社會科學出版社, 2003年), 266쪽
12) 徐友漁, 앞의 글, ≪開放時代≫, 1999年, 第5期
13) 朱學勤, 〈'新左派'與自由主義之爭〉, 公羊 編, 앞의 책, 262쪽
14) 任劍濤, 〈解讀新左派〉, ≪天涯≫, 1999年, 第1期
15) 許紀霖・劉擎・羅崗・薛毅, 〈尋求第三條道路〉, ≪上海文學≫, 1999年, 第3期
16) 위와 같음
17) 秦暉, 〈世紀之交中國的經濟轉軌, 社會公正與民主化問題〉, 曹天予 主編, ≪現代化, 世界化與中國道路≫(社會科學文獻出版社, 2003年)
18) 秦暉, 〈轉軌經濟學中的公正問題〉, ≪戰略與管理≫, 2001年, 第2期
19) 汪暉, 〈'新自由主義'的歷史根源及其批判—再論當代中國大陸的思想狀況與現代性問題〉, ≪臺灣社會硏究季刊≫, 第42期, 2001年 6月
20) 汪暉, 〈當代中國的思想狀況與現代性問題〉, ≪天涯≫, 1997年, 第5期
21) 汪暉, 〈關於現代性問題答問〉, 李世濤 主編, ≪知識分子立場—自由主義之爭與中國思想界的分化≫, 141쪽
22) 汪暉, 앞의 글, ≪天涯≫, 1997年, 第5期
23) 汪暉, 〈承認的政治, 萬民法與自由主義的困境〉, ≪二十一世紀≫, 1997年, 8月號
24) 汪暉, 〈經濟史, 還是政治經濟學?〉(≪反市場的資本主義≫序), 폴라니 등 著, 许宝强 譯, ≪反市場的資本主義≫(中央編譯出版社, 2001年)
25) 汪暉, 〈'新自由主義'的歷史根源及其批判—再論當代中國大陸的思想狀況與現代性問題〉, ≪臺灣社會硏究季刊≫, 第42期, 2001年, 6月
26) 韓毓海, 〈相約98, 告別98〉, ≪書評週刊≫, 1999年 2月 9日

27) 위와 같음

28) 曠新年, 〈風與旗: 90年代的閱讀〉, 公羊 編, 앞의 책, 129쪽

29) 汪丁丁, 〈'擴展秩序'與制度創新〉, ≪二十一世紀≫, 1994年, 12月號

30) 朱學勤, 〈1998年自由主義學理的言說〉, 羅崗, 倪文尖 編, ≪90年代思想文選≫第2卷(廣西人民出版社, 2000年), 489쪽

31) 朱學勤, 〈'新左派'與自由主義之爭〉, 公羊 編, 앞의 책, 261-262쪽

32) 徐友漁, 〈智識界到底在爭甚麽〉, ≪中國WEB信息博物館≫(Web Infomall), 2002年 1月 18日

33) 秦暉, 〈轉軌經濟學中的公正問題〉, ≪戰略與管理≫, 2001年, 第2期

34) 위와 같음

35) 위와 같음

36) 秦暉, 〈自由主義, 社會民主主義與中國當代問題〉, 公羊 編, 앞의 책, 397쪽

37) 위의 책, 398쪽

38) 페르낭 브로델, ≪資本主義的動力≫(三聯書店, 1997年), 86쪽

39) 위의 책, 87쪽

40) 앤서니 기든스, ≪民族—國家與暴力≫(三聯書店, 1998年), 167쪽

41) '자본주의 병리학'과 '자본주의 생리학' 개념에 대해 쑨원(孫文)은 마르크스를 '사회 생리학자'가 아닌 '사회 병리학자'로 여겼다. ≪孫中山選集≫(人民出版社, 1981年), 817쪽 참조. 그 외 황런위(黃仁宇)는 자본주의의 기술적 성격을 논할 때 '자본주의 생리학자'라는 개념을 사용했다. ≪資本主義與二十一世紀≫(三聯書店, 1997年), 15쪽 참조

42) 崔之元, 〈制度創新與第二次思想解放〉, ≪二十一世紀≫, 1994年, 8月號

43) 崔之元, 〈'二元聯邦主義'的消亡〉, ≪讀書≫, 1996年, 第9期; 〈'混合憲法'與對中國政治的三層分析〉, ≪戰略與管理≫, 1998年, 第3期

44) 王紹光, 〈效率,公平,民主〉, ≪二十一世紀≫, 1994年, 12月號

45) 王紹光, 〈自由派?自由左派還是自由右派?〉, ≪世紀中國≫ 웹 매거진

46) 汪暉, 〈當代中國的思想狀況與現代性問題〉, ≪天涯≫, 1997年, 第5期

47) 汪暉, 〈'新自由主義'的歷史根源及其批判—再論當代中國大陸的思想狀況與現代性問題〉, ≪臺灣社會研究季刊≫, 第42期, 2001年, 6月

48) 위와 같음

49) 위와 같음

50) 위와 같음

51) 陳燕谷, 〈歷史的終結還是全面民主?〉, 李世濤 主編, 앞의 책, 237쪽

52) 브로델, ≪資本主義論叢≫, 37쪽

53) 甘陽, 〈自由主義:貴族的還是平民的?〉, 李世濤 主編, 앞의 책, 4-5쪽

54) 韓毓海, 〈相約98, 告別98〉, ≪書評週刊≫, 1999年 2月 9日

55) 韓毓海, 〈在'自由主義'姿態的背後〉, ≪天涯≫, 1998年, 第5期

56) 韓毓海, 〈漫長的革命—毛澤東的社會主義〉, 公羊 編, 앞의 책, 165-166쪽

57) 위의 책, 168쪽

58) 朱學勤, 〈1998年:自由主義的言說〉, ≪南方週末≫, 1998年 12月 25日; ≪中國圖書商報-書評版≫, 1999年 1月 5日

59) 朱學勤, 〈'新左派'與自由主義之爭〉, 公羊 編, 앞의 책, 262쪽

60) 汪丁丁, 〈自由:一段脚踏實地的敍說〉, ≪天涯≫, 1999年, 第2期

61) 徐友漁, 〈自由主義還是社會民主主義?—淺議未來中國憲政原理〉, ≪學而思≫ 웹 매거진

62) 劉軍寧, 〈直接民主與間接民主:近義, 還是反義?〉, ≪公共論叢≫ 第5期 ≪直接民主與間接民主≫(三聯書店, 1998年), 36-52쪽

63) 顧肅, ≪自由主義基本理念≫(中央編譯出版社, 2003年), 171-172쪽

64) 季衛東, 〈憲政的復權〉, ≪二十一世紀≫, 1998年, 6月號

65) 季衛東, 〈讓我們來重建政治共識〉, ≪文化中國≫(天津社會科學出版社, 2000年)

66) 許紀霖, 〈兩種自由民主: 對'自由主義'與'新左派'論爭的反思〉, 羅崗 編, ≪思想文選 2004≫(廣西師範大學出版社, 2004年)

67) 秦暉, 〈'第三條道路', 還是'共同底線'?〉, 許紀霖, 劉擎 編, ≪麗娃江畔論思想≫(華東師範大學出版社, 2004年)

68) 조반니 사르토리, ≪民主新論≫(東方出版社, 1998年), 13-14쪽

69) 윌 킴리카, ≪當代政治哲學≫, 중국어판 서문, 5쪽

70) 이매뉴얼 월러스틴, ≪沃勒斯坦精粹≫(南京大學出版社, 2003年), 451쪽

71) 사르토리, ≪民主新論≫(12쪽)

72) 듀이, 〈美國民治的發展〉, ≪每週評論≫, 第26號; 〈民本政治的基本〉, ≪晨報≫, 1921年 6月 23日

73) 데이비드 헬드, ≪民主的模式≫(中央編譯出版社, 1998年), 385-387쪽

74) 위의 책, 386쪽

75) 汪暉, 〈'新自由主義'的歷史根源及其批判—再論當代中國大陸的思想狀況與現代性問題〉, ≪臺灣社會硏究季刊≫, 第42期, 2001年, 6月

76) 위와 같음

77) 汪暉, 〈關於現代性問題答問〉, ≪天涯≫, 1999年, 第1期

78) 汪暉, 〈當代中國的思想狀況與現代性問題〉, ≪天涯≫, 1997年, 第5期

79) 汪暉, 〈關於現代性問題答問〉, ≪天涯≫, 1999年, 第1期

80) 위와 같음

81) 汪暉, 〈當代中國的思想狀況與現代性問題〉, ≪天涯≫, 1997年, 第5期

82) 위와 같음

83) 위와 같음

84) 위와 같음

85) 汪暉, 〈歷史可能性:想像與實踐〉, ≪書城≫, 2003年, 第6期

86) 위와 같음

87) 李愼之, 〈弘揚北大的自由主義傳統〉(≪自由主義的先聲—北大傳統與近代中國≫序), 劉軍寧 主編, ≪自由主義的先聲一北大傳統與近代中國≫(中國人事出版社, 1998年), 4-5쪽

88) 曠新年, 〈風與旗: 90年代的閱讀〉, 公羊 編, 앞의 책, 136쪽

89) 汪丁丁, 〈啓蒙死了, 啓蒙萬歲!—評汪暉關於'中國問題'的敍說〉, ≪戰略與管理≫, 1999年, 第3期

90) 徐友漁, 〈二評90年代'新左派': 中國的現代性與批判〉, 公羊 編, 앞의 책, 274-275쪽

91) 위의 책, 276-277쪽

92) 위의 책, 277쪽

93) 陳明, 〈對'新左派'的印象與分析—九十年代學術重讀之三〉, ≪原道≫論壇(www.yuan-dao.com)

94) 위와 같음

95) 위와 같음

96) 錢永祥, 〈現代性業已耗盡了批判意義嗎?—汪暉論現代性讀後有感〉, 賀照田 主編, ≪學術思想評論≫第8輯 ≪後發展國家的現代性問題≫(吉林人民出版社, 2002年), 3-15쪽

97) 위의 글, 위의 책, 16쪽

98) 趙剛, 〈如今, 批判還可能嗎?—與汪暉商榷一個批判的現代主義計劃及其問題〉, 위의 책, 26쪽

99) 위의 글, 위의 책, 35쪽

100) 위의 글, 위의 책, 36-40쪽

101) 顧準, ≪顧準文集≫(貴州人民出版社, 1994年), 339-341쪽

102) 孫立平, ≪轉型與斷裂—改革以來中國社會結構的變遷≫, 59, 73쪽

103) 湯本, 〈自由主義與新左派之爭〉, "思想評論" 웹사이트(www.sinoliberal.net)

104) 메츠거, 〈20世紀中國知識分子的自覺問題〉, ≪學術思想評論≫ 第3輯(遼寧大學出版社, 1998年), 200-208쪽

105) 唐德剛, ≪晩淸七十年≫(嶽麓書社, 1999年), 55쪽

106) 洪朝暉, 〈'中國特殊論'與中國發展的路徑〉, ≪當代中國硏究≫, 2004年, 夏季號

107) 孫立平, ≪轉型與斷裂 一改革以來中國社會結構的變遷≫序

108) 高力克, ≪五四的思想世界≫(學林出版社, 2003年), 294쪽

당대 중국의 지식장과 공공논쟁의 형태적 특징

지은이 : 류　칭(劉　擎)
옮긴이 : 박혜은(朴慧銀)

1. 서언
2. 문제, 방법, 그리고 기본 개념
3. 오늘날 지식장의 역사적 구축
4. 1990년대 이래의 지식생산과 사상논쟁의 특징
5. 결론: 초보적 총괄

1. 서언

최근 십여 년간 중국 지식인은 수많은 중요한 공공성 문제에 대해 지속적이면서도 격렬한 논쟁을 전개하면서 공공영역의 경계를 넓히고 새로운 담론공간을 개척하였다. 이는 두 말 할 것 없이 지식인이 사회전환에 실천적으로 참여하고 있음을 보여주는 것으로써, 중국 사회의 발전과정에서 직면한 중요한 문제를 사색하고 이해하는 데에 적극적 의미를 띠고 있다. 그러나 다른 한편으로, 오늘날 사상논쟁은 사람들의 우려를 자아내는 징조들을 드러내기도 하였다. 그 가운데 가장 두드러진 점을 들자면, 오늘날 중국사회의 전환 등의 주요 문제에 관한 토론에서 지식인들 사이에 파벌성을 띤 분열이 생겨났다는 점이다. 대부분의 토론이 공격적이고 상당하리만큼 적대적 분위기를 조성한 탓에, 결과적으로 사상계는 심각한 분열 사태를 맞이하게 되었다. 만하임(Karl Mannheim)은 일찍이 "지식인 계층만큼, 같은 목적과 일치된 단결이 부족한 계층은 존재하지 않다."[1]라고 말한 바 있다. 확실히 세계 곳곳의 지식계는 늘 끊임없이 논쟁을 펼치고 있다. 그러나 오늘날 중국사상계의 분열을 그저 지식인의 '변론의 천성' 탓이라고 단순하게 해석하여 경시할 수는 없다.

형태와 심각성 측면에서 살펴보자면, 사상계의 분열은 전체적으로 '지적 병리(intellectual pathology)' 증세를 드러내고 있다. 이러한 증세는 적어도 이하에서 살펴볼 만한 경험적 사실에 반응하고 있다.[2] 첫째, 지식계에는 누구에게나 존경과 찬사를 받는 지식인, 혹은 저서, 간행물 심지어 논점조차 거의 존재하지 않는다. 영향력을 지닌 인물이나 작품은 거의 대부분 지식계의 상당수 구성원들로부터 적대적인 비판, 이의 제기, 비방과 멸시 및 (적어도) 경시를 당했을 것이다. 특히 관점을 달리하는 집단 간에는 기본적인 도덕적 신뢰나 인격적 존중이 크게 결여되어 있다. 뿐만 아니라, 작품에 대한 판단과 평가에서도 피차 극단적으로 부정적인 태도를 취하고 있다. "그들에게는 진정한 지적인 흥미나 학술적인 추구가 전혀 존재하지 않다."라거나 "그들은 완전히 중국 문제에 대한 기본적인 현실감을 상실하였다."라는 등의 비난은 공개적인 평론에서보다 사적인 이야기 속에서 더욱 격렬하였다. 둘째, 지식인은 자신이 속한 공동체에 대해 보편적으로 실망과 위기를 느끼고 있다. 어느 저명한 학자는 일부 논전 중의 공격과 비방 경향을 '문화테러리즘'이라고 묘사하면서, 이것이 "오늘날 중국의 공공토론에 엄청난 손상을 입혔다."[3] 고 여겼다. 우리들은 인터넷의 지식인 논단에서, 현재의 중국에는 진정한 공공 사상계란 결코 존재하지 않으며, 그저 개개의 파벌과 소그룹만이 존재할 뿐이다, 혹은 공공영역에는 일말의 진지한 사상논쟁이라곤 존재하지 않으며, 피차간에 공격과 유언비어, 스캔들이 난무하다 등의 보다 부정적인 평론을 읽을 수 있다. 사상계가 중국사회의 전환 과정에서 짊어져야 할 책임 및 이뤄내야 할 공헌에 대해, 상당수의 지식인들은 자신들의 능력 부족과 자신감 결핍을 절실히 느끼고 있다.

오늘날 중국사상계의 병리적 분열 증상은 진지하게 다룰만한 가치가 있을 뿐만 아니라 깊이 있게 고찰해야 할 문제이며, 그 연구 가치는 '지식인 연구'라는 전문 영역에 대한 직접적인 상관성을 훨씬 뛰어넘는다. 이 논제의 중요성은, 오늘날의 학술과 지식생산의 핵심메커니즘을 언급하고, 공공영역 속에서 협의(協議)의 이성을 재건할 가능성을 다루며, 사상계가 사회 변혁에 대해 효과적인 '건설적 비판'을 펼칠 가능성에 관련되어 있다. 이러한 문제들은 오늘날 전환의 곤경에 빠져있는 사회 상황에서 보자면, 특히 심각하고 긴박해 보인다. 그러나 이러한 상황이 결코 이에 대해 순수한 도덕적 이의 제기와 청산을 가해야 한다는 뜻은 아니며, 오히려 이는 우리들이 피하지 않으면 안 될 길이다. 왜냐하면 단순한 도덕적 비난 혹은 호소의 방식으로 사상계의 폐단을 극복하려는 의도는 헛수고이면서도 위험스럽기 때문이다. 한 집단에 대해 두루뭉술하게 도덕적 비판을 가하는 것은 공허할 뿐이다. 왜냐하면 그것은 틀림없이 어떤 숙명적인 인성론 혹은 '군자/소인'류의 절대도덕 분야에 호소하기 마련이기 때문이다. 이러한 '비판'은 비(非)역사적인(따라서 조작적인) 규범성 기준으로써 역사분석이 함유한 가능성 차원을 대신하여, 마침내는 '소인의 음흉함'에 대한 의분에 찬 책망 혹은 '도덕적 영웅'에 대한 비장한 호소에 빠지고 만다. 이러한 비난과 호소는 추호도 사상계의 자아성찰과 발전에 도움이 되지 않으며, 결국 지식인이 자신의 윤리적 책임을 짊어지도록 도움을 주지도 못한다. 이 글에서는 오늘날 사상계의 병리적 분열 증상에 대해 지식사회학적 고찰을 시도해보고자 한다. 그 목표하는 바는 오늘날 공공논쟁의 몇 가지 특징을 이해하기 위해 일종의 거시적인 인식틀, 일종의 역사사회학적인 분석방법을 제기하고, 이로써 새로운 성찰의 차원을 열어 현재의 어려움을 극복하는 데 새로운 가능성을 제공하고자 하는 것이다.

이 글의 본문은 다음과 같은 세 부분으로 나누어져 있다. 첫 번째 부분에서는 연구의 중심 문제 및 그 의미에 대해 설명할 것이며, 채택한 바의 '장(場, field)의 분석' 및 그 핵심 개념에 대해 방법론적인 해석을 가할 것이다. 두 번째 부분에서는 중국 지식장(intellectual field)의 생성 및 변천 역사의 윤곽을 대략적으로 그려낼 것이며, 그 지식담론의 권위성의 근원이 어떻게 '차용의 정당성'에서 '자주적인 정당성'으로 바뀌게 되었는지에 대한 실마리를 분석하는 데 치중할 것이다. 세 번째 부분에서는 1990년대 지식장의 구조적 특징과 공공토론의 관계를 연구하여, 사상계의 중요한 논쟁이 어떻게 지식의 평가규범 부족으로 인해 '비(非)생산적 경쟁'의 양상을 드러내게 되었는가를 설명하고자 한다. 이 글의 기본 논점은 오늘날 중국의 지식장이 특정한 역사구축과정에서 나름의 자주성을 다지지 못하였으며, 이로 인해 장(場) 자체가 지탱하는 권위의 정당성을 확립해낼 길이 없었다는 것이다. 자주성의 결핍은 공공논술의 분열양상을 초래하였을 뿐만 아니라, '학술계'와 '사상계', '지식중심'과 '공공참여', 이성 변론과 도덕 비판 사이의 병리적 긴장을 포함한, 제도와 규범 측면에서의 일련의 이원적 대립에도 반응되어 있다. 마지막으로 이 글에서는 간략한 결론으로써 초보적으로나마 최종적인 평가를 내렸는 바, 비록 오늘날 사상계에는 활기차고도 다양한 논쟁이 나타났지만, 그 이론적 건설성과 실천적 효용성은 극히 제한적이었다. 이는 오늘날 '지식-윤리 공동체'로서의 사상계의 건설적 비판이 여전히 기존의 장(場) 구조의 엄격한 통제를 받고 있는 바, 집단적 성찰과 창조적 노력으로써 새로운 돌파를 이뤄내야 할 필요가 있음을 보여주고 있다.

2. 문제, 방법, 그리고 기본 개념

우리는 오늘날 중국사상계의 분열 국면을 어떻게 이해해야 할까? 이에 대해 공공언론 가운데 널리 유행했던 해석은, 논쟁 속의 파벌의 분열을 '도덕적 입장의 대치', 즉 이른바 '실권파 지식인'과 '평민 지식인' 사이의 대립으로 간주하였다. 이러한 해석의 근거는 질의할 가치조차 없으며, 해석 자체가 거의 근거 없는 추측에 불과하다.[4] 그리고 이러한 도덕적 이의 제기는 이미 악성적인 분열 작용을 일으켰으며, 그 자체의 유래는 '문제화'될 필요가 있다. 또 다른 견해에 따르면, 논쟁은 각 파벌이 근거하고 있는 상이한 '사상 자원' 혹은 '이론적 패러다임' 사이의 차이에서 비롯되었다. 그러나 대충 살펴보아도 알 수 있듯이, 동일한 '파벌'의 지식인들 중에도 원용하는 이론과 방법에 커다란 차이가 있으며, 설령 그들과 논전 상대가 학술양식에서 훨씬 커다란 차이를 보일지라도, 만일 다른 요소의 개입이 없다면 기껏해야 '학파 간의 경쟁' 국면을 초래할 뿐, 오늘날의 병리적 분열 상황을 만들어내긴 어려울 것이다.

오늘날 사상사와 지식인에 관한 학술계의 연구에는, 현재 '사회반영론'과 '관념진화론'이라 일컬을 수 있는 두 가지 패러다임이 존재하고 있다. 전자는 지식인의 사상과 발언을 사회현실에 대한 반영과 대응의 결과로 간주하며, 사회(정치와 경제)의 구조적 특징으로부터 공공담론의 구성을 설명하려는 경향이 있다. 반면 후자는 지식인 사상전통의 자체 논리의 변화발전에 치중하며, 관념 전승의 '내재적 이치'와 주요 지식인의 개인적 품성의 특징에서 공공담론의 발전을 이해할 것을 강조한다. 이밖에도 '반영론'과 '관념론' 양식을 결합하여 비교적 '능동'적인 반영론으로써 '기계'적 반영론의 경향을 극복함과 동시에, 사회역사의 구조적 요인의 영향을 고려함으로서 '관념론' 속의 '주지주의(intellectualism)'적 한계를 뛰어넘고자 하는 개별 연구자도 있다.[5)]

이 글에서 주로 관심을 갖는 연구과제는 이와 다른 바, 연구의 초점은 오늘날 중국사상계에서 발생한 논쟁의 '사회적 원인'이나 '이론적 논리'가 아니라, 이러한 논쟁들의 형태적 특징과 그 구조적 메커니즘이다. 바꾸어 말하자면, 이 글이 역점을 두어 고찰하고자 하는 점은 '오늘날 사상계의 논쟁이 어떻게 발생하였는가'가 아니라, '논쟁이 왜 이러한 특정적인 형태로 발생하였는가'이다. 우리는, 대관절 어떠한 지식생산 메커니즘이 사상논쟁을 '빚어내었으며(shape)', 어떻게 이러한 메커니즘이 공공담론을 고도로 활기차고 다양하게 만들어내면서 한편으로 효과적인 대화와 건설적인 합의를 이뤄내지 못할 만큼 심각하게 분열시켜놓을 수 있었는지에 대한, 그 특징을 탐구하고자 한다. 이 연구는, 지식인 사상논쟁의 형태적 특징은 공공 사상계에 중요하면서도 심층적인 구조적 전환이 일어났음을 보여준다는 기본적인 관찰에서 시작되었다. 여기에는 '공공 사상계'를 구성하는 제도적 요소, 규칙 및 자본, 그리고 사상계에 몸담고 있는 지식인 자신의 관습과 전략 및 상호간의 실천적 관계의 재구성 등이 포함되어 있다. 만일 우리들이 '1990년 이래 중국 사상 문화계의 중대한 논쟁'을 깊게 고찰하고, 아울러 그 의미와 결과를 효과적으로 분석하고 판단해내고자 한다면, 사상계의 구조 전환을 연구하고, 이러한 전환이 일으킨 지식생산 방식의 변화와 현상을 분석하는 일을 소홀히 해서는 안 될 것이다.

방법론에 대해 말하자면, 이 글에서는 '장(場) 이론'이라 약칭할 수 있는, 일종의 다른 연구 방법을 시도하고, 지식장에 대한 분석을 통해 오늘날 지식 생산의 구성 요소 및 그 공공성 논술 특징의 영향을 고찰하고자 한다. 이 방법은 직접적으로 프랑스 사회학자인 부르디외(Pierre Bourdieu)*가 제창한 '성찰적 사회학(Reflexive Sociology)'[6]에서 영감을 받았으며, 실천 이론에서의 장(場) 연구에 관한 그의 개념과 원리를 운용하였다. 이 연구의 필요성은 '성찰적 사회학'을 통하여 방법론의 정당성을 획득하고 있는 바, 일종의 사회연구 패러다임으로서의 '장 이론'은 '실천 논리'로써 '구조결정론'과 '주관의지론(主觀意志論)' 사이의 이원적 대립을 극복하며, 따라서 추상적인 방법론의 측면에서 우월성을 지니게 된다. 그러나 이 글에서는 그렇다고 해서 이 '장 이론'을 오늘날 연구 패러다임의 보다 나은 대체이론으로 간주하지 않은 채, 일종의 다른 유형의 경쟁적 패러다임으로 간주할 뿐이며, 관념론과 반영론에서 무시되는 문제와 측면을 처리하는 데 치중하는 바, 즉 지식인의 담론실천 속에서 직접 마주치는 제약적 구조를 분석하는 데 역점을 둔다. 그러므로 '장(場) 분석' 방법론을 선택한 원인은 주로 그 효용성에 있다. 즉 이 연구방법은 오늘날의 공공논술에 영향을 미치고 제약을 가하는, 중요하지만 감추어진 역량과 요인을 드러내고 밝혀, 새로운 분석과 비판, 그리고 건설적인 잠재능력을 개발함으로써, 우리에게 좀 더 성찰적인 시야를 갖도록 하고, 그리하여 공공사상계의 비판적 사업을 발전시킬 수 있을 것이다.[7]

'장'(場, field)과 '관습'(habitus)은 부르디외가 사회를 연구하는 과정에서 창조한 두 가지 중요한 개념이다. 간단하게 말하자면, "하나의 장(場)은 모종의 권력(혹은 자본)형식에 들러붙은 각종 위치(positions) 사이의 일련의 객관적 역사관계에 의해 이루어지는 반면, 관습은 개인 신체 내에 '침전'된(deposited)

* 부르디외(Pierre Bourdieu, 1930-2002), 프랑스의 사회학자, 철학자, 문화비평가. 사회학을 구조와 기능의 차원에서 기술하는 학문으로 파악하고, 신자유주의자들을 비판하면서 범세계적인 지식인 연대의 필요성을 주장한 바 있다. 대표적인 저서로는 ≪구별짓기(*La distinction*)≫(1979), ≪호모 아카데미쿠스(*Homo academicus*)≫(1984) 등이 있다. - 역주

일련의 역사적 관계에 의해 이루어지며, 그 형식은 지각, 판단과 행동 등의 각종 심신(心身)의 도식(schemata)이다." 부르디외에 따르면, "각각의 장(場)은 나름의 특유한 가치관을 규정하고, 나름의 특유한 제어원칙(regulative principles)을 지니고 있다. 이러한 원칙들은 사회가 구축하는 공간을 확정한다. 이러한 공간 안에서 행위자는 자신이 공간 안에서 점유한 위치에 근거하여 그 공간의 경계 혹은 형식을 변경하거나 유지하고자 투쟁한다." 부르디외는 '관습'을 '발생론적 도식들의 체계(a system of general generative schemes)' 혹은 '구조화하는 메커니즘(structuring mechanism)'으로 간주하는데, 이는 "지속적으로 존재하면서도 변경 가능한 성질의 경향을 띤 시스템으로, 과거의 각종 경험을 한데 결합한 방식을 통해 시시각각 지각, 판단과 행동의 모체로서 그 기능을 발휘한다."[8] 관습(慣習)은 일종의 무의식적인 계획운용으로서, 사회 구조와 특정 장(場域)의 상호작용이 확정한 가능성의 공간 속에서 기능을 발휘한다. 관습의 개념은 실천을 본체로 삼아, 개체행위를 사회조건의 구조적 제약을 받으면서도 구조적 논리의 직접적인 결과는 아니라고 이해한다. 이에 따라 관습은 실천적 개념으로서 객관적이면서 주관적이고, 구조와 행위, 사회와 개인 사이의 동태적 상호작용이기도 하다. 이는 본체론(本體論)과 방법론(方法論)에서 '구조결정론'과 '주관의지론'의 이원적 대립을 뛰어넘었다.[9]

장(場) 이론은 우리에게 지식인 공동체를 연구하는 새로운 시야를 제공해 주었다. 이는 우선, 이른바 '자유 유랑 지식인(free-floating intellectual)'이라는 관념을 버리고, 지식인을 그들 자신이 처한 체제와 전공 및 담론실천의 갖가지 규칙과 관계 속에, 즉 그들의 담론실천이 행해지는 '지식 장' 속에 두고서 고찰하는 것을 의미한다. 동시에 '문화자본(文化資本)'을 쟁탈할 만한 '이익'으로 간주하여, 이를 지식인의 담론실천에 대한 고찰 속에 끌어들인다. 이것이 바로 부르디외가 말한 바, 반(反)'경제주의'의 방식으로써 '유물주의의 탐색양식'을 경제적 이익이 제거된 듯한 영역, 특히 문화생산영역에 끌어들이는 것이다.[10] 장(場)에서 각기 상이한 위치에 놓인 지식인은 자신의 관습이 이끄는

대로, 갖가지 전략을 만들어내어 더 많은 '문화자본'을 쟁탈하고, 더욱 거대한 상징적 권력을 획득한다. 지식장은 경쟁과 충돌로 가득한 '전쟁터'(battlefield)가 되고, 이 장(場)에서 더 많은 자본을 차지하고 있는 구성원은 기존의 등급 구조를 유지하고자 하는 반면, 등급의 지위가 비교적 낮은 구성원은 반대로 기존의 장(場)의 규칙에 도전하고 이를 뒤집고자 한다.[11] 부르디외 이론의 계시에 따르면, 지식장의 연구는 우선 지식생산의 사회역사 조건을 분석하고, 지식장과 다른 장(특히 권력장)의 관계에 대해 역사적으로 파악하지 않으면 안 된다. 다음으로, 지식장의 내부 규칙과 사회역사실천 속에서의 자본의 구성을 분석하고, 아울러 지식장내의 지식인의 상이한 자격과 위치를 심사하여 관습에 따른 특정 행위에 대해 설명해야 한다.[12]

부르디외가 우리에게 준 이론적 시사점은, 시종일관 실천적 논리에서 출발하여 사회현상을 이해해야 한다는 것이다. 그는, 장(場)과 관습 등의 개념에 대한 분석은 반드시 구체적인 경험세계에 들어서야 하며, 시종일관 어떠한 방법론상의 교조주의(教條主義)에도 반대한다고 강조하였다. 부르디외는 그의 이론을 추상적으로 논의하는 것은 오해와 오도를 낳을 수 있으며, 그 자신의 이론은 본인의 실증적인 작업(이를테면 인류학연구)과 상호 결합해야만 비로소 의미가 있다고 경고하였다. 마찬가지로, 부르디외의 실천이론을 원용하여 실제 문제를 연구하면서 느꼈던 어려움은, 그 이론의 요지에 대한 이해와 파악이 아니라, 적절하고 효과적으로 구체적인 분석을 전개하는 것이었다. 여기에서 방법론상의 몇 가지 문제를 분명하게 밝혀둘 필요가 있다.

우선, 장(場) 분석 방법을 지식장에 운용하는 것은 '매력적'이긴 하지만 위험한 시도였다. 매력적인 점이라면, 이러한 분석방법이 중국 대륙의 지식장에 대해 참신하면서도 잠재력이 풍부하다는 점이다. 반면, 위험한 점은 분석자가 스스로를 장(場) 밖의 초연자(超然者)로 간주하기 십상이라는 것인데, 부르디외는 일찍이 문화생산에 대한 분석의 어려움을 우리들이 '판정자(裁判者)'이면서 동시에 '피(被)판정자'라는 점에 있다고 각별히 지적한 바 있다. 따라서 오늘날 중국사상계에 대한 발언자는 누구나 장(場)의 제약을 받지 않을 수 없으며, 그 발언 역시 장(場) 속의 담론행위라 할 수 있다. 이러한 '자기 지시적(self-referential)' 어려움은 철저히 배제할 방법이 없으며, 유일한 보완책은 '자아성찰로의 회귀' 의식을 유지하는 것이다. 필자는 결론 부분에서 이에 대해 보충 설명할 것이다.

둘째, 장(場) 이론은 누구라도 장의 영향에서 완전히 벗어날 수 있을 가능성을 배제한다. 부르디외가 언급했듯이, "어떠한 문화생산자일지라도 특정한 생산 공간에 놓여 있으며, 그가 원하든 원치 않든 그의 생산은 늘 어느 정도 자신의 공간 속의 위치에서 비롯된다."[13] 이 글은 중국의 지식장과 담론 실천의 관계를 분석하면서, '문화자본'을 각 개인에게 작용하는 '이익'의 구동력으로 간주할 것이다. 그러나 이는 도덕적 동기에 대해 이의 제기를 꾀하는 '동기비판'과는 다르다. 왜냐하면 장(場)이 관습을 통해 개체의 지식생산에 미치는 영향은 '무의식'의 작용이기 때문이다. 이밖에 특정 저자의 도덕적 동기는 '경험적 확증성(empirical authenticity)'을 지니고 있지 않기 때문에 연구 범위에서 제외한다. 장(場域) 분석의 목적은 집단무의식에 의해 가려진 구조적 제약요인을 밝히는데 있다.

이 글에서는 장(場)이론을 운용하여 중국의 '사상계'를 '지식장' 전체의 일부분으로 '개념화(conceptualizing)'하고, 장(場) 내의 지식생산실천에 대해 고찰하고자 한다. 이는 우선 중국 지식장의 생성과 발전에 대해 역사사회학적으로 파악해야 함을 의미한다. 다음으로는, 1990년대 지식장의 구조적 특징, 제도적 · 규범적 형태 및 이에 상응하는 지식인의 관습을 분석하고, 나아가 이들 형태의 조건에 근거하여 오늘날 공공논쟁의 형태적 특징을 설명하고자 한다.

3. 오늘날 지식장의 역사적 구축

중국 대륙의 컨텍스트에서 '사상계' 혹은 '지식계'와 같은 명칭에 대응하는 '기의(signifié)'는 도대체 무엇일까? 사회언어학의 관점에서 고찰해보면, 이러한 명칭이 1980년대 중기에야 널리 사용되었음을 알 수 있다. 반면 1949년 이후의 30여 년간, 중국 대륙에서 주로 통용되었던 것은 '이데올로기 영역', '사상교육전선', '선전공작계통'과 같은 명칭 뿐, 훗날 '사상계'(혹은 '지식계')라고 일컬어지게 되는 사회영역 및 이에 대응하는 공동체는 결코 존재하지 않았다. 즉 중국 대륙의 '사상계'—일정한 자주성을 지닌 지식 공동체로서—는 '포스트 문혁'시대에 생겨나, 오늘날까지 고작 20여 년의 역사에 지나지 않는다. 이 구축과정은 또한 자신의 특수한(서구와 다른) 정치사회구조, 제도적 환경의 제약 및 역사자원의 영향 하에서 발생한 것이다. 특정한 역사적 구축은 현금의 지식장의 상황 및 사상논쟁의 형태에 깊은 영향을 끼쳤다.

지식장의 가장 중요한 특징은 '지식생산'의 기능을 담당할 뿐만 아니라, 자신의 독립원칙을 고수하면서 생산메커니즘을 확립하고 통제한다는 점이다. 이 가운데 가장 핵심적인 부분은 바로 지식의 '권위의 정당성(legitimacy of authority)'에 근거를 제공하는 것이다. 서구에서 지식장의 형성과 현대 지식인의 출현은 역사적 공생 현상이다. 서양언어에서의 '저자'(author)라는 단어는 그 자체로 '권위'(authority)의 함의를 지향하고 있는 바, 즉 저자가 생산하는 언론은 모종의 '권위성'을 지닌다. 그러나 이러한 권위성의 근원은 사회역사적 조건에 따라 변한다. '현대' 언론의 특징은 담론의 권위 정당성이 자명한 것이 아니라, 설명하고 옹호해야(justify) 한다는 점이다. 서구의 성직자 계층이 '현대지식인'으로 바뀌는 과정에는 '저자의 권위성'에 대한 정당성의 설명이 동시에 수반되고 있다. 간단히 말해, 만일 성직자 계층의 담론 권위가 자주적이지 않고 종교 권력 혹은 신성한 초험적 상징물에 의지하였다고 한다면, 계몽주의 이후의 현대지식인은 반드시 '이성'을 그 언론 권위의 정당성의 근원으로 삼아야 했다. 이러한 의미에서 만하임은, 현대지식인은 '논리'로써 '권력'을 획득하였다고 말했던 것이다. 지식장이 형성된 후, 이러한 '이성의 정당성'은 등급화된 '지식 규칙'(혹은 '학술 규범')으로 구체적으로 표현되었으며, 이는 장 자체의 특유한 가치관과 제어 원칙, 특정한 권력(자본) 형식 및 경쟁 규칙을 포함하고 있다. 장(場)의 등급화 규칙은 지식생산의 유효성 혹은 담론 권위의 정당성에 평가의 척도, 규범 및 질서를 제공하였으며, 그것은 장(場) 내부의 경쟁을 유도함과 동시에 경쟁을 규제하고 판정하였다.

그런데 지식생산자가 공공(정치)적 논제에 개입할 경우, 그 지식 권위성은 넓은 의미의 정치성 권위로 바뀌고, 이른바 '사상적 역량'으로 확장된다. 이것이 바로 '학술'과 '사상', 지식인과 정치가 늘 복잡한 결탁 관계를 이룰 수밖에 없는 까닭이다. 그 복잡성은, 공공사상 논술 속에 포함되어 있는 사회적 영향력이 지식공동체의 범위를 뛰어넘어, '공공사상'이 '학술'과는 독립된 일부 평가척도, 이를테면 도덕적 감화력, 상식적 호소력, 실천적 효용성 및 매스미디어 시청자의 반응 등의 평가척도를 지니고 있지만, 이것이 그 '지식성'(intellectual)의 특징을 박탈하지는 못하였다는 점에 있다. 다시 말해 공공사상 논술의 권위 정당성은—그 지식성 차원에서—여전히 지식장의 내부 규칙에 종속되어 있다. 부르디외는 지식장의 두 가지 생산을 특별히 구분하였는데, 하나는 동종의 전문 업종(학술, 문학, 예술, 과학)을 겨냥한 '제한생산'이고, 다른 하나는 외부의(정치적, 경제적, 대중적) 요구를 충족시키기 위한 '대량생산'이다. 부르디외는 '제한생산'과 '대량생산' 모두를 지식장의 두 가지 하위 장(subfield)으로 간주하거나, 혹은 두 가지 상이한 극단을 대표하는 바, 전자는 내부의 등급화 규칙을 엄격하게 따르는 반면, 후자는 외부의 장(권력장과 경제장)의 규칙의 제약을 받는다고 보았다. 아울러 그는 지식장의 '자주성'은 내부 규칙에 달려 있으며, 외부 규칙이 날로 내부 규칙에 복종할수록 지식장의 자주성 수준은 더욱 높아진다고 여겼다.[14] 더욱 복잡한 점은 내부 규칙과 외부 규칙 역시 자연스럽게 형성된 것이 아니라, 역사의 변천 과정에서 갖가지 경쟁과 투쟁을 겪으면서 구축되었다는 점이다. 따라서 학술과 정치는 이론상으로나 역사실천에서나 모두 깊은 연관을 맺으며, 상이한 사회와 역사는 특정한 '학술정치학'을 지니게 된다.

중국에서 학술과 정치의 관계는 특히 특수하고 복잡하다. 만일 지식의 '권위 정당성'의 관점에서 중국 지식장의 역사적 구축에 대해 살펴보면, 1949년 이후 30년 동안 중국에는 독립적인 지식장이 존재하지 않았으며, 지식 생산은 기본적으로 국가 권력장의 유기적인 구성성분이었음을 알 수 있다. 1978년 이후의 10년 동안 '국가권력의 종속물'인 '이데올로기 영역'에서 '독립적이고 자주적인 지식계'로 바뀌는 추세를 보여주었고, 1989년 이후 15년 동안에는 '학술 전문화' 운동이 자주적인 전환을 지속적으로 추구하는 듯하였다. 그러나 이 글에서는, 이 전환이 오늘날까지도 여전히 완수되지 않아 오늘날 지식인으로 하여금 정도는 다르지만 모종의 초조함의 특징을 띤 '정치/학술적 콤플렉스(political-scholarly complex)'에 빠지게 하였음을 제기하고자 한다. 왜냐하면 중국의 컨텍스트 하에서 '탈(脫)정치화'를 의도하는 '학술 자주성' 요구는 무엇보다도 우선 정치적 주장이 되어야 하고, 정치적인 발언을 통해 '탈정치'적 학술 독립을 획득하지 않으면 안 되기 때문이다. 내재적으로 긴장된 이 역설적 주장이 '정치/학술 콤플렉스'의 핵심을 이루고 있으며, 그 실천 중에 초조감을 자아내고 있는 것이다. 이것이 지식인과 국가의 관계와 연관되어 있을 뿐만 아니라, 지식장의 내부 규칙과 경쟁에 장차 심각한 영향을 끼침으로써 공공논쟁의 형태와 특징을 제약하고 있다는 데에 그 복잡성이 존재한다.

1989년 이전의 지식장의 상황은 이 글의 주요한 연구범위가 아니지만, 오늘날 지식장의 구축을 고찰함에 있어서 우리들은 간략히 특징적인 요소들을 돌아보고, 그 역사적 전승과 변화를 이해할 필요가 있다. 장 연구의 관점에서, 필자는 다섯 가지 개념, 즉 '타율'적 장, 권위 정당성의 '차용', '창조적 순응주의'의 관습, '투쟁'적 수사전략 및 '의식성(儀式性) 공공영역'의 참여 등으로 이 시기 지식장의 형태적 특징을 개괄하고자 한다.

신중국 수립 이후 첫 30년 동안, 자주성을 지닌 지식장은 시종 출현한 적이 없었다. 하버드대학의 현대 중국사상사가인 골드만(Merle Goldman) 교수가 지적하였듯이, "1949년 직후, 이전의 반세기 동안의 상대적인 지식의 자주성과 문화의 다원성은 완전히 종결되고 말았다."[15] 지식 자주성의 상실은 지식인 개인이 스스로의 독립적인 사고와 발언을 하지 않는다거나, 혹은 진지한 학술적 노력과 성취가 존재하지 않는다는 것을 의미하지 않으며, 그들이 공공

비판의 도덕적 용기를 상실했다는 것을 의미하지도 않는다. 지식 자주성의 상실은 '지식담론'의 생산 자체가 독립적인 사회공간(즉 장)을 이루지 못하였음을 의미하며, 그 가치기준, 규범원칙 및 자본 모두가 무엇보다도 장의 자주적인 성장과 결정에 의한 것이 아니라, '외부의' 국가권력에 의해 만들어지고 통제됨을 가리킨다. 지식생산의 모든 고리는—아카데미와 연구소의 체제구성과 관리, 자금 출처, 학과 설치, 인사 배정, 성과 평가 등으로부터 심사 메커니즘과 기준의 발표에 이르기까지—국가 '이데올로기영역' 사업의 일환이다.[16] 이 의미에서 이 지식장은 '타율(heteronomy)'적이라 할 수 있다.

'타율'적 지식장의 중요한 특징은 논술의 '권위 정당성'이 독립적이지 않고, '차용'한 것이라는 점이다. 지식담론의 정당성이 국가 정치이데올로기의 권위에 종속되어 있다는 것이다. 이데올로기에 저촉되는 발언이라면 어떤 것이든 장 내부에서 인가를 받을 수 없다. 타율적인 지식장에서는 '정치적 정확성'이란 외부 규칙이 지식장 자체의 규칙으로 내화되고, 경쟁에 있어서 가장 중요한 자본이 된다. 이는 부르디외가 분석한 이른바 '즈다노비즘(Zhdanovism)*'과 매우 흡사하다.[17] 지식인은 이러한 규칙과의 상호작용 속에서 '창조적 순응주의(creative conformism)'라 일컬을 만한 특수한 관습을 형성하게 된다. 확실히 보수적이면서도 엄격하게 이데올로기 기준에 순응하는 것은 '정치적 정확성'이라는 자본을 획득할 수 있는 가장 중요한 전제 조건이다. 그러나 이러한 자본경쟁에서 단순히 '맹종' 혹은 '충절'의 전략만으로 반드시 우월적인 위치를 차지할 수 있는 것은 아니다. 왜냐하면 이데올로기 담론 자체가 일종의 '지적 논술'이고, 마르크스주의 학설의 모든 개념과 원리, 그리고 현(現) 정치 형세와의 복잡하고도 다변적인 해설적 관계를 포함하고 있기 때문이다. 따라서 개체가 장에서 자신의 위치를 끌어올리기 위해서는 적극적으로 개입해야

* 이른바 소련의 '문화대혁명'을 이끈, 구소련의 정치가이자 소련 문화정책 지도자인 안드레이 즈다노프(Andrei Zhdanov)에게서 비롯된 소련의 문화 이론이다. 그는 '즈다노프 독트린(즈다노비즘)'이라는 이 이론을 통해, 공산당의 정치노선에 맞지 않은 창작 활동, 즉 자본주의적이고 개인주의적인 작품을 금지하고, 많은 문인 및 예술가들의 창작활동을 탄압하였다. 그러나 1952년 이후, 즈다노비즘은 비판을 받아 그 효력을 상실하게 된다. — 역주

함은 물론, 고도의 민감성, 창조성, 지혜와 전략을 발휘해야 한다. 이러한 의미에서 단지 '순응'만 하는 개인은 경쟁 속에서 이길 수 없다. 구체적인 논거, 제기 방식, 논증 방식 및 문체 풍격에서 참신한 '창조성'을 드러내면서도, 목표와 방향 및 결론에서는 이데올로기 강령에 순응하는 담론실천만이 더욱 강한 경쟁력을 갖추기 마련이다. 실제로 이 시기의 장에서의 우승자는 모두 상당한 '학식'과 함께 고도로 숙련된 수사기교를 지니고 있었다. 장 투쟁의 결과 역시 지식인을 각기 다른 등급 속에 자리하게 하였다. 가장 창조적인 순응주의자는 가장 많은 자본을 획득하고 최고의 특권을 누렸으며, 피동적인 순응자는 이름이 세상에 전혀 알려지지 않았다. 반면 '비(非)순응주의자' 혹은 창조성에서 오류를 범한 순응주의자들은 장 경쟁의 희생물이 되었다. 이 시기의 장 투쟁은 격렬했으며 잔혹하기까지 하여, 우세를 점한 지식인이 약세의 지식인을 통제하고 박해하는 현상이 빈번하게 발생하였다. 그리고 이러한 박해는 종종 경쟁상대에 대한 '정치적 고발'로 나타났으며, 정치와 '학술' 기준이 합일되어 있었기에 정치적 고발 역시 자연스럽게 '학술'적 고발이 되었다. '마르크스·레닌주의에 위배되는 반동(反動)학술'은 정치적으로 부정확할 뿐만 아니라 학술적으로도 낙후한 것이므로 담론 권위의 정당성을 상실하여 장에서 낮은 지위로 떨어지게 된다.

'타율'적 장에 처한 지식인의 공공문제에 대한 발언은 결코 소극적이지 않았으며, 오히려 활발하고 적극적이기까지 하였다. 그러나 이러한 참여의 동기와 심리상태는 대단히 복잡하며, 여기에서 생겨난 '공공 사상계'의 성격 역시 매우 특수하였다. 적어도 대다수의 '공공 문제'에 대한 당시 지식인의 발언과 글쓰기는 국가의 '동원'과 '지시'에 따른 것이었다. 그러나 그렇다고 해서 이러한 참여를 완전히 '강제적'이거나 '비이성적'이었다고 판단해서는 안 된다. 리프턴(Robert Jay Lifton)은 중국 지식인의 '사상개조'에 관한 자신의 연구 저서에서 소위 '전체주의 심리학(psychology of totalism)'이라는 상황을 분석한 바 있는데, 이데올로기란 일종의 '세속성의 과학'과 '신성성의 도덕'의 총체적 연맹이라고 지적하였다. 이러한 전체주의가 빚어낸 심리적 조건 하에서는

'강제'와 '자원(自願)', 이성과 비(非)이성을 구별하는 것이 불가능할 뿐만 아니라 아무런 의미가 없다는 것이다.[18] 우리는 이러한 심리적 조건에서의 공공참여로 이루어지는 '공공영역'을 '의식성 공공영역(ritual public sphere)'이라 일컬음으로써, 하버마스에 의해 확정된 공공영역 개념과 구별 지을 수 있다. '의식성 공공영역'은 대규모적이고 고도로 적극적인 공공참여로 나타나지만, 이러한 참여가 '자원'인지 아닌지, 개인이 자신의 이익과 관련된 공공업무를 위해 '대중'으로 집결되었는지의 여부는 분간해낼 수 없다.[19] '의식성 공공영역'은 '통상 형태'와 '운동 형태'의 두 가지가 있는데, 이들 모두 국가권력에 의해 언론 권위의 정당성이 부여되었다. 이 시기의 특정 공공영역의 형성은 오늘날의 공공 사상토론에 여전히 어느 정도 영향력을 지니고 있다. 그 가운데 광범한 정치의식, 즉 전 국민이 '국가의 중대사에 관심을 가지는' 전통, 그리고 이데올로기의 서술 중에서 (적어도 명의상의) '인민이 주인'이라는 관념은 포용적이고 정치참여적인 공공영역을 구축하는 데 있어서 완전히 부정적인 역사적 유산이라고 할 수는 없다.

이 시기 지식인의 공공논술의 수사적 특징으로 '투쟁성'을 들 수 있다. '두 신문사와 한 잡지사의 사론(兩報一刊社論)*', 량샤오(梁效)**와 뤄쓰딩(羅思鼎)*** 등과 같은 소그룹으로 대표되는 수사적 특징을 '투쟁성'이라 규정하는 것은 이것과 '비판적' 논술 사이의(베버의 '이상적 유형'의 의미에서) 차이를 강조하기 위함이다. 그 근본적인 차이는 언사의 공격성이나 논술의 논리성이 아니라, 담론의 권위성이 상이한 정당성(합법성)의 근원을 지니고 있다는 점이

* 두 신문사와 한 잡지사의 사론(兩報一刊社論)은 ≪인민일보(人民日報)≫와 ≪해방군보(解放軍報)≫, 그리고 잡지 ≪홍기(紅旗)≫에 동시에 게재한 사설(社論)을 가리킨다. – 역주

** 량샤오(梁效, liangxiao)는 '두 학교(兩校, liangxiao)'의 해음(諧音)으로 인해 붙여진 이름이다. 즉 이는 문혁 기간에 베이징대학과 칭화대학의 비판 그룹의 필명으로, 1973년에 최초로 자신들의 의견을 공개적으로 표명한 바 있다. 그러나 1976년 사인방이 실각한 이후, 그들 역시 자연스레 역사 속으로 그 자취를 감추었다. – 역주

*** 문혁 기간에 사람들에게 널리 알려진 창작 그룹은 두 가지인데, 하나는 베이징대학과 칭화대학을 중심으로 한 '양효'이고, 다른 하나는 상하이 시위원회의 창작 그룹인 나사정(羅思鼎, luosiding)이다. 나사정(羅思鼎)은 나사못을 의미하는 '나사정(螺絲釘)'의 해음이며, 레이펑(雷鋒)의 명언인 '영원히 녹슬지 않는 나사못이 되자(做一顆永不生銹的螺絲釘)'에서 비롯되었다. – 역주

다. '투쟁성' 담론의 권위는 국가이데올로기의 합법성에서 비롯된 반면, 비판성 논술의 권위는 지식이성의 독립적 정당성에서 비롯되었다. '투쟁성' 담론의 수사전략은 흔히 역사, 국가, 진리와 인민의 이름으로 고발하였으며, 이는 그것에 반박할 수 없는 권위성을 안겨주었으며, 그 배후에는 국가권력과 국가폭력기구의 지지가 뒷받침되었다. '투쟁성' 담론은 아마 푸코의 이른바 '지식/권력' 복합체의 가장 극단적인 유형을 대표한다고 할 수 있을 터인데, 그 형식은 이성의 개념과 원리로 구성된 거대 서사구조로서, 진리의 독단성을 매우 강하게 띠고 있었다.

여기에서 지적하지 않으면 안 될 것은, 이처럼 독단적인 진리의 언설이 '문혁' 시대가 지나가고 문혁에 대해 '전면적 부정'이 이루어졌음에도 완전히 종결되지 않은 탓에 이러한 수사전략이 여전히 무의식적인 방법으로 오늘날의 지식인들에게 영향을 끼치고 있다는 점이다. 그 영향은 아마도 우리가 상상하는 것보다 훨씬 심각할 것이다. 이와 관련된 가장 주요한 점은 오늘날의 지식담론이 여전히 권력적 요인을 벗어나지 못한 채, '지식/권력'이라는 모종의 유형이라는 사실이다. 그러나 자주적인 지식장에서 주도적 역할을 하게 될 '지식이성' 규칙에 따르면, 정당한 논변의 절차를 따르는 것은 언론이 합법적 권위를 획득하는 필요조건이며, 따라서 가장 기본적인 기준에 따라 '투쟁적인 독단적 논술'과 '비판적인 협의의 논술'에 대해 최저한도의 경계를 지을 수 있다. 하지만 이 글의 후반부에서 분석하고 지적하듯이, 지식의 자유정신과 학술의 독립규범의 오랜 세례와 침윤을 거친 지식계만이 이러한 경계를 효과적으로 지을 수 있으며, 제도적이고 규범적인 안배 과정에서 이러한 구별을 일반화할 수 있다. 지식장의 자유로운 규범적 절차와 메커니즘이 존재하지 않는다면, 스스로 '비판적 논술'이라 부르짖어도 흔히 '투쟁적 논술'의 변종이 되어버린다.

중국 지식장의 발전에서 보자면, '문혁' 종결 후 10년은 특히나 중요하다. 이는 특정한 역사적 계기 속에서 지식장이 권력장의 모체(母体)에서 벗어나 태어나기 시작하는 과정이자, '타율성'을 벗어나 자주성을 추구하는 과정이기도 하다. 이 과정은 지식인이 '차용(借用)한' 정당성을 내던지고 독립적인 담론의 권위규범을 모색하는 노력을 포함하고 있다. 이는 무엇보다도 먼저 지식차원상의 거대한 노력이지만, 지식장이 '역사적으로' 권력장에서 배태되어 나왔기 때문에, 동시에 역사적으로 권력장과의 사이에 남아 있는 관계를 반드시 해결하고 모종의 제도적이고 규범적인 안배와 타협을 이뤄내야 하며, 따라서 정치 차원에서 노력을 기울이지 않으면 안 된다. 그러므로 1980년대에 지식계가 자주성을 모색하는 과정은 동시에 '학술성'과 '정치성'이라는 이중적인 노력을 통해 전개되지 않으면 안 되었다. 이러한 의미에서 관방에 의해 추진되었던 '사상해방운동'과 지식인에 의해 발기된 '신계몽운동'은 중첩되어 있으면서도 분리되어 있었다. 그 안에는 오늘날까지도 충분히 밝혀지지 않는 다중적이면서도 복잡한 요인이 뒤엉켜 있다. 이들 요인에는 상이한 유형의 지식인이 어떻게 당시의 역사적 조건 하에서 '기회'를 판단하고 이용했는지, 어떻게 그 학술과 정치의 목표 및 이 양자 간의 관계를 확정하였는지, 어떻게 자신의 전략을 제정하고 조정하였는지 등이 포함되어 있다. 1980년대 중국 지식장의 생성 역사를 상세하게 고찰하는 것은 이 글의 취지가 아니며, 이 글의 편폭으로 감당할만한 과제도 아니다. 그러나 그 중요한 특징 중의 하나인 정치와 학술의 관계를 밝히는 것은 1990년대의 사상논쟁을 이해하는 데 있어서 필수적이다.

현재 많은 논자들은 1980년대 사상계의 상황을 되짚어 성찰하는 과정에서, 그 특징을 '사상을 중시하고 학술을 경시'하는 '신(新)계몽주의'로 이해하고, 그것의 '공허하고 거칠기 짝이 없는' 학술적 품질을 비판하였다. 또한 어떤 논자는 신(新)계몽 담론을 '개혁 이데올로기를 위해 복무한 것'이라고 질책하고, 심지어 그 자체는 관방(官方) 이데올로기의 서술이었기에 국가 권력과 공모함으로써 비판적 자주성을 상실하였다고 비판하였다. 이는 지극히 단순하면서도 저속한 '반(反)역사'적 해석이다. 이러한 '학술/사상'이라는 이분법적 개념은 1990년대에 제기되어 점차적으로 유행하기 시작하였는데, 이 자체를 오히려 '문제화'할 필요가 있다. 중국의 지식계가 권력의 모체에서 배태되어 태어났던 1980년대는 학술과 사상, 지식과 정치가 이렇게 대립적으로 구분지어질 수 없었다. 당시 어느 학술차원에서의 노력일지라도 최저한의 정치적 주장이 포함되지 않을 수 없었으며, 정도야 다르지만 개혁개방의 국가서사전략을 '차용'하지 않을 수 없었다.

당시 국가 권력장 내의 규칙의 분열 및 관방이데올로기의 전환이 지식인에게 이용될만한 계기가 되었음은 분명하다. 이는 '사상해방운동'의 발단인 '실천이 진리 검증의 유일한 기준이다'에서 시작되었다. 진리기준의 토론은 의심할 나위 없이 관방에 의해 주도되었지만, 그 서사 자체는 새로운 담론의 가능성을, 그리고 이전 개혁 시기와 다른 권위 정당성을 천명할 수 있는 가능성을 제공하였다. 이전 개혁 시기에는 '권력'과 '진리'가 합일되었으며, 이는 근본적으로 지식장이 권력장을 벗어날 가능성을 말살하였다. 그런데 '실천'을 기준으로 확립하는 것은 '권력'과 '진리' 사이의 분리 가능성을 내포하고 있다. 설령 '실천기준'이 여전히 권력의 지배를 벗어날 길이 없을지라도 — 왜냐하면 실천의 결과는 자명한 것이 아니라 여전히 특정한 '해석'에 복종해야만 진리의 '기준'이 될 수 있었으므로 — 적어도 해석 그 자체는 독단적 권력의 절대 지배에서 벗어날 수 있는 가능성의 공간을 제공하였다. 이는 코페르니쿠스(Copernicus)식의 '전복적 모식'을 포함하고 있는 바, 실천에 기반한 진리가 정치권력의 정당성의 최종적인 기준이었던 것이다. 이에 따라 지식장은 권력장의 하인 혹은 종속물에서 명의상이긴 하지만 권력의 심판(referee)으로 바뀔 가능성이 있게 되었다. 이러한 '주인과 하인의 전도'의 상상은 플라톤의 '철인왕(哲人王)' 이념과 중국의 '사조(師祖)' 전통의 모종의 복잡한 통합을 내포하고 있지만, 이는 여전히 지식인의 보편적인 격정을 불러일으켰으며 '문화열'의 원천을 이루었다. 요점을 간추리자면, 정치에 이바지했기 때문이 아니라, '사상해방운동'의 서사 방식이 '지식의 자주(自主)' 가능성과 중요성을 지지하였기 때문에, 지식인들이 관방에 의해 발기된 새로운 이데올로기 담론 속으로 휩쓸려 들어갈 수 있었던 것이다. 이 자체가 바로 1980년대 지식인이 자주성을 추구하고자 애쓴 노력의 일부이다.

신계몽운동 중의 학술과 정치의 '복합성' 특징은 역사적인 조건에 의해 조성되었다. 국가 권력의 내부적 분열과 이완이 없었더라면, 권력장이 제공하는 구조적 가능성의 공간이 없었더라면, 지식장의 자주성은 상상조차 할 수 없었을 것이다. 비록 이것은 애초부터 복잡하게 얽힌 국면, 즉 '국가 권력으로부터 비롯된 정치적 발언'과 '지식권위에 의거한 정치적 발언'이 뒤엉키는 상황을 조성하였지만, 우리는 이러한 복합적인 형태 속의 순수 지식 차원의 거대한 성취를 판별해낼 수 있다. 1977년에 회복되기 시작한 대학 입시제도, 학위제도 및 학교 교사의 직급 평가심사제도는 모두 국가가 추진한 조치이지만, 지식장에 대한 자주성 확립은 필수불가결한 제도적 전제였다. 오직 이러한 전제 하에서만 지난날의 '부르주아지 반동 학술권위'는 한 순간에 '변신'하여 신시기에 독립성을 갖춘 학술적 권위가 되어 어느 정도 국가권력의 정치적 심판에서 벗어날 수 있었다. 국가가 '4개 현대화'라는 프로젝트를 추동하였을 무렵, 쉬츠(徐遲)의 보고문학 ≪골드바흐의 추측(哥德巴赫猜想)≫은 때맞춰 '과학의 봄날' 조성에 참여하였다. 그러나 이 텍스트가 만들어낸 영향력 있는 지식 영웅인 수학자 천징룬(陳景潤)은 정치에 관심이 없는, 세상을 등지고 틀어박혀 '학술을 위한 학술'에 전념한 순수 지식인이다. 이러한 예는, 국가정치 서사에의 참여(혹은 '공모')가 권력에 의한 종속에서 벗어난 독립된 학술관념을 어떻게 만들어내며, 그것이 어떻게 전 세대에게 영향을 미칠 수 있는지를 잘 보여주고 있다. 마찬가지로 1979년 ≪독서(讀書)≫ 창간호의 첫 번째 글은 더욱 교묘하게도 개혁개방의 정치적 수사를 차용하여 '독서에는 성역이 없다(讀書無禁區)'라고 '지식자주성'의 쟁취를 호소하는 주장에 정당성을 부여하였다.[20)]

반(反)'봉건주의'의 계몽서사와 국가개혁 이데올로기의 정치서사는 일치성을 띠고 있었는데, 이는 지식장이 권력장의 전반적인 관할에서 벗어나는 국면과 지식장의 자주성 확립에 있어서 필수적인 첫 걸음일 뿐만 아니라 당시의 역사조건하에서도 필수적이었다. 이를 입증해줄 수 있는 것은 1980년대 지식계에서 영향력이 가장 컸던 대표적 인물들의 '발단의 역사'이다. 리쩌허우(李澤厚)는 ≪비판철학의 비판(批判哲學的批判)≫을 1972년에 집필하기 시작하였고, 진관타오(金觀濤)와 류칭펑(劉青峰)은 ≪흥성과 위기(興盛與危機)≫를 1971년부터 집필하기 시작하였다. 이 글들은 문화열과 신(新)계몽담론에 대해 중요한 영향을 끼쳤지만, 이 글들이 개혁이데올로기와 내재적 '공모' 관계를 지니고 있다기보다는, 이 글들의 저자들이 중단된 '독립적인 진리 추구'의 전통과 매몰되어 버린 '5·4'전통 속의 계몽 주제를 받아들였다고 보는 편이 나을 것이다. 그러나 '진리 추구' 전통이 어떤 예상치 못한 정치 효과를 낳을지라도, 그 자체는 우선적으로 지식 자주성에 대한 호소임에 틀림없으며, 부르디외가 말한 동일 업종의 '제한 생산'을 도모한 내부 규칙에 우선적으로 호소하였다. 만일 이 두 권의 저서의 '후기'를 꼼꼼히 읽어본다면, 그 안에 자유롭고 자주적인 '학술 규범'에 대한 요구가 명확하고 강렬하게 담겨 있음을 발견하게 될 것이다.[21] 마찬가지로 1980년대 문화열의 주력의 한 사람인 간양(甘陽)과 '문화:중국과 세계' 편집위원회의 노력은 처음부터 자각적인 학술 건설의 동기에서 비롯되었는데, 그들은 국가와 민족에 대한 거대한 관심을 학술 추구 속에 담으면서도 개혁이데올로기에 영합하지 않았다. 간양은 당시를 회고하는 글에서, 1980년대에 수많은 지식인들은 '연구의 자주성'을 쟁취하고자 노력했으며, 이러한 학술적 노력과 개혁담론 사이의 긴장관계를 분별해냈다고 지적하였다.[22]

권력장의 예속에서 배태되어 태어난 중국 지식계의 경우, '타율적' 장에서 '자율적' 장으로의 확립, 그리고 '차용(借用)'적 담론권위에서 '자주(自主)'적 담론권위로의 전환은 순수한 학술행위를 통해서는 달성될 수 없으며, 반드시 (넓은 의미의) 정치적 행위를 포괄해야만 하는데, 여기에는 국가권력의 한계에 대한 논리, 보다 광범한 민주와 자유의 이념 및 제도의 건설에 대한 논리 등이 포함되어 있다. 바꾸어 말하면, 학술의 독립과 자주의 주장은 반드시 학술영역의 '제한 생산'을 뛰어넘은 사상적 논변을 거쳐야만 얻어질 수 있다. 이러한 의미에서 반(反)'봉건주의' 및 반(反)극'좌' 사조의 투쟁은 꼭 현대화 발전주의의 이데올로기에 부합하기 위해서가 아니라, 지식 합법성을 재건하기 위한 투쟁의 일부로서, 전체주의적 국가권력으로부터 빼앗긴 지식 자주성과 학술 자유를 되찾으려는 것이다.

물론 지식장의 자주성 운동은 지식장 내부 규칙의 재건이자 지식장과 권력장의 관계의 재정립이어야 한다. 만일 지식장의 자주성을 '외부 규칙이 내부 규칙에 복종'하는 정도를 근거로 평가한다면, 내부 규칙 자체의 건설이 매우 중요하다. 1980년대를 통틀어 학술생산 규칙의 건설은 줄곧 쉬지 않고 발전해왔다. '문혁' 시기에 조성된 무질서와 규범상실의 상황을 고려한다면, 이 방향으로의 진전은 비록 성숙한 단계에 이르기에는 아직 요원하지만 그래도 치하할만하다. 당시 자주성 추구를 둘러싼 쟁점은 지식장과 권력장의 새로운 관계 정립이었기에, 학술장의 내부 규칙 건설 및 그 성취와 한계는 '문화열'의 주도적 시야 속에서 충분히 중시 받지 못하였다.

자주성 확립의 관점에서 1980년대의 지식장에 대해 역사적으로 고찰해보면, '학술'과 '사상'의 이원대립 모식으로 '신계몽주의'를 처리했던 서술이나, '사상을 중시하고 학술을 경시한다'고 판정했던 논단은 단순할 뿐만 아니라 왜곡된 것임을 발견할 수 있다. 그것은 지식계의 정치와 학술 관계의 뒤얽힘을 청산하기는커녕, 오히려 이 혼돈스러운 역사적 무의식을 한층 심화하여 병리적인 정치/학술 불안증으로 발전시켰을 것이다. '뒤늦은 깨달음'에 근거한 이러한 환원론적 해석은 일종의 비(非)역사적인 서사로서, 다음과 같은 기본적인 사실을 경시하고 있다. 당시의 역사 조건에서 '학술을 위한 학술'과 같은 주장조차도 우선적으로 정치적 주장이어야만 했으며, 따라서 권력장과의 관계를 처리하고 주도적 이데올로기와 거듭 '협상'해야만 했다. 지식 자주성을 추구하기 위해 역사적으로 지식적 및 정치적인 양면의 노력을 기울이지 않으면 안 되었던 점을 살피지 못한다면, 왜곡된 '시대착오'적 편견을 초래하고, 오늘날의 지식생산을 제약하고 있는 역사적 무의식을 계속 은폐하게 될 것이다. 어떤 의미에서 1990년대 이래 지식계의 병리적 분열은 바로 이러한 비(非)역사적 해석의 부정적인 결과라고 할 수 있다.[23]

4. 1990년대 이래의 지식생산과 사상논쟁의 특징

1980년대의 중국 지식인은 '신(新)계몽' 등의 논술을 통하여 국가권력과 복잡한 교섭과 협상의 상호작용 관계를 일으켰으며, 이로써 지식장이 완전히 권력장에 예속되었던 상황을 뒤바꾸고 '지식계'의 성장을 촉진하였다. 그러나 지식장의 자주성이 확립되기까지는 여전히 까마득하였다. 1989년 이후, 지식계에는 국가권력의 새로운 기획과 대중매체의 상업화의 충격 아래에서 다중적인 분열의 구도가 나타났다. 쉬지린(許紀霖)이 이 책의 〈총론〉에서 묘사한 바 있는 '봉건적 할거' 상황은 바로 이러한 분열의 징조이다. 이러한 복잡한 변화들은 이른바 '사상가들은 서서히 사라지고, 학문가들이 두드러진다'라는 서술로 파악될 수 있는 것이 결코 아니다. 여기에서는 1990년대 이후의 지식장의 생산 상황을 간단히 살펴보고, 공공 논술형태에 대한 구조적 요인의 영향에 중점을 두고자 한다. 설명하고자 하는 주요 논점은 다음과 같다. 최근 10여 년간의 '전문화'운동은 구조적인 결함을 지니고 있는 바, 대단히 제한적인 의미에서 학술계 내부의 규칙 건설을 추진하고 일부 학술영역에서 '생산적 경쟁'을 촉진하였을 뿐, 총체적으로 지식규범의 수준은 여전히 낮은 편인데다가 구조적으로도 심각한 '불균형 분포'를 나타내고 있고, 지식장의 자주적 규칙의 발전은 여전히 너무나 느리며, 이것이 공공 사상토론에서의 '비생산적 경쟁'이라는 특징을 크게 조성하였다는 것이다.

1990년대 초, 지식계가 일으킨 '인문정신'과 '학술규범' 등의 토론은, 지식인이 1989년 이후 자아의 정체성을 새로이 건립할 필요를 절감하고 있음을 보여주었다. 1980년대 유행했던 지식생산 모델—'계몽지식인' 혹은 '사상가'의 모식—은 이미 새로운 정치상황과 상업 역량의 제약 아래에서 곤경에 빠져버렸다. 이리하여 '학술 본위'로의 회귀는 지식계에서 매력적인 방향의 재설정이 되었다. 국내외 사상사에서 '학술을 위한 학술'과 '예술을 위한 예술'의 부름은 이제껏 멈춘 적이 없는데, 이는 흔히 지식인이 외부(정치, 경제 및 사회)의 장의 압력과 손상을 받아 생겨난 일종의 '내부로의 도망'의 충동과 환각이다. 왜냐하면 '생산관념으로 생계를 도모한다'는 현대 지식인의 이 특수한 생존방식은 외부 장과 격절된 방식으로 자아 정체성을 확립하지 못하기 때문이다. 실제로 지식인은 권력, 경제 및 사회 장(field)과의 교섭관계 내에서만 지식장의 자주성을 확립할 수 있다. 그러나 역사적 조건과 자신의 무의식적 관습의 제약으로 말미암아, 중국 지식인은 자주 '폭발적 참여'와 '고립적 퇴각'이라는 두 가지 유토피아 모식 속에서 동요하였다. 이리하여 '학술과 사상', '학술 본위와 도덕 본위' 혹은 '전문성과 공공성' 간의 관계는 시종 복잡한 뒤얽힘과 긴장 속에 놓이게 되었던 것이다.

1990년대부터 지식인의 '지위 재정립'은 '학술 본위'에 입각한 방향으로 발전하였다. 관념상의 합리화와 국가 체제의 전략적 지지를 통해, 지식계에는 '전문주의(professionalism) 운동'이 형성되었다. 관념의 측면에서는 '건가(乾嘉) 학술' 풍격에 대한 재해석을 통해, 그리고 천인커(陳寅恪)와 첸중수(錢鍾書) 등의 현대 학자를 우상화하는 독해를 통해, 전문주의는 역사전통으로부터의 합법적인 지지를 얻어냈다. 동시에 해외유학자와 방문학자들의 수년간 경험이 축적된 후, 중국 지식계는 지식생산의 본보기로서 서방학술의 압력을 보편적으로 느꼈으며, 학술규범에 있어서 국제적으로 연계하여 중국이 전지구화 물결에 휩쓸리는 시대적인 주제에도 대응해야 했는데, 이는 전문화 운동이 더 한층 보편주의의 합법적 지지를 획득하도록 해주었다. 체제의 측면에서 1990년대 중반부터 국가는 교육, 과학과 학술 부문에 대해 '계량'적 기획정책을 전면적으로 실시하여, 직급 심사평가, 임금대우 등급, 프로젝트 신고제도, 주요 간행물 설치로부터 학술성과의 평가 및 포상 등 일련의 '측정 가능한 평가' 기준에 따라 상응하는 상벌 조치를 갖추고, 학술생산을 효과적으로 새로운 기획과 질서의 구조 속에 받아들여 전문주의로 하여금 체제 차원의 자원 보장과 정당성 권위를 얻도록 하였다.

전문주의의 흥기는 지식장과 권력장의 관계를 변화시켰을 뿐만 아니라, 지식장의 구조와 장(field) 속의 지식인의 관습을 새로이 만들어냈다. 그 중 가장 중요한 특징은 '탈정치화' 추세인 바, 즉 지식계에 대한 국가의 관리 메커니즘이 전통의 정치(이데올로기)적 방식에서 점차 행정(부서 차원)적 수단으로 바꾸어지고 있으며, 지식장 내부의 경쟁은 전통이 물려준 개인화된 '인간관계의 모순' 투쟁에서 따르고 근거할 규정과 기준을 갖춘 각축으로 차츰 전환되었다. 표면적으로 보면, 이러한 '탈정치화' 추세는 지식장이 '현대 전문주의'의 다섯 가지 형식기준을 확립하도록 해주었다. 그것은 즉 전공지식과 기능을 습득할 수 있는 체계적인 훈련, 전공 실천의 자격 인가, 전공영역의 지식 축적, 전공 정신의 체현 범례 및 이들 범례를 확인하는 업종 내부의 메커니즘과 업종 조직의 자율 등이다.[24] 그러나 덩정라이(鄧正來)가 지적하였듯이, "중국사회과학의 자주성 문제는, 학술제도 확립을 통해 경직된 이데올로기에 저항하는 방식만으로는 결코 해결할 수 없다. 왜냐하면 이 문제의 해결은 근본적으로 이들 학술제도가 진정한 학술적 성격을 지니고 있느냐의 여부에, 혹은 학술의 판단기준에 대한 우리의 인식에 달려 있기 때문이다."[25] 만일 우리가 오늘날 중국학술계의 전문주의 상황을 꼼꼼히 고찰한다면, 그 안에 구조적으로, 메커니즘적으로 심각한 결함이 존재하고 있음을 발견할 수 있을 것이다.

첫째로, '학술 범례'와 '이들 범례를 확인하는 업종 내부의 메커니즘' 방면에서 학술계는 여전히 '모호'하고 '몽롱'하며, 심지어 '혼란'스러운 초보적 탐색 단계에 놓여 있으며, 실천 중에서 효율적으로 운용할 수 있는 합의된 기준을 마련하지 못하였다. 이는 주로 오늘날 중국의 '학술계'가 1978년에 재건되기 시작하였기에, 20여년의 짧은 실천으로 공동체 내부의 성숙한 공약(公約) 기준을 형성하기에는 충분치 않았기 때문이다. 게다가 이처럼 짧은 학술재건의 역사는 또한 전체 사회전환의 불안한 변동 속에 처해 있었으며, 근거하고 있는 '범례'는 변덕스럽고 혼란스러웠다. 20여 년간, 한때 세상을 들썩였던 학계의 수많은 인물과 작품은 흔히 안개처럼 덧없이 사라졌으며, 세월의 검증을 이겨낸 '범례'적 작품과 학자는 극히 드물어, 축적된 경험을 통해 안정되고 지속적인 평가 메커니즘으로 전환되기 어려웠다.

물론 학술계는 이러한 선천적인 한계를 극복하고자 상당한 노력을 기울였으며, 이는 주로 다음과 같은 두 가지 방향으로 전개되었다. 즉 종적으로는 '5·4' 세대 학자의 '학통'을 계승하여 20세기 상반기의 경전 학술성과를 범례로 삼았으며, 횡적으로는 서구의 학술규범을 도입하여 서구 아카데미파의 연구방법을 경전의 범례로 삼았다. 이와 같은 노력은 일정 정도의 성과를 거두어 오늘날의 학술생산이 근거로 삼는 중요한 척도를 형성하기도 하였다. 그러나 이러한 노력은 극복하기 어려운 내재적인 장애를 안고 있었다. 즉 '종적 계승'의 노력은 시간적인 단절의 문제를 안고 있었는데, '5·4' 세대 학자들의 지식론 컨텍스트는 오늘날과 크게 다르며, 특히 '포스트모더니즘'의 충격 아래 조성된 복잡한 구도로 말미암아 많은 역사적인 '범례'들이 오늘날 확실한 본보기로서의 효과를 획득하기란 사실 어려운 일이다. 반면 '횡적 차감(借鑒)'의 노력은 '다문화'의 공간적 균열 문제를 처리해야 했는데, 서구의 학술이 창조한 각종 이론 모델이 어떠한 조건 속에서 중국의 컨텍스트에 인용되었으며, 어떻게 해야 공정하고도 효과적으로 '본토화'할 수 있을지 등은 학술계에서 계속 다루어졌던 쟁점이다.

학술공동체 내부에는 명확하면서도 운용 가능한 지식범례의 기준과 확인 메커니즘이 결여되어 있기 때문에, 형식주의에 의존한 전문화 제도는 결코 지식생산 및 동일 업종 내에서의 생산성 경쟁을 효과적으로 추동하지 못한다. 예를 들면, 중국 학술계는 현재 전문 간행물에 발표한 논문을 연구자의 성과에 대한 주요 평가기준으로 삼고 있으며, 이는 형식적으로는 국제규범과 완전히 일치한다. 그러나 실천면에서 전문 간행물의 편집인은 학술적 공신력을 지닌 원고 심사 및 게재 여부를 결정하는 메커니즘을 확립하지 못하였다. 그리하여 '전공 논문의 발표로써 학술성과를 판단하는' 이러한 제도적인 조치는 일정 정도 공동화(空洞化)될 것이며, 지식생산을 효과적으로 추동하는 메커니즘이 될 수가 없다. 서구의 전문 간행물에서 보편적으로 채택하고 있는 '익명 심사제'는 중국 학술계에서 실질적으로 실행되기 어려운데, 그 배후에는 심각한 원인이 존재하고 있다. '익명 심사제'는 결코 운용 절차만을 따지는 것이 아니다. 이 제도는 '동일 분야의 동료 평가 시스템(peer review system)'의 일부로서, 그 권위성은 충분히 성숙한 합의된 지식규범에 의지하고 있다. 여기에는 전공 영역의 범례적 성과가 명확해야 하고, 학술 권위는 역사적 검증과 동일 분야 연구자의 논증을 거쳐 공인받아야 하며, '상이한 학술수준에 의해 형성된 차이'와 '상이한 학술유파에 의해 형성된 차이'를 한데 뒤섞지 않고 명확하게 분별해내야 하며, 학술 평가자는 동일 분야의 연구자들이 인정할만한 학술적 자격을 갖추어야 할뿐만 아니라, 심사 과정에서 비(非)개인화된 직업적 윤리 규범을 엄격하게 지켜야 하며, 심사 결과는 투명한 절차를 통해 반박과 재심사가 이루어져야 한다는 것 등이 포함되어 있다. 이들 형식화한 절차는 모두 그 배후의 '공동체 내부의 충분히 성숙한 합의된 규범'의 지지를 받아야만, 이러한 절차의 권위성과 유효성을 보장할 수 있다.[26]

중국 학술계는 재건의 역사가 짧은 한계 등으로 말미암아, 그 전문주의 운동은 형식이 내용보다 더 큰 공동화의 특징을 지니게 되었는 바, 한편으로 행정수단이 몇몇 형식이성의 기준을 강화한 반면, 다른 한편으로 실질적인 규범의 결핍을 초래했다. 그러나 각각의 전공 영역에서 진정으로 영향력을 발휘했던 지식규범과 평가 메커니즘은 흔히 '비(非)형식화'한 것, 즉 갖가지 '사승관계(師承關系)' 및 서로 친근한 '동료의 테두리' 속에 존재하고, '세간의 평판' 속에 존재하는, '비(非)제도화' 혹은 '준(準)제도화'의 방식으로 운용되는 관행이다. 관행과 제도화한 기준에는 '수용'과 '충돌'이 동시에 존재한다. 그러나 관행은 형식화와 비(非)개인화의 보편적 효력을 갖고 있지 않으므로, 규범화의 실천 속에서 심각한 우연성과 들쭉날쭉한 상황을 형성할 것이다. 학술계는 일부 전공과 학문영역의 지식생산에서 비교적 강한 규범성을 나타냈으며, 피차간의 경쟁은 비교적 높은 생산성을 보여주었다. 다시 말해 지식은 비판적인 축적물과 성장을 지니게 되고, 학문영역 자체의 발전에는 비교적 자주적인 규칙이 출현하게 되었던 것이다. 이들 영역에서는 전문 간행물, 연구토론회, 동일 분야 연구자의 평가 등의 지식생산 메커니즘이 점차 협의적인 평가 권위를 형성하게 되었다.[27] 반면 일부 전문분야와 연구영역의 상황은 오히려 정반대였다. 이들 영역에서는 많은 형식화된 전공기준, 즉 직급제도, 등급 평가 및 자금 배분의 계량화된 심사제도, 과제신청 제도 등이 표면적으로는 충분한 '도구이성'의 특징을 갖추고 있을지라도, 실행 결과는 오히려 '효과적인 학술생산'이라는 이성적 목표에서 멀리 벗어나 있었다. 오늘날 광범위하게 존재하는 이른바 '학술 거품'과 '학술 부패' 현상은 바로 이러한 비(非)이성적 생산상황의 징조라 할 수 있다.

둘째로, 더욱 중요한 점은 중국 지식계의 전문주의 운동이 국가와 시장 역량의 간섭과 제약을 동시에 받으면서, 규범화의 수준에 구조적인 불균등 분포가 나타나고 있다는 점이다. 국가권력은 지식장에 대한 전반적인 장악을 포기하였지만, 여전히 지식계에 국가 이데올로기의 합법성을 논증할 것을 요구하였으며, 이로 인해 지식장은 늘 '이론계'라고 일컬어지는 하위 장(subfield)을 만들어냈다. 동시에 대중매체는 1990년대에 신속한 상업화로 나아갔으며, 사회전환 과정에서 대중의 관심사가 되었던 많은 문제들이 대중매체의 메커니즘을 통해 '사상'에 대한 시장 수요로 전환됨으로써, 지식인의 사상 발언과 시사평론은 시장 가치를 획득하게 되었다. 대중매체의 장과 지식장의 상호작용 과정에서 '사상계'는 지식생산의 또 다른 하위 장으로서 생겨나게 되었던 것이다.[28] 이론계, 학술계 및 사상계는 지식장의 하위 장으로서 세 가지 다른 유형의 지식생산을 전개하였으며, 각자의 규범화 수준 또한 제각기 달랐다. '이론계'의 생산은 국가 이데올로기의 엄격한 기획에 따르고, 비교적 명확한 규범적인 준칙을 갖추고 있다(비록 이러한 '이론 규범'이 주도적인 지식장의 '학술이론성'과 일치하지 않고, 심지어 때론 충돌할지라도). 학술계의 규범 정도는 상이한 전공과 학문영역에서 차이를 드러내며, 사상계의 토론은 규범이 가장 결핍되어 있다. 세 가지 지식생산은 상이한 경쟁규칙과 목표자본을 따르고 있지만, 피차간에 완전히 격절된 것은 아니다. 이는 거의 모든 지식생산자들이 똑같이 '인문·사회과학계'라는 단위 체제에 기거하고 있기 때문만이 아니라, 세 가지 유형의 지식생산이 원칙적으로(적어도 명의상으로) 모두 '학술이론성(지식이성)'에 의거하여 담론의 권위적 정당성을 획득해야 하기 때문이다. 따라서 일부 지식인은 동시에 '경계를 뛰어넘어' 상이한 유형의

【표】 지식장 속의 각 하위 장의 생산 상황

하위 장	국가통제 강 도	시장간섭 정 도	규범성 수 준	경쟁 유형
이론계	고(高)	약(弱)	고(高)	생산성
학술계 (비정치영역)	중(中)	약(弱)	중(中)	부분 생산성
학술계 (정치관련영역)	고(高)	약(弱)	저(低)	생산성 약함
사상계	고(高)	강(强)	저(低)	비(非)생산성

지식 생산에 종사할 수 있게 되었다.

이 글의 논제에 비추어볼 때, 공공사상계의 논쟁형태와 학술계의 관련 학문분야의 발전 수준의 연관성을 고찰하는 일은 특히 중요하다. 공공사상의 논술은 구체적인 전공 학과를 뛰어넘을지라도, 여전히 일정 정도의 이론자원과 지식규범에 근거한다. 그러나 오늘날 사상논쟁이 가장 집중되어 있는 '논제 범위'에 대응하는 관련 전공의 학문영역은 오히려 자주적 규범을 발전시키지 못하였다. 이는 주로 권력장과 지식장의 특정한 관계에서 비롯된 것으로, 정확하게 말하자면 국가권력의 주도와 기획 하의 전문화 발전이 구조적인 학문영역의 불균형 발전을 초래하였다.

1990년대 초, 국가는 이전에 '지나치게 통제'하였던 '순수학술 영역'에서 물러나는 한편, 공공논변에 대한 지도, 기획 및 통제를 강화하였다. 이는 지식장의 자주성 건설에 어느 정도 가능성의 공간을 제공하였지만, 동시에 그 구조형태를 규제하고 있다. 가장 뚜렷한 특징은, 공공성 문제와 비교적 멀리 떨어져 있는 전공영역에서는 국가의 간섭이 비교적 약한지라 제법 큰 자주성 공간을 갖추어 상대적으로 강한 학술 내부 규칙을 발전시켰음에 반해, 공공문제와 직접적으로 관련되어 있는 학문영역에서는 학술규범의 자주성이 상대적으로 낮다는 점이다. 두드러진 예로 정치학 전공영역을 들 수 있다. 서구 대학의 전공 학문영역의 구분에서, 자국 자체의 정치에 대한 연구는 정치학 전공이 주관하는 학문영역에 속한다. 그러나 오늘날 중국의 정치학 전공은 이와 상반된 바, 가장 중요한 학문영역은 '국제 정치와 대외 관계'이고, '공공 관리'가 그 다음이며, '중국 정치'는 오늘날까지도 하나의 독립된 학문영역으로 확립되어 있지 않다. 따라서 1990년대에 흥기한 학술전문주의 운동의 전공 규범화 수준은 각각의 학문영역에서 심각한 불균형을 드러냈다. 아울러 전공화의 발전수준이 가장 낮은 분야는 바로 '중국 정치' 등과 같은, 오늘날의 공공토론과 가장 직접적으로 관련 있는 학문영역이었다. 이는 공공사상의 토론에 심각한 구조적 영향을 끼쳤다.

이들 사상논쟁 중에서 가장 논쟁이 활발했던 쟁점, 예컨대 오늘날 중국의 국가권력의 성질, 중국사회 전환중의 공정성 문제, 중국 컨텍스트 내의 권리와 공민, 정치 자유와 민주, 그리고 참여성 민주와 헌정 등의 쟁점을 학술계는 규모를 갖춘 전문화된 학문영역의 연구로 발전시키지 못하였다. 이들 쟁점의 영역 속에는 명확하게 변별할 수 있는 '학술 범례'가 거의 존재하지 않으며, 충분한 논증을 거쳐 유효하게 사용할 수 있는 완정한 개념, 방법 및 이론체계 또한 존재하지 않을 뿐만 아니라, 서로 경쟁하는 권위적 '연구 패러다임(paradigm)' 및 이러한 패러다임의 지도 아래 (지속적이면서도 규모 있게) 전개되는 연구 활동 역시 존재하지 않는다. 그러므로 이들 학문영역의 내부 역시 연구 성과에 대해 평가할 수 있는 기준과 메커니즘을 갖추고 있지 않다. 바꾸어 말하자면, 오늘날 전문화된 '학술계'는 실제로 '사상계'의 공공문제 토론에 기본적이면서도 필수적인 학술이론적 기초와 지식준비(knowledge preparation)를 제공한 바 없다. 이로 인해 공공 사상토론 속의 많은 중요한 분석과 설명이 공약(公約) 가능한 변별과 평가 메커니즘을 상실하고 말았는데, 이는 대체로 저자가 개인적 취향에 따라 행한 독단적 논설로 말미암은 것이었다.

중국과 서구 학자의 공공문제에 대한 글쓰기를 비교해보면, 풍격의 차이를 발견할 수 있다. ≪뉴욕 타임스(*New York Times*)≫, ≪애틀랜틱 먼슬리(*The Atlantic Monthly*)≫, ≪파르티잔 리뷰(*Partisan Review*)≫ 및 ≪뉴욕커(*The New Yorker*)≫ 등의 지식인 간행물에 실린 글들과 중국의 ≪독서(讀書)≫, ≪천애(天涯)≫ 및 ≪남방주말(南方週末)≫(서평판) 등의 간행물에 실린 글들을 비교해보면, 서구 지식인의 글은 중국 지식인들만큼 '이론성'이 풍부하지 않은 듯하다. 중국 지식인은 공적인 글쓰기 중에 경전을 훨씬 더 많이 인용하고, 전문용어와 이론을 훨씬 빈번하게 사용한다. 만일 우리들이 이를 근거로 중국학자들이 전반적으로 서구의 학자들보다 더 높은 학술적 소양을 지니고 있다거나, 혹은 중국 독자들이 보편적으로 이론에 대해 강한 흥미를 지니고 있다고 생각하지 않는다면, 이러한 창작풍격의 차이는 아마도 다음과 같은 사실을 반영하였다고 볼 수 있다. 즉, 중국 사상계에서 공공토론에서 다루어지는 복잡한 문제가 관련 학문영역의 틀 안에서 충분한 연구와 토론을 거치지 못한 채 직접 공공영역의 토론 속에 들어감에 따라, 토론자는 부득불 공공성을 지닌 글쓰기 과정에서 다량의 '학술 논설'을 펼치지 않으면 안 되었으며, 이렇게 함으로써 본래 복잡한 학문영역의 연구를 거쳐야만 제공할 수 있는 학술 이론적 근거를 대신하였다. 이로 인해 중국의 공공담론은 '과적(overloaded)'된 학술이론적 부담을 안게 되었지만, 공공논술 속에 '과적'된 학술이론적 발언은 토론에 신뢰할만한 학술이론적 근거를 제공하지는 못했다. 공공 영역 속 텍스트의 글쓰기, 읽기, 설명 및 대답 등의 과정은 대중의 상식과 대중매체 논리의 제약을 받는데다가, 자주적인 전문화 공동체의 학문영역적 연구에 의해 제공되는 학술이론적 근거를 전혀 대체하지 못하기 때문에, 오늘날 (공공문제와 관련된) 학문영역에서의 전문 연구의 결핍이 사상논쟁에 초래한 근본적인 어려움을 극복할 방법이 없다.

지식장의 이러한 상황은 공공 사상논쟁에 심각한 부정적인 결과를 가져왔다. 국가권력의 기획은 공공영역의 토론을 투명하고 분명하게 해주지 못하였다. 동시에 공공논술 가운데에서 가장 논쟁적인 쟁점은 (본토의 컨텍스트 하의) 전문 학문영역의 연구가 결핍된 탓에, 그 중에 사용된 대량의 개념, 방법 및 이론은 모두 지식론적인 신뢰성이나 유효성을 갖추지 못하였다. '학술이론적 근거'의 신뢰성과 유효성은 반드시 본토(本土) 문제의 배경 하에서 거듭 지속되어온 공동체의 실천에 뿌리를 두어야 하며, 그 가운데에서도 공동체가 공인하는 지식의 변별 기준과 평가 메커니즘은 대단히 중요하다. 공동체가 판정할 가능성의 전제를 벗어난다면, 어느 개체의 독특한 논술이 아무리 지혜롭고 민감하며 박학할지라도 '학술이론성'을 충분히 드러냈다고는 할 수 없다. 개인의 사상과 글쓰기 재능을 지식 비판의 신뢰성 및 유효성과 한데 묶어 논하는 것은 중국 지식계의 소아병이다. 지식평가 메커니즘이 혼란스러운 상황 속에서는 '사상계'의 논쟁이 뜨거울지라도, 공공문제에 대해 우리들의 인식과 이해, 그리고 대응방안의 선택을 효과적으로 추진하기가 무척 어렵다. 혹자는 이러한 지식생산이 활성화될지라도 지식의 '비판적 성장'과 '누적적 건설'에 대한 공헌은 지극히 제한적일 수밖에 없다고 말하였다. 최근의 이른바 '신좌파(新左派)'와 '자유주의(自由主義)' 간의 숱한 논쟁들은 기실 무척이나 '비(非)생산적'인 경쟁이었다.[29] 이러한 지식장의 구조 속에서는 중국 사상계의 수많은 대표적인 인물과 그들의 주장을 학술이론적인 척도로 유효하게 판단하기란 매우 어려운 일이다. 이런 의미에서 다량의 이론과 학술용어를 인용한 논술이든, 비교적 평이한 통속적인 글쓰기이든 모두 마찬가지로 '학술이론의 결핍'이라는 어려움 속에 빠져버렸다.

예를 들면, 신좌파와 자유주의 논쟁 속에서 오늘날 중국의 국가권력의 성질은 주요한 쟁점이다. 양측은 각자 '신자유주의 이데올로기론'과 '전제국가권력론'이라고 일컬을 수 있는 주장을 제기하였다. 그러나 이러한 논술은 학술공동체 내부의 토론 메커니즘이 지지하는 유효한 비판과 검증이 결여되었기 때문에, 그 학술이론적 근거는 충분히 의심스러우며, 상호간의 논쟁 역시 건설적으로 진전되기가 어렵다.

개인의 작품을 논하자면, 왕후이(汪暉)의 공공 논술은 사상사, 정치경제학, 비판이론 및 문화 연구 등의 다중의 학술자원을 결합하였으며, 기세 드높은 서사시의 성질을 띠고 있다. 그가 보여준 박학함, 깊은 이론적 사변 및 날카로운 문제의식은 당대 중국학자들 가운데에서도 극히 드문 경우라 할 수 있다. 그러나 이 모든 특출한 학술적 자질이 그의 언설의 학술이론적 유효성을 보장해주지는 못한다. 그는 현재 중국의 국가주도 이데올로기를 '신자유주의'로 규정하였으며, 이 새로운 '개념화(conceptualization)' 작업은 매우 중요한 것으로, 새로운 사상과 비판의 공간을 만들어낼 수도 있다. 그러나 이 새로운 개념은 반드시 유효한 논증을 거쳐야만 그 잠재적 의미를 이뤄낼 수 있다. 만일 텍스트를 꼼꼼히 읽어본다면, 우리는 새로운 개념의 논증이 전혀 충분하지도, 믿을만하지도 않다는 사실을 발견할 수 있을 것이다. 우선적으로 직면한 어려움은 '신자유주의'가 서구의 현존하는 이른바 '자유민주' 체제의 정치경제전략이며, 이는 중국의 역사 및 제도 조건과 매우 커다란 차이를 지니고 있다는 점이다. 중국이 '시장경제' 전략을 실시하고, 국제자본과의 교역에 휩쓸려 들어가고, '발전주의'를 부르짖는다는 사실로부터, 중국의 국가이데올로기가 이미 '신자유주의'에 의해 지배받고 있음을 끄집어내기 위해서는 대량의 이론과 경험 측면의 논증을 제시해야 한다. 아울러 이 논증의 유효성은 반드시 공동체 내부의 학술적(특히 정치학 전공의) 판단을 받아들이고 유효한 학술논쟁 규범과 지식평가 메커니즘에 근거해야만, 변별해 낼 수 있고 학술이론적 지지를 얻어낼 수 있다. 그렇지만 오늘날 중국의 지식장에서, 중국학술계에 '중국 정치학'이란 학문영역이 거의 존재하지 않는 조건 하에서 이러한 논증이 이루어질 가능성은 거의 없다.[30] 따라서 창조성을 띠고 있는 이 '개념화' 작업 속의, 수많은 이론 인용의 유효성, 경험 증거의 신뢰성은 모두 유효한 비판적 검증을 얻어내기 어렵다. 이로 인해 '신자유주의론'이 학술이론적으로 성립할 수 있는지의 여부는 거의 판단할 수가 없다.

왕후이는 이처럼 충분히 논증할 수 없는 신개념을 기초적인 기점으로 삼아 그의 주된 비판적 논술을 전개하였으며, 이로 인해 그의 지식의 유효성은 의구심의 대상이 되었다. 우리는 여기에서 지극히 예민한, 그리고 역사와 컨텍스트의 특수성을 대단히 중시하는 걸출한 한 학자가, 관건적인 '개념화' 작업에서 경솔함과 조급함에 빠지고 말았음을 목도할 수 있다. 이로 인해 그가 서구의 급진적 이론을 인용하여 신자유주의에 대해 가했던 비판은 중국이라는 컨텍스트의 적용성과 유효성의 면에서 의심의 늪 속으로 빠지고 말았다. 이것은 아마 작가 개인의 탓은 분명 아닐 것이다. 이것은 어쩌면 절박한 관심과 강렬한 비판의식의 추동 하에, '발달이 지체된' 지식장 속에서 달리 선택할 게 없는 처지의 집착이자, '해서는 안 되는 일임을 알면서도 행하는' 장거(壯擧)일 것이다. 그에게는 진정한 동료와 '적수'가 없었기 때문이다. 그는 학술공동체와 얼굴을 마주하여 논증과 대화를 펼치지 않았다. 왜냐하면 이 공동체는 여전히 성장하고 있었기 때문이다. 아울러 왕후이의 텍스트의 경우, 제대로 발육된 학술공동체내에서만 그 비판과 토론의 잠재력을 실현할 수 있었다. 이러한 의미에서 왕후이는 고독한 영웅이 되었으며, 그의 '박학'한 창작은 학술이론성을 충분히 갖추었다기보다는 모종의 '계시록'의 성격을 띠고 있다고 하는 편이 나을 것이다. 그러나 건강한 지식장에서는 학자의 도의심, 정신적 매력 및 광범한 규모의 자료 인용 등을 학술이론적 논증의 유효성 및 신뢰성과 동일시해서는 안 된다. 학술이론적 검증 척도는 고독한 영웅적 재능과 매력이 아니라 반드시 공동체의 척도이어야 하며, 그것은 '독백'이 아니라 반드시 공동체 성원과의 유효한 대화 위에 세워져야 한다. '독백'의 방식으로 공공 사상논쟁 속에 들어서서는 결코 생산적 경쟁을 추동할 수 없다.

중국 현대국가권력에 대한 주쉐친(朱學勤)의 논술은 급진주의 혁명에 대한 그의 비판에서 생겨났다. 이 문제의식은 루소(Jean-Jacques Rousseau)사상연구에 관한 그의 박사 논문에 처음으로 나타났다.[31] 이 연구는 당시 국내 학술계의 기준에서 본다면 상당히 높은 수준을 보여주었다. 이후 주쉐친은 공공논술 속에서 주로 '영국과 미국의 점진'과 '프랑스와 러시아의 급진'이라는 개념틀에 의거하여 중국 사회와 정치·역사의 발전을 분석하고 파악하였다. 그러나 사상사에서의 '이상 유형'이라는 개념을 중국 역사와 오늘날의 실천에 대한 비판적 논술에 직접 응용함으로써 단순화와 독단에 빠지고 말았다. 무엇보다 사상사 연구에서 이 두 가지 모델은 일종의 경전적인 논설이지만, 이미 수많은 비평과 질의를 받았다.[32] 학술이론적 기준에서 고찰한다면,

작가는 반대의 논점을 충분히 고려한다는 전제 하에, 자신의 논술을 다시금 정리하고 이 모델을 견지하는 논거를 밝히거나 혹은 자신의 서술을 수정하여야 한다. 이는 흔히 이 모델의 응용범위에 대한 '양보'를 포함하기도 한다. 다음으로, 사상사의 이론 모델을 혁명사와 사회변천에 대한 이해로 확대하려면, 사회사의 변천에 대한 비교분석 연구로 들어가야 하지만, 오늘날 중국에서는 아직 관련 학문영역의 이에 대한 진지한 연구가 이뤄지지 않고 있다. 서구의 학술계에서 미국만 살펴본다면, 배링턴 무어(Barrington Moore)*, 찰스 틸리(Charles Tilly)**, 테다 스카치폴(Theda Skocpol)***로 대표되는 3대 경전적 연구가 나타났다.[33] 충분히 발전한 학술계에 의해 지지받는 공공토론에서 '급진'과 '점진'의 대립적 모델에 근거할 때, 작자는 적어도 그 유효성의 한계를 깨닫게 될 것이다. 그러나 주쉐친의 텍스트 속에서는 자신의 학술이론적 근거에 대한 반성과 깨달음을 살펴보기가 쉽지 않다. 주쉐친의 '경구식'의 글쓰기 풍격은 그의 텍스트를 논증성 대신 '수사성(修辭性)'으로 가득 채웠다. 예컨대, "눈에 보이는 발이 보이지 않는 손을 짓밟았다."라거나 "반대 받을 수 있는 정부를 옹호하고, 옹호받기만 하는 정부를 반대하라", "십년간 큰일을 하지 않아도 되지만, 하루라도 작은 일을 하지 않으면 안 된다." 등이 그러하다. 재능이 넘쳐나는 이들 수사문체는 그 이론적 근거의 자명성을 강렬하게 암시하고 있다. 만일 칼럼 작가라면 이러한 수사적 글쓰기는 분명 뛰어나다고 말할 수 있겠지만, 오늘날 중대한 공공문제에 대한 토론 방식이라면

* 배링턴 무어(Barrington Moore, 1913-2005)는 미국 사회학자로서, 하버드대학의 러시아 연구소에서 역사사회학, 특히 소비에트사회에 관해 연구하였다. 대표적인 저서로는 ≪독재와 민주주의의 사회적 기원(*Social Origins of Dictatorship and Democracy: Lord and Peasant in the Making of the Modern World*)≫ 등이 있다. – 역주

** 찰스 틸리(Charles Tilly, 1929-2008)는 정치사회학자이자 역사학자로서, 컬럼비아 대학에서 석좌교수로 재직하였다. 대표적인 저서로는 ≪집단폭력의 정치(*The Politics of Collective Violence*)≫, ≪신뢰와 원칙(*Trust and Rule*)≫ 등이 있다. – 역주

*** 테다 스카치폴(Theda Skocpol, 1947-)은 하버드 대학의 사회학자이자 정치학자로서, 하버드 과학예술 대학원장을 지낸 바 있다. 대표적인 저서로는 ≪국가와 사회혁명(*States and Social Revolutions*)≫, ≪민주주의의 쇠퇴(*Diminished Democracy: From Membership to Management in American Civic Life*)≫ 등이 있다. – 역주

그 학술이론적 근거, 그 논술의 지식 유효성 역시 마찬가지로 변별해 낼 길이 없다.

왕후이와 주쉐친은 1990년대 사상논쟁에 있어서의 대표적인 인물이다. 상당한 차이를 보여주었던 이 두 저자는 대단히 유사한 곤경에 처해 있다. 지식인의 공공발언은 학술연구의 도덕적 관심과 상식적 요구와는 물론 다르겠지만, 그의 발언이 신문기자의 글쓰기 혹은 다른 직종의 공민들의 호소 및 비판과 다른 까닭은 그의 발언에는 모종의 독특한 지식의 근거가 포함되어 있다는 점이다. 이 이론적 근거의 신뢰성은 관련된 학문영역의 연구에서 이미 논증되었거나 밝혀진 부분에 함축되어 있는 바, 즉 사상적 발언의 유효성은 학술이론의 유효성에 의지하고 있다. 그러나 현재 발달이 지체된 지식장은 관련된 지식 논증과 평가 척도를 제공하지 못하며, 기본적인 지식 논증은 공공토론에서도 실현되기 어렵다. 사람들이 각종 논설의 이론적 근거를 변별하고 평가할 길이 없을 때, 논쟁 당사자와 독자(비판하든 찬성하든)는 모두 단지 자신의 입장과 직관에만 근거하여 반응하며, 이로써 사상논쟁 대부분은 '입장', '제기 방식', '문제의식' 및 '의견' 사이에서 쉬지 않고 논쟁을 벌이게 된다. 이러한 공공논쟁은 전혀 의미가 없지는 않은지라 새로운 의제와 사람들의 사고를 자극하는 견해를 가져다주기도 하지만, 논쟁 속에서 유효한 대화를 전개하기란 쉽지 않고 공공 논술의 건설적 비판과 발전을 효과적으로 추동하기도 쉽지 않다.

지식장의 구조 속에서 '학술계'와 '사상계'라는 이 두 가지 하위 장(場)은 자본과 규칙 면에서 약간의 차이를 지니고 있다. 만일 '학술계'에서의 '학자'의 자격과 기준이 차츰 명확한 공공의 척도를 확보해가고 있다면, 이에 비해 '사상계'의 '비판적 지식인'은 일종의 신분 기호로서의 함의가 여전히 대단히 모호함에도 불구하고 이미 사상장 속에서 가장 관건적인 상징자본이 되었다. 이 신분 기호가 '자본'이 된 까닭은 일련의 역사적 서사 가운데에서 구축되었다. 예를 들면, '5·4' 시기의 신문화운동 주창자들에 대한 재해석을 통해, 특히 루쉰 정신에 대한 해석을 통해, 그리고 이후 다시 구준(顧准)*의 사상과 사적에 대한 발견과 해석을 통해, 1980년대의 국가서사는 모종의 정치·역사 기억의 부활을 제창하거나 묵인하였다. 반우파투쟁과 '문혁'의 와중에 박해를 당했던 지식인을 회고하는 서사를 통해, '비판적 지식인'은 공공의 대중매체 속에서 도덕과 명망의 성상(聖像)이 되었다. 이러한 역사 구축 속에서 '비판적 지식인'은 일종의 가족유사성(family resemblance)을 띤 개념과 관련을 맺게 되었는 바, 곧 독립적이고 용감하며, 영웅적이고 열사와 같으며, 고난을 겪으면서도 전제 권력에 반대함과 동시에, 박학하고 예민하며 진지하다는 것이다. '비판적 지식인'은 동시에 도덕면에서의 숭고함과 지성 면에서의 우월성을 갖추고 있다. 이것은 공공영역에서 하나의 권력 자본이 되었으며, 다양한 방식을 통해 기타 자본으로 전환될 수 있었다. 즉 대중의 영향력이란 자본으로는 대중적인 명성, 대중매체의 시장 가치, 글쓰기와 발표의 기회, 원고료 수입 등을 들 수 있고, 국제적 명성이란 자본으로는 비판적 지식인('자유파 반대자' 혹은 '신자유주의 이데올로기에 반대하는 좌익 학자'로서)의 국외 방문 및 회의와 강연에 참여할 기회의 획득 등을 들 수 있다. 국제적인 명성은 다시 국내로 전환될 수 있는데, 학술경력 상의 자격과 경력으로서 아카데미 내부의 '학술장'에서 체제에 의해 인정받는 직급판정 요인, 직위와 경제적 수입으로 전환될 수 있다. 이러한 일련의 자본의 전환과 '후원' 효과는 '비판적 지식인'에게 경쟁가치를 갖추도록 만들고, 나아가 쟁탈전을 벌이게 만들었다.

만일 지금의 공공영역이 표현의 자유를 완전히 허용하는 공간을 여전히 제공하지 못한 채, 일정한 문화적 및 정치의 자기지시(self-reference)적 표현 공간을 갖고 있다면, 이는 일종의 게임의 가능성을 의미하고 있다. 즉 비판적 지식인의 등급 체계 속에서 높은 위치에 있는 구성원은 반드시 이 장의 현(現) 규칙을 수호하고자 할 것이며, 반면 낮은 위치에 놓여 있는 구성원은 그들에게 도전할 것이다. 이 경쟁의 발전과정 역시 장(場)의 끊임없는 재건에

* 구준(顧准, 1915-1974)은 중국 당대 학자이자 경제학자, 역사학자이다. 그는 최초로 중국에 사회주의 시장경제의 이론을 제기하였다. — 역주

따라, 등급 구조 속의 '상위 작가'와 '하위 작가'의 경쟁관계에서 생겨난다. 1980년대에 '당내 자유파'는 비판적 지식인의 주체로서 가장 풍부한 상징적 자본을 획득하였다. 이후에는 이른바 '민간 자유파'가 출현하였으며, 마지막에는 신좌파가 '비판적 지식인'의 자격에 가장 도전적인 신생 역량이 되었다. 이러한 역사적 발전과정은 시종일관 새로운 관습의 구축에 따라 새로운 담론 실천전략을 이끌었다. 여기에서 새로운 전략마다 모두 '도덕면에서의 숭고함, 지성면에서의 우월함'이라는 두 가지 차원에서 새로운 자원을 발굴하고자 하였다는 점을 엿볼 수 있다. 즉 논쟁 중에 상대방의 '허위 비판' 혹은 '거짓 지식'(및 가짜 문제)을 고발함으로써 자신의 '진정한 비판'과 '참된 지식'(및 진실한 문제)을 내세우는 것은, 바로 상대방의 '비판적 지식인'의 신분을 박탈하는 방식이자, 상징자본을 빼앗는 가장 효과적인 경쟁전략이다.

부르디외는, 모든 지식장 안에서는 자본에 대한 경쟁이 일어나고 있으며, 이러한 장(場)의 영향에서 벗어날 수 있는 사람은 없다고 지적한 바 있다. 그러나 중국의 공공사상계는 지식 공동체의 자주적 변별, 평가 및 판정 메커니즘이 심각하게 결여되어 있으므로, 생산적인 경쟁을 이루어내기가 어려운 실정이다. 즉 축적할 수 있고 평가할 수 있으며, 진척할 수 있고 공동체 속에서 함께 누릴 수 있는 지식의 성장을 이루어내기가 쉽지 않다는 것이다. 만일 마오쩌둥 시대의 '이데올로기 전선'과 오늘날 '이론계'의 지식생산이 국가권력에 의해 심사를 받는다면, 오늘날의 '사상계'가 직면한 상황은 '심사 메커니즘의 결여'이다. 이러한 상황 아래에서는 '문혁' 시대부터 남아 있는 역사적 관습—'투쟁적 논술' 전략, 정치도덕의 정당성을 '차용'하여 '자주적' 지식권위를 대신한 것을 포함하여—이 부활하거나 혹은 각종 변형의 방법으로 재생할 것이다. 사상계의 자본경쟁은 정서적 공격, 도덕적 고발, 심지어 인신공격을 피하기 어려우며, 악성 경쟁이 야기하는 병리적인 분열 또한 피하기 어렵다. 사상논쟁 중에서 대치하였던 이른바 '자유파(自由派)'와 '신좌파(新左派)'는 사회경제구조 속에서 완전히 동등한 위치에 놓여 있지만, 상대방의 도덕적 입장에 의구심을 드러내고 심지어 상대방을 요괴로 여겨 '권력과의 합일을 꾀한다'고 죄상을 늘어놓기도 한다. '장강(長江) 독서상'* 을 둘러싼 논쟁은 아마 그 대표적인 일례라고 할 수 있다.

지식생산의 관점에서 본다면, 건전한 사상논쟁과 학파의 경쟁은 지식의 비판적 성장을 촉진시키지만, 악성 경쟁과 병리적 분열은 오히려 잠재적인 지식 성장과 합의를 이룰 가능성을 망쳐버린다. 논쟁의 양측은 어느 쪽이든 논쟁 상대로부터 어떤 건설적 의견이라도 얻어내어 자신의 견해를 성찰하고 수정하며 더욱 풍부하게 만드는 일은 거의 하지 않는다. 거의 모든 논쟁의 담론행위는 모두 '주장(主張)의 성질을 띤 진술'일 뿐, '대화의 성격을 띤 논술'은 존재하지 않는다. 하버마스의 이른바 '소통의 이성'은 논쟁 속에서 심각하리만큼 결핍되어 있었다. 예를 들자면, 현재의 주도 권력의 성질 문제에 관해 거의 모든 경험연구는 '국가와 시장 논리'의 복합구조로 보고 있는데, 이론과 비판 실천 속에서 더욱 심오하고 컨텍스트의 특수성에 부합된 해석모델을 제기할 수 있다. 그러나 자유파의 '전제권력'론이든 신좌파의 '신자유주의 이데올로기'론이든 모두 놀랄 만큼 각자의 이론이 지닌 잠재능력에 갇힌 채 일종의 교조적인 독단으로 변질되어 버렸다. 중국사회의 민주화 전환의 동력 문제에 있어서, 현재의 정치구조와 사회상황은 모두 명확하게 '헌정권리 방안'과 '참여식 민주 방안'의 결합을 요청하고 있는데, 이 양자 간의 관건적이고도 필수적인 역사적 관련은 철저한 연구를 거쳐 합의를 도출하기는커녕 독단에 의해 무시되고 말았다. 예컨대, 주쉐친의 '눈에 보이는 발이 보이지 않는 손을 짓밟았다'라는 경구는, "신자유주의는 그것과 국가 주도적인 경제 정책 간의 사실상의 견고한 관계를 털끝만치도 숨길 수 없다."라거나 '반(反)자본주의적 시장'이라는 왕후이의 논제와 진정한 대화를 나눌 수도 없고, 실

* '창장독서상(長江讀書獎)'은 홍콩 창장그룹(長江集團)의 리자청기금회(李嘉誠基金會)의 지원을 받아 삼련서점(三聯書店)의 잡지 ≪독서(讀書)≫에서 주관하는, 가장 권위 있고 영향력 있는 학술저서에 수여하는 상이다. 이 상의 수상을 둘러싼 논란은 2000년 6월에 이 상의 수상자로 왕후이(汪暉)의 ≪왕후이자선집(汪暉自選集)≫이 선정되면서 불거졌다. 이는 왕후이가 이 상의 수상자를 선정하는 최고기구인 학술위원회 위원이자 ≪독서≫의 주편이었다는 점과 관련이 있다. －역주

천 규칙의 측면에서의 합의마저도 이뤄낼 가능성도 없단 말인가? 우리들은 '눈에 보이는 발'과 '국가적 주도'가 각각 무엇을 말하고, 이론과 경험 측면에서의 함의는 무엇이며, 각자의 운영 기제는 무엇인지를 깊이 있게 토론한 적이 있는가? 이처럼 중요한 계기와 잠재적 가능성이 왜 포기되었는가? 마찬가지로 적극적인 자유와 소극적인 자유의 관계를 둘러싼 문제에서, 중국의 자유와 민주의 실천은 동시에 권리 정치와 사회운동의 정치를 요구한다. 중국의 소극적 자유는 이제껏 기본적으로 제도화되지 않았으므로, 이러한 'free from'식의 소극적 자유는 바로 'free to'식의 적극적 자유를 필요로 하지 않겠는가? 이러한 컨텍스트 속에서 반(反)역사적이고 비(非)역사적인 이론만이 양자를 이원대립적으로 거짓 논술하게 될 것이다. 그러나 실제로 주쉐친에게는 '적극적인 태도로 소극적 자유를 쟁취하고, 소극적 태도로 적극적인 자유를 다룬다'[34]라는 다른 경구가 있다. 이러한 변증적 논술은 이미 사회운동과 권리정치를 결합할 가능성을 이미 내포하고 있는데, 무엇이 그것을 가로막았을까? 이것과 '프랑스대혁명의 편에 선' 이사야 벌린(Isaiah Berlin)*에 대한 간양(甘陽)의 재발견[35] 사이에는 설마 건설적 대화의 공간이 존재하지 않는단 말인가? 그러나 중국 지식장의 현(現) 제약 속에서 이러한 대화의 가능성은 사라지고 말았다. 결국 간양의 중요한 평가는 한 차례 희극적 연출인 양, 무림 고수가 뽐내는 기예처럼 변해버린 채, '적극적 자유와 소극적 자유' 및 '권리정치와 사회운동의 가능성 결합'과 같은 건설적인 논술로는 나아가지 못했다. 오늘날 사상계의 주요 논쟁들이 열어젖힌, 거의 매번의 깊이 있는 대화의 계기는 모두 상징자본의 악성 경쟁에 의해 끝장나고 말았다.

* 이사야 벌린(Isaiah Berlin, 1909-1997)은 영국의 철학자이자 정치사상가로, 1953년의 논문 〈The Hedgehog and the Fox〉에서 인간을 여우와 고슴도치로 비유하였다. 즉, 여우와 같은 인간은 많은 호기심을 지니고 여러 곳을 찾아다니는 부류인 반면, 고슴도치와 같은 인간은 항상 동일한 주제에 대해서 철저하게 파고드는 것을 좋아하는 부류라고 밝혔다. 저서로는 ≪칼 마르크스: 그의 생애와 주변(*Karl Marx: His Life and Environment*)≫, ≪계몽주의 시대(*The Age of Enlightenment*)≫, ≪개념과 카테고리(*Concepts and Categories*)≫ 등이 있다. – 역주

5. 결론: 초보적 총괄

중국 지식장의 생성과 발전의 역사를 지식사회학적으로 고찰하고, 지식생산의 상황을 장(場) 이론에 근거하여 분석하고자 한다면, 다량의 믿을만한 사회학의 실증적 자료와 텍스트 증거가 필요하다. 이러한 의미에서 이 글은 주요한 대강(大綱)만을 살펴보았으므로, 앞으로 대량의 보충과 논증이 이루어지기를 기대한다. 대단히 초보적인 이 탐색은 오늘날 중국의 지식생산 내의 '정치성'과 '학술성' 사이의 심각한 긴장과 분규 및 사상논쟁 중의 비생산적 경쟁 특징에 대한 영향을 드러내는 데에 목적이 있다. 지식생산 내의 '학술'과 '정치'의 대립에 대해 이미 이 논제[36]를 언급한 연구자도 있지만, 그 복잡성과 중요성은 아직까지 충분히 제시되지도, 분명하게 밝혀지지도 않았다. 이 글에서는 이에 대해 전면적이고 상세히 토론하지는 않았으며, 다만 한 걸음 더 나아가 이 글의 다음과 같은 핵심적 논점을 밝히고자 하였을 뿐이다. 즉 '정치/학술적 콤플렉스(political-scholarly complex)'는 1990년대의 전문화의 물결 속에서 결코 와해되지 않았다. 그것은 여전히 지식장의 구조적 규율 속에 감춰져 있으며, 집단무의식의 방식으로 현재의 공공논쟁의 형태와 특징을 제약하고 영향을 미치고 있다. 내재적 긴장에 의해 조성된 이러한 부정적 영향을 완화하고자 한다면, 반드시 학술과 사상의 이분법적 모식의 해석이 유효한지에 대해 비판적으로 질의하지 않으면 안 된다.

이러한 이원대립은 개개의 지식인에게 두 가지의 비현실적인 모식 속에서 '이것이 아니면 저것'이라는 양자택일을, 즉 부르디외의 이른바 영웅이 개입된 '타고난 지식인' 신화와 학술 상아탑 속의 순결한 '세상사에 무관심한 명사(名士)' 신화[37] 중에서 선택을 강요하는 듯하다. 부르디외는 이렇게 말했다. "특수한 지식장의 경험 속의 역사적 무의식은 매시각 우리들의 입을 통해 이야기한다. 우리들이 진정한 교류의 기회를 얻고자 한다면, 우리를 갈라놓은 역사적 무의식을 제어해야만, 다시 말해 지식공간의 특정한 역사를 객관화함과 아울러 제어해야만 한다. 우리의 인식과 사상 범주는 이 특정한 역사의 산물인 셈이다."[38]라고 말하였다. 만일 지식장 구조 속의 역사적 무의식에 대해 충분히 성찰하지 않는다면, 우리들은 이 두 가지 비현실적인 모식에서 거듭 헤매면서 하나의 신화에서 다른 신화로 떨어져내리고, 그리하여 이른바 '사상'과 '학술'이라는 병리적 분열을 공고히 하는 대신, 지식장의 자주성이라는 지극히 중요한 집단적 사업을 잊거나 홀시하게 될 것이다.

오늘날 중국의 공공논쟁 가운데의 형태 특징은 지식장의 총체적 결함을 반영하고 있는 바, 즉 지식장은 특정한 역사구조 속에서 여전히 자신의 자주성을 다지지 못하였으며, 이로 인해 장(場) 자체가 지지하는 권위 정당성을 확립할 방법이 없다. 학술과 사상은 지식인의 양면적 기능이다. 사상 논술이 아무리 정당한 정치적 혹은 도덕적 관심에서 출발하였더라도, 그 지식의 유효성은 반드시 지식공동체 내부의 자주적인 유효한 규범과 분별을 통해야만 비로소 그 의미를 실현할 수 있다. 오늘날 전문주의 운동은 공공참여를 회피하는 지식인의 '피난처'로서 이미 충분한 듯하지만, 지식의 자주성의 발전이란 점에서는 아직도 까마득하다. 바로 이러한 지식자주성의 결함이 '학술계'와 '사상계'의 이원적 분열을 초래하고, 학술연구와 사상토론을 별개의 공간으로 분리시켰으며, '학술 자주성'은 공공 의제에 대한 불간섭을, 즉 그 정치성의 희생을 대가로 하여 획득한 것이었다. 지식 자주성을 확립하지 않은 전제 하에서의 지식생산은 지식의 학술성과 정치성을 완전히 분열시킴과 동시에, 저속한 방식으로 뒤엉키게 함으로써 사상논쟁에서의 악성 경쟁구도를 낳았다. 지식생산은 '학술을 위한 학술'의 방향에서 충분히 발전해야만 사회정치 기능을 효과적으로 실현할 수 있다. 현재의 비(非)생산적 경쟁은 '지나친 학술화'로 인해 공공 정치의 유효성을 상실한 것이 아니며, 그것은 충분히 자주적인 학술화로써 사상의 정치 유효성을 달성해야만 한다. 부르디외가 말하였듯이, "지식인의 특정 역량 내지 정치상의 역량은 자주적인 기초 위에만 세울 수 있다."[39] 학술의 추구로써 사상 토론을 추동하고, 사상 토론은 반대로 학문영역의 발전을 활성화한다. 이는 개인적 영웅의 방식으로 전개할 수 없으며, 서사시적이고 계시록적인, 혹은 격언이나 경구식의 논조로도 달성될 수 없는, 일상의 집단적인 일이지 않을 수 없다.

다시 한 번 지적하고자 하는 점은, 이 글의 분석은 동기론 혹은 동기 비판론도, 도덕적 동기의 분석도 아니며, 공공 담론이 생산한 일종의 정치경제학이라는 점이다. 부르디외의 계시는 우리 개개인 모두가 장과 관습에 제약을 받고 있다는 것이다. 이 자체는 도덕적으로 부끄러울 일이 아니지만, 이에 대해 이제껏 성찰도, 폭로도, 비판도 한 적이 없다면, 이는 이성규범과 책임윤리에 있어서 비판적 지식인의 집단적 직무유기이다. 동시에 밝혀야 하는 점은, 이 글이 지식장에 대한 전반적인 분석은 아니라는 점이다. 앞으로 탐구해야 할 문제와 측면이 아직도 많이 남아 있다. 즉 무엇이 상이한 학술 패러다임의 공약 불가능성이 일으킨 논쟁인가, 무엇이 이데올로기의 논쟁인가, 무엇이 경험적 판단의 논쟁인가, 무엇이 쟁점의 효과적 진전을 가로막고 있는가? 그러나 이 모든 문제들은 지식생산의 장의 제약 속에 결합되어 고찰되어야 한다. 이 글의 비판적 입장에 대해 밝히자면, 필자는 가설적인 가치 전제, 즉 사상계는 마땅히 공공이성으로써 주도되는 '건설적 비판 연맹' 혹은 '지식-윤리 공동체'가 되어야 한다는 전제를 내포하고 있다. 이러한 입장은 상대주의와 허무주의 태도로써 사상계의 규범과 윤리 문제를 다루는 것을 거부하고, 사상계는 마땅히 사회가 관심을 갖는 공공문제에 대해 건설적 비판의 자원을 제공해야 한다고 여기고 있다. 이는 공공이성에 호소하는 지식규범의 척도임과 동시에, 민족과 사회의 책임에 호소하는 정치윤리의 척도이다. 이러한 비판적 입장은, 공공영역 속의 담론행위는 응당 이성규범과 책임윤리의 이중적 척도의 검증을 받아들여야 하며, 지식인은 자유방임의 개인주의자가 되어서는 안 되며, '지식-윤리 공동체'의 구성원으로서 자각적으로 공공영역으로 들어가야 함을 의미하고 있다. 이 글이 견지하고 있는 이러한 비판적 입장은 하나의 가치 선택이며, 그 정당성은 결코 자명한 것이 아니라는 점을 필자 또한 충분히 인식하고 있다. 이에 대한 논증과 설명은 오늘날 중국 역사의 컨텍스트 하의 복잡한 정치·철학적 분석과 관련되므로, 다른 글에서 따로 다루기로 한다.

마지막으로 이 글의 필자는 다음과 같이 자문하고자 한다. 즉 필자 자신은 '장(場) 분석' 자체에서 장의 제약을 받았는가? 구체적으로 말해 필자는 참신한 비판방식과 논점을 제기함으로써 장의 자본을 쟁탈하고, 비판적 지식인이 되었는가? 이러한 문제제기는 필수적인 바, 지식장의 분석은 영원히 스스로에게 되돌아와 따질 것이다. 그렇지 않는다면 성찰적 사회학(Reflexive Sociology)의 의미를 잃고 말 것이다. 물론 이 자아성찰의 과정은 끝없이 되풀이될 것이며, 종결되지 않을 것이다. 만일 이 글이 발표되고 영향을 미친다면, 이야말로 일차적인 담론행위이자, 장(場)이 재구축되고 관습이 재생한 역사의 능동적 과정의 구체적인 일환일 것이다. 그러나 이러한 성찰과 비판은 집단적인 사업이며, 그러해야만 집단무의식이 드러날 수 있으며, 새로운 건설적 비판의 잠재력이 눈을 뜰 수 있을 것이다.

지은이 주

1) 카를 만하임, ≪卡儿・曼海姆精粹≫(南京大學出版社, 2002년), 193쪽

2) '살펴볼 만한 경험'은 사회학 수단을 통해 더욱 정확한 증거를 얻을 수 있고, 얻어내야만 한다. 비록 아직까지는 체계적인 연구 보고가 없지만, 필자가 사상계에서 획득한 폭넓은 인상이 그 사실성을 지지할 것이다. 잡지 ≪二十一世紀≫ 창간 10주년 토론을 참고하기 바라며, 특히 류짜이푸(劉再復)의 글을 유심히 살펴보기 바란다. 이러한 병리적 증상의 심각성은 더 깊은 사회적 고찰을 거쳐 판단해야하겠지만, 그 존재의 경험적 확실성은 거의 의심할 여지가 없다.

3) 汪暉, 〈一九八九社會運動與'新自由主義'的歷史根源〉, 각주 55

4) 만일 우리들이 논쟁 중인 각 파의 대표인물에 대해 사회학적인 분석을 한다면, 그들이 오늘날의 체제 안에서 획득한 자원 및 그들이 누리고 있는 명예 즉, 그들의 정치・경제・문화적 지위에는 어떤 현저한 통계적 차이도 존재하지 않음을 발견하겠지만, 그들이 '권력 계층' 혹은 '기층 계층'과의 이해관계에서 명확한 차이를 지니고 있음을 발견하기는 쉽지 없을 것이다. 따라서 이러한 해석은 적어도 사회학적 증거의 지지를 받고 있지는 않다.

5) 쉬지린(許紀霖)은 이 책의 〈총론〉에서 사회역사조건의 변천 하에, 상이한 지식집단관념의 논리적 발전을 고찰하였는데, 이는 기존의 두 종류의 연구모식에 대한 초월이자 종합이다.

6) Pierre Bourdieu and Loic J. D. Wacquant, ≪*An Invitation to Reflexive Sociology*≫(Cambridge: Polity Press, 1992)의 번역본인 李猛・李康 譯, ≪實踐與反思—反思社會學導引≫(中央編譯出版社, 1998년) 참조

7) 덩정라이(鄧正來) 교수는 의심할 여지없는, 국내에 있어 이 논제를 탐구한 가장 중요한 선구자이다. 그는 국내에서 최초로 부르디외의 '장(場域) 이론'을 인용하여 중국 지식장의 구조와 생산 메카니즘을 고찰하였다. 아울러 중국 사회과학의 자주성 문제를 예리하게 제기하였다. 鄧正來, 〈關于中國社會科學自主性的思考〉(≪中國社會科學季刊≫, 1996년 겨울호). 그는 근 10년 가까이 이 논제를 지속적으로 연구해왔으며, 〈對知識分子"契合"關系的反思與批判—關于中國社會科學自主性的再思考〉(≪天津社會科學≫, 2004년 제6기)를 발표하였다. 이 글의 초고가 이뤄진 뒤, 다행스럽게도 덩정라이 교수의 가르침을 받을 수 있었다. 아울러 그에게서 관련 연구의 텍스트를 받아 보는 혜택까지 누리게 되었으며, 이는 나의 사고에 대해 중요한 계시가 되고 도움을 주었다. 비록 이 글이 여전히 그의 풍부한 관련 연구 성과를 충분히 흡수하지도 인용하지도 못하였을지언정, 그의 가르침에 대해서는 무한한 감사를 드리는 바이다.

8) Bourdieu and Wacquant, 16-17쪽 참고. 중역본, 17-18쪽. 중역본에는 다소 원문과 달리 바뀐 부분이 있다.

9) Craig Calhoun, Edward Li Puma, and Moishe Postone, eds., Bourdieu: ≪*Critical Perspectives*≫(Chicago: Unibersity of Chicago Press, 1993), Introductory chapter

10) Bourdieu, 〈Of Interest and the Relative Autonomy of Symbolic Power〉, trans. Loic J. D. Wacquant with M. Lawson, in ≪*Working Papers and Proceedings of the Center for Psychosocial Studies*≫(Chicago, 1998), 20:1-11 참고

11) Bourdieu and Wacquant, 17-18

12) Pierre Bourdieu, ≪*Outline of a Theory of Practiec*≫, Richard Nice, trans. (Cambridge:

Cambridge University Press, 1977), Chapter 2

13) Bourdieu, 〈Of Interest and the Relative Autonomy of Symbolic Power〉

14) 피에르 부르디외, ≪藝術的法規—文學場的生成與結構≫, 264-265쪽

15) Merle Goldman, 〈A New Relationship Between Intellectual and the State in Post-Mao Period〉 in Merle Goldman and Leo Ou−fan Lee, eds., ≪*An Intellectual History of Modern China*≫(Cambridge University Press, 2002), 500쪽

16) 1970년대에 일부 '민간 작가와 지식인'은 완전히 체제 밖에서 생존하였다. 그러나 그들의 지식생산은 '지하적(地下的)'이었는 바, 지극히 주변부 상태에 놓여 있었으며, 지속될 길이 없었다. 廖亦武 主編, ≪沉淪的聖殿—中國20世紀70年代地下詩歌遺照≫(新疆青少年出版社, 1994年)

17) 부르디외의 이른바 '즈다노비즘'은 비(非)자주적인 문화생산으로, 이는 이 외부 규칙의 역량에 힘입어 '평범하거나 시대에 뒤떨어진 작가들 사이에서 성행하였다.' 즈다노비즘의 지식장에서의 존재는 늘 장(場)의 규칙에 따라 성공을 거둘 방법이 달리 없었던 생산자들에게 의지하였다. 피에르 부르디외, ≪藝術的法規—文學場的生成與結構≫, 402쪽 참고

18) Robert Jay Lifton, ≪*Thought Reform and the Psychology of Totalism: A Study of "Brainwashing" in China*≫. (Chapel Hill and London: The University of North Carolina Press, 1989) 428쪽 참고

19) Qing Liu, ≪*Between the State and Market: Media Reform and the Change of Public Discourse in Contemporary China*≫(Ph. D dissertation, University of Minnesota, 2003), chapter 6 참조

20) ≪讀書≫, 1979年 第1期, 2쪽

21) 李澤厚, ≪批判哲學的批判—康德≫(人民出版社, 1979年); 金觀濤, ≪興盛與危機—論中國封建社會的超穩定結構≫(湖南人民出版社, 1984年) 참조

22) 甘陽, 〈十年來的中國知識場域〉, ≪二十一世紀≫, 2000年 10月號, 30-33쪽

23) 따라서 우리들은 이러한 이원적 모식 위에 세워진 서술적 개념과 '비판담론'을 새로이 성찰하고 조사해야 한다. 여기에는 '사상해방운동'과 '신계몽담론'의 관계를 새로이 인식하고, 이른바 '계몽주의 이데올로기'론, 특히 '계몽과 국가발전주의' 공모론을 새로이 고찰하며, '독립적', '비판적', '민간의' 및 '체제 밖' 지식인의 개념을 새로이 정의하고, 새로이 국가권력 논리와 시장 논리가 지식장의 자주성에 미치는 복잡한 영향을 새로이 고찰하는 것 등이 포함되어 있다. 이는 이 글과 관련이 있으나 편폭과 시간의 제약으로 말미암아 이 글에서는 잠시 다루지 않기로 한다.

24) Florian Kreutzer, 〈Models and Myths of Professionalism〉, ≪*Conceptual and Comparative Studies of Continental and Anglo-American Professions*≫(2003): 35-43쪽

25) 鄭正來, 〈對知識分子'契合'關係的反思與批判—關于中國社會科學自主性的再思考〉, ≪天津社會科學≫, 2004年 第6期

26) 덩정라이는 다음과 같이 지적하였다. "최근 들어 중국의 일부 대학과 연구기구 역시 이러한 제도를 도입하기 시작하였다. 그러나 그들이 이러한 제도를 도입하기 전에 진지하게 분석한 적이 없으며, 심지어 이러한 제도의 유효한 실행이 기타 학술제도의 지원이나 협력에 의지해야 함을 깨닫지도 못했다.' 鄧正來, 〈對知識分子'契合'關係的反思與批判—關于中國社會科學自主性的再思考〉, ≪天津社會科學≫, 2004年 第6期 참조

27) 예를 들어, 서구철학연구에서의 현상학 영역은 뛰어난 자주성과 동료평가 메카니즘을 갖추고 있는데, 비교적 높은 수준의 간행물, 세미나 그리고 교학연구 후진들이 출현하였으며, 천쟈잉(陳嘉映), 니량캉(倪梁康), 쑨저우싱(孫周興) 등과 같은 전문적인 공신력을 지닌 학자들을 배출하기도 하였다.

28) 쉬지린(許紀霖)은 '사상계', '학술계', '이론계'라는 세 유형의 지식 생산 분화를 주장하였다. 이 책의 〈총론〉 참조

29) 어떤 논자는 일찍이 논쟁 속의 비(非)생산성 증상을 지적하여 '빈약한 논쟁'이라 일컬었다. 程世則, 〈貧乏的論爭, 難預期的后果〉, ≪二十一世紀≫, 2001年 2月號 참조

30) 왕후이(汪暉)는 〈오늘날 중국의 사상 동향과 현대성 문제(當代中國的思想狀況與現代性問題)〉라는 글의 제목에 대한 설명에서, "이 글은 한 편의 학술논문이라기보다는 개인적인 사상 메모라 여기는 편이 나을 것"이라고 밝히면서, 아울러 "나는 이 글의 틀 및 다루는 자료 모두 수정과 논증 및 보완을 가할 필요가 있음을 너무나 잘 알고 있다. 이제 친구의 거듭되는 격려 아래 이 글을 발표하려 하는데, 이는 토론을 불러일으키기 위함"이라고 명백하게 밝힌 바 있다. 이는 그가 논증의 유효성에 대해 훨씬 자각적 기준을 지니고 있음을 보여준다. 그러나 그는 '유효한 논증'이 달성될 수 있는지의 여부는 개별 작가의 노력에 전적으로 달려있지 않으며, 마찬가지로 공동체가 논증의 가능성을 제공하는지 여부에 달려 있음을 전혀 의식하지 못한 듯하다.

31) 朱學勤, ≪道德理想國的覆滅≫(上海三聯書店, 1994年)

32) 예를 들면, 세계 각지의 현대민주화운동에서 노동자계급의 출현이 지닌 결정적 의미에 대한 중요한 연구 성과의 하나로서 다음의 책을 참조. Dietrich Rueschemeyer, Evelyne Huber Stephens and John D. Stephens, ≪*Capitalist Development and Democracy*≫(Chicago: The University of Chicago Press. 1992)

33) Barrington Moore, Jr., ≪*Social Origins of Dictatorship and Democracy*≫(Boston: Beacon Press, 1966). Charles Tilly, ≪*From Mobilization to Revolution*≫(Reading, MA: Addison-Wesley, 1978). Theda Skocpol, ≪*States and Social Revolutions*≫(New York: Cambridge Unibersity Press, 1979) 참조

34) 朱學勤, 〈伯林去矣〉, ≪南方週末≫, 1997年 11月 28日

35) 甘陽, 〈反民主的自由主義還是民主的自由主義?〉, ≪二十一世紀≫, 1997년 2월호; 〈自由主義:贵族的還是平民的?〉, ≪讀書≫, 1999년 제1기 참조

36) 예를 들면, 李揚, 〈'學術'與'政治'的二元對立及其理解'歷史'的方式—評夏中義'九謁先哲書'〉, ≪書屋≫, 2001年 第9期

37) 피에르 부르디외, ≪藝術的法規—文學場的生成與結構≫, 403쪽

38) 위의 책, 400쪽

39) 위의 책, 402쪽

당대 중국의 사상 동향과 담론 분석

— '자유주의'와 '신좌파'의 기호 투쟁을 예로

지은이 : 우관쥔(吳冠軍)

옮긴이 : 이희경(李喜卿)

1. 담론 분석과 기호 투쟁
2. '자유주의'를 둘러싼 기호투쟁
3. '역사상의 자유주의': 기호투쟁의 주요한 담론 전략으로서의 역사회고
4. '신좌파'를 둘러싼 부정적 의미상의 기호투쟁
5. 새로운 기호의 도입, 기호 창조 및 그 (재) 의미화
6. 결어: '담론의 힘'과 담론 분석

1990년대 하반기 이래 당대 중국 사상 동향에 대한 연구는 가장 왕성한 시기로 접어들었다. 적잖은 당대 중국지식인들이 당대 중국 사상계의 여러 쟁론과 변천을 정리하여 지식인 집단의 비판적 실천을 성찰하고, 나아가 '바로 그 때'의 사상 동향과 근현대 중국 사상사 발전 맥락의 내재적 관련성을 고찰했다. 이 방면의 연구는 이미 사상계의 지속적인 논쟁을 일으켰다. 왕후이(汪暉)가 1997년 말에 발표한 〈오늘날 중국의 사상 동향과 현대성 문제(當代中國的思想狀況與現代性問題)〉라는 논문은 90년대 후기부터 21세기 초까지 이어져온 "'자유주의'와 '신좌파' 논쟁"의 주요 도화선 중 하나로 널리 여겨지고 있다. 그가 2000년에 쓴 〈1989년 사회운동과 중국 '신자유주의'의 역사적 근원—오늘날 중국 대륙의 사상 동향과 현대성 문제 재론(一九八九社會運動與'新自由主義'的歷史根源—再論當代中國大陸的思想狀況與現代性問題)〉 역시 격렬한 논쟁을 불러일으켰다. 쉬지린(許紀霖)의 〈계몽의 운명—20년 동안의 중국 사상계(啓蒙的命運—二十年來的中國思想界)〉, 주쉐친(朱學勤)의 〈1998년 자유주의 학술이론의 언설(1998年自由主義學理的言說)〉, 간양(甘陽)의 〈반민주적 자유주의인가, 민주적 자유주의인가—90년대 중국 사상 비판(反民主的自由主義還是民主的自由主義 — 90年代中國思想批判)〉 등 당대 중국 사상 동향에 대한 다른 연구들 역시 사상계에 지대한 영향을

미치고 관련 논쟁을 일으킨 바 있다.1)

이 글의 목적은 90년대 후기 이래 "'자유주의'와 '신좌파' 논쟁"에 대하여 고찰하는 데에 있다. 그러나 연구 방법상 앞에서 언급됐던 당대 사상사 연구들과 약간의 차이가 있다. 이 글은 담론 분석이라는 방법을 채택하여 각종 당대 텍스트를 세밀하게 고찰하고, 이 고찰을 통해 당대 중국 사상논쟁 중의 '자유주의'와 '신좌파'라는 두 기호를 둘러싼 여러 기호 투쟁을 드러내고자 한다. 당대 중국지식인의 텍스트를 구체적으로 분석하기 전에 이 글에서 채택한 담론 분석 방법에 대해 이론적으로 간략히 서술하겠다.

1. 담론 분석과 기호 투쟁

적어도 최근 20년 동안, '담론'(discourse)이라는 단어는 영어권 지식계의 유행어가 되었다. 작자들마다 이 단어를 완전히 다른 기호적 의미로 사용했더라도 말이다. 이 유행과 함께 '담론 분석'(discourse analysis)이라는 용어 역시 인기를 끌어, 언어학·문학이론 영역은 물론이고, 인류학, 역사학, 사회학, 정신분석학, 사회심리학, 문화 연구, 성별 연구, 포스트 식민 연구, 정치학, 국제정치 분석, 공공정책 연구와 같은 상이한 인문·사회과학 연구 영역에서도 빈번하게 출현했다. 담론 분석에 중요한 영향을 미친 사상가 가운데, 소쉬르*, 라캉**, 알뛰세***, 푸코(Michel Foucalut), 데리다(Jacques Derrida), 부르

* 소쉬르(Ferdinard de Saussure, 1857-1913) 스위스 출신의 언어학자. 사회적으로 확립된 언어학적 단위 및 규칙의 체계(랑그)로서의 언어와 실질적으로 하는 말(빠롤)로서의 언어를 구분하였고, 언어학에서는 랑그를 연구 대상으로 한다고 주장했다. 그의 이론은 구조주의의 초석이 되었다. – 역주

** 라캉(Jacques Lacan, 1901-1981) 푸코 등과 함께 프랑스 구조주의 철학을 대표하는 철학자이자 정신분석학자. 인간의 욕망, 또는 무의식이 말을 통해 나타난다고 주장하였으며, 언어를 통해 인간의 욕망을 분석하는 이론을 정립하여 '프로이트의 계승자'라는 평가를 받았다. – 역주

*** 알뛰세(Louis Althusser, 1918-1990) 프랑스 구조주의 철학자. 마르크스 사상에 구조주의적 해석을 제시했는데, 인간이 역사의 주체나 역사 발전의 주동자가 아니라고 주장하여 인간의 행위가 구조적으로 얼마나 제한되어 있는지를 설명하고자 했다. – 역주

디외(Pierre Bourdieu), 라클라우* 등은 서로 다른 층차에서 담론 분석의 이론적 토대를 다졌고, 페쇠**, 페어클로프***, 반 다이크****, 오닥***** 등은 담론 분석의 실제 운용 및 학제적 응용 확대에 힘썼다.

사람들의 말, 언어 표현, 논의, 글쓰기는 서면(書面)과 비서면(口頭의, 〔텔레비전 탐방 취재와 같은〕 다매체적인)의 각종 담론들을 탄생시킨다. 그러나 사람들은 왕왕 말하고 쓴 내용에만 주목할 뿐, 말하기와 쓰기에 채택된 여러 방식과 담론 생성의 과정 및 그 컨텍스트를 홀시해 버린다. 하지만 후자는 말하기와 쓰기의 내용에 영향을 미칠 뿐 아니라, '말하지 않은 것'/'말할 수 없는 것'(the 'unsaid'/the 'unspeakable'), '씌어 있지 않은 것'(the 'unwritten') 심지어 '보이지 않은 것'(the 'unseen')에까지 관련된다. 사람들에 의해 등한시되는 이 '부재'(the absent)가 어떤 내용이 말해지고 쓰이는가(즉 어떤 담론이 '현장'의 것이 되는가)의 외재적 상황을 구성한다.

언어는 과거 오랜 세월동안 줄곧 내용을 전달하는 단순하고 투명한 도구로 여겨졌기에, 텍스트의 내용은 언어 자체에 주목할 필요가 없는 상황에서 해독될 수 있었다. 20세기 '언어학적 전환'(linguistic turn)은 적어도 인문·사회과학의 각 연구 영역 내에서나마 이러한 상황을 획기적으로 바꾸었다. 하이데거(Martin Heidegger)의 명언, "언어가 사람을 말한다."(Language speaks man)

* 라클라우(Ernesto Laclau, 1935-) 아르헨티나 태생의 정치 철학자. 샹탈 무페와 공동 저술한 ≪헤게모니와 사회주의 전략≫은 언어학과 정치 이론을 접목한 포스트 마르크스주의의 새로운 이론적 지평을 개척했다. - 역주

** 페쇠(Michel Pecheux, 1938 - 1983) 프랑스 구조주의를 담석분석으로 이끈 철학자. 60년대부터 잡지 ≪분석노트(*Cahiers pour l'Analyse*)≫를 중심으로 활동하며 자기 고유의 담론분석 모델을 발전시켰다. - 역주

*** 페어클로프(Norman Fairclough, 1941-) 비판적 담론분석(Critical Discourse Analysis)을 주창한 영국의 언어학자로, 언어를 사회적이고 물적인 다양한 제도와의 관계망과 접합과정 속에서 파악하며, 언어가 행사하는 능동성과 수행성, 그리고 언어가 형성하거나 매개하는 구체적 제도성과 물질 간의 접합과정에 주목했다. - 역주

**** 반 다이크(T. A. van Dijk, 1943-) 텍스트 언어학자이자 비판적 담론분석학자. 80년대 이래 그의 비판적 담론분석 연구는 '지식집단'(symbolic elites)에 의한 인종차별 담론의 재생산, 언론매체 뉴스, 이데올로기·문맥·지식 이론에 집중되고 있다. - 역주

***** 오닥(Ruth Wodak, 1950-) 비판적 담론분석학자. 비판적 담론 분석에서의 학제간, 문제지향적 담론 역사접근을 상술했고, 다양한 시대와 장르에서의 담론 실천 변화를 분석했다. - 역주

는 작자와 담론 사이의 관계를 역전시켰으며, 아울러 이후의 더 급진적인 발전을 예시한 바, 바로 롤랑 바르트(Roland Barthes)와 (특정 단계의) 푸코가 잇따라 선포한 '작자의 죽음', 즉 텍스트가 작자를 살해할 권리를 선언했던 것이다. 구조주의의 급진적 발전은 이후 후기 구조주의의 시정(예를 들어 후기 라캉, 후기 푸코와 지젝*의 주체에 대한 서로 다른 새로운 주목)을 받긴 했지만, 언어의 중요성은 이로 인해 전에 없는 주목을 받았고, 언어는 점차 사회현상에서 보다 더 중심적인 역할을 수행한다고 여겨졌다. 소쉬르가 제기했고 라캉 등의 비판적 발전을 거친 '기호'(sign), '기표'(signifier), 그리고 '기의'(signified)** 등의 용어는 현재 각 학문분야의 연구 가운데 광범위하게 출현하고 있으며, 심지어 당대 중국지식인의 여러 텍스트 속에서도 빈번하게 나타나고 있다. 하지만 당대 중국 사상계의 여러 논쟁 중, '기표'와 '기의' 사이의 복잡한 관계는 진지하게 다뤄지지 못했다. 그리하여 담론 분석은 '기표'와 '기의' 사이의 각종 유동적 · 이질적 · 다중적 의미화(significations)(와 재 의미화) 및 그 과정을 겨냥했고, 아울러 '기표'가 담론 속에서 담당한 중요한 역할, 즉 특수한 '기표' 없이 특수한 '기의'는 구상할 수 없다는(라캉은 이러한 의미에서 '무의식' 〔the unconscious〕 을 '기표 없는 기의'라고 일컬었다) 것에 주목했다.

여기에서 담론 분석의 이론 발전2)에 대해 상세히 논하지 않는 대신, 이 글이 채택한 담론 분석이라는 방법을 명확히 밝히려 한다. 그것은 우선 텍스트 분석(textual analysis)으로, 텍스트를 엮어 이뤄진 언어—어휘, 수사, 문법, 문체, 장르 및 각종 담론 전략—분석에 집중한다. 언어는 더 이상 투명한 도구로 여겨지지 않는다. 언어는 정치적 · 제도적 구조, 사회규범, 문화가치 및 신앙과 복잡하고도 특히 구성적인 연계를 갖고 있다. 언어에 대한 신중한

* 지젝(Slavoj Zizek, 1949-) 유고 출생의 대륙철학자이자 비판이론가. 헤겔의 철학, 마르크스의 경제비판이론, 라캉의 정신분석학으로 대중문화에서 가져온 예시들을 통해 사회현상을 해석한다. – 역주

** 소쉬르는 언어가 하나의 기호체계이며, 기호는 기표(記標, signifiant)와 기의(記意, signifié)의 결합이라고 했다. 기호의 양면 중 감각으로 지각되는 소리의 면을 기표라 하고, 감각으로 지각할 수 없는 뜻의 면을 기의라 한다. – 역주

관심을 건너뛰어 한 텍스트의 사회적 내용을 직접 '읽어내는'(read off) 것, 즉 쉽게 실행할 수 있고 실증주의적 색채를 자못 띠며 언어의 구속에서 벗어나 '실질적 내용'에 주목하는 것처럼 보이는 해독 방식은, 그 자체가 바로 언어의 속박을 받고 있는 특수한 형식이다. 읽기와 쓰기 (및 사고, 이해 등등) 자체는 모두 언어적 과정이다. 언어에 대한 관심이 부족하거나 이를 회피하는 책읽기와 글쓰기는 바로 언어의 힘이 제어하는 특수한 언어적 과정에 깊이 함몰되어있다. 당대 중국 사상 혹은 사상성(intellectuality)을 연구할 때 먼저 처리해야 할 것이 바로 지식인이 만들어낸 각종 사상담론, 즉 담론의 내용과 함의가 아니라 만들어져 나온 담론 자체이다. 담론의 내용에 대한 (유일한 이해 혹은 '정확한' 이해가 아닌) 모종의 이해에 도달하려면, 담론에 대한 신중하고 조심스러운 텍스트 분석이 이뤄져야 한다. 우리가 '의식적'으로 거주하고 있는 이 세계는 담론성과 기호성이 구축한 세계이다. 사람들이 보고, 느끼고, 생각하고, 말하는 것은 모두 미리 구축되어진(preconstructed), 각종 담론기제(discursive devices)로 조성된 네트워크하에서 이루어질 수 있다. 우리가 사상세계(an intellectual world)—예를 들어, 중국지식인이 언급하는 '사상계' 혹은 '지식계'—를 논의할 때 더욱 그러하다. 담론은 매우 중요한 역할을 담당한다. 푸코가 말했듯이, "언설은 결국 환상적인 연출의 장소(phantasmatic representation), 상징화(symbolization)의 요소, 금지의 형태, 유도된 만족(derived satisfaction)의 도구일 것이다."[3] 이 때문에 수많은 중국지식인들은 (종종 비자각적으로) 그들의 사상이 그 담론(텍스트)을 통해 '진정한 표달(表達)'을 획득할 수 있으며, 다른 이의 담론(텍스트) 읽기를 통해 그 '진정한 함의'를 직접 얻어낼 수 있다고 가정하면서, 담론 자체에 대한 경계적 관심과 중시는 도리어 상실해버렸다.

담론 분석은 일종의 텍스트 분석으로, 텍스트 분석은 텍스트의 언어와 그 가운데 사용된 각종 담론 전략에 주목한다. 동시에 담론 분석은 상호텍스트적 분석(intertextual analysis)이기도 한데, 상호텍스트적 분석이란 텍스트 속으로 파고 들어가는 연구 방식, 즉 한 특정한 담론 질서 속의 위치 및 다른 텍스트와의 관계라는 각도에서 하나의 텍스트에 대해 사고하는 방식을 창도한다. 상호텍스트적 분석은 담론 분석이 동시에 역사적 분석이 되게 한다.(데리다가 차연〔差延, différance〕에 대한 분석을 통해 소쉬르의 폐쇄적이고 정적인 차이〔difference〕구조를 역사화하고 시간화한 것과 같다.) 크리스테바(Julia Kristeva)*는 그녀 자신이 창조한 '상호텍스트성'(intertextuality)이라는 용어에 대해 "역사(사회)가 한 텍스트 속으로 들어오고 이 텍스트가 역사 속으로 편입됨"을 뜻한다고 설명한다.[4] 텍스트는 이미 특수한 방식으로 표현된 다른 텍스트를 통해 구축되며, 아울러 과거의 텍스트에 반응하고 그 텍스트를 개작하며 재중심화시킨다. 푸코가 관찰한 바와 같이, "이런 혹은 저런 방식을 통하여 다른 진술을 재실현화(reactualize)하지 않는 진술은 불가능하다."[5] 이 말의 뜻인즉, 텍스트는 언제나 다른 당대의 혹은 역사적으로 선행하는 텍스트를 이용하거나 전환시키며, 담론실천은 항상 자신과 다른 담론실천 사이의 관계에 근거하여 정의되고, 아울러 늘 여러 복잡한 방식으로 다른 담론실천을 이용한다는 것이다.

크리스테바는 두 가지 차원의 '상호텍스트성'—'수평적' 그리고 '수직적' 상호텍스트성, 혹은 텍스트 사이 공간 속 '수평적' 그리고 '수직적' 관계—을 구분한 바 있다.[6] 한편으로는 '수평적' 상호텍스트적 관계, 즉 한 텍스트가 텍스트 체인(chain of texts)의 가운데·앞·뒤에 있는 다른 텍스트와 대화하는 식의 상호텍스트적 관계가 존재한다. 다른 한편으로 한 텍스트와 많든 적든 직접적이거나 요원한 담론 상황을 구성하고 있는 다른 텍스트 사이에 '수직적' 상호텍스트적 관계가 존재한다. 당대 중국 사상계에서 '수평적' 관계와 '수직적' 관계는 상호텍스트적 공간 속에서 대량으로 추적해낼 수 있다. '수평적' 차원에서 매우 두드러진 것은 90년대 이래 중국 사상계의 격렬한 사상논쟁들인데, 특히 '자유주의'와 '신좌파' 논쟁으로 명명된 큰 범위의 사상논쟁이

* 크리스테바(Julia Kristeva, 1941-) 철학자, 정신분석가, 페미니스트, 작가. 자율적 존재로서 완전성을 가지는 '자아(self)'와 상대되는, 문화·역사·맥락·관계·언어 등과 같은 현상에 종속되어 있는 '주체성(subjectivity)'이라는 개념을 제시했다. '주체성' 개념을 통해 사람들과 언어의 관계를 더 잘 설명할 수 있으며, 언어가 주체를 구성하는 데에 도움을 준다고 주장했다. – 역주

그러하다. '수직적' 차원에서는, 수많은 당대 중국지식인들이 중국 역사(특히 19세기와 20세기)를 새롭게 되짚어 보고, 과거의 텍스트와 지식인의 실천을 다시 해독함으로써 스스로에게 사상적 방안을 제시하는 경향이 있음을 발견할 수 있다.

'수평적' 차원에서 우리는 어떤 특수한 담론 생산장 내의 여러 가지 '기호투쟁'(symbolic struggles)을 살펴볼 수 있다. 당대 중국 사상계에서 기호투쟁은 절정으로 치달았는바, 각양각색의 담론 전략들이 상호텍스트적 공간 속에서 활약했다. (이 글의 다음 몇 절에서 이에 대해 구체적으로 분석하겠다.) '수직적' 차원에서는 특히 기호투쟁 속 '담론 헤게모니'(discursive hegemony)에 대한 투쟁을 살펴볼 수 있다. 라클라우의 후기 구조주의적 재정의에 따르면, '헤게모니'란 기표와 기의 사이 관계의 부분적 고정이며, '헤게모니'를 둘러싼 담론 투쟁의 목적은 갖가지 '떠다니는 기표'(floating signifiers)를 부분적으로 각종 대항하는 특수화된 의미화의 구조 속으로 (재) 고정시키기 위함이다.[7] 여기에서—부르디외의 장(field) 분석을 결합하여—한 가지 분석 사례를 들어 설명하겠다.

언어 사용의 각도에서 관찰할 때, 왕후이는 그 텍스트 속에서 항상 루쉰(魯迅)이 사용한 어휘를 참고하거나 직접 인용한다. 대단히 영향력 있는 지식인이자 '5·4'운동의 리더 중 한 명이었던 루쉰은 상당히 오랫동안 넓은 범위 내에서 20세기 중국지식인의 영혼이자 화신으로 여겨졌다. 이로 말미암아 그의 담론은 중국의 역사적 사상 컨텍스트에서 특수한 기호적 중요성, 혹은 부르디외의 표현을 빌자면, 막강한 '기호자본'*을 갖게 되었다. 비단 왕후이만 항상 루쉰을 인용한 것이 아니라, 그의 논쟁상대들도 자주 루쉰을 인용했다(주쉐친이 그 예이다).[8] 쉬유위(徐友漁)는 한 텍스트에서 왕후이를 '가짜 루

* 기호자본(symbolic capital): 부르디외는 사회 속에서 사람들이 획득하고자 하는 자본을 경제자본(돈), 문화자본(학위·자격증 등), 사회자본(학연·지연·혈연 등의 인적 네트워크), 기호자본으로 구분했다. 기호자본은 경제자본, 문화자본, 사회자본을 보유한 사람이나 집단의 지배를 자연스러운 것으로 전환시켜주는 기능을 수행하는 자본이다. 신용, 명예, 미덕, 평판 등이 그러한 역할을 한다. 우리나라에서는 상징자본으로 번역되었다. – 역주

쉰', 즉 '루쉰 정신'이 아니라 '루쉰이 깊이 파헤쳤던 아Q정신'이라고 칭했고, 아울러 "학자라면 이런 저런 이유로 비판을 면할 수 없는바, 비판에 부딪쳐 루쉰이 된다면, 도처에 루쉰이 넘쳐날 것이고, 비판은 자취를 감출 것이다."[9] 라고 썼다. 왕후이가 "루쉰을 자신에게 비유한다."고 비판한 이 글에서,[10] '루쉰'이 가지고 있는 기호자본은 비판의 시야 속에 받아들여지지 않을 뿐 아니라(쉬유위는 루쉰을 '위대한 사상가'라고 칭한다[11]), 근본적으로 이 비판 자체가 존재하고 전개될 수 있는 가정이다. "비판에 부딪쳐 루쉰이 된다면"이라는 구절의 언어적 배치는 "루쉰이 된다."는 것이 어느 수준에서는 '비판'을 면할 수 있음을 가정한다. 그러나 이 가정 및 논리는 "도처에 루쉰이 넘쳐날" 때, "비판은 자취를 감춘다."는 전개로 이어진다. 그러므로 여기에서 '루쉰' 자체가 기호투쟁 (부르디외 역시 '유희 〔game〕 '라는 단어를 상용하여 기호투쟁을 대신했다) 속의 영원히 생산되고 재생산되는 환상(일루지오: illusio)이 된다. 부르디외는 '환상'을 '유희가 이뤄지는 조건이며, 적어도 국부적으로 봤을 때도 유희의 산물이기도 한 것'이라고 설명한다. 바꿔 말해, "환상은 유희에 대한 집단적 동조로, 유희가 존재하는 원인이자 결과이다."[12] 만약 '루쉰'이라는 환상이 없다면, 쉬유위는 왕후이가 '루쉰을 자신에게 비유하는 것'에 이런 반응을 보이진 않았을 것이다. 상호텍스트적 공간 속 기호투쟁이 진행됨에 따라, '루쉰' 이라는 환상은 또 끊임없이 재생산되고 신성화된다. 환상도, 유희도, 투쟁도 멈추지 않는 것이다. 부르디외의 말을 빌자면, '환상'은 지식인의 모든 정력을 "유희에 쏟아붓게 하면서도 유희에 의해 질질 끌려가게 한다."[13] 라캉은 "진리는 착각에서 비롯된다."는 명언을 남겼지만, 부르디외는 '환상'을 일종의 '공통의 착각', 즉 기호투쟁의 참여자들이 공통적으로 '진리'라고 간주하는('착각하는') 것이라고 일컬었다.[14] 그러나 쉬유위(상당히 큰 범주 내에서는 왕후이도 포함된다)는 여기에서 부르디외가 말한 기호투쟁의 '전문가'가 되었다. "유희는 환상을 만드는바, 환상은 즉 전문가가 참여하는 유희 속으로의 투여이며, 전문가는 유희의식을 갖고 있다. 그가 바로 유희에 의해 만들어졌기 때문에 전문가가 유희를 하는 것은 아울러 이를 빌어 유희의 존재를 보장하는 것이다."[15] 이러한 의미에서 부르디외는 '환상'이 지식인의 장 속에서 절대적 통치 지위를 점유하려는 '야심'과 동일한 성격을 갖는다고 지적한다.[16] 루쉰과 (왕후이·쉬유위 같은) 당대 중국지식인의 '수직적' 상호텍스트성 관계 속에서 (데리다의) '차연' 방식을 통해 일종의 '담론 헤게모니'의 전파(및 이를 둘러싼 투쟁)가 분명하게 나타났음을 알 수 있다. 이상의 이들 당대 지식인에 대한 텍스트 분석/상호텍스트적 분석은 다음과 같은 사실을 보여준다. '루쉰'은 부분적으로 고정된 기표(여기에서 '기호자본'이 비로소 축적될 수 있다)이자, 또한 텍스트 해석의 각도에서 보면 여전히 어느 정도의 떠다니는(浮動) 공간이 존재하는, 담론 투쟁을 통해 부분적으로 재고정을 진행할 수 있는 기표이다. 당대 지식인들이 (여전히 떠다니는 공간이 존재하는 기표로서의) 후자에 대해 전개하는 격렬한 담론투쟁은 바로 (이미 부분적으로 고정된 기표로서의) 전자에 대한 일종의 공통된 승인(착각) 위에 기초한다. '수직적' 상호텍스트성 관계에 대한 담론 분석 속에서 우리는 루쉰 및 다른 '5·4', 그리고 그보다 더 앞선 시기 지식인의 유령들(spectres)이 당대 중국 사상계를 떠돌고 있음을 발견할 수 있다. 상호텍스트적 공간 속을 떠도는, 현존하지도 않으면서 부재한 적도 없는 '유령'들은 바로 담론 분석이 주목하는 초점 중 하나이다.

이러한 의미에서 담론 분석은 담론의 구성과 오랜 기간의 담론질서 구축에 집중될 것이다. 담론 분석은 특히 텍스트의 생산, 소비, 그리고 해석에 주목한다. 텍스트의 생산에 대해 말하자면, 텍스트는 각종 특정 상호텍스트와 사회적 상황 속에서 여러 특수한 방식으로 생산된 것이다. 이들 상호텍스트, 사회적 상황, 특수한 방식들이 텍스트를 이루는 핵심적 요소를 구성한다. 텍스트의 소비에 있어서는, 어떤 텍스트들은 기록 보전되고 이리저리 전해지며 번역되고 다시 읽혀지며 연구되고 항상 인용되는데, 다른 텍스트들은 왜 순식간에 사라지거나 주변화되고 삭제되며 잊혀지는지 그 까닭에 주목해야 한다. 데리다는 '흔적'(traces)이란 용어로 '텍스트'를 대체하여 이것들이 쉽게 지워지고 삭제되며 은폐되고 매장될 수 있지만, 다른 상황에서는 새롭게 발굴, 활성화되며 확대되고 중심화되거나 재해석될 수도 있음을 보여준다. '유령'

은 바로 텍스트의 소비과정 중에 탄생하는바, 형체가 없지만 소멸되지 않고, 현존하지 않으나 현존한다. 텍스트의 해석에 대해 페어클로프는 다음과 같이 정확하고 세밀하게 설명했다.

> 텍스트는 담론실천을 거쳐 관습적인 각종 형식 구조로 농축되는바, 이 형식들은 의미 잠재력(meaning potential)을 부여받는다. 한 형식의 의미 잠재력은 보편적으로 말해 이질적이고 상이하며 중첩적이고 가끔 상호 모순적인 여러 의미의 종합체이다. 그러므로 텍스트는 통상 매우 의미가 모호하며 다층적으로 해석된다.[17)]

텍스트의 다층적 해석, 혹은 텍스트의 이질적인 '의미 잠재력'은 주로 기표와 기의 사이의 거대하고도 끊임없이 변화하는 틈새 속에서 탄생한다. 데리다의 해체가 반대하는 것은 바로 각종 '로고스 중심주의'가 다원성을 지닌 떠다니는 기표를 말소하고 기의를 출현시켜 그 기의를 변하지 않는 중심으로 떠받드는 것이다. 데리다에게 있어 선험(先驗)적 기의는 존재하지 않으며, 도피하여 기표의 일부가 될 수 있는 기의도 없다.[18)] 이러한 의미에서 해체는 체계적인 철학이나 방법론이 아니므로, 일반적 의미에서의 해체란 존재하지 않는다. 그것은 일종의 행동이고, 조작이며, 담론실천이고, 더 구체적으로 말해 일종의 자아 성찰적 담론 분석이다. 그러므로 특정한 담론질서하에서 각종 구체적인 담론을 겨냥했을 때에야 비로소 해체조작이라는 담론 사례(discursive event)가 생길 수 있는 것이다. 그것은 일원성(一元性)을 해체함과 동시에 대상을 살해하려는 것이 아니라, 그 다의성(혹은 페어클로프가 말한 이질적 '의미 잠재력')을 회복시키려는 것이다. 그것은 지평융합(fusion of horizon, 가다머〔Hans-George Gadamer〕의 용어)을 추구하지 않고, 서로 (재차) 확실하게 구성되기 시작한, 그리하여 교차 중첩되는 수많은 텍스트(흔적)들로 이뤄진 텍스트의 사슬 속에서, '차연' 가운데 탄생한 여러 유령과 끊임없이 떠다니며 유리하는 기표(특히 라캉이 말한 주인기표〔Master-Signifier〕, 즉 '기의가 없는 기표'〔a signifier without signified〕)를 뒤쫓는다.

텍스트의 생산, 소비, 해석에 대한 분석은 상호텍스트적 분석이므로, 분석은 기호투쟁과 담론 헤게모니에 대한 검증과 결합시켜야 한다. 〈담론의 질서〉에서 푸코는 다음과 같이 지적한다. "담론은 그저 각종 지배적 투쟁 혹은 체계적 사물을 번역하는 것이 아니다. 그 자체가 바로 사물이다. 투쟁은 그것 때문에, 또한 그것을 빌어 존재한다. 담론은 빼앗겨야 하는 권력이다."[19] 그람시*의 용어인 '헤게모니'를 빌어, 페어클로프는 기호 투쟁 중의 담론 헤게모니에 대한 쟁취에 주목할 것을 특별히 제안한다. "정해진 실례(한 특수한 '담론사례') 속에서, 어떠한 기존 텍스트들과 텍스트 유형들이 이용되고 그것들이 어떻게 서술되는지는 모두 이 담론 사례가 각종 헤게모니 및 헤게모니를 둘러싼 투쟁들(hegemonic struggles)과 어떻게 관련을 맺느냐에 달려있다. 예를 들어, 담론사례가 기존의 여러 헤게모니의 실천 및 관계와 서로 투쟁하는가, 아니면 반대로 담론 사례가 그것들을 확정된 것으로 받아들이는가이다."[20] 당대 중국 사상계의 여러 담론들을 연구할 때, 기호투쟁과 담론 헤게모니 쟁탈이라는 각도에서부터 텍스트의 생산, 소비, 해석으로 파고드는 비판적 심의는 매우 효과적인 방법이 될 것이다.[21]

2. '자유주의'를 둘러싼 기호투쟁

이어서 상술한 담론분석 방법에서 출발하여 당대 중국 사상 동향에 대해 세밀하게 고찰해보겠다. 쉬지린, 간양 및 수적으로 다수를 차지하는 지식인들은 다음과 같은 사실을 발견했다.[22] 중국의 과거 두 차례의 10년 동안 (혹

* 그람시(Antonio Gramsci, 1891-1937) 이탈리아 공산당의 창설자. 파시스트 정권에 의해 20년 형을 언도받고 복역하던 중 옥중에서 사망하였다. 미학・사회학・철학사 등에 광범위한 관심을 가지고 있었는데, 특히 사적유물론의 연구에 집중하여, 토대와 상부구조, 노동대중과 지식인의 관계, 사회발전에 있어서 이데올로기의 역할 등에 대하여 깊이 있는 견해를 개진하였다. 당시 서유럽 여러 나라의 공산당에 광범위하게 나타났던 우익적 편향의 이데올로기적 기초, 기계론적 철학을 폭로하고 가톨릭주의 및 크로체의 관념론에 대하여 비판을 가했다. – 역주

은 더 긴 시기 동안) 형성된 특정한 역사적 담론 환경 속에서, '좌파'라는 기호는 상당히 부정적인 의미와 연관되었다. 그에 반해, '자유주의'라는 기호는 90년대 중국 사상계에서 모종의 신성한 아우라를 띠고 있는바, 부르디외의 용어를 빌자면, 일종의 두드러진 '기호자본'이 '자유주의' 위에 덧씌워져 있는 것이다. "'자유주의'와 '신좌파' 논쟁"이라고 일컬어지는 당대사상계 논쟁은 그 시작부터 절대 다수의 지식인들이 '신좌파'로 일컬어지길 원치 않고, 정도는 다르지만 '자유주의'에 가까워지려 애쓰는 모습을 보여준다. 이러한 의미에서, '자유주의'는 자못 긴 시기 동안 수많은 중국지식인들이 함께 누린 공통의 '환상'이 되었다.[23)]

최근 10년의 중국 사상계에서, '자유주의'는 상당히 맹렬한 속도로 공공 키워드의 자리에 올라섰다. 각 학문 분야의 많은 지식인들이 글과 저서, 대담과 인터뷰 등 여러 형식을 통해 '자유주의'에 대한 자신의 흥미와 친밀감을 드러냈다.[24)] 훗날 '신좌파'로 분류되거나 자신을 점차 '신좌파'(혹은 '신좌익')라는 기호와 동일시한 지식인들도 오랜 기간 많든 적든 '자유주의'라는 기호에 대한 쟁취를 포기하지 않았다. 예를 들어 '신좌파'로 분류된(혹은 일정 정도 스스로 '신좌파'라고 인정한) 쾅신녠은 〈논쟁이 수면 위로 떠오르다(論爭浮出海面)〉라는 글 속에서 "이 논쟁은 90년대 자유주의를 둘러싸고 전개된 중국 사상계와 지식계의 쟁론"이라고 말했다.[25)] '자유주의'를 둘러싼 기호투쟁은 서로 다른 지식인들이 이 기호 및 그 사용에 대한 독점을 시도했던 시점에서 탄생했다. 이는 당대 중국 사상 컨텍스트하에서의 '자유주의'라는 기호의 재의미화(re-signification), 즉 무엇이 '자유주의'이며, 누가 '자유주의자'인가하는 질문과 관련된다.

상이한 당대 중국지식인들(그들 중 수많은 이가 '자유주의'와 '신좌파' 논쟁 속에서 두 파로 구분 지어졌다)의 텍스트를 자세히 살펴보면, '자유주의'와 관련된 재의미화 과정 중의 여러 기호투쟁을 분명하게 추적할 수 있다. 쉬유위는 〈자유주의와 오늘날 중국(自由主義與當代中國)〉이라는 글 속에서 다음과 같이 말했다. "자유주의를 자처하는 일부 관점은 기실 자유주의와 상당한 거리가 있고, 심지어 현격히 다르다. 진지한 자유주의 입장은 자신의 관점을 분명히 밝혀, 가짜 자유주의들과 선을 확실히 그어야 한다."26) '진지한 자유주의'와 '가짜 자유주의'(혹은 '자유주의'와 '자유주의를 자처하는 관점')라는 새로운 이원대립 기호를 창조함으로써 쉬유위는 다음과 같은 내용을 가정했다. 즉, '자유주의'(혹은 '진지한 자유주의')라는 기표 아래에는 진정한, 변하지 않는, 고정된 기의가 있으며, 진정한 '자유주의자'는 이 기의 속 내용을 '분명히 밝혀야'만 '가짜 자유주의와 선을 확실히 그을 수' 있다는 것이다.

동일한 담론 논리가 쉬유위의 논쟁상대에게서도 나타난다. 한위하이(韓毓海)의 여러 텍스트 속에서는 비록 후자(쉬유위가 말한 '가짜 자유주의' — 옮긴이)를 '자유주의'의 비판자로서 광범위하게 여겼더라도 말이다. 이 때문에 여기에서 한위하이의 여러 텍스트에 대해 구체적인 분석을 할 필요가 있겠다. 논적들에 의해 중국 '자유주의자'를 향한 도전으로 여겨져 적대시되었던 〈'자유주의' 자태의 배후에서(在'自由主義'姿態的背後)〉라는 글에서 그는 다음과 같이 적고 있다. "자유주의를 근본적으로 자유 결정론 사상으로 간주한 사람들은 다음과 같은 사실을 잊어버렸다. 자유주의는 결코 경제학설이 아니며, 이 역시 정치학설이자 정치경쟁을 통해 민주에 도달하는 방안이라는 것을 말이다." "중국의 '자유주의자'는 한편으로 자유주의를 편협하게 이해하여 '고전적 자유주의라는 과목을 보강하자'고 부추기고, 다른 한편으로 고전적 민주제도를 공격함과 동시에 자유주의의 당대의 자아성찰과 발전의 역사를 무시한다. 그들의 눈에 비친 인류역사는 자신들이 이해한 자유주의의 역사이며, 그 자유주의가 한걸음씩 승리를 향해 나아가는 역사이지, 민주의 역사도 아니고, 민주적 역량이 거듭하여 억압당하고 왜곡되었던 투쟁의 역사도 아니다." "오늘날 당대 중국의 '자유주의자'들에게는 사실 고전적 자유주의의 일부 문구만이 남아있을 뿐, 모든 형식의 제압에 반대하는 민주적 투쟁정신인 자유주의 정신은 상실되어 버렸다. 그들이 비록 '고전적 자유주의'로 돌아가자고 주장하지만, 이는 기껏해야 자신들이 18세기적 두뇌를 가지고 20세기의 문제를 사고하려고 강구하는 헛똑똑이(智叟)*임을 입증해줄 뿐이다."27) 이 글의 약간 뒤쪽에서 한위하이는 계속하여 다음과 같이 적고 있다. "그들은 자유주의가 어떤 의미에서야 비로소 인류 사상의 위대하고 귀중하며 발전적 생명력을 지닌 유산이 되는지 이해하지 못한다. 이 유산의 귀중한 점은, 개인의 자유 발전 권리는 반드시 최대한도의 보장과 존중을 받아야 한다는 자유주의의 기본 원칙을 체현했다는 데에 있다. 이 유산의 위대한 점은, 여러 통로와 방식을 통해 사회 성원들의 정치 참여 범위를 확대해야만 정부를 포함한 집중된 권력에 대해 효과적인 규제와 감독을 할 수 있고, 여러 가지 형식의 전제정치가 탄생하는 것을 방지할 수 있다는 것이다."[28]

뒤이어 발표한 탐방록 〈만남 98, 작별 98(相約98, 告別98)〉에서 한위하이는 다음과 같이 주장한다. "당대 사회의 이러한 이데올로기는, 일부 의심스러운 '상식'을 합법화하기 위해 자유주의의 '학리'적 문구를 채택한 것에 불과하다. 이것이 바로 내가 ≪천애(天涯)≫에 발표한 글(〈'자유주의' 자태의 배후에서〉를 가리킴)에서 이러한 '자유주의'에 인용부호를 붙인 진짜 이유이다." "이들을 '자유주의자'라고 칭하는 것은 엄청난 오해이다." "당대 세계에 뜻밖에도 오늘날의 이런 '자유주의자'가 있다니, 이는 '20년간 목도한 괴이한 현상'이 아니겠는가?" '어떤 사람들에게', '자유주의'는 곧 "허장성세로 남을 위협하고, 파벌을 만드는 도구이다."[29] 이 글의 후반부에서 그는 다음과 같이 적고 있다.

> 나는 자칭 '학자'라는 그 사람들에게 그들의 '자유주의 상식'은 어디에 있냐고 묻지 않을 수 없다. 더 나아가, 〈'신좌파' 해독(解讀'新左派')〉같은 것들을 학술이라고 칭하며, 이런 사람들도 학자라면 부른다면 더더욱 엄청난 오해가 아니겠냐고 말하고 싶다. —분명히 지금까지도 나는 그들이 '파'를 나누기 위해 근거로 삼은 '학술'이 도대체 무엇인지 전혀 이해하지 못하고 있다. 게다가 더 분명한 것은, 다음의 사실을 지적해야

* 智叟: 《列子》〈湯問篇〉에 나오는 愚公移山 고사에서 자신의 집을 에워싸고 있는 태항산(太行山)과 왕옥산(王屋山)을 깎아 옮기는 愚公을 비웃었던 인물 – 역주

한다는 것이다. 즉, 이런 사람들이 '자유주의'를 대표하도록 천거하고, 그들이 '자유주의'의 '발명권'을 독점하길 바랐던 진지한 학자는 없다는 점이다. ─까놓고 말해서, 어떤 이들의 진짜 속셈은 '자유주의' 대변인의 입장으로 출현하여 자신의 이익을 도모하는 것이다. 이런 일방적인 소망의 우스꽝스러운 연출에 대해 다른 학자들이 어떻게 보든 상관없이, 나는 다음과 같이 생각한다. 즉, 졸렬한 왜곡과 공격의 편리를 위해, 그리고 자신의 우스꽝스런 연출을 완성하기 쉽도록 현실 속의 학자를 '파'로 갈라놓는 것은, 우선 건강한 마음자세가 아니며, 이렇게 야단법석을 떠는 행위 또한 중국학술의 성장에 유익하지 않다는 것이다. 그것은 중국 자유주의의 역사 및 현실과 더더욱 아무런 관계가 없다.[30)]

〈강력한 사상이 현실을 활기차게 한다(強勁的思想激活現實)〉에서 한위하이는 아래와 같이 말한다.

> 세기말에 발생한 이 당대 중국 사상논쟁이 이런 지경에 이른 데에는 까닭이 있었다. ……이 논쟁에서 의문을 던진 것은, 중국 당대 사회를 뒤덮고 있는, 겉으로는 그럴 듯하나 실제로는 그렇지 않은 '자유주의 상식'이라는 명칭을 갖다 붙인 지식 및 담론 분위기였다. 이러한 분위기는 '공리(公理)'와 '상식'이라는 면모로써 크고 작은 신문지상에 출몰했고, 새로운 권력자의 손에 쥐어졌으며, 저명 학자들 사이에 골고루 뿌려졌고, 영원불멸이라는 개념으로써 끊임없이 부침을 반복하는 세계를 '자연적'이며 '합리적'인 것이라고 묘사했다. 그러나 이제 갈수록 많은 다른 목소리들의 출현과 참여로 말미암아 '자유주의'라 일컫는 배물교에 대한 와해와 검토가 시작되고 추진되니, 이는 실로 현실의, 그리고 오늘날 중국의 새로운 사상해방에 입각한 것이다.[31)]

〈활력 있는 문학사상을 간청한다(籲請一種有活力的文學思想)〉라는 또 다른 글에서 그는 그 논쟁상대가 가지고 있는 '자유주의'에 관한 이론이 "겉으로는 맞는 듯하나 실제로는 그렇지 않은 '자유주의' 이론"이라고 칭한다. 반면 그 자신이 제의한 "실제로는 그렇지 않으면서 '자유주의'라고 갖다 붙인 이런 이론을 비판적으로 토론하는 것은 당대문학을 위해 새로운 사상적 자원을 제공할 뿐 아니라, 더욱이 사상의 자유·사회의 자유·일인 일표의 자유·언론의 자유 및 진지한 업무의 노동 자유를 지키는 것이다. 이들 자유는 고달픈 투쟁을 통해 부단히 획득한 것이나, 당대 중국의 상황과 세계의 변천으로 갈수록 많은 사람들은 이러한 자유를 지키는 임무가 이미 어렵고도 절박하게 되었다고 여기게 되었다."[32] 이 글에서 한위하이는 다음과 같이 표명한다. "나는 소위 '자유주의'라는 유일한 처방전을 찾았다는 인사들보다 더 열렬히 자유를 사랑한다."[33] '자유'를 사랑하는 정도의 비교에 대해 그는 또 다른 텍스트인 〈실리는 확실히 귀중하지만, 자유는 그보다 더 가치 있다(實利誠可貴, 自由價更高)〉에서 더욱 구체적으로 표현하고 있다. "나는 자유를 열렬히 사랑하는 사람이며, 나를 '자유주의자 외부의 적'이라고 공격하는 친구들보다 천만 배는 더 자유를 사랑하고 있음을 스스로 알고 있다. 그러므로 다시 한 번 말하고 싶다. 자유에 대한 나의 사랑은 권세나 재물, 실리에 대한 사랑을 능가한다."[34] 〈우리는 동질화된 세계를 받아들여야 하는가?(我們是否要接受一個同質化的世界?)〉라는 텍스트에서, 위의 말은 (두 문장 중간의 일부 다른 서술이 삽입된 것을 제외하고)다시 한 번 그대로 반복된다.[35]

상술한 텍스트들 가운데, 한위하이는 잇따라 '자유주의'에 대해 여러 종류의 (재) 의미화를 진행한다. '모든 형식의 제압에 반대하는 민주적 투쟁정신', '개인의 자유 발전 권리는 반드시 최대한도의 보장과 존중을 받아야 함', '사상의 자유·사회의 자유·일인 일표의 자유·언론의 자유·진지한 업무의 노동 자유', 및 '권세나 재물, 실리'와 대립적인 의미에서의 '자유'가 바로 그것이다. '자유주의'에 대한 이러한 자신의 (재) 의미화에 입각하여, 한위하이는 "당대 중국의 '자유주의자'"가 보유하고 있는 것은 "겉으로는 맞는 듯하나 실제로는 그렇지 않은 '자유주의' 이론"일 뿐으로, 사실상 '자유주의 정신'을 잃어버린, "일종의 '자유주의'라 일컫는 배물교"이며, 이런 사람들을 '자유주의자' 심지어 '학자'라고 부르는 것은 '엄청난 오해'라고 비판한다. 한위하이는 이에 근거하여 당대 중국 사상계의 동향을 '20년간 목도한 괴이한 현상'이라고 형용하며, 아울러 반어적 풍자의 수사방식으로 그의 논쟁상대들을 '18세기적 두뇌를 가지고 20세기의 문제를 사고하려고 강구하는 헛똑똑이(智叟)', '새로운 권력자', '저명 학자' 등으로 일컫는다. 그러나 이들 '자유주의 대변인'은 "'자유주의'의 '발명권'"에 대한 독점을 시도했고, '자유주의'는 그들의 손에서 '허장성세로 남을 위협하며, 파벌을 만드는 도구'로 변질되었는바, 이들의 '진짜 속셈'은 '자기 이익을 도모하는 것'이다. 한위하이는 '일방적인 소망의 우스꽝스러운 연출', '졸렬한 왜곡과 공격', "야단법석을 떨다." 등의 수사적 색채가 농후한 어구를 사용하여 이들 '자유주의 대변인'의 '행위'를 묘사하고, 더불어 그 행위들이 "중국 자유주의의 역사 및 현실과 더더욱 아무런 관계가 없다."고 단언한다.

이 텍스트들 가운데, 한위하이는 '자유주의'에 대한 여러 가지 재의미화를 통해 그 논쟁상대를 '자유주의자' 부류로 분류하며 '자유주의'와 관련된 기호투쟁 속으로 들어섰다. 한위하이가 비록 그 논쟁상대들의 '자유주의'에 대한 논술과 '자유주의' 사이의 관계를 끊으려 하더라도, 그 역시 쉬유위와 마찬가지로 '자유주의'라는 기표 아래 진정한, 변치 않는, 고정된 하나의 기의가 있다고 가정한다. 이 기의가 포함하는 내용에 대한 그들의 이해가 전혀 다를 뿐이다. 바꿔 말해, '자유주의'에게 서로 다른 (재) 의미화를 진행하고, 이에 근거하여 그 논쟁상대들이 '가짜 자유주의'이거나 '자유주의 정신'을 상실했다고 비판하는 것이다. 바로 이 가설에 근거하여, 한위하이는 다음과 같이 주장한다. 그의 논쟁상대들은 "결코 '자유주의'자가 아니며", 그들의 '자유주의' 이론은 "겉으로는 그럴 듯하나 실제로는 그렇지 않고", 그들은 '자유주의 정신'을 상실했으며, "이런 사람들을 '자유주의자'라고 일컫는 것은 엄청난 오해"라는 등이다.

이제 다시 돌아와 한위하이의 텍스트들에 대한 일련의 비판적 텍스트를 고찰해보자. 한위하이의 많은 비판자들 역시 동일하게 이 기호투쟁 중의 기본 가설과 논리를 공유하고 있음을 발견할 수 있다. 예를 들어, 주쉐친은 한위하이의 〈'자유주의' 자태의 배후에서〉에 응대하여 다음과 같이 썼다. "한위하이처럼 '기본원칙'과 '위대한 전통'을 논하는 것 또한 불가한 것은 아니나, 한위하이는 그것이 또 다른 전통에서 기인한, 자유주의와는 거리가 먼 것임을 분명히 밝혀야 할 것이다."[36] 여기에서 주쉐친의 비판은 한위하이가 말한 '기본원칙'을 '위대한 전통' 및 '자유주의'라는 기호와 단절시킴으로써 여전히 '자유주의'에 대한 한위하이의 (재) 의미화를 파괴하려고 한다. 〈1998년 자유주의 학술이론의 언설(1998年自由主義學理的言說)〉이라는 제목의 텍스트에서, 주쉐친은 '자유주의'에 대해 정면으로 자신의 (재) 의미화를 진행한다.

> 자유주의란 도대체 무엇인가? 그것은 우선 하나의 학술이론이며, 그 다음으로 일종의 현실적 요구이다. 그 철학관은 경험주의로, 선험주의와 대립된다. 그 역사관은 시행착오를 거쳐 진화하는 이론으로, 각종 형식적 역사 결정론과 대립된다. 그 변혁관은 점진주의의 확장된 진화로, 급진주의의 인위적 구축과 대립된다. 경제적으로는 시장 메커니즘을 요구하여 계획체제와 대립을 이룬다. 정치적으로는 대의제 민주와 헌정법치를 요구하는바, 개인 혹은 소수의 전제에도 반대하고, 다수 '여론'의 명의로 시행되는 군중 독재에도 반대한다. 윤리적으로는 개인의 가치 보장을 요구하는바, 여러 가치가 최후까지 환원되더라도 개인은 환원될 수 없고, 그 어떤 추상적 목적의 도구로도 희생될 수 없다고 여긴다.[37]

이 논술 속에서, 주쉐친은 (그 자신의 버전으로) '자유주의'라는 기호에 대한 진정한, 변치 않는, 고정된 내용 기의를 제시한다. 그러나 '자유주의'에 대한 이러한 '정의' 역시 허다한 지식인의 반대 의견, 심지어는 맹렬한 비판에 부딪쳤다. 그 중 "선험주의와 대립되고", "인위적 구축과 대립된다."는 두 항목이, 서로 다른 수준의 '사회민주주의'와 '사회주의' 이념을 지닌 (친후이 같은) 당대 중국지식인 집단은 물론이고, 칸트에서부터 롤스(John Rawls)에 이르는 서구 사상사의 자유주의 전통까지 모조리 제외시켜 버렸기 때문이다.

한위하이는 뒤이어 발표한 〈만남 98, 작별 98〉이라는 반박 텍스트에서 '자유주의'에 대한 주쉐친의 '정의'를 일종의 "'본질화'된 이해"라고 칭한다. 비록 이 비판이 같은 수준에서 그 자신과 주쉐친 등이 공유한 가설, 즉 '자유주의'라는 기표 아래 진정한, 변치 않는, 고정된 기의가 있다는 가설에 반사적으로 적용됐을지라도 말이다. 한위하이는 다음과 같이 말한다. "그(주쉐친)가 그 글 속에서 자유주의에 대해 명확한 '본질화'된 이해를 했기 때문에, 즉 그가 자유주의를 자신이 말한 '경험주의', '점진적 개량', '사유제도' 등 일련의 내재적 갈등이 없는 것으로 이해하고, 아울러 이런 본질화된 '자유주의'를 수호하기 때문에, 이와 같은 태도와 이해는 그 자신과 그가 나열한 작자들이 결코 '자유주의자'가 아님을 결정해버렸다."[38] 주쉐친의 눈에 비친 한위하이는 '자유주의자'가 아니고, 한위하이의 눈에 비친 주쉐친 역시 '자유주의자'가 아니지만, 이 두 상호대립적인 비판이 근거로 하는 사상적 가설은 완전히 일치하여, 반사적으로 쌍방 자신에게로 되돌아갈 수 있다. 이러한 의미에서 그것들은 모두 '자유주의'와 관련된 기호투쟁의 산물이며, '자유주의'라는 기호 및 중국이라는 컨텍스트하에서의 그 기호 사용을 독점하려고 한다. 〈깊은 밤 누워 비바람 몰아치는 소리를 들으니(夜闌臥聽風吹雨)〉*라는 글에서, 한위하이는 한 걸음 더 나아가 '자유주의'에 대한 주쉐친의 '정의'를 비판했다. "주선생이 말한 바와는 달리, '자유주의'는 우선 '하나의 학술이론'도 아니며, ……한마디로 말해, 자본주의 · 제국주의 · 시장경제 · 물질활동 및 현대 민족국가라는 이 몇 가지 범주를 떠나면 소위 '자유주의'란 아무것도 아니고, 기껏해야 공허한 어휘의 틀로, 무미건조한 몇 가지 지식적 교조를 제외하면, 그 속은 텅 비어있다."[39] 여기에서 한위하이는 주쉐친이 '자유주의'를 '하나의 학술이론'으로 서술한 것에 반대하기 위해 '자유주의'를 "아무것도 아니고, 기껏해야 공허한 어휘의 틀로, 무미건조한 몇 가지 지식적 교조를 제외하면, 그 속은 텅 비어있다."고 주장한다. '역 방향적 의미화'로 부를 수 있는 이러

* 이 글의 제목은 陸游의 시 〈十一月四日風雨大作〉의 한 구절에서 따온 것이다. — 역주

한 담론전략—즉 더 이상 '자유주의'가 무엇이라고 주장하지 않고, 오히려 그것이 "아무것도 아니다."고 주장하는 담론전략—역시 동일하게 기호투쟁의 산물이다. 왜냐하면 그것은 실제로 일종의 재의미화, 즉 이 기호의 진정한 내용 기의를 "텅 비어있다."(혹은 '무미건조한 몇 가지 지식적 교조'이다)라고 정의했기 때문이다.

한위하이와 논전을 벌인 텍스트 속에서, 왕딩딩의 '자유주의'에 대한 기호쟁탈은 주쉐친이나 쉬유위보다 부드럽다. 〈자유: 착실하고 진지한 일단의 서술(自由: 一段腳踏實地的敍說)〉에서 그는 한위하이(및 다른 논쟁상대들)를 '뼈속 깊이 자유주의(자)이되 놀랄 정도로 자유주의를 비판하는 의론을 쏟아내는 나의 친구들'이라고 부른다.[40] 여기에서 왕딩딩은 한위하이를 '자유주의(자)'라고 간주하며 (혹은 인정하며), 형상화된 수사적 묘사 방식('뼈 속 깊이')을 통해 한위하이를 본질적이며 정통적인 혹은 진정한 '자유주의자'라고 말한다. 이러한 의미에서 왕딩딩은 '자유주의'에 대한 기호투쟁에서는 비교적 온건한 모습을 보여준다. 그러나 이것이 바로 한위하이를 향해 비판을 전개하는 왕딩딩의 출발점이다. 한위하이가 실제로는 '자유주의(자)'이긴 하나, 이와 동시에 '놀랄 정도로 자유주의를 비판하는 의론'도 쏟아내므로 왕딩딩의 논술 속에서 한위하이는 논리적으로 자체 모순을 갖게 되는바, 이것이 바로 한위하이에 대한 왕딩딩의 비판이다. 바로 여기에서 우리는 왕딩딩 역시 쉬유위·주쉐친·한위하이와 마찬가지로 '자유주의'라는 기표하에서 진정한, 변치 않는, 고정된 기의를 가정하고 있음을 발견하게 된다. 왜냐하면 왕딩딩의 한위하이 비판의 성립 조건은 바로 앞의 '자유주의'('뼈 속 깊이 자유주의(자)')와 뒤의 '자유주의'('놀랄 정도로 자유주의를 비판하는 의론을 쏟아내는')가 동일한 '자유주의'라는 점, 즉 그들의 내용 기의가 동일하여 다중 기호 의미작용의 상황은 존재하지 않는다는 점이기 때문이다. 그러나 '자유주의'에 관한 기호투쟁 속에서 누군가의 펜 끝에서 쓰여진 '자유주의'의 기의는 또 다른 누군가의 펜 끝에서 쓰여진 '자유주의'의 기의와 현저한 차이를 보인다.

바로 이런 진정한, 변치 않는, 고정된 '자유주의'의 기의에 의지해서야 왕딩딩은 누가 '뼈 속 깊이 자유주의(자)'인지 단정할 수 있는 것이다. 그러나 '자유주의'에 관한 기호투쟁 속에서 그가 지니는 온건함은, 쉬유위 · 주쉐친 · 한위하이 등이 모두 각자 확신하고 있는 진정한, 변치 않는, 고정된 기의를 기반으로 하여 누가 '자유주의(자)'가 아닌지 판단한다는 데서 체현된다. 비록 이들 모두가 한위하이의 논쟁상대이지만, '자유주의'에 대한 왕딩딩의 의미화는 분명 쉬유위나 주쉐친과도 다르다. '자유주의'에 대한 그의 독특하고도 새로운 의미화는 그가 '착실하고 진지하다'고 일컬은 '자유'에 대한 긴 논술을 통해 이뤄진 것이다.[41] 이 '착실하고 진지'한 '자유'가 왕딩딩의 서술 속에서는 '자유주의'의 진정한 의미이다. 〈자유: 착실하고 진지한 일단의 서술〉의 뒷부분에서 왕딩딩은 다음과 같이 적고 있다. "나는 아래와 같이 주장하고 싶다. 인류에게 있어 '자유'는 초월할 수 없는 것이다. 만약 '자유주의'라는 어휘 아래 이미 지나치게 많은 각양각색의 '주의'와 특수한 '입장'이 담겨있기 때문이 아니라면, 나는 차라리 자신이 '인간'임을 의식하는 모든 사람들을 다 '자유주의자'라고 부르겠다."[42]

바로 '자유주의'에 대한 왕딩딩의 (재) 의미화에서, 한위하이는 반박의 출발점을 찾아냈다. 그리하여 '자유주의'를 둘러싼 기호투쟁이 계속 순환될 수 있었고, 이로써 또한 '자유주의' 기호투쟁에 대한 왕딩딩의 온건한 태도는 이 기호투쟁에 실질적인 영향력을 미치지 못하게 되었다. 즉 이 기호투쟁은 전혀 온건한 방향으로 흘러가지 않은 것이다. 〈깊은 밤 누워 비바람 몰아치는 소리를 들으니〉에서 한위하이는 아래와 같이 쓰고 있다.

> 내가 보기에 '자유주의' 문제에 대한 당대 중국의 의미 있는 연구는 매우 적고, 대부분이 사회 전반에 파급된 '자유주의' 말장난에 지나지 않는다. 아마 이것이 바로 나의 존경하는 친구가 〈자유: 착실하고 진지한 일단의 서술〉 속에서 나를 조롱하고 훈계한 이유일 것이다. 그는 '사람들 모두 자유를 사랑하는데, 한위하이 당신은 이 사실조차 모른다. 하하, 당신은 얼마나 우스운가!'라고 여긴다. 하지만, 이 글의 제목 자체가 겉보

> 기엔 그럴 듯하나 실제로는 그렇지 않은 뒤섞임을 포함하고 있다. 그것은 '자유'와 '자유주의'를 뒤섞고 있으며, 심지어 '자유'와 어떤 특정한 컨텍스트 속에서 '자유주의'라고 일컬어지는 서사, 더 나아가 통치정책을 뒤섞고 있다. 나는 이런 뒤섞임이 내 경외하는 친구가 마땅히 해서는 안 되는 것이라 여긴다. 그것이 야기한 결과란 뜻밖에도 어떤 시대의 위대한 서사를 비판하는 사람을 자유에 반대하거나 사랑하지 않는 사람으로 칭하는 것이고, 아울러 '이단'에 대한 이런 터무니없는 조소를 빌어 그 '착실하고 진지한' 정통성을 선포하는 것이다.[43]

'비아냥'의 수사적 뉘앙스를 대폭 활용한 위 단락의 문자 속에서, 한위하이는 왕딩딩의 '자유주의'에 대한 (재) 의미화를 '겉보기엔 그럴 듯하나 실제로는 그렇지 않은 뒤섞임', 즉 "'자유'와 '자유주의'를 뒤섞고 있으며, 심지어 '자유'와 어떤 특정한 컨텍스트 속에서 '자유주의'라고 일컬어지는 서사, 더 나아가 통치정책을 뒤섞고 있는 것"이라고 부른다. 한위하이는 스스로를 '자유주의자'라고 칭하는 지식인들보다 자신이 "천만 배나 더 자유를 사랑한다."고 거듭 표명한다. 이 때문에, '자유주의'에 대한 그의 (여러) 재 의미화 속에서 분명 '어떤 시대의 위대한 서사를 비판하는 것'은 '자유에 반대하거나 사랑하지 않는 것'이 결코 아니다. "'이단'에 대한 이런 터무니없는 조소를 빌어 그 '착실하고 진지한' 정통성을 선포하는 것"이라는 구절은, 어떤 면에서 왕딩딩에 대한 한위하이의 반박이 바로 누구의 '자유주의'가 '정통'을 세우는가—즉, '자유주의'에 대한 누구의 (재) 의미화가 '정통'인가—에 관한 기호투쟁이다.

왕딩딩은 자신의 '자유'에 관한 '착실하고 진지한 서술'을 '자유주의'의 내용 기의로 삼고 있기에, 스스로를 '자유주의자'라고 명확히 인정하는 다른 일부 지식인들의 '자유' 및 '자유주의'에 관한 논술과도 상호 충돌한다. 예를 들어, 친후이는 '자유'와 '자유주의'를 구분했는데, 전자를 후자 위에 두고 있다. "자유는 '주의'가 아니라, 모든 '주의'의 어머니이다. 강압의 시대를 벗어나 종교 재판에 이별을 고할 때, 당신이 어떤 '주의'를 믿든 상관없이—자유주의,

사회주의 심지어 신유가(新儒家) 혹은 기독교 등도 모두 신앙의 자유에서 시작해야 한다. ……그는 '자유주의자'가 아니어도 되지만, '자유가 주님보다 우선 한다'는 사실을 믿지 않을 수는 없다."[44] 주쉐친 역시 그 텍스트 속에서 친후이의 '자유'가 '주의'(혹은 '자유주의')에 우선한다는 논술을 추종한다. 〈1998년 자유주의 학술이론의 언설〉에서 주쉐친은 다음과 같이 적고 있다. "어느 상황하에서든 이 말로 자유주의를 총결하면 틀리지 않을 것이다—자유가 먼저이고, 주의는 그 다음이다." 뒤이어 발표한 탐방록 〈플라톤인가, 아리스토텔레스인가—지식인에 대한 담화록(是柏拉圖, 還是亞裏士多德?—關於知識分子的談話錄)〉에서 주쉐친은 이 관점을 되풀이한다.[45] 여기에서 주쉐친은 '자유주의'를 '자유가 먼저이고, 주의는 그 다음'이라고 귀결시키는데, 이는 왕딩딩이 '자유주의'를 '자유'라는 의미화에 귀결시킨 것과 실질적인 내용면에서는 대립하나, 형식면에서는 엇비슷하다.

이상 쉬유위, 한위하이, 주쉐친 및 왕딩딩 등 당대 중국지식인의 여러 텍스트들을 분석해보았다. 이 분석의 목적은 '자유주의'를 둘러싼 기호투쟁이 어떤 유사한 사상적 가설하에 전개되고 부단히 순환하며 점차 격상되었는지를 밝히는 데에 있다. 이는 결코 이러한 사상적 가설이 상술한 몇몇 지식인의 텍스트 속에만 존재한다는 뜻은 아니다. 담론 분석의 방식을 통해, 우리는 기타 다량의 텍스트 속에서도 이러한 사상적 가설을 발견할 수 있다. 예를 들어 왕후이는 〈현대성 문제에 대한 대답(現代性問題答問)〉에서 다음과 같이 적고 있다. "만약 어떤 사람이 진정으로 시장의 원칙과 같은 자유주의의 원칙을 철저히 견지한다면, 그 혹은 그녀는 자본주의의 변호사가 되는 것이 아니라, 자본주의 및 그 지배하의 시장관계를 비판해야 한다. 만약 누군가가 진정으로 개인의 권리를 견지하며 이 권리의 사회성을 인정한다면, 그는 반드시 원자론적(原子論的)인 개인의 개념을 버리고 필연적으로 사회주의 경향을 지녀야 한다."[46] 여기에서 왕후이는 '자유주의'를 '자본주의'라는 기호와의 상호 연결고리에서 끊어내고, '사회주의'라는 기호와 연관시킨다. 그 후, 한위하이 역시 왕후이의 '자유주의'에 대한 (재) 의미화를 계승하여 "사회주의자는 바로 철저한 자유주의자"[47]라고 말한다. 왕후이가 '자유주의'를 '사회주의'라는 기호와 관련지은 것과는 상대적으로 류쥔닝(劉軍寧)은 '자유주의'를 '보수주의'라는 기호와 관련짓는다. "보수주의의 본질은 자유주의이고, 자유주의와 전통주의의 결합이다."[48] '자유주의'에 대한 이러한 (재) 의미화는 류쥔닝의 여러 다른 텍스트 속에서 반복하여 출현한다.[49] 쾅신녠은 〈평등과 자유(平等與自由)〉라는 글에서 일찍이 이에 대해 반어적으로 말했다. "자유주의 역시 오늘날의 보수주의가 말하는 것처럼 필연적으로 '보수적'인 것은 결코 아니다."[50] 지면 관계상, '자유주의'를 둘러싸고 기호투쟁을 전개한 당대 지식인의 텍스트에 대해 더 이상의 인용과 분석은 하지 않겠다.

이상의 담론 분석에서 알 수 있듯이, 상이한 지식인들에 의해 공유된 사상적 가설—서로 다른 당대 중국지식인들 모두 '자유주의'에 대해 여러 가지 독특한 (재) 의미화를 진행했고, 그것을 이 기호의 유일한 내용 기의로 삼은 것, 바꿔 말해, 이들 지식인 모두 '자유주의'에 대한 진정한, 변치 않는, 고정된 내용 기의가 존재한다고 가정했고, 게다가 '자유주의'에 대한 그(들) 자신의 논술만이 비로소 정확하다고 여긴 것—에 근거해서야 '자유주의'를 둘러싼 기호투쟁이 비로소 가능했으며, 이 기호투쟁이 당대 중국 사상계에서 격렬하게 전개되고 부단히 순환하며 자아 격상될 수 있었다. 사상논쟁은 이리하여 푸코가 말한 '진리체제'(regime of truth)를 둘러싸고 전개된 일종의 담론성 대항(discursive antagonism)으로 변천했다. 즉 논쟁에 참여한 당사자들 모두 기호의 기표와 기의 사이의 미끄러짐과 떠돎은 등한시하고, 자신의 의미화를 이 기호의 유일한 진리로 간주한 것이다.

3. '역사상의 자유주의': 기호투쟁의 주요한 담론 전략으로서의 역사회고

당대 중국 사상계의 '자유주의'를 둘러싼 이 기호투쟁 속에서 많은 지식인이 공통적으로 채택한 담론 전략은, 바로 중국 근현대 역사를 회고하여 위

세대 지식인들 가운데 누가 '자유주의자'로 불릴만한가를 '확인'—부르디외에 의하면, 이런 여러 가지 '확인'은 실상 모두 '착각'이라고 한다—하는 것이었다. 이런 방식을 현재 중국의 사상 컨텍스트하의 '자유주의'에 대한 서로 다른 재 의미화로 삼아 모종의 역사적 정당성을 이식하는 것은, 부르디외의 표현을 빌자면, '현재의 필요에 부합하기 위해 회고적으로 과거를 재구성하는 것'이다.[51]

1990년대 중반 이래 한때 떠들썩했던 '구준 붐(顧準熱)'과 '베이징대학 개교 100주년 기념'의 '자유주의 전통'과 관련된 수많은 토론(리선즈〔李愼之〕와 주쉐친 모두 다수의 관련 글을 발표했다) 외에, 쉬지린·셰융(謝泳)·레이이(雷頤)·가오리커(高力克)·구쑤(顧肅)등 서로 다른 수준에서 '자유주의자'라고 자인하거나 분류된 다수의 지식인들도 사상사적 각도에서 중국 근현대 역사 및 역대 중국지식인의 '자유주의 전통'과 관련된 많은 논문을 연이어 발표했다.[52] 이 텍스트들 속에서 '자유주의자'로 '확인'된 지식인들이 반드시 일치하지도 않았고, 심지어 서로 다른 논술 사이에 상당한 긴장과 충돌이 있기도 했지만 말이다.(예를 들어 루쉰·원이둬〔聞一多〕 및 천인커〔陳寅恪〕 등의 지식인을 대하는 서로 다른 태도에서)

바로 '자유주의'에 대한 각양각색의 현저하게 다른 (재) 의미화에 근거하여, 근현대 중국 및 근대 지식인의 '자유주의 전통'에 관한 토론 역시 이에 따라 완전히 상대적인 관점을 낳게 되었다. 레이츠웨(雷池月)는 〈주의가 없는데, 전통은 말할 필요도 없다?—자유주의와 중국지식인의 관계에 대한 한담(主義之不存, 遑論乎傳統?—閑話自由主義與中國知識分子的關係)〉이라는 제목의 텍스트에서 다음과 같이 적고 있다. "근현대 중국지식인에게 자유주의 전통이 존재하는 것을 확인하고, 실증적 의미를 지닌 집단적 표현을 찾는 것은 참으로 어렵다." 왜냐하면, '자유주의'가 중국에 도래한 후 '신속하게 양분화'됐기 때문인데, 우로 기울었던 인물로는 딩원장(丁文江), 후스(胡適), 량스츄(梁實秋), 린위탕(林語堂), 푸쓰녠(傅斯年) 등이 있고, 좌로 기울었던 인물로는 뤄룽지(羅隆基), 원이둬 등이 있다.[53] 레이츠웨는 더욱이 (왕옌〔王焱〕,

주쉐친 및 리선즈 같은) 일부 당대 중국지식인들이 천인커, 우미(吳宓) 등을 '자유주의자'라고 해석하는 것에 반대한다. 그는 다음과 같이 기술하고 있다.

> 우대받는 몇 몇 문화유민(文化遺民)을 자유주의자의 대표인물로 받드는 것은 순전히 일부 학자들의 띄우기 행위이다. 그들은 분명 일종의 유행에 영합하고 있다. 즉 자유주의를 그럴싸하게 부르짖음으로써 시장경쟁 속에서 기선을 점령한 강자와 엘리트의 환심을 사는 것이다. 그러나 이러한 자유주의는 자유주의의 근본 원칙에 절대적으로 어긋난다. 자유주의 권리 이론의 출발점은 개체의 평등이기 때문이다. 만약 이 이론이 무언가 강조하려 한다면, 그것은 우선 약자, 가난한 자, 육체노동자, 문화수준이 낮은 자의 권리이지, 강자와 엘리트의 권리가 아니다. 만약 그렇지 않다면, 모든 인권이론의 기초는 동요하고 와해될 것이며, 자유주의도 당연히 발붙일 곳을 잃게 된다. 엘리트를 숭상하는 사람이 제창하는 자유주의는 자유주의에 대한 왜곡이자 반동일 뿐이다.[54]

리칭시(李慶西)는 〈무엇을 '자유주의 지식인'이라 일컫는가?(何謂'自由主義知識分子')〉에서 레이츠웨의 〈주의가 없는데, 전통은 말할 필요도 없다?〉에 대해 토론하며, ≪서옥(書屋)≫잡지 같은 호에 함께 실렸던 셰융(謝泳)의 〈우리에게 자유주의 전통이 있는가?(我們有沒有自由主義傳統?)〉와도 비교했다. 리칭시는 근현대 중국에 자유주의 전통이 존재하지 않는다는 레이츠웨의 관점을 받아들여 이보다 한걸음 더 나아갔다. 후스, 딩원쟝 등 지식인에 대한 분석을 통해 그는 다음과 같이 적고 있다. "자유를 떠벌리던 것에서 시작하여 전제 정치에 빌붙어 이름을 날리는 데에 이르게 되었다. 몇 십 년 동안 고생한 결과가 결국 이와 같았으니, 이들 '자유주의자'들이 자기 행위의 의미를 진정으로 이해한 적이 없었음을 알 수 있다."[55] 이와 동시에, 리칭시는 '자유주의 전통'에 대한 셰융의 논단을 비판했다.

> (셰융)이 이해한 자유주의는 그저 정치, 문화 그리고 학술상의 관용에

불과한 것으로, 글에서 예로 든 내용은 후스, 푸쓰녠 같은 인물들이 어떻게 겸용병포(兼容并包)하고 반대파를 용납할 수 있었는가에 다름 아니다. 만약 이 역시 자유주의 전통이라 한다면, 하버마스 같은 서구학자들이 우리에게 이러쿵저러쿵 잔소리할 필요가 없다. 왜냐하면 이천 오백년 전의 공자 시대에 일찌감치 이 전통이 존재했기 때문이다. ……사실 후스 등이 타인을 용납한 것은 자유주의 사상이라기보다 유학자의 유풍(遺風)이라 일컬음이 더욱 타당하다. 중국 사대부들은 줄곧 현명한 인재를 추천할 때 친한 사람이든 원수이든 피하지 않는 전통을 가지고 있었다. 물론 유가에서는 뭇사람을 포용하라고 가르치고, 사대부의 개인적 수양과 행실(예를 들어, 소위 '아량'(雅量)이란 바로 인물을 가늠하는 기준이다)에 매우 주의를 기울인다. 이는 자유주의자들이 인권의 의미에서 내세운 관용, 평등 공존의 원칙과는 별개이다. 의미심장한 것은, 오늘날 사람들이 자유주의를 언급할 때 왕왕 군치(群治)의 문제를 개인의 인격 품행과 뒤섞어 논하여, 결국 수신제가치국평천하(修身齊家治國平天下)의 구태의연한 길을 반복한다는 점이다.[56]

레이츠웨가 '근・현대 중국지식인에게 자유주의 전통이 존재'함을 부인한 것과 달리, 리칭시는 그의 텍스트 속에서 자신이 생각하는 '자유주의' 지식인의 대표를 지적하지만, 셰융 등이 언급한 '후스, 푸쓰녠 같은 인물들'은 결코 아니다. 리칭시는 다음과 같이 말한다. "사실, 중국 현대 지식인 가운데 진정한 자유주의자는 다름 아닌 루쉰이다. ……만약 후스 등의 언론 행위와 대조해본다면, 루쉰이 적어도 그들보다는 자유주의의 본질에 더 근접했음을 어렵지 않게 찾아볼 수 있다."[57]

레이츠웨와 리칭시 모두 '자유주의'라는 기호에 대해 (재) 의미화를 진행했다. 레이츠웨의 텍스트 속에서 '자유주의의 근본 원칙'은 '개체의 평등'에 있고, 아울러 그것이 먼저 강조하는 바는 '약자, 가난한 자, 육체노동자, 문화수준이 낮은 자의 권리'이며, '자유주의를 그럴싸하게 부르짖음으로써 시장경쟁 속에서 기선을 점령한 강자와 엘리트의 환심을 사는 것'은 "자유주의의 근본

원칙에 절대적으로 어긋난다." 이 때문에, "엘리트를 숭상하는 사람이 제창하는 자유주의는 자유주의에 대한 왜곡이자 반동이다." 반면 리칭시의 텍스트 가운데 '자유주의'는 근본적으로 '인권의 의미에서 내세운 관용, 평등 공존의 원칙'이며, 단순히 '겸용병포'하고 '반대파를 용납하는 것'이 아니므로, '개인의 인격 품행'과 무관하다. '자유주의'라는 기호에 대한 서로 다른 (재) 의미화에서 출발하여, 레이츠웨와 리칭시 모두 후스, 푸쓰녠, 딩원장 및 첸인커 등이 '자유주의 전통'의 대표자임을 부정하고, 심지어 그들 중 많은 이들을 '전제정치에 빌붙어 이름을 날린', '자유주의에 대한 왜곡이자 반동'이라고 여긴다. 리칭시의 텍스트 가운데, 루쉰은 후스 등보다 '자유주의의 본질에 더 근접'했기 때문에 오직 그야말로 '진정한 자유주의자'이다.[58)]

한위하이는 "자칭 '자유주의자'라는 학자"를 비판하며 다음과 같이 썼다. "당시 원이둬와 페이샤오퉁(費孝通) 같은 역사상의 자유주의자들을 한 번 보자. 1946년 1월 13일 100여명의 중국 자유주의 지식인들이 발표한 〈마셜(George Catlett Marshall) 특사에게 보내는 편지〉가 남아있으니, 찾아보는 것도 무방하다. 왜냐하면 오늘날 자칭 '자유주의자'라는 학자(쉬지린을 가리킴 — 인용자 주)는 뜻밖에도 ≪독서(讀書)≫잡지에 글을 발표하여 원이둬와 그가 대표하는 중국 자유주의의 영광스러운 역사의 한 페이지가 잘못된 '급진'이라고 비판했기 때문이다! 나는 이런 사람이야말로 중국 자유주의 전통의 왜곡자라고 생각한다."[59)] 또 다른 텍스트인 〈자본 글로벌화시대에서 중국 당대 문학의 지위(中國當代文學在資本全球化時代的地位)〉에서 한위하이는 원이둬가 '중국 자유주의의 영광스러운 역사의 한 페이지'를 대표한다고 여겼을 뿐 아니라, 리칭시와 마찬가지로 루쉰을 중국 '자유주의' 지식인의 대표로 간주했다. "진정한 자유주의자는 반드시 루쉰처럼 '자유주의를 비판하는 자유'를 가진 사람이어야 한다."[60)] 그러나 이 주장은 사오젠(邵建)이 "중국 자유주의의 '호관노대(胡冠魯戴: 후스의 갓을 루쉰이 쓴 격)'"[61)]라고 일컬었던 것처럼 수많은 지식인들의 강렬한 반대 비평에 부딪쳤다.

한위하이의 서술에 따르면, 원이둬(및 루쉰)는 '중국 자유주의의 영광스러운 역사'를 대표하며, 이를 '급진'이라고 간주한 사상사 논자는 '중국 자유주의 전통의 왜곡자'이다. 반면 (사오젠 등 같은) 그의 논쟁상대들의 글에서는 원이둬, 루쉰 등이 아닌 후스 등의 인물들이 '중국 자유주의 전통'을 대표한다. 그러나 쌍방의 텍스트 속에는 모두 비슷한 가정이 존재하고 있다. 즉 '중국 자유주의 전통'이라는 기표가 진정한, 변치 않는, 고정된 동일한 기의로 가정되어 있으며, 이 진정한, 변치 않는, 고정된 기의에 의지해야만 누가 '역사상의 자유주의자'인지 판단할 수 있는 것이다. 누가 '역사상의 자유주의자'인가라는 문제의 중요성은, 누가 '중국 자유주의의 영광스러운 역사의 한 페이지'를 대표하느냐와 관련될 뿐 아니라, 현재 중국 사상계에서 누가 진정한 '자유주의자'이고 누가 '가짜 자유주의자' 혹은 '자유주의의 왜곡자'인가와도 은밀히 관련된다.

한위하이의 텍스트와 유사하게 쾅신녠은 〈'지자(智者)의 존엄'인가, 영리한 변명인가('智者的尊嚴', 還是聰明的遁詞)〉에서 다음과 같이 적고 있다. 쉬지린은 "상아탑 위에서 군림하는 초연 고아하며, 냉혈 무정한 '지자'"를 '자유주의자'라고 일컫는데, "이 때문에 자유주의자들은 하느님처럼 초연한 성인(聖人)이 되어버렸다. 쉬 선생의 눈에 소위 자유주의자란 좁은 다락방에서 인간세상의 고난을 무시하는 지식인인 것이다." 쾅신녠은 또 "부패가 극에 달하고 분노가 사무쳤던 40년대에, 주쯔칭(朱自淸), 원이둬도 마침내 상아탑에서 걸어 나와 정의의 목소리를 쏟아냈다."고 생각한다. 그런 후, 이 텍스트의 논술은 역사에 대한 토론에서 현재로 되돌아온다. "오늘날 지식인은 부패한 어두움을 인간 낙원이라 부르려 애쓰고 있다. 이는 어떤 식의 영리함이고 지혜인가?"[62]

쾅신녠은 쉬지린이 '(역사상의) 자유주의자'를 "상아탑 위에서 군림하는 초연 고아하며, 냉혈 무정한 '지자'", '좁은 다락방에서 인간세상의 고난을 무시하는 지식인'으로 정의(의미화)했다고 질책한다. 이에 대해 그는 완전히 다른 의미화를 이루어내는데, 즉 상당히 수사적인 색채로 '부패가 극에 달하고 분노가 사무쳤던 40년대'에 '마침내 상아탑에서 걸어 나와 정의의 목소리를 쏟아낸' 주쯔칭, 원이둬를 '자유주의' 역사상의 대표로 간주한 것이다. 한위하이와 동일하게 쾅신녠 역시 하나의 진정한, 변치 않는, 고정된 '역사상의 자유주의자'라는 패러다임, 즉 '좁은 다락방에서 인간세상의 고난을 무시하는 지식인'과는 상대적인 주쯔칭, 원이둬 같은 이들을 가정한다. 이를 통해 알 수 있듯이, 역사 회고의 방식을 통해 현재의 논쟁에 정당한 논거를 제공하는 것은 수많은 당대 지식인들이 공용한 담론 전략이었기에, '자유주의'를 둘러싼 기호 투쟁은 누가 '역사상의 자유주의자'인가(혹은 누가 '자유주의 전통'을 대표하는가)를 둘러싼 기호투쟁을 파생시켰다.

쉬지린은 그 후 발표한 다수의 글에서 상대적으로 온건한 태도로 누가 '역사상의 자유주의자'인가를 둘러싼 기호투쟁에 대처한다. 그는 20세기 상반기에 사회 민주주의 및 사회주의 이념을 지닌 지식인 모두가 '자유주의'라는 기호를 공유할 수 있었기에 그들 모두를 '자유주의자'라고 부를 수 있다고 강조했다. 자신이 편집한 ≪20세기 중국 사상사론(20世紀中國思想史論)≫의 서문 및 〈자유와 정의의 사회질서를 찾아—현대 중국 자유주의의 한 가지 고찰(尋求自由與公道的社會秩序—現代中國自由主義的一個考察)〉, 〈상반세기의 자유주의(上半個世紀的自由主義)〉 등의 글에서 그는 다음과 같이 적고 있다. "19세기 자본주의 문명의 위기로 말미암아 중국 자유주의는 처음부터 사회주의를 자유주의의 사상적 틀에 편입시키는 경향에 치우치게 됐다. 소위 신자유주의와 사회민주주의란 중국 자유주의 내부의 사상적 불일치이며, 양자 사이에는 엄격한 경계가 없다." "20세기 상반기 국제사회의 배경에 비추어 볼 때, 한 개인이 사회주의를 믿지 않는 것이야말로 진정 불가사의한 것이었다." 당시 적잖은 지식인들이 "자유주의와 사회주의를 애써 조화시키려 했다. 이러한 경향은 당시 서구 신자유주의 사조의 지지를 받았을 뿐 아니라, 중국 정치문화 전통의 배경도 가지고 있었다." 이들 지식인 피차간에 불일치가 존재하는 것을 피할 수 없었지만, 그들은 "여전히 동일한 자유주의 이념과 진영을 수호하고 있었다."[63] 이 역사분석에서 출발하여, 쉬지린은 '역사상의 자유주의자'와 관련된 논쟁의 화해를 시도한다. "20세기 상반기의 중국 자유주의는 사회주의 사조와 매우 긴밀한 관련을 맺고 있으며, 이는 좋아하든 좋아하지 않든 결국 우리의 역사적 전통이 되었다. 하이에크(Hayek)의 표현에 따르면, 전통은 마땅히 존중받아야 하는데, 우리는 자신의 이성에 따라 미래를 만들어 갈 수 없고, 오직 이전의 전통에서부터 역사를 변화 발전시킬 수 있기 때문이다."[64)]

위의 논술들 가운데, 쉬지린은 중국 현대사상사의 컨텍스트하에서 '역사상의 자유주의자'라는 기표와 진정한, 변치 않는, 고정된 기의 사이의 단 하나의 대응 관계를 타파하고, 이를 다시금 상대적으로 광범위한 '떠도는 기표'(floating signifier)로 만들었다. 즉, 역사상의 '신자유주의', '사회 민주주의'에서부터 '사회주의'에 이르는 이념을 지닌 상이한 지식인 집단을 포용하여, 그들의 불일치를 '그저 중국 자유주의 내부의 사상적 불일치'이며, 그들 사이에 "엄격한 경계가 없고", "여전히 동일한 자유주의 이념과 진영을 수호하고 있었다."고 간주한 것이다. 쉬지린도 물론 '역사상의 자유주의자'에 대해 자신만의 의미화를 진행했지만, 이 광범위한 의미화는 중국 현대사상사의 각종 상이한, 심지어 대립적인 지식인 집단조차 거의 다 수용하고 있기 때문에 누가 '역사상의 자유주의자'인가를 둘러싼 기호투쟁을 일정 정도 약화시키는 효과를 가져왔다. 바로 중국 현대사상사에 대한 이러한 분석에 기초하여, 쉬지린은 1999년 이후 '자유주의'라는 기호를 비교적 덜 사용하고, 친후이, 왕딩딩, 장루룬(張汝倫)등의 지식인들과 함께 '제3의 길'이라는 기호를 더 많이 사용하기 시작했다. '제3의 길'에 대한 이들 지식인의 (재) 의미화가 전혀 다르긴 했지만 말이다.[65)]

주쉐친은 누가 '역사상의 자유주의자'인가라는 논쟁에 대응하면서 쉬지린과 완전히 다른 담론 전략을 채택했다. 그는 중국 근현대 지식인에 대해 새로운 기호 구분을 진행하였는바, 즉 그들을 '자유파'와 '자유주의자'(혹은 '자유주의 지식인')로 양분했다. 주쉐친은 "중국 대부분의 지식인들은 자유파의 단계에 머물고 있으며, 자유주의의 학술이론적 모식까지는 이르지 못했다."고 주장한다.

나는 이들 지식인들을 두 종류, 즉 자유파와 자유주의 지식인으로 나눈다. 자유파는 감성적이고, 감정과 삶의 경험에 있어 영미의 것과 태생적으로 관련을 맺고 있다. 자유파는 학리상에 드러나 있는 논리적 요구가 아니라, 사람과 사물을 대하는 태도와 일상생활에 드러나 있는 어떤 자유화된 경향이다. 자유주의 지식인은 먼저 자유주의 이론의 성과에 대해 통달한 자각이 요구되며, 일상생활에서도 이념을 사회적 실천으로 옮길 수 있어야 한다. 만약 이 기준으로 나눈다면, 원이둬를 포함한 주광쳰(朱光潛), 선충원(沈從文) 등은 자유파 지식인이므로 자유주의 학술이론의 잣대를 적용해서는 안 된다. 동시에 그들에게 자유화 경향이 있다고 해서 그들을 자유주의 지식인이라고 말할 수 없기 때문에 개념 사용에 주의해야 한다. 자유주의 지식인은 자유파의 감성적 특징을 지닐 뿐 아니라, 더 선명하고 자각적인 이성적 사고도 가지고 있어야 한다. 게다가 자유주의자로서 문화, 개인 윤리, 경제 결과에 대한 관점에 일관성이 있어야 한다. 이렇게 구분할 수 있다면, 100여 년 동안 중국의 자유파는 다수였으나, 자유주의 지식인은 소수였다고 말할 수 있다. 빨리 흥분했고 또 빨리 허탈해했다. 이는 자유파가 너무 많은데 비해 자유주의 지식인들은 너무 적었기 때문이다. 자유주의 지식인은 다른 이들이 흥분할 때 그들보다 좀 더 냉정해야 하고, 다른 이들이 허탈해할 때 그들보다 좀 더 기운을 내야 한다. 나는 ≪독서≫ 잡지에 발표한 글에서 이러한 태도를 다음과 같이 결론지었다. 좋을 때 자중하고 나쁠 때 나아간다.(見好就收, 見壞就上)[66]

한위하이, 쾅신녠 등의 펜 끝에선 중국 '자유주의 전통'의 대표였던 원이둬 등은, 새로운 한 쌍의 기호구분을 통해 다시 한 번 '자유주의 지식인'의 대열에서 배제된다. "그들에게 자유화 경향이 있다고 해서 그들을 자유주의 지식인이라고 말할 수 없기 때문이다." 주쉐친은 중국 현대사상사의 역대 지식인 집단에 대해 "중국의 자유파는 다수였으나, 자유주의 지식인은 소수였다."라고 진단하고, 아울러 그것이 야기한 결과를 다소 수사적 색채를 띤 "빨리 흥분했고 또 빨리 허탈해했다."라는 표현으로 묘사함으로써, '자유파'와 '자유주의 지식인'을 이원대립시켰다. 주쉐친의 서술 중에서 이러한 이원대립은 '감성'과 '이성'의 이원대립과 서로 일치한다.

이 텍스트에서 주쉐친은 계속하여 다음과 같이 적고 있다.

> 자유파와 자유주의를 구분할 때 내가 폐쇄적인 경향을 띤 것은 결코 아니다. 나는 그저 그것으로써 왜 중국에 대규모 사회동원이 발생할 때마다 거리에 지식인이 가득 찼다가도, 문학화된 흥분이 가시고 나면 남은 이는 왜 또 그렇게 적은지 해석하려는 것뿐이다. 나는 이 개념을 가지고 경계를 그어 당신들 몇 명만이 발언할 자격이 있고 다른 이들은 없다고 말하려는 것이 아니다. 자유주의 지식인들은 자신들과 매우 밀접한 자유파와 단결해야 할 뿐 아니라, 외곽의 문화보수주의자와도 단결해야 한다. 그들은 자유주의 경향을 가짐과 동시에 봉건 사대부의 경향도 가지는데, 이런 사람들이 자유주의 지식인의 사상적 친구가 되어야 한다. 이는 자유주의 지식인의 사회적 전략일 뿐 아니라, 학술이론적 규율이기도 하다. 자유주의자는 문화적으로 타고난 전통주의자여야 하는데, 문화적으로 혁명주의자가 아닌 전통주의자이기만 하면, 보수적 입장을 견지하는 지식인을 배제할 이유가 없다. 이 점에서 우리는 후스와 옌푸(嚴復)를 비판해야 한다. 그들이 처음부터 중서문화를 대비하여 문화전통주의의 태도를 지닌 자는 죄다 보수파라고 말했기 때문이다.[67]

여기에서 주쉐친은 '자유파'와 '자유주의 지식인'의 기호구분의 고정화, 즉 그가 말한 '경계 긋기'를 하지 말자고 제안한다. 주쉐친이 '경계 긋기'를 하지 않기 위해 구체적으로 취한 조치는 "자유주의 지식인들은 자신들과 매우 밀접한 자유파와 단결해야 할 뿐 아니라, 외곽의 문화보수주의자와도 단결해야 한다. 그들은 자유주의 경향을 가짐과 동시에 봉건 사대부의 경향도 가지는데, 이런 사람들이 자유주의 지식인의 사상적 친구가 되어야 한다."는 것이다. 쉬지린과 달리, 주쉐친은 '자유주의'라는 기표를 다시금 '떠돌게(浮動)'하지 않았다. 즉 이 기호를 다시 개방하여 그로 하여금 다중의 의미를 지니게 한 것이 아니라, 이전처럼 '자유주의 지식인', '자유파', '문화보수주의자' 등의 상호 구별되는 상이한 기호를 사용한 것이다. 그리하여 실상 모든 기호의 기표는 상응하는 고정된 기의들과 여전히 관련을 맺게 되었고, 서로 다른 기호 사이의 경계는 매우 명확해졌다. '단결'이라는 호소 아래, 기호의 명명과 정의 자체는 오히려 시종일관 연합과 구분을 진행한다. 주쉐친의 텍스트 중에서, 누가 '자유주의 지식인'이고, 누가 '자유파' 및 '문화보수주의자'인지는 줄곧 명확한 범주구분으로써 확실하게 나뉜다. 주쉐친이 즉각 '자유주의'를 문화적으로 '타고난 전통주의자'라고 의미화한 것은, 바꿔 말해 이 두 기호를 한데 연관시킨 것이다. 그러나 '혁명주의자'는 주쉐친의 텍스트 속에서 '자유주의자'와 전혀 관련이 없다.

역사를 회고한 후, 주쉐친은 계속하여 '자유주의'에 대한 자신의 (재) 의미화를 진행한다. "자유주의 지식인은 자신의 학술이론 논리 내용에 대해 다음과 같은 내용을 마땅히 요구해야 하는 바, 즉 정치적으로 자유주의를 원하면서 경제적으로 사회민주주의를 원해서는 안 된다는 것이다."[68] 그렇다면, 미국의 당대 사상가 다니엘 벨(Daniel Bell)은 주쉐친이 정의내린 '자유주의자'에서 이미 배제되어 버린다. 벨은 자신을 경제 영역의 사회주의자이자 정치상의 자유주의자, 문화 방면의 보수주의자로 간주했기 때문이다. 중국 현대사상사에서 사회 민주주의와 사회주의 이념을 지닌 지식인 및 더 급진적인 '혁명주의자'는 주쉐친이 정의한 '자유주의 지식인'이 더더욱 아니다. 경제적 민주를 호소하는 오늘날 중국 사상계의 지식인들은 물론, 심지어 친후이와 허칭롄(何清漣) 등과 같이 '자유주의자'로 자처하지만 텍스트 속에서 직간접적으로 '사회민주주의'에 대해 친밀감을 드러낸 지식인들조차도 주쉐친의 글이 정의한 '자유주의 지식인' 속에 발붙이지 못하고 모두 배제될 것이다.

이상의 내용을 통해 회고적으로 '역사'를 재구성하는 것의 목적이 현재의 기호투쟁에 모종의 역사적 정당성을 제공하기 위함임을 알 수 있다. 이러한 담론전략은 일단 서로 다른 지식인들 사이에서 대규모로 사용되었지만, 그 자체 역시 곧바로 새로운 기호투쟁, 즉 '자유주의'를 둘러싼 기호투쟁과 관련된 '역사상의 자유주의(자)' 혹은 '자유주의 전통'을 둘러싼 기호투쟁을 초래하였다. 상이하고 적대적인 '역사상의 자유주의자'라는 패러다임들이 재구성되었고, 아울러 이 패러다임들은 중국 '자유주의 전통'의 유일하고 진정한 대표로 가정되었다.

4. '신좌파'를 둘러싼 부정적 의미상의 기호투쟁

'자유주의'라는 기호가 수많은 중국지식인에 의해 공유된 공통의 '환상'으로 자리매김한 후, 이 기호에 대한 상이한 지식인들의 여러 가지 재 의미화를 따라 격렬한 기호투쟁이 폭넓게 전개되었다.

'자유주의'를 둘러싼 이 기호투쟁의 단계적 승리자는 주쉐친, 쉬유위 등이었다. 그들은 상당히 성공적으로—정확히 말하자면, 기호 차원에서 단계적이고 성공적으로—자신들에게 '자유주의(자)'라는 타이틀을 붙였다. 그러나 그들이 이 기호투쟁 속에서 유리한 지위를 차지한 것은 더욱 유력한 학술이론 논증이나 역사적 분석에 기대서가 아니라, 그들이 '신좌파'라는 새로운 기호를 채택하여 그 논쟁상대에게 붙여줬기 때문이었다. 쾅신녠은 〈논쟁이 수면 위로 떠오르다〉라는 글에서 다음과 같이 주장한다. "주쉐친은 한위하이에게 '신좌파'라는 칭호를 붙임으로써 90년대 중국 사상계를 확실히 분화시켰고 그 분야를 명확히 했다."[69]

그리하여 1990년대 후반—특히 1998년—이래 '자유주의'를 둘러싼 기호투쟁은 상당히 넓은 범위 내에서 '신좌파'를 둘러싼 부정적 의미상의 기호투쟁과 한데 얽히게 된다. '부정적 의미상의 기호투쟁'은 다음과 같은 내용을 가리킨다. 한편으로는 '자유주의'를 둘러싼 기호투쟁과 유사하게 서로 다른 지식인들이 모두 '신좌파'라는 기호 및 그 사용에 대해 독점을 시도한다. 다른 한편으로 모든 이들이 '자유주의(자)'가 되려고 다투던 것과 달리, '신좌파'를 둘러싼 기호투쟁은 다음과 같이 전개되었다. 즉 논쟁상대에 의해 '신좌파'라는 타이틀이 붙여진 사람들 가운데 절대다수가 처음에는 '신좌파'라는 기호를 벗어나려고 노력한 것이다. 쉬지린 및 간양 등의 관찰에 의하면, '신좌파'를 둘러싼 기호투쟁이 처음에 '부정적 의미상의 기호투쟁'이 된 까닭은 바로 중국의 과거 몇 십 년 동안 형성된 특정한 역사적 담론 환경 속에서 '좌파'라는 기호가 상당히 부정적인 함의와 관련되어 있기 때문이다.

1990년대 중후반부터 시작하여, 친후이, 왕딩딩, 주쉐친, 쉬유위, 런젠타오(任劍濤), 샤오궁친(蕭功秦), 레이이, 마오서우룽(毛壽龍), 왕쓰루이(王思睿) 및 기타 적잖은 지식인들이 잇따라 자신의 논쟁상대 — 여러 관점들이 완전히 일치하는 것은 아닌, 심지어 피차간의 차이가 매우 큰 지식인들 — 를 '신좌파'라고 일컬었다. 1998년말 이래, 일부 지식인들은 이 기호의 사용을 위해 여러 정당한 논거를 제공하거나 그에 대한 여러 가지 '정의'를 내리고자 시도했다. 주쉐친은 〈1998: 자유주의 학술이론의 언설〉에서 일부 당대 중국지식인을 '신좌파'라고 명명한 이유를 다음과 같이 밝히고 있다.

> 리쩌허우(李澤厚) 선생이 그들을 '포퓰리즘'이라고 명명한 것도 그다지 공정하지 않다. 이 친구들의 입장에 대해 비교적 중립적인 정의를 내린다면 이는 마땅히 '신좌파'여야 하며, 거기에는 세 가지 그 이유가 있다. 우선 포퓰리즘은 19세기 러시아에서 발원하였고, 그 근본적인 특징은 외래문화를 거부하고, 아래를 향해 발전하며, 지식인의 담론과 행위를 개조하고, 자기 민족의 민간 하층과의 접점을 모색하는 것으로, 전형적인 구호는 "학생복을 벗고, 거친 무명옷을 입자."는 것이었다. 그러나 오늘날 자유주의에 반대하는 이 친구들 가운데 우리가 발견할 수 있는 것은, 인민이라는 명의 아래 서구 전위 이론의 번역 기호를 대량으로 인용하는 것으로, 그 이론적 풍격은 중국민간에서 영감을 얻는 것이 아닐 뿐더러, 하층 민간을 향해 진술하는 것은 더더욱 아니며, 도리어 외부를 향해 몸을 틀어 서구 학술계와의 접점을 모색하려는 것이다. 이러한 학술사상을 '포퓰리즘'이라고 명명하는 것은 기표, 기의 두 측면에서 모두 '포퓰리즘'을 폄하하는 것이다.

> 두 번째, 그들은 글 속에서 자유주의자를 '우파 정권을 위해 정치적 합법성의 위기를 벗어날 이론적 핑계를 제공하는' '우익'이라고 부르면서 은연중에 자신을 '좌파'로 자리매김한다.
>
> 마지막으로 가장 중요한 것은, 이전의 사회정치체제와 현재의 시장경제 개혁의 일부 폐단에 대한 그들의 비판이 분명 지식인들이 20년 동안 기본적으로 합의한 소위 '우익 이데올로기'에서 출발한 것이 아니라, 사회주의 정통성을 견지하는 측면에서 출발하여 스탈린 체제가 생산 수단의 소유제 개조는 물론, 진정한 직접 참정의 인민군중 대민주도 실행하지 못했다고 비판한 점이다.
>
> 나는 여기에서 이 친구들의 '좌파' 입장의 '신(新)'이라는 글자를 강조하고 싶다. 이로써 그들의 이론적 기원이 사람들에게 익숙한 구좌파와 구별될 뿐 아니라, 별도의 장점도 있을 수 있기 때문이다. 이 칭호는 어쩌면 제삼자로 하여금 당내 구좌파와 관련된 불리한 연상을 피하게 함으로써 학술 토론의 차분한 분위기를 쟁취할 수 있게 할 것이다.[70)]

런젠타오는 〈'신좌파' 해독(解讀'新左派')〉이라는 글에서 각별히 일부 당대 중국지식인을 '신좌파'로 명명한 이유를 다음과 같이 들었다. "'신좌파'의 문헌을 이해하면, '신좌파'를 '신좌파'라고 일컫는 이유가 바로 '신'과 '좌'를 모두 만족시키기 때문임을 알 수 있다." 그 중, '신'은 '구좌파와의 차이', '좌경입장의 갱신', 그리고 '좌경 방법의 조정'면에서 체현되고 있다. '좌'는 "자본주의를 격렬하게 혹평하고", "'사회주의'를 위해 부르짖고", "(이론이든 실천이든) 기존의 성과를 부정하는 면에서 체현되고 있는데, 이 부정의 이유는 이들 성과의 '불완전'함(예를 들어 왕후이의 80년대 중국 사상계에 대한 부정, 90년대 여러 사상 주장에 대한 '일망타진'식의 전면적 질책) 때문이다."[71)] 그 후에 발표한 글인 〈자유주의, 신좌파 그리고 현대지식 탐구 방식(自由主義, 新左派與現代求知方式)〉에서 런젠타오는 한 걸음 더 나아가 다음과 같이 강조한다. "그들은 자유주의자를 '우파'라고 부름으로써 자신을 '좌파'의 입장에 놓는다."[72)] 샤오궁친은 〈'신좌파'와 당대 중국지식인의 사상 분화('新左派'與當代中國知識分子的

思想分化)〉에서 '신좌파'를 다음과 같이 정의한다. "'신좌파' 사조는 서구 좌익 사회주의 사상이론을 기초로 하고 평등과 공평을 핵심 가치로 삼아, 시장경제로 나아가는 중국의 전환과정 속에서 발생하는 사회 계층분화, 사회 규범의 상실 및 사회문제를 자본주의 사회 모순의 체현으로 이해하고, 아울러 평균주의적 사회주의를 중국문제 해결을 위해 기본적으로 선택해야 하는 사회사조로 삼는다."[73] 이와 형식은 비슷하나 내용이 완전히 일치하지는 않는 수많은 논술을 통해, 이들 지식인들은 그들의 텍스트 속에서 '신좌파'라는 기호에 대해 당대 중국 사상 컨텍스트하의 여러 가지 (재) 의미화를 진행했다.

그러나 논쟁상대에 의해 '신좌파'라는 타이틀을 얻게 된 적잖은 지식인들은, 주쉐친이 말한 바와 같이 이 '칭호'가 '비교적 중립적'이거나 '별도의 장점'이 있다고 여기지 않았다. 그들은 각자의 텍스트에서 이에 대해 강한 불만을 표했고, 이로부터 '신좌파'를 둘러싼 부정적 의미의 기호투쟁이 생겨났다. 왕후이는 ≪죽은 불 다시 살아나≫의 서문인 〈불일치는 도대체 어디에 있는가?(分岐究竟在哪裏?)〉에서 다음과 같이 쓰고 있다. "'신좌파'와 '자유주의'의 대립으로써 중국 지식계를 묘사하는 것은 결코 정확하지 않고", '인물을 품평하는 기준은' '자유주의' 혹은 '신좌파'여서는 안 되며, "나는 이 '신좌파'가 우리의 영웅들이 미리 엮어 놓았다가 옷만 걸쳐 놓은 허수아비가 아닐까 의심이 드는데", "만약 '신좌파'라는 것이 존재한다면, 그 대립면은 '신우파'이지, 자유주의가 아닐 것이다."[74] 왕후이는 '신좌파'라는 기호를 '신자유주의'자들의 '주문(呪文)'이라고 일컫는다. 그는 '신자유주의'자들을 다음과 같이 비판한다.

> '신자유주의'자들이 '신좌파'라는 주문을 사용해 비판적 지식인들이 제기한 각종 사회문제의 합리성을 무효화하고, 또한 '자유주의'의 기치로 그 이름 아래 있는 심각한 불일치를 덮어 버렸을 때, 그들에게는 오늘날의 중국과 세계가 직면한 가장 중대한 위기를 건드릴 만한 능력이 거의 없었다. 이는 기본적인 사실이 아니던가?[75]

다른 지식인의 각종 기호 명명 행위를 겨냥하여 그는 다음과 같이 쓰고 있다.

> 내가 각종 명명을 거부하는 것은, '신좌파'니 '포스트모던'이니 하는 이름들에 반감을 느껴서가 아니다. 단지 그 명명 행위들이 조장한, 모든 것을 괴상하고 주술적인 것으로 보고 떠들썩하게 그것들을 좇는 사상적 분위기가 혐오스럽고, 또한 각종 물신숭배로 인해 생겨난 폐쇄적 심리에 염증을 느끼기 때문이다. 자유를 논한다는 사람들이 이토록 이견을 수용하지 못하고 이른바 학자라는 사람들이 이토록 무고를 일삼는다. 그리고 많은 명사와 석학이 근거 없는 풍문에 익숙해져 있다. 사실, 이 모든 것들은 그리 새로운 일은 아니다. 만약, '국정'(國情)과 '현실'을 논하고자 한다면 이런 현상 자체가 국정과 현실의 하나이다.[76]

〈현대성 문제에 대한 대답〉에서 왕후이는 다음과 같이 언급한다. "현재 자유주의에 관해 뜨거운 논쟁이 벌어지고 있으며, 어떤 이들은 '자유주의'와 '신좌파'의 대립을 당대 중국의 사상충돌로 묘사한다. 하지만 이러한 묘사는 복잡한 이론문제를 단순화시킨 것으로, 어떤 이들에게는 그저 파벌을 만드는 심리나 첨예한 현실문제와 이론문제에 대한 도피가 반영되어 있을 따름이다. 나는 현재 자유주의와 관련된 진지한 탐색은 적고, 자유주의 배물교가 대부분이라고 생각한다." "우리는 '무슨 무슨 주의자'라고 자칭하는 것을 통해 이 구체적인 사회문제들을 회피해서도 안 되며, 구체적인 사회 구상과 조치를 제시해야 하는 임무에서 도망쳐서도 안 된다." '무슨 무슨 주의자'라고 자칭하는 자들은 "'무리를 이루어 세력을 과시함'에 기대어 자신의 심리상태를 평온케 하고, 저주하고 희화함으로써 이론적 약점을 감춘다."[77] 〈현재 쟁론에 대한 나의 두 가지 설명(我對目前爭議的兩點說明)〉에서 왕후이는 다음과 같이 말한다. "나 본인은 '신좌파'와 '자유주의'로써 지식계의 불일치와 논쟁을 개괄하는 것을 찬성한 적이 없고, 다른 이에게 딱지를 붙이는 모든 형식에도 반대한다." 이 글의 말미에서 그는 다음과 같이 말한다. "구정물과 헐뜯음으로 우리의 사상탐색을 저지하려는 사람들은 뜻을 이루지 못할 것이다."[78] 그 후에 쓴 당대 중국 사상에 대해 거듭 연구한 장편논문 〈1989년 사회운동과 중국 '신자유주의'의 역사적 근원—오늘날 중국 대륙의 사상 동향과 현대성 문제 재론〉에서 그는 아래와 같이 적고 있다.

> 1989년 이후, 몇몇 지식계의 논전은 모두 공격과 비방을 수반했다. 신자유주의에 대한 비판은 항상 여러 칭호를 달게 되었다. 이러한 상황은 1998년 이후 더욱 심각해졌다. 어떤 이는 국내 매체와 해외 매체를 이용하여 여론을 조작했고, '신좌파' 혹은 기타 명명을 이용하여 비판적 지식인의 사상적 탐색을 말살하고자 했다. 2000년 6월에서 9월 사이에 ≪독서≫와 '장강 독서상(長江讀書獎)'을 둘러싸고 발생한 사건은 이러한 공격들이 헐뜯음과 모독으로 발전한 상징이다.[79]

왕후이의 텍스트 속에서 '신좌파'는 '(미리 엮은) 허수아비', '주문', '구정물'로 형용된다. 다른 사람을 '신좌파'라고 명명한 행위는 '파벌 만들기', '저주', '희화화', '공격', '비방', '헐뜯음', '모독', '말살', '딱지 붙이기' 및 '문화 공포주의'로 묘사된다. 상술한 것 중 많은 어구가 중국 문화대혁명 시기 및 70년대 말 이후 '문혁'시대를 묘사할 때 사용되던 것이다. 나중에 인용한 두 텍스트 중 두 문장의 언어배치를 살펴보면, "구정물과 헐뜯음으로 우리의 사상탐색을 저지하려는 사람들은 뜻을 이루지 못할 것이다." "어떤 이는 국내 매체와 해외 매체를 이용하여 여론을 조작했고, '신좌파' 혹은 기타 명명을 이용하여 비판적 지식인의 사상적 탐색을 말살하고자 했다."고 말한다. 그리고 논쟁상대를 칭함에 있어, '자유주의자'라는 단어는 텍스트 속에서 사용되지 않았고, 심지어 그들의 이름은 직접 언급되지도 않았다. 오히려 반어적 풍자의 수사방식을 사용하여 상대를 '우리의 영웅', '상하이 명사들', '고명한 선생', '석학(碩儒)', '군자', "자칭 '자유주의자'"와 "'자유주의'의 깃발을 치켜든 지식인"이라고 부른다.[80] 논쟁상대를 비판함에 있어, 왕후이는 반문이라는 수사방식을 이용하여 이 비판들이 '기본적 사실'임을 강조한다. 물론 다른 텍스트에서 왕후이는 '사실'이라는 범주에 대해 성찰한 바 있다. "근대사상은 '사실'을 모든 평가에서부터 분리시켜 중립적이고 객관적인 영역으로 구축했다. 이 때문에 이 개념은 자명한 객관적 실재가 아니라, '객관'에 대한 실증주의의 현대적 구축이다."[81] 그러나 그 자신은 격렬한 기호 투쟁 속에서 전혀 의심 없이, 그리고 반문의 형식으로써 '사실'이라는 '객관'에 대한 '실증주의'의 현대적 구축에 강한 어조로 호소하고, 그 개인의 판단을 '기본적 사실'과 바로 동일시한다. 이와 유사하게, '자유를 논한다는 사람', '학자라는 사람' 및 '명사와 석학'에 대해 평론한 대목에서, 왕후이는 먼저 '국정'과 '현실'에 인용부호를 덧붙이긴 했으나, 즉각 이 문장의 주절에서 긍정의 어기와 인용부호를 붙이지 않은 어구를 사용하여 "바로 이런 현상 자체가 국정과 현실의 하나이다."라고 쓰고 있다. 수행모순(performative contradiction, 아펠*과 하버마스의 용어)이 존재하는 이 구절에서 그 개인의 평론은 '현상'으로 일컬어지고, 더 나아가 '현실'의 범주 속에 놓여진다. 바로 이러한 특수한 어구, 문장 구조, 수사를 사용하여 현재 중국 사상계의 '쟁론'을 묘사하는 담론 전략들을 통해, 왕후이는 거듭하여 '신좌파'에 대한 논쟁상대들의 (재) 의미화에 대응했고, 이로써 이 (부정적 의미상의) 격렬한 기호 투쟁에 적극적으로 참여한 것이다.

'신좌파'로 명시된 다른 지식인들 역시 이에 대해 유사한 담론 대응을 했다. 예를 들어, 추이즈위안은 다음과 같이 말했다. "나 본인과 왕후이 모두 '신좌파'라는 단어를 사용하여 우리의 관점을 개괄한 적이 없다." 그의 서술에 따르면, "'신좌파'라는 단어는 양핑(楊平, 당시 ≪전략과 관리(戰略與管理)≫편집자)이 1997년 6월 어느 날 ≪북경청년보(北京青年報)≫에서 내 글 한 편을

* 아펠(Karl-Otto Apel, 1922-) 20세기에 철학의 '언어론적 전회'를 강조했던 철학자 중 한 명. 일관되게 언어를 사용하는 주체의 초월론적 조건을 문제로 삼아 객관적(상호주관적)으로 타당한 대상의 가능성 제약을 단지 칸트적인 개인의식 수준의 통각(統覺)에서 구하지 않고 '언어에 의한 초월론적인 언어게임'이라는 '공동체의 선험적인 것'에서 구해야 하는 필요성을 강조했다. 초월론적 언어화용론(Transzendentale-sprachpragmatik)이라고도 불리는 이 입장은 윤리에 관해서도 그 원리를 교조적인 공리로부터 연역하는 것이 아니라 우리가 이미 받아들이고 있는 규범을 그 초월론적(언어화용론적) 제약들로 되돌려 반성함으로써 획득하는 것의 중요성을 부르짖고 있다. — 역주

평론하며 처음 사용한 것이다." 처음 '신좌파'라는 단어는 "경제학계에서 약간의 주의를 끌었을" 뿐이었지만, "왕후이가 1997년 ≪천애≫잡지에 〈90년대 중국 사상계와 현대성 문제〉를 발표한 후, 이 단어가 인문학계에서 유행하기 시작했다."[82] 추이즈위안은 〈≪독서≫와 '신좌파'의 관계에 대한 설명(關於≪讀書≫與'新左派'關係的說明)〉이라는 제목의 글 말미에 다음과 같이 적고 있다. "마지막으로 나는, 만약 소위 '자유주의'자들이 기필코 우리에게 '신좌파'라는 모자를 씌우고 싶다면, 먼저 우리의 사고를 제대로 이해하라고 강조하고 싶다."[83] 반면 간양은 '신좌파'라는 호칭을 거부한 글 속에서 비교적 긴 지면을 이용하여 아래와 같이 쓰고 있다.

> 대륙의 좌익사상을 토론할 때 먼저 기본 전제 한 가지를 이해해야 한다. 그것은 곧 대륙은 오랫동안 극'좌'사회였고, 중국의 개혁은 더욱이 '반좌(反左)'를 출발점으로 하기 때문에, 대륙에서 '좌'는 절대적으로 부정적인 단어이며, '반좌'는 최고의 도덕적 정당성을 지닌다는 점이다.
> 바로 이러하기에, 소위 대륙에서 '신좌파'가 출현한 것은 우선 놀라운 일이다. 이들 신좌파는 어디에서 튀어나온 것일까? 그들은 무엇을 하려는 걸까? 그들은 개혁을 전복시키고 계획경제로 회귀하려는 것일까? 전제 정치를 원할지언정 자유는 원하지 않는 걸까? 쇄국정책을 실시할망정 대외개방은 바라지 않는 걸까? 이 모두가 사람들이 '신좌파'라는 말을 들었을 때 가장 먼저 떠올리게 되는 문제들이다.
> 　내가 알기로 '신좌파'라는 표현은 94년 베이징과 홍콩의 신문잡지에서 가장 먼저 동시 등장했다. 당시 '신'좌파라고 일컬었던 이유는 '구'좌파와 구별하기 위해서였다. 양자의 차이는 일반적으로 다음 두 가지라고 여겨진다. 첫째, 구좌파는 주로 당내 보수파이고, 신좌파는 젊은 지식인들이다. 둘째, 구좌파가 사용한 것은 전통 마르크스레닌주의의 언어이나, 신좌파가 사용한 것은 서구 인문사회과학의 언어이다. 하지만 이 사실은 사람들이 느끼는 기이함을 더욱 가중시켰다. 어째서 젊고 서구 교육을 받은 이들이 소위 신좌파가 되었을까? 아마 97년 이전에 비교

적 유행했던 것은, 미국 유학을 한 일부 사람들이 "서구의 지식을 배웠어도 제대로 소화하지 못했고", 서양의 빵을 너무 많이 먹어 중국의 정세를 잊어버린 탓이라는 견해일 것이다. 그러나 이런 해석은 반박당하지 않고도 금세 자멸해버렸는데, 97년 이후 대륙에서 오랫동안 머문 중국의 정세를 잘 이해하는 많은 사람들도 신좌파가 됐기 때문이다. 특히 최근 2년 동안, 줄곧 자유 지식인의 진지였던 베이징 ≪독서≫잡지조차도 '신좌파'의 대변인이 되었다고 한다. 이러한 현상들은 다음의 문제들을 진지하게 생각하지 않을 수 없게 만든다. 신좌파의 '좌'는 무슨 뜻인까? 신좌파는 어떻게 형성되었는까? 그들의 기본 주장은 무엇인까?[84]

한위하이는 "당대 중국의 사상 불일치를 '자유주의'와 '신좌파' 논쟁으로 개괄하는 것은 어떤 의미에서나 그저 자유주의 교수들의 일방적인 소망에 불과하다."고 주장한다.[85] 〈만남 98, 작별 98〉이라는 탐방록에서 그는 다음과 같이 말한다. "누가 '신좌파'인가? 설마 '자유주의'라는 큰 깃발에 동의하지 않으면 모두 이질분자란 말인가?" "현재의 토론에 대해 언급하자면, 우선 몽둥이로 때리고 딱지를 붙이는 것과 비평의 차이를 분명히 해야 한다." "나는 이 토론에 흥미를 느끼는 모든 사람들의 주의를 환기시키고 싶다. '자유주의' 혹은 '신좌파'를 글자 그대로만 이해하지 말고 이 토론을 사회공정과 사회민주 쟁취를 둘러싸고 진행되는 현실투쟁의 일부분으로 이해해달라고 말이다."[86] 최근 저술한 〈깊은 밤 누워 비바람 몰아치는 소리를 들으니〉에서 그는 이렇게 말하고 있다. "오늘날에 있어, '자유주의'는 듣기에 '자연스럽고', 말하기에도 '입에 착착 달라붙는' 이름이다. 물론 '신좌파'와 같은 류는 그렇지 않다." "진정으로 자유를 향하는 이러한 추구를 '좌'라고 보는 것은 이상하지 않은가? 나는 이런 '20년 동안 목도한 괴이한 현상'의 조성은 중국 '자유주의'자들의 꾸준한 '서술'과 겉으로는 그럴듯하나 실제로는 그렇지 않은 서술이 사회에 미친 은연중의 감화에 그 공을 돌려야 한다고 여긴다."[87] 광신녠은 '신좌파'라는 기호를 비판할 때 이는 '문화대혁명식의 사유방식'이라고 질책하며 더불어 다음과 같이 적고 있다. "그들이 공평, 정의, 양심, 도덕, 좌파라는 어휘들에 치욕적인 낙인을 찍을 때, 나는 기꺼이 이 시대의 치욕들을 감당하겠다. 언젠가 이 치욕들이 다시 한 번 영광을 얻게 될 때, 학계의 명사들과 정인군자(正人君子)들은 또 다시 돌아와 그것들을 빼앗으려 할 것이고, 그 때가 되면 나더러 다시 그것들을 자신들에게 돌려달라고 할 것이다."[88]

상술한 텍스트에서 추이즈위안은 '신좌파'란 '자유주의'자들이 강제로 자신들에게 씌운 '모자'라고 일컫는다. 한위하이의 경우, '신좌파'란 '몽둥이로 때리고 모자를 씌우는 것'이고, '이질분자'의 동의어이며, 심지어 '20년 동안 목도한 괴이한 현상'이다. 아울러 그는 반어적인 풍자의 의미에서 자신의 논쟁상대들을 '자유주의 교수'라고 부르고, "'좌'로 간주되는" 지식인들이야말로 "진정으로 자유를 추구하고 있다."고 일컫는다. 광신녠은 자신의 논쟁상대가 '신좌파'라는 기호를 사용하는 것을 '문화대혁명식의 사유방식'이라고 대놓고 부르고, '(신)좌파'등에 대한 그들의 (재) 의미화는 이들 어휘에 '치욕적인 낙인을 찍는 것'이라고 말한다. 간양은 일련의 의문문을 사용하는데("이들 신좌파는 어디에서 튀어나온 것일까? 그들은 무엇을 하려는 걸까?……" 등등), 이런 수사방식으로써 '신좌파'라는 기호를 가지고 그를 포함한 일부 지식인을 명명하는 것이 '놀라운 일'임을 표명한다. 이 특수한 담론 전략들은 서로 상이하나, 모두 '신좌파'라는 단어와 관련된 (재) 의미화를 바꾸는 데에 그 목적이 있다. 그럼으로써 '신좌파'는 더 이상 '비교적 중립적'이거나 '신좌파'로 명명당한 지식인에게 '별도의 장점'이 있는 기호가 되는 것이 아니라, 일부 지식인들—'우리의 영웅', '상하이 명사들', '고명한 선생', '석학', '군자', '자유주의 교수', '학계의 명사, 정인군자'들—이 또 다른 지식인들에게 '파벌 만들기', '저주', '희화화', '공격', '비방', '헐뜯음', '모독', '말살', '모자 씌우기', '몽둥이로 때리기'를 가하는 행위가 되는 것이다.

앞에서 이미 언급했듯이, 왕후이는 신좌파를 (재) 의미화하는 것에 대한 자신의 대응을 '하나의 기본적인 사실', '바로 이런 현상 자체가 국정과 현실의 하나'라고 일컫는다. 설사 그 자신이 이전에 '중립적, 객관적 영역'인 사실에 대해 대놓고 비판한 적이 있고, 그것을 "'객관'에 대한 실증주의의 현대적 구축"이라고 칭했더라도 말이다. 한위하이와 쾅신녠은 각각 더 나아가 왕후이가 일컫는 이 '현상(現象)'을 '20년 동안 목도한 괴이한 현상(現狀)'이자 "'문혁'식의 사유방식"이라고 부른다. 한위하이에게서 우리는 또 '신좌파'를 둘러싼 부정적 의미에서의 기호투쟁이 다시 '자유주의'를 둘러싼 기호투쟁으로 되돌아오는 것을 볼 수 있다. 즉 한위하이는 부정적 의미에서 '신좌파'에 대한 논쟁상대들의 (재) 의미화를 강하게 배척하면서, 자신을 포함한 '신좌파'라고 명명된 지식인들이야말로 '진정으로 자유를 향한 추구'를 하고 있다고 정면으로 공표한다.

5. 새로운 기호의 도입, 기호 창조 및 그 (재) 의미화

피차가 서로 뒤얽힌 '자유주의'를 둘러싼 기호투쟁과 '신좌파'를 둘러싼 부정적 의미상의 기호 투쟁 속에서, 논쟁상대에 의해 '신좌파'로 명명된 지식인들은 각종 특수한 담론 전략으로써 '신좌파'라는 단어와 관련된 (재) 의미화를 부정적으로 바꾸려고 애썼을 뿐 아니라, 여러 가지 적극적 의미상의 대응도 했다. 적극적 의미상의 대응이란 바로 피차 상이한 새로운 기호들을 정면으로 도입하고 창조하는 것이다.

간양은 〈중국 자유좌파의 유래(中國自由左派的由來)〉라는 제목의 글에서 앞에서 언급한 '신좌파'라는 꼬리표를 떼기 위해 사용된 기호투쟁 중의 담론 전략 외에, 더욱 적극적인 재 기호 명명이라는 담론 전략을 채택한다. 당대 서구사상 담론을 참고한 것을 기초로 하여, 그는 새로운 중국어 기호인 '자유좌파'를 '도입-창조'했다. 간양은 다음과 같이 적고 있다. "소위 중국의 '신좌파' 주류는 '중국 자유좌파'라 일컬을 수 있다." "'자유파'라고 자칭하는 수많은 사람들은 종종 그들의 경향이 사실 당대 서구 보수주의에 더 많이 속하는 데 반해, 자신들이 대대적으로 비판하는 '신좌파'야말로 당대 서구 자유주의를 계승하고 있음을 의식하지 못한다." "중국 '신좌파'가 '자유좌파'인 이유는 그들이 기본적으로 당대 서구 자유주의 사상과 이론을 자신들의 주요한 이론 참조로 삼고 있는 반면, 당대 서구 보수주의에 대해서는 다소 보류하는 태도를 견지하는 데에 있다. 자유좌파의 입장에서 보면, 중국 신우파는 사실상 레이건 혁명 이래의 서구 보수주의 사조와 이론에 순응한다."[89] '자유좌파'에 대한 새로운 의미화 진행을 통해, 간양의 이 적극적 담론 전략은 한편으로 '신좌파'라는 꼬리표를 적극적으로 떼어내는 데에 도움이 됐고, 다른 한편으로 80년대 말 이후 중국 사상계에서 '기호자본'을 갖고 있던 '자유주의'라는 기호와 언어 차원에서 관련을 맺게 됐다. '중국 자유좌파'를 '당대 서구자유주의'와 새로운 수평적 관련을 맺게 하는 방식을 통해, 중국의 '자유좌파'는 스스로 '자유주의'라는 관(冠)을 쓰고 '기호권력'을 획득하게 된다. 간양은 이 글의 말미에서 "자유좌파는 시종일관 반드시 자유주의 입장을 견지하며 '비자유(非自由)' 좌파로 쏠리는 것을 경계해야 한다."[90]고 썼다. 여기에서 '자유좌파'는 이미 '자유주의'의 입장과 완전히 동등해졌다. 간양의 이 글 가운데, "(중국) 자유좌파"라는 부호는 세 가지 차원에서 의미화가 진행되었다. 규범 내용에 있어, '자유좌파'는 '당대 서구자유주의'(특히 '미국 뉴딜 자유주의 전통')와 기호상의 관련을 맺고, 아울러 "'자유방임적 자유주의'를 분명히 거부하는데, 왜냐하면 근래 동유럽과 러시아에서 크게 성행한 소위 '자유주의'가 실상 대다수 사람들을 착취한 대가로 소수인의 자유를 조성했다고 여기기 때문이다." 대표적 인물에 있어서는, 왕사오광, 추이즈위안, 간양, 왕후이가 '아주 드물게' '자유좌파'의 '주요 대표'로 일컬어지고, 아울러 이 네 사람의 담론을 가지고 '중국 자유좌파'의 '10년에 이르는 역사'를 기술한다. 발전방향에 있어, 간양은 '중국 자유좌파'에게 세 가지 '견지'할 바를 제기한다. 즉 "온화하고 온건한 입장을 견지하고, 과도하게 급진적인 입장은 막는다. 지식영역의 이론적 업무를 견지하고, 사회정서에 지나치게 호소하는 선동을 피한다. 마지막이자 가장 중요한 것은, 자유좌파는 시종일관 자유주의 입장을 견지하여 '비자유' 좌파로 쏠리는 것을 경계해야 한다."는 것이다.[91]

왕사오광은 그 후에 발표한 〈자유파? 자유좌파인가 자유우파인가?(自由

派? 自由左派還是自由右派?)〉라는 제목의 글에서 간양이 새롭게 '도입-창조' 한 '자유좌파'라는 기호의 의미화에 호응한다. "중국의 '자유파'는 실상 우파에 속한다. 그들을 '자유우파'라 부르는 것이 더욱 적절하다. 만약 그들이 '우파'라는 꼬리표를 정말 싫어한다면, 자신들을 '자유지상주의자'(libertarian)라고 칭할 수도 있는데, 이야말로 명실상부한 칭호이다. 자유우파의 반대편에 서 있는 것이 자유좌파이다.(그들은 왕왕 '자유파'에 의해 '신좌파'라는 꼬리표를 달게 된다)"[92] 반면 런이(任頤)는 뒤이어 〈중국의 '신좌파'는 '자유좌파'인가?(中國的'新左派'是'自由左派'嗎?)〉라는 글을 발표하여 간양과 왕사오광의 텍스트에 대해 장편의 반론을 제기한다. '자유좌파'에 대한 왕사오광 텍스트의 (재) 의미화는 런이에 의해 "납득할 수 없다."는 질책을 받는다. "왜냐하면, '자유우파의 반대편에 서있는 것'은 파시즘, 스탈린주의, 게바라주의* 등이기 때문이다." 런이의 글은 '자유좌파'의 의미화를 다음과 같이 파괴한다(여기에서 '파괴'란 기호투쟁에 대한 일종의 '개입', 의미화에 대한 일종의 '간섭'을 가리킨다). "'신좌파'가 '뉴딜 자유주의'나 간양이 일컫는 '자유좌파'가 되는 것은, 결코 '깃발' 하나를 바꿔서 될 일이 아니다."[93] 그리하여 '자유좌파'가 새롭게 '도입-창조'한 기호를 에워싼 새로운 기호투쟁이 이처럼 담론 생산장 내에서 전개되었다.

'자유좌파'의 이 새로 '도입－창조'한 기호 외에, 간양은 〈반민주적 자유주의인가, 민주적 자유주의인가?— 90년대 중국 사상 비판(反民主的自由主義還是民主的自由主義?—90年代中國思想批判)〉 및 〈자유주의: 귀족적인가, 평민적인가?(自由主義:貴族的還是平民的?)〉라는 텍스트에서 '자유주의'에 대해 새로 개발한 기호 구분을 진행했는데, 즉 '반민주적 자유주의'(혹은 '귀족적 자유주의')와 '민주적 자유주의'(혹은 '평민적 자유주의')라는 두 종류의 서로 대립하는 '자유주의'를 구분한 것이다. 이 기호 이분(二分) 아래, 간양은 다음과 같이 질문한다. "중국지식인이 허풍을 치는 자유주의란 어떤 자유주의인가?

* 유격전을 통해 공산주의 혁명을 이루려는 체 게바라의 사상 － 역주

비민주 더 나아가 반민주적 자유주의인가, 아니면 민주적 자유주의인가?"[94] 이 질문에 대한 간양 자신의 대답은 다음과 같다. "자유주의는 민주시대에 반드시 민주를 향해 나아가는 자유주의여야 하고", "현대라는 조건하에서 자유주의는 민주적 자유주의일 수밖에 없는데", 그렇지 않으면 바로 "모종의 '시대 착란증'에 빠져들 수밖에 없다."[95] 또 다른 자유주의, 즉 '반민주적 자유주의' 혹은 '귀족적 자유주의'에 대해, 그는 이렇게 적고 있다. "이런 판본의 자유주의 속에서 민주는 사치이며, 평등은 더더욱 죄악이나, 약육강식은 오히려 자유주의의 제일원칙이 된다." 간양은 이러한 '자유주의'의 '집단 신앙'을 '중국 지식계의 집단 도덕 부패증(腐敗症)'이자 '중국 지식계의 집단 지성 저능증(低能症)'이라고 칭한다.[96] 글 속에서 간양은 바로 이러한 '자유주의'를 '보수주의'와 동일시한다. "이런 보수주의의 기본 형태는 종종 자유주의의 이름으로 민주를 폄하하고 부정하는 것으로 표현되며, 아울러 여기에서 출발하여 꽤 완정한, 거의 모든 문제에 대해 모종의 갖춰진 답안을 지니고 있는 일련의 새로운 이데올로기를 형성한다."[97]

이들 텍스트 속에서 간양은 '민주적 자유주의'라는 기호를 새로 개발했고, 아울러 '현대 조건', '민주시대'라는 특수한 시간부사어의 수식하에 '민주적 자유주의'를 바로 '자유주의'와 동일시하였다. 반면, '반민주적 자유주의'는 '보수주의'라는 기호와 동일시되었으며, 아울러 '중국 지식계'—실제로는 주로 그의 논쟁상대를 겨냥하고 있다—를 이 기호 아래로 구분지어 넣었다. 쉬유위는 간양의 이 새로운 기호 이분(二分)에 대해 날카롭게 대응했다. 쉬유위는 이를 '심각한 고발' 심지어 '악의에 찬 공격이자 모욕'이라고 부르며 이렇게 적고 있다. "간양은 마치 중국지식인에게 다 쏟아 내지 못할 원한이 있는 듯하다."[98] 〈90년대 '신좌파'를 세 번째 평하다: '신좌파'의 학풍(三評90年代'新左派':'新左派'的學風)〉에서 쉬유위는 다음과 같이 적고 있다. "간양의 또 다른 특기는 잘못을 교묘히 숨기는 것으로, 공은 자기에게 돌리고, 과오는 남에게, 아니 전 중국 지식계에게 미루는 것인데, 그 개인의 과오를 중국 지식계의 잘못이라 말하면서, 순식간에 태도를 바꾸어 사나운 표정과 말투로 중국 지식계를 꾸짖는다." "사실 간양이 방법을 조금 바꾸기만 하면 매섭게 꾸짖을만한 사람은 기본적으로 없게 된다. 걸핏하면 '중국 지식계'가 어쩌고 저쩌고 하는 것은 완전히 과녁 없이 마구 활을 쏘아대는 것과 같다."[99] 간양이 자신을 '민주적 자유주의'라고 일컫고 자신의 논쟁상대들('중국 지식계')에게 '보수주의'라는 관을 씌운 담론 전략을 겨냥하여, 쉬유위는 이 담론 전략을 거꾸로 간양에게 적용시킨다. 즉 간양이 "잘못을 교묘히 숨겨, 공은 자기에게 돌리고 과오는 남에게 미루었으며", "그 개인의 과오를 중국 지식계의 잘못이라고 말하였다."고 질책하고, 또한 일련의 형용사('사나운 표정과 말투', '악의에 찬', '원한' 등)를 더하여 간양의 '잘못을 교묘히 숨기는' 담론 행위를 묘사했다. 이와 같이—이 새로운 기호 이분 의미화의 재수정을 통해—쉬유위는 간양이 새로운 기호 구분을 통해 그 논쟁대상에게 행했던 비판을 그대로 가져와 기호 차원에서 이를 간양 자신에게 반사시켰다.

이상의 내용에서 간양이 '자유좌파', '민주적 자유주의' 등의 일련의 새로운 기호를 도입, 창조하여, '자유주의'를 에워싼 기호투쟁을 위해 새로우면서도 이와 관련된 일련의 많은 기호투쟁을 개척했음을 알 수 있다. '자유좌파'라는 기호와 마찬가지로, '민주적 자유주의'라는 기호 역시 '신좌파'라고 일컬어지는 다른 지식인들에 의해 사용되었는데, 추이즈위안이 말한 "철저한 자유주의는 반드시 민주적 자유주의여야 한다."가 바로 그 예이다.[100] 이렇게 '자유좌파', '민주적 자유주의'와 같은 기호를 새로이 '도입-창조'함으로써 '자유주의'라는 기호는 실제로 다시 새롭게 의미화되었다. 이 뿐 아니라, 이들 텍스트 속에서 간양은 새롭게 의미화된 후의 '자유주의'(즉 '자유좌파', '민주적 자유주의')의 규범주장, 대표인물 및 발전방향 등의 내용을 확정지었다. 이와 동시에 이들 기호의 '도입-창조'를 통해, 기호투쟁 속에서 간양의 논쟁상대들이 누리던 '자유주의'라는 기호에 대한 독점이 약해졌고(그들은 '자유우파', '반민주적 자유주의' 등으로 칭해졌다), 심지어 '자유주의'에 대한 사용권은 완전히 빼앗겨 버렸다. 즉 '자유주의'로써 자신을 칭하는 권리를 빼앗긴 것이다.('보수주의'라는 기호로 분류되었다)

왕후이는 기호의 '도입-창조' 방면에서도 일련의 독특하고도 적극적인 담론 전략을 갖고 있다. 그는 한편으로 '자유좌파', '민주적 자유주의'와 어느 정도 유사한 새로운 기호를 '도입-창조'했는데, 즉 '비판적 지식인'이라는 기호 사용을 제기하였고, 아울러 대표인물과 규범내용의 각도에서 '비판적 지식인'에 대한 다음과 같은 의미화를 진행했다. "그들 중에는 좌익 이론을 채택한 지식인도, 계몽주의적 입장을 고수하는 지식인도 있으며, 그 중 일부는 스스로를 자유주의자라고 여긴다. 내 생각으로는 비판적 지식인 집단은 하나의 광범위한 사회운동이지, 종파주의적 소집단이 아니다. ……비판적 사상 집단의 공통된 특징은 다음과 같다. 경제와 정치의 관계를 밝히고, 지식인 집단에게 익숙한 사유 방식 및 관념이 불평등한 발전 과정과 갖는 내적 관계를 밝혀, 민주정치에 대한 호소를 경제와 기타 사회 영역으로 확장하고, 더욱 공평하며 민주적인, 그렇기에 더욱 인도적인 변혁 노선을 찾아내는 데에 주력하는 것이다."[101]

그러나 왕후이는 그 적극적 담론 전략을 자신이 창설한 새로운 기호에 사용하지 않고, 논쟁상대가 점유하고 있는 기호의 파괴를 위하여 사용한다. 즉 그가 중국의 "자칭 '자유주의자'"라고 칭한 사람들이 점유하고 있는, '기호자본'이 덧붙여진 담론 위치를 파괴하는 것이다. 그는 먼저 1997년에 발표한 당대 서구 자유주의를 비판한 논문인 〈승인의 정치, 만민법과 자유주의의 곤경(承認的政治, 萬民法與自由主義的困境)〉의 말미에 쓴 "그러나 우리들의 삶 속에는 특이한 분위기가 가득하다."라는 전환구를 통하여 서구 자유주의 이론에 대한 비판에서 현재 중국의 사상과 사회 컨텍스트로 토론을 옮겨오는데, 아울러 이 단락에서 중국의 논쟁상대들을 '용속한 자유주의자'라고 일컫는다.[102] 왕후이는 '자유주의자' 앞에 '용속한'이라는 폄하와 멸시의 색채가 분명한 형용사를 붙임으로써 그 논쟁상대들이 점유한 담론 위치에 부가된 '기호자본'을 파괴한다. 1999년에 발표한 〈현대성 문제에 대한 대답〉에서 왕후이는 '자유주의'가 현재 사상계의 토론 속에서 "이미 일종의 개념 유희로 바뀌었고", "이러한 쟁론 가운데 사람들은 항상 자신의 논적에게 기괴한 표지를 붙이는 데 익숙하며, 나아가 그들이 절대적 권리를 가지고 있다고 주장하지만, 구체적으로 문제를 분석하지는 않는다. 이는 자유의 전통과 아무런 관계가 없다."고 공언한다.[103] 〈불일치는 도대체 어디에 있는가?〉에서 왕후이는 "'자유주의'의 깃발을 내세운 지식인"을 "극단적 '시장주의자'"라고 칭하고, 그들이 대표하는 '자유주의'를 '신자유주의'라고 일컫는다. 이 '신자유주의'에 대해 그는 이렇게 적고 있다.

> '신자유주의'가 명의상 '자유주의'에 호소하는 것이, 결코 자유와 민주(심지어 반부패)에 대해 성의를 품고 있음을 증명할 수는 없다. 이론상 '시장경제' 관념에 호소하는 것 역시 그것이 시장의 자유와 공평한 거래에 대해 성실한 신념을 품고 있음을 추호도 증명할 수 없다. 이러한 '자유주의'는 민주와 관계가 없으며, 이러한 '시장' 개념은 실상 반시장적이다. 극단적 "시장주의자"들은 궁극적으로 정치변혁의 필요성과 사회공정의 기본적 추구를 취소하는 데에 기울게 된다. 나는 중국의 사회개혁과 지식계의 이번 논전에 관심 있는 모든 지식인들이 위의 내용에 대해 기본적으로 고려해주고, 단순히 신좌파와 자유주의라는 명칭하에 이 논전을 진행하지 않기를 희망한다.[104]

여기에서 왕후이는 "중국의 사회개혁과 지식계의 이번 논전에 관심 있는 모든 지식인들이 위의 내용에 대해 기본적으로 고려해주기를" 요구하는데, 여기에서도 역시 그의 상술한 판단을 '사실'로 하여 아직 말하지 않은 가설로 삼았다.(즉 어떤 '사실'에 대해 공통된 '기본적 고려'를 만들어 냈다.) 그리하여 왕후이의 담론은 다시 한 번 종적을 감추듯이 '진실효과(truth-effect)'* 에 호소하는 것이다. 그 다음, '신자유주의자'라는 어휘가 이전의 '용속한 자유주의자'를 대체하여 작자에 의해 광범위하게 사용된다. 당대 서구사회-정치사상이라는 담론 컨텍스트하에, '신자유주의'(neo-liberalism)와 '자유주의'(liberalism)라는

* 진실효과(truth-effect): 어떤 주장의 실제 진위와는 상관없이 그 주장을 반복하게 되면 이를 받아들이는 사람이 그 주장에 부여하는 진실성이 증가하는 현상. — 역주

두 어휘는 완전히 다른 의미화를 갖게 된다. 왕후이는 이 두 기호에 대한 이중의 교차언어 전환을 이용한다. 우선, 그 "자칭 '자유주의자'들"을 '신자유주의자'라고 개칭한다.(중국어 맥락에서는 딱 한 글자 '新'만 덧붙이면 된다.) 그 후에 '신자유주의'라는 중국어 기호는 이미 수많은 중국지식인에 의해 롤스가 대표하는 자유주의와의 사이에서 의미화가 이뤄졌기 때문에, 이 기호는 다시 교차언어적 재 의미화를 겪게 된다. 이리하여 그의 논쟁상대들은 새로운 담론 위치에 놓인다. 2000년에 쓴 〈1989년 사회운동과 중국 '신자유주의'의 역사적 근원—오늘날 중국 대륙의 사상 동향과 현대성 문제 재론〉에서 왕후이는 그의 형형색색의 논쟁상대들을 모두 이 꼬리표 아래에 두고 있다. "소위 '신자유주의' 이데올로기는 기본적으로 급진적 시장주의, 신보수주의 및 신권위주의 등이 함께 구성한 것이다."[105] 위의 분석을 통해 다음과 같은 사실을 볼 수 있다. 왕후이는 '자유주의자'들이 다른 이를 '신좌파'라고 명명한 것과 동일한 담론 전략을 사용하여, 다른 지식인들을 잇달아 '용속한 자유주의자', "극단적 '시장주의자'" 및 '신자유주의자'로 명명한다. 그러나 그는 일찍이 '파벌 나누기', '저주', '희화화', '공격', '비방', '헐뜯음', '모독', '말살', '모자 씌우기' 및 '문화 공포주의' 등의 어휘로써 이러한 명명행위를 형용한 바 있다. 따라서 왕후이 역시 절정으로 치닫는 기호투쟁 중에 그 자신이 비판한 "이러한 쟁론 가운데 사람들은 항상 자신의 논적에게 기괴한 표지를 붙이는 데 익숙하다."는 '개념 유희' 속으로 빠져 들었다.

왕후이가 '도입-창조'한 기호인 '신자유주의'는 곧바로 한위하이 등의 추종을 받았다. 일찍이 〈'자유주의' 자태의 배후에서〉를 썼던 한위하이는 최근의 텍스트 속에서 '지난 세기말 중국 사상계'의 논쟁을 "'신자유주의' 사조를 둘러싸고 진행된 격렬한 논쟁"이라 부르고, 또한 "당대 논쟁의 초점과 비판의 핵심은 '신자유주의' 사조 및 그 대내외 정책"이라고 칭했다.[106] '자유주의'라는 기호가 한위하이의 텍스트 속에서 이미 '신자유주의'라는 기호로 대체된 것이다. 아울러 이러한 기초 위에 한위하이는 다음과 같이 쓰고 있다. "(신자유주의)를 의심할만한 이유는, 그것이 중국 경제의 다양한 생태를 종결시키기에 충분하기 때문이다. 이는 무엇보다도 이 노선이 '자유주의'적이기 때문이 아니라, '자유주의'와 멀리 떨어져 있기 때문이다." "신자유주의 정책은 강제적 정책이며, 심지어 '자유주의'와도 관계가 없다. 이 점을 결코 잊어서는 안 된다."[107] 그리하여 한위하이의 텍스트에서 '신자유주의'는 '자유주의'와 모종의 이원대립을 형성하게 된다. 기호의 '도입-창조'라는 담론 전략은 다시 한 번 '자유주의'에 대한 기호 투쟁과 관련을 맺게 되었다.

런부메이(任不寐)는 왕후이의 〈1989년 사회운동과 중국 '신자유주의'의 역사적 근원〉에 대응한 글에서, 특히 왕후이가 '신자유주의'라는 새로운 기호를 '도입-창조'한 담론 전략에 대해 반응을 보인다. 〈'사회주의'의 이성적 경계—왕후이의 〈1989년 사회운동과 중국 '신자유주의'의 역사적 근원〉에 대한 약평('社會主義'的理性邊界—簡評汪暉〈一九八九社會運動與中國'新自由主義'的歷史根源〉)〉이라는 제목의 텍스트에서 런부메이는 "왕후이 선생의 장문은 각별히 사람의 이목을 끄는 세 가지 새로운 관점이 있다."고 칭한다. 그 중 한 가지가 "반자유주의적 '신자유주의'라는 개념을 날조해낸 것"이다. "왕후이는 '신자유주의'를 비판하기 위해, 계속하여 이론 비판의 담론 전제를 날조했는데, 이러한 날조는 '신자유주의' 개념을 모호하게 함으로써, 특히 '권력 자본주의'와 정치 자유주의를 한데 섞어 논하는 방식을 통해 자유주의를 공격한다."[108] "반자유주의적 '신자유주의'라는 개념"을 '날조'라고 일컬음으로써 런부메이는 왕후이의 새로운 기호 '도입-창조'에 대해 기호 차원의 파괴를 진행했고, 아울러 그것을 '자유주의'에 대한 '공격'이라고 질책했다.

이상의 텍스트들에 대한 담론 분석을 통해, 당대 중국 사상계의 격렬한 기호 투쟁 속에서 기호의 '도입-창조'라는 담론 전략이 수많은 지식인들에 의해 널리 사용되었고, 이로써 기호투쟁의 부단한 자아번식, 확장과 격화를 촉진했음을 알 수 있다. 즉 새로운 기호의 '도입-창조'는 하나의 기호투쟁을 왕왕 서로 연관된 일련의 기호투쟁으로 변화 발전시킨 것이다. 위의 분석에서 '자유주의'를 에워싼 기호투쟁이 간양, 왕후이 등의 새로운 기호의 '도입-창조'로 인해 '자유좌파', '민주적 자유주의', '신자유주의' 등의 일련의 서로 관련된 기호투쟁을 파생시켰고, 이로써 "'자유주의'와 '신좌파' 논쟁"을 부단히 지속시키고 더 나아가 확장, 격화시켰음을 볼 수 있다.

6. 결어: '담론의 힘'과 담론 분석

'포스트 모더니즘', '제3의 길' 등과 같이 당대 중국 사상계에서 흔히 볼 수 있는 다른 기호들도 격렬한 기호투쟁 속에서 여러 복잡한 (재) 의미화의 과정을 겪었다. 당대 중국 사상계에서 동일 집단에 속하는 지식인들은 서로 다른 텍스트 속에서 '자유주의(자)', '신우파', '신우익', '자유우파', '용속한 자유주의자', '신자유주의자', '신보수주의자' 및 '시장주의자' 등 각양각색의 칭호 및 부단히 새로 '도입-창조'되는 칭호로 불릴 수 있었다. 이 때문에, 담론 분석의 방법으로부터 출발하여 당대 중국 사상 동향에 대한 연구를 전개하는 것은, 현재 연구자들에 의해 등한시되고 있으나 오히려 대단히 효과적인 연구 방법이다.[109] 담론—기호(기표와 기의 사이의 떠다니는 관계)와 언어(수사, 글의 종류, 글쓰기의 풍격 등)—에 대한 중시를 건너뛰어 곧바로 당대 중국 사상을 탐구하고 연구하는 것 자체가 매우 위험한 것으로, 이는 종종 기존 기호투쟁의 직접적 산물이 되곤 한다. 추궁할 필요가 있는 것들은 다음과 같다. 당대 사상에 대한 연구를 어떻게 전개할 것인가? 연구자와 당대 중국 사상의 각종 담론 간의 관계를 어떻게 처리할 것인가? 당대 사상에 대한 수많은 연구가 근본적으로 당대 사상 담론의 생산에도 참여하고 있고, 마찬가지로 특정한 담론 생산 메커니즘의 규제를 받아들이고 있는 것은 아닌가? 연구자가 생산한 텍스트와 피연구 대상인 당대 텍스트 사이에는 도대체 어떤 상호텍스트적 관계가 존재하는가?

이러한 성찰은 우리로 하여금 연구 과정 중에 언제나 각성하여 다음의 문제들을 반성하도록 이끈다. 당대 중국 사상에 대한 연구를 전개할 때, 어떤 것들이 자신의 글쓰기 중의 한계와 사각지대를 구성하는가? 연구자 자신은 의식적으로 혹은 비자각적, 습관적으로 어떤 담론 전략을 채택하는가? 그러므로 당대 중국 사상 동향에 대한 분석을 전개할 때, 본 논문은 기호와 언어에 대해서는 주목하지 않은 채 서로 다른 지식인의 입장, 그들의 주장과 관점에 대해 직접 비평하는 방식을 취하지 않고, 일종의 담론 분석적 연구 방법을 채택했다. 이 글의 분석은 논쟁 중 격렬하게 대립하는 것처럼 보이는 당대 중국지식인들이 실상 담론 차원에서는 비슷한 가설을 공유하고 있음을 밝혀냈다. 즉 기호의 기표와 기의 사이의 유리하고 떠도는 것은 무시하고 모든 기호가 진정한, 변치 않는, 고정적 기의를 가지고 있다고 가설하며, 더 나아가 논쟁 속에서 자신의 의미화를 이 기호와 관련된 유일한 진리로 간주하는 것이다. 그리하여 사상논쟁은 '진리의 정권'을 에워싸고 전개되는 담론성 대항으로 변질되고, 담론 생산장 내에서 '환상'을 쟁탈하는 기호투쟁으로 탈바꿈한다. 본 논문의 분석은 동시에 역사 회고, 각종 새로운 기호의 도입·창조 및 구분 등과 같은 당대 중국지식인들이 기호투쟁 속에서 채택한 일련의 담론 전략을 밝혀냈다. 상이한 지식인들에 의해 공통적으로 널리 채택된 이들 담론 전략은 더 나아가 기호투쟁으로 하여금 부단히 지속, 확대, 격화되게 하였고, 일련의 상호 관련된 새로운 기호투쟁들을 파생시켰다. 이들 담론 차원의 공통된 가설과 담론 전략은 당대 중국 사상담론 생산을 지배하는 형성 규칙(formative rules)을 일부 구성하였다. 담론 분석의 연구자는 그/그녀의 연구 텍스트가 이 형성 규칙의 지배를 철저히 벗어날 수 있다고 주장하지 않고, 분석할 때마다 자신의 여러 가지 한계에 대해 성찰적으로 확인하며 이 형성 규칙들을 찾으려 노력한다.

〈1989년 사회운동과 중국 '신자유주의'의 역사적 근원—오늘날 중국 대륙의 사상 동향과 현대성 문제 재론〉에서 왕후이는 아래와 같이 말한다.

> 자유주의와 신좌파라는 이원론은 각자의 이론과 사업에 대한 사람들의 진지한 사고와 이해를 제한했고, 따라서 적극적 쟁명을 생산해낼 수도 없었다. 여기에서 우리는 담론의 힘을 보았고, 양호한 정치문화의 결핍이 중국지식인의 토론에 얼마나 큰 손해를 끼쳤는지를 발견했다.[110]

왕후이는 이 특정한 각도—즉 '자유주의와 신좌파라는 이원론'—에서 '담론의 힘을 보았지만', 역사가 종결되지 않는 것처럼 담론 생산의 장은 영원히 정지하지 않을 것임은 '보지' 못했다. 이 담론성이 구축한 세계는 시종일관 변천하고 있으며, 다음과 같은 사실을 알려주고 있다. 즉 각종 담론, 담론 질서 심지어 담론의 각종 형성 규칙은 모두 시종일관 부단한 변천 중에 있다는 것이다. 그러므로 '담론의 힘'은 복잡한 다중 의미화 및 이들 과정에 간섭하고 영향을 미치며 이를 바꾸려는 여러 기호 투쟁 중에 더 잘 체현된다. 아울러 왕후이가 상술한 이 말 속에 숨겨진 가설은, 이런 '중국지식인의 토론'을 크게 '훼손'시킨 힘이 '양호한 정치 문화'의 건립에 의해 피하거나 제거될 수 있다는 것이다. 이러한 가설은 왕후이의 다음과 같은 가능성, 즉 '담론의 힘을 본' 것에서부터 담론 분석으로 진입해서, 당대 중국의 특수한 담론 형성의 각종 규칙 및 이 규칙이 지식인의 글쓰기에 가져온 여러 사상적 가설을 탐색하여 '기표'와 '기의' 사이의 미끄러지는 관계 및 떠도는 변천 상황을 살펴보고, 중국 사상계에서 매우 빈번하게 사용되는 기호의 여러 복잡한 (재) 의미화 과정, 그리고 이 과정들을 추진하고 바꾸는, 상호텍스트적 공간 속에서 전개되는 각종 격렬한 기호투쟁에 대해 주목하는 것을 막아버렸다. 담론 분석의 방법을 통해 당대사상을 연구하면, 당대 중국의 여러 사상 담론이 공유하는 '보이지 않는'(unseen) 부분에 진입할 수 있다. 담론 분석은 연구자로 하여금 더 이상 곧바로 '기의'를 토론하지 않고, 의식적으로 그것과 기호적 관련이 있는 '기표'를 통해 '기의'를 토론하도록 해준다. 이 때문에 담론 분석 방법의 개입은 숱한 구체적인 문제가 더 이상 토론되지 않음을 의미하는 것이 아니라, 그것들이 어떻게 토론되었는지를 분석하여 토론하고, 이들 구체적인 문제를 문제화하는 방식을 통해 그것들에 대해 토론하는 것이다.

왕후이가 가정한 '양호한 정치문화'로써 '담론의 힘'을 제거하고 지젝이 말한 이데올로기의 담론 매트릭스(discursive matrix)를 벗어나는 것은 불가능하다.[111] 왕후이가 '양호한 정치문화'가 '중국지식인의 토론'으로 하여금 '담론의 힘'이 가져온 '손해'를 피할 수 있게 해준다고 가정했을 때, 그 자신은 바로

'담론의 힘'의 통제를 받게 된다. 왜냐하면 '양호한 정치문화'란 '자유주의', '용속한 자유주의', '신자유주의'와 마찬가지로 그 자체가 담론성 구조물이기 때문이다. 왕후이가 '자유주의와 신좌파라는 이원론'이 지식인 토론을 파괴하는 '담론의 힘'이라고 비판했을 때, 그것의 도치 — 예를 들어 '신자유주의자', '신우익', '비판적 지식인' 및 '자유좌파' 등의 기호로써 위의 이원론을 바꾸는 것 — 역시 '담론의 힘'이며, 아울러 이 '힘'에 기대어 지식인의 토론을 바꾸는 것이다. 근본적으로 '중국지식인의 토론' 그 자체 역시 일련의 끊임없이 생산되는 담론성 구조물인데, 어떻게 담론 생산 과정 중의 각종 '담론의 힘'을 제거할 수 있겠는가? 바로 이런 의미에서 담론 분석은 시급히 발전을 요하는 연구방법이자, 당대 중국 사상 동향의 자아 성찰적(Self-reflexive) 연구 방법이 되었다. 본 논문은 바로 이 방법에서 출발하여 당대 중국 사상 동향에 대해 미숙하나마 설명적 분석을 진행하였는바, 벽돌을 던져 구슬을 끌어들이듯, 더 많은 당대 중국 사상연구자들의 중시('담론의 힘'에 대한 중시)와 성찰(연구에 종사할 때 자신의 여러 한계에 대한 성찰)을 이끌어내고자 하였다.

지은이 주

1) 汪暉, 〈當代中國的思想狀況與現代性問題〉, ≪死火重溫≫(人民文學出版社, 2000年); 汪暉, 〈一九八九社會運動與'新自由主義'的歷史根源―再論當代中國大陸的思想狀況與現代性問題〉, ≪中國現代文學≫, 第19期, 2000年 12月; 許紀霖, 〈啓蒙的命運―二十年來的中國思想界〉, ≪另一種啓蒙≫(花城出版社, 1999年); 朱學勤, 〈1998年自由主義學理的言說〉, ≪書齋裏的革命≫(長春出版社, 1999年); 甘陽, 〈反民主的自由主義還是民主的自由主義―90年代中國思想批判〉, 羅崗, 倪文尖 編, ≪90年代思想文選≫第二卷(廣西人民出版社, 2000年). 90년대 말 이래 당대 중국 사상 동향에 대해 연구한 여러 텍스트는 당대 중국지식인 사상연구와 글쓰기 가운데 대성황을 이루어 일일이 다 헤아릴 수 없을 정도다. 참고할만한 자료로는 曠新年, 〈風與旗: 90年代的閱讀〉, 公羊 編, ≪思潮―中國'新左派'及其影響≫(中國社會科學出版社, 2003年); 秦暉, 〈自由主義, 社會民主主義與當代中國'問題'〉, 公羊 編, 위의 책; 蕭功秦, 〈'新左派'與當代中國知識分子的思想分化〉, 公羊 編, 위의 책; 徐友漁, 〈90年代的社會思潮〉, ≪自由的言說≫(長春出版社, 1999年) 등이 있다.

2) 담론 분석의 이론 발전에 대해서는 다음 글들을 참조. 어네스트 라클라우(Ernest Laclau) 저, 吳冠軍 譯, 〈話語〉; 알란 루크(Allan Luke) 저, 吳冠軍 譯, 〈超越科學和意識形態批判―批判性話語分析的諸種發展〉, 吳冠軍 著, 〈話語分析與當代中國思想狀況――個思想劄記〉, 위의 글 모두 陶東風이 주편한 ≪文化研究≫ 第5期에 실림

3) Micheal Foucalut, ≪*The Archaeology of Knowledge*≫, trans. A. M. Sheridan Smith, London: Tavistock Publications, 1972, p.68

4) Julia Kristeva, 〈Word, Dialogue and Novel〉, in T. Moi (ed.), ≪*The Kristeva Reader*≫, Oxford: Basil Blackwell, 1986, p.39

5) Foucalut, 앞의 책, p.98

6) Kristeva, 앞의 글, op. cit., p.103

7) Emesto Laclau, 〈Discourse〉, in Robert E. Goodin and Philip Pettit(eds.), ≪*A Companion to Contemporary Political Philosophy*≫, Cambridge, Mass.: Blackwell, 1993, p.435

8) 朱學勤의 다음 글들을 참조. 〈無雪的冬天〉, 〈想起了魯迅, 胡適與錢穆〉, 〈文壇"二王"之爭―國內知識界爭論評議〉, ≪被遺忘與被批評的≫(浙江人民出版社, 1997年), 3-4, 13-15, 21-23, 31쪽; 朱學勤, 〈是柏拉圖, 還是亞裏士多德?―關於知識分子的談話錄〉, 앞의 책, 440-441, 446-447쪽

9) 徐友漁, 〈學術評獎的規則與學術批評的態度〉, ≪不懈的精神追求≫(天津人民出版社, 2002年), 194-195쪽

10) 위의 책, 195쪽

11) 위의 책, 194쪽

12) 부르디외, 劉暉 譯, ≪學術的法則―文學場的生成與結構≫(中央編譯出版社, 2001年), 232, 204쪽. 부르디외는 '유희'(game)를 상용하여 장(field)에 비유한다. 그 중 각종 자본, 권력은 곧 유희 내에서 상이한 등급의 힘과 가치를 가지고 있는 '비장의 카드'(trump card)이며, 유희의 참여자가 서로 쟁탈하는 것은 유희에 선행하면서도 유희에 의해 재생산된 '환상'이다. 장이 유희와 유일하게 다른 점은 그 복잡성에 있다. "장은 창조자가 없는 유희이며, 그 누가 설계한 유희보다 더 변동이 잦고 예측하기 어려울 정도로 복잡하다." See Pierre Bourdieu

and L. J. D. Wacquant, ≪*An invitation to Reflexive Sociology*≫, Chicago: University of Chicago Press, 1992, p.98, p.104

13) Bourdieu and Wacquant, 위의 책, p.116

14) 부르디외는 모스(Marcel Mauss)의 마술에 대한 분석을 인용하여 '공통된 착각'을 설명한다. "모스가 인식했던 바와 같이, 마술 문제는 마술가를 아는 것, 심지어 마술 공연 중의 특수한 도구가 무엇인지 아는 것에 있지 않고, 공통된 믿음의 발견, 혹은 더 정확히 말하면, 공통된 착각, 공통된 생산과 옹호에 기반을 둔다. 이것이 바로 마술가가 슬그머니 사용하는 힘의 원천이다. 만약 '마술가 집단이 없으면 마술에 대한 이해가 불가능'하다라고 한다면, 이는 마술가의 힘이 일종의 유효한 사기행위, 합법적인 권력 남용, 그리고 이로써 승인되는 공통의 착각이기 때문이다." 부르디외, 曾軍 譯 〈信仰的生産: 爲符號貨物經濟而作〉, 吳士余, 陸揚, 王毅 編, ≪大衆文化研究≫(上海三聯書店, 2001年), 104쪽 참조

15) 부르디외, 劉暉 譯, 앞의 책, 348쪽

16) 위의 책, 275쪽

17) Norman Fairclough, ≪*Discourse and Social Change*≫, Cambridge: Polity Press, 1992, p.75

18) 라캉과 당대 라캉주의자는 지젝과 마찬가지로 이 부분에서 데리다(및 후기 구조주의 이론가라고 불리는 일부 다른 사람들)와 갈라져 각자의 길을 걷게 되는데, 전자는 기표사슬과 언어의 완전히 가려질 수 없는 '나머지'의 존재를 강조한다. 이 차이가 중요하지 않은 것은 아니나, 담론분석에 대한 이 글의 이론적 설명에서는 이에 대해 상세히 논하지 않아도 무방하다.

19) Foucault, 〈The Order of Discourse〉, in Michael J. Shapiro(ed.), ≪*Language and Politics*≫, Oxford: Basil Blackwell, 1984, p.110

20) Fairclough, 앞의 책, p.10

21) 이와 관련된 연구는 吳冠軍의 〈무엇이 '좌익'인가?—'앤더슨 사건'과 당대 중국 지식인의 실천(甚麼是'左翼'?—'安德森事件'與當代中國的知識分子實踐)〉(특히 '하편'인 〈한어 지식계: 실천의 곤경과 '꼬리표 제거'의 가능성(漢語知識界: 實踐的困境與'去標簽化'可能性)〉)을 참조. 이 글은 2002년 12월, 상하이에서 개최된 '공공지식인과 현대중국'이라는 국제 학술 토론회에서 발표되었으며, 그 요약본이 許紀霖이 주편한 ≪공공성과 공공지식인(公共性與公共知識分子)≫(≪知識人論叢≫第1輯, 江蘇人民出版社, 2003年) 282-315쪽에 실렸다.

22) 다음의 글들을 참조. 許紀霖・劉擎・羅崗・薛毅, 〈尋求第三條道路—關於'自由主義'與'新左派'的對話〉, 許紀霖, ≪另一種啓蒙≫(花城出版社, 1999年), 276쪽; 許紀霖, 〈啓蒙的命運—二十年來的中國思想界〉, 위의 책, 266쪽; 甘陽, 〈中國自由左派的由來〉, 公羊 編, 앞의 책, 110-111쪽; 劉海波, 〈語詞梳理:左, 左翼, '左'傾〉〉, 인터넷저널 ≪世紀中國≫, 2003年, 第1期, (http://www.cc.org.cn/old/zhoukan/shdaizhuanti/0301/0301101001.htm) 2004년 9월 8일 방문

23) 당대 (심지어 20세기 내내) 서구 지식계에서 '좌파'와 '자유주의'라는 두 기호 사이의 기호자본 분포 상황은 완전히 상반된다. 상세한 분석은 吳冠軍, 〈'左翼': 符號資本與知識—權力〉, ≪二十一世紀≫, 2002年 12月號, 52-62쪽; 吳冠軍, 〈'左翼':'界線'問題與'場域'分析〉, ≪開放時代≫, 2003年, 第1期, 35-53쪽; 吳冠軍, 〈甚麼是'左翼'?—"安德森事件"與當代中國的知識分子實踐〉, 許紀霖 編,≪公共性與公共知識分子≫(≪知識人論叢≫第1輯, 江蘇人民出版社, 2003年), 282-315쪽 참조

24) '자유주의'라는 기호는 당대 중국 사상계에서 키워드의 자리를 차지한다. 지난 세기 90년대

중반 이래 책 제목에 '자유주의'가 포함된 학술 출판물의 수량(각종 학술지에 발표된 '자유주의'를 제목으로 한 논문 수는 제외하고)만 살펴보더라도 이를 확실히 알 수 있다.

25) 曠新年, 〈論爭浮出海面〉, ≪沈默的聲音≫(安徽文藝出版社, 2000年), 231쪽

26) 徐友漁, 〈自由主義與當代中國〉, 李世濤 編, ≪知識分子立場—自由主義之爭與中國思想界的分化≫(時代文藝出版社, 2000年), 415쪽

27) 韓毓海, 〈在'自由主義'姿態的背後〉, ≪知識的戰術研究—當代社會關鍵詞≫(中央編譯出版社, 2002年), 76-78쪽

28) 위의 글, 위의 책, 82쪽

29) 韓毓海, 〈相約'98', 告別'98'—答≪中國圖書商報≫〉, 위의 책, 138, 147, 149-150쪽

30) 위의 글, 위의 책, 151쪽

31) 韓毓海, 〈強勁的思想激活現實〉, 위의 책, 325-326쪽

32) 韓毓海, 〈籲請一種有活力的文學思想〉, 위의 책, 130-131쪽

33) 위의 책, 129쪽

34) 韓毓海, 〈實利誠可貴, 自由價更高〉, ≪天涯≫, 1999年 第5期, 100쪽

35) 韓毓海, 〈我們是否要接受一個同質化的世界?〉, 앞의 책, 291쪽

36) 朱學勤, 〈1998年自由主義學理的言說〉, 앞의 책, 394쪽

37) 위의 책, 381쪽

38) 韓毓海, 〈相約'98', 告別'98'—答≪中國圖書商報≫〉, 앞의 책, 136쪽

39) 韓毓海, 〈夜闌臥聽風吹雨〉, 위의 책 序言 12쪽

40) 汪丁丁, 〈自由:一段腳踏實地的敍說〉, 羅崗, 倪文尖 編, ≪90年代思想文選≫第二卷, 384쪽

41) 이 단락의 논술은 위의 책 378-379쪽을 참조

42) 위의 책, 384쪽

43) 韓毓海, 〈夜闌臥聽風吹雨〉, ≪知識的戰術研究—當代社會關鍵詞≫序言 11-12쪽

44) 秦暉, 〈善惡, 信仰與自由:兩個托馬斯的啓示—莫爾與托爾克維馬達生死五百年祭〉, ≪問題與主義≫(長春出版社, 1999年), 113쪽

45) 朱學勤, 〈1998年自由主義學理的言說〉, 〈是柏拉圖, 還是亞裏士多德?—關於知識分子的談話錄〉, 앞의 책, 388, 448쪽 참조

46) 汪暉, 〈現代性問題答問〉, 앞의 책, 29쪽

47) 韓毓海, 〈中國當代文學在資本全球化時代的地位〉, 앞의 책, 309쪽

48) 劉軍寧, 〈保守主義與自由主義之間—從哈耶克到中國〉, 李世濤 編, 앞의 책, 498쪽

49) 劉軍寧의 ≪共和·民主·憲政—自由主義思想研究≫(上海三聯書店, 1998年)에 실린 여러 논문 참조

50) 曠新年, 〈平等與自由〉, 앞의 책, 122쪽

51) 부르디외, 〈社會空間與符號權力〉, 王志弘 譯, 包亞明 編, ≪後現代性與地理學的政治≫(上海教育出版社, 2001年), 305쪽

52) 다음의 논문들을 참조. 許紀霖, 〈中國自由主義的烏托邦—胡適與'好政府主義'討論〉, ≪近代史研究≫, 1994年, 第5期; 許紀霖, 〈現代中國的自由主義傳統〉, ≪二十一世紀≫, 1997年, 8月號; 許紀霖, 〈尋求自由與公道的社會秩序—現代中國自由主義的一個考察〉, ≪開放時代≫, 2000年, 第1期; 許紀霖, 〈上半個世紀的自由主義〉, ≪讀書≫, 2000年, 第1期; 許紀霖, 〈≪二十世紀中國思想史論≫序〉, 許紀霖 編, ≪二十世紀中國思想史論≫上卷(東方出版中心, 2000年). 그 외 현대 중국지식인에 대한 쉬지린의 일련의 연구논문을 참조할 것. 이와 함께 다음의 논문들을 참조. 謝泳, 〈我們有沒有自由主義傳統〉, ≪書屋≫, 1999年, 第4期; 雷頤, 〈近代中國自由主義的困境〉, ≪雷頤自選集≫(廣西師範大學出版社, 2000年); 高力克, 〈≪新青年≫與兩種自由主義傳統〉, ≪二十一世紀≫, 1997年, 8月號; 顧肅, 〈現代中國自由主義知識分子的社會角色與境遇〉, ≪學術界≫, 2003年, 第1期; 胡偉希, 〈理性與烏托邦—二十世紀中國的自由主義思潮〉, 許紀霖 編, ≪二十世紀中國思想史論≫下卷; 胡偉希, ≪觀念的選擇: 20世紀中國哲學與思想透析≫(雲南人民出版社, 2002年); 李愼之, 〈自由主義傳統在中國的發軔與復興〉, ≪方法≫, 1998年, 第8期; 劉軍寧, 〈北大傳統與現代中國自由主義〉, ≪共和・民主・憲政—自由主義思想研究≫(上海三聯書店, 1998年); 朱學勤, 〈1998年關於陳寅恪, 顧準, 王小波〉, 李世濤 編, 앞의 책; 王焱, 〈陳寅恪政治史研究發微〉, ≪公共論叢≫第4輯 ≪自由與社群≫(三聯書店, 1998年)

53) 雷池月, 〈主義之不存, 遑論乎傳統?—閑話自由主義與中國知識分子的關係〉, 李世濤 編, 앞의 책, 491-492쪽

54) 위의 책, 495-496쪽

55) 李慶西, 〈何謂'自由主義知識分子'〉, ≪讀書≫, 2000年, 第2期, 67쪽

56) 위의 글, 61쪽. '자유주의'에 대한 셰융의 '이해'는 리칭시의 텍스트에서 편파적으로 전달되었다. 셰융 텍스트의 원문은 이렇다. "나는 자유주의가 좋은 것이라 여긴다. 수많은 역사적 사실 속에서 이것이 첫째, 상식에 부합하고, 둘째, 인정에 부합하여 신비로운 것이 없음을 발견했기 때문이다. 예를 들어, 그것이 반대파를 용납해야 한다고 여긴다면, 나는 용납하지 않는 것보다 낫다고 여긴다. 그것이 시장경제를 원한다면, 나는 시장경제가 계획경제보다 좋다고 생각한다. 그것이 민주를 독재보다 낫다고 여긴다면, 나 역시 이것이 좋은 생각이라 여긴다. 그 외 독립적 인간이 종속적 인간보다 낫다 등에서도 모두 그렇게 여길 것이다. 자유주의는 기실 일종의 생활방식이다. 그것은 자기 자신을 살게 해주며, 또한 다른 사람도 살게 해준다. 그것은 도리에 어긋나지 않고, 상의할 수 있으며, 온건하고, 사람들을 더 많이 자유롭게 해주고 싶어하며, 자유롭게 말할 수 있는 곳을 더 많이 제공하고자 한다." 셰융의 텍스트에서 '자유주의'는 적어도 '반대파 용납', '시장경제', '민주', '독립' 및 '일종의 생활방식'이라는 몇 가지 면을 포함하고 있으므로, 리칭시가 전달한 것처럼 '자유주의'를 '반대파 용납'으로만 이해한 것은 아님을 볼 수 있다. 謝泳, 〈我們有沒有自由主義傳統〉, ≪書屋≫, 1999年, 第4期, 9쪽 참조

57) 李慶西, 위의 글, 66-67쪽

58) 그러나 이 텍스트에서 리칭시는 왜 루쉰이 후스 등 보다 '자유주의의 본질'—그 자신이 진행한 (재) 의미화에 따르면, 즉 '인권의 의미에서 내세운 관용, 평등 공존의 원칙'—에 더 근접했는지에 대해 구체적으로 논하지 않았다.

59) 韓毓海, 〈相約98, 告別98—韓毓海新年答客問〉, 앞의 책, 147-148쪽

60) 韓毓海, 〈中國當代文學在資本全球化時代的地位〉, 위의 책, 309쪽

61) 邵建, 〈中國自由主義的'胡冠魯戴'〉(http://www.yangzhizhu.com/shanjian12. htm), 2004년 9월 8일 방문

62) 曠新年, 〈'智者的尊嚴', 還是聰明的遁詞〉, 앞의 책, 136-139쪽

63) 許紀霖, 〈≪20世紀中國思想史論≫序〉, ≪20世紀中國思想史論≫上卷, 序言 8-9쪽; 許紀霖, 〈尋求自由與公道的社會秩序—現代中國自由主義的一個考察〉, ≪開放時代≫, 2000年, 1月號, 49쪽; 許紀霖, 〈上半個世紀的自由主義〉, ≪讀書≫, 2000年, 第1期, 40쪽

64) 許紀霖, 〈上半個世紀的自由主義〉, ≪讀書≫, 2000年, 第1期, 47쪽

65) 다음 글들을 참조. 許紀霖・劉擎・羅崗・薛毅, 앞의 글, 許紀霖, ≪另一種啓蒙≫; 許紀霖, 〈兩種自由和民主—對'自由主義'與'新左派'論戰的反思〉, 羅崗, ≪中國思想文選2004≫(廣西師範大學出版社, 2004年). 이와 함께 다음 글들을 참조. 秦暉, 〈我的'第三條道路'〉, ≪天涯≫, 2002年, 第2期; 汪丁丁, 〈九十年代中國改革的政治經濟學問題〉, ≪二十一世紀≫, 1999年, 6月號; 張汝倫, 〈'第三條道路'〉, 李世濤 編, ≪知識分子立場—自由主義之爭與中國思想界的分化≫

66) 朱學勤, 〈是柏拉圖, 還是亞裏士多德?—關於知識分子的談話錄〉, 앞의 책, 444-445쪽

67) 위의 글, 위의 책, 444-445쪽

68) 위의 글, 위의 책, 447쪽

69) 曠新年, 〈論爭浮出海面〉, 앞의 책, 233쪽

70) 朱學勤, 〈1998年自由主義學理的言說〉, 앞의 책, 391-392쪽

71) 任劍濤, 〈解讀'新左派'〉, 公羊 編, 앞의 책, 340-341쪽

72) 任劍濤, 〈自由主義, 新左派與現代求知方式〉, 哈佛燕京學社・三聯書店 編, ≪公共理性與現代學術≫(三聯書店, 2000年), 238쪽

73) 蕭功秦, 〈'新左派'與當代中國知識分子的思想分化〉, 公羊 編, 앞의 책, 404-405쪽

74) 汪暉, 〈≪死火重溫≫序〉, 앞의 책, 序言 5, 15쪽

75) 위의 책, 序言 8쪽

76) 위의 책, 序言 14쪽

77) 汪暉, 〈現代性問題答問〉, 위의 책, 26-27, 30쪽

78) 汪暉, 〈我對目前爭議的兩點說明〉, 中華讀書網 編, ≪學術權力與民主—'長江〈讀書〉獎'論爭備忘≫(夏門:鷺江出版社, 2000年), 16, 19쪽

79) 왕후이의 이 글은 먼저 전자 파일 형식으로 인터넷에서 퍼지다가, 나중에 한국의 ≪중국현대문학≫ 제19호(2000년 12월)에 발표됐고, 그 후 〈'신자유주의'의 역사적 근원 및 그 비판—오늘날 중국 대륙의 사상 동향과 현대성 문제 재론('新自由主義'的歷史根源及其批判—再論當代中國大陸的思想狀況與現代性問題)〉이라는 제목으로 타이완의 ≪타이완 사회연구계간(臺灣社會研究季刊)≫ 제42기(2001년 6월)에 발표됐다. 그러나 타이완 판본은 한국의 ≪중국현대문학≫에 발표한 판본보다 주석이 많이 삭제되었다. 이 글의 인용문은 한국의 ≪중국현대문학≫에서만 볼 수 있는 것으로, 한국 판본의 51번 주석을 인용했다.

80) 汪暉, 〈≪死火重溫≫序〉, 앞의 책, 序言 5, 10-11, 14-15, 17쪽. 〈現代性問題答問〉에서 왕후이는 '어떤 이론가들'을 '책임을 회피하려는 궤변가들(不負責任的胡言亂語者)'이라고 칭한다. 汪暉, 〈現代性問題答問〉, 위의 책, 29쪽 참조

81) 汪暉, 〈"科學主義"與社會理論的幾個問題〉, 위의 책, 102쪽

82) 崔之元, 〈關於≪讀書≫與'新左派'關係的說明〉, 中華讀書網 編, ≪學術權力與民主—'長江〈讀書〉獎'論爭備忘≫, 244-245쪽. 추이즈위안의 이 논술 중에는 정확하지 않은 부분들이 있다. 우선 추이즈위안의 〈신진화론, 분석적 마르크스주의, 비판법학, 중국의 현실(新進化論, 分析的馬克思主義, 批判法學, 中國現實)〉을 평가한 양핑의 글이 1994년 7월 21일자 ≪북경청년보≫에 발표되었을 당시 양핑이 사용한 단어는 '신좌익'이었지, 후에 광범위하게 사용된 '신좌파'가 아니었다. 이 글자 하나의 차이는 중요하다. 논쟁 중 수많은 학자들(예를 들어 쉬지린 같은)이 "비교적 유럽화되고 중립적인 '신좌익'으로 '신좌파'를 대체"하여 '난처한 입장'을 피하자고 일찍이 제의했었기 때문이다. 그 다음, 왕후이가 1997년 ≪천애≫에 발표한 글의 제목은 〈오늘날 중국의 사상 동향과 현대성 문제〉이지, 〈90년대 중국 사상계와 현대성 문제〉가 아니다. 楊平, 〈出現了"新左翼"思潮〉, 張問敏等 編, ≪中國經濟大論戰≫(經濟管理出版社, 1996年); 許紀霖・劉擎・羅崗・薛毅, 앞의 글, 許紀霖, 앞의 책, 276쪽 참조

83) 崔之元, 〈關於≪讀書≫與'新左派'關係的說明〉, 中華讀書網 編, ≪學術權力與民主—'長江〈讀書〉獎'論爭備忘≫(夏門:鷺江出版社), 245쪽

84) 甘陽, 〈中國自由左派的由來〉, 公羊 編, 앞의 책, 110-111쪽

85) 韓毓海, 〈經濟, 市場, 私有財產〉, 앞의 책, 73쪽

86) 韓毓海, 〈相約'98', 告別'98'—答≪中國圖書商報≫〉, 위의 책, 146-147, 138-139쪽

87) 韓毓海, 〈夜闌臥聽風吹雨〉, 위의 책, 序言 10, 15쪽

88) 曠新年, 〈第X次思想解放〉, 앞의 책, 97쪽

89) 甘陽, 〈中國自由左派的由來〉, 公羊 編, 앞의 책, 111, 113쪽

90) 위의 책, 120쪽

91) 위의 책, 114-120쪽

92) 王紹光, 〈自由派? 自由左派還是自由右派?〉, 웹 매거진 ≪世紀中國≫의 〈世紀週刊〉란, 2000年 10月

93) 任頤, 〈中國的'新左派'是'自由左派'嗎?〉, 公羊 編, 앞의 책, 313, 326쪽

94) 甘陽, 〈反民主的自由主義還是民主的自由主義?—90年代中國思想批判〉, 羅崗, 倪文尖 編, 앞의 책, 446쪽; 이와 함께 甘陽, 〈自由主義:貴族的還是平民的?〉, 李世濤 編, 앞의 책, 3쪽도 참조

95) 甘陽, 위의 글, 李世濤 編, 위의 책, 3쪽; 甘陽, 앞의 글, 羅崗, 倪文尖 編, 앞의 책, 448쪽도 함께 참조

96) 甘陽, 〈自由主義:貴族的還是平民的?〉, 李世濤 編, 앞의 책, 1쪽

97) 甘陽, 〈反民主的自由主義還是民主的自由主義?—90年代中國思想批判〉, 羅崗, 倪文尖 編, 앞의 책, 441쪽; 甘陽, 〈自由主義:貴族的還是平民的?〉, 李世濤 編, 앞의 책, 1쪽도 함께 참조

98) 徐友漁, 〈三評90年代'新左派':'新左派'的學風〉, 公羊 編, 앞의 책, 282쪽

99) 위의 책, 283, 284-285쪽

100) 崔之元, 〈盧梭新論〉, ≪讀書≫, 1996年, 第7期, 55쪽

101) 汪暉, 〈≪死火重溫≫序〉, 앞의 책, 序言, 7-8쪽. 이 단락은 〈一九八九社會運動與'新自由主義'的歷史根源一再論當代中國大陸的思想狀況與現代性問題〉에서 재차, 더 많이 서술된다.

102) 汪暉, 〈承認的政治, 萬民法與自由主義的困境〉, 위의 책, 347쪽

103) 汪暉, 〈現代性問題答問〉, 위의 책, 28쪽

104) 汪暉, 〈≪死火重溫≫ 序〉, 위의 책 序言 7쪽

105) 汪暉, 〈'新自由主義'的歷史根源及其批判一再論當代中國大陸的思想狀況與現代性問題〉, ≪臺灣社會研究季刊≫, 第42期, 2001年 6月, 31쪽

106) 韓毓海, 〈經濟, 市場, 私有財産〉, 앞의 책, 8-9쪽

107) 위의 책, 16쪽

108) 任不寐, 〈'社會主義'的理性邊界一簡評汪暉〈一九八九社會運動與中國'新自由主義'的歷史根源〉〉(http://www.sinoliberal.net/debate/renbumei20% on20% wanghui.htm) 2004년 9월 8일 방문

109) 담론 분석이 효과적인 유일한 연구방법이라고 건의하는 것은 결코 아니다. 담론 분석은 이론상 계속해서 풍부해질 수 있는 공간을 여전히 많이 갖고 있다. 이안 파커 등은 이미 수많은 학자들에 의해 채택된 담론 분석 방법에 대해 일련의 협의 검토 의견을 제시한 바 있는데, 필자는 그 제시된 의견 중 많은 문제가 매우 중요하다고 생각한다. Ian Parker and Erica Burman, 〈Against Discursive Imperialism, Empiricism and Constructionism: Thirty-Two Problems with Discourse Analysis〉, Erica Burman and Ian Parker(eds.), ≪*Discourse Analysis Research: Repertoires and Readings of Texts in Action*≫, London: Routledge, 1993, pp.155-172 참조

110) 汪暉, 〈一九八九社會運動與'新自由主義'的歷史根源一再論當代中國大陸的思想狀況與現代性問題〉, ≪中國現代文學≫, 第19期, 2000年 12月, 489쪽, 주석 54

111) 지젝은 일부 사람들이 '이데올로기의 종결'을 주장하거나 그/그녀가 이미 이데올로기로부터 철저하게 벗어났다고 믿을 때, 그/그녀는 바로 그 가운데 함몰되었다고 지적한다. "(우리가 체험하는) 이데올로기에서 걸어나오는 것이 바로 우리가 그 이데올로기 형식의 제약을 받고 있는 것이다." 아울러 "일부 절차들이 '정통적 이데올로기'라고 비난받을 때, 우리는 그의 도치 역시 이데올로기적임을 확신할 수 있다." (인용자 주: 강조점은 지젝 자신이 표시한 것이다), see Slavoj Zizek, 〈The Spectre of Ideology〉, Zizek(ed.), ≪*Mapping Ideology*≫ London: Verso, 1994, p.6, p.4

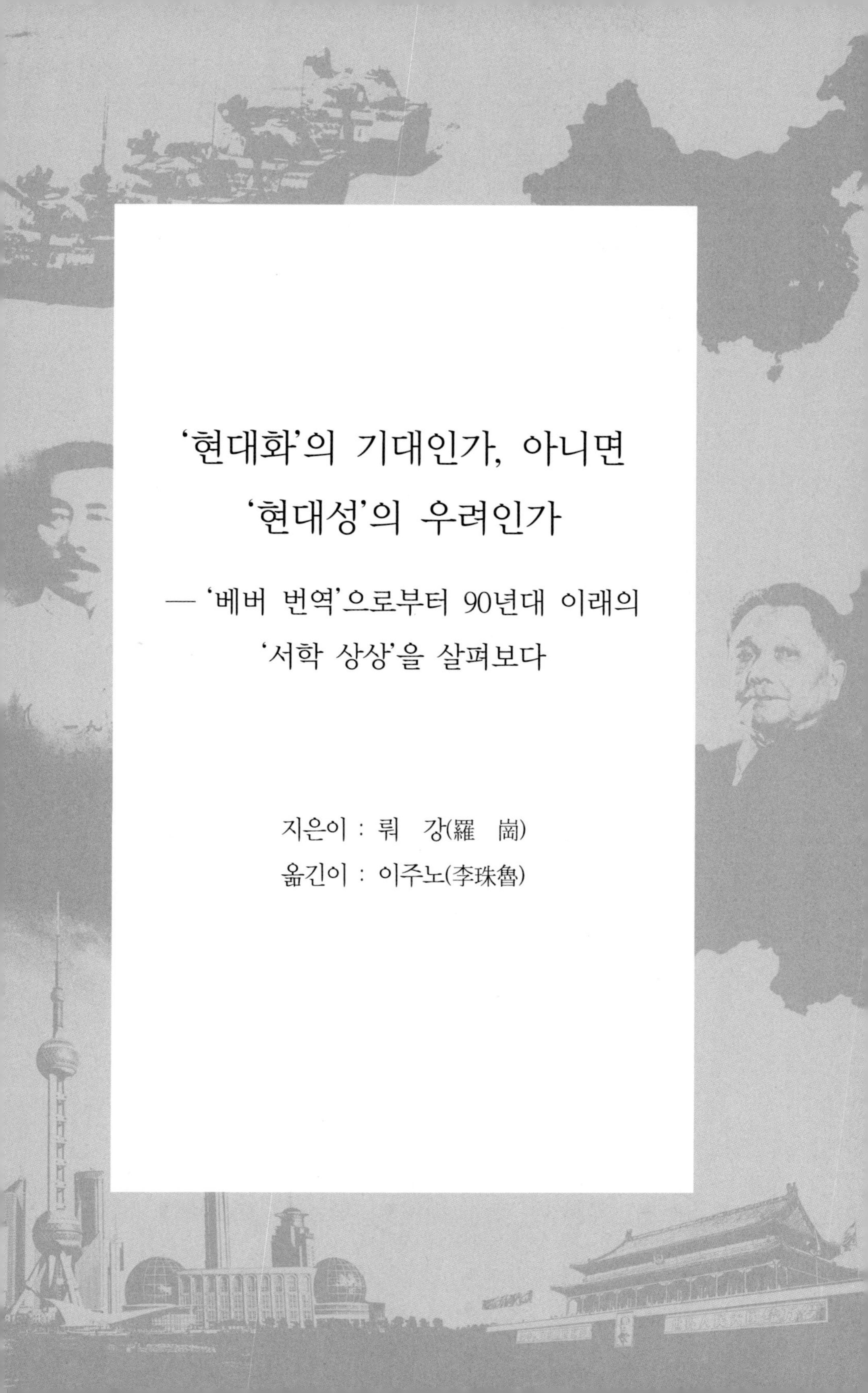

'현대화'의 기대인가, 아니면 '현대성'의 우려인가

— '베버 번역'으로부터 90년대 이래의 '서학 상상'을 살펴보다

지은이 : 뤄 강(羅 崗)

옮긴이 : 이주노(李珠魯)

1. '번역' 속의 언어변혁: '근대국어'운동과 백화문
2. 사상사에서의 '번역'의 의의: '주제화'와 '주체화'
3. '번역'이 열어놓은 사상영역: 현대성과 이와 관련된 문제의식

1. '번역' 속의 언어변혁: '근대국어'운동과 백화문

한국과 일본, 중국을 포함한 동북아지구의 언어역사는 식민제국의 언어에 완전히 제압된 적이 없다. 그러나 이것이 본토 언어가 온전히 독립적으로 발전할 수 있었음을 의미하지는 않는다. 이들 국가는 '현대'로 진입하는, 다시 말해 동서양의 '식민'체계로 편입되는 과정에서 약속이나 한 듯이 '근대국어'를 창조하는 운동을 일으켰다. 이 운동의 합법성은 '현대민족국가'를 건설하려는 충동을 토대로 삼고 있으며, 매우 자각적으로 이 언어변혁을 제국언어, 즉 라틴어의 제약을 벗어나 '현지 방언'을 기초로 각기 상이한 '민족국가언어'를 창립하였던 서구의 역사적 진행과정에 비유된다. 이를테면 야코프 부르크하르트(Jacob Burckhardt)*는 ≪이탈리아 르네상스의 문화(*The Civilization of the Renaissance in Italy*)≫라는 책에서, 단테(A. Dante)의 방언 저작이 라틴어와의 대항 속에서 어떻게 토스카나(Toscana)방언을 새로운 민족언어의 기초로 만들었는지를 서술하였다. 그는 이렇게 강조하였다. "보다 중요한 점은 사람

* 야코프 부르크하르트(Jacob Burckhardt, 1818-1897)는 스위스의 역사가로서, 바젤대학의 사학, 미술사 교수를 역임하였다. 대표적인 저서로는 르네상스사 연구서인 ≪이탈리아 르네상스의 문화≫가 있으며, 이 명저를 통해 르네상스라는 말이 일반 용어로서 자리잡게 되었다. – 역주

들이 논쟁의 여지없이 순정한 언어와 발음을 소중하고도 신성한 것으로 간주하여 존중하였다는 것이다. 이 국가의 지방들은 잇달아 이 전범언어를 채택하였다. 베니스, 밀라노와 나폴리에서 이것을 채택했던 무렵은 이탈리아문학의 전성기였으며, 이는 일부분 문학의 영향에서 비롯된 것이었다."[1)]

따라서 '근대국어'운동은 동북아 여러 나라에서 많은 상이한 특징을 보이고 있지만, 기본적인 지향에 있어서는 선명한 일치성을 띠고 있는 바, 한편으로 전통적인 (언문의 분리를 특징으로 하는) 서면어를 변혁해야 할 대상으로 간주하고, 다른 한편 ('음성중심주의' 경향을 드러내는) '언문일치'를 언어변혁의 방향으로 삼아 '현대민족국가'의 핵심적 가치에 어울리는 새로운 서면어, 즉 '국어'를 창조하였다. 이 두 가지 방면의 결합은 '현대민족국가 모체(母體)의 형성'과 '각자의 속어에 기반하여 서사(書寫)언어를 창조해가는 과정'을 통일시켰다. 가라타니 고진*이 지적하고 있듯이, "음성중심주의는 현대적 민족국가문제와 떼려야 뗄 수 없다. 일본에서 민족주의의 맹아는 주로 한자문화권내에서 표음성(表音性)의 문자를 우세한 위치에 놓는 운동 속에 나타났다. 그러나 이는 결코 일본 특유의 일이 아니다. 민족국가의 형성에 있어서 시간적으로 선후의 차이는 있을지라도, 세계적으로 예외 없이 이러한 문제가 일어난다. …… 나는 문자, 서사언어와 민족국가의 문제를 보다 보편적인 장(場)에서 고찰하고자 한다."[2)]

'근대국어'의 창조과정에 대한 '음성중심주의'의 지배적 작용으로 말미암아, 동북아 여러 나라의 '국어'는 거의 탄생한 순간부터 '번역'과 불가분의 관계를 맺게 되었으며, 심지어 동서양 사이의 '번역'문제가 '국어' 속에 내재화하였다고까지 말할 수 있다. 일본의 언문일치운동은 흔히 바쿠후(幕府) 말기에 마에지마 히소카(前島密)**가 제창한 '한자 폐지론'의 진언에서 시작되었다고 여

* 가라타니 고진(柄谷行人, 1941-)은 일본의 문예평론가이자 사상가. 마르크스와 칸트 등 서양 사상에 대한 재해석을 통해 자본과 국가의 독자적인 이론체계를 확립하였다. 대표적인 저서로는 ≪일본 근대문학의 기원≫, ≪세계사의 구조≫ 등이 있다. — 역주

** 마에지마 히소카(前島密, 1835-1919)는 일본의 정치가이자 기업가로서, 일본 우편제도의 아버지라 일컬어진다. 그는 1866년에 도쿠가와 요시노부(德川慶喜)에게 언문일치를 제창하여 한자의

겨진다. 당시 마에지마 히소카의 신분은 바쿠후 카이세죠(開成所)*— 즉 바쿠후에 의해 설치되어 네덜란드어 · 영어 · 프랑스어 · 독일어 · 러시아어 등을 가르치는 학교—의 통역관이었다. 그의 진언은 '언문일치'운동이 주로 '문자'에 관한 새로운 개념에서 시작되었음을 보여주었다는 점에서 각별한 의미를 지니고 있다. 그는 '음성성(音聲性) 문자'가 지니고 있는 경제성, 직접성과 민주성에 주목하였다. 서구의 우월성이 '음성성 문자'에 있다고 느낀 그는 일본어의 '음성문자화'의 실현이 시급한 과제이며, 이 과제를 완수하는 전제는 '한자의 폐지'라고 생각했다. 이리하여 일본의 '언문일치'는 한자의 영향에 맞서 자신의 방언을 채용함으로써 나름의 민족서사언어를 창조해냈다.

이러한 '근대국어'의 창조과정은 '한자'를 '라틴어'와 흡사한 '제국언어'의 위치에 놓음으로써, '일본'과 '서구'의 '언어변혁'을 '민족국가'의 기획 속에서 '일체화'하였다. 중국의 '백화문운동'은 '방언운동'으로 볼 수도 없고, 어음(語音)을 중심으로 서면어를 새로이 창조하지도 않았으며, 한자서면어계통('백화문')으로 또 다른 한자서면어계통('문언문')을 대신하였을 뿐이다. 이에 대해 왕후이(汪暉)는 다음과 같이 분석하고 있다. "'민족언어'('민간언어')로 제국언어를 대신하는 문제가 존재하지 않았기에, 백화문운동은 본토언어/제국언어의 대치관계 속에서 문제를 제기한 것이 아니라, 빈민/귀족, 아(雅)/속(俗)의 대치관계 속에서 자신의 가치지향을 수립하였다. 백화문운동의 이른바 '구어화'가 겨냥한 것은 고전 시가의 격률과 고대 서면어의 조탁과 진부함이었으며, 결코 진정한 '구어화'는 아니었다."[3] 그러나 주목할 만한 점은 '백화문운동'의 초기 제창자이자 기획자인 후스(胡適)가 꽤 자각적으로 자신이 벌이고 있는 일을 '단테와 루터의 위업'에 견주어 거론했다는 것이다. 후스가 〈문학개량에 관한 보잘 것 없는 주장(文學改良芻議)〉이라는 글에서는 '속어, 속자를 피하지 말 것'이라는 항목 아래에 '단테와 루터의 위업'을 예증으로 끌어들였을

폐지를 건의하였으며, 1868년에는 오쿠보 토시미치(大久保利通)에게 수도를 토쿄에서 에도로 옮길 것을 주장하였다. – 역주

* 카이세죠(開成所)는 에도 바쿠후에 의해 1863년에 설치된 양학(洋學) 교육연구기관이다. – 역주

뿐이라면, 〈건설적 문학혁명론(建設的文學革命論)〉에서는 단테가 라틴어에 맞서 '방언'을 빌려 글을 지음으로써 마침내 이탈리아의 '국어'를 창조했던 역사적 사실을 들어 자신의 '신문학 건설론'의 유일한 종지인 '국어의 문학, 문학의 국어'를 이끌어냈다. 후스의 논술 가운데에서 독일의 루터(M. Luther), 이탈리아의 단테, 영국의 초서(G. Chaucer) …… 등의 서구인들이 이룩했던 '위업'은 신문학 발전의 앞으로의 방향을 명확히 제시하였을 뿐만 아니라, 중국언어변혁의 합법성을 직접적으로 제공하였다.[4)]

수년이 지난 후 후셴쑤(胡先驌)는 후스가 단테와 이탈리아어의 관계를 이해하지 못했다고 여겨, 후스가 제멋대로 '백화문'의 창조를 단테가 방언으로 시를 지은 것에 견주었다고 이렇게 비판하였다. "…… 단테가 토스카나 방언으로 시를 지은 것은 후스가 백화문을 창조한 것과 근본적으로 세 가지가 다르다. (1) 유럽의 언어는 변하기 쉬우며, 문자는 언어를 좇아 변한다. 그러므로 6~700년간에 일어난 라틴어의 이탈리아어로의 변화는 같은 기간의 우리나라 언어문자의 변화보다 훨씬 심하다. (2) 이탈리아는 이민족에게 정복되고 로마문화는 멸망하였다. 당시 다시 암흑시대를 맞아 교황과 카톨릭의 권력이 전 유럽을 휩쓸었으며 학술과 문장은 날로 쇠락하고 로마문화의 정신은 이탈리아 인민과 이미 격차가 크게 벌어져 있었다. (3) 이탈리아의 시인은 타국의 언어를 다투어 사용하여, 혹은 통용되지도 않고 뒤섞여 순수하지 않은 방언으로 시를 지었다. 그래서 단테는 비교적 아름답고 순결하며 옛 라틴어에 가까운 방언을 택하여 시를 짓지 않을 수 없었다. 플로렌스는 당시 문물의 풍성함이 토스카나주의 여러 도시 가운데 으뜸인데다가, 플로렌스의 방언은 순결하고 옛 라틴어에 가장 가까웠다. 그렇기에 단테는 이것을 채용하였던 것이다. …… 플로렌스의 방언은 가장 순결하고 옛 라틴어에 매우 가까웠지만, 단테는 장중한 시를 짓기에는 충분치 않다고 여겼으며, 글을 지을 때에는 라틴어를 사용하였다. 그러므로 후스가 단테를 자신의 편으로 끌어들여서는 안 된다는 것은 분명하다."[5)] 세세한 부분에서 본다면 후셴쑤의 설명은 당시의 역사에 상당히 부합되지만, 그는 후스와 단테의 근본적인 일치점을 무시했다. 그것은 곧 백화문운동이든 '방언'으로 시를 짓든 모두 현대언어변혁과 현대민족주의 사이의 밀접한 관계를 명확히 보여준다는 점이었다. 그는 이러한 연관성을 아예 무시한 채, 단테가 '비교적 아름답고 순결하며 옛 라틴어에 가까운 방언을 택하여 시를 지었다'는 사례를 들어 '백화문'으로 '문언문'을 대체해서는 안 된다는 것을 증명하고자 하였다. 이는 세상물정 모르는 케케묵은 생각이라 하지 않을 수 없다.

이에 비해, 후셴쑤와 더불어 '학형파(學衡派)'에 속하는 메이광디(梅光迪)가 미국 유학중이던 후스와 벌였던 논쟁은 문제의 복잡성을 한층 분명하게 보여주었다. 메이광디는 1916년 7월 24일에 후스에게 띄운 편지에서 후스가 제창하는 '문학혁명'이 세속에 영합하는 서구의 신조류(新潮流)에 대한 모방에 지나지 않는다고 질책하였다. 즉 "오늘날의 서구 시단에는 그대처럼 혁명의 깃발을 치켜든 이가 흔하여 신기할 게 없는데 …… 대부분 그대의 속화시(俗話詩)의 동류이며, 모두 '전에도 해본 적이 없고, 앞으로도 하지 못할 일'이라고 자랑하고 야릇한 이름을 붙여 무리를 불러모아 세상사람들의 눈과 귀를 현혹시키고서는, 자신은 그 속에서 명사의 직함을 얻어내기를 좋아합니다. …… '신조류'는 귀에 이미 익은 말입니다. ……진실로 바라건대 그대는 이따위 한 푼의 가치도 없는 신조류를 표절하여 세상 사람을 기만하지 마시오."[6] 흥미로운 점은 후스에 대한 그의 비판이 새로운 관념과 새로운 사물에 대한 몰이해에서 비롯된 것은 아니라는 점이다. 오늘날 우리는 정식 출판된 ≪후스 유고 및 비공개 서신(胡適遺稿及秘藏書信)≫에서 메이광디가 후스에게 보낸 편지의 전문을 읽을 수 있으니, 맥락에서 벗어난 후스의 인용만으로 그의 의중을 이해해서는 안 된다. 1916년 3월 19일 후스에게 보낸 편지에서 메이광디는 다음과 같이 말했다. "장래에 서양문학 지식을 약간 들여와 새로운 안목으로 고유의 문학을 평가하여 후세 사람에게 보여줌으로써 교량 역할을 할 수 있다면 나의 바람은 충족될 것입니다. …… 보내준 편지에서는 송원(宋元) 문학을 논하고 있는 바, 귀머거리의 막힌 귀를 뚫어주었으니, 문학혁명은 마땅히 '민간문학(folk, popular poetry, spoken language 등)'에서 착수하여야 함은 말할 나위도 없습니다. 다만 한 바탕 큰 싸움을 겪지 않으면 안될 터인데, 느닷없이 통속문학을 거론하면 틀림없이 구파 문인들에게 비웃음과 공격을 받게 될 것입니다. 하지만 우리는 그들의 비웃음과 공격을 환영합니다."[7] 이 편지에서 금방 알 수 있듯이, 설사 그가 훗날 후스의 '문학혁명'이란 주장에 극력 반대하였지만, 후스가 '문학'과 '언어'의 변혁을 준비하던 초기에 메이광디 자신은 열정적인 참여자였으며, 후스와 마찬가지의 문제의식을 지니고서 '민간문학(folk, popular poetry)'과 '구어(spoken language)'가 '문학'과 '언어'의 변혁을 추동하는 원동력이라고 여겼다. 그가 일체의 '신조류'에 섣불리 영합하거나 관계하지 않겠노라고 공공연히 부르짖었던 것은 '수구(守舊)' 때문이 아니라, 그가 "too sceptical, too independent"[8]했기 때문이었다.

여기에서 중요한 점은 '신조류'를 대하는 후스와 메이광디의 태도 가운데에서 누가 옳고 누가 그른가가 아니라, 그들 모두가 중국문학과 언어개혁을 국제—특히 구미—적 컨텍스트에 놓고서 토론하였다는 것이다. 이는 '번역'이 이미 그들의 변혁방안 속에 내재되어 있었음을 의미한다. 사카이 나오키(酒井直樹)*는 이러한 상태를 '쌍형상화(cofiguration) 도식'이라 일컫는데, 그는 다음과 같이 지적하였다. "현대 민족국가내의 '문학' 제작방식은 이러한 쌍형상화의 역사 및 이 도식을 토대로 하는 번역의 '실천계'에 얽매여 있을 수밖에 없다. …… 이러한 쌍형상화의 역사는 하나의 민족이 타민족의 형상을 모방하려는 욕망과 그들 자신의 독특성을 주장하여 타민족과의 차이를 드러내려는 욕망이 동시에 각성될 때에 형성되는 것이다. 따라서 애초부터 민족'문학'의 제작이란 어쩌면 이미 비교문학과 한데 얽혀 있는 것인지도 모른다. 민족문학은 곧 비교문학이다."[9] 문예의 새로운 흐름을 바라보는 태도이든 민족문학에 관한 구상이든, 후스와 메이광디는 구체적인 문제에서 많은

* 사카이 나오키(酒井直樹, 1946-)는 일본 출신의 역사학자로서 일본사상사와 비교문학을 전공하는 코넬대학의 인문학부 교수이다. 대표적인 저서로는 ≪과거의 음성 : 18세기 일본의 담론에 있어서의 언어의 지위(*Voices of the Past: the Status of Language in Eighteenth-century Japanese Discourse*)≫, ≪번역과 주체(*Translation and Subjectivity*)≫ ≪일본/영상/미국— 공감의 공동체와 제국적 국민주의≫ 등이 있다. – 역주

차이를 보이지만, 그럼에도 불구하고 동일한 우려와 갈망을 드러내고 있다. 그것은 곧 한편으로는 비교와 번역의 틀 속에서 변혁의 합법성을 모색하지 않으면 안 되며, 다른 한편으로는 민족언어, 문학과 문화가 변혁 속에서 종속적 지위를 벗어나 주체성을 쟁취하기를 기대한다는 점이다. 이러한 의미에서 후스와 메이광디는 중국이 변혁을 지향하는 '신문화운동'을 전개해야 하는가의 여부가 아니라, 어떤 경로를 따라 어떤 수단으로 이 변혁을 진행할 것인가를 둘러싸고 의견이 나뉘었다. 그들은 '신조류의 추앙'이니 '낙후보수'이니 서로 비난하였지만, 모두 상대방의 변혁방안의 '종속성'을 강조하고 자아의 '주체성'을 돋보이려는 의도를 담고 있었다.

후스와 메이광디의 이러한 공통적인 '다국적(transnational)' 및 '통언어간(translingual)' 시야와 여기에서 비롯된 주체성의 고민은 물론 만청 이래의 사회와 지식의 전환과 밀접한 관련을 맺고 있다. 이는 중국에 관한 어떤 논술이든 단일한 중국 시각에는 더 이상 만족할 수 없으며, 공간적으로 더욱 넓어지고 시간적으로 더욱 길어짐과 동시에 부단히 확장되고 있는 글로벌한 컨텍스트, 그리고 이러한 컨텍스트 아래에서 형성된 현대 민족국가의 문화와 정체성을 고려하지 않으면 안 됨을 보여준다. 이는 만청 이래 오늘에 이르기까지 완전히 해결되지 못한 중국의 곤경, 즉 어떻게 하면 '(누군가에 의해) 현대화되어가는' 과정에서 서구를 본받으면서도 서구에 맞서 중국의 주체성을 수립할 수 있을 것인가의 곤경을 두드러지게 보여주었다. 이 곤경은 '번역'을 내재화한 '백화문' 속에 이토록 깊이 얽혀 있다. 그리하여 마침내 루쉰(魯迅)은 '중국'의 생존여부의 경계를 '고문'과 '백화'의 분야로 구분하여 이렇게 같이 지적하였다. "우리에게는 앞으로 두 가지 길만이 있을 뿐입니다. 하나는 고문을 껴안고 죽는 길이고, 다른 하나는 고문을 버리고 살아남는 길입니다."[10] 만약 '죽기'를 바라지 않는다면 '백화'로 '중국'을 말하지 않으면 안 된다. 루쉰의 말을 빌리자면, "우리는 현대의 자신의 말로 이야기해야만 합니다. 살아있는 백화로 자신의 생각과 감정을 솔직하게 말해야 합니다." 이 '진술'은 마찬가지로 '다국적' 및 '통언어간' 컨텍스트 속에서 전개되었지만, 이 컨텍스트는 단지

'중국'과 '구미'의 관계만을 가리키는 것이 아니라, 서구 식민주의가 수립한 국제관계 속에서 '중국'과 기타 식민지를 비교하기도 한다. "지금 소리 없는 민족으로 어떤 민족이 있는지 생각해보십시오. 아랍인의 소리를 들을 수 있습니까? 베트남, 조선의 소리를 들을 수 있습니까? 인도에는 타고르 외에 다른 소리가 있습니까?" 소리를 내는 일이 민족의 존망과 관련되어 있다고 인식하였기에, 루쉰은 큰 소리로 이렇게 호소하였던 것이다. "젊은이들이 앞장서서 중국을 소리 있는 중국으로 바꿀 수 있습니다. 대담하게 말하고 용감하게 나아가야 합니다. 일체의 이해관계를 떠나 옛 사람을 밀어내고 자신의 진심어린 이야기를 발표해야 합니다. …… 참된 소리만이 중국 사람과 세계 사람을 감동시킬 수 있습니다. 참된 소리가 있어야만 세계 사람과 더불어 세상에서 살 수 있습니다." 주목할 만한 점은 루쉰이 영국의 식민지인 홍콩에서 이 내용을 발표하면서 '참된 소리'로써 '백화'와 '젊은이', '백화'와 '중국', '백화'와 '세계'를 연관시켰다는 것이다. 소리 없는 중국, 소리 없는 민중이 어떻게 소리를 낼 수 있게 만들 것인가가 루쉰이 평생 탐구했던 과제였다면, 여기에서 '민중 주체'의 '진술'은 '민족 주체'를 찾는 전제가 되었으며, 심지어 한 걸음 더 나아가 루쉰의 구상 중에서는 '민중 주체'가 '참된 소리'로 끊임없이 '진술'하는 실천이 '민족 주체'를 창조해냈다고까지 단언할 수 있다.

그러나 이러한 진술 실천은 시종 '언어의 격투' 상태에 놓인 채 '백화'와 '고문'의 쟁탈, '경험'과 '말'의 긴장을 겪었을 뿐만 아니라, '번역중'에 놓'이지 않으면 안 됨'과 동시에 '번역의 전제'를 질의'하지 않을 수 없는' 모습을 띠어야만 했다. 하지만 긴장된 격투 속에서 식민 상황 아래의 '민족문화'는 비로소 '주체성'을 획득할 수 있다. "민족문화는 결코 민간의 이야기가 아니며, 인민의 진실한 본성을 발견할 수 있다고 여기는 추상적 인민주의(populism)도 아닙니다. 그것은 까닭 없이 행동하는 생기 잃은 찌꺼기로 이루어진 것이 결코 아니다. 그 행동들은 이미 갈수록 인민대중의 눈앞의 현실에서 벗어나버리기 때문이다. 민족문화는 하나의 민족이 이러한 행동을 진술하고 찬미하며 이를 변호하기 위해 사상 영역 속에서 기울인 온갖 노력이며, 이 노력을 통하여 인민은 그것을 창조해내고 그것의 생존을 도모한다. 따라서 저개발국가의 민족문화는 이들 국가가 진행하는 자유 쟁취를 위한 투쟁의 중심지대에 자신을 위치지우지 않으면 안 된다."[11] '민족문화'에 대한 파농(F. Fanon)의 구상 속에는 마찬가지로 '번역'식 중개의 설정이 포함되어 있는데, '민족문화'가 물화된 과거가 아닌 바에야 과거의 '전통'은 반드시 약간의 중간고리를 거쳐야만 '현재'로 끌려 들어올 수 있다. '전통'에 대한 이러한 현대의 '발견'은 '번역'이 일종의 실천수단으로서 역사에 대해 상이한 독해방식을 제기할 필요가 있음을 명백히 보여준다.

2. 사상사에서의 '번역'의 의의: '주제화'와 '주체화'

'백화문'이 이미 '번역'을 내재화하였기에, 현대중국의 문학사와 사상사는 일찍이 '번역'이 발휘하는 작용에 주의를 기울였다. 예를 들면, 후스는 신약과 구약을 독일어로 번역한 마르틴 루터의 위업에 계발을 받아, '백화문학사'의 기점을 구어로 불경을 번역했던 시대로 정하였다. 또한 훗날 '50년간의 중국문학'을 회고할 때에도 '옌푸(嚴復)와 린수(林紓)의 번역'을 각별히 중시하여 "옌푸는 서양 근세사상을 소개한 최초의 인물이며, 린수는 서양 근세문학을 소개한 최초의 인물"이라고 높이 평가하는 외에도, 옌푸와 린수의 저작이 신구문학의 과도기의 표지로서의 의미를 지니고 있음을 강조하였다.[12]

후스가 '비교'의 의미에서 '번역'의 작용을 중시했다면, 당시 '번역'이 가져온 직관적 효과는 '신명사'의 대거 출현이었다. 이들 '신명사'는 만청 이래 중국에 쏟아져들어온 '신사물', '신관념'과 '신사상'의 담론 차원에서의 대응물일 뿐만 아니라, 직접적으로 중국현대사상의 형성과 발전에 '개념 도구'와 '지적 자원(intellectual resources)'을 제공해주었다. 이에 대해 왕판썬(王汎森)은 다음과 같이 지적하고 있다. "'지적 자원'과 '개념 도구'가 크게 바뀌기 전이라면, 사상의 갖가지 변화란 아무래도 '새장 경제'*처럼 머뭇머뭇 일어날 수도 있고 특별히 우수하고 특이한 사상가도 출현할 수 있겠지만, 변화가 만들어내는 폭과 깊이는 여전히 기존의 지적 자원의 제약을 받아 새장을 벗어나 전혀 새로운 천지로 날아오르기란 그다지 쉽지 않다."[13] 자신의 관점을 보다 명확히 설명하기 위해, 왕판썬은 번역을 통해 들여온 '국가', '국민', '군(群)'과 '사회'라는 네 가지 만청 정치의 '신명사'와 '신개념', 그리고 이들과 량치차오(梁啓超)의 '신사학(新史學)' 사상의 형성 사이의 관계를 전문적으로 탐구하였다. 이들 새로운 명사와 개념이 도입됨으로 말미암아, 국민의 활동을 주체로 하는 역사탐구공간이 열리고, 복잡하면서도 단원적(單元的)이지 않은 역사 행위자에 대한 관심이 생겼다. 동시에 이러한 영향 아래에서 중국의 '유사(有史)'와 '무사(無史)'에 관한 논쟁도 형성되었다. 완전히 새로운 이질적 사상 요인이 더해지지 않았더라면, 사학의 전통이 깊고 두터운 중국이란 나라에서 '유사'와 '무사'의 문제를 토론한다는 것은 아예 상상할 수도 없는 일이었다. 이는 '신명사'와 '신개념'의 영향을 받은 이들이 역사란 반드시 전통적인 정의하의 역사가 아닐 수도 있다는 것을 의식하였음을 의미한다. 당시 '무사'론자이든 '유사'론자이든 가릴 것 없이 마침내 모두 역사란 '민사(民史)', '공사(公史)'와 '사회사', 즉 집단의 역사이어야 한다는 것을 은연중에 인정하였다. 이는 현대중국의 사학발전에 대단히 중요한 영향을 끼쳤다.[14]

현대사상사를 성찰하는 '개념도구'를 통하여 사상사에서 번역이 갖는 의미를 깊이 이해할 수 있음은 분명하다. 그러나 이러한 성찰 방식의 결함은 사상사에 대해 '번역'이 일으킨 '효과'('신명사'와 '신개념')의 영향에 주목할 뿐, '신명사'와 '신개념'의 창조에 대한 '번역'과정 자체의 영향에 대해서는 관심을 기울이지 않는다는 점이다. 이를테면, '국가', '국민', '군(群)'과 '사회' 등의 '신명사'와 '신개념'이 '신사학' 사상에 미친 영향을 토론할 경우, 이들 개념을 이미 형태가 갖추어진 사상사의 '사실'로서 받아들인 다음, 이들 개념이 '사학'의 변혁에 초래한 직접적인 영향을 분석한다. 그런데 이러한 토론은 이들 개념

* 1980년대 이후 개혁개방을 둘러싸고 중국공산당 내부에서 격론이 벌어졌을 때, 덩샤오핑(鄧小平)의 전면적인 개혁개방정책에 맞서, 천윈(陳雲)은 제한된 범위의 개방이란 의미에서 '새장 경제(鳥籠經濟)'를 주장하였다. — 역주

이 복잡한 번역과정—흔히 서구에서 일본을 거쳐 돌고 돌아 번역되었다는 사실—속에서 형성되었음을 아예 무시하고 있다. 바로 이러한 사상사 연구의 현실에 대해, 류허(劉禾)는 '호역성(互譯性)'에 대한 경시가 현대사상사 글쓰기의 언어적 맹점이라고 다음과 같이 예리하게 지적하고 있다. "현대사상사의 글쓰기는 언어와 언어 사이에 구축된 '호역성'의 시초(이를테면 A 언어중의 어느 어휘가 언제 B 언어중의 다른 어휘와 같아지기 시작했는가?)에 실현될 수 있으며, 언어와 언어 사이의 상호충돌, 융합과 번역이라는 역사과정 속에 실현되어 연구될 수 있는가? 만약 현대중국어 자체가 바로 이러한 과정의 산물이고, 현대사상사의 글쓰기 또한 그러하다면, 우리는 다음과 같은 질문을 던지지 않을 없다. 즉 중국어와 기타 언어 사이의 이른바 '호역성'은 역사적으로 어떻게 구축되었는가? …… 이러한 일련의 의미 사이의 '호역성'은 언제 중국어의 글쓰기로 들어왔으며, 어떻게 들어왔는가? 이들은 중국문화와 서구문화(또한 일본문화) 사이의 '상호 이해'의 가능성—오해(誤解)를 포함하여—에 대해 어떤 중대한 영향을 끼쳤는가? 서구문화에 대한 이들의 해석 혹은 번역에 대해, 그리고 거꾸로 중국문화의 자아인식에 대하여 어떤 '인식론'상의 결과를 초래하였는가?"[15]

'호역성'을 중시하였기에 류허는 '번역'을 일종의 '통언어적 실천(translingual practice)'으로 간주하였다. "변화(change)라 일컬어지는 무엇인가가 만들어질 수 있도록 역사적 우연이라 여겨지던 순간 순간에 서구와 과거 중국의 지적 자원이 인용되고, 번역되며 전유되거나 혹은 주장되는 방식에 초점을 맞추는 것이 나을 것이다. 내가 보기에, 이러한 변화는 언제나 중국 자신의 과거와도 다르고 서구와도 다르지만, 양자 모두와 깊이 연계되어 있다."[16] 이른바 '변화라 일컬어지는 무엇인가'가 가리키는 것은 중국의 '현대성'이며, 이러한 '현대성'은 '통언어적 실천' 속에서 우선적으로 "번역된 '현대성'"으로 이해된다. '번역'은 여기에서 평가—이를테면 서구는 원천이고 중국은 파생이라는—아니라 개방된 영역이다. 즉 번역을 통해 '창조'된 새로운 어휘, 의미, 논술과 재현 형식 등등은 한편으로 중국의 '현대성'을 만들어내며, 다른 한편으로 이

'창조' 자체도 본토의 경험에 입각한 '현대성'의 산물이다. 이는 '번역'에 대한 보다 광범하고 유연한 이해를 의미하고 있다. 우리는 '서학동점(西學東漸)'의 과정이 바로 끊임없는 '번역'의 과정임을 잘 알고 있다. 그러나 '번역'은 상이한 언어 속에서의 전파와 유포를 가리킬 뿐만이 아니며, 서학이 어떤 경로를 통하여 어떤 방식을 취하여 상이한 문화에 의해 동일시되고 선택되며 재조합되고 설명되는가에 더욱 관심을 기울어야 한다. 따라서 '번역'은 단순히 두 언어의 교환도 아니고, 나아가 두 문화의 교류도 아니며, 이러한 교류활동은 최종적으로 문화 내부의 활동으로 전환되지 않으면 안 된다. 왕더웨이(王德威, David Der-wei Wang) 역시 번역과 만청의 '현대'담론의 관계에 대해 논한 적이 있는데, 한 가지 언어가 다른 언어로 번역되면서 일으키는 국부적인 문제에 한정되지 않은 채 초언어(超言語)의 차원에서 탐구를 진행하였다. 그것은 곧 역자가 어떻게 "서구의 서사양식, 문체적 특질, 감정의 컨텍스트 및 이데올로기 등의 개념을 중국에 '이식'하였는가이다. …… 초점은 번역이 만청의 작자와 독자의 현실에 대한 동경을 어떻게 '다시'('고쳐'가 아니라) 만들어 내는가에 모아짐으로써, 중국이 '현대'를 추구하는 과정에서 가장 흥미로운 일면을 이루었다."[17] '다시 만들기'와 '고쳐 만들기'는 두 글자의 차이일 뿐이지만, 자못 음미해볼 만하다. 이로써 두드러지는 것은 '번역'에서의 전통과 현대의 '화합' 작용인데, 이는 류허가 중시하는 바의 '변화라 일컬어지는 무엇'과 흡사하다. 그들이 논술하는 수준은 약간의 차이가 나지만, 모두 번역의 '창조성'이란 점에 주목하고 있다.

그렇지만 이론적으로 '번역'이 갖추는 '창조성'은 현실 속에서 전개될 수 있어야 하고, 또한 여러 가지 조건이 배합되어야 한다. ≪언어와 번역의 정치(語言與飜譯的政治)≫라는 책의 서언에서, 쑨거(孫哥)는 중국의 현대번역연구와 실천 중에 내포된 문제설정은 "번역의 정치가 현대 컨텍스트 속에서 중국의 '대정치(大政治)'와 겹쳐진다는 것, 즉 그것은 기본적으로 단일한 문화 틀 내에서 '도입'의 방식으로써 운용되었다"는 점이라고 여긴다. 그가 이 글에서 사용한 용어를 그대로 가져다쓴다면, 중국 현대번역의 연구와 실천이 떠받들었던 것은 일종의 '단일어(monolingual)'의 원칙이다. 그것은 곧 외래의 논술을 들여와 본토에서 가장 받아들이기 쉬운 멘탈 세트(Mental Set) 혹은 주류 이데올로기에 들어맞게 하고, 이 과정을 통하여 단일한 '중국'적 신문화전통을 수립하는 것이다. 쑨거는 린수(林紓)의 번역을 '단일어성' 번역의 대표로 간주하며, 이러한 단일어성은 린수가 다른 언어에 대한 책임을 해당 언어에 능숙한 사람에게 떠넘겨버린 채 오로지 자신의 문언문 수완에 기대어 원문의 줄거리에 따라 창조를 진행했을 뿐이라는 점에 잘 드러나 있다고 여긴다. '번역'이라 볼 수 없는 린수의 '번역'이 이처럼 중요한 가치를 지니는 까닭은 몇몇 특수한 요인 외에도 상당 부분 '단일한 문화틀'에 대한 요구로 귀결지어야 할 것이다.[18)]

쑨거는 번역의 '단일어성'을 "나의 쓸모에 따라 내용을 모국어 속으로 운반하는 것"[19)]으로 간주하였다. 그럼에도 그는 이러한 '단일어성'이 어떻게 역사적으로 세워지는지, 즉 왜 '번역'을 운반으로 여기는지, 운반하는 목적이 정말로 '나의 쓸모에 따르는 것'인지 깊이 궁구하지 않는다. 그는 운반한 '것'—물론 서구에서 온 것—을 세상 어디에 놓아도 정확한 '진리'로 여기며, '번역'에서 진행하는 것은 이중의 '탈역사화' 작업이다. 즉 한편으로는 '서학(西學)'을 특정한 사회역사적 맥락에서 끄집어내어 보편적 진리로 변신시키며, 다른 한편으로는 본토의 구체적인 사회역사적 컨텍스트를 완전히 무시한 채 '서학'을 문제 해결의 최종적 권위로 삼는 것이다. 일찍이 20세기 초에 덩스(鄧實)는 당시 지식계 내의 분위기를 '서양 사람을 하느님처럼 떠받들고, 서양 책을 신성한 것처럼 여긴다'고 묘사하였는데, 그의 '국수파' 입장으로 말미암아 그의 묘사가 약간 과장되어 있다는 느낌이 들기는 하지만, "서구 이론이 보편진리를 대표한다는 관념"이 1905년부터 1911년 사이에 이미 "중국 지식인의 마음속에 깊이 뿌리내렸다"[20)]고 역사학자들은 일반적으로 생각한다. 이 또한 어느 정도 '단일어성' 번역이 성행했던 원인을 설명해주고 있다.

번역의 '단일어성'에 상대적인 것은 쑨거가 숭앙하는 바의, 옌푸(嚴復)를 대표로 하는 번역의 '이중언어성(bilingual)'이다. 이른바 '이중언어성'은 "원문에 밀착하였기에 곳곳마다 어려움을 느낀다"는 것을 가리킨다. 설사 옌푸의 번역이 이러한 지향을 상징하는지의 여부는 토론을 거쳐야만 할 문제이지만, 그 자신이 '충실성(信)'과 '의미 전달(達) 및 전아함(雅)' 사이에서 드러내고 있는 진퇴양난은 적어도 이렇게 이해했을 가능성을 암시하고 있다.[21] 사실상 옌푸가 ≪천연론·역례언(天演論·譯例言)≫에서 설명한 '전아함(雅)'은 오늘날 통행되는 이해처럼 글의 아름다움으로 풀이되는 것이 결코 아니다. 그가 말하는 '전아함'이란 한대(漢代) 이전의 구문법과 자법(字法)으로 번역을 진행하는 것을 가리킨다. "그러므로 충실함과 의미 전달 외에도 규범에 맞을 것이 요구된다. 이는 멀리 전하기 위해서만이 아니다. 실제로 정치하고 심오한 이치는 한대 이전의 자법과 구문법에 따라야 의미를 전달하기 쉬우며, 근래의 통속어를 사용하면 의미를 전달하기 어렵다. 때때로 의미를 억누르고 문사에 치중하면 사소한 차이일지라도 엄청난 차이를 낳게 된다. 그래서 둘 사이에서 신중히 선택하는 것은 진실로 어쩔 수 없는 일이니, 어찌 기이함을 추구하기 위함이겠는가?"[22] 옌푸에 따르면, 한대 이전의 고인들은 이미 진지한 학술탐구를 초보적이나마 전개하였지만, "후대 사람들 가운데에는 그 실마리를 끝까지 궁구한 자가 없었다." 이천 년 동안 선비들은 이익과 봉록에 굴종하여 옛 것만 좋아할 줄 알았을 뿐, 고인의 실마리를 이어받아 새로운 학설을 창조할 줄을 몰랐다. 따라서 "서양 학문에 결부"되어서야 비로소 고대 학술의 효용성을 깨닫게 되었다. 이로써 한대 이전의 자법과 구문법만이 서학의 학술이론을 막힘없이 번역할 수 있고, "의미의 전달을 위해서는 곧 원문에 충실해야 한다." 따라서 한대 이전의 전아한 글로써 서구의 학술저작을 번역하는 것이 충실함을 구하는 첩경이라고 추론하였던 것이다. 왕후이(汪暉)가 말하였듯이, 옌푸의 번역은 "중국 고전의 어휘를 거의 다 사용하였으며, 그 가운데의 상당 부분은 이들 서구 전적의 번역 덕분이 아니었더라면 거의 모두 진즉 사라져버렸을 것이다. 이것은 창조적 과정이었는 바, 서구의 사상은 중국어의 낡은 어휘를 활성화하였으며, 중국어의 풍부한 함의는 서구의 개념을 개조하였다."[23]

이러한 의미에서 번역의 '이중언어성'은 언어의 '격투'에 가장 집중적으로 체현되어 있다. 쑨거는 루쉰과 신월파(新月派) 사이에 '딱딱한 번역(硬譯)'을 둘러싸고 논쟁이 전개되었을 때 몇 가지 기본적인 번역문제가 이미 드러났음을 강조한다. 1930년대에 '좌익'에 의해 번역되어— 주로 음역의 방식으로— 생겨난 대량의 새로운 어휘들, 이를테면 '奧伏赫變(aufheben)', '意德沃羅基(ideology)'와 '普羅列塔利亞(proletariat)' 등이 나타났으며, 아울러 좌익 잡지에서 컬럼을 개설하여 이들 새로운 어휘를 설명하기도 하였다는 사실을 연관지어본다면, 이처럼 '음역'을 채용하였음에도 지겹지도 않는지 개략적인 글로써 설명을 덧붙이는 현상이 나타났던 것은, 새로운 사회, 역사와 계급관계에 대한 인식을 포함하고 있는 이들 개념의 온전한 의미를 충분히 표현해낼 수 있는 적합한 어휘가 중국 문화 속에는 아예 존재하지 않는다고 '좌익'의 역자들이 여겼기 때문이다.[24] '좌익' 역자들이 번역에 운용한 언어전략은 옌푸와 사뭇 다르고 여러 가지 문제에서도 루쉰과 격렬한 논전을 벌였지만, 번역의 '이중언어성'이 가져온 언어의 노심초사와 언어의 격투에 대해 그들에게는 잠재적으로 서로 통하는 지점이 있었다. 그래서 쑨거가 보기에, '딱딱한 번역'을 둘러싼 논쟁 중에서 루쉰은 기세등등한 모습으로 "번역 기술성 논쟁을 교묘하게 정치성 문제로 전환시켰다."[25] 특히 관건적인 것은 루쉰의 번역 논술뿐만 아니라 그의 번역실천 속에도 "번역의 정치와 현실의 정치관계 사이에 대등하지 않은 관계"가 시종 감추어져 있다는 점이다. 쑨거가 든 예는 1920년 루쉰이 중일 관계가 악화되었을 무렵에 무샤코지 사네아츠(武者小路實篤)의 반전극(反戰劇) 〈어느 젊은이의 꿈〉을 번역하였던 사실이었다. 이로써 그가 번역을 통하여 현실정치관계(혹은 '대정치大政治')에 대한 자신의 미묘한 거부의 태도를 어떻게 표현하였는가를 엿볼 수 있다. 바로 이러한 현실정치와의 미묘한 관계 속에서 루쉰의 번역은 '이중언어성'을 획득하였던 것이다.[26]

옌푸에서 루쉰에 이르기까지, '번역'의 '이중언어성'은 흔히 '번역'의 '이중역사성' 위에 체현되어 있다. 즉 '번역'은 언어의 교환을 통하여 어느 특정한 역사 컨텍스트 속의 개념, 범주, 담론 및 이들이 담지하고 있는 사상을 전혀 다른 새로운 컨텍스트 속으로 데려오며, 이 컨텍스트의 요구에 따라 이들의 함의를 새로이 해석한다. 이것이 바로 이른바 번역의 '주제화' 과정, 즉 서구 컨텍스트 속의 특정한 역사과정과 특정한 문화사상을 중국 현대사 속의 중요 주제로 전환시키는 것이다. 서구의 여러 가지 중요한 사상이 번역과정을 거쳐 중국의 역사와 사상의 컨텍스트에 놓여질 때, 그 의미는 중요한 변화를 일으켜 흔히 현대중국 문화사상 가운데 가장 활기넘치는 요인이 되었고, 나아가 중국 현대사상의 '주체'의 산생을 촉진시켰다.[27)]

물론 번역 '주제화'의 과정이 사상의 '주체성'을 반드시 가져오는 것은 결코 아니며, 거꾸로 '번역'을 주제화함과 동시에 사상의 주체를 낳도록 힘껏 다그치지 않으면 안 된다. 왕후이는 5·4시기의 'Humanism'이라는 단어에 대한 두 가지 중국어 번역법의 사상사적 의미를 분석한 적이 있다. ≪신청년≫파는 'Humanism'을 '인도주의'로 번역한 반면, ≪학형≫파는 '인문주의'로 번역하였다. '인도주의'는 서구의 문예부흥과 계몽운동에서 기원한 현대성 개념으로 여겨졌으며, 이에 대한 설명은 일종의 시간적 서사양식 속에 스며들어 유럽과 중국의 차이를 선진과 낙후의 관계로 이해하고, 이 관계를 변화시키기 위해서는 인도주의가 가리키는 미래 방향으로 나아가야 한다. 반면 '인문주의'는 그리스와 중국의 고전문화에서 비롯된 반(反)현대성 개념으로 이해되고, 새로운 공간관계 속에서 '인도주의'를 새로이 규정하는데, 인도주의에 대한 이러한 공간화 처리는 현대성의 시간목적론에 대한 거부이자 인도주의에 의해 체현된 지식/권력의 관계에 대한 폭로이다. 이로써 알 수 있듯이, 동일한 서구언어의 두 가지 번역법은 주제화의 과정에서 서로 맞서는 두 가지 주제가 된다. 이는 이 두 가지 개념이 구체적으로 지시하는 유럽 역사 중의 구체적인 대상의 차이와 관련될 뿐만 아니라, 이 두 가지 개념을 중국에서 운용하는 사람의 현대성에 대한 태도와 연관이 있는 바, 즉 '주제화'와 '주체화'의 이중 전화를 거쳐야만 한다.[28)]

위에서 후셴쑤와 메이광디의 사상을 언급할 때 지적하였듯이, ≪학형≫과

'학형'파의 두드러진 특징은 이들이 상당히 자각적으로 '중국문제'를 글로벌한 시야 속에 받아들여 관조하였다는 점이다. ≪학형≫ 제3기에 실려 있는 〈배빗의 중서인문교육(白壁德中西人文教育談)〉(후셴쑤 역)는 현대사상사에서 주목해야 할만한 글이다. 이 글은 ≪학형≫의 다양하고도 가변적인 담론 배후의 내적 논리를 이해하는 데에 도움을 준다. 배빗(Irving Babbit)은 세계화의 배경 아래에서 '중국문제'에 대해 직접적으로 의견을 제시하였다. 세계화의 중요한 방면의 하나는 상이한 제도성 차원의 배후마다 존재해 있는 문화의 세계화라는 현상이다. 일찍이 1892년에 어느 미국평론가는, 현대미디어의 기능으로 말미암아 당시 발생한 사건에 대해 외진 시골 주민이 알고 있는 수준이 100년 전의 수상을 뛰어넘었다고 기술한 적이 있다. 어느 일간지를 읽고 있던 시골사람은 "칠레에서 일어난 혁명, 동아프리카의 밀림전, 중국 북방의 학살과 러시아에서 일어난 기아에 동시에 관심을 지니고 있다."[29) 1921년 배빗은 중국 학생을 상대로 강연하였는데, 그는 글로벌한 물질·경제 교류 과정에서 '문화'의 중요성을 강조하고자 하였다. 배빗은 다음과 같은 예를 들었다. "유럽전쟁의 결과 목화 가격이 파운드당 4다임(dime)으로 오른다면, 미국 남부의 흑인은 임금 인상 덕분에 비단 셔츠를 구매할 수 있게 되고, 이로 인해 도쿄의 생사(生絲)시장 역시 크게 번창한다." 그리하여 결론적으로 "오늘날 물질과학의 발달로 인해 사회에는 이미 일찍이 보지 못했던 일들이 발생하고 있으며, 전세계적으로 이미 이로 인해 물질과 경제의 접촉이 일어날 수 있다." 그렇지만 위기 역시 뒤따르는 바, "만약 인류가 갖가지 기계로써 커다란 집단으로 연결됨에도 불구하고 동시에 정신적으로는 서로 떨어져 반대로 달려나가는 추세가 있다면, 그 결과는 장차 어떠할까?" 따라서 "문화문제의 중요성이 오늘날보다 더 심각한 적은 없다." 바로 이와 같은 글로벌한 컨텍스트 아래에서 배빗은 "오늘날 중국에서 이미 시작된 신구(新舊)의 다툼"을 예측한다. 맞서 싸우는 양측 가운데 "한쪽은 시대에 뒤떨어진 채 케케묵은 낡은 습속을 붙들고 있고, 다른 한쪽은 건설에 힘쓰는 진보적이고, 조직과 능력을 갖춘 중국의 젊은이"임을 잘 알고 있지만, 그는 섣불리 어느 한편에 동조하지 않은 채 중국 유학생에게 거듭 이렇게 경고한다. 중국의 문예부흥 운동은 절대 윤리적 측면을 경시해서는 안 되며, 더욱이 사이비윤리가 되어서는 안 된다. 만약 오늘날 서구에서 유행하고 있는 약간의 관념을 무비판적으로 받아들인다면, 지난날의 위대한 문명의 정수도 잃어버리고 서구의 진정한 문명 또한 얻어내지 못한 결과를 낳기 십상이다. '신구의 다툼'을 초월하는 사고를 지니고서 "중국에는 장차 틀림없이 새로운 공교(孔教)운동이 일어나 형식만을 따지는 지난날의 고질적인 습관을 모두 벗어던지고 정신의 건설을 행하기"[30]를 배빗은 희망하였다.

≪학형≫ 동인들은 배빗의 학설을 마음에 새겨 잊지 않았다. 그들은 피차 명확한 사승관계를 지니고 있었을 뿐만 아니라, 더욱이 그들과 스승처럼 통언어적 교류 속에서 중국의 '신구의 다툼'에 세계화의 내용이 담겨 있음을 발견했다. 서구현대화를 반성하는 배빗의 입장, 특히 제1차 세계대전의 종전 후의 배경 아래에서 중국을 반성과정에 효과적으로 끌어들인 그의 입장은 ≪학형≫이 '국수'와 '새로운 앎(新知)' 사이에서 소통의 틀을 찾아내도록 도움을 주었다. 비록 ≪학형≫은 이제껏 '신문화' 창도의 필요성을 부정한 적은 없었지만, 이미 중국 본토에서 현실적으로 전개되고 있던 '신문화'에 대해 근원을 꼬치꼬치 따지는 태도를 취하였다. 진화론, '절대의 혼(絕對之魂)', '유공리(唯功利)와 유과학(唯科學)' …… 등의 이러한 '죄명'은 국제적인 면에서 이해한다면 성립될 수 없는 것이 하나도 없으며, 선견지명이라고까지 말할 수 있다. 그러나 이러한 비판이 중국 본토로 환원되더라도 '신문화'의 합법성을 동요시킬 수는 없었다. '신문화'가 형성되는 과정에는 명확한 서구문화의 근원이 존재하였으며, 의심할 여지없는 권위성조차도 이 근원에 크게 달려 있었기 때문이다. 다만 우리가 동시에 반드시 인식해야 하는 것은 서구의 사상, 문화관념이 중국에 도입되었던 데에는 '번역'의 과정이 존재하였으며, 이 과정이 서구 역사 중의 특정한 역사과정과 특정한 사상내용을 중국현대사 중의 중요한 주제로 전화시켰다는 점이다. 이 사실의 환기를 통해, 우리는 '주제화' 속에서 원래의 어휘가 '번역'을 거쳐 일으키는 변화, 즉 '이론 여행(Traveling

Theory)'을 통해 고유한 컨텍스트의 제약에서 벗어나 중국현대사회와 사상 속의 활기 넘치는 요인이 되었다는 사실에 주목한다. 이 점에 대한 ≪학형≫의 인식은 결코 명료하지 않았다. 이러한 의미에서 '신문화'에 대한 ≪학형≫의 비판은 '신구의 다툼'이라는 본토의 압력을 떨쳐내지 못하였다. ≪학형≫은 다른 특수한 방식으로써 또다시 그 '주제화'의 과정 속으로 모여들었을 뿐이다. 이는 늘 '보수파'로 여겨지는 ≪학형≫이 사실 꽤 '현대'적이었음을 의미한다. 그들이 극력 제창하였던 '국수(nationality)'가 본래 '현대민족국가' 기획의 산물이기 때문만이 아니라, 그들이 자각적으로 '세계'와 '중국'의 상호텍스트성(intertexuality) 관계 속에서 문화와 사상 문제를 이해하였던 데다가, 더욱 중요하게는 '현대성'에 대한 ≪학형≫의 비판이 여전히 현대성의 시간목적론을 전제로 하고 있기 때문이다. 그러므로 그들은 비록 ≪신청년≫의 '인도주의' 논술을 공간화할 수 있었지만, 여전히 '진화론'과 유사한 틀 속—'인문주의'는 '인도주의'보다 훨씬 '새로운' 서구사조이다—에서 자신이 제창하는 '인문주의' 논술을 절대적이고 보편적인 가치로 간주하였다.

시작의 의미를 띠고 있는 '5 · 4'시기에 ≪신청년≫과 ≪학형≫이 'Humanism'이라는 단어의 번역을 둘러싸고 전개한 사상논쟁은 중국현대사상형태의 전형적인 축소판이라 할 수 있다. 통치이데올로기의 모종의 조정조차도 동일한 단어에 대한 상이한 번역을 통하여 나타났다. 자주 거론되는 사례는 오늘날 중국문예의 지도적 문헌인 〈당의 조직과 당의 문학〉(레닌 저)이 80년대 초에 느닷없이 〈당의 조직과 당의 출판물〉로 개칭된 일이다. 중국공산당 중앙편역국에서는 특별히 잡지 ≪홍기(紅旗)≫에 게재한 글을 통해 '당의 문학'을 '당의 출판물'로 달리 번역한 이유를 상세히 설명하였다.[31] 사실 러시아어의 원문에 따르면, 이에 대응하는 번역은 '문학, 문헌, 출판물' 등 다양한 선택이 가능하다. 그러나 러시아혁명이라는 특정한 컨텍스트 아래에서 레닌이 강조한 것은 '당의 문학'임이 분명하다. 그가 겨누었던 것은 고리키(M. Gor'kii)의 장편소설 〈어머니〉에 대한 플레하노프(G. V. Plekhanov)의 비판이었기 때문이다. 플레하노프는 이 소설의 선전 의미가 지나치게 뚜렷하다고 여겼던 반면,

레닌은 문학창작이 반드시 공공연한 계급성을 지닐 것을 요구하면서 다음과 같이 밝혔다. "문학사업은 반드시 통일적이고 위대한 사회민주주의라는 기계의 톱니바퀴와 나사가 되어야 한다." 그는 문학창작은 한쪽으로 치우치지 않을 수 없으며, "부르주아지 작가의 자유는 가면을 쓴, 돈주머니에 대한 의존에 지나지 않는다! …… 무당파적 문학가를 타도하라"고 말하고, 혁명이 필요로 하는 것은 "진정 자유롭고 다양화된, 노동계급운동과 밀접히 연관된 문학"[32]이라고 지적한다. 하지만 여기에서 주목해야 할 점은 레닌이 '문학'이란 단어 앞에 '당의'라는 한정어를 덧붙였다는 사실이다. 그의 이 말은 일체의 문학예술을 겨누어 진술한 것이 결코 아니다. 테리 이글턴(Terry Eagleton)의 설명에 따르면, 레닌이 이 글을 작성할 즈음 대중조직으로 발전하고 있던 볼셰비키당은 내부의 규율을 강화할 필요가 있었다. 그러므로 레닌이 생각했던 것은 소설이 아니라 당의 이론저작이었으며, 그가 염두에 두었던 이는 트로츠키(L. Trotsky), 플레하노프와 파르부스(A. L. Parvus) 등이었다. 지식인은 당의 노선을 따라야 한다고 레닌은 여겼던 것이다.[33] 그리하여 '당의 문학'을 '당의 출판물'로 고쳐 번역함으로써 레닌의 원래의 뜻을 제대로 구현할 수 있었다고 볼 수 있다. 하지만 레닌의 '당의 문학'이란 단어가 중국좌익문학의 역사와 밀접히 연관된 연원[34]을 고려한다면, 중국 컨텍스트 속에서의 이번 개역(改譯)은 번역의 정확성 여부에 착안한 것이 아니라, 주류 이데올로기 문예정책의 중대한 조정과 관련된 것이었다. 이는 좌익의 입장과 구별되는 문학에 대한 새로운 이해가 점차 확립되었음을 의미한다. 즉 "현존하는 중국어 번역문마다 '당의 문학'이라 번역하고 있는데, 이러한 제기방식은 자칫 사람들에게 문학이라는 이 사회문화현상이 당의 부속물이라는 오해를 심어줄 수 있다"[35]는 것이다.

이로써 알 수 있듯이, '번역'은 현대중국의 사상'주체'가 형성되는 기술로서, 중국문제를 사고하는 참조체계가 될 뿐만 아니라 사고의 전제를 구성하고, 심지어 사상의 토론, 분기와 논쟁을 직접 초래하기도 한다. 장쉬둥(張旭東)은 언젠가 벗과 대화를 나누던 중에 '번역'과 깊이 얽혀있는 이러한 사상 상황을 중국인의 일종의 '서학상상'이라 일컬었다. 일종의 '상상'이라 했던 것은 경솔하게 이른바 서학 본위적 입장에 서서 중국인들이 '잘못했다'고 질책해도 좋다는 것을 결코 의미하지 않으며, 우선적으로 '상상'의 진실성과 역사성을 이해하지 않으면 안 된다. 이를테면 1980년대의 '번역붐'에 거칠고 그릇된 점이 많다는 것은 틀림없다. 그렇지만 '오독'의 배후에 완전무결성(integrity)의 문제의식이 존재하고 있었음을 완전히 무시해서는 안 되는데, 바로 이 문제의식이 '번역'의 '주제'와 '주체'를 관통하고 있었다.[36] 이러한 의미에서 이른바 "현대중국의 '번역된 현대성'은 서구의 학설과 이론의 각 부분을 선천적인 객관 진리성으로 간주하려는 것이 아니라, 후천적이고 인공적이며 '기원' 성질이 없는 이들 규정성을 통하여 자신의 역사적 경험의 총체성을 새로이 그려내려는 것이다." 그러나 이와 동시에 어렵잖게 발견할 수 있는 바, '서학 상상'의 문제는 "서구 이론에 대한 중국의 학습과 차용이 흔히 그것들과 그것들 자신의 배후의 가설적 지식 사이의 연관에까지 심화되지 못하였다는 점이다. 이 연관은 결국 역사성을 띠고 있으며, 따라서 타인의 역사성 문제에까지 심화될 수 있는가의 여부는 실제로 자신의 역사성 문제에 대한 우리의 명석함이 어느 정도에 이르렀는가에 달려 있다. 서구 이론의 합리성, 정당성과 이론적 의의는 그 기호와 텍스트가 추상이론과 형식이론의 의미에서 대단히 많은 것을 거두어들였다는 데에 있는 것이 아니라, 그것과 자신의 역사문제 사이의 관계, 다시 말해 그것과 역사 현실은 한데 결합되어 있으며 그것의 배후에는 가치 논술이 놓여 있다는 점에 있다. 그것은 구체적인 삶의 위기를 해결하기 위하여 이바지한다."[37] 현대중국의 '번역'에 줄곧 '단일어성' 지향과 '이중언어성' 지향 사이의 모순이 존재해 왔다면, 이에 따라 '서학 상상'속에는 마찬가지로 '서학'이데올로기를 보편진리로 만들려는 추세와 '서학'을 진실한 역사 상황 속으로 끌어들이려는 추세 사이의 긴장이 유지되어 왔다. 이러한 긴장관계는 1990년대 이래의 중국사상의 변모 속에 두드러지게 나타났으며, 사상문제에 관한 거의 모든 토론은 '서학'에 대한 이해와 밀접히 연관되어 있다. 간양(甘陽)은 벗에게 보낸 편지 가운데에서 다음과 같이 솔직하게 인정하고 있다. "(현재) 중국인의 모든 참조체계는 서구이지만, 문제는 바로 중국인이 이해하는 서구의 대다수가 믿을 수 없는 것이고, 대단히 허약하고 추상적인 몇 가지 교조이며, 대부분 '이데올로기화한 이른바 서구'라는 점이다. 사실 현재 중국학계의 중대한 문제는 남들이 도대체 무슨 문제를 생각하고 있는지 알지 못하기 때문에 남들이 도대체 무엇을 토론하는지 모른다는 점이다. …… 우리 중국인이 오늘날 '앞으로의 중국'의 문제를 사고하고자 하다면, 스클라(J. Sklar)*가 말한 '이데올로기화된 이른바 서구(the ideology of 'the west')'에서 벗어나 전면적으로 서구를 새로이 연구하고 가능한 한 분명하게 서구사상과 사회의 복잡한 층면을 이해하는 것이 가장 중요하다. 나는 사실상 90년대 이래 나와 국내의 수많은 옛 벗들과의 분기는 모두 이와 관련이 있다고 생각한다."[38] 보충하고 싶은 점은, '서학'에 대한 이해의 상이함에서 비롯된 이러한 분기는 지식과 학술에 대한 흥미에 원천을 두고 있을 뿐만 아니라, 더욱 많게는 사상과 이론에 대한 오늘날 중국현실의 직접적인 자극 위에 수립되어 있다는 사실이다.

3. '번역'이 열어놓은 사상영역: 현대성과 이와 관련된 문제의식
— '베버 번역'을 중심으로

'번역'과 밀접히 연관된 중국인의 '서학상상'에는 줄곧 '단일어성'과 '이중언어성' 사이의 긴장이 존재하여 있었지만, 이러한 긴장관계의 구현방식은 흔히 시대의 분위기 및 현실의 변화와 관련되어 있다. 예컨대, '사상해방운동'과 표리를 이루는 1980년대의 '번역붐'을 타고서 출판된 번역저작에는 규범에 맞지 않는 점이 꽤 많았다. 즉 편역과 발췌 번역이 성행하고 주석과 참고서적을 제멋대로 생략하였으며, 원작의 판본과 출판시기를 밝히지 않고 타이완이

* 스클라(Judith Sklar, 1928-1992)는 미국의 자유주의 정치철학자. 대표 저서로는 ≪*Legalism: Law, Morals, and Political Trials*≫, ≪*The Faces of Injustice*≫, ≪*American Citizenship: The Quest for Inclusion*≫ 등이 있다. – 역주

나 2,30년대의 낡은 번역본을 그대로 사용하는 등이 그것이다. 하지만 이들 문제는 별로 논란을 일으키지 않았다. 당시 학문풍토가 꼼꼼하지 않고 경박한 탓에 오늘날만큼 '학술규범'을 그다지 따지지 않았기 때문이기도 하지만, 훨씬 무거운 사명감과 완전무결성의 문제의식 앞에서 이들 이른바 '학술규범'의 문제는 아예 '문제'가 되지 않았던 것이다. 왕샤오밍(王曉明)이 지적하였듯이, 1980년대의 사상문화 저작의 번역자들은 "관방이데올로기의 요구에서 출발하지도 않았으며, 1990년대의 많은 이들의 주장처럼 전공과 학술건설의 요구에서 출발하지도 않았다. 그들은 당시 온 사회의 사상과 문화 변혁에서, 그리고 지식인으로서의 사회와 역사에 대한 사명감에서 출발하여 대규모의 번역활동의 조직적 작업에 뛰어들었다. 그들에게 있어서 번역은 기술적인 작업도, 학술적인 작업도 아니었다. 그것은 사상 작업이자 정신계몽 작업이었다."[39] 번역에 대한 이러한 이해로부터 80년대 번역자들은 흔히 자신을 이전의 현인에 빗대어 "량치차오(梁啓超)는 '오늘의 중국이 부강해지려면 첫째 방법은 저서의 번역을 으뜸으로 삼아야 한다'고 말한 적이 있다. 이 말은 오늘에도 여전히 유효하다"면서, 다음과 같이 선배들보다 훨씬 패기 넘치는 모습을 보여준다. "세계 학술문화에 대한 중국 학자들의 이해가 날로 깊어짐에 따라, 오늘날 중국 학술문화가 창조적 대발전을 이룰 날도 그리 멀지 않다고 우리는 굳게 믿는다."[40]

문제는 1980년대의 번역자가 자신이 종사한 일에 대해 어떻게 이처럼 엄청난 확신과 패기를 갖게 되었는가이다. 이러한 확신과 패기의 원천은 물론 오로지 개인에게서 비롯될 수는 없으며, 시대의 공통적인 어떤 모티프, '영원히 변함없다'고 일컬을만한 모종의 방향과 목표로 귀결지어야 마땅하다. 이것이 바로 푸코(M. Foucault)가 분석한 '현대성'의 태도, 즉 "오늘날의 실재와 연관을 맺는 양식, 어떤 사람에 의해 행해진 자발적 선택, 궁극적으로 사고와 감각의 방식이자, 귀속의 관계를 표시함과 동시에 그 자체를 임무로 보여주는 행위와 행동의 방식이기도 하다." 이러한 태도로 말미암아 개인의 존재와 작업의 의미는 자신이 처한 특정 시기(즉 '현대')와 서로 연관되며, 이러한 관계는 전체 역사 및 특정 목표로 통하는 과정에 대한 성찰과 내재적 관련을 맺는다. 따라서 개인은 '현대'를 빌려 모종의 '귀속감'을 얻게 되고, 미래의 '유토피아' 상상과 밀접하게 연관되기 마련이다. 푸코는 보들레르(C. P. Baudelaire)를 일례로 끌어들여 이렇게 설명한다. "현대적이라는 것은 끊임없는 운동을 인식하고 받아들이는 데에 있는 것이 아니라, 반대로 이 운동에 대해 모종의 태도를 취하는 데에 있다. 이 신중하면서도 까다로운 태도는 현재의 순간 너머나, 현재의 순간 이면에 존재하는 것이 아니라 그 안에 존재하는 영원한 무언가(something eternal)를 되찾는 것이다. 현대성은 유행과는 다른 바, 유행은 시간의 흐름에 대해 문제를 제기할 따름이지만, 현대성은 현재 시각의 '영웅적'인 면을 파악할 수 있도록 해주는 태도이다. 현대성은 흘러가는 현재에 대한 예민함의 현상이 아니라, 그것은 현재를 '영웅화'하는 의지이다."[41] 그러나 보들레르의 '현재에 대한 아이러니식의 영웅화'와 다른 점은 1980년대의 번역자가 정극(正劇)식의 영웅적 기개를 체현했다는 점이다. 그들의 '유토피아' 상상은 '현대화' 서술과 불가분의 관계를 맺고 있으며, 그것을 현실 인식의 현존하는 전제이자 미래 전망의 아름다운 청사진으로 간주하였는데, 바로 이러한 신념이 그들에게 확신과 패기를 가져다주었던 것이다.

역사적으로 볼 때, 1980년대 이래 중국 대륙의 인문학술의 부흥은 '현대화' 서술이 다시 활기를 드러냈다는 점과 밀접히 연관되어 있다. 장쉬둥(張旭東)는 자신의 영문 저술인 〈개혁시대의 중국 현대주의(Chinese Modernism in the Era of Reforms)〉 가운데에서, 80년대의 일련의 사상 및 문화 토론이 '현대화' 서술에 의해 제공된 이론 전제에 얼마나 내재적으로 의지하고 있는지, 그리고 진리성으로 간주되는 그 내용을 어떻게 생산해내는지를 설득력있게 논술하였다.[42] 마땅히 강조해야 하는 바, '현대화' 서술을 오늘날 중국사상의 기본 패러다임으로 삼은 점은 80년대에 그 역사적 필연성을 지니고 있었으며, '현대화' 서술은 전체 사회의 들뜬 추구에 호응하여 독특한 방식으로써 구체적인 사회목표의 수립에 참여하였고, 이로 인해 모종의 이데올로기의 효과도 지니게 되었다. 마르크스는 ≪도이치이데올로기≫에서 이데올로기와 형이상학을 함께 논한 적이 있는데, 형이상학은 윤리도덕(즉 이데올로기의 기타 형식)과 마찬가지로 역사가 없다고 여겼다. 알뛰세(L. Althusser)는 다음과 같이 지적하고 있다. "이데올로기 형태 일반에 관한 이론적 방안을 제기할 수 있다면, 그리고 이 이론이 각종 이데올로기에 관한 이론이 의지하지 않으면 안 되는 원리라면, 패러독스의 색채를 띤 명제를 제기해야만 하는데, 나는 그것을 이렇게 표현할 수 있다. 이데올로기는 역사가 없다고."[43] 이는 1980년대 사상은 반드시 몇몇 자명한 전제, 이를테면 전통과 현대의 이원대립, '현대화'를 보편적 목표로 삼는 것, 발전법칙에 대한 미신 및 본질론적 이해 등등의 전제 위에 입각해야만 했음을 의미하고 있다. 그러나 이 모든 것을 부정적 요소로 여겨서는 결코 안 된다. 1980년대의 번역 성과를 포함한 수많은 중대한 학술 성과는 이들 전제에 의지하여 모습을 갖추고 나타날 수 있었다. 설사 '성찰적' 각도에서 이 역사를 되돌아보더라도, 거기에 내재되어 있는 거대한 역사적 합리성을 강조하지 않으면 안 된다. "80년대에 중국인의 서학(西學) 읽기는 여전히 조잡하고 서학 내부의 맥락 또한 제대로 파악하지 못했지만, 서구에 대한 오독의 배후에는 완전무결성이라는 중국식의 이상이 있었다. 이러한 이상 자체, 이를테면 '현대화', '미래로', '세계를 향하여' 등등은 유치할지도 모르지만, 자주적 생활세계의 완전무결함에 대한 상상에서 비롯되었다."[44]

그러나 미래에 대한 아름다운 상상은 엄혹한 현실 조건을 버텨낼 수 없었다. 1980년대 말의 거대한 역사적 '충격'은 아직까지 가라앉지 않았으며, 1990년대에 뒤이어진 시장화의 격류는 기존의 사상, 윤리와 감정에 맹렬한 충격을 가하였다. 현실 속에 드러난 '현대화'의 '야비'한 모습을 마주하여, 80년대에 '현대화' 서술 위에 '태도의 동일성'을 수립했던 지식인들은 짧지만 고통스러운 '실어(失語)'를 겪은 후 사회에 대한 진술 방식을 새로이 찾아내고자 하였다. 그들 가운데 어떤 사람은 '현대화' 서술의 진리성을 견지하여, 설사 사회가 이로 인해 참담한 대가를 치러야 한다는 것을 발견하더라도 이것을 '필요한 상실'이라 여기고서 장래의 이른바 '오류의 시정' 시스템이 보상해주리라 기대하였다. 또 어떤 이들은 '도덕이상주의'의 깃발을 높이 들고서 시장화에서 초래된 따분함과 영락을 엄하게 나무라면서, '인문정신'의 재건을 호소하였다. 또 어떤 이들은 훨씬 복잡한 역사와 현실 상황에 대한 파악을 토대로 성찰적 시야를 수립하였는데, '현대화' 서술이 현실과 이론의 두 측면에서 자신의 합법성을 수립하였기 때문에, 성찰을 심화하고자 한다면 '현대화' 서술의 '자명성'에 대해 심각한 의문을 제기하지 않을 수 없었다. 바로 이러한 배경 아래에서 '중국의 현대성 문제'는 이미 보편화되고 자연화된 '현대화' 서술과 상호 경쟁하는 담론으로서 수면 위에 떠오르게 되었다. 그것은 '현대' — 및 이로부터 파생된 각종 '현대화'와 '현대성' 논술— 를 기정의 현실과 목표로서 무조건 받아들이지 않고, '현대'를 전개 중인 과정으로서 '문제화'하고 '역사화'하고자 하였다. 왕후이는 다음과 같이 밝히고 있다. "중국의 현대사는 현대성의 역사 서사에 뒤덮인 역사이다. 현대성에 대한 전통주의, 포스트모더니즘과 계몽주의의 비판과 견지는 모두 현대성의 역사 서사를 전제로 한 것이다. 따라서 중국의 현대라는 문제를 토론할 때에는 훨씬 복잡한 역사 서사를 새로 세우지 않으면 안 된다. 전통/현대, 중국/서구의 이분법은 중국 현대사 가운데의 오래된 주제이자, 중국현대사 서사의 기본적 틀이다." 그리하여 그는 새로운 역사 서사 가운데에서 "그것들을 주제로 처리할 뿐, 역사 서사의 기본 틀로 여기는 것을 거부"[45]하기를 바란다.

어떻게 해야 '새로운 역사 서사' 가운데에서 '현대'를 '주제'로서 처리할 수 있을 것인가? 이를 위해서는 '현대'를 이미 정해진 규범에서 구체적인 과정으로 전화시키고, 의심할 여지없는 목표에서 구체적인 시공의 실천으로 전변시켜야만 한다. '현대'는 '중국'을 '세계사'로 끌어들이는 역사과정으로서, 중국 안에서, 그리고 중국 바깥에서 일종의 중서'문화 사이성(inbetweenness)'의 상태에 놓여 있다. "중국의 현대성 문제는 중국이란 단일 컨텍스트 안에서만 연구해서도 안 되고, 서구문화를 규범으로 여겨 배타적 분석을 진행해서도 안 된다. 이것은 문화 사이의 교류행위와 관련된 과정이기 때문이다."[46] 이러한 상태에 대한 자각이 있어야만, '현대성' 문제에 대한 토론이 "중국의 현대성 발생의 피동성을 부인함과 동시에 중국 현대성의 발생과정 속의 문화 주도적 요인을 인정하"[47]는 일이 없게 만들 수 있다. 90년대 이래 중국사상계에서 가장 중요한 변화 가운데의 하나는 '현대성' 문제가 차츰 '현대화' 서술을 대신하여 주도적 담론이 되었다[48]는 점이라고 한다면, 이러한 담론의 교체가 중국 사상의 내부에 국한되지 않음은 분명하다. 이는 곧 이른바 '전통주의'와 구별되며, 물론 단순히 외래사상의 이식에서 비롯된 것도 아니다. 그것은 또한 '포스트모던'을 서구사상의 새로운 흐름으로 여겨 뒤따르는 이른바 '포스트(post)학'과도 경계선을 분명히 긋고 있다. '현대성' 문제는 중서문화와 언어공동체 사이의 상호관계 속에 얽혀 있으며, 이러한 역사과정을 충분히 이해하려면, '번역'을 이 과정에 내재한 '매개'와 '틀', 심지어 '관건적 문제'로 여겨 파악하지 않을 수 없다. 중국현대사상의 변천 궤적과 흡사하게, 이 '서학 상상'의 과정에는 마찬가지로 '서학' 이데올로기를 보편적 진리로 바꾸는 추세와 '서학'을 진실한 역사 상황으로 끌어들이는 추세 사이의 긴장이 유지되어 있다. 90년대 사상의 '주체성'은 바로 이처럼 번역의 '주제화'를 통하여 실현될 수 있었던 것이다.

그러므로 오늘날 사람들은 아마 중국의 현대성 문제에 관한 왕후이의 글이 왜 막스 베버(M. Weber)를 떠들어대는지 기이하게 여길 것이다.[49] 그러나 그가 일부러 현대성 문제를 넓은 의미의 '번역'과정 속에 놓고 토론하려는 '방법론'을, 그리고 의도적으로 80년대 이래 성행한 '현대화' 서술에 도전하는 '문제의식'을 이해한다면, 이 글 가운데 이해하기 어려워 보이는 몇몇 군데의 논리가 정연해진다.

왕후이가 80년대 말에 쓴 몇 편의 중요한 글을 〈베버와 중국의 현대성〉과 대충 비교해보아도 좋을 것이다. 아마 그의 이른바 '필요한 침묵' 이후에 씌어진 이 글의 특수한 의미를 잘 이해할 수 있을 것이다.[50] 1989년에 ≪문학평론(文學評論)≫이란 잡지에는 2회에 걸쳐 왕후이의 〈예언과 위기—중국현대사 가운데의 '5・4' 계몽운동〉이 실렸는데, '5・4'운동 70주년을 기념하는, 제법 분량이 큰 글이다.[51] 이 글은 '태도의 동일성'이란 설명으로써 '5・4'에 대한 단일 지향의 결정론적 이해를 피하면서, 나아가 의식층면의 약간의 패러독스식의 존재를 구별하고 '5 · 4'의 계몽이 스스로 와해되는 추세를 지적해냈다. 그러나 이 일련의 뛰어난 논술 배후에는 훨씬 메타(meta)적인 비교 틀, 즉 카시러(Ernst Cassirer)*의 ≪계몽의 철학≫이 제공한 유럽 계몽운동의 역사가 감추어져 있다. 후자는 기존의 '전범'으로서, 서술대상에 대해 잠재적인 제약으로 기능했음에 틀림없다. 그러나 〈베버와 중국의 현대성〉에서 베버는 그의 지적 자원이자 토론 대상이었다. 여기에서 비롯된 중국과 서구의 관계는 더 이상 단순히 비교하는 기존의 틀이 아니라, 훨씬 복잡한 '문화 사이성'과 '문화 사이의 교류'이다. 이 교류과정의 전개는 중국현대의 역사 서사를 지배했던, 의심할 여지도 없고 논증할 필요도 없었던 개념과 범주가 새로이 역사화되어야 한다는 것을 의미하고 있다. 이를테면 이 글에서 '현대'에 대해 전개한 어원학(語源學)적 고찰, 그리고 왕후이가 연구하고 있는 '공(公)', '군(群)', '개인(個人)', '국가(國家)', '사회', '과학', '진보', '사회주의'와 '혁명' 등은 중국현대의 세계관의 핵심적 개념을 구성하고 있다. 이러한 연구 추세는 물론 90년대의 학술적 성찰의 산물이지만, 80년대와도 대단히 밀접한 연관을 맺고 있다. 대단한 영향력을 지닌 〈루쉰연구의 역사비판〉이란 글에서 왕후이는 아직 논증을 거치지 않은 일련의 보편적 범주가 루쉰문제 토론의 전제로 이미 정해졌으며, 이것이 루쉰 연구의 이데올로기화를 낳은 주요 원인이라고 지적하였다.[52] 이러한 주장은 분명 그가 훗날 핵심어에 대한 고찰에 힘썼던 사실과 내적 일치성을 지니고 있다.

〈베버와 중국의 현대성〉으로 되돌아오자. 이 글 속의 '베버'의 출현은 중국현대사상문화와 밀접한 연관을 맺는, '5 · 4' 혹은 '루쉰' 등의 기호처럼 큰 소리로 기선을 제압하려는 것이 아니라, 어떤 우연한 인연—베버의 중국 종교

* 카시러(Ernst Cassirer, 1874-1945) 독일의 철학자. 신칸트학파인 마르부르크 학파에 속하며, 주요 저서로는 ≪상징형식의 철학(*Philosophie der symbolischen Formen*)≫, ≪계몽의 철학(*Die Philosophie der Aufklärung*)≫, ≪인간론(*An Essay on Man*)≫ 등이 있다. 칸트의 비판적 관념론을 단순히 합리적 지식에 한정시키지 않고 인간의 정신적인 모든 경험의 영역으로 확대하여 '문화의 비판'으로서의 철학을 정립하고자 하였으며, 이로 인해 문화철학의 창시자라 일컬어진다. — 역주

에 관한 저작 ≪유교와 도교(*The Religion of China: Confucianism and Taoism*)≫가 막 출판되었을 무렵 이 책을 읽었다—에서 비롯되었지만, 그의 독후감은 문제를 '베버'의 일련의 개념과 범주, 지식, 이론의 역사성을 둘러싼 의문으로 이끌었다. 그에 따르면, "현대사상이 두 가지 방향—즉 비판이론의 방향과 현대화 이론의 방향—에서 베버의 이론을 발전시켰다면, 중국의 연구영역에서 베버에 대한 이용은 주로 후자에 있었음이 분명하다." ≪유교와 도덕≫에서는 전혀 "합리화 과정에 대한 그의 비관주의적 예견을 발견하지 못하였다. 반대로 이성과 합리화가 중국사회 문제를 서술하고 진단하는 기본 규범이 되었던"53) 것이다.

현대중국의 '베버'에 대한 이용이 '현대화 이론' 방면에만 국한되었던 것은 무엇 때문이었을까? 이 물음에 대답하기 위해서는 중국이 베버를 받아들였던 역사적 컨텍스트를 재구성하지 않으면 안 된다. 왕후이의 말을 빌리자면, 즉 "베버의 사회학의 기본 범주 배후에 감추어져 있는 역사성, 그리고 이러한 역사성이 중국 문제에 대해 분석하고 진단하는 이들 범주의 능력을 어떻게 제한했는가를 설명"54)해야 한다. 그렇다면 이러한 '역사성'을 어떻게 설명할 것인가? '번역'이 여기에서 일으킨 역할을 홀시해서는 안 된다. '역사성'에 대한 왕후이의 질문 가운데에서 '베버'와 '중국 현대성 문제'의 상관성은 정태적으로 서술되지 않고, 복잡한 상호관계 속에서 드러나고 있다. 즉 한편으로 '현대화' 서사는 사회학의 기능주의로써 베버 학술의 기본 주제를 재구성하여 현대성과 서구 이성주의 및 계몽이 제공하는 최종목표와의 내적 관계를 끊음으로써, 서구 사회 내의 이른바 합리화 과정을 보편적으로 적용되는 사회지표로 만든다. 다른 한편으로 '현대화' 서사는 보편주의의 추상적 가치, 규범과 지표로 변하였지만 여전히 '베버식'의 개념과 용어, 이를테면 합리화, 가치중립과 책임윤리 등을 사용하여 중국과 같은 비(非)서구지역의 사회성질과 상황을 분석하고 묘사하고 구성한다. 따라서 이 서사는 어느 정도 여전히 '베버'—베버식의 술어를 포함하고 베버식의 문제를 포함하여—를 통하여 중국 연구의 기본 전제와 역사의 상상방식을 결정짓는다.55) 이 복잡한 상호관계는 반드시 '번역'을 통해서만 완성될 수 있다. '번역'이 발휘하는 기능이 있기에, 사람들은 더 이상 '베버 학설'을 현대중국과 아무 상관도 없는 독일사상으로 여기지 않으며, 간(間)역사와 간(間)텍스트 속에서 끊임없이 해석되고 수립되는 이론, 즉 시종 '번역'과 '여행'의 상태에 처해 있는 이론으로 간주한다. '번역'과 '여행' 상태에 대해 파악하지 못한다면, 중국 현대사회 자체의 문제가 무엇인지 정확하게 진단할 길이 없다.

일본 학자 마루야마 마사오(丸山眞男)*는 벨라(R. Bellah)**의 ≪도쿠가와 종교 : 현대일본의 문화연원≫이라는, '베버 문제'의 영향을 받은 저작을 평할 때 이렇게 말했다. "막스 베버의 종교사회학 연구는 비록 ≪유교와 도교≫라는 글이 자료 등등에서 여러 제약을 받았지만, 중국, 아니 아시아의 사회문화 연구자에게는 오늘날에도 여전히 경전적 저작으로서의 지위를 잃지 않았다."[56] 그는 제2차 세계대전 후의 미국학자의 일본 연구를 '역사주의'와 '방법주의'의 두 유형으로 구분하고, 벨라의 저작을 '방법주의'로 규정하면서 다음과 같이 지적하였다. "벨라의 이 저작에서처럼 문제의식의 타당성과 분석상의 개념틀의 유효성은 전체 연구의 가치에 대해 결정적인 중요성을 지니고 있다. …… 이 정도 수준의 방법의식속에 관철되어 있는 연구라면 그 '방법'을 모두 곱셈한 결과를 평가해야 한다. 따라서 성공과 실패의 격차는 틀림없이 크게 벌어질 것이다."[57] 바로 이러한 의미에서 마루야마 마사오는 베버의 ≪유교와 도교≫가 "방법의식의 연구가 성공한 가장 명확한 사례"[58]

* 마루야마 마사오(丸山眞男, 1914-1996) 일본의 정치학자이자 사상가. 막스 베버의 영향을 깊이 받은 학자로서 근대주의자를 자처하였으며, 학계의 천황(天皇)이라 일컬어졌다. 당시의 황국사관(皇國史觀)과는 달리, 서양철학과 사회학을 토대로 한 학술적인 일본정치사상사를 새로이 개척하였다. 대표적인 저서로는 ≪일본정치사상사연구(日本政治思想史研究)≫, ≪현대 정치의 사상과 행동(現代政治の思想と行動)≫, ≪전시와 전후의 사이(戦中と戦後の間 1936－1957)≫ 및 ≪충성과 반역―전환기 일본의 정신사적 위상(忠誠と反逆―転形期日本の精神史的位相)≫ 등이 있다. － 역주

** 벨라(Robert Bellah, 1927-) 미국의 사회학자. 다원적인 미국 사회에서 사회를 통합시키는 신성한 상징체계로서 미국의 시민 종교(civil religion)를 제시하고, 종교의 생물학적 및 문화적 연원 및 이 양자사이의 상호작용을 밝히고자 하였다. 대표적인 저서로는 ≪도쿠가와 종교 : 현대일본의 문화연원(*Tokugawa Religion: The Cultural Roots of Modern Japan)*≫, ≪인류 진화 속의 종교(*Religion in Human Evolution: From the Paleolithic to the Axial Age)*≫ 등이 있다. － 역주

라고 긍정하였는데, 행간의 의미는 물론 벨라의 ≪도쿠가와 종교≫를 '방법의식'면에서 대단히 성공적인 저작이라고는 볼 수 없다는 것이다. 그가 베버의 '방법의식'과 벨라의 '방법의식'의 수준의 높낮이를 나누었던 까닭은 미국식의 현대화이론이 오만과 편견— 훗날 벨라 스스로도 ≪도쿠가와 종교≫에 나타난 "일본의 독특성을 보편적 이론에 복종시키려는" 경향으로 인해 마루야마 마사오가 불만스러워했다고 인정하였다[59]— 에 가득 차 있다고 인식하였기 때문이다. 벨라에 대한 마루야마 마사오의 질문은 주로 '이론 가설'과 '역사 사실'의 관계에 집중되어 있는데, 그는 벨라가 이 문제에 있어서 "파탄을 드러냈다"고 여기면서 이 파탄의 근원에 대해 이렇게 밝혔다. "작가가 근거로 삼고 있는 파슨스 이론의 관련 대상에 대한 타당성, 즉 인간과 집단의 교류관계의 상황 아래에서 작용관계를 형성하는 갖가지 차원의 종횡으로 교착된 복잡한 관계망— 이 미국사회의 구조를 패러다임으로 삼아(이상화를 의미하지는 않는다) 다듬은 이론과 범주를 도쿠가와 사회에 적용한 타당성의 문제의 탓으로 돌려야 한다. …… 여기에서의 핵심문제는 저자가 도출한 종교 합리화와 정치·경제 합리화의 내적 관계가 과연 정말로 저자의 도식에서 필연적이고 근본적인 의미에서의 결론을 얻어냈는가의 여부이다. 반대로 저자의 '방법'을 전제로 하여 도쿠가와사회의 가치체계 속에서 저자와 상이한 의미를 끌어낼 수 있는가의 여부이다. 다시 말해, 이러한 문제의 실질성은 '합리화'라는 개념을 구체적으로 운용할 때의 혼란에 체현되어 있다."[60] 종교 합리화와 정치·경제 합리화의 내적 관계는 전형적인 '베버 문제'이지만, 마루야마 마사오는 벨라의 오류를 단순히 '베버'의 탓으로 돌리지 않고, 베버학설을 베버의 '합리화'라는 개념에 대한 혼란스러운 운용과 구별한다. 구체적으로 말하자면, 벨라가 받아들인 '베버'는 그의 스승 파슨스(T. Parsons)의 개조와 번역을 거친 '베버', 곧 이른바 '베버 → 파슨스의 규정'이며, 이는 베버의 사상논리에 대한 '심각한 오용'이다.[61]

마루야마 마사오는 '→'으로 '베버'와 '파슨스화된 베버'를 구분한다. 벨라 역시 이 구분을 상당히 자각하기는 하지만, 베버에 대한 파슨스의 '번역'을 긍정적인 측면에서 이해한다. 벨라는 1985년에 ≪도쿠가와 종교≫의 평장본을 위해 쓴 서문에서 이렇게 회고하고 있다. "나의 스승 파슨스는 중요한 현대화 이론가이며, 이는 일부분 막스 베버—대다수 이론가의 사상보다 훨씬 복합적이고 섬세한 이론가인—의 사상에 대한 그의 오랜 연구에 힘입은 바가 크다. 그러나 미국의 정신분석학자들이 낙관적인 프로이트를 창조했듯이, 파슨스는 낙관적인 베버를 창조했다. 파슨스는 베버와 마찬가지로 현대화 과정을 합리화의 과정으로 간주하였으나, 베버가 믿었던 것처럼 현대화 과정이 무자비할 정도로 쇠 우리(iron case)로 이끈다고 생각하지는 않았다. 파슨스는 합리화의 정상적인 과정이 선한 사회(good society)를 낳으리라 여겼다."[62] 서구의 현대사상사에서 베버는 현대화의 결과에 대한 비관적 예측으로 말미암아 시종 현대성 비판자의 형상으로 나타난다. 그는 "계몽사상가의 희망과 기대란 모두 고통스럽고 울 수도 웃을 수도 없게 만드는 환상이라고 생각한다. 그들은 과학의 발전, 이성과 전 인류의 해방 사이에서 깰 수 없을 만큼 견고한 필연적인 연계를 유지하고 있다. 그러나 일단 사람들이 그것의 본질을 드러내고 이해하면, 계몽운동이 사람들에게 남겨준 것은 …… 특정한 목적을 위해 복무하는, 도구주의 이성사유의 승리임을 발견하게 될 것이다. 이러한 이성사유 형식은 경제구조, 법률, 정부행정관리, 심지어 예술까지 포함하여 사회문화생활의 각 영역에 영향을 미치고 감염시킨다. 이성사유의 발전은 전 인류의 해방을 결코 실현시키지 못하며, 오히려 사람들이 벗어날 수 없는 관료주의 이성의 '쇠창살'을 창조해냈다."[63] 그런데 베버에 대한 파슨스의 낙관화는 베버와는 다른 그의 '현대화' 신념에서 비롯된다. 즉 "현대화는 일체의 선한 것들, 이를테면 민주주의, 풍요— 간단히 말해 우리 사회와 같은 선한 사회를 생산하는 과정이다.

이것이 아마 사상 전체의 주된 내용이었을 것이다. 미국과 소수의 '선진 산업사회'는 아직 선한 사회가 되지는 않았을지라도 확실하게 그 방향을 지향하고 있어서, 그밖의 다른 모든 사회들이 근대화할 때 지향해야 할 목표를 명확히 해주었다."[64] 바로 현대화에 대한 이러한 이해에서 출발하여 미국의 현대화이론은 일반 사회의 발전이 반드시 거쳐야 하는 중립적이고 보편적인 양식이 되었다. 파슨스는 베버의 ≪유교와 도교≫를 분석하면서 '보편주의'와 '특수주의'라는 대비된 한 쌍의 개념을 운용하여 유가윤리와 서구 프로테스탄트윤리를 비교하였다. 그의 결론에 따르면, 전자는 개인관계를 중시하고 특수 집단의 구조적 속박을 받으며, 대내 도덕과 대외 도덕을 나누는, 일종의 특수주의 윤리이다. 반면 후자는 이러한 도덕의 이원론을 타파하고 개인관계가 더 이상 기능하지 않으며, 가족과 이웃을 낯선 사람과 동등하게 대하는, 일종의 보편주의 윤리이다. 파슨스는 베버가 다음과 같이 거듭 지적하였음을 강조한다. "만약 이러한 보편주의가 존재하지 않는다면, 현대경제제도가 어떻게 작동할 수 있는지 이해하기 어려울 것이다. 왜냐하면 계약을 지키고 화물의 질을 보증하는 등의 상업관계는 반드시 가장 기본적인 신뢰에 바탕을 두어야 하며, 이러한 신뢰는 바로 도덕의 보편주의를 근거로 하기 때문이다."[65] 실제로 베버는 '보편주의'와 '특수주의'라는 대비된 개념을 사용하여 두 가지 상이한 종교윤리를 분석하지는 않았다.[66] 파슨스의 의도적인 수사학적 표현은 물론 서구 종교윤리의 보편성을 두드러지게 하고, 나아가 그것을 사회평형(social equilibrium)이 시간에 따라 변화·발전하는 다섯 가지 '유형변수(pattern variables)' 가운데의 중요한 하나를 서술하고 평가하기 위함이다. 이른바 '유형변수'란 파슨스가 제기한 바의, 확장된 이원대립도식인데, 그는 이를 도구로 삼으면 진보 평가의 지표를 이용하여 복잡한 사회관계를 처리할 수 있다고 여긴다. 이 방법은 이 사회가 보편주의를 강조하는지 아니면 특수주의를 강조하는지, 성취한 업적을 중시하는지 선천적 귀속을 중시하는지, 개인지향적인지 집합지향적인지, 대상이 광범한지 한정적인지, 감정적 관계인지 감정중립적 관계인지를 우선 판단한다.[67] 이러한 '유형변수'를 통하여 파슨스는 한 걸음 더 나아가 '전통'의 역사조건과 '현대'의 역사조건의 이분법을 강화하고, 서구의 특수한 역사과정에서 생겨난 '현대화'를 추상적인, 그리고 보편적으로 적용되는 사회발전지표이자 중립적이고 상호연관된 사회과정으로 전환하였다.

현대화의 결과에 대해 끊임없이 한탄했던 베버의 태도와는 전혀 달리, 벨라는 파슨스에 의해 전환된 미국 '현대화이론'을 극찬하면서 "계몽신앙이 발전 중에 놓여 있는 늦둥이"[68]라 일컬었다. 아울러 그는 미국식 '현대화' 양식을 인류사회발전이 반드시 거쳐야 할 길로 간주하였다. 이러한 전형적인 자유주의 논술은 '파슨스화된 베버'를 드러내고 있는데, 이는 사회과학영역의 지식이 전화된 결과일 뿐만 아니라 '냉전 이데올로기'의 중요한 구성부분이기도 하다. 파슨스는 1950년 이전에는 늘 비판적 시각으로 '서구'를 논하였지만, 1950년 이후에는 미국에서 느낀 활력과 안정감을 바탕으로 '현대'사회를 논하고, 미국을 '서구' 현대화사회의 '전형'으로 간주하였다. 알렉산더(Jeffery C. Alexander)*는 파슨스의 변모가 '냉전'의 산물임을 다음과 같이 지적하고 있다. "이데올로기 각도에서 볼 때, 이러한 관점의 변화는 비판성으로부터 대단히 자기과시적인 자유주의로의 전변을 의미하고 있다. 미국과 기타 자본주의사회는 이미 냉전상태에 접어들었다. 이들 나라의 국민은 특수자본주의와 시민사회(civil society) 발전모형을 간절하게 유지하며, 그것을 보편적이고 정확한 것으로 간주한다."[69] 이론면에서 볼 때, 베버사상에 대한 '냉전 이데올로기'의 개조는 '마르크스주의의 사적 유물론'에 맞서기 위해 베버를 기능론과 진화론의 색깔로 가득찬 관념론/문화주의자로 각색하고[70], 베버의 '합리성' 개념을 현대화를 긍정하는 핵심가치로 삼아 현대성에 대한 베버의 비판을 완전히 무시하였다. 이와 함께 또한 베버가 '대의제 민주제도'의 엘리트주의 경향에 대해 심각하게 문제를 제기했던 측면은 애써 홀시하면서 베버를 자유주의 민주사회의 이론가로 내세운다. 이는 냉전이데올로기가 미국을 현대화의 최종적 참조체계로 여기고 있음을 의미하며, 그곳은 어떤 근본적인 긴장이나 모순도 존재하지 않는, 조화로운 통일체이다. 이러한 공통적 인식이 마르크스주의(정치적이든 이론적이든)를 상상의 대립면으로 삼아 형성된 것

* 알렉산더(Jeffery C. Alexander)는 미국 예일대 사회학과 교수이자 문화사회학자로서 신기능주의의 제창자이다. 대표적인 저서로는 ≪사회학의 이론적 논리(*Theoretical Logic in Sociology*)≫, ≪시민영역(*Civil Sphere*)≫ 및 ≪트라우마 : 사회이론(*Trauma: A Social Theory*)≫ 등이 있다. — 역주

임은 물론이다.[71]

파슨스와 동시대의 미국 사회학자인 밀즈(C. Wright Mills) 역시 파슨스가 제기한 '하나의 일반 사회학 이론'을 다음과 같이 비판하였다. '일반 사회학 이론'은 "사실상 하나의 개념 세계를 구축하고 있는데, 이 개념 세계는 인간사회의 구조적 특징들, 즉 인간사회를 이해하는 데 있어서 기본적인 요인이라고 오랫동안, 그리고 정확하게 인식되어 왔던 특징들을 무시하였다. …… 이러한 진술은 사회학자들로 하여금 '권력'과 경제제도 및 정치제도에 대한 관심에서 벗어나게 해주었다."[72] 표면상의 '비정치화'와 중립성으로써 이데올로기 효과를 달성하는 것, 이것이야말로 '냉전이데올로기'의 주요 특징이다. 데이비드 하비(David Harvey)*가 보기에, 냉전을 벌이는 서방측의 '현대성' 기획, 특히 전 세계로 확산된 미국 현대화 이론, 심지어 본래 반역의 색채마저 지니고 있던 모더니즘조차 '냉전이데올로기'의 일부분으로 되었다. "추상표현주의의 출현에 수반된 모더니즘의 비정치화는 정치와 문화 권위기구의 지지를 획득하였으며, 냉전중의 이데올로기 무기로 간주되었다. 이러한 예술은 소외와 근심으로 가득 차 있으며, 산산이 파편화된 현상과 창조적 파괴(이 모두는 의심할 나위 없이 핵시대에 대한 가장 적합한 표현이다)를 충분히 표현하였다. 그리하여 언론자유, 엄격한 의미에서의 개인주의 및 창조적 자유의 믿음에 대한 미국의 가장 좋은 전범이 되었다."[73] 그러므로 벨라의 ≪도쿠가와 종교≫ 및 배후에 숨겨져 있는 '베버 → 파슨스의 규정'에 대한 마루야마 마사오의 비판은 이러한 역사컨텍스트 내에 있어야만 제대로 이해될 수 있으며, '베버 번역'에 대한 검토를 통하여 패전 후에 일본 역사와 사상의 주체성을 재건하고자 애썼던 노력이라고 간주해도 좋을 것이다.[74]

그러나 역사의 패러독스는 마루야마 마사오와 그의 적수가 상이한 층차에서 공통적인 '문제의식'을 지니고 있었다는 점이다. 벨라는 마루야마 마사오

* 데이비드 하비(David Harvey, 1935-) 미국 뉴욕시립대학(CUNY)의 교수이며, 저명한 인류학자이자 지리학자, 사회 이론가이다. 주요 저서로 ≪모더니티의 수도 파리(*Paris, Capital of Modernity*)≫, ≪포스트 모더니티의 조건(*The Condition of Postmodernity*)≫, ≪자본의 한계(*The Limits to Capital*)≫ 및 ≪신제국주의(*The New Imperialism*)≫ 등이 있다. — 역주

와 자신 사이에는 근본적인 차이가 없다고 줄곧 강조하였는데, 마루야마 마사오가 '유럽문화만이 인류의 보편 유산'이라는 신념을 시종 견지하였다고 여겼기 때문이다.[75] 마루야마 마사오는 '베버'의 사상논리에 대한 벨라와 파슨스의 오용을 비판함과 동시에, '베버문제'에 대한 정확한 이해를 통하여 일본사상사를 재해석하고자 하였다. 그가 1940년대에 저술하여 1952년에 출판한 ≪일본정치사상사 연구≫에는 분명한 연구동기가 관철되어 있는데, 그것은 일본의 '근대화' 이전의 고대사상에서 서구의 근대 조건의 영향을 받지 않은 상태에서 '무의식적 결과'로서 자연히 발생한 일본 '근대사유'를 모색하고자 하였다는 점이다. 그는 에도(江戶)시대의 '주자학(朱子學)'과 '고학파(古學派)'사상을 논하면서, '주자학'이 자연과 인간, 공(公)과 사(私), 정치와 윤리를 하나의 원리로 끌어안는 '연속성 사유'를 드러낸 반면, '고학파'의 사상은 근대의 '비연속성 사유'의 특징을 지니고 있다고 지적하였다. 아울러 그는 '주자학'이 '고학파'의 도전을 받은 후 차츰 해체되고 자연과 인간, 공과 사, 정치와 윤리가 분리된 근대의 '인위'적 질서관념이 차츰 확립되는 과정을 서술했다. '베버문제'의 영향을 깊이 받았음이 분명한 이러한 사상사 서술은 서구에서 비롯된 '근대주의'를 자명한 전제이자 가치기준으로 삼고 있으며, 중세기의 '사회/국가제도관'과 근대시민의 '사회/국가제도관' 사이의 상호대립적인 '세계사 과제'와 대응하고 있는데, 이는 자기 민족의 지적 자원 중에서 자발적인 '근대성' 사유의 맹아를 확인하기 위함이었다.[76] 마루야마 마사오의 사상사 서술은 어느 차원에서는 벨라식 '방법의식' 가운데의 '보편성/특수성'의 이원대립을 피하였지만, 다른 차원에서는 여전히 '보편주의/특수주의'의 함정 속에 빠져 있다고 할 수 있다. 그가 "저자의 '방법'을 전제로 도쿠가와 사회의 가치체계속에서 저자와 상이한 의미를 이끌어낼 수 있는지의 여부"에 대해 벨라에게 질의하였을 때, 사람들 역시 마루야마 마사오에게 다음과 같은 질문을 던질 수 있다. 18세기의 에도 사상은 그가 묘사했듯이 '정통' 이데올로기인 '주자학'이 끊임없이 와해되는 대신, 민간의 '고학파'가 이와 '대립'하여 차츰 '근대사유'를 확립해가는 명료한 과정을 드러내는가? 혹은 이러한 진술은 그의 '역사철학'이나 '세계사 과제'에 끌려다니는 폐단을 드러내지 않을까? 더군다나 사카이 나오키(酒井直樹)의 관점에 따르면, 일본의 특수성을 강조하는 것은 보편주의의 역량을 약화하는 것이 아니라 강화하였으며, 양자는 현대성 내부의 상호 지원하는 '보완'을 형성하였다. 즉 "특수주의와 보편주의는 이율배반(antinomy)이 아니라 상호보완적이다. 실제로 특수주의는 이제껏 보편주의를 골치 아프게 만드는 적수가 아니며, 그 반대도 마찬가지이다. 바로 이들은 개별(the individual)과 단절되고, 개별은 영원히 이 보편성을 무한히 초월하는 주체로 개조될 수 없으며, 보편주의와 특수주의는 모두 타자(other)와 만날 수 없기 때문이다. 타자성(otherness)은 늘 타체(他體)로 용해되며, 따라서 양자 속에서 타자성은 시종 억압과 배척, 제거를 당한다. 결국 우리가 정상적인 상황에서 보편성이라 일컫는 것은 보편성이라 자인하는 특수성이며, 보편성이 다른 방식으로 존재할 가능성이 있는지 없는지 의심을 품을 만한 가치가 있다."[77]

마루야마 마사오의 처지와 흡사하게, 왕후이가 막스 베버의 ≪유교와 도교≫를 논할 때 마주하였던 것 역시 '파슨스화된 베버'였다. 80년대 대륙 사상계는 베버에 대한 번역, 소개와 주석을 통하여 성공적으로 '현대화론자' 베버 형상을 창조해냈다. 거시적인 시각에서 볼 때 이 과정은 여전히 '2차 대전' 이후 베버이론의 '파슨스화'의 진행과정 속에 놓여 있으며, 이는 '문혁' 이후의 새로운 '현대화 서사'의 재건과 대응하고 있다.[78] 1985년 ≪독서(讀書)≫ 편집부는 막스 베버의 사상에 관한 좌담회를 개최하였다. 당시 상황은 "50년대의 사회학에 대한 부당한 대우와 학술문화의 오랫동안의 폐쇄성으로 말미암아, 베버처럼 서구에서 오늘날까지 가장 중요한 사회과학자에 대해 우리 학술계와 독서계는 아는 것이 너무나 적고, 중국어로 번역되어 출판된 베버의 저작은 겨우 ≪세계경제통사(世界經濟通史)≫(상해역문출판사의 1981년 판) 한 권밖에 없었으며, 연구 논문은 거의 없다시피 하였다. 이는 강대국의 학술문화 지위, 그리고 대외적인 개방개혁의 형세에 비추어 물론 전혀 어울리지 않는 모습이었다."[79] 그리하여 베버를 이해하고 연구하며 번역하려는 갈망이 뜨거워졌다. 그러나 이 갈망은 마찬가지로 '현대화 서사'의 격려와 제한을 받았다. 이 좌담회는 베버 사상의 여러 방면, 이를테면 프로테스탄트윤리와 근대 자본주의의 기원, 중서문명의 비교연구, 관료제와 합리성, 통치권위의 '세 가지 이상유형' 등을 다루고, 세계적 범위의 '베버붐' 및 '탈(脫) 파슨스화'를 특징으로 하는 독일의 '베버 부흥'을 토론하였다. 하지만 모든 문제의 초점은 알게 모르게 베버이론과 현대화의 관계에 집중되었으며, 심지어 세계적 '베버붐'의 흥기는 각국의 '현대화' 추구와 밀접한 관계를 맺고 있다고 여기는 이도 있었다. 즉 "많은 국가의 '베버붐'의 흥기는 해당 국가의 사회경제 배후와 일종의 상관관계가 존재하는 듯하다. 베버는 살아 있을 적에 독일제국에서 영향력이 대단히 미미하였으며, 사후에는 바이마르공화국과 제3제국의 단속을 당하기도 하였다. 전후 부흥기에도 충분한 주목을 받지는 못하였으며, 60년대 후반이 되어서야 그는 재발견되기에 이르렀다. 이 무렵은 바로 독일연방공화국의 경제가 비약적으로 발전하고 1인당 GNP가 세계 3위로 발돋움하였던 때였다. 미국에서 베버 연구가 중시되기 시작했던 것은 1940년대 후반이었다. 이 무렵은 2차 세계대전 이후 미국이 자본주의 세계의 으뜸가는 선진국이 되었던 때였다. 서구에서 베버붐이 일기 시작하였던 것은 1970년대였다. 당시 강대한 경제실체로 발전한 유럽경제공동체는 국민총생산이 미국보다 약간 뒤졌지만, 수출무역과 외환보유액은 미국과 소련 두 나라의 총합을 이미 넘어서 있었다. 서구와 동시에 베버붐이 일어났던 일본에서는 경제발전이 훨씬 비약적이었다." 이러한 서술에 유보할 점이 있기는 하다. 즉 "베버붐의 흥기가 위에서 서술한 국가의 경제발전과 발맞추어 일어난 현상이 우연의 일치인지 아니면 상관관계가 존재하는지는 사고해볼 만한 문제임에 틀림없지만, 해답은 아마 베버의 저작에서 찾아야 할 것이다."[80] 그러나 이 논단을 산업화한 동아시아(일본, 대만, 홍콩, 한국과 싱가폴을 포함하여), 유가자본주의 및 베버이론의 관계에 관한 토론[81]과 결합시켜 보더라도, 당시 중국 대륙에서 한창 달아오르던 '베버번역'을 '현대화 추구'의 표징으로 여겨도 좋을 것이다. 영어본을 중국어로 번역하여 삼련서점(三聯書店)에서 출판된 ≪프로테스탄트윤

리와 자본주의정신≫은 파슨스의 주석을 모두 실었는데, 이것은 사소한 일례에 지나지 않을 것이다.[82)]

그래서 왕후이는 서로 표리를 이루는 베버사상과 현대화이론의 관계에 대해 마찬가지로 '방법의식'에 대한 검토를 통하여 미국의 중국연구를 새로이 살펴보는 기초 위에서 '현대화이론'의 내적 한계를 드러내고, 아울러 이를 빌어 '중국현대성문제'에 대한 토론의 다양한 가능성을 열었다. 그는 글의 목적이 "베버의 주요 범주에 대해 사회학이론적 분석과 해설을 하는 것도, 심지어 중국역사와 관련된 수많은 세부사실의 부정확한 서술을 바로잡으려는 것도 아니"라고 강조한다.[83)] 〈베버와 중국의 현대성 문제〉라는 글의 제목이 보여주듯이, 이 글은 베버에 대한 케이스연구를 통하여 중국문제를 명확히 '현대성'의 시야에 놓고서 고찰한다. 이 글은 '베버문제'의 수용, 번역 및 해설 등과 직접적으로 관련되어 있을 뿐만 아니라, 국제중국학과 중국연구의 전통 속에서 중국의 전통과 현대의 관계를 고찰한다. 이를테면 이 글은 미국학자 길버트 로즈먼(Gilbert Rozman)이 펴낸 ≪중국의 현대화(*The Modernization of China*)≫를 비평할 때, 이 연구가 '현대화'의 지표를 추상적으로 사용하여 "중국 사회내의 어떤 요인이 현대화로 나아가는 데 도움을 주고 어떤 요인이 장애를 가져오는지 밝힘과 아울러, 현대화가 일어나는 속도와 양식에 대해 평가하려는 것이 주요 목적"[84)]이라고 하였지만, 실제로는 파슨스식의 '보편주의/특수주의'의 '유형변수'를 거듭 밝히고 있을 뿐이라고 지적하고 있다. 이는 공교롭게도 벨라의 ≪도쿠가와 종교≫에 대한 마루야마 마사오의 질의와 대응하고 있다. 더욱 중요한 점은 이 글이 '현대화' 서사에 대한 문제제기로 말미암아 80년대에 성행했던 '문제의식'을 고쳐 썼다는 것이다. '중국의 현대성'으로 중국문제와 글로벌화의 내적 관계에 답변하고자 시도함으로써, 중국의 현대사를 새로이 해석하고 나아가 중국역사의 장면을 새로이 그려내도록 모종의 가능성을 제공하였던 것이다. 이러한 이론적 시도 역시 당시 '근대의식'으로써 도쿠가와 사상을 서술하고자 하였던 마루야마 마사오의 역사적 충동과 꽤 흡사한 면이 있지만[85)], 왕후이는 어떻게 하면 마루야마 마사오처럼 '보편주의/특수주의'라는 또 다른 함정에 빠지지 않을까 고심하지 않으면 안 되었다. 이에 대해 그는 상당히 자각하고 있었다. 또 다른 글에서 왕후이는 '중국 전통'의 유지를 줄곧 강조해온 '신유학'에 대한 분석을 통하여 이렇게 지적하였다. "현대 신유가가 거듭 탐구하는 것은 어떻게 해야 유학 전통 속에서 민주와 과학을 펼칠 수 있고, 현상의 전제 하에서 도덕의 자주성을 유지할 수 있을까이다. 이는 이 사조 자체가 이미 현대화 이데올로기의 보완형식이 되었음을 충분히 보여주고 있"[86]는 바, 비(非)서구와 서구의 관계 속에서 '타자'로서의 특수성에 집착한 채 '현대'라는 계략에서 벗어나지 못했음을 알 수 있다.

따라서 베버 및 현대성과 관련된 '방법의식' 문제에 대한 왕후이의 토론은 마루야마 마사오보다 한 걸음 앞서 나아가 있다. 그가 요구하는 것은 "베버의 사회학의 기본 범주 배후에 감추어져 있는 역사성, 그리고 이러한 역사성이 중국 문제에 대해 분석하고 진단하는 이들 범주의 능력을 어떻게 제한했는가를 설명하는 것",[87] 즉 '방법의식'의 역사적 수립과 내적 제약을 깊이 있게 탐구하는 것이다. 왕후이에게 있어서 '방법의식'은 자못 복잡한 이중의 함의를 지니고 있다. 즉 한편으로는 베버의 비교종교학 시야, 특히 그의 중국연구의 방법론에 대한 반성을 토대로, '합리화'가 일종의 역사 서사의 내재적 시야로서 어떻게 중국사회의 서술을 기획하였는가를 지적함과 아울러, 또한 여기에서 파생된 보편성 논제, 즉 도덕·윤리 요인과 정치·경제제도 및 사회행위의 상호관계, 그리고 중국연구에 대한 이 논제의 잠재적인 영향 등에 관심을 기울인다. 중국연구자들은 서구의 역사사회학 패러다임이 중국의 근대경험을 인식하고 설명하는 데에 적절한지, 자본주의와 사회주의의 대립이 중국의 역사현실인지 등에 대해 의문을 품고 있는데, 이러한 현상은 날이 갈수록 넓은 공감대를 형성하고 있다.[88] 이를테면 위잉스(余英時)는 중국근세사의 컨텍스트 속에서 '베버식의 문제', 즉 전통종교윤리는 본토의 자연발생적인 상업활동에 도대체 어떤 영향을 끼쳤는가를 다시 구축하고자 애썼으며, 이제한 문제제기 방식으로써 "모종의 서구적 이론모델을 억지로 중국사에 뒤집어

씌우는" 방식을 비판하였다.[89] 그러나 이들 '베버식의 문제'는 '중국의 자본주의적 맹아 문제'에 대한 대체일 뿐, 이에 대한 초월이 아니다. 그것이 보다 깊은 층차에서 여전히 '합리화'를 핵심으로 하는 '현대화 서사'에 제약을 받고 있으며, 심지어 그것이 '합리화' 원칙에 근거하여 중국근세사의 장면을 다시 그려냈다고까지 말할 수 있기 때문이다. 위잉스는 그의 저술에서 명확하게 이렇게 지적하고 있다. "베버의 ≪프로테스탄트윤리≫라는 책은 오로지 마르크스주의의 역사관을 논박하기 위해 만들어진 것이라 이해해서는 안 될 듯하다. 하지만 깊이 들여다보면, 이 논제의 연구는 확실히 사적 유물론과 첨예하게 맞서 있다. 베버는 기본적으로 사적 유물론에 반대하였다."[90] 이는 이 저작의 논술틀이 여전히 '베버 vs 마르크스'의 냉전이데올로기 속에 있음을 우리들에게 환기시켜준다. 〈중국근세종교윤리와 상인정신〉이 80년대 대륙의 '문화열(文化熱)'에 깊은 영향을 끼쳤던 것은 바로 이 글이 중국사회가 '혁명' 서사에서 '현대화' 서사로 전환하는 역사적 컨텍스트에 대응하고 있기 때문이다. 바로 이러한 현상을 겨누어, 왕후이는 '이성'과 현대성의 자명한 관계가 사회과학적 이론담론속에서 구조화되었던 것임을 지적하고, 비서구적 시야에서 '합리화' 문제를 토론할 것을 강조한다.

이로 인해 왕후이는 '베버 문제'에 감추어져 있는 '방법의식'의 또 다른 함의에 관심을 기울인다. 보편성과 특수성의 이중의 곤경을 초월해야만 중국현대성 연구의 새로운 방법론 시야를 재건할 수 있다면, 온전한 의미에서의 '베버'가 제공하는 것은 훨씬 많은 것을 계시해줄 것이다. '현대화론자'로서의 베버와 '문명론자'로서의 베버, 이 둘 사이의 차이와 연관은 ≪중국의 종교:유교와 도교≫와 ≪프로테스탄트윤리와 자본주의정신≫이라는 두 저작의 관계에 대단히 뚜렷이 체현되어 있다. 일반 사람들은 이 두 저작이 베버의 종교사회학의 총체적인 구상 속에 내적으로 통일되어 있으며, '세계사'의 담론 차원에서 '합리화' 원칙의 보편성을 수립했다고 여긴다. 그러나 왕후이는 이들 사이의 모순, 그리고 이러한 모순이 어떻게 현대/반(反)현대, 중국/서구, 현대화서술/비판이론 등의 일련의 복잡한 관계와 결합하는지에 더욱 주목하며,

나아가 중국현대성의 컨텍스트 속에서 이들 복잡한 관계에 대한 처리를 통하여 새로운 방법론, 즉 보편주의의 함정을 뛰어넘으면서 동시에 특수주의의 구멍에 떨어지지 않고, 중국의 현대성 추구를 이해함과 동시에 추구의 전개 과정에 대해 지속적으로 성찰하는 방법론을 모색하고자 한다. 왕후이가 숭배하는 위대한 사상가 칼 폴라니(Karl Polany)*가 즐겨 사용하는 용어를 빌리자면, 중국현대성의 창조, 발생과 전개, 그것이 마주하고 있는 위기 및 포함된 활력 등은 모두 동서문화가 교류하는 과정 속에 '끼워넣어진(embed)' 것이다. 그는 이렇게 분명하게 지적한다. "중국의 '현대성' 문제에 대해 말한다면, 문제의 제기와 형성의 방식 및 그의 병리적 현상 모두가 단지 중국사회의 내부 문제일 뿐만도, 외래의 문화이식일 뿐만도 아니며, 상이한 문화와 언어의 공동체 사이의 상호관계 속에서 형성된 것이다. …… 이는 중국의 '현대성' 발생의 피동성을 부인함과 동시에 중국 '현대성' 발생과정 속의 문화 자주성을 인정한다는 것을 결코 의미하지는 않는다."[91)]

물론 왕후이의 목표는 여기에 그치지 않는다. 그는 중국 현대성에 대한 경험 총결과 이론 연구를 통해 급변하는 오늘날의 세계에 대처하기를 갈망한다. 바로 이 '현대'의 심층에서 비롯된 유혹은 그를 훨씬 이른 역사로 끌어들인다. 그는 중국현대사상이 마주하고 있는 것은 유럽의 현대사상과 전혀 다른 사상세계와 사회과정이며, 그것이 또한 어떻게, 어느 정도로 현대세계의 관계 속에 조직되는가를 증명하고자 한다. 이것이 아마 4권짜리 대저작으로 대답하려는 문제였을 것이다.[92)]

왕후이가 '파슨스화된 베버'에 대한 역사적 비판을 통하여 '중국 현대성'의 이론적 시야를 수립하고자 하였다면, 그와 거의 같은 시기에 간양(甘陽)은 보다 구체적으로 베버의 저작에 대한 번역과 편선(編選)을 통해 베버를 '탈(脫) 파슨스화'하는 과정에 참여하였다. 그는 독일학자인 볼프강 슐루흐터

* 칼 폴라니(Karl Polany, 1886-1964)는 헝가리 출신의 경제학자. 경제사 연구를 기초로 경제인류학 이론을 구축하였다. 대표 저서로는 ≪거대한 변환(*The Great Transformation*)≫, ≪초기 제국의 교역과 시장(*Trade and Markets in the Early Empires*)≫, ≪사람의 살림살이(*The Livelihood of Man*)≫ 등이 있다. – 역주

(Wolfgang Schluchter)가 제기한 이른바 베버의 '저술사' 문제[93]에 호응하여 '베버 연구의 재출발'을 호소하였다.[94] 간양의 지적에 따르면, '저술사' 문제는 본래 어느 분야이든 학술연구의 기본 요구이지만, 베버에게 있어서는 그의 사상적 맥락을 밝히는 전제조건이며, 심지어 '베버 문제'를 이해하는 관건이자 초점이 되었다. 이는 서구의 사회과학계에서의 그의 영향이 사실상 제일 먼저 '미국화'의 과정을 겪었으며, 또한 2차 세계대전의 종전 이후 '수출에서 국내판매로의 전환' 방식으로써 독일과 유럽 학계에서 새로이 중시받게 되었기 때문이다. 이러한 '미국화된 베버'는 주로 2차 세계대전 이후의 미국 주류 사회과학계, 특히 파슨스를 대표로 하는 사회학 기능주의학파의 베버 사상에 대한 해석이었으며, 앞에서도 언급하였듯이 어쩔 수 없이 미국식의 천박한 낙관과 냉전이데올로기의 색깔을 띠지 않을 수 없다. 이는 베버 사상 자체의 맥락 및 그 역사시대의 배경이라는 문제에서 출발한 것이 결코 아니었다. 여기에서 두 가지의 베버 형상이 생겨났다. 하나는 '2차 세계대전 이후의 미국 베버'이고, 다른 하나는 '1차 세계대전 전후의 독일 베버'이다. 베버의 '서술사' 문제의 제기, 그리고 베버 형상의 '탈 파슨스화'는 모두 '미국 베버'를 해체하고 '독일 베버'를 새로이 구축하기 위함이었다.

일반적인 견해에 따르면, '1차 세계대전 전후의 독일 베버'는 당시 유럽의 후발개발국인 독일의 역사적 상황으로부터 문제를 사고하였으며, 사실상 베버의 문제의식은 모두 당시 독일이 영국 등의 유럽개발국에 크게 뒤떨어져 있다는 우환의식에서 출발한 것이다. 프리츠 링거(Fritz K. Ringer)의 말을 빌리자면, "베버가 가장 관심을 기울였던 문제는 현대성의 문화결함"[95]이었다. 이러한 관점은 미국 실증사회학 주류 외에도 이미 보편적으로 받아들여져 사상문화방면에서 베버를 연구하는 기본적인 접근방식이 되었다. 물론, 이처럼 '우환의식'에서 비롯된 '베버문제'는 '2차 세계대전 후의 미국 베버'가 선진국의 자기과시적인 자세로 보편적으로 적용되는 이른바 '현대화이론'을 그려내고자 하였던 것과는 전혀 다르다. 이러한 이해에 따르면, 베버의 학술생애의 첫 단계—즉 1890년대 초 베버가 독일사상계에 두각을 드러냈을 때부터

1897년 정신분열을 일으켰을 때까지—는 각별히 중요한 의미를 지니게 되며, 설사 훗날 그의 사상에 커다란 변화와 발전이 일어났을지라도 첫 단계와의 내적 연관성을 알아차릴 수 있다. 이를테면 베버가 병에서 회복된 후 1904년에 미국을 방문하였을 때 행했던 최초의 강연 〈자본주의와 농업사회〉의 경우, 그 주제는 그가 10여년 전에 사고했던 중심문제, 즉 독일이 농업문명에서 산업자본주의로 발전할 때 부닥치는 정치경제문화의 곤경과 여전히 일맥상통하였다. 중국어판 ≪베버문선≫은 바로 이러한 문제의식에 따라 편찬되었으며, 마찬가지로 베버 학술생애의 첫 단계의 사상적 성취를 중시하였다. 그리하여 특히 그가 1895년에 프라이부르크대학 경제학과 교수에 취임했을 때 발표한 강연 〈민족국가와 경제정책〉을 '베버문제'를 이해하는 '일반 원리'로 여겨, 이 유명한 강연 제목을 ≪베버문선≫ 제1권의 책명으로 삼았던 것이다.[96]

그러나 중국현대사상의 발전 경험에 따르면, 어떤 '번역'이든 모두 순수한 학술적 흥미에서 비롯될 수는 없으며, '서학 상상'의 내적 장력 역시 '베버'에 대한 새로운 수용과 해석 속에 뒤엉켜 있다. 간양은 이 새로운 추세에 의해 초래된 '베버 형상'의 전환이 "중국사회과학의 발전에 유리하며, 베버 연구 자체를 뛰어넘는 의미를 지니고 있다"[97]고 여긴다. 이러한 의미는 물론 '독일 베버'의 역사와 우환이 우리 중국인의 지금까지의 역사상황 및 문제의식과 훨씬 커다란 상관성을 지니고 있을 뿐만 아니라, 더욱 중요한 점은 어떻게 베버에 대한 새로운 이해를 중국문제에 대한 사고의 새로운 자원으로 전환할 것인가이다. 다시 말해 '번역'을 통한 '주제'가 어떻게 '사상'의 '주체'를 형성할 것인가라는 해묵은 숙제에 대답해야만 한다. 일찍이 1987년에 중국 학가 가운데에 볼프강 몸젠(Wolfgang Mommsen)*이 베버를 연구한 저작, 이를테면

* 볼프강 몸젠(Wolfgang Justin Mommsen, 1930-2004)은 독일의 역사학자. 막스 베버의 사회학과 독일의 근대정치에 관한 논문으로 철학박사학위를 취득하였다. 대표 저서로는 ≪막스 베버와 독일정치(*Max Weber und die deutsche Politik*, 1890-1920)≫, ≪막스 베버의 정치, 사회 이론(*The Political and Social Theory of Max Weber*)≫, ≪막스 베버와 러시아의 부흥(*Max Weber and the Regeneration of Russia*)≫ 등이 있다. — 역주

≪막스 베버와 독일 정치, 1890-1920(*Max Weber und die deutsche Politik, 1890-1920*)≫와 ≪막스 베버 : 정치, 사회와 역사≫ 등을 통하여 '현대화이론' 이외의 베버 사상을 제기한 이가 있었다. 이 학자의 글은 꽤 정통적인 '비판'적 입장에 서 있으며, 일부 서술은 ≪독서≫에 의해 개최된 베버좌담회와 대척적이기도 하지만, 다른 측면에서 베버 사상과 독일정치의 복잡한 관계를 강조하였다.[98] 그런데 ≪독서≫좌담회에 참여했던 80년대 중국의 가장 주요한 베버 전공자인 쑤궈쉰(蘇國勛)은 ≪합리화 및 그 한계— 베버사상 도론≫이란 책에서 다음과 같이 예리하게 지적하였다. "'국가이유'와 '역사에 대한 책임'은 줄곧 베버 평생의 정치태도를 주도한 근본 관점이다. 그것은 제1차 세계대전기 독일의 융커(Junker)-부르주아지정권이 추진한 대외침략의 제국주의정책과 완전히 손발이 척척 맞았다. 베버와 그들의 차이는 단지 전략과 방법이었을 뿐, 그들 공통의 목표는 게르만민족을 세계를 주재하는 '지배민족(master race)'으로 만드는 것이었다."[99] 아울러 그는 베버 사상의 내적 모순을 이렇게 지적하였다. "…… 그는 한편으로 자본주의발전의 실질이 불합리하다고 명확히 인식하고 자본주의를 인간을 노예화하는 속박으로 이해하였으며, 다른 한편 학술계의 대변자로서 독일부르주아지의 바람과 요구를 나타내고 독일에서의 자본주의 발전의 합리성을 힘껏 밝혔다. 자유주의자인 베버는 민주정치, 개인주의와 자유의지의 수호자로서 관료제 독재의 개인인권에 대한 침탈과 인성에 대한 억압에 반대하는 한편, 독일민족국가의 지고무상한 지위를 고취하고 사회혁명에 반대함과 아울러 독일의 침략정책을 옹호하였다. ……"[100] 이와 함께 쑤궈쉰은 이러한 '역설'적 존재의 역사적 효용을 다음과 같이 명확히 파악하고 있었다. "베버의 정치사회학 내지 전체 사상이 대단히 복잡하고 모순되듯이, 그의 정치태도는 매우 특수하여 '제국주의자'로 해석될 수 있는 면모와 함께 '사회자유주의(social liberalism)' 및 '민주'로 부연될 수 있는 면모도 지니고 있다. 이러한 모순성과 복잡성을 간과한다면, 흔히 베버 및 그의 사상에 대해 편면적이고 단순화된 이해를 낳고 말 것이다."[101] 그러나 '현대화 서사'에 의해 주도된 80년대 중국사회는 이처럼

복잡하고 모순된 베버를 이해할 필요도, 이해할 수도 없었으며, 오직 사회의 컨텍스트에 중대한 변화가 발생하고 난 이후에야 '역설'적 존재의 내적 활력을 활성화할 수 있었다. 이를테면 '민주'에 대한 베버 사상의 강렬한 추구가 그러했다.

90년대에 간양은 베버를 번역하는 과정에서 당대 중국의 사회·정치·경제와 문화 상황을 겨누어 베버의 '문제의식'을 새로운 역사 컨텍스트 속으로 끌고 들어옴으로써 '정치화된 베버'라는 이론적 충격을 안겨 주었다. 이른바 '정치화된 베버'는 밀즈의 화법을 빌리자면, 베버 이론과 '권력', 경제 및 정치 제도와의 모든 관계를 재건하는 것이다. 구체적으로 말하자면, 당대 중국의 경제발전에 따라, 중국사회의 앞날이 단순히 일련의 고도성장의 경제지표로 환원될 수 있을까? 이러한 의문은 당시 마루야마 마사오와 흡사하게 '베버문제'에서 비롯된 우려, 즉 경제 발전이 정치적 민주화 혹은 윤리적 보편주의와 반드시 상호연관되지는 않는다는 우려를 포함하고 있다. 경제발전이 다른 변화를 수반하지 않는다면, 경제 자체가 지속적으로 발전하는 조건을 해칠 수도 있다.[102] 그래서 간양은 선견지명을 가지고서 베버의 "'정치민족'을 향하여"라는 문제를 다음과 같이 거듭 제기하였다. "중국의 경제상의 굴기(崛起)는 오늘날 온 세계의 주목을 받고 있지만, 21세기에 들어서서 중국이 부닥치게 될 관건적 시련은 아마 낡은 중화민족이 베버가 말한 바의 현대 '정치민족'으로 성숙될 수 있을지 여부에 달려 있다."[103]

'정치민족(political race)'이란 용어는 베버의 유명한 강연 〈민족국가와 경제정책(The Nation State and Economic Policy)〉에서 비롯되었다. 이 강연에서 그는 독일시민계급이 '정치적 민족'이 되기를 부추기면서 독일민족국가의 근본이익을 기준으로 삼을 것을 주장하였다. 그러나 실질적으로 그는 독일시민계급이 서구 자본주의 선진국을 본보기 삼아 자신에게 요구하고 자신의 행동을 규범화할 것을 바랐을 뿐이다. 다시 말해, 제국 시대의 흥성기에 독일정치에 대한 베버의 비판은 기존의 훨씬 '성숙한' 기준 위에 세워져 있었는데, 이 기준은 바로 프랑스와 영국, 미국의 사회정치 현실이었다. 그 구체적인 내용은 세 가지로서, 의회민주제와 언론자유, 실증헌법과 전문 관료제도 아래의 국내시장과 민족상공업, 그리고 '국제법' 체계 아래의 해외 확장과 식민지 경영이었다. 1895년 베버가 독일민족에게 '세계 강권'이 될 역사적 책임을 다하라고 호소하였을 때, 그는 서구 자본주의의 사회형태와 정치문명에 저항하고 비판한 것이 아니라 이들과 동일시되고자 하였으며, 시민계급의 가치관과 세계관, 즉 개인주의 자체를 조롱하고 비꼰 것이 아니라 성숙하지 못한 독일 시민계급의 갖가지 '정치광대'와 '정치모리배'의 행위에 불만을 표시하였는바, 훌륭해지지 못함을 몹시 안타까워하는 태도였다.[104] 간양이 이 개념을 사용하여 당대 중국의 문제를 토론하였던 것은 물론 베버의 한 세기 남짓 이전의 견해를 답습하려는 것이 아니라, 중국의 경제 및 정치 현실에 대해 베버 논술 가운데의 '대중경제'와 '대중민주주의' 사이의 관계를 두드러지게 함과 아울러, 이 양자의 관계를 어떻게 적절히 그리고 지혜롭게 처리할 것인가를 '성숙한 정치민족'이 될 수 있는 관건으로 간주하였던 것이다. 즉 "낙후된 민족경제의 굴기 이면에 감추어진 중대 문제는 사회구조의 거대한 변동에 적응할 수 있는 새로운 정치 메카니즘을 만들어낼 수 있을 만큼 그 민족의 정치 주도세력이 충분한 정치적 비젼과 의지를 가지고 있는가의 여부이다. 현대경제발전의 기본 추세는 사회의 모든 인구를 통일된 교환경제 과정 속에 받아들이고자 하므로, 베버는 이러한 '대중경제' 과정에 적응할 수 있는 유일한 정치 메카니즘은 '대중민주주의(mass democracy)'밖에 없다고 여겼다. 즉 통일된 경제과정 속에 받아들이는 사회대중은 반드시 동시에 통일된 정치과정 속에 참여할 수 있어야 한다는 것이다. 광범한 정치참여로써 민족정치의 아이덴티티를 응집하는 이러한 민족이 바로 현대 '정치민족'이다."[105]

이렇게 하여 '정치민족'은 베버가 독일 부르주아지의 '정치모리배주의와 정치적 미성숙'을 질타하는 데 사용하였던 비판적 개념에서 오늘날 중국의 가장 절실한 문제의 소재를 고찰하고 발견하는 비판적 개념으로 바뀌었다. 즉 "중국은 10여년의 개혁개방을 거친 후 사회분화의 정도가 이미 상당히 높아짐으로써, 사회 차원에서 이미 현대사회의 기본 특징을 지니게 되었다. 현재

상이한 계층 사이의, 상이한 지역 사이의, 나아가 동일 지역의 상이한 '단위' 사이의 이익이 커다란 차이, 갈등 및 충돌을 보이고 있다. 끊임없이 늘어나는 새로운 사회적 차이, 갈등 및 충돌은 사실 한 가지 기본문제를 돌출시키는 바, 곧 사회가 고도로 분화되어 발전한 후 중국은 장차 어떤 정치메카니즘과 정치과정으로써 사회통합을 이루어낼 수 있을 것인가이다. …… 중국의 현대 경제와 현대사회의 발전추세는 중국이 어떻게 '정치민족'으로 나아갈 것인가의 문제를 이미 역사적으로 제기하였다. 이 문제가 해결되지 않는다면, 중국은 틀림없이 날로 다원화하고 분산되는 사회원심력을 드러낸 채, 제도화된 전국적 정치과정을 통하여 다원화하고 분산된 사회이익을 통합할 방법이 없어지게 될 것이다."[106] 간양이 구상한 구체적인 정치개혁방안이 실행 가능한지의 여부는 잠시 제쳐두더라도, 간양 자신 역시 개혁방안이 "확실히 책상물림의 견해일 뿐"[107]이라 여기고 있다. 그런데 더욱 중요한 점은 사람들이 '정치민족'이라는 이 비판적 개념을 통하여 역사의 심층에서 비롯된 베버식의 위기감을 체득하고, 또한 현실경험에 근거하여 이 위기감과 긴장된 대화관계를 유지할 수 있는지의 여부이다. 만약 이것이 가능하다면, 오늘날 중국인은 "중국정치의 미래발전을 토론할 때 오로지 눈앞의 임기응변의 계책에서만 출발해서는 안 되며, 반드시 동시에 기본적인 정치이념의 시야를 지녀야만 한다. 설사 우리가 우리의 목표를 달성하지 못하더라도, 적어도 우리가 무엇을 추구하고 있는지를 명료하게 알고는 있어야만 한다."[108]

흡족한 점은 중국사상계에 자신이 무엇을 추구하고 있는지를 알고 있거나 알려고 애쓰는 사람이 갈수 많아지고 있다는 사실이다. '베버 번역'에 의해 계발된 비판적 시야가 차츰 오늘날의 중국 상황에 대한 진단 속에 녹아들고 있다. 이를테면 '삼농(三農)'문제*를 둘러싼 토론에서는 '농민'문제와 결합함으로써 '정치민족'이 다시 활기 넘치는 개념이 되었다. 이러한 의미에서 '농민

* 삼농(三農)문제란 농업 · 농촌 · 농민문제를 가리킨다. 구체적으로 살펴보면, 농업문제는 주로 농업산업화의 문제이며, 농촌문제는 도시와 농촌의 경제발전 격차를 최소화하는 문제이며, 농민문제는 농민의 문화수준을 제고하고 농민의 부담을 경감시키는 문제이다. – 역주

을 국민으로써 대우'하자고 제기하는 것은 경제학에서의 토론처럼 한계효용 최대화를 준칙으로 삼지 않으며, '정치권력이 어느 곳에 실행되는가의 문제' 이다. 즉 "중국의 정치개혁의 최종목표는 어떠한 인위적 방식으로든 공민 개체와 중앙국가 사이의 정치적 연관을 단절시켜서는 안 되며, 이 연관을 고도로 강화하고 민주화해야 하는 것이다." 바꿔 말하면, 국가의 애민(愛民)의 의도는 "인민들이 보고 느끼도록 해야"만 한다. 따라서 사람들은 베버식의 정치교육을 부르짖음으로써 '정치광대'의 서글픈 입장을 모면한다. 왜냐하면 "지향으로서의 정치는 현실주의적임과 동시에 이상주의적이어야만 하기 때문이다. 만약 이 두 가지가 상호보완적일 수 있다면 옳은 것이다. 만약 각자 분리된다면 모두 틀린 것이다."[109] 또한 농업문제를 둘러싸고 전개된 논쟁, 특히 농업의 '프로이센 노선*'에 관한 문제는 마찬가지로 베버 이론의 '전범'적 의미에서 벗어날 수 없다. 독일의 농업문제에 대한 베버의 심각한 사유 속에서 "우리는 낯선 베버형상을 발견할 수 있다."[110] 바로 이 '낯선 형상'이 오늘날 중국의 사상가들이 새로운 이론 자원을 열심히 찾도록 자극하였으며, 마찬가지로 프라이부르크(Freiburg)대학에 임용되었을 때 베버가 했던 강연인 〈민족국가와 경제정책〉을 토론하였다. 그런데 장쉬둥(張旭東)은 간양과는 색다른 사고와 경로에서 '문화정치'라는 문제를 제기한다. 즉 "이 강연을 세밀히 읽어보면, '국민경제학' 교수 신분인 베버가 진정으로 관심을 기울였던 것은 문화와 가치의 문제였음을 발견할 수 있다. 요즘 아주 인기 없는 이야기로 말한다면 바로 인생의 의의 문제"이다. 구체적으로 말하자면 "구체적인 '경제정책문제'와 현존하는 정치라는 커다란 문제 사이의 연결점은 민족 이익, 전통, 문화정체성 따위의 집체적이고 규약적인 범주가 아니라, 뜻밖에도 자유의 개념이다."[111] '자유' 문제는 왜 베버의 '문화정치'의 핵심적 의제가 되었을까? "'무엇이 자유인가'라는 문제는 곧 '우리에게 자유에 대한 추구와 충동이 있는가

* 레닌은 농업의 자본주의화방식을 미국식 노선과 프로이센 노선으로 개괄하였다. 프로이센 노선은 정부가 개량적인 조처를 통하여 농노제의 지주경제를 완만한 속도로 자본주의적 대농장으로 전환시킨 것을 가리킨다. ― 역주

없는가'의 문제를 끄집어냈기 때문이다. 다시 말해 '무엇이 자유인가'는 '우리는 도대체 무엇을 원하는가'로 환원되었으며, '무엇이 독일의 자유인가'는 '우리는 어떻게 독일인이 되는가'와 '독일인이 된다는 것은 무엇을 의미하는가'로 바뀌었다. 자유에 대한 추구는 곧 자유에 대한 창조이며 자유로운 행동을 창조하는 기회이다. 그는 뒷부분에서 이렇게 말할 것이다. 모든 민족의 진정한 역사적 사명은 후대에게 얼마나 많은 재산과 재부를 물려주는가가 아니라, 얼마나 자유로이 행동할 수 있는 공간을 물려주는가라고. …… 여기에서 시작해서야 베버는 진정으로 자신의 문제에 진입하였으며, 이 문제는 니체의 문제와 똑같았다. 니체는 '우리는 장차 어떤 사람이 될 것인가'의 문제는 문화의 모든 문제의 근원이라 여겼으며, 따라서 문화의 핵심 속에는 역사가 없다고 생각했다. 이 문화가 저 문화보다 선진적이라고 이야기하는데, 뭐라고 문화적으로 진보했다고 이야기하는 건 웃기는 일이다. 베버는 이 문제 역시 정치경제학과 관련된 모든 일의 기초라고 여겼다."[112] '정치가 성숙한 민족'이야말로 급변하는 시대에 '우리는 장차 어떤 사람이 될 것인가'의 문제에 여유만만하게 대답할 수 있다. 이 문제에 대답한다는 것은 사상가가 반드시 현실과의 치열한 '격투' 속에서 사상의 '주체성'을 벼리고, 이러한 사상의 '주체성'을 빌려 베버의 묵시록과 같은 다음의 선언을 되새겨보아야만 한다는 것을 의미한다. "위대한 민족은 결코 수천 년의 빛나는 역사의 무거운 짐 때문에 늙어 보이진 않을 것이다! 그가 자신에 대한 믿음을, 그리고 자신이 예로부터 지녀온 위대한 본능을 간직할 능력과 용기만 있다면, 이 민족은 영원히 젊을 수 있다!"[113]

지은이 주

1) 야코프 부르크하르트 저, 何新 譯, ≪意大利文藝復興時期的文化≫(商務印書館, 1979) 371-373쪽

2) 가라타니 고진 저, 趙京華 譯, <書寫語言與民族主義>, ≪日本現代文學的起源≫(三聯書店, 2003), 195쪽. 이하 일본의 '언문일치'체제의 수립에 관한 논술 역시 이 책에 실린 <內面之發現>이라는 글을 참고하였다.

3) 汪暉, <地方形式, 方言土語與抗日戰爭時期'民族形式'的論爭>, ≪汪暉自選集≫(廣西師範大學出版社, 1997) 357쪽

4) 胡適, <文學改良芻議>, ≪新青年≫ 제2권 제5호, 1917년 1월; <建設的文學革命論>, ≪新青年≫ 제4권 제4호, 1918년 4월 참조

5) 胡先驌, <評胡適[五十年來之中國文學>, ≪學衡≫ 제18기, 1923년 6월 참조

6) 胡適, ≪胡適留學日記≫(海南出版社, 1994), 278-279쪽. 1916년 7월 30일의 일기에는 한 편의 백화시가 일으킨 풍파가 적혀 있다. 편지의 전문은 杜春和 等編, ≪胡適論學往來書信選≫(下)(河北人民出版社, 1998), 1203-1205쪽 참조

7) 耿云志 主編, ≪胡適遺稿及秘藏書信≫ 第33册, (黃山書社, 1994), 436-437쪽 및 ≪胡適論學往來書信選≫(下), 1200쪽 참조

8) ≪胡適遺稿及秘藏書信≫ 제33책, 443쪽 및 ≪胡適論學往來書信選≫(下), 1210쪽 참조. 메이광디의 편지 속에 이 부분은 영문으로 씌어져 있는데, "너무 회의적인데다 너무 독자적"이라는 의미이다. 그는 다른 편지에서 "제가 다수의 '신조류'에 대해 '회의적인 태도를 취한 까닭은 자부심이 너무 강하여(용서하시기 바랍니다) 선불리 남에게 영합하지 않기 때문입니다." 라고 밝히고 있다. ≪胡適遺稿及秘藏書信≫ 제33책의 450쪽 및 ≪胡適論學往來書信選≫(下), 1206쪽 참조

9) 사카이 나오키 저, 賀雷 譯, <文學的區別及飜譯工作>, ≪學術思想評論≫(第8輯)(吉林人民出版社, 2002), 291-292쪽

10) 魯迅, <無聲的中國>, ≪三閑集≫(人民文學出版社, 1963) 7-12쪽. 이 글은 1927년 2월 16일에 홍콩청년회에서 강연한 원고이다. 이후 이 글을 인용할 때에 주석을 밝히지 않는다.

11) Frantz Fanon, ≪*On national Culture, In the Wretched of the Earth*≫(Penguin Book, 1990), 188쪽

12) 胡適, <50年來之中國文學>, ≪胡適文集二集≫(卷2), 亞東圖書館, 1924年版

13) 汪汎森, <'思想資源'和'概念工具'—戊戌前後的幾種日本因素>, ≪中國近代思想與學術的系譜≫(河北教育出版社, 2001), 150쪽

14) 汪汎森, <晩淸的政治概念與'新史學'>, 위의 책, 165-196쪽 참조

15) 劉禾, <互譯性:現代思想史寫作中的一個語言盲區)>, ≪語際書寫—現代思想史寫作批判綱要)≫(上海三聯書店, 1999), 1-26쪽 참조

16) 劉禾 著, 宋偉杰 譯, ≪跨語際實踐:文學, 民族文化與被譯介的現代性(*Translingual Practice: Literature, National Culture, and Translated Modernity*)≫(三聯書店, 2002), 54쪽

17) 王德威, <飜譯與現代性>, 王宏志 編, ≪飜譯與創作— 中國近代飜譯小說論≫(北京大學出版社, 2000), 277쪽

18) 孫哥, 〈語言與飜譯的政治・前言〉, 許寶强 等編, ≪語言與飜譯的政治≫(中央編譯出版社, 2001), 1-32쪽

19) 위의 책, 24쪽

20) 余英時, 〈中國知識分子的邊緣化〉, ≪二十一世紀≫ 제6기, 1991년 8월 23쪽. 덩스(鄧實)의 이야기 역시 같은 쪽에서 재인용함. 羅志田, 〈新的崇拜:西潮衝擊下近代中國思想權勢的轉移〉, ≪權勢轉移:近代中國的思想, 社會與學術≫(湖北人民出版社, 1999) 참조

21) 孫歌, 〈語言與飜譯的政治・前言〉, 앞의 책, 24쪽

22) 歐陽哲生 編, ≪中國現代學術經典・嚴復卷≫(河北敎育出版社, 1996), 10쪽

23) 汪暉, 〈嚴復的三個世界〉, 汪暉 等 主編, ≪學人≫ 第12輯(江蘇文藝出版社, 1997), 31쪽

24) 彭康, 〈'除掉'魯迅的'除掉'〉, 王宏志, ≪重釋'信達雅'―二十世紀中國飜譯研究≫(東方出版社, 1999), 43쪽

25) 孫歌, 〈語言與飜譯的政治・前言〉, 앞의 책, 24쪽

26) 앞의 글, 앞의 책 24-29쪽 참조. 장리쥔(張歷君)은 루쉰의 '딱딱한 번역' 실천과 벤야민(W. Benjamin)의 번역이론을 비교하였는데, 루쉰의 번역은 다른 의미에서 '이중성'을 갖추고 있으며, "그의 번역물은 직역의 실천 중에서 언어적 실험을 추동하고 있을 뿐만 아니라, 이밖에도 '언어' 아래에서 의미의 차원을 간직하고 있다고 여겼다. 그의 번역은 마치 '지도'를 읽는 듯하지만, 확실히 그가 말했듯이 '지도 보는 데에 익숙한 사람이라면 눈으로만 보아도 된다.' 의미는 여전히 독해될 수 있다는 것이다. 루쉰의 번역에는 의미전달과 언어실험이라는, 서로 저촉되는 두 가지 층차가 병치되어 있으며, 이중 독법의 가능성을 지니고 있다. 만약 번역 가운데에서 의미가 하나의 깊은 연못에서 다른 연못으로 솟구치게 하여 언어의 끝없이 깊은 굴에 이르게 하는 횔더린(J. C. F. Hölderlin)이 벤야민의 마음 속의 모범적인 역자라고 한다면, 루쉰에게 있어서 모범적인 역자는 근본적으로 나타난 적이 없다. 왜냐하면 모든 역자들은 단지 현세의 미묘한 정치그물 속에서 '이중' 효과를 지니고 있는 그들 나름의 번역지도를 지니고 있기 때문이다." 張歷君, 〈邁向純粹的語言―以魯迅的'硬譯'實踐重釋班雅明的飜譯論〉, ≪中外文學≫ 第3卷 第7期, 2001년 12월 참조

27) 왕후이는 〈인문담론과 중국의 현대성 문제(人文話語與中國的現代性問題)〉라는 글에서 비교적 일찍이 번역의 '주제화 과정'을 제기하고, 아울러 "우리가 언어의 번역과정을 현대 문화활동의 주요한 특징으로 삼을 때, 현대문화는 문화간의 교류행위 속에서 해석을 진행할 수 있을 따름"이라고 강조하였다. 陳淸僑 編, ≪身份認同與公共文化≫(香港:牛津大學出版社,1997) 368-384쪽. 나는 왕후이의 〈베버와 중국현대성 문제(韋伯與中國現代性問題)〉에 대한 아래의 분석에서도 번역에 대한 그의 이해를 언급할 것이다.

28) 汪暉, 〈人文話語與中國的現代性問題〉 가운데의 관련된 논술을 참조. 陳淸僑 編, 위의 책, 371-377쪽 참조

29) 黃平, 〈從現代性到'第三條道路'―現代性札記之一〉, ≪視界≫ 第1輯에서 재인용

30) 배빗 저, 胡先驌 譯, 〈白壁德中西人文敎育談〉, ≪學衡≫ 第3期

31) 中共中央編譯局, 〈'黨的組織和黨的出版物'的中譯文爲甚麼需要修改?〉, ≪紅旗≫ 1982년 11월 22일

32) 레닌, 〈黨的組織與黨的出版物〉, 中國社會科學院文學研究所文學理論研究室 編, ≪列寧論文學與藝術≫(人民文學出版社, 1983), 66-72쪽 참조

33) 테리 이글턴 저, 文寶 譯, ≪馬克思主義與文學批評≫(人民文學出版社, 1980), 45쪽 이하의 서술 참조

34) 1926년 12월 ≪중국청년(中國青年)≫ 6권 19호에 류이성(劉一聲)은 레닌의 〈당의 조직과 당의 문학〉을 〈당의 출판물과 문학〉이라는 제목으로 최초로 번역하여 실었다. 1930년 2월 ≪척황자(拓荒者)≫ 1권 2호에는 펑쉐펑(馮雪峰)이 〈신흥문학을 논함(論新興文學)〉이란 제목으로 이 글을 다시 번역하여 광범한 영향을 끼쳤다. 취추바이(瞿秋白)는 톨스토이를 논한 레닌의 글 두 편에 대한 번역 가운데에 덧붙인 주석에서 레닌의 〈당의 조직과 당의 문학〉을 인용하였다. 취추바이는 이 글의 제목을 〈당의 조직과 당의 문학〉이라 번역하고, '당의 문학원칙'을 경전 논술이라는 이름으로 확정하였으며, 이 번역은 현대에 경전적 번역이 되었다. 레닌의 이 글은 훗날 마오쩌둥의 〈연안문예좌담회에서의 강화(在延安文藝座談會上的講話)〉의 중요한 이론적 근거가 되었다. 曠新年, 〈文學的重新定義〉, 左岸會館:http://www.eduww.com/lile/go.asp?id=1299 참조

35) 中共中央編譯局, 위의 글

36) 1980년대의 '번역붐'에 대한 연구로는 王曉明, 〈飜譯的政治一 從一個側面看1980年代的飜譯運動〉, ≪半張臉的神話)≫(廣西師範大學出版社,2003) 참조. 보다 상세하면서도 보다 문학영역에 치우친 연구로는 趙稀方, ≪飜譯與新時期話語實踐≫(中國社會科學出版社, 2003) 참조

37) 張旭東, 薛毅, 〈批評與歷史經驗〉), 張旭東, ≪批評的踪迹≫(三聯書店, 2003), 6쪽

38) 甘陽, 〈關於研究美國憲法的一封信〉(2001년 8월), ≪現代政治與自然一'思想與社會'論叢 第三輯≫(上海人民出版社, 2003), 470-471쪽

39) 王曉明, 〈飜譯的政治一 從一個側面看1980年代的飜譯運動〉, 앞의 책, 307쪽

40) 이상의 글은 '문화 : 중국과 세계(文化:中國與世界)'의 편집위원회가 삼련서점에서 출판된 '현대서구학술문고(現代西方學術文庫)'를 위해 저술한 〈총서(總序)〉에서 인용하였다. 이 '문고' 가운데 1990년대 이전에 출판된 책들은 모두 이 〈총서〉를 실었는데, 어느 정도는 이것을 1980년대 '번역붐'의 선언이라 간주할 수 있다.

41) M. Foucault, ≪*What is Enlightemment?*≫ Trans. by Catherine Porter, in M. Foucault, ≪*Ethics: Subjectivity and Truth*≫, pp. 303-319, Paul Rabinow ed. The New Press, 1997

42) 張旭 著, 潘琴 譯, 〈改革時代的中國現代主義・前言・導論〉, 賀照田 主編, ≪學術思想評論≫ 第9輯(吉林人民出版社, 2003) 참조

43) 알뛰세 저, 孟登迎 譯, 〈意識形態和意識形態國家機器〉, 陳越 編, ≪哲學與政治:阿爾都塞讀本≫(吉林人民出版社, 2003), 349-350쪽

44) 張旭東, 薛毅, 〈批評與歷史經驗〉, 張旭東, ≪批評的踪迹≫(三聯書店, 2003), 5쪽

45) 汪暉, 〈汪暉自選集・自序〉, ≪汪暉自選集≫(廣西師範大學出版社, 1997), 4-5쪽

46) 汪暉, 〈韋伯與中國現代性問題〉, 汪暉 等 主編, ≪學人≫ 第6輯(江蘇人民出版社, 1994), 418쪽

47) 위의 글, 420쪽

48) 상세한 토론은 汪暉, 〈當代中國的思想狀況與現代性問題〉, ≪文藝爭鳴)≫ 1998년 제6기 참조

49) 汪暉, 〈韋伯與中國現代性問題〉, 위의 책 참조. 이 글은 90년대 사상계의 연구 패러다임

전환의 중요한 표지 가운데의 하나이다.

50) 〈필요한 침묵— 학술사와 학술규범에 관한 수상(必要的沉默— 關於學術史與學術規範的隨想)〉은 汪暉가 《학인》 제6집 출판 이후에 쓴 잡감식 글이다. 이 글에서 그는 학술사와 학술규범 토론의 최초 참여자로서, '학술규범'이 사회 및 정치와의 소통을 거부하는 전문화된 아카데미 원칙이 되어가고 있는 것에 대해 심각한 우려를 표명하였다. 汪暉, 《舊影與新知》(遼寧教育出版社, 1996) 127-129쪽 참조. 공교롭게도 汪暉는 《학인》 제6집에 〈베버와 중국의 현대성 문제〉라는 글을 발표하였다.

51) 汪暉, 〈預言與危機— 中國現代歷史中的'五四'啓蒙運動〉, 《文學評論》 1898년 제3기 및 제4기

52) 汪暉, 〈魯迅研究的歷史批判〉, 《文學評論》 1989년 제6기

53) 汪暉, 〈韋伯與中國現代性問題〉, 《學人》 제6집, 제382쪽

54) 위의 글, 383쪽

55) 위의 글, 406쪽 이하의 서술을 참조하시오.

56) 마루야마 마사오 저, 王曉山 譯, 〈評貝拉的'德川宗敎'〉, 貝拉, 《德川宗敎:現代日本的文化淵源》(三聯書店, 1998), 262-263쪽

57) 위의 글, 262쪽

58) 위의 글, 263쪽

59) 벨라, 〈學者丸山眞男與友人丸山眞男〉, 孫歌, 〈丸山眞男的兩難之境〉에서 재인용. 마루야마 마사오, 《日本政治思想史硏究》(三聯書店, 2000) 2쪽의 주 1) 참조

60) 마루야마 마사오 저, 〈評貝拉的'德川宗敎'〉, 앞의 책 291쪽

61) 위의 책, 291쪽 이하의 논술 참조

62) 벨라, 《德川宗敎:現代日本的文化淵源》, 6쪽

63) R. Bernstein(ed), 《*Harbermas and Modernity*》, P.5, Oxford, 1985

64) 벨라, 앞의 책, 5-6쪽

65) 파슨스 저, 張明德 譯, 《社會行動的結構(*The Structure of Social Action*)》(譯林出版社, 2003), 615쪽

66) 베버의 종교윤리 비교에 대한 파슨스의 설명과 오해, 그리고 이 문제에 대한 베버의 복잡하고도 기묘한 분석에 관해서는 林瑞, 《儒家倫理與法律文化》(中國政法大學校出版社, 2002), 88-127쪽을 참조하시오.

67) Michael E. Latham 저, 牛可 譯, 《作爲意識形態的現代化》(中央編譯出版社, 2003), 53-54쪽

68) 벨라, 앞의 책, 5쪽

69) 제프리 알렉산더 저, 賈春增 等譯, 《社會學二十講;二戰以來的理論發展(*Twenty Lectures: Sociological Theory Since World War Ⅱ*)》(華夏出版社, 2000), 54쪽

70) '문화주의'로서의 베버 이론은 20세기 60년대 이래 동아시아의 산업화와 유가자본주의의 관계를 토론할 때에 대단히 중요한 역할을 담당하였다. 동아시아의 경제적 비약과 냉전에 의해 조성된 국제정치경제질서의 밀접한 관련을 고려한다면, '냉전 이데올로기'의 일부로서의 '베버 현대화이론'으로 이른바 '동아시아 경제발전의 기적'을 설명하는 것도 타당하다고 할 수

있다. 이 문제에 대한 깊이 있는 토론은 아리프 딜릭(Arif Dirlik), 〈對'中國式資本主義'的反思〉, 아리프 딜릭 저, 王寧 等譯, ≪跨國資本主義時代的後殖民批評≫(北京大學出版社, 2004) 참조

71) 趙剛, 〈現代化意識形態與社會(科)學一重思米尔士'社會學想象'的當代批判意涵〉, 費孝通 主編, ≪社會變遷與現代化國際學術硏討會論文集≫(上海大學出版社, 2002) 관련 부분 참조

72) 라이트 밀즈 저, 陳强 等譯, ≪社會學的想象力(*The Socialogical Imagination*)≫(三聯書店, 2001), 37쪽

73) 데이비드 하비 저, 莊婷 譯, 〈現代性與現代主義(*Modernity and Modernism*)〉, ≪視界≫ 제12집(河北教育出版社, 2003)

74) 마루야마 마사오와 전후 일본 사상계의 복잡한 관계, 특히 '서구화'이론으로 일본 역사를 재해석함으로써 '근대의 초극'론자에 대항했던 일은 마루야마 마사오가 ≪일본정치사상사연구≫의 영문판을 위해 쓴 〈서문〉 및 쑨거(孫哥)의 〈마루야마 마사오의 진퇴양난(丸山眞男的兩難之境)〉 중의 상세한 논술을 참조하시오.

75) 벨라, 〈學者丸山眞男與友人丸山眞男〉

76) 일본사상사연구에 대한 마루야마 마사오의 비판은 趙京華, 〈子安宣邦的現代日本知識考古學〉, ≪視界≫ 14輯(河北教育出版社, 2004) 참조

77) 사카이 나오키 저, 白培德 譯, 〈現代性及其批判: 普遍主義與特殊主意的問題(*Modernity and its Critique: The Problem of Universalism and Particularism*)〉, ≪後殖民理論與文化批評≫(北京大學出版社, 1999), 388쪽

78) 80년대 및 그 이전의 중국사상계에 대한 베버 번역의 영향에 관해서는 졸저, 〈韋伯飜譯與中國思想界〉, 〈顧准與韋伯〉, 羅崗, ≪面具背後≫(上海教育出版社, 2002) 참조

79) 〈馬克斯·韋伯:一位思想家的肖像〉(座談會側記), ≪讀書≫ 1985년 12기 참조

80) 위의 글 참조

81) 이 토론에 대해서는 金耀基, 〈儒家倫理與經濟發展:韋伯學說的重探〉, ≪金耀基社會文選≫(臺北:幼獅文化事業公司, 1985); 杜維明, 〈儒家倫理與東亞企業精神〉, ≪新加坡的挑戰≫(三聯書店, 1989) 참조

82) 막스 베버의 ≪프로테스탄트윤리와 자본주의정신(The Protestant Ethic and the Spirit of Capitalism)≫은 위샤오(于曉)와 천웨이강(陳維綱) 등이 번역하여 삼련서점에서 1987년에 출판되었다. 이 중국어 번역본은 파슨스의 영역본을 번역한 것인데, '중국어 번역본 서문'에서 역자는 다음과 같이 밝히고 있다. "이 저서의 영역자인 미국사회학 구조기능학파의 주요 대표인 파슨스는 베버의 이 원주가 본문만큼이나 중요한 가치를 지니고 있으며 결코 생략해서는 안 된다고 각별히 강조하였다. 현재 이 중국어 번역본은 베버의 원주 전체 외에도 파슨스의 영역 주석을 모두 번역하여 독자가 참고하도록 하였다."

83) 汪暉, 〈韋伯與中國的現代性問題〉, ≪學人≫ 제6집, 382-383쪽

84) 위의 글, 위의 책, 411쪽

85) 마루야마 마사오, 〈英文版作者序〉, ≪日本政治思想史硏究≫, 1-26쪽 참조

86) 汪暉, 〈公理世界觀及其自我瓦解〉, ≪戰略與管理≫ 1999년 제3기

87) 汪暉, 〈韋伯與中國的現代性問題〉, 앞의 책, 383쪽

88) 이와 관련된 토론은 黃宗智 主編, ≪中國研究的范式問題討論≫(社會科學文獻出版社, 2003) 참조

89) 余英時, 〈中國近世宗教倫理與商人精神〉, ≪士與中國文化≫(上海人民出版社, 1987) 참조

90) 위의 글, 위의 책, 443쪽

91) 汪暉, 〈韋伯與中國的現代性問題〉, 앞의 책, 419-420쪽

92) 汪暉, ≪現代中國思想的興起≫(三聯書店, 2004) 참조

93) 볼프강 슐루흐터 저, 顧忠華 譯, 〈韋伯著作的分期問題〉, ≪理性化與官僚化—對韋伯之研究與詮釋≫(廣西師範大學出版社, 2004)

94) 甘陽, 〈韋伯研究再出發—韋伯文選第一卷編者前言〉, ≪民族國家與經濟政策)≫(三聯書店, 牛津大學出版社, 1997) 1-11쪽 참조. 간양은 두 권의 ≪베버문선≫(제1권은 ≪민족국가와 경제정책≫, 제2권은 ≪경제, 제사회영역 및 권력(經濟, 諸社會領域及勸力)≫)을 편선하여 삼련서점과 옥스퍼드대학출판사에서 각각 1997년과 1998년에 공동으로 출판하였다.

95) Fritz K. Ringer, ≪*The Decline of the German Mandarins: the German Academic Community, 1890~1933)*≫, pp. 157-158, Cambridge, MA, 1969

96) 甘陽, 〈韋伯研究再出發—韋伯文選第一卷編者前言〉, 앞의 책 참조

97) 甘陽, 위의 글, 위의 책, 10쪽

98) 胡其鼎, 〈馬克斯·韋伯和蒙森的闡釋〉, ≪史學理論≫ 1987년 제3기 참조

99) 蘇國勛, ≪理性化及其限制—韋伯思想引論≫(上海人民出版社, 1988), 37-38쪽

100) 위의 책, 325쪽

101) 위의 책, 38쪽

102) 벨라, ≪德川宗教:現代日本的文化淵源≫, 앞의 책, 8쪽

103) 甘陽, 〈走向政治民族:中國政治改革的中心問題〉, ≪明報≫(思潮版) 1995년 2월 6일 및 〈公民個體爲本, 統一憲政立國〉, ≪二十一世紀≫ 1996년 8월호 참조. 위의 두 글은 모두 보다 완정된 판본이 인터넷에 전해지고 있는데, 이 글에서 인용된 것은 현재 종이매체에 발표된 최신 판본에 근거하고 있는 바, 전자의 글은 ≪讀書≫ 2003년 4기를, 후자의 글은 王超華 編, ≪歧路中國≫(臺北:聯經出版事業公司, 2004), 227-254쪽을 참조

104) 베버, 〈民族國家與經濟政策〉, ≪民族國家與經濟政策≫, 75-108쪽 참조

105) 甘陽, 〈走向政治民族〉, ≪讀書≫ 2003년 4기

106) 위와 같음

107) 甘陽, 〈公民個體爲本, 統一憲政立國〉, ≪歧路中國≫, 254쪽

108) 위의 글 참조

109) 許前席, 〈作爲政治問題的農民問題〉, ≪戰略與管理≫ 2002년 제1기

110) 呂新雨, 〈農業資本主義與民族國家的現代化道路—駁秦暉先生對'美國式道路'和'普魯士道路'的闡述〉, ≪視界≫ 제13집(河北教育出版社, 2004) 참조

111) 張旭東, 〈韋伯與文化政治〉, ≪批評的踪迹≫, 207쪽

112) 위의 책, 214쪽

113) 韋伯, 〈民族國家與經濟政策〉, 앞의 책, 108쪽

■ 후기

모교인 화둥사범대학으로 돌아와 교편을 잡았던 2002년, 중국현대사상문화연구소의 요청으로 이 과제(1990년대 이래 중국사상문화계의 중대 논쟁 연구)를 그해 교육부 인문사회과학 중점연구기지 중대 프로젝트에 신청하여 선정되었다. 당시에는 여러 논쟁들의 여운이 남아 있었고, 지식인들이 여전히 그 이슈들에 열광하고 있었다. 연구계획 단계에서의 과제팀 회의에서 상하이, 베이징, 항저우에서 온 동료들은 90년대의 사상 역정을 함께 회고하면서 하나같이 열정에 넘쳐 다른 이의 말을 끊어가면서까지 다투어 발언하였다. 마치 정신상의 단체목욕을 경험하는 것 같았다. 토론은 감동적이었으나, 글쓰기는 고통스러웠다. 중간에 사라진 사람도 있었고, 마지막 순간에 물러난 이도 있었다. 힘겨운 과정을 거쳐 2005년 봄 마침내 본 과제팀이 업무를 완수했고, 결과물을 제출하였다. 1년 후 본서는 교육부의 심사를 통과하여 프로젝트 완결 판정을 받았고 출판 단계에 접어들었다.

세상은 파란만장하여 순식간에 천변만화한다. 2년이 지나 이 글들을 읽고 있자니 격세지감이 들 정도다. 2006년에 '80년대 열풍'이 한 차례 불었으나, 실상 오늘날 지식인의 정신생활과 더욱 관계가 밀접한 것은 이제 막 지나간 90년대라고 하는 편이 낫다. 만약 80년대가 이미 청춘의 상상이 되었다고 한다면, 90년대는 이제 말로 설명하기 힘든 금기가 되어버렸다.

본서의 출판과정 역시 이야깃감이 많지만, 잠시 남겨두었다가 후일 공개하겠다. 후즈더(胡志德), 첸융샹(錢永祥), 왕딩딩(汪丁丁), 쑨리핑(孫立平), 장쉬둥(張旭東), 쉬번(徐賁), 양녠췬(楊念群) 등 여러 교수들이 과제의 초고가 발표된 학술토론회에서 흔쾌히 평론을 맡아 귀중한 의견을 제공해주었다. 이 책의 출판을 위해 다년간 심혈을 기울여준 장펑주(張鳳珠) 여사의 진심어린 노력에 고마움을 표한다. 탁월한 견해와 의리로 이 책을 세상에 나오게 해준 옌보페이(嚴搏非) 선생에게 특별히 감사드린다.

90년대는 죽었다, 90년대 만세.

쉬지린

2007년 혹서, 리와(麗娃)강변에서

인명색인

ㅁ

ㅂ

ㅅ

ㅇ

ㅈ

ㅊ

ㅋ

ㅌ

■ 대표저자

쉬지린(許紀霖) 화둥사범대학 특별초빙교수, 역사학과 박사지도교수, 중국교육부 인문사회과학중점연구기지 중국현대사상문화연구소 부소장이며, 상하이시 사회과학계연합회 상무위원과 중국역사학회 이사를 겸임하고 있다. 홍콩중문대학, 싱가폴국립대학, 하버드대학, 프랑스 사회과학고등연구원 등에서 방문학자 및 객원교수를 역임했다. 20세기 중국사상사, 지식인 및 상하이 도시문화를 주요 연구 분야로 삼고 있다. 근저로는 ≪중국지식인십론≫, ≪계몽의 자아와해≫(공저), ≪대시대 속의 지식인≫, ≪근대 중국지식인의 공공교류≫(공저), ≪계몽은 어떻게 기사회생하는가≫, ≪당대 중국의 계몽과 반계몽≫ 등이 있다. 2004년 ≪남방인물주간≫이 뽑은 중국 공공지식인 50인에 선정되었고, 저서 ≪중국지식인십론≫은 2005년 제1회 중국국가도서관 문진(文津)도서상을 수상했다.

뤄강(羅崗) 문학박사, 화둥사범대학 중문과 박사지도교수이며, 충칭대학(重慶大學) 인문사회과학고등연구원 교수와 상하이대학 당대중국문화연구센터 연구원을 겸임하고 있다. 홍콩침례대학(浸會大學), 미국 뉴욕대학, 타이완 둥하이대학(東海大學) 방문교수를 역임했다. 주요 연구 분야는 20세기 중국문학, 당대비판이론, 사상사 및 문화이다. 저서와 논문집인 ≪기억의 소리≫, ≪가면의 배후≫, ≪위기시의 문화적 상상≫, ≪도시를 상상하는 방법≫, ≪인민지상≫, 공저인 ≪계몽의 자아와해≫, ≪도시의 기억≫, 편찬서인 ≪90년대 사상문선≫, ≪시각문화 독본≫, ≪리와 강변에서 문학을 논하다≫, ≪20세기 중국문학사론≫ 등과 백여 편의 논문을 발표하며 활발한 연구 활동을 펼치고 있다.

■ 그 외 저자들

쑹훙(宋宏) : 화둥사범대학 사회과학부 부교수
정궈칭(鄭國慶) : 샤먼대학(夏門大學) 중문과 부교수
레이치리(雷啓立) : 화둥사범대학 언론대학 교수
왕샤오위(王曉漁) : 퉁지대학(同濟大學) 인문대학 부교수
청야원(程亞文) : 군사과학원 연구원
청칭(成慶) : 상하이대학 역사학과 강사
가오리커(高力克) : 저장대학 언론국제문화대학 교수
류칭(劉擎) : 화둥사범대학 정치학과 교수
우관쥔(吳冠軍) : 화둥사범대학 정치학과 교수

■ 역자 소개

- **이주노(李珠魯)**
  〈현대중국의 농민소설 연구〉로 박사학위 취득
  현재 전남대학교 인문대학 중어중문학과 교수로 재직

- **김명희(金明姬)**
  〈고독한 사람의 세계: 루쉰의 소설과 그의 정신세계〉로 박사학위 취득
  현재 전남대학교에 출강

- **김하림(金河林)**
  〈루쉰 문학사상의 형성과 전변 연구〉로 박사학위 취득
  현재 조선대학교 외국어대학 중국어문화학과 교수로 재직

- **박혜은(朴慧銀)**
  〈중국 신시기 소설의 리얼리즘 연구〉로 석사학위 취득
  현재 전남대학교 중어중문학과 박사과정 수료

- **이여빈(李如彬)**
  〈루쉰의 여성관 연구 – 잡문을 중심으로〉로 석사학위 취득
  현재 전남대학교 중어중문학과 박사과정에 재학

- **이희경(李喜卿)**
  〈문혁 이후 중국지식인의 정신상태 시론〉으로 박사학위 취득
  현재 전남대학교, 순천대학교에 출강

- **피경훈(皮坰勳)**
  〈1980년대 '과학'과 '이성주체'의 재건〉으로 박사학위 취득
  현재 '포스트 사회주의 중국'에 관심을 갖고 중국의 지성사를 연구

계몽의 자아와해

1990년대 이래 중국사상문화계의 중대 논쟁 연구

인 쇄 2014년 2월 15일
발 행 2014년 2월 20일

역 자 이주노·김명희·김하림·박혜은·이여빈·이희경·피경훈
발행인 지병문
발행처 전남대학교출판부
등 록 1981년 5월 21일 제53호
주 소 500-757 광주광역시 북구 용봉로 77
전 화 062-530-0571~2
마케팅 062-530-0573
팩 스 062-530-0579
홈페이지 http://www.cnup.co.kr
e-mail cnup0571@hanmail.net

ISBN **978-89-6849-087-3 (93300)**

가 격 33,000 원

이 도서의 국립중앙도서관 출판시도서목록(CIP)은 e-CIP홈페이지(http://www.nl.go.kr/ecip)와 국가자료공동목록시스템(http://www.nl.go.kr/kolisnet)에서 이용하실 수 있습니다.
(CIP제어번호: CIP2014006459)